KB124590

통합예술치료 임상실제

김미낭 · 김용태 · 김주영 · 박선영 · 배상국 · 소희정 · 이수정
이수현 · 장창명 · 최미선 · 최슬아 · 최윤영 · 최윤주 · 허정선 공저

A CLINICAL PRACTICE OF INTEGRATIVE ARTS THERAPY

학지사

  예술치료 분야는 1950년대 이후 미술, 음악, 연극, 무용, 문학, 영화, 사진 등 예술을 활용한 심리치료 기제로 발전을 하였다. 최근 들어 내담자군과 증상의 다양성에 따라 단일 예술 매체를 적용해 왔던 예술치료는 예술 매체를 통합 적용하는 통합예술치료로 급속히 진화하고 있는 추세이다.

  필자는 2018년 학지사에서 발간된『내 안의 나를 깨우는 통합예술치료』에서 심리치료사들이 통합예술치료를 쉽고 체계적으로 임상에 적용하도록 IT매뉴얼을 개발하여 소개하였다. 이 매뉴얼은 통합예술치료가 지향하는 '스스로 치유I-Therapy'를 기반으로 하는 내담자 중심의 치료 방법론이다. IT기반 통합예술치료는 1991년부터 임상현장의 축적된 경험을 바탕으로 학문적 틀을 구축하여 고려대학교 통합의학센터, 한국문화예술교육진흥원, 경기문화재단, 장애인복지재단 등에서 적용한 매뉴얼이 성공적으로 입증됨으로써 현재의 통합예술치료 시스템으로 정착하게 되었다.

  이 책의 저자들은 국내외 최초로 통합예술치료 시스템을 전공한 1세대들이다. 14명의 저자들은 동덕여대 대학원에서 박사학위를 취득한 후, 대학 및 대학원에서 예술치료 관련학과 교수 및 강사로 재직하면서 후학을 양성하고 있으며, 임상현장에서 특화된 전문심리치료사로서 활발한 활동을 하고 있다. 이들은 국내외 통합예술치료 관련 서적이 부족하여 임상 및 연구 과정에서 어려움을 겪었던 자신들의 경험을 거울삼아 통합예술치료를 시작하는 학생과 임상가에게 도움이 되고자 각자의 통합예술치료학 박사학위 논문을 알기 쉽게 재구성하였다. 그러한 점에서 이 책은 예술치료의 학문적 이해와 임상 노하우를 필요로 하는 예술치료사뿐 아니라 새로운 기법을 적용하고자 고민하는 다양한 분야의 심리치료 관련 임상가를 위한 전문 도서로 가치가 높다고 할 수 있다.

  이 책은 총 2부로 구성되어 있다. 통합예술치료에 대한 기본 이론을 바탕으로 임상현장에 있는 치료사와 내담자들의 생생한 인터뷰를 담아 실제적인 이론과 임상 사례를 소개한다. 특히 저자들은 각자의 영역에서 임상 경험을 체계적으로 연결하여 통합예술치료 시스템을 안내한다. 제1부는 치료사가 치료과정을 단계별로 체계화하는 길잡이 역할을 하도록 통합예술치료의 길을 제시하고 있다. 통합예술치료의 임상 구조부터 설계까지의 안내와 통합예술치료사를 위한 역량 및 다양한 매체 활용, 그리고 치료팀 운영체계를 다룬다. 제2부는 통합예술치료를 통한 내담자의 변화와 성장의 이야기를 소개하고 있다. 통합예술치료 시스템을 기반으로 청소년에서 노인에 이르기까지 다양한 연령층을 대상으로 통합예술치료의 목표인 내담자들의 '인격의 변형을 통한 재탄생'을 실현해 가는 과정을 사례로 보여 준다.

모든 인간은 스스로 치유할 수 있는 능력이 있다. 다만 통합예술치료사는 내담자가 '내 안의 나Antaryamin'를 알아가는 깨어남Awakening을 체험하도록 도울 뿐이다.

통합예술치료 개발자 홍유진 박사

예술심리치료는 다양한 문화와 시대에 걸쳐 예술과 정신건강을 연결하며 현대적인 형태로 발전해 오고 있다. 최근에는 내담자의 선호도와 문화적 배경을 고려한 내담자 중심의 예술매체 적용에 관한 연구가 더욱 활발히 이루어지고 있다. 특별히 다양한 예술매체를 통합적으로 적용하는 IT기반 통합예술치료는 홍유진 박사가 오랜 기간의 임상을 통해 개발한 통합예술치료의 시스템이다. 홍유진에 따르면 "통합예술치료란 내담자가 자발적인 예술체험을 통하여 의식을 진화하고 우주적 존재로서 가치를 자각하도록 다양한 예술매체를 통합·적용하는 심리치료 기제"이다. 즉 통합예술치료의 시스템은 내담자의 증상 개선에만 머무르지 않고 내담자가 "사람임이 행복하고, 사람됨의 가치"를 스스로 발견하고 치유하도록 설계되었다. 또한 예술매체의 통합·적용에 대한 개념과 이론을 임상 매뉴얼로 체계화함으로써 초보치료사도 다양한 예술매체를 내담자 중심으로 안전하게 활용할 수 있도록 안내한다.

이 책의 제1부 '통합예술치료의 길'은 총 6장으로 구성되어 있으며, 제1장에서는 IT기반 통합예술치료의 임상구조를 규정하고 사회학, 문화인류학, 철학, 심리학, 정신의학, 상담학, 교육학의 구조 이론에 근거하여 통합예술치료의 구조적 기능을 설명했다. 제2장에서는 통합예술치료의 구조적 특성에 따른 임상설계 과정을 주부신경증 집단 사례를 바탕으로 소개했다. 제3장은 통합예술치료의 핵심 개념인 세 가지 몸과 웃음카타르시스를 중심으로, 치료 목표를 달성하기 위한 단계별 과정을 갈등 가족 사례를 통해 보여 주었다. 제4장에서는 통합예술치료사에게 필요한 자질과 역량강화를 위한 교육과정을 살펴보았다. 제5장에서는 다양한 예술매체가 지닌 치유성과 치료사들의 성격유형에 따른 매체 선택 및 적용 방법을 안내하고 있다. 제6장은 통합예술치료팀의 운영체계에 주목하며 치료사 역할의 역량을 설계적, 운영적, 자질적 측면에서 분석하여 제시했다.

제2부 '변화와 성장을 향하여'는 총 7장으로 구성되었다. 제7장에서는 중년여성의 자아

찾기 과정을 스토리텔링을 통해 힐링드라마 콘텐츠로 개발하는 과정을 제시했다. 제8장에서는 통합예술치료 과정에서 일어나는 치료사의 역전이를 긍정적 치료 도구로 활용한 사례를 보여 주었다. 제9장에서는 위기청소년을 대상으로 진행된 통합예술치료 과정에서 적용하기의 화두 제시에 따른 내담자의 변화와 치료의 지속성을 소개했다. 제10장에서는 도박중독에 잠식당한 대학생들이 통합예술치료를 통해 자기 통제감을 경험하며 중독에서 벗어나는 과정이 서술되었다. 제11장에서는 발달장애아동 어머니들의 양육스트레스 감소를 위한 통합예술치료를 통해 인격변형에 이르는 과정을 힐링드라마 중심으로 보여 주었다. 제12장은 행복한 노년기를 위한 통합예술치료 적용 과정을 상세히 소개했다. 제13장에서는 디지털 기술과 심리의 융·복합이 어떻게 이루어졌는지를 '실벗' 로봇 사례를 통해 소개하며 통합예술치료의 미래 가능성을 제시했다. 제14장은 각 예술매체의 뇌과학적 치료요인과 통합예술치료를 통한 발달장애인의 뇌가소성 변화를 설명했다.

이 책을 구성하고 있는 다양한 임상연구는 통합예술치료 시스템과 치료 효과에 대한 이해를 돕고 통합예술치료의 학문적 발전에 기여할 것이다. 통합예술치료는 치료 효과를 인정받음으로써 이를 적용하는 기관이 점차 늘어나고 있으며 사회적 수용이 증가하면서 다양한 대상에게 확산되고 있다. 따라서 통합예술치료를 하고 싶은 사람이라면 누구나 이 책에 대하여 관심을 갖고 읽어 보길 권한다. 특히 다양한 연구를 모색하는 대학원생들과 내담자를 돕고자 하는 예술치료사, 예술매체를 활용하고자 하는 상담사, 새로운 심리치료 프로그램을 모색하고 있는 기관 담당자 등 다양한 관계자들에게 많은 도움이 될 것이라 기대한다.

끝으로 언제나 사랑으로 제자들의 가는 길을 열어 주시고 힘이 되어 주신 저자들의 스승 홍유진 교수님께 감사와 존경을 표한다. 또한 이 책의 출판을 맡아 주신 학지사 김진환 대표님께 감사를 드리며 편집을 담당해 준 백소현 실장님께도 고마운 마음을 전한다.

저자 일동

차례

제**1**부

통합예술치료의 길

통합예술치료의 임상구조

최윤영

최근 예술치료 분야는 임상적 실효성을 높이기 위한 목적으로 다양한 매체와 기법을 복합적으로 활용하는 통합적 접근을 시도하며 발전해 왔다. 하지만 정신의학 분야에서 예술치료의 활용도는 높지 않은 실정이며 임상적 효용성을 밝히지 못한 한계점이 지적되고 있다. 의학계는 근거기반 의학을 토대로 연구되고 있으며 임상의 알고리즘과 근거를 명확히 제시하는 표준화된 임상지침 개발이 제도적으로 시행되고 있다. 이는 안전한 임상진료를 제공하기 위한 것으로 치료의 과정과 절차를 체계화하여 사고의 위험을 감소시키는 중요한 기능을 한다. 구조의 개념은 의학, 사회학, 문화인류학, 철학, 심리학, 상담학, 교육학 등 인접 학문 분야에서 유형화된 규칙 개념으로 활용되고 있으나 예술치료 분야에서는 아직까지 구조에 관한 인식이 보편적이지 않다. 예술치료가 정신건강 분야의 새로운 지평으로 작용하기 위해서는 과학적 치료기전에 근거한 표준화된 매뉴얼 개발과 그에 따른 효과성 검증이 이루어져야 할 것으로 보인다. 이는 예술치료 임상 체계를 규정해야 할 필요성을 나타내며 효과적인 임상을 제공하기 위하여 보완되어야 할 필수조건이다.

이 장에서는 ITi-Therapy기반 통합예술치료와 단일예술치료의 구조적 차이를 살펴보기 위한 목적으로 진행된 최윤영(2020a)의 연구결과를 토대로 통합예술치료 임상구조의 특성과 구조가 지닌 치료적 의미를 규명하고 있다. 저자는 국내 통합예술치료학 전공 대학원 개설 이래 동일 전공의 석사·박사학위를 수여 받은 최초 학위논문 제출자로 선구적 위치에서 통합예술치료 이론 및 콘텐츠 개발에 관한 구조적 연구를 지속하고 있다. 현재는 정신의학·예술·공학의 다학제간 융합연구를 수행하며 통합예술치료의 디지털 표준화를 위해 힘쓰고 있다. 이 장에서 설명하는 예술치료 임상구조 이론은 구조에 관한 각 분야의 학술저서와 연구논문의 근거자료를 바탕으로 구성되었고 예술치료 전문가 및 치료사의 인터뷰에 기반한 실체적 자료를 통합한 결과를 서술하고 있다. 여기에서는 단일예술치료와 통합예술치료 임상구조의 운영·교육·연구현황을 비교·분석한 연구결과를 바탕으로 통합예술치료가 지닌 체계적 임상구조를 밝히고 있으나 다른 관점의 구조 개념이 반영될 수 있으므로 예외가 있을 수 있다.

1. 예술이 이끄는 정신건강의 새로운 지평

1) 예술과 치료의 시너지 효과

예술이 치료적으로 도움이 된다는 믿음은 오랜 역사를 지니고 있다. 예술치료는 '예술'과

'치료'의 대비되는 속성이 합쳐져 탄생한 분야로 '예술인가? 치료인가?'라는 물음이 전제한다. 예술치료를 이해하기 위해서는 예술과 과학, 두 분야의 상반된 특성이 상호보완적으로 작용하는 예술치료의 속성을 살펴볼 필요가 있다.

예술은 문화적이고 주관적이며 개인의 창의성에 기반한 창조적 분야이다. 미적인 가치와 감정이 중시되는 직관적 특성을 지닌 예술은 자아를 인식하게 하는 치유적 과정을 제공하며 아름다움을 감각하는 미적 체험의 통로로서 기능한다. 예술의 창조적 경험은 인간 개인의 무의식적 표현을 허락하며 내면의 통찰을 이끌어 개인과 사회, 인류의 정체성을 확립시킨다. 반면 과학의 영역에서 치료는 객관적이고 보편적이며 재현 가능한 지식기반의 추론과 진리를 강조한다. 치료는 정량적이고 과학적인 통계와 효과성 검증을 요구한다는 점에서 예술과는 상반된 특성을 보이고 있으나 예술과 치료의 개별적 속성은 예술치료 안에서 공존해야 하며 유기적으로 작용해야 한다.

〈표 1-1〉 예술치료의 특성

예술의 특성	치료의 특성	예술치료의 특성
• 문화적 속성 • 주관성 • 개인성 • 창의성 • 미 • 감정 • 가치 • 직관적	• 과학적 속성 • 객관성 • 보편성 • 재현성 • 지식 • 추론 • 진리 • 통계적	• 예술과 치료의 속성을 모두 반영

예술치료는 미학적 차원의 예술행위를 치료적 차원에서 활용하는 전문적 치료 분야이다. 하지만 미적체험 중심의 '예술경험'과 치료적 의도를 지닌 '예술치료' 사이에는 확연한 차이가 존재한다. 이것은 '예술치료가 어떻게 치료적인가?'에 대한 질문이며 이는 예술행위의 명확한 목적과 접근과정의 구조적 차이를 밝힘으로써 답할 수 있다. 예술치료는 예술경험의 유희적 특성인 즐거움만을 목적으로 하지 않으며 전문적인 자격을 갖춘 예술치료사의 치료적 처치 활동이 체계적으로 운영되어야 한다. 예술치료가 전문적 치료행위로서 정당성을 확보하기 위해서는 심리치료의 기본조건을 전제로 예술치료만의 체계적인 임상이 이루어져야 한다.

〈표 1-2〉 예술경험과 예술치료의 비교

구분	예술경험	예술치료
접근	미학적 차원의 감상, 창작활동	치료적 차원의 진단, 처치
핵심요소	예술	예술, 치료
목적	예술작품의 감상, 창작	전인적 상태로 회복, 예방, 성장
특성	미적체험을 통한 성취	미적체험을 통한 치료적 변화
대상	일반대상	치료대상
진행	예술가, 예술교육가, 일반인	예술치료사
진행과정	예술 감상 및 창작 활동	임상 진행절차

2) 예술치료, 과거에서 현재까지

예술치료의 원형은 원시 종교현상인 샤머니즘으로 거슬러 올라간다. 원시시대의 제의식은 치료의식으로서 행해졌으며 치료의식 안에서 예술은 카타르시스Catharsis를 유발하는 감각적인 표현양식으로 활용되었다. 카타르시스는 잠재의식 속에 적체되어 있는 감정을 배설, 표출함으로써 이루어지는 긴장과 불안의 해소작용, 즉 감정의 정화작용을 의미한다. 카타르시스는 흐트러진 상태의 개인 또는 집단을 균형 잡힌 상태로 회복시키기 위한 목적이 있다. 이러한 점에서 샤머니즘과 예술치료는 개념적인 맥락을 같이하고 있으며 철학과 심리학에 기반을 둔 예술론은 예술치료의 학문적 토대를 마련하였다.

프로이트S. Freud는 예술이라는 대체물을 통하여 무질서한 본능적 충동과 억압된 욕구를 승화sublimation할 수 있다고 하였고, 융C. G. Jung은 집단무의식의 개념을 통하여 원형 이미지의 구현으로서 예술을 바라보았다. 예술의 본질은 인간의 본능적 충동이고 개인을 넘어선 전 인류의 무의식적 표현이라는 입장이다. 카시러E. Cassirer는 상징 언어로서 예술을 바라보았으며, 하이데거M. Heidegger는 존재론에 기초한 예술론을 주장함으로써 진리를 나타내는 예술작품이 역사공동체의 세계를 표명한다고 보았다. 프로이트 이후 발전한 예술철학 및 예술심리학 이론은 심리치료 안에서 예술을 활용하는 이론적 근거가 되었으며, 나아가 예술을 주된 매체로 활용하는 예술치료학의 등장과 발전으로 이어졌다.

현재 예술치료 분야는 단일예술치료에서 통합예술치료까지 세부 영역을 확장하며 학문적 정체성을 구축해 가고 있다. 미술, 음악, 연극, 문학, 무용·동작 등의 매체 특성을 근거로 하는 단일양식의 창조적 예술치료 분야는 시대의 흐름에 맞춰 다매체 활용의 복합양식의 표현예술치료로 발전하였으며 이는 통합예술치료를 등장시켰다. 하지만 창조적 예술치료를 때때로 표현치료의 영역으로 간주하는 경향과 통합치료, 표현예술치료 등의 유사 학문 분야의 개념 혼용은 통합예술치료 학문영역의 경계를 모호하게 하였다. 그러므로 예술치료 학문영역의 구분과 그 개념을 명확히 정립하기 위해서 단일예술치료에서 통합예술치료까지의 발전과정을 살펴봄으로써 개념적 차이를 이해할 필요가 있다.

〈표 1-3〉 예술치료의 통합적 발전 과정

1930년대	1970년대		2018년
창조적 예술치료 Creative Arts Therapies	통합치료 Integrative Therapy	표현예술치료 Expressive Arts herapy	IT기반 통합예술치료 Integrative Arts Therapy
단일예술치료	예술치료의 통합적 접근		통합예술치료

미국의 창조적 예술치료Creative Arts Therapies는 예술의 장르별 특성을 가지고 진행하는 단일예술치료 분야로 1930~1940년대에 출현하여 1950년대 이후 활성화 시기를 거치면서 단일예술치료 분야별 정체성을 확립시켰다. 미국 창조적 예술치료협회National Coalition of Creative Arts Therapies Associations: NCCATA는 1979년 설립 이래로 예술치료 임상의 유용한 정보를 공유하고 있으며 세부 분야를 미술치료, 무용·동작치료, 연극치료, 음악치료, 시치료로 제시한다. 창조적 예술치료는 세분화된 예술치료학과, 즉 개별적인 단일예술치료 분야를 통합적으로 포괄하는 전문연합체로 1970년대 이래로 통합적 접근방식integrative approach을 시도하며 다양한 예술을 결합하는 치료형태로 변화해 왔다.

독일 게슈탈트 심리학에 기초한 페촐트H. Petzold의 통합치료Integrative Therapy는 인간의 전체성 회복을 위한 목적으로 창조적 예술매체를 결합한 치료방식을 제공하는 것이 특징이다. 이러한 통합치료의 개념은 매사추세츠주 케임브리지에 소재한 레슬리Lesley대학에서 표현치료Expressive Therapy의 개념으로 확장되었다. 맥니프S. McNiff는 닐P. Knill, 캐너N. Canner 등의 동료들과 함께 복합양식 표현치료를 개발하고 연구과정에서 표현치료보다 표현예술치료Expressive Arts Therapy의 용어를 사용하며 복합매체 활용의 통합적 접근을 전문화하였다. 예술의 표현적 측면에 집중한 표현예술치료학파는 '치료미학Therapeutic Aesthetics'이라고 일컫는 고유 이론을 정립하며 학문적 기반을 마련하였다(Knill et al., 2005). 또한 말키오디C. Malchiodi는 표현예술치료 양식의 다중매체적 접근에 관련하여 통합양식에서의 전문화를 강조하였는데 그는 표현예술치료사들이 예술을 순차적으로 사용하거나 동시에 사용할 수 있으며 치료적 만남 내에 활용하는 예술적 기법이 다른 기법으로 신중하게 변화할 수 있다고 보았다. 이 외에도 루빈A. Rubin은 미술치료와 기타 예술매체의 통합적 양상을 제시하였고, 앳킨스S. Atkins의 애팔래치아 표현예술단체, 로저스N. Rogers의 인간중심 표현치료연구소 등은 표현예술치료의 학문이론 정립과 발전에 기여하고 있다.

단일예술치료 분야의 통합적 시도는 2018년에 이르러 통합예술치료 고유의 목적과 과정을 제시하는 IT기반 통합예술치료Integrative Arts Therapy의 개발로 이어졌다. 홍유진(2018)은 1990년 연극치료를 국내 최초로 도입한 이래로 통합예술치료에 관한 연구를 지속하였으며, 30년에 걸친 임상경험을 학문연구로 발전시켜 임상현장에서 적용할 수 있는 구체적 통합예술치료 임상체계 매뉴얼을 개발하였다. IT매뉴얼은 통합을 시도하고 있는 예술치료 분야의 통합적 경향을 반영하고 그 한계점을 극복하기 위해 통합예술치료의 체계적인 임상 방법론을 제시하고 있다.

〈표 1-4〉 예술치료 영역의 용어 구분

구분	양식	용어	내용
여타 예술 치료	단일	Creative Arts Therapy	단일예술치료 통합적 지칭 미술치료, 무용 · 동작치료, 연극치료, 음악치료, 시치료
	단일 및 통합적 접근	Integrative Therapy	표현양식 간 통합적 작업 다양한 표현기법의 사용 ○○중심 예술치료 ○○치료 + ○○치료 ○○치료 + ○○매체
		Expressive Therapy	
		Expressive Arts Therapy	
		Integrating the Arts in Therapy	
		Interdisciplinary Expressive Arts Therapy	
		Interdisciplinary Arts Therapy	
		Intermodal Expressive Therapy	
		Multimodal Arts Therapy	
		Artful Therapy	미술치료와 기타 매체 사용 미술치료 + ○○매체
통합예술 치료	통합	Integrative Arts Therapy	IT기반 통합예술치료 고유의 목적과 과정 적용

통합예술치료가 고유영역으로서 독자적인 정체성을 확보하려면 '예술치료의 통합인가?' '통합예술을 활용한 치료인가?' 독자적 영역으로서의 '통합예술치료인가?'의 질문을 통해 의미적 차이를 규명할 필요가 있다. 이는 창조적 예술치료 또는 표현예술치료와 같이 통합적 접근을 시도하는 단일예술치료 분야의 복합매체 활용 경향을 의미하는 것인지, 아니면 통합예술치료가 고유한 영역으로 기능하는지에 대한 구분을 말한다. 이 장에서는 단일예술치료 분야의 통합적 접근 양상과 통합예술치료의 학문영역을 구분하여 통합예술치료의 임상구조적 특성을 설명하고자 한다.

3) 통합예술치료의 치료체계

거시적 관점에서 살펴본 통합예술치료와 단일예술치료의 치료체계는 예술매체가 지닌 치료적 기능, 도구와 재료의 활용방안, 진단 및 평가 방법, 이론적 배경에 따른 접근방식에서 다음과 같은 차이점이 있다.

첫째, 예술매체가 지닌 고유의 특성과 치료적 기능의 차별화이다. 단일예술치료는 미술치료, 음악치료, 연극치료, 문학치료, 무용·동작치료, 영화·사진치료 등의 분야로 구분되며 주요 핵심매체별 특성에 기반한 치료적 적용이 이루어진다. 반면 통합예술치료는 미술, 음악, 연극, 무용·동작, 문학, 영화·사진매체를 상호보완적으로 활용하는 것이 특징이며, 내담자의 선호 매체와 치료목표를 고려한 매체활용을 중요시한다. 통합예술치료를 위한 예술 매체별 치료적 기능은 〈표 1-5〉와 같다.

〈표 1-5〉 **통합예술치료를 위한 예술 매체별 특성**

구분	치료적 특성
미술매체	• 촉각적이고 시각적인 내면의 표현 • 심상표현의 상징화 작업 • 개인의 내·외적 소통을 위한 창조적 예술 활동 • 비언어적 상징체계인 구체적인 치료적 결과물 • 거리두기를 통한 해석 및 인지활동
음악매체	• 감각적인 소리매체 • 리듬, 멜로디, 하모니 등 역동적인 경험 제공 • 즐거움 유발 및 미적경험 제공 • 심상 유도를 통한 상징적 표현 • 정서 자극 및 의식적 자각 확장 • 창조적 잠재력 자극 및 감정의 배설작용 촉구 • 개인의 내·외적 소통을 위한 창조적 예술 활동
연극매체	• 언어와 움직임 활용 • 정서 및 경험 표현도구 • 사회적 존재로서의 역할창조 및 정서행동 자극 • 놀이적 속성 및 카타르시스 체험 • 자발성과 창조성 자극 • 가상과 현실의 극적경험 및 극적투사 • 거리두기를 통한 감정적 공감 및 인지활동

무용 · 동작매체	• 인간의 역동적인 에너지 • 잠재적 욕구의 신체 표현도구 • 신체 경험을 통한 신체상 확립 • 창의적, 즉흥적 움직임을 통한 미적경험 제공 • 인간의 감정과 인격의 상징적 반영 • 주변 환경과의 상호작용 촉구 • 의사소통의 중요한 도구
문학매체	• 상징과 은유를 통한 내면의 언어적 형상화 • 사고와 감정의 표현도구 • 인간의 정체성, 인격, 개성 반영 • 기억의 재구조화 및 심리적 소산 촉구 • 잠재된 상상력과 창의성 자극 • 억압된 욕구자극 및 문제해결 방향 제시 • 거리두기를 통한 자기반성
영화 · 사진매체	• 무의식적 욕망의 이미지 반영 • 상징과 은유를 통한 정서 · 경험 자극 • 억압된 정서를 의식화하는 촉매제 역할 • 감상적 측면과 창조적 · 표현적 측면 활용 • 시각적인 인물과 상황 존재 • 거리두기를 통한 인지작용 • 영화의 내러티브 구조 활용 및 심리작용 촉진 • 이상화, 모델링, 대리학습 기회를 통한 경험 촉진

출처: 최윤영(2020b).

둘째, 도구와 재료 활용의 차별화이다. 예술치료 임상에서 매체는 각 분야의 핵심적인 도구이자 재료로 활용된다. 미술치료에서는 회화재료, 종이, 붓, 점토작업재료, 다양한 오브제 등의 미술재료를 치료도구로 활용하며, 음악치료는 인간의 몸, 음성, 악기, 음원, 음향기기 등 소리와 리듬을 매개로 사용한다. 행동적 요소를 중시하는 연극치료는 인형, 가면, 사진, 분장 등을 투사도구로 활용하고, 무대, 조명, 음향, 연극소품(대도구/소도구)을 통한 극적체험을 제공할 수 있다. 무용 · 동작치료에서는 몸을 둘러싼 공간과 움직임, 자세, 호흡 등 리듬적인 요소가 반영된 신체동작이 중시되며, 읽기, 쓰기, 말하기의 치료적 활동이 이루어지는 문학치료는 시, 소설, 희곡, 동화, 드라마와 같은 문학작품과 편지, 일기, 저널, 산문 등의 비문학작품을 매개로 하고 있다. 영화 · 사진치료는 빛을 이용한 영상매체를 활용하고 있으며, IT기반 통합예술치료는 앞서 제시한 여섯 가지 매체들을 통합적으로 사용한다.

셋째, 진단 및 평가 체계의 차별화이다. 임상은 내담자의 상태를 분석하고 평가하는 것에서부터 시작된다. 예술치료는 초기 면담과 진단평가 절차에서 내담자의 인적 사항과 주 호소 문제를 파악하여 치료목표를 수립하고 있다. 단일예술치료 특정 분야의 경우, 매체의 특성을 반영한 고유의 진단법을 개발하여 실시하고 있으나 심리학과 상담학 분야의 심리측정 도구가 많은 부분 활용되고 있다. 반면 독자적인 진단 도구를 보유하고 있는 IT매뉴얼은 의식적·무의식적 행위를 분석하기 위한 여섯 가지의 전문적인 진단법을 개발하여 활용하고 있다. 하나의 치료기법으로도 활용될 수 있는 IT진단법은 수행을 중시하는 진단 도구로서 임상의 사전과 사후에 시행되며 내담자의 변화 정도를 확인하기 위한 목적으로 활용할 시에는 치료의 중간에도 쓰일 수 있다. IT기반 통합예술치료에서 내담자의 상태 진단과 증상 분석은 치료사의 분석적 평가를 통해 이루어진다.

넷째, 이론적 배경에 따른 접근 방식의 차별화이다. 단일예술치료 분야는 심리학에 기반한 이론적 배경을 제시하는 반면, 다양한 이론을 치료적 관점으로 구조화한 IT매뉴얼은 통합예술치료를 위한 자체적인 치료체계 이론을 정립하여 제안한다. 이는 예술치료학, 심리학, 철학, 사회학, 문화인류학, 정신의학, 상담학의 이론이 반영되고 넓게는 종교적 의미까지 포함하는 일곱 가지 특성의 내담자 맞춤형 매뉴얼이다. IT기반 통합예술치료는 정신분석학, 분석심리학, 현상학, 인본주의, 인지·행동주의 등 심리학적 배경에 따라 운영되는 단일예술치료 분야의 치료체계와 차별화된 접근 방식을 제공하고 있으며 체계적인 임상을 돕는 회기 운영에 관한 구조적 이론을 제시하고 있는 것이 특징이다.

2. 예술치료의 임상구조

1) 임상구조 범주

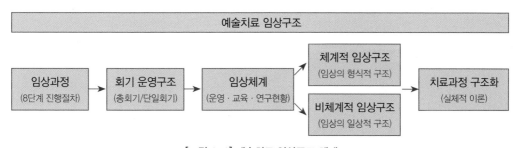

[그림 1-1] 예술치료 임상구조 체계

예술치료 임상구조에 관한 이론 체계는 '임상과정' '회기 운영구조' '임상체계'의 세 가지 상위범주로 분류된다. 임상과정은 임상이 전개되는 전반적인 진행절차, 회기 운영구조는 실질적 치료과정의 시간적 규칙·구조를 가리킨다. 임상체계는 치료과정 구조화에 관한 실체적 이론을 형성하는 범주로 예술치료 분야별 임상구조에 관한 학문이론, 운영현황, 교육현황, 연구현황이 형식적 구조에 기반하는지, 아니면 일상적 구조에 근거하는지에 따라 치료과정의 구조화 형태를 체계적 임상구조와 비체계적 임상구조로 구분한다.

〈표 1-6〉 예술치료 임상구조의 분석 범주

임상과정	• 전반적인 임상 진행절차
회기 운영구조	• 실질적 치료과정의 시간적 규칙·구조
임상체계	• 임상구조의 학문이론, 운영현황, 교육현황, 연구현황

임상과정은 의뢰로부터 종결까지의 전반적인 임상 진행절차를 가리키며 이는 의뢰 상담, 초기 면담, 진단평가, 치료계획, 치료적용, 치료평가, 치료종결, 슈퍼비전 순으로 이루어진다.

〈표 1-7〉 임상과정의 하위 범주

임상과정	의뢰 상담, 초기 면담, 진단평가, 치료계획, 치료적용, 치료평가, 치료종결, 슈퍼비전

회기 운영구조는 치료사와 내담자의 상호작용이 이루어지는 실질적인 치료과정의 구조를 나타낸다. 이는 임상이 이루어지는 전체 혹은 부분의 시간을 어떻게 계획하여 운영하는가에 대한 행위규칙을 제공하는 것으로 폴라드A. Pollard의 시간적 규칙·구조에 따라 임상의 전체 기간은 '총회기', 부분적 요소는 '단일회기'로 구분한다. 총회기는 '치료기간' '치료목표' '치료활동'에 관한 구성방법을 살펴볼 수 있으며, 단일회기는 '진행구조' '치료환경'을 하위 범주로 진행방법을 분석할 수 있다.

〈표 1-8〉 회기 운영구조의 하위 범주

총회기 구성방법	• 치료기간, 치료목표, 치료활동
단일회기 진행방법	• 진행구조, 치료환경

임상체계는 임상구조의 학문이론, 운영현황, 교육현황, 연구현황에서 어떻게 구조를 형성하고 있는지를 나타내는 분석 범주이다. 임상체계는 구조화 현황에 따라 '체계적 임상구조'와 '비체계적 임상구조'로 나뉘며, 이는 임상의 '형식적 구조'와 '일상적 구조'로 구분된다. 행위규칙을 나타내는 회기 운영구조가 이론화되어 있는 체계적 임상구조는 임상의 형식적

구조에 기초한다. 반면, 회기 운영구조의 학문이론이 체계적으로 제시되어 있지 않은 분야에서도 반복을 통한 자율적 구조를 형성하게 된다. 임상현장에서 반복적 유형성을 제공하는 임상의 일상적 구조 개념은 비체계적 임상구조의 하위 분석 범주로 기능할 수 있다.

〈표 1-9〉 임상체계의 하위 범주

임상체계	체계적 임상구조	임상의 형식적 구조	형식을 통한 지시적 임상체계
	비체계적 임상구조	임상의 일상적 구조	반복을 통한 자율적 임상체계

2) 치료의 과정과 순서

전문적 치료행위로서 행해지는 예술치료 임상은 체계적 절차를 필요로 한다. 임상의 시작으로부터 종결까지의 전반적인 절차를 나타내는 임상과정은 현장에 따라 차이가 있을 수 있으나 보편적으로 유사한 과정으로 진행된다. 임상과정은 치료대상의 문제해결을 위한 세부적인 방향이 설정되어야 하므로 매체선택, 모델/기법, 기간, 유형, 환경 등 다양한 치료적 요인이 고려된다. 임상의 순차적인 진행과정은 치료에 필요한 복합적인 요소들을 선택하고 종합하여 적용하는 치료의 과정을 제시한다.

임상의 시작은 의뢰 상담으로부터 시작되며 이는 방문 또는 전화로 요청할 수 있다. 초기 면담은 내담자의 기본적인 정보를 파악하는 중요한 절차이다. 초기 면담에서 치료자는 치료대상 본인 혹은 보호자와의 면담을 통해 기본 인적사항, 주 호소 문제 및 증상을 파악한다. 초기 면담 절차에서 진단평가를 동시에 진행할 수 있지만, 좀 더 세밀한 진단을 위하여 진단평가는 개별적으로 시행될 수 있다. 이때 치료자는 내담자의 병력과 현재 상태를 파악하고 취약점과 기능의 제한점 등을 발견하는 것이 중요하며 진단평가의 결과분석을 바탕으로 구체적인 치료방안과 치료계획을 수립하게 된다. 이와 같은 절차를 바탕으로 실질적인 치료가 이루어지며 치료평가를 바탕으로 치료가 종결된 후에는 사례분석에 따른 임상감독을 거쳐 치료결과의 최종적인 점검이 이루어져야 한다. 사례회의case conference는 현재 진행 중이거나 혹은 종결한 치료 사례에 대한 평가를 목적으로 치료자가 자신의 사례를 스스로 분석하여 슈퍼바이저에게 평가를 받는 절차이다. 사례회의에서 치료자는 치료목표 달성 여부를 점검하고 사례를 정리 및 분석한 뒤, 추후 치료 방향성을 설정하게 된다. 이와 같이 예술치료의 임상 진행절차는 의뢰 상담, 초기 면담, 진단평가, 치료계획, 치료적용, 치료평가, 치료종결, 슈퍼비전의 8단계 모형으로 요약할 수 있다.

〈표 1-10〉 예술치료 임상 진행절차의 8단계 모형

No.	절차	내용
1	의뢰 상담	• 의료현장과 교육현장의 요청 • 본인, 보호자 요청, 방문, 전화상담
2	초기 면담	• 사전면담(본인 혹은 보호자), 주 호소 문제, 증상 파악 • 기본 인적사항, 가족관계, 생육사, 양육사 파악
3	진단평가	• 예술치료 분야별 진단도구 적용, 사전검사 • 병력과 현재 상태 파악, 취약점과 기능의 제한점 파악
4	치료계획	• 치료목표(전체/회기별), 치료방법(기법/모델/매체) 설정 • 치료유형, 치료기간, 치료도구 설정
5	치료적용	• 예술치료 프로그램의 회기별 운영(치료과정) • 문제점 및 결핍요소 제거, 치료목표를 향한 긍정적 변화 유도
6	치료평가	• 치료목표 달성 여부 점검 • 사례정리 및 분석, 추후 치료방향 설정
7	치료종결	• 치료목표 도달에 따른 치료의 종결 • 현실대처능력 증진, 긍정적 변화를 통한 사회 복귀
8	슈퍼비전	• 결과보고서 정리 및 임상감독 지도 • 사례분석을 통한 치료 점검, 전체 치료결과 및 예술치료사 평가

3) 회기에서의 핵심 요소

(1) IT기반 통합예술치료

① 총회기 구성방법

IT기반 통합예술치료의 임상운영은 일곱 가지 구조적 특성에 근거하여 총회기의 치료 기간을 초반부, 중반부, 후반부로 구조화한다. 프로그램의 초반부는 라포형성, 감정정화를 위한 감정표출, 자기이해를 목적으로 하며 구체적 치료목표를 설계하기 위한 내담자 진단이 이루어진다. 주 호소 문제를 다루는 중반부는 현실 직시와 역할인지를 중심으로 회기를 구성하며 후반부는 관계증진과 사회복귀를 위한 인격변형을 목적으로 설계한다.

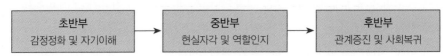

[그림 1-2] 통합예술치료 총회기 운영구조

임상을 시작하기에 앞서 치료목표를 설정하는 것은 심리치료 과정에서 필수적이다. 치료목표 설정과 프로그램 설계과정을 과학적으로 체계화하기 위하여 개발된 IT매뉴얼은 카타르시스Catharsis, 실존자각Existence, 역할Role, 적응Adaptation, 변형Transformation의 세라트CERAT 이론을 통해 구조적인 목표 수립 방법을 제공한다. 통합예술치료의 단계별 소목표 세라트의 구체적 특성은 다음과 같다.

첫째, 카타르시스를 위한 C 단계는 부정적 정서들을 배설하는 정화단계로서 적체된 감정의 표출을 우선시한다. 이것이 해결되지 않았을 경우 긍정적 자기인식 및 행동 변화가 이루어지기 어렵기 때문에 통합예술치료의 출발점은 카타르시스 체험으로부터 시작되며, 이는 프로이트가 초기에 활용했던 정화요법Cathartic Therapy에 근거를 둔다. 카타르시스는 울음과 웃음을 통하여 동시에 유발되지만 통합예술치료는 울음으로 유발되는 카타르시스의 부정적 효과(수치심 등)를 감소시키고자 웃음을 통한 긍정적 체험을 권장한다. 인간은 태초부터 놀이하는 인간이며, 유희본능이 존재하기 때문에 그러한 욕구를 충족시켜 주기 위한 수단으로 웃음카타르시스를 제공하는 것이 중요하다고 보았다. 기존의 정화요법이 지닌 위험 요소를 보완한 웃음카타르시스는 즐거움과 같은 긍정적 정서 경험이 정화 효과를 유발한다는 점에 집중한다.

둘째, 실존자각을 위한 E 단계는 자기 존재를 스스로 인식할 수 있도록 돕는다. 자아정체성과 자존감이 저하된 경우, 자신의 존재를 스스로 인식하기 어려운 경우가 많으므로 하나의 개체로서 신체의 몸이 존재하고 마음과 정신이 실존하고 있음을 자각시킬 필요가 있다. 이는 철학에서 말하는 존재론과 인지학의 개념이 반영된다. 자신의 존재를 인식하는 과정은 명상이나 요가에서 경험하게 하는 실존자각의 과정과도 연결된다. 특정한 생각과 감정을 배제한 상태에서 그저 자신의 존재 그 자체를 인식하고 살아있음을 자각하게 하는 것, 이것이 실존 단계의 핵심이다.

셋째, 역할을 위한 R 단계는 자신과 타인의 역할을 이해하는 과정이다. 사회적 존재로서 개인은 가정과 사회 안에서 일정한 역할을 부여받는다. 통합예술치료는 사회를 떠나 존재할 수 없는 개체의 역할개념을 권리, 책임, 의무로 정의하였고 역할의 구분을 혈연과 비혈연 관계로 분류하였다. 건강한 사회구성원으로 살아가기 위해서는 가정과 사회, 나아가 세계 안에서 개인이 수행해야 할 역할이 무엇인지 이해해야 한다. 통합예술치료에서 역할개념은 사회학의 역할이론에 기반하며 역할은 집단을 떠나 바라볼 수 없기 때문에 융이 주장한 집단무의식의 심리학적 개념이 반영된다.

넷째, 적응을 위한 A 단계는 치료의 지속성을 위한 현실적응 훈련이 이루어지는 통합예술치료의 핵심 단계이다. 이 단계는 예술치료를 통해 변화한 자신이 사회적으로 어떻게 기능할 수 있는지 훈련하는 단계로 역할 수행의 기능적 측면을 강조한 회기구조 옴카OMCA의 적용하기Application 과정과도 맞닿는다. A 단계에서 치료사는 내담자의 상태를 다각적으로 확인함으로써 변화와 적응 정도를 확인한다.

다섯째, 변형을 위한 T 단계는 통합예술치료의 궁극적인 지향점으로 재탄생과 환생의 의미를 내포하고 있다. 통합예술치료는 사회적 역할을 수행할 수 있는 건강한 인격체로 개체를 변형시킨다. 내담자의 신체의 몸, 마음의 몸, 정신의 몸의 균형을 회복하여 의식의 확장을 이루는 것이다. 이는 통합예술치료의 최종목표 지점이며 '인격의 변형' 상태로의 사회복귀는 종교적 의미의 환생, 재탄생과 유사한 의미를 지닌다.

앞에서 살펴본 바와 같이 통합예술치료는 단계별 소목표를 다섯 단계로 세분화하여 치료목표를 구조화하고 있으며 치료계획 단계에서 '총회기 프로그램 설계안'을 작성하여 활용하도록 제안한다. 총회기 프로그램 설계안은 치료기간에 따른 구분과 모델 및 기법, 단계별 소목표와 증상개선목표를 설계하여 각 회기별 세부 내용을 기술하도록 한다. 통합예술치료는 내담자의 저항을 감소시키고 자발성을 향상시키기 위한 목적으로 카타르시스 모델Catharsis Model, 시간여행자 모델Time Traveler Model, 역할 모델Role Model, 투사 모델Projective Model, 가면아이 모델Masking Inner Child Model, 그림자 엿보기 모델Self-reflection Model, 힐링드라마 모델Healing Drama Model의 핵심 치료 모델 및 세부 기법을 고안하여 내담자 맞춤형 프로그램을 제공한다.

〈표 1-11〉 총회기 프로그램 설계안 예시

구분	회기	모델(기법/매체)	프로그램구성		증상개선목표
초반부	1	카타르시스 모델 (게임놀이 기법) 투사 모델 (음악매체)	열기	소리를 통한 리듬인사	©ERAT 웃음카타르시스 라포형성
			만나기	4박자 자기소개 게임	
			닫기	긍정적 감정 표현하기	
			적용하기	일상에서 긍정 감정 떠올리기	

② 단일회기 진행방법

IT기반 통합예술치료는 열기Opening, 만나기Meeting, 닫기Closing, 적용하기Application의 옴카OMCA 이론을 바탕으로 단일회기를 구조화한다. 옴카에 따른 단일회기 구성은 진행의 목적에 따라 어떠한 치료기법을 적용할 것인지에 대한 구조를 제시한다. 내담자의 자발성을 촉구하기 위한 열기 과정은 치료에 몰입하기 위한 준비작업이 이루어지는 과정으로 내면열기를 위한 기법이 적용된다. 만나기 과정은 예술체험을 통하여 자신의 트라우마 및 미해결 과제를 안전하게 해소하는 과정으로 치료의 핵심 활동이 이루어진다. 닫기 과정에서는 체험

과정에서 새롭게 알게 된 감정을 스스로 자각하고 인지하도록 돕는 치료적 개입이 이루어진다. 마지막으로 현실에서 스스로 적용해 볼 수 있는 화두를 제공하는 적용하기 과정은 통합예술치료의 고유한 프로세스로 기존 예술치료가 지닌 일반적인 회기구조와 차별화된다.

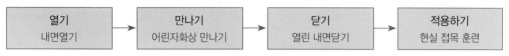

[그림 1-3] **통합예술치료 단일회기 진행구조**

치료목적 달성을 위해서는 회기의 구성이 분명해야 하며 옴카 구성 및 운영에 따른 평가가 이루어져야 한다. 옴카 과정의 핵심은 현실접목을 위한 적용하기 과정이 하나의 치료 프로세스로 구조화되어 있는 것이다. 적용하기 과정에서 제공되는 화두는 치료과정에서 발견한 자신의 문제를 일상생활에서 스스로 자각할 수 있도록 돕는 치료적 목적을 지닌다. 화두의 적용 결과는 다음 회기의 열기 과정에서 이루어지며 매 회기 반복되는 옴카 구조는 일상생활에서의 현실 적응훈련을 강화시켜 치료효과를 상승시킨다. 통합예술치료의 단일회기 진행안 예시는 다음과 같다.

〈표 1-12〉 **단일회기 진행안 예시**

적용 모델(기법)	IT매뉴얼: 카타르시스 모델(감정표현 기법 → 상대 칭찬 표현)	
증상 개선 목표	ⓒⒺⓇⒶⓉ: 대인관계 능력 증진	
설명	칭찬을 주고받는 과정에서 단시간에 라포를 형성하고, 긍정적 표현력을 향상함으로써 대인관계능력을 증진하도록 돕는다.	
준비물	기본 재료(A4용지, 필기구 등)	
진행과정	열기	두 명씩 짝을 지어 마주보고 앉게 한다.
	만나기	1. 한 명이 먼저 상대의 외적인 것을 칭찬하게 한다. 2. 칭찬을 받은 사람 역시 상대를 칭찬하게 한다. 3. 제시에 따라서 서로의 내적인 것을 칭찬하게 한다.
	닫기	예술체험에서 경험한 자신 및 타인에 대한 새로운 인지를 자각하고 통찰하게 한다.
	적용하기	진행 과정에서 관찰한 내담자의 반응을 기반으로 예술체험이 긍정적 현실 접목 및 훈련이 되도록 화두를 준다.
유의사항	필요에 따라 짝을 바꿔 진행할 수 있다. 상대의 외적인 것을 칭찬하기 위해 묘사할 때 비아냥거리지 않도록 주의를 준다.	

출처: 홍유진(2018), p. 82.

IT기반 통합예술치료는 내담자의 생활환경까지 치료공간으로 구조화하는 다면적 치료공간 이론으로 치료환경의 범위를 확장했고 정서적 거리를 고려한 제1치료공간의 심리적 설계 이론을 제시한다. 이처럼 통합예술치료는 타 예술치료 분야가 제1치료공간만을 치료환경으로 인식해 온 것과는 달리 제2·3치료공간의 개념을 제시하며 가정과 사회에서의 현실 적응훈련을 강조하고 있으며 제1치료공간의 배치방법 또한 구조적으로 제시하고 있다.

(2) 미술치료
① 총회기 구성방법

미술치료의 총회기는 3단계 혹은 4단계로 이루어지며 '초기-중기-후기' 혹은 '초기-중기-말기-종결' 단계의 구성이 보편적이다. 초기에는 라포형성을 통하여 신뢰도 높은 관계를 형성하고 중기에는 문제의 본질을 다루어 나아갈 방향을 결정한다. 중기는 내담자의 문제해결을 위한 주체적 미술활동이 이루어지는 시기로 치료목표는 치료사의 이론적 접근방식에 따라 설정된다. 치료사의 심리학적 배경이 인본주의적이라면 미술의 창조성을 활용해 진정한 자아를 만날 수 있도록 도울 것이다. 반면 심리역동적이라면 충동을 나타내는 행위를 통해 무의식을 의식화하는 작업이 이루어질 것이다. 말기는 치료사가 세운 목표와 내담자의 변화 정도를 확인하는 마무리 단계로 종결을 준비한다. 종결단계에서는 치료과정 동안 내담자가 창조한 작품들을 내담자가 되돌아보는 마무리 작업이 이루어지며, 수용의 과정을 통해 문제해결 능력을 기르도록 안내한다.

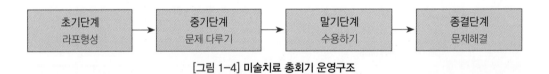

[그림 1-4] 미술치료 총회기 운영구조

미술치료 과정에서 단계들을 개념화하는 방법은 다양하지만, 루빈은 심리학적 이론과 관계없이 어떤 치료과정에도 적용되는 공통적 특성을 제시하였다. 이는 치료사와 내담자의 신뢰감 있는 작업동맹을 시작으로 치료형태에 따른 치료활동을 통해 치료의 목표를 성취하는 것이다. 이와 같은 특성은 정신분석적 접근, 인지행동적 접근 등 기타 어떠한 접근법의 이론적 방향과 관계없이 총회기에 걸쳐 동일하게 적용된다.

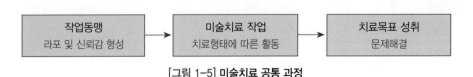

[그림 1-5] 미술치료 공통 과정

미술치료는 인물화검사DAP, 집-나무-사람 그림검사HTP, 가족화검사DAF와 같은 투사적 진단 도구를 보유하고 있으며, 치료 활동은 크게 지시적 접근과 비지시적 접근 방식으로 나뉜다. 구조화된 방식으로 운영되는 지시적 접근은 치료사가 치료방식에 따라 구조화된 프로그램을 제공하는 방식이며, 비지시적 접근은 내담자가 스스로 자신이 표현하고 싶은 주제나 재료를 선택하는 자유롭고 주도적인 창작활동이 가능하도록 돕는 방식이다. 즉 지시적 접근은 치료목표와 치료활동이 구조화를 이룬 양상이며 비지시적 접근은 치료활동의 비구조화 형식을 나타낸다. 초기에는 지시적 접근을 통하여 미술매체에 대한 충분한 탐색이 이루어지도록 돕고 점차 자유로운 미술작업을 경험할 수 있도록 운영한다.

미술치료의 기법은 난화, 핑거페인팅, 점토, 만다라, 물감뿌리기, 콜라주, 데칼코마니 등 다양한 활동이 개발되어 있다. 미술치료는 다양한 재료를 도구로 활용하기 때문에 내담자가 선호하는 재료를 스스로 선택할 수 있도록 준비해야 하며 내담자의 성향 및 증상을 고려한 목표에 적합한 재료를 활용하는 것이 중요하다. 미술치료 과정에서의 주된 고려사항은 미술의 치료적 작업을 통해 성취하고자 하는 목표나 목적이 무엇인지를 명확히 하는 것이며 그 목적을 달성하기 위해 매체, 주제, 작업방식을 선택할 수 있다. 이처럼 미술은 개인이 지닌 무의식적 기억 또는 경험을 시각화하는 매체로 투사적 표현을 통해 심리진단이 동시에 이루어질 수 있다.

② 단일회기 진행방법

미술치료의 단일회기 진행구조는 크게 미술작업과 작업 후 과정으로 이루어진다. 단일회기 진행구조는 도입, 미술 창조활동, 창조 후 작업단계로 구성되며 그룹을 위한 미술치료는 워밍업, 미술활동, 토론단계로 전개될 수 있다. 일반 미술활동과 차별화되는 미술치료의 특징은 치료적 개입과 인지적 활동을 포함한다는 점이다. 미술활동을 마친 뒤, 상황에 맞는 질문을 통해 자신의 작업에 대한 스스로의 통찰을 이끄는 것이 중요하다. 이 과정에서 치료자는 대화와 피드백을 제공할 수 있으며 내담자는 작업물을 관찰하고 그 과정에서 스스로 무언가를 발견하여 자신과 연결하게 하는 치료 절차가 이루어진다.

치료과정에서 반복되는 의례적 행동과 의식Ritual은 일련의 구조를 형성한다. 치료과정에서 반복적으로 시행되는 의례적 행동이 그룹의 정체성을 형성하며 시작과 끝을 알리는 의식은 치료과정을 형태 짓는다. 치료실 문을 닫는 행위를 통해 치료의 시작을 알리는 것 등이 대표적인 예이다. 그룹의 정체성은 회기의 시작을 알리는 의례 행동이 창조될 때 생겨나며 그룹 내에서 사용하는 별칭 등의 상징적 활동은 치료과정에서 그룹 결속력을 향상시킨다. 미술작업을 마친 뒤에 행하는 종결 의식은 치료과정 내 경험을 공유하는 과정으로 집단의 경우, 그룹원 간의 상호작용이 이루어진다. 이처럼 미술치료는 준비Preparation, 시작 의식 Welcoming Ritual, 미술작업, 나눔Sharing, 종결 의식Closing Ritual의 과정으로 진행된다.

[그림 1-6] 미술치료 단일회기 진행구조

앨런P. Allen은 일반적인 미술치료 진행구조와 차별화되는 오픈 스튜디오 미술치료 모델 Open Studio Process: OSP을 제시하였는데, 이는 의도Intention, 미술작업Art-making, 목격과 글쓰기 Witness-Writing, 나눔Sharing의 과정으로 진행되는 마음챙김 기반 미술치료 프로그램이다. OSP 는 작업 과정 동안 어떠한 언급도 허용하지 않으며 진행구조 안에서 내담자 스스로 마음챙 김을 경험할 수 있도록 돕는 특징이 있다.

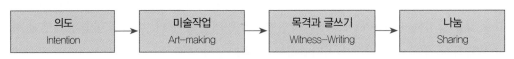

[그림 1-7] 앨런의 OSP 진행구조

(3) 음악치료
① 총회기 구성방법

음악치료의 총회기는 '초기-중기-후기-종결' 단계 혹은 개인 또는 그룹의 발달단계에 따라 구성된다. 음악치료의 초기단계에서는 치료사와 내담자 간의 친밀감을 형성하고 중기 단계에서는 감정표현을 촉구하여 충분한 음악적 활동이 이루어질 수 있도록 돕는다. 후기 단계에서는 부정적 정서를 정화시키고 변화와 나눔을 통해 종결한다. 이와 같이 음악치료 는 회기를 구성함에 있어 내담자의 기능을 충분히 고려한 구조화된 치료계획을 중시한다.

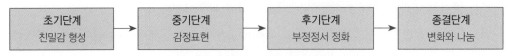

[그림 1-8] 음악치료 총회기 운영구조

음악치료에서의 구조화된 음악활동은 치료에 촉진을 불러일으킬 수 있다. 음악치료는 특 정 모델별 과정 모델을 제시하기도 하는데 노래심리치료의 PECPreparing-Exploring-Creating 모델 은 '준비-탐색-창작' 단계로 전개되며, 오르프 음악치료는 '탐색-모방-즉흥-창작' 단계를 거치면서 음악적이고 미학적 반응을 가르친다.

　음악치료사는 진단평가를 토대로 단기 및 장기적 치료목표를 설정하고, 매회기별 음악적 활동을 구체적으로 설정하여 전체회기와 단일회기를 구성한다. 음악치료의 유형은 활동 중심의 지원적 음악치료, 통찰을 위한 재교육적 음악치료, 카타르시스와 재조직적 음악치료로 구분되기도 하며, 이러한 치료방법은 내담자의 상황과 치료목적에 따라 적용된다. 이때 활용되는 음악적 활동은 앞서 제시한 음악매체의 치료적 특성에 기인한 즉흥연주, 재창조 연주, 창조기법, 음악감상 등의 음악치료 모델 및 기법이 적용된다. 음악치료는 구조적인 임상을 위하여 장기목표, 단기목표, 도구, 치료과정 등을 상세히 기술하는 '치료적용 계획서'를 작성하여 활용할 것을 권고한다. 음악치료 활동은 내담자의 성향에 기반한 음악적 선호, 취향, 경험, 기능 등을 고려하여 적용한다.

② 단일회기 진행방법

　음악치료의 단일회기는 '헬로우 송'과 '굿바이 송' 사이의 진행구조로 '도입-전개-절정-정리' 또는 '도입-본 활동-마무리'의 흐름으로 구성된다. 도입단계를 거쳐 음악매체를 활용한 음악감상, 노래부르기, 연주 등 치료적 본 활동을 진행하는 형태이다. 헬로우 송은 회기의 시작을 알리며 긍정적 마무리를 위한 굿바이 송은 즐거운 음악치료 시간에 대한 재인식, 현실적용, 다음 시간에 대한 기대감 등을 담는 의식Ritual과도 같은 기능을 한다. 이와 같이 음악치료의 단일회기 진행구조는 헬로우 송과 굿바이 송이 회기의 처음과 끝에 위치하고 있다는 점에서 구조적 특징을 지닌다.

[그림 1-9] **음악치료 단일회기 진행구조**

　음악치료는 심리학적 이론에 따라 접근방식을 달리하고 있으며, 철학적 배경에 입각한 모델과 기법이 다양하게 개발되어 있어 독자적인 운영구조를 지닌 경우가 많다. 일반적인 음악치료는 대개 [그림 1-9]와 같은 진행구조를 지니지만, 심상유도적 음악치료, 창조적 음악치료 등의 특정 모델은 자체적인 구조를 형성하고 있어 그에 따른 임상을 운영하고 있다.

　보니H. Bonny가 개발한 심상유도와 음악, GIMGuided Imagery & Music은 음악과 심상을 활용한 음악치료 모델로서 인본주의적 철학에 근거하고 있으며 초기 면담Prelude, 이완과 도입 Relaxation and Induction, 감상Music & Imagery, 마무리Postlude 4단계로 진행된다. 개인 회기의 경우

2시간 정도로 운영되며 프로그램화된 음악을 사용한다. 썸머L. Summer가 발전시킨 수용적 음악치료 MIMusic & Imagery 기법은 그룹 회기에 적합한 GIM 모델이다. 그룹이 그날 함께 다룰 목표를 정한 뒤, 호흡하며 10분 이내의 음악을 편안한 상태를 유지하며 감상하고, 음악을 통해 경험한 심상을 나누는 음악치료 과정을 제공한다.

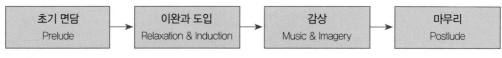

[그림 1-10] 보니의 GIM 진행구조

노도프와 로빈슨P. Nordoff & C. Robbins의 창조적 음악치료는 인지학Anthroposophy을 기반으로 하는 즉흥 음악치료의 한 형태이다. 치료의 기본 형식은 보편적으로 두 명의 숙련된 치료사가 한 팀이 되어 회기를 진행하며 헬로우 송과 굿바이 송 사이에 다양한 악기와 목소리를 이용한 즉흥연주가 이루어진다. 창조적 음악치료의 특징은 다른 인지행동치료와 달리 뚜렷한 목표와 기법의 단계별 적용을 추구하지 않는다는 것이다. 따라서 일반화된 치료기법이나 과정이 존재하지 않는다. 음악치료의 치료적 환경은 공간적, 시간적인 요소가 모두 중시되며 내담자가 치료과정에서 안정감을 느낄 수 있는 허용적인 분위기를 조성해야 한다. 또한 음악치료의 음악적 도구를 제외한 기타 오브젝트는 생략하는 편이 좋다.

(4) 연극치료
① 총회기 구성방법

연극치료 과정은 '처음-중간-끝'으로 이어지는 흐름을 형성하며 일상과 극적현실의 경계를 넘나든다. 총회기가 전개되는 과정 안에서 치료사는 내담자와 관계를 형성하고 진단평가를 통한 치료목표 설계가 필수적으로 이루어진다. 내담자는 연극적 방식의 자기탐색을 통한 이해, 자기고백을 통한 인정, 자기인식의 직면 과정을 겪으면서 변화하며 연극치료 과정 내에서 회복훈련이 이루어진다.

연극치료는 총회기를 구성함에 있어 치료기간과 치료목표, 그에 따른 치료활동을 구성하게 되는데, 이 과정에서 치료사는 왜why, 무엇을what, 어떻게how, 어디에서where, 누가who에 맞는 근거 있는 목표설정이 이루어져야 한다. 이에 제닝스S. Jennings는 연극치료를 시작하기에 앞서 집단의 전체 목적을 명확히 해야 함을 강조하며 집단의 유형과 초점을 살펴 유형별 목적을 명료화한 뒤 치료활동을 구성할 것을 권고하고 있다. 에뮤나R. Emunah는 드라마치료 과정을 촉진하는 5단계의 통합모델을 제시하였으며, 이는 치료의 발달과정을 나타내는 것으로 극 놀이, 장면작업, 역할놀이, 절정연기, 극 의식 단계로 전개된다.

[그림 1-11] 연극치료의 극적 발달단계

　연극치료는 예술을 창조하는 것이며 움직임, 소리, 말과 시각적 이미지에서 생산되는 연극적 활동을 통해 진행된다. 연극치료의 진단평가는 개인의 역할체계를 분석하는 역할 체크리스트와 이야기 진단법TAS, 즉흥극, 여섯 조각 이야기 등 역할분석 체계와 극을 활용한 투사적 심리검사를 시행하고 있으며 치료과정에서 연극놀이, 조각상, 즉흥극, 역할극, 치료공연 등 극적 형식의 다양한 체험들을 제공하고 있다. 연극치료는 대표학자별 치료 모델 및 기법이 개발되어 있으며 역할이론에 입각한 랜디R. Landy의 심리극 기법과 투사 기법, 제닝스의 EPR 모델, 존슨D. Johnson의 DvT 모델이 대표적이다. 치료공연은 일반적인 공연의 제작 과정과 유사한 절차로 진행되지만, 내담자의 욕구를 구체화하여 극화하고 이를 시연한 뒤, 극과 역할로부터 빠져나오도록 하는 것이 중요하다.

　② 단일회기 진행방법
　연극치료는 단일회기를 진행함에 있어 '회기의 구조화'를 제시하고 있는 것이 특징이며 치료대상, 시간, 기관의 특성, 치료목적의 구조화를 강조한다. 랜디R. Landy에 따르면, 연극치료의 단일회기는 '웜업-행동화-마무리' 3단계로 진행되며 연극치료 회기는 내담자군의 특성, 치료사의 진행스타일, 치료적 환경의 요구, 기법의 영향력, 치료목표의 요인들을 모두 고려하여 운영하는 것이 중요하다. 제닝스는 성공적인 회기가 모두 '처음-중간-끝'의 구조를 지니고 있음을 언급하며 사전 계획의 중요성을 강조하였다. 구조가 갖는 가장 큰 이점은 융통성에 기인하며 '시작-발전-마무리'의 진행과정은 적절한 시간 안배를 통하여 구조적으로 진행되어야 한다.

[그림 1-12] 연극치료 회기의 구조화

회기 시간은 치료형태에 따라 다르지만, 보편적으로 1시간 30분 이상이 이상적이며 정서적, 정신적 준비활동인 웜업으로 시작해 극적인 작업을 진행한 뒤에는 초점을 맞춘 감정들의 개인화, 자기화 작업이 필수로 이루어져야 한다. 이러한 마무리 작업은 극적 활동으로 인한 새로운 통찰을 통합하는 과정으로 치료의 핵심 구조로 작용한다. 존스P. Jones는 매우 구조화된 회기로 치료를 시작하되 순간순간의 자극에 따라 유연하게 변화할 수 있어야 함을 강조하며, 연극치료의 기본 구조를 '웜업-초점 맞추기-본 활동-마무리와 역할 벗기-완결'의 5단계로 제시하였다.

존슨의 발달변형 모델DvT은 놀이공간에서의 체현된 만남을 의미하며 회기의 구조는 '놀이공간'과 '몸'으로 형성된다. 놀이공간은 상해에 대한 제한, 연기자 상호 간의 동의, 가상과 현실이 동시에 소통하는 모순된 대화의 구성원리를 지니고 있다. DvT 회기는 즉흥으로 진행되며 극적 개입이 자유롭게 이루어진다는 특징을 지닌다. DvT는 놀이공간 내 '목격의 원'을 설정하여 극과 분리를 자유롭게 오갈 수 있도록 구조화하였고, 회기의 마무리 과정에서 언어적 성찰을 요구하지 않는 차별화된 구조를 형성하고 있다.

(5) 무용 · 동작치료
① 총회기 구성방법
무용 · 동작치료의 가장 일반적인 구조는 '초기-중기-말기'로 이루어진다. 할프린D. Halprin은 게슈탈트 심리치료에 근거한 동작중심 표현예술치료의 전개과정을 발견Identification, 직면Confrontation, 해소Release, 변화Change, 성장Growth의 5단계로 제시하며, 자각수준을 신체적, 정서적, 정신적 몸의 자각으로 구분하였다.

[그림 1-13] 할프린의 총회기 운영구조

무용 · 동작치료는 신체활동을 통해 개인의 정체성을 확립하고, 사회와 연결짓는 방식을 동작을 통해 발견하게 하는 목표가 있다. 치료목표 수립에 있어 신체의 동작을 객관적으로 평가하는 것이 중요하므로 무용 · 동작치료에서는 개인의 신체동작을 객관적으로 분석하는 라반R. Laban의 동작분석법LAM, 케스틴버그J. Kestenberg의 동작 프로파일KMP 등의 진단도구가 활용되고 있다. 구체적인 치료활동은 체이스M. Chace, 화이트하우스M. Whitehouse, 스쿠프T. Schoop, 호킨스A. Hawkins, 에반B. Evan 등 대표 선구자들의 방법론에 기반한다. 체이스의 반영

기법, 화이트하우스의 진정한 동작, 라반의 에포트 등이 그 예이다. 상징을 중요시하는 체이스의 방법론은 정신의학에 근거하여 동작의 시각적, 감각적 인식을 목표로 하며 화이트하우스는 직관적인 접근법을 강조하여 무의식을 의식화하는 것에 집중한다. 스쿠프는 내면의 갈등을 유머있는 회기경험을 통해 탐험하고, 인본주의에 근거한 호킨스의 방법론은 사고와 느낌을 풍요롭게 표현할 수 있도록 창조적인 신체활동을 촉진시키는 것이 특징이다. 이처럼 무용·동작치료는 각기 다른 이론을 근거로 하는 선구자별 방법론에 따라 치료목표와 대상별 접근방식이 상이하다.

② 단일회기 진행방법

무용·동작치료는 주로 원형 그룹의 형태로 진행된다. 체이스는 원형 그룹형태를 선호하였는데 원의 구조는 심리적, 공간적 거리가 모두 동일한 구조로 그룹의 역동성이 강하게 일어날 수 있으므로 무용·동작치료를 위한 기본 구조로 적합하다. 보편적으로 대부분의 무용동작치료는 체이스가 제시한 '준비-주제발달-종결' 단계에 따라 진행된다. 준비단계는 집단원이 원의 형태로 서서 무용을 위한 동작을 준비하는 과정이다. 주제발달 단계에서는 동작을 명료화하고, 종결단계에서는 다시 원으로 서는 구조로 돌아와 치료에 대한 마무리가 이루어진다.

[그림 1-14] 무용·동작치료의 원형 그룹형태

화이트하우스의 회기는 심층작업을 위한 준비단계, 비구조적 치료환경의 제공, 적극적 명상과 치료사 개입, 진정한 움직임, 전체성으로의 통합단계로 이루어진다. 화이트하우스는 무용·동작치료에서 내담자 스스로가 자신의 생각과 느낌을 자유롭게 표현할 수 있도록 음악을 활용하기도 하였으며 진정한 움직임을 통해 표현할 수 있는 비구조적 환경을 강조하였다. 이 외에도 할프린은 체크인과 체크아웃 사이에 내향화 작업과 외향화 작업을 도모하는 무용치료 과정을 제시하였고, 호킨스의 회기는 주의집중이 가능한 호흡법과 움직임을 시작으로 이미지에 따른 창의적인 움직임을 유도한 뒤 경험을 나누는 구조를 형성하고 있다.

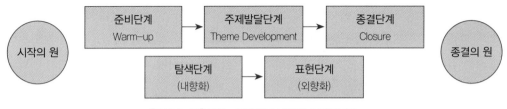

[그림 1-15] 무용 · 동작치료 단일회기 진행구조

무용 · 동작치료를 시행하기 위해서는 자유롭게 움직일 수 있을 만큼의 충분한 공간이 필요하다. 치료공간은 비밀이 보장되는 안전한 공간이어야 하며, 움직임을 중심으로 개인의 긍정적 변화를 도모하는 무용 · 동작치료의 특성상 움직임이 가능하도록 충분한 너비의 공간과 충격이 흡수되는 재질의 바닥이 준비되어야 한다.

(6) 문학치료

① 총회기 구성방법

문학치료는 총회기를 구성함에 있어 치료의 방법, 언어활동의 유형, 회기 등을 고려하여 회기를 구조화하며 글쓰기 활동이 반드시 고려되어야 한다. 독일 프리츠 펄스 연구소Fritz Perls Institute의 통합적 문학치료는 '테트라 시스템'이라고 일컫는 도입, 작업, 통합, 새 방향 설정 단계의 회기 운영구조를 제시하고 있다. 이와 같은 임상구조는 통합치료의 단일회기 진행구조로 제시되었으나 전체 치료기간에 따른 총회기 구성법으로도 동일하게 적용될 수 있다.

[그림 1-16] FPI 문학치료 총회기 운영구조

문학치료는 전체 치료목적을 명확히 설정해야 하며 언어활동의 치료적 기능과 목표를 고려한 구체적인 계획을 필요로 한다. 따라서 대목표, 중간목표, 회기별 주제, 세부 목표, 준비물 등 치료적 중재를 어떻게 할 것인지에 관한 구체적인 계획이 수립되어야 한다. 문학치료는 구체적인 치료목표가 존재하므로 독서토론 형식의 문학적 활동 또는 단순 책 읽기 활동과는 차별화된다. 문학치료의 진단평가는 자기서사 척도(자녀/남녀/부부/부모서사 척도)를 고유의 진단 체계로 개발하여 활용하고 있으며 치료과정에서 읽기, 쓰기, 말하기 등과 같은 언어매체를 활용한 다양한 체험들을 제공하고 있다. 구체적인 치료형태는 언어적 활동의 유형과 체험의 종류, 갈등의 유형에 따라 나뉘며 시치료, 독서치료, 이야기치료 등으로 구분된다.

쓰기형식의 치료활동은 크게 문학적 글쓰기와 비문학적 글쓰기로 나뉘며 문학적 글쓰기는 시적 글쓰기를 포함하고, 비문학적 글쓰기는 일상적 글쓰기와 창의적 글쓰기를 포함한다. 또한 글을 쓰는 형식에 따라 형식적 글쓰기와 자유 글쓰기로도 구분할 수 있다. 읽기형식의 치료활동은 독서치료가 해당되며 말하기형식은 드라마, 스토리텔링 등의 활동으로 운영될 수 있다. 이와 같이 문학치료는 기존의 문학을 사용하기도 하고 창조적인 글쓰기를 통해 자기탐색과 발견을 촉진시키는 과정을 제공한다.

② 단일회기 진행방법

문학치료는 매체활용법에 따라 단일회기를 운영하는 일정한 형식이 있으며 단일회기는 치료사의 준비작업(소개와 워밍업), 치료회기, 종료의 과정으로 진행된다. 치료회기의 상호작용은 '인지-탐구-병치-적용' 단계로 전개되며, 이와 같은 임상구조는 하인즈와 하인즈베리A. Hynes & M. Hynes-Berry가 제시한 독서치료의 상호작용 과정과 일치한다.

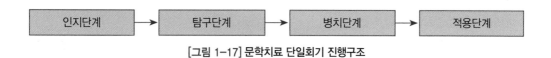

[그림 1-17] 문학치료 단일회기 진행구조

읽기를 매개로 하는 독서치료의 단일회기 운영은 회기준비, 자료선택 및 제시, 이해조성, 추후활동과 평가의 과정으로 운영된다. 이해조성의 단계에서는 치료사의 의도적 질문이 이루어지는데 질문의 양식은 전반적 인식을 돕는 질문, 이해 및 고찰을 돕는 질문, 기존 해결방법에 대한 다각적인 평가와 새로운 접근을 시도하는 질문, 자기적용을 돕는 질문을 구조화하여 발문한다.

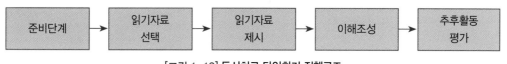

[그림 1-18] 독서치료 단일회기 진행구조

국내 통합적 문학치료는 페촐트H. Petzold가 고안한 테트라 시스템Tetra System의 기본 4단계 구조(도입, 작업, 통합, 새 방향 설정)에 치료체험 이후의 자기 변화과정을 일상의 삶과 연결 짓는 제5단계인 삶의 적용 및 실천단계를 추가하여 운영하고 있다.

[그림 1-19] **통합적 문학치료의 5단계 테트라 시스템**

문학치료는 통합적 문학치료, 독서치료 등의 세부 유형별 진행구조를 제시하고 있으나 앞에서 제시한 특정 진행방식의 임상구조를 따르지 않는다고 할지라도 일반적으로 도입, 문학적 활동(읽기, 쓰기, 말하기), 피드백의 과정으로 운영된다. 이처럼 문학치료는 텍스트를 읽고 느끼는 단계에서 자신의 언어로 쓰고, 말하는 단계까지 문학을 통하여 인식을 확장시키는 구조적인 과정을 제공한다.

(7) 영화 · 사진치료
① 총회기 구성방법

영화 · 사진치료의 총회기는 '초기-중기-말기'로 구성된다. 영화치료는 내담자의 증상 또는 집단의 주제에 따라 시기별 적절한 영화를 제공할 수 있어야 한다. 초기에는 개인의 경우 내면탐색 및 발견을 위한 기초작업으로부터 시작되어야 하며 집단회기의 경우 집단 응집력에 도움을 주는 영화를 선택해야 한다. 중기에는 영화를 통해 집단원들의 관찰 및 투사기제를 적용하며 말기에서는 문제해결책을 논의하고 일상에 적용하도록 촉진하는 것을 목적으로 운영된다.

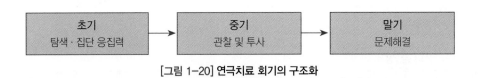

[그림 1-20] **연극치료 회기의 구조화**

치료목표와 치료활동은 영화 · 사진치료의 대표 선구자들이 제시하고 있는 방법론에 따라 운영되고 있다. 영화치료의 경우 볼츠B. Wolz의 방법론이 중심이 되며 사진치료는 와이저J. Weiser, 워커J. Walker, 마틴R. Martin, 할콜라U. Halkola 등 임상현장에서 활발히 활동하고 있는 사진치료사들의 기법들이 활용되고 있다. 영화 · 사진치료는 심리치료 과정에서 영화와 사진의 매체활용이 핵심이 되며 매체의 치료적 활용방안의 구조화를 이루기 위한 노력이 이루어지고 있다.

영화치료의 선구자 볼츠는 영화 속 등장인물과 내담자를 연결하는 '필름 매트릭스' 양식을 개발하였고, 지시적 방법, 연상적 방법, 정화적 방법의 감상영화치료 방법론을 제시한다. 이는 인지행동적 접근, 정신분석적 접근, 정서적 접근과 같은 심리학적 개념으로 살펴볼 수 있다. 동일한 영화도 시기별 목적과 접근방식에 따라 달리 활용될 수 있으므로 치료사는 치료목표에 부합하는 영화를 선정하는 것이 중요하다. 국내에서는 영화치료 시 유용한 나침반이 될 수 있는 '영화수첩'을 개발하여 영화치료 활동의 구조화에 기여하고 있다. 심영섭의 영화수첩에는 영화의 관람목표, 정보, 영화감상 및 관람의 주안점, 상담 대상층, 유용한 질문, 상담 후 연계활동, 과제 등을 상세히 적어 구조화된 치유적 활용법을 제시한다.

사진치료사 와이저는 사진치료기법을 이론적 양식과 상관없이 모든 심리치료자들에게 유용한 상호작용적인 기법이라고 소개하며 사진이 모든 심리치료와 상담현장에서 활용될 수 있음을 강조한다. 사진치료는 와이저의 사진치료기법, 워커의 비주얼기법, 할콜라의 스펙트로카드 등 유명 사진치료사가 제시하는 사진치료기법을 심리치료 과정 내 활용하는 것이다. 따라서 치료사가 준비한 사진을 바탕으로 투사적 사진치료를 진행하거나 자신이 찍거나 모은 사진을 활용한 치료활동이 이루어진다. 이처럼 사진치료는 심리치료 및 상담현장에서 주요 선구자들이 활용하고 있는 기법을 중심으로 적용되고 있다.

② 단일회기 진행방법

영화치료의 일반적인 과정은 치료를 위한 사전준비와 본 과정으로 나뉜다. 본 과정은 내담자의 이슈를 발견하는 것으로부터 시작되며 영화의 선정은 치료목적에 따라 내담자에게 필요한 영화가 선택되어야 한다. 또한, 영화감상 후 영화와 내담자의 연결고리를 찾는 다양한 질문 혹은 후속작업을 통해 치료적 의미를 부여해야 한다. 치료사는 영화감상 과정을 과제로 제시할 수 있으나 이는 생활 적용을 통한 치료효과 증대를 위한 목적이 있으므로 제안이 아닌 처방의 관점에서 이루어져야 한다. 한편 치료환경은 빛이 차단되고 음향스피커가 구비되어 영화를 상영할 수 있는 안전한 공간이어야 한다.

[그림 1-21] 영화치료의 단일회기 운영구조

사진치료의 투사적 기법은 사진을 선택한 뒤, 감상하고 사진과의 대화를 통해 현실적용 방안을 찾으며 피드백을 나누는 과정으로 운영된다. 또한 자기강화Empowering를 위한 사진치료는 탐색하기, 강화하기, 알아차리기, 나누기 과정이 적용되며 마틴의 재연 사진치료는 준비, 재연, 사진다루기, 작업하기, 나누기의 절차로 이루어진다. 사진의 활용은 기존에 있는 사진을 활용하거나 직접 찍은 사진을 활용할 수 있으며 다양한 질문 혹은 후속 작업이 필수적으로 이루어져 현실의 자신과 접목되는 치료적 의미를 부여해야 한다.

[그림 1-22] 사진치료 단일회기 진행구조

4) 예술치료의 실제

현재 예술치료 분야는 회기 운영구조 이론의 정립 여부와 교육적 차이가 존재하고 있음에도 불구하고 치료과정 구조화의 필요성이 인식되고 있으며, 현장 치료사 및 교육자들은 모두 형식적이거나 일상적인 구조를 형성하여 이에 근거한 실질적인 임상을 운영하며 프로그램 구성을 체계화하고 있다. 이 장에서 제시하는 예술치료의 임상체계는 단일예술치료와 통합예술치료의 임상구조가 형식적 구조에 기반하는지, 아니면 일상적 구조를 바탕으로 이루어지고 있는지를 나타내는 것으로 치료과정 구조화에 관한 이론적 근거와 적용 현장에서의 운영, 교육, 연구현황을 종합 분석하여 그 특징을 개념화한 것이다.

(1) 예술치료 임상구조의 운영체계

운영적 관점에서 예술치료 임상체계는 '임상의 형식적 구조' 혹은 '일상적 구조'에 근거하여 시행되고 있으며 각 분야의 예술치료 방법론이 적용되고 있다. 예술치료 고유의 임상구조 이론을 형성하고 있는 경우는 IT기반 통합예술치료와 통합적 문학치료가 대표적이다. IT 매뉴얼은 일곱 가지로 특화된 고유의 임상구조 이론과 방법론을 제시하고 있으며 통합적 문학치료는 테트라 시스템에 기반한 임상을 운영하도록 한다. IT기반 통합예술치료는 '단계별 소목표 세라트' '회기구조 옴카' '다면적 치료공간' '심리적 공간설계' '치료팀의 체계화' 등 기존의 예술치료 분야와 차별화되는 회기 운영구조 이론에 근거한 임상을 시행하도록 돕는 체계적 임상구조를 형성하고 있다. 반면 단일예술치료 분야는 치료사의 심리학적 배경에 따라 운영되거나 선구자 및 대표 학자가 제시한 특정 모델을 적용하는 경우가 보편적이었으며 상담과 심리치료의 기본 원리에 근거하여 예술치료기법을 시행한다. 각 분야별 예술치료 방법론은 회기 운영구조의 형식적 이론을 포함하고 있는 경우와 그렇지 않은 경우로 나뉘었으며 체계를 필요로 하는 분야에서도 '도입-전개-마무리'와 같은 일상적 구조에 근거한 자율적 임상체계를 형성하고 있다. 이처럼 예술치료 분야는 회기 운영구조에 관한 이론 정립과 교육 여부와 무관하게 치료과정을 구조화하려는 노력을 지속하고 있으며 치료효과를 극대화시키려는 목적으로 다양한 예술매체를 통합적으로 활용하고 있다.

(2) 예술치료 임상구조의 교육체계

교육적 관점에서 예술치료 임상체계는 고유의 임상구조 이론과 방법론을 교육하는 경우와 특정 심리학 이론에 근거한 예술치료 방법론을 교육하는 양상으로 나뉜다. 통합예술치료의 교육현장에서는 IT매뉴얼의 형식적 구조 이론과 방법론을 강조한 교육을 시행하고 체험적인 실기 교육뿐만 아니라 임상실습과 슈퍼비전을 병행하는 체계적인 교육이 이루어지고 있다. 한편 단일예술치료 분야는 대체로 특정 심리학 이론에 근거한 예술치료 방법론을 교육하는 경우가 많고, 실습위주의 체험적 실기교육이 실시되고 있으며 임상구조에 관한 개념은 워크숍과 슈퍼비전을 통한 간접적 교육이 이루어지고 있다. 교육 및 임상현장에서 활동하는 예술치료 전문가들은 임상구조에 관한 체계적 이론교육의 필요성을 인식하고 있으나, 현재까지 국내 예술치료 교육은 대학원 이상의 고등교육기관, 학회, 협회, 연구소, 사설기관 등 다양한 기관에서 각기 다른 방법으로 시행되고 있다. 이는 표준화된 교육체계를 제공하지 못한 예술치료 교육의 한계점을 나타내며 일관된 임상교육을 제공하기 위한 노력이 요구됨을 시사한다. 표준화된 임상체계를 확립하기 위한 임상구조 이론의 정립은 추후 근거기반 예술치료 가이드라인 개발의 이론적 토대로 활용될 수 있을 것으로 생각한다.

(3) 예술치료 임상구조의 연구체계

연구적 관점에서 예술치료 임상체계는 대부분 임상의 전과 후를 비교하여 치료성과를 나타내는 사례연구가 주를 이루며 그 과정에서 임상구조에 관한 '고유체계'를 활용하는 방식과 기타 '보완 체계'를 차용하는 방식이 적용되고 있다. 각 분야의 예술치료 사례연구를 살펴보면, 임상구조에 관한 형식적 구조를 제시하는 소수의 경우를 제외하고는 구조화된 치료체계를 보완하기 위한 수단으로 임상의 일상적 구조를 적용하여 치료과정을 구조화하고 있다. 이는 구조적 임상운영의 중요성이 대두되고 체계화된 임상절차의 필요성이 제기되고 있으나 아직까지 임상구조를 주제로 하는 연구는 활발히 이루어지지 않고 있음을 단적으로 시사한다. 한편 통합예술치료는 IT매뉴얼을 바탕으로 임상운영의 구조적 특성을 분석하고 실험교육을 운영하는 등 임상구조에 초점을 맞춰 구조적 특성의 중요성을 제시하고자 하는 노력이 이루어지고 있다.

〈표 1-13〉 **예술치료 임상체계**

분석 범주	내용
운영체계	• 예술치료 고유의 임상구조 이론 및 방법론 운영 • 선구자 및 대표학자의 방법론 운영 • 심리학 이론적 배경에 따른 예술치료 방법론 운영 • 상담과 심리치료 이론 및 방법론 활용 • 다양한 예술매체의 복합적 활용
교육체계	• 예술치료 고유의 임상구조 이론 및 방법론 • 선구자 및 대표학자의 이론 및 방법론 • 심리학 이론에 근거한 예술치료 방법론 • 임상구조의 형식적 이론교육 • 임상실습의 체험적 실기교육 • 워크숍 및 슈퍼비전교육
연구체계	• 예술치료 고유의 임상구조 이론 및 방법론 적용 • 타학문 분야 구조 이론 차용 • 선행연구 임상운영 방법론 차용 • 임상의 형식적 구조 • 임상의 일상적 구조

3. 통합예술치료의 구조적 임상체계

1) IT매뉴얼의 차별화된 매력

IT기반 통합예술치료는 형식을 통한 지시적 임상체계를 구축하고 있으며, 이는 교육과 연구과정에서도 동일하게 적용되고 있다. IT기반 통합예술치료와 단일예술치료의 회기 운영구조를 비교·분석하여 개념화한 임상구조의 유사점과 차이점은 다음과 같다.

〈표 1-14〉 **단일예술치료와의 비교·분석을 통한 IT기반 통합예술치료 임상구조의 특성**

회기 운영구조		유사점	차이점
총회기 구성방법	치료기간	초반부-중반부-후반부	세라트 5단계 구성
	치료목표	대목표, 회기별 목표	증상개선목표 단계별 소목표 세라트
	치료활동	예술치료 모델 및 기법 예술매체의 복합적 활용	통합예술치료 모델 및 기법 매체활용의 구조화

단일회기 진행방법	진행구조	임상의 일상적 구조 (도입-전개-마무리)	임상의 형식적 구조 (옴카 구조의 적용하기 과정)
	치료환경	제1치료공간 (안전한 치료실)	제1치료공간 (배치와 셋업의 심리적 설계) 제2·3치료공간 (가정과 사회 공간의 구조화)

(1) 총회기 구성방법: 치료기간

IT기반 통합예술치료는 총회기 운영구조의 치료기간을 '초반부−중반부−후반부'로 구분한다는 점에서 단일예술치료와 유사점을 지니고 있으나 세라트CERAT의 소목표 단계를 세부적인 구조로 적용하고 있다는 점에서 차이를 지니며, 단일예술치료 분야는 보편적으로 '초기−중기−후기'의 일상적 구조를 적용한다. 통합적 문학치료는 총회기 구성의 자체적인 기준을 제시하고 있으나 기타 분야에서는 보편적으로 집단의 발전단계 또는 개인의식의 발달단계에 따라 총회기를 구성한다. 한편 IT기반 통합예술치료는 총회기의 치료기간을 단일예술치료와 유사한 3단계 구조로 구분하나 자체적인 이론에 맞춰 단계별 회기 구성을 도모하고 있다.

(2) 총회기 구성방법: 치료목표

단일예술치료 분야의 임상에서 특정 심리학적 이론은 치료목표에 영향을 줄 수 있으나 IT기반 통합예술치료는 자체적인 치료목표 설계안을 강조한다. 예술치료 분야는 보편적으로 대목표, 소목표, 중재목표, 치료목적, 회기별 주제 등 다양한 기준으로 각기 다른 목표설계를 시행해 왔으나 전체 치료목표를 이루기 위한 하위목표를 세분화하려는 유사한 시도가 이루어지고 있다. 이러한 현상은 치료목표를 구조화하려는 시도로 목표설계의 중요성을 나타내며 목표설계에 관한 체계적인 방법론이 보완되어야 할 필요성을 제시한다. IT기반 통합예술치료는 전체 치료목표인 대목표와 회기별 목표를 설정한다는 점에서 단일예술치료와 유사하나 세라트 이론과 내담자의 증상개선목표를 병치하여 차별화된 목표설계 방안을 제시한다는 점에서 차이를 지닌다. 이처럼 IT기반 통합예술치료는 개인의 의식발달과 더불어 행동적인 측면의 변화까지 다룰 수 있도록 돕는 치료목표에 관한 세라트 이론을 제시함으로써 구조적 임상을 도모한다.

(3) 총회기 구성방법: 치료활동

IT기반 통합예술치료와 단일예술치료는 예술이 지닌 고유의 특성을 살린 예술치료기법과 모델을 개발하여 치료적 활동을 지속하고 있으며 다양한 예술매체를 복합적으로 활용하려는 노력이 이루어지고 있다. 단일예술치료에서 매체는 각 분야의 핵심 도구이자 재료로 활용되며 치료활동은 선구자나 대표학자들이 제시한 특정 방법론에 따라 운영되는 양상이다. 반면 IT기반 통합예술치료는 일곱 가지의 고유 모델과 세부 기법을 제시함으로써 통합예술적 매체활용의 구조화를 이루는 특징을 갖는다. 또한 IT기반 통합예술치료는 인간의 유희본능을 충족시키기 위한 수단으로 '웃음카타르시스'를 추구한다. 심리학적 측면에서 카타르시스의 정화효과를 탐구하는 시도가 있으나 웃음에 관한 정화효과를 핵심이론으로 체계화한 분야는 IT기반 통합예술치료가 유일하다. 웃음카타르시스 이론은 정화효과의 원리로 울음이 아닌 웃음을 강조함으로써 카타르시스의 긍정적 요소를 부각시켰다. 세라트의 첫 단계에 카타르시스가 위치하며 치료 전반에 걸친 치료활동이 웃음카타르시스에 근거하고 있음을 이해한다면 IT기반 통합예술치료의 출발점과 목표점에 카타르시스 개념이 중시되고 있음을 파악할 수 있다.

(4) 단일회기 진행방법: 진행구조

대부분의 예술치료는 단일회기 진행구조의 이론 정립 유무와 무관하게 매회기 반복되는 치료과정의 절차에 따라 일련의 구조를 형성한다. 각 분야별로 지칭하는 용어의 차이는 있으나 기본적으로는 '도입-전개-마무리'와 같은 유사한 구조를 지니고 있으며, 이는 준비작업을 거쳐 예술치료의 핵심 활동을 시행하고 종결작업으로 마무리하는 형식이다. 음악치료의 경우 매체의 특성이 반영된 '헬로우 송'과 '굿바이 송'의 구조에 맞춰 임상이 진행되고 있으며 연극치료, 문학치료, 무용 · 동작치료 역시 대표학자가 제시하고 있는 회기의 진행구조에 기반하고 있다. 회기 진행구조를 명확히 제시하고 있지 않더라도 단일예술치료 분야는 보편적으로 일반 심리치료와 상담학의 기본 구조를 바탕으로 운영되며 시작과 끝을 알리는 상징적 의식Ritual은 임상의 일상적 구조를 형성하고 있으며 진행구조의 과정별 기능은 매체별 특성이 반영된다. 본 활동을 위한 악기탐색이 이루어진다거나 움직임을 위한 준비작업으로 신체이완이 요구되기도 하며 영화감상과 사진탐색 등이 그 예이다. 또한 본 활동에서 각 분야별 핵심 모델 및 기법을 적용하고 예술치료 회기가 단순한 예술체험에 그치지 않도록 치료적 마무리를 하는 종결작업이 중시되는 유사성이 있다. 반면, IT기반 통합예술치료는 단일회기의 구조적 운영을 도모할 수 있는 고유의 진행구조 체계를 구축하여 옴카 이론을 제시한다. 옴카는 '열기-만나기-닫기-적용하기'의 4단계 과정으로 진행되는 회기구조로서 옴카의 마지막 구조인 적용하기는 기타 단일예술치료의 진행구조에서 심화된 기능을 한다. '열기-만나기-닫기'의 3단계 구조는 단일예술치료의 진행구조와 유사하나 기능적 측면에서 다소 차이가 있다. 적용하기 과정은 치료실에서의 치료적 경험을 현실에 반영하여 사회적응을 도모하는 역할을 한다. 매회기 치료사는 내담자가 스스로 가정과 사회에 적용할 수 있는 화두를 제공함으로써 의식과 행동의 구조적 변화를 돕는데, 이는 현실접목을 위한 적용하기 과정으로 치료공간을 확장시키게 된다.

(5) 단일회기 진행방법: 치료환경

실제 임상이 이루어지는 치료실 환경은 조용한 분위기를 지닌 안전한 치료공간으로 공통요소를 필요로 한다. 하지만 IT기반 통합예술치료는 내담자와 치료사의 정서적 거리를 고려한 심리학적 공간배치와 셋업을 제안하며 내담자의 실제 생활영역인 가정과 사회로 치료공간을 확장한다는 점에서 차별성이 있다. 다면적 치료공간 이론은 치료실에서 경험한 긍정적 체험을 현실에 접목할 수 있도록 돕는 임상구조로 회기 진행구조 옴카의 적용하기 과정과 세라트의 적응 단계와도 연결되는 유기적인 구조이다.

2) 다양한 학문과의 융합

이 장의 핵심 개념인 예술치료의 임상구조는 임상체계 안의 행위자가 무엇을 하는지 명확하게 하는 질서를 확립하는 양식이다. 체계적 임상구조를 형성하고 있는 IT매뉴얼은 통합예술치료의 임상을 구조화하는 기준을 제공하며 형식을 통한 지시적 임상체계를 적용한다. 인접 학문 분야의 구조 이론은 IT매뉴얼의 구조적 특성을 설명하는 근거이론으로 작용하며 IT기반 통합예술치료의 체계적 임상구조가 지닌 기능을 뒷받침한다. 사회학, 문화인류학, 철학, 심리학, 정신의학, 상담학, 교육학의 구조 개념에 입각하여 살펴본 IT기반 통합예술치료의 구조적 기능은 다음과 같다.

〈표 1-15〉 IT매뉴얼의 근거이론과 구조적 기능

학문분류	핵심이론 및 개념	IT매뉴얼 구조
사회학	구조 개념 임상구조의 이론적 준거 제시	IT매뉴얼의 임상구조 이론 일곱 가지 특성
문화인류학	의례 과정과 구조 구조적 절차, 공간모델 (분리-전이-통합)	임상구조 8단계 진행절차, 세라트, 옴카 다면적 치료공간 제1·2·3치료공간

	치료의 의례적 특성 놀이공간, 지지환경, 디오니소스적 경험 (환상성과 예술적 표현)	치료공간 및 진행구조 제1치료공간, 옴카 예술치료활동 7모델 및 기법, 웃음카타르시스
철학/심리학		
정신의학/상담학	치료집단의 구조화 운영방식과 치료활동의 구조화 (치료과정의 구조화)	체계적 목표설계 IT진단/평가, 세라트, 증상개선목표 구조적 임상운영 7모델 및 기법, 옴카, 치료팀 구성, 치료 공간 구조화
교육학	시간적 규칙·구조 일상적 구조 형성, 시간 운영의 틀 (회기 운영구조)	총회기 운영구조 초반부, 중반부, 후반부 단일회기 운영구조 옴카

(1) 구조의 개념

인간의 정신세계와 사회를 바라보는 맥락 차원에서 구조structure는 구조주의, 실존주의, 현상학, 해석학 등과 밀접한 관계를 맺으며 발전해 왔다. 사회학의 구조 개념은 임상구조의 이론적 준거로 작용하며 IT매뉴얼의 구조적 형식을 뒷받침한다. 구조는 부분들의 상호관계가 전체를 이루는 것이며 구조 안의 행위자가 무엇을 하는지 명확하게 하는 질서를 확립하는 양식이다. 구조에 관한 개념은 예술치료 임상에 있어 매우 중요한 기능을 하며 효과적인 임상을 제공하기 위한 장치로 작용한다. 임상구조는 전체 치료목표를 이루기 위한 조직체계가 일정한 형태로 유형화되어 있는 것을 의미하며 부분 요소의 상호작용은 효과적인 치료결과를 가져올 수 있다. IT기반 통합예술치료는 형식과 절차가 구조적이고 행위 방향에 관한 예측가능성을 지니고 있는 체계적 임상구조를 형성하고 있다. IT매뉴얼의 일곱 가지 이론은 임상을 구성하기 위한 부분적 요소로 기능하며 각 이론의 유기적 통합은 임상과정 전반에 걸친 조직적 체계를 형성하여 보다 안전하고 일관적인 치료적 경험을 제공할 수 있다.

(2) 의례 과정과 구조

인류문명은 의례적 행위를 통해 영혼을 치유하며 발전해 왔다. 의례란 종교상의 의식절차를 포함한 제의적 의례, 규칙성을 지닌 의식적인 활동을 의미하며 문화적, 역사적, 종교적으로 형성된 인간의 의식적 행위이다. 민속학자 반 제넵(Van Gennep, 1960)은 분리separation, 전이transition, 통합incorporation의 내적 구조로 이루어진 통과의례의 보편적인 패턴을 이론화하였으며 각 단계를 이행하는 데 있어 특정 의례행위를 수행하며 통과한다고 주장하였다. 의례의 과정에서 공간 분리는 인간의 정체성 변화에 중요한 역할을 하며 통과의례의 전이단계는 전이 이전preliminal, 전이liminal, 전이 이후postliminal로 재구조화되어 의례의 공간모델로서 기능한다. 의례의 규칙성을 강조한 문화인류학자 터너(Turner, 1995)는 반 제넵이 전이단계라고 지칭한 '리미널리티liminality'에 초점을 맞추었는데 그에 따르면 리미널리티는 이도 저도 아닌betwixt and between 임계의 시기이다. 이 시기에 의례의 주체('문턱을 넘는 자')는 애매모호한 특징을 지니며 사회행동의 일반적인 양식에서 이탈한 시간과 공간에 존재하면서 이쪽에도 없고 저쪽에도 없는 혼돈을 겪는다. 그는 구조화된 사회적 드라마로서 의례의 극화 과정을 탐구하였으며 사회구조를 구조공동체structure와 탈구조공동체anti-structure의 연속적인 국면을 지닌 변증법적인 순환 과정으로 바라보았다(Turner, 1974). 의례의 잠정적 구조는 정상적인 관계성이 균열되는 단계, 균열에 뒤따르는 위기감의 고조 단계, 균열을 회복할 수 있는 행동을 요구하는 단계, 갈라진 관계들을 재통합하여 사회적으로 승인받는 단계를 거치며, 리미널리티는 기존의 구조를 벗어던지는 해체의 시기로서 카오스적 경험이 일어나는 과도기적 과정을 제공한다. 터너는 의례적인 의미의 리미널리티와 세속적이고 일상적인 생활에 존재하는 리미노이드liminoid의 개념을 구분함으로써 리미널리티의 본질을 놀이로 결부시켰으며 사회적 구조 어느 쪽에도 속하지 않는 탈구조공동체, 즉 커뮤니타스communitas의 개념을 제시하였다. 커뮤니타스는 리미널리티 단계에 머물러 있는 상황 혹은 그 공간을 의미하기 때문에 시간적·공간적 양식을 모두 포괄하는 상징적이고 일시적인 시기를 의미한다.

〈표 1-16〉 의례의 과정

1단계	2단계	3단계
구조공동체 structure	탈구조공동체 anti-structure	구조공동체 structure
전이 이전 preliminal	이도저도 아닌, 경계상황 betwixt and between, margin	전이 이후 postliminal
분리 separation	전이, 리미널리티, 커뮤니타스 transition, liminality, communitas	통합 incorporation

문화인류학적 관점에서 통합예술치료의 임상과정은 개인이 속한 사회와의 분리, 예술치료를 통한 변화, 사회로의 재통합 절차로 전개된다. 또한 회기진행구조 옴카는 제1치료공간으로의 분리와 제2·3치료공간으로의 재통합 과정을 매회기 반복하게 하는 규칙성을 지닌다. 그중 적용하기 과정은 분리와 통합의 유기적 관계를 순환시키는 구조로 작용한다. 이처럼 통합예술치료는 인간을 사회로부터 분리된 안전한 환경 속에 위치시키고 건강한 인격체

로 변화시켜 사회에 적응하도록 돕는 과정을 끊임없이 순환시키는 의례적 기능을 한다.

(3) 치료의 의례적 특성

전통적으로 치료적 행위는 예술의 상징적 의미가 중시되는 의례적 맥락 안에서 수행되어 왔다. 의례 과정의 전이현상을 설명하는 리미널리티와 커뮤니타스 개념은 정신분석학자 위니콧(Winnicott, 1971)이 제시한 중간영역transitional phenomena과 지지환경holding environment 이론과 연관된다. 그는 쾌락의 원리와 현실의 원리 사이에 존재하는 중간영역이 예술과 창조, 꿈을 상징하는 놀이의 영역으로써 작용한다고 주장하였다. 그는 환자와 치료자가 공존하는 놀이영역에서 심리치료가 발생한다고 보았으며 형태 없음의 영역에서 경험하는 창조적 놀이를 강조하였다. 치유의 시·공간을 제공하는 예술치료 과정은 커뮤니타스적인 지지환경을 제공하는 의례적 행위로 이해할 수 있으며 리미노이드와 중간영역의 놀이적 속성이 반영된다. 이처럼 예술치료는 커뮤니타스로의 해방을 경험하게 하고 활력을 되찾아 구조로 재복귀시키는 순환의 과정을 촉진시킨다.

역할전이가 일어나는 리미널리티와 중간영역은 놀이와 예술의 상징적 영역으로 작용할 수 있다는 점에서 유사한 기능을 지닌다. 치료가 필요한 대상은 보통 일상의 질서가 흐트러진 고통과 혼돈의 상태에 놓여 있다. 이러한 불안정한 상태는 치료과정에서 예술적 표현과 상징적인 의사소통을 통해 치유되며 치료과정의 의례적 절차를 통과함에 따라 질서와 안정을 회복하게 된다. 예술적 표현이 이루어지는 공간은 무질서 안에서 삶의 활력을 되찾아주는 치유의 공간이 된다. 결국 의례의 과정과 예술치료는 이전 상태에서 벗어나 원기를 회복하고 새로운 목적의식을 설정하는 변환된 상태로의 사회복귀를 지향하는 것이다. 이처럼 리미널리티와 중간영역은 이도 저도 아닌 다른 차원의 현상을 경험시킴으로써 개인의 치유적 변화를 이끄는 핵심 역할을 한다.

〈표 1-17〉 예술치료의 의례적 과정

치료 전	치료과정	치료 후
사회와 분리	치료공간, 놀이공간 리미널리티, 커뮤니타스 중간영역, 지지환경	변화된 상태로 사회 통합
고통, 혼돈, 불안정	창조적 예술표현, 상징적 의사소통	치유, 질서, 안정

철학과 심리학적 관점에서 디오니소스적 경험이 일어나는 리미널리티 단계는 위니콧이 주장한 중간영역과 그 맥락을 함께하며, 중간영역은 환상성과 예술성을 자극하는 놀이영역

으로 의례의 내적 구조와 유사한 기능을 지닌다. 지지환경을 제공하는 IT매뉴얼의 제1치료공간은 창조적 예술표현을 허용함으로써 디오니소스적 경험을 촉진시키며, 옴카의 만나기 과정은 창조성과 환상성이 발현되는 예술체험의 핵심구조로 작용한다. 웃음카타르시스에 근거한 7모델 및 세부기법은 혼돈상태에 놓인 개인의 카오스적 경험을 즐거운 예술체험으로 승화시키는 수단으로 활용된다. 이처럼 창조적 예술성을 촉구하는 디오니소스적 경험은 IT매뉴얼의 임상구조 내에서 안전하게 체험될 수 있으며 치료의 의례적 특성이 반영된다.

(4) 치료집단의 구조화

정신의학과 상담학에서는 임상의 운영방식과 체계를 조직하는 집단치료의 개념을 제시한다. 얄롬(Yalom, 1995)에 따르면, 치료집단의 구조화는 치료목표와 과정, 내용과 절차를 어떻게 구조화하여 운영할 것인가에 관한 지표를 제시하는 것으로 행위의 방향이 예측 가능하다는 점에서 집단구성원에게 구조화된 경험을 제공할 수 있다. IT기반 통합예술치료는 체계적 목표설계를 위하여 IT진단/평가, 세라트, 증상개선목표의 개념을 제시하고 치료목표에 적합한 치료활동을 회기 진행구조 옴카에 맞춰 운영할 것을 강조한다. 정신의학과 상담학에서 제시하고 있는 치료집단 구조화의 기능은 통합예술치료 임상구조에 동일하게 적용되며 IT매뉴얼은 상담이나 심리치료과정에서 제시하고 있지 않은 치료팀 구성 및 다면적 치료공간의 개념까지도 구조화하여 체계적 임상구조를 형성하고 있다.

(5) 시간적 규칙 · 구조

교육학의 교수학습이론에 준거한 수업체계는 일정한 운영구조와 규칙성을 지닌 수업모형을 토대로 구조화된 수업을 제공한다. 수업의 일상성 또는 수업의 일상적 구조는 평소 수업환경에서 제공하는 반복적 행위 조건, 즉 반복적인 수업의 일상적 유형이 구조체계를 이루고 있음을 나타낸다. 수업조직은 시간적인 연속성을 지닌 여러 개의 구성 부분으로 나뉘며 각 부분은 전체를 구성함에 있어 각기 다른 기능을 한다. 교육자가 특정한 수업모형의 이론적 틀을 적용하지 않는다고 할지라도 수업은 일상적 구조를 형성함으로써 '도입−전개−마무리' 3단계로 진행되는 것이 보편적이다. 구조화된 수업모형은 다소 형식적인 느낌을 줄 수 있지만, 교육목적에 따른 체계적인 활동을 가능하게 하므로 보다 나은 수업성과를 제공할 수 있다는 장점이 있다. 시간적 규칙구조 관점에서 통합예술치료의 임상과정은 총회기를 초반부, 중반부, 후반부로 구성하고, 옴카 구조에 맞춰 단일회기의 시간을 운영하도록 구조화한다. 이처럼 IT기반 통합예술치료는 교육학의 수업조직 형태와 유사하게 시간을 형태 지어 운영하고 있으며 독자적인 구조 이론을 제시함으로써 체계적 임상구조를 통한 치료효과를 유도해 내고 있다.

현재 예술치료 분야는 단일예술치료에서부터 통합예술치료까지 매체활용의 범위를 확장하여 발전해 왔으나 표준화된 치료체계를 구축하고 과학적인 치료근거 마련의 과제를 보완하여야 할 위치에 있다. 실제 의학계에서도 표준화된 임상을 제공하고자 하는 노력으로 근거기반 임상진료지침 및 가이드라인을 개발하고 있으며 병원의 QIQuality Improvement팀은 의료체계의 객관적인 평가와 분석을 이행함으로써 의료 환경의 질을 관리하고 의료사고의 위험을 방지하고 있다. 민간자격제도로 운영되고 있는 국내 예술치료의 교육현황은 기관별 자격제도의 요건이 상이하다는 점에서 표준화된 교육체계를 구축하지 못한 실정이다. 임상효과의 수준편차를 줄이기 위한 방안으로 예술치료 분야의 표준화된 구조모델을 수립해야할 것이며 전 분야에 적용할 수 있는 일관된 교과과정을 개발하여 교육의 질을 향상시킬 필요가 있다.

예술의 치유적 속성은 활용 가치가 높으며 이에 대한 선호도 또한 증가하고 있는 추세이다. 예술치료가 단순 체험에 그치지 않고 정신영역의 전문분야로 기능하기 위해서는 국가차원의 제도적 활용이 이루어져야 하며 치료체계 표준화를 위한 예술치료 전문가들의 노력이 요구된다. 총회기와 단일회기의 운영구조를 제시하는 예술치료 임상구조 이론은 예술치료 분야의 치료체계를 통섭하는 이론적 기준으로 작용하며 일관된 교육체계 마련의 기본 자료로 활용될 수 있다. 또한 구조적 특성을 가진 통합예술치료 IT매뉴얼은 예술치료 임상교육의 보완 체계로 기능할 수 있을 것이다. 예술치료 임상구조 이론을 토대로 예술치료 가이드 라인이 개발되기를 기대하며 표준화된 치료체계 수립을 위한 방안으로 구조의 기능이 활용될 수 있길 바란다.

 참고문헌

최윤영(2020a). IT기반 통합예술치료와 단일예술치료 임상구조 비교 연구. 동덕여자대학교 대학원 박사학위논문.

최윤영(2020b). 통합예술치료를 위한 예술의 매체별 특성 연구. 한국예술연구, 28, 305-326.

홍유진(2018). 내면의 나를 깨우는 통합예술치료. 서울: 학지사.

Knill, P., Levine, E., & Levine, S. (2005). *Principles and Practice of Expressive Arts Therapy: Toward a Therapeutic Aesthetics*. London: Jessica Kingsley Publishers.

Turner, V. (1974). *Dramas, Fields, and Metaphors: Symbolic Action in Human Society*. New York: Cornell University press.

Turner, V. (1995). *The Ritual Process - structure and Anti-Structure*. New York: Aldine de Gruyter.

Van Gennep, A. (1960). *The Rites of Passage*. (Vizedom, M., Caffee, G. Trans.). Chicago, IL: University of Chicago press. (Original work published in 1909).

Winnicott, D. (1971). *Playing and Reality*. London: Tavistock Publications.

Yalom, I. (1995). *The Theory and Practice of Group Psychotherapy* (3rd ed.). NY: Basic Books.

제2장

통합예술치료
임상설계

최윤주

통합예술치료
임상실제

최근 들어 예술치료는 두 가지 이상의 예술매체를 통합적으로 적용하고 있으며, 이는 내담자의 증상과 치료적 요인을 충족하기 위한 발전적 양상이라 할 수 있다. 예술의 치유적 속성과 심리학 그리고 철학 등의 다양한 학문 분야를 아우르며 탄생한 통합예술치료는 치료과정을 안전하게 체계화하고 매뉴얼화하였다. 저자는 박사과정 중 통합예술치료의 체계적인 매뉴얼에 대한 관심이 높았으며 이를 깊이 연구하게 되었다.

예술의 치유적 힘은 저자의 삶을 완전히 바꿔놓았다. 그것은 배우였던 저자가 연극치료 석사를 거쳐 통합예술치료 박사학위를 취득하고, 대학에서 치료사 양성을 위한 강의를 하게 만들었다. 또한 통합예술치료사로서 임상현장을 지키는 데 원동력이 되고 있다.

연극치료사와 통합예술치료사, 각각의 역할로 프로그램을 설계하고 임상현장에서 치료를 직접 진행했던 저자는 통합예술치료가 구조적으로 체계화가 잘되어 있음을 경험하였다. 그리고 그 순간, IT매뉴얼 시스템이 갖는 특징이 도대체 무엇이기에 치료사는 안정감을 느끼고 내담자는 예술의 치유적 힘을 최대치로 경험하며 변화되는 것인지 궁금증이 연구 동기로 발현되었다.

이 장에서는 통합예술치료 IT매뉴얼의 일곱 가지 개념을 설계적 요소와 운영적 요소로 구분하여 각 개념의 특성을 살펴보고자 한다. 나아가 실제 IT매뉴얼에 근거하여 통합예술치료 프로그램이 설계되는 과정과 그 결과를 소개하고자 한다.

1. IT매뉴얼은 건축이다

단일예술치료에서 통합적 접근을 시도하는 것은 매우 진보적인 현상이다. 통합예술치료의 IT매뉴얼은 내담자의 성향과 증상 그리고 욕구에 따라 다양한 예술매체를 균형 있게 통합하는 것을 지침으로 한다.

예술치료의 진정한 회복은 치료사가 고치는 치료의 과정이 아니라 내담자 스스로가 능동적으로 변화되어 낫게 되는 치유의 과정으로 완성된다. IT매뉴얼의 기저에는 '웃음카타르시스'가 있으며 내담자의 자발적 참여를 중요시한다(홍유진, 2018). 웃음은 사회적 행동이며 하나의 소통 수단이다. 일부 심리학자들은 웃음이 내담자에게 기능부전의 행동패턴을 수정하게 하는 동시에 바람직한 행동에 대한 정적 강화의 기능을 한다고 말한다.

웃음카타르시스를 유발하는 IT매뉴얼은 크게 일곱 가지 범주로 개념화되어 있고, 각 개념은 서로 밀접하게 연결되어 있다. 저자는 IT매뉴얼의 구조적 특성에 따라 일곱 가지 개념을 설계적 요소와 진행적 요소로 구분하여 설명하고자 한다. 설계적 요소는 프로그램을 설계하는 데 필수적으로 고려해야 하는 개념들이며, 진행적 요소는 치료사가 회기를 운영할 때 필요한 개념들이다.

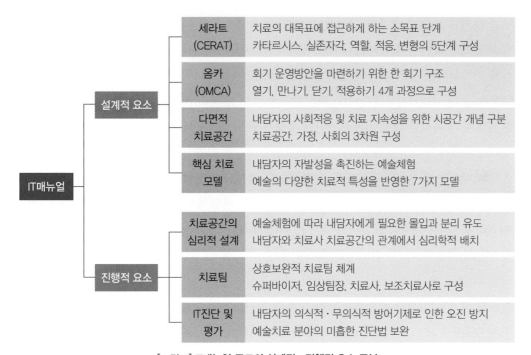

[그림 1] IT매뉴얼 구조의 설계적 · 진행적 요소 구분

1) 흔들리지 않는 내진설계

설계적 요소인 세라트CERAT와 옴카OMCA, 다면적 치료공간과 핵심 치료 모델은 내담자 맞춤형 프로그램을 설계하는 데 뼈대가 되는 중심 요소이다. 대부분의 예술치료는 전체 회기를 초반부, 중반부, 후반부로 구분한다. 통합예술치료 역시 라포형성 및 감정표출을 돕기 위한 초반부와 내담자가 자신의 현실 및 역할을 자각하는 중반부 그리고 변화된 모습으로 관계를 증진하고 사회에 복귀하도록 돕는 후반부로 나누어 설계한다. 그뿐만 아니라 통합예술치료는 "인격의 변형을 통한 재탄생"(홍유진, 2018)을 이루기 위하여 단계를 더욱 세분화하여 내담자에게 접근할 것을 강조한다. 총 다섯 단계로 이루어진 세라트가 그것이다.

세라트는 카타르시스Catharsis와 실존 자각Existence, 역할Role, 적응Adaptation 그리고 변형Transformation의 약자이며 통합예술치료의 소목표로 통용되고 있다. 통합예술치료를 연구한 이들은 각 단계가 갖는 특성이 유기적으로 기능하였을 때, 치료의 최종목표에 도달할 수 있다는 것에 입을 모은다.

첫 번째 단계인 카타르시스는 내담자의 부정적 감정을 자각하고 정화하는 데 목표가 있다. 이 단계는 웃음카타르시스를 활용하여 내담자의 부정적 감정을 정화시키는 것뿐만 아니라 긍정적 문제해결능력을 자각시키는 데까지 도움을 준다. 신경학적으로 볼 때 개인은 부정 정서를 느끼면 경계를 강화한다. 따라서 주위로부터 자신을 분리하고 보호하려는 의식 때문에 사고가 편협해지거나 자기중심적 행동을 하게 되는 것이다. 이러한 측면에서 정서를 자각한다는 것은 자신의 정서를 객관적으로 관찰하여 수용하고 안전하게 표현하는 데 도움을 준다. 자신의 마음을 이해하는 것만으로도 부정적 정서가 감소하여 감정에 사로잡혀 발생하는 과격한 행동이나 불건전한 행위가 줄어들게 된다.

치료회기에서 감정을 다룰 때 치료과정이나 맥락을 고려하지 않고 극적인 감정의 발산만을 강조해서는 안 된다. 내담자의 감정표현은 정서를 확장하고 통합하는 지표로서 바라보아야 한다. 간혹 치료사들은 카타르시스 단계에서 내담자의 부정적 감정을 표출하는 데에만 목표를 둔다. 감정의 표출이나 발산은 이전에 알지 못했던 감정을 발견할 때 또는 감정을 인정하고 수용함으로써 안도감을 느끼며 삶의 의미를 발견할 때, 인생에 대한 통찰력이 깊어질 때, 비로소 가치를 갖는다. 따라서 카타르시스 단계에서는 무엇보다 내담자가 스스로 자신의 감정을 탐색하고 이해하도록 도와야 한다. 그것은 궁극적으로 내담자가 자신의 외부적·내부적 요소의 균형을 이루도록 돕는 것이다.

그렇다면 카타르시스 단계에서는 반드시 부정적 감정을 제거하고 긍정적 감정만을 경험하도록 하는 것일까? 세라트의 카타르시스 단계의 특성에서 주목할 점은 내담자가 내면의 감정을 발견하고 그것의 원인을 자각하게 함으로써 정서의 변화를 촉구한다는 점이다. 치료대상에 따라 그에게 필요한 정서를 발견하게 한다. 즉 내담자의 정서 스펙트럼 확장을 도와서 내담자가 일상에서 필요한 다양한 감정을 경험하고 안전하게 표현하는 방안을 모색하게 하는 것이다. 부정적 정서는 인간 생존의 필요성에 기인한다. 그것은 제거되어야 할 해로운 독소가 아니다. 오히려 슬픔이나 분노 같은 감정이 드러나 자기에 대한 내적 감각을 변화시킬 때 개인은 비로소 힘을 발휘할 수 있다. 또 이러한 변화에 따라 자신의 감정을 수용하고 새로운 신뢰와 강점 그리고 환경과의 접촉으로 나아가게 된다(Greenberg et al., 2003). 이러한 측면에서 감정에 주의를 기울이게 하는 카타르시스 단계는 매우 중요한 단계라 할 수 있다.

치료에 참여하는 내담자들은 대개 실존에 대한 문제를 안고 있다. 따라서 어떠한 유형의 대상이라 하더라도 실존자각의 중요성을 간과할 수 없다. 내담자가 호소하는 실존적 문제는 삶의 문제를 회피하기 때문에 발생하는 것이다. 실존자각 단계는 내담자로 하여금 객관적 자기이해와 타인이해 그리고 존재로서의 가치를 깨닫게 한다. 또 내담자에게 긍정적 자기 발견의 기회를 제공함으로써 자기 발견의 욕구를 증진시키고 변화된 모습을 지속하고자 하는 의지를 고양시킨다. 실존적 삶을 산다는 것은 개인이 자신의 욕구와 현실을 외면하지 않고 수용함으로써 잠재적 가능성을 실현하는 것이다. 그리고 타인이나 사물을 본연의 모습으로 바라볼 수 있는 내적·외적 균형을 이룬 상태라 할 수 있다. IT매뉴얼이 실존자각 단계를 통하여 실현하고자 하는 것은 내담자가 자신에 대한 왜곡된 인지를 수정함으로써 객관적 자기이해를 하게 하는 것이다. 그뿐만 아니라 트라우마 상황이나 갈등 상황으로부터 적절한 거리를 갖게 함으로써 주관적 관점에서 벗어나 비평적 관점을 갖게 하여 균형 잡힌 삶을 유지하게 한다. 내담자는 이러한 관점을 획득하였을 때 비로소 자신의 역할을 건강하게 수행할 수 있다.

카타르시스 단계와 실존자각 단계를 거치며 내담자는 균형 잡힌 정서 상태를 이루고 객관적 자기이해를 바탕으로 존재로서의 가치를 깨닫는다. 이후 진행되는 역할 단계는 내담자가 한 개인으로서 사회적으로 기능하기 위한 훈련을 시작하는 기점이다. 인간이 사회에 기여하기 위해서는 완전한 개인이 되어야 한다. 각자가 고유하고도 온전한 자신을 지키는 것이 사회에 가장 유용하게 공헌하는 것이다.

세라트는 자아의 완전한 발달을 이루도록 돕는 역할을 한다. 자아의 완전한 발달은 사회적 또는 집단적 행동의 일반적인 체계적 양상을 개인적으로 반추한다. 완전한 발달이란 사회적 행위를 하는 개인적 자아를 거쳐 집단의 일원으로서 타인과 함께 공존하는 사회적 자아를 이룬 상태라고 할 수 있다. 역할 단계는 자신의 역할을 적절하게 수행하도록 훈련하고 자기표현능력과 소통능력이 부족한 내담자로 하여금 타인과의 교류에서 주체자로서 역할을 취득하고자 하는 욕구를 고취시킨다. 이러한 의식은 적응 단계에서 더욱 확장되어 자신이 소속된 집단의 문화를 이해하고 공동체 의식을 갖게 됨으로써 구성원과의 소통능력이 향상되도록 돕는다.

세라트의 마지막 변형 단계는 개인의 인격체를 새롭게 변형시키는 것뿐만 아니라 그가 속한 집단의 긍정적 변화까지 이끌어 내고 내담자에게 이러한 변화를 자각하고 수용하게 한다. 이것은 치료가 종결된 이후에도 변화된 자기로서 살아갈 수 있는 동기와 그 방안을 스스로 모색하도록 돕는다. 즉 치료의 지속성을 높이는 결정적 요인이라 할 수 있다.

임상현장에서 치료를 진행하다 보면 실제로 세라트가 내담자 중심의 목표 지향적 프로그램을 설계하도록 돕는 것을 확인할 수 있다. 저자는 그 이유를 세라트 단계의 흐름이 개인의 성장 및 의식의 진화과정과 같은 맥락을 갖기 때문이라 생각한다. IT매뉴얼은 내담자의 부정적 감정 배출과 정서적 안정을 목표로 하는 단일예술치료에서 한 단계 나아가 실존적 삶을 영위할 수 있도록 돕는다. 더불어 적절한 역할을 수행하며 사회에 적응하게 한다. 무엇보다 변화된 자신을 인지하고 그것을 수용함으로써 구체적 미래를 설계하게 한다.

설계적 요소로 구분한 또 다른 개념은 회기 구조 옴카OMCA이다. 이것은 열기Opening, 만나기Meeting, 닫기Closing, 적용하기Application 네 가지 과정의 약어이다(홍유진, 2018). 치료사는 세라트 단계에 따라 증상개선목표를 수립하고 그것을 달성하기 위한 치료프로그램 운영방안을 옴카 과정에 기반하여 계획한다. 회기 구조 옴카 과정은 회기를 계획하는 데 있어, 그 과정을 임의로 변경하는 것을 지양하며 회기의 구조화를 강조하고 있다. 반면 음악치료의 경우에는 회기를 조직하는 통일된 구조는 없다. 그럼에도 많은 음악치료사가 기본적으로 도입 경험과 주된 경험 그리고 마무리 경험이라는 세 가지 순서로 회기를 구분하고 있다(Wheeler, 2015). 연극치료의 경우 일반적으로 웜업Warm up, 행동화Action 그리고 마무리Closing의 3단계로 구분되어(Landy, 1994) 음악치료와 유사한 형태이다. 연극치료의 구조화는 IT매뉴얼과 마찬가지로 필수적인 요소로 보일 수 있으나 학자마다 견해를 달리하고 있다.

한편 미술치료와 통합적 문학치료는 회기의 과정을 4단계로 구분하고 있다. 특히 통합적 문학치료에서는 그것을 테트라 시스템Tetra System으로 명명하고 있다(변학수, 2006; 채연숙, 2015). 통합예술치료의 회기 구조 옴카와 통합적 문학치료의 테트라 시스템 그리고 미술치료의 치료단계를 비교하면 〈표 2-1〉과 같다.

〈표 2-1〉 통합예술치료와 단일예술치료(문학, 미술)의 회기 구조 비교

No.	IT매뉴얼의 회기 구조 옴카		통합적 문학치료의 테트라 시스템		미술치료의 치료단계	
	명칭	설명	명칭	설명	명칭	설명
1	열기 과정	이완 및 라포형성 내적 동기 부여	도입단계	라포형성 감정공유	작업준비 단계	자기탐구 문제극복의지 다짐
2	만나기 과정	다양한 예술체험 어린자화상과 조우	작업단계	글쓰기 작업 피드백과 셰어링	내재화 단계	미술 작업을 통한 무의식 표현
3	닫기 과정	예술체험을 통한 자기분석	통합단계	타인과 자신의 인지적 통합을 통한 자기 객관화	창조 단계	완전한 몰입 문제와 거리두기
4	적용하기 과정	인지의 변화 현실접목을 위한 행동실천	새 방향 설정 단계	자신의 행동목표에 대한 새로운 방향 설정	검증과 수정 단계	체험과정에서 경험한 변화 점검

세 분야 모두 회기를 네 개의 범주로 구조화하여 진행한다는 측면에서 공통점이 있다. 그러나 각 과정의 목표나 적용되는 예술매체 그리고 치료사가 내담자에게 접근하는 방식에서 다소 차이를 보인다.

첫 번째 과정은 공통적으로 내담자의 준비를 돕는다. 그러나 옴카의 열기 과정은 내담자에게 내적 동기를 부여하는 것을 목적으로 한다. 반면 테트라 시스템의 도입단계는 내담자가 자신의 문제와 갈등을 집단에게 드러내는 것에 목적을 두고 있으며(변학수, 2007; 채연숙, 2015) 미술치료의 작업준비단계의 경우 내담자로 하여금 자신의 문제를 극복하겠다는 마음가짐을 만든다(신승녀, 2015). 회기의 시작에서 내담자의 마음가짐을 돕는다는 측면이 통합예술치료와 미술치료가 갖는 공통점으로 보이지만 그 이유를 자세히 살펴보면 다소 차이가 있다. 통합예술치료의 열기 과정은 미술치료와 같이 문제를 극복하겠다는 의지를 다지기 위한 마음가짐을 하는 것이 아니라, 신체와 마음 그리고 정신의 이완을 통하여 만나기 과정에서 자신의 내면과 마주하기 위한 마음의 준비를 하는 것이다. 즉 열기 과정은 내담자의 관점을 현실에서 치료공간으로 이동시키는 통로인 것과 동시에 예술체험에 대한 내담자의 저항을 예방할 수 있는 장치가 되는 것이다.

두 번째 과정은 세 분야 모두 내담자가 자신의 내면을 탐색한다는 공통점을 갖는다. 그만큼 이 과정은 각 분야의 특성을 잘 반영하고 있으며 서로 간의 차이가 뚜렷하게 나타나는 지점이기도 하다. 그들의 가장 큰 차이는 체험을 위하여 적용하는 예술매체에 있다. 통합예술치료의 만나기 과정에서는 내담자에게 다양한 예술매체를 제공한다. 그것을 결정하는 기준은 내담자의 성향과 욕구 등 단순하지 않다. 그러나 통합적 문학치료는 이때 글쓰기 작업을 하고 그에 앞선 도입 단계에서 음악과 미술 등을 활용한다. 미술치료 역시 내재화 단계에서 미술매체를 통하여 내담자에게 예술체험을 제공한다.

예술체험을 하는 내담자의 몰입과 인지에 대한 견해의 차이 역시 매우 크다. 통합예술치료의 만나기 과정과 미술치료의 내재화 단계에서 내담자는 몰입을 경험한다. 물론 이때에도 통합예술치료가 완전한 몰입을 유도하는 반면 미술치료에서는 완전한 몰입이 어렵다고 보는 소소한 차이는 있다. 그러나 통합적 문학치료는 내담자에게 잠시 휴식을 갖게 할 만큼 완전한 몰입을 제한하고 있어 분명한 차이를 보인다(변학수, 2006). 몰입뿐만 아니라 인지적 측면에서도 매우 다른 양상이다. 통합예술치료에서는 만나기 과정에서 내담자의 인지 및 자각이 일어나는 피드백 또는 셰어링을 지양한다. 앞서 말했듯이 내담자의 완전한 몰입을 저해할 수 있기 때문이다. 특히 내담자의 작업물에 대한 피드백은 더더욱 제한하고 있다. 그러나 통합적 문학치료는 개인이 작성한 글을 모둠별로 공유하고 내담자들 간에 피드백을 하게 한다. 그것이 서로에 대한 공감을 일으켜 역동적 분위기를 조성한다고 보았기 때문이다.

통합적 문학치료는 이 작업이 내담자 스스로 자신의 문제와 미적 거리를 유지하여 감정을 추스를 수 있도록 훈련하는 기능을 한다고 설명한다(변학수, 2006).

세 번째 과정은 자기이해를 다룬다는 점에서 옴카와 테트라 시스템이 공통적인 것으로 보인다. 그러나 내담자가 자기이해를 하는 방식에서 차이가 있다. 통합예술치료의 닫기 과정에서는 이전 과정의 예술체험을 통하여 내담자가 스스로 자기를 분석하게 한다(홍유진, 2018). 그러나 통합적 문학치료의 통합단계 경우 이전 단계에서 모둠별 활동을 하며 얻은 타인의 피드백과 자신의 이해를 통합함으로써 자기이해를 한다(채연숙, 2015). 통합예술치료와 통합적 문학치료가 비슷한 시기에 내담자를 인지상태로 유도하는 것과 달리 미술치료는 창조단계에서 내담자가 완전히 몰입을 이룬다고 설명한다. 이 단계에서 내담자는 자신의 작품이 자신으로부터 독립되어 존재하는 것으로 인식한다. 나아가 자신의 문제들과 거리를 형성할 수 있게 된다고 보았다(신승녀, 2015).

지금까지 세 분야가 크고 작은 차이를 보였다면 마지막 과정은 그 차이가 극명하게 드러난다. 그것은 치료과정에서 내담자에게 일어난 인지변화를 어떻게 다루는지가 서로 다르기 때문이다. 통합예술치료의 적용하기 과정은 내담자가 치료과정을 통하여 얻은 인지의 변화를 현실에 접목할 수 있도록 화두를 제시한다. 그것은 내담자로 하여금 변화된 모습으로 생활하도록 하기 때문에 개인적 차원의 변화가 아닌 사회적 차원의 변화를 실현하게 한다. 이것은 자칫 통합적 문학치료의 새 방향 설정 단계와 유사한 맥락으로 이해될 수 있다. 그러나 새 방향 설정 단계는 내담자가 자신의 행동 방향에 대한 새로운 목표를 세우는 데 그쳐 현실 접목에 대한 개념을 포함하고 있지 않다. 최근 통합적 문학치료에서 삶의 실천단계까지 부언하는 경우가 있다는 채연숙의 설명은 저자의 견해를 뒷받침한다(채연숙 외, 2015).

회기 구조 옴카의 적용하기 과정에서 제시되는 치료사의 화두는 비교적 구체적으로 이루어지며 통합예술치료의 다면적 치료공간에서 영향을 미친다. 다면적 치료공간은 세 가지 차원으로 구분되어 있다. 제1치료공간은 예술체험이 일어나는 회기 현장을 지칭한다. 제2치료공간은 내담자가 일상생활을 하는 가정을 지칭하고 마지막으로 제3치료공간은 내담자가 소속되어 있는 집단 또는 사회를 지칭한다(홍유진, 2018).

IT매뉴얼 기반 통합예술치료 프로그램을 경험하는 내담자들에게서 변화가 두드러지는 것은 적용하기 과정에서 주어진 화두로 인해 가능하다. 화두는 세라트 단계에 따라 개인적 차원에서 타인과의 관계로 확장되는 특성이 있다. 또한 동일한 단계라 하더라도 해당 회기의 증상개선목표에 따라 제2, 3치료공간에서 내담자 개인이 자신에게 또는 타인과의 관계에서 수행할 수 있는 형태로 유연하게 제시되어야 한다. 다만 그것을 실행하는 횟수나 시간 등에 제약을 두진 않는다. 이 과정에서 치료사의 화두가 내담자로 하여금 숙제로 느껴지거나 부담을 주지 않도록 유의하여야 한다.

이러한 측면에서 적용하기 과정은 IT매뉴얼 구조의 다면적 치료공간과 매우 밀접한 관계를 갖는다. 따라서 임상현장에서 다면적 치료공간을 고려하지 않은 화두가 제시될 경우 개인의 심리적·정서적 문제를 해소하는 일차원적 변화만 일으킬 뿐 사회적응으로 연결되기 어렵다. 더불어 치료사는 적용하기의 화두 또한 해당 회기의 세라트 단계와 증상개선목표를 달성하기 위한 하나의 과정임을 염두에 두어야 한다. 내담자가 치료과정에서 경험한 것을 일상의 다양한 상황에 적용할 수 있을 때 비로소 치료적 의미가 생긴다. 학습된 내용의 전이는 자동적으로 이루어지는 것이 아니다. 따라서 내담자들이 어렵게 확립한 안정된 정서와 행동이 일상생활에 부딪혀 원상태로 퇴행하지 않도록 치료과정에서의 변화된 인격을 유지하는 방안 또한 훈련이 필요하다. 통합예술치료 회기구조인 옴카의 적용하기 과정은 인지와 행동적 영역을 연결시키기 위한 치료과정의 하나로 정립된 것이다.

통합예술치료의 소목표인 세라트와 회기 구조 옴카에 따라 프로그램 설계를 완성하기 위해서는 통합예술치료에서 제시하는 7개의 핵심 치료 모델이 필요하다. 따라서 저자는 그것을 설계적 요소의 범주로 포함하여 살펴보고자 한다. IT매뉴얼은 다양한 예술매체를 균형있게 다룰 수 있도록 7개의 핵심 치료 모델을 제시하고 있다. 각 모델은 내담자의 성향과 욕구 등 다양한 근거를 기준으로 회기에 적용한다.

〈표 2-2〉 **통합예술치료의 핵심 치료 모델**

No.	모델 명	설명
1	카타르시스 모델	• 내담자의 부정감정 정화 및 IT진단 도구로 활용 • 웃음카타르시스 체험에 특화되어 구성
2	시간여행자 모델	• 내담자가 꿈꾸는 가상 우주세계 체험 제공 • 자존 향상과 실존의 소중함 인지 목적
3	역할 모델	• 사회복귀를 목적으로 자기이해 및 사회적응을 위한 다양한 역할과 기능 훈련
4	투사 모델	• 내담자의 증상과 성향에 따른 적절한 예술매체 적용 • 내담자 스스로 무의식 또는 욕구탐색 가능
5	가면아이 모델	• 내담자가 내면을 가면에 투사하여 현실과 가면 뒤 나를 관찰하게 함으로써 인지적 변화와 현실문제 자각
6	그림자 엿보기 모델	• 내담자의 자전 매체를 활용 객관적 자기이해 목적 • '내안의 나'를 알기 위하여 깨어남을 체험하는 과정
7	힐링드라마 모델	• 다양한 형태의 창작과 극작 그리고 예술 제작 행위를 기반으로 내면을 공개하는 힐링 의식

출처: 홍유진(2018), pp. 65-192.

카타르시스 모델은 내담자의 긍정정서 체험 또는 신체 활성화를 경험하게 한다. 신체적 긴장에는 반드시 심리적 긴장이 따른다. 이것은 반대로 신체적 긴장이 이완된다면 심리적 긴장 또한 이완되는 것으로 이해할 수 있다. 이러한 논리는 카타르시스 모델이 단순히 내담자의 신체적 긴장을 이완하게 하는 것뿐만 아니라 심리적 이완까지 도모하는 것을 뒷받침해 준다.

과거 경험으로 되돌아가는 것은 다양한 이성적·감정적 반응을 불러일으킬 수 있다. 그림자 엿보기 모델은 내담자에게 어떤 시점을 적용하여 체험하게 하느냐에 따라 그들의 인지와 자각이 다르게 나타나는 특성이 있다. 행복했던 순간들에 대한 기억을 활성화하는 것은 내담자에게 강한 자아감을 발전시킬 수 있다(Greenberg et al., 2003). 그림자 엿보기 모델의 과거 사진 기법은 내담자의 긍정적 자원을 발견하고 그것을 통하여 긍정적 자아개념을 형성하도록 고취시킨다.

인간은 개인과 집단의 서로 다른 것을 추구하고 자신에게 중요한 욕구가 무엇인지 알지 못할 때 삶의 균형이 깨지기 마련이다. IT매뉴얼의 시간여행자 모델은 내담자들로 하여금 개인과 사회의 욕구를 이해하게 함으로써 삶의 균형을 이루게 한다. 역할모델은 이야기의 주인공 외에 다른 내담자들 역시 타인 또는 관찰 기법을 통하여 자신에게 필요한 자각 및 인지가 일어나는 특성이 있다. 이것을 운영하는 치료사에게는 내담자가 갈등상황에 대한 이해의 초점을 어디에 맞추고 있는지에 따라 정확한 목적을 갖고 자아 및 타인 그리고 관찰 기법을 적절히 바꿔줄 수 있는 역량이 요구된다. 역할을 바꾸는 시점과 재시연해야 하는 장면 그리고 각자의 역할을 명확히 해 주지 않을 경우, 역할극 자체가 지루하게 반복되는 느낌을 주어 갈등상황에서 다루어져야 하는 주요 이슈가 흐려질 수 있기 때문이다.

2) 치료는 실전이다

IT매뉴얼의 구조 중 치료공간의 심리적 설계와 치료팀 체계 그리고 IT진단 및 평가는 치료사의 진행에 영향을 미치는 요소가 된다. 가장 먼저 치료공간의 심리적 설계 개념은 내담자의 몰입을 위하여 고안되었다. 이것은 다시 내담자와 치료사의 정서적·물리적 거리와 제1치료공간의 심리적 설계의 두 가지로 세분화된다. IT매뉴얼은 진행하고자 하는 활동의 성격과 참여하는 내담자의 성향에 따라 치료사와 내담자 간의 정서적 거리를 유연하게 사용할 것을 강조한다.

개인의 의식은 진공 속에 존재하는 것이 아닌 타인과 공유하는 문화적 가치관과 믿음 속에 얽혀 있는 상태로 존재한다. 따라서 치료사는 내담자와 일정한 거리를 두고 관계를 형성할 수 있어야 한다. 그렇지 않을 경우 내담자들의 예술체험을 방해하는 것뿐만 아니라 지나친 밀착으로 인한 역전이가 일어나거나 반대로 분리가 일어나 치료에 대한 저항을 야기할 수 있다. 치료사와 내담자가 서로 밀착적이면서도 경계를 유지하는 분리된 관심을 유지하는 것은 그들에게 있어 최상의 치료적 거리이다. 통합예술치료사가 치료공간의 심리적 설계 기능을 한다는 것은 이러한 거리를 유지한다는 것을 의미한다. 즉 치료사는 치료공간의 활용뿐만 아니라 그 안에서 내담자와 치료사의 심리적 거리까지도 설계하여야 한다는 것이다. 인간은 동물과 같이 자기만의 공간과 영역을 갖고 있어 자신의 영역이 침범된다고 느끼면 저항을 일으키기 마련이다. 이것은 자신을 보호하기 위한 무의식적 행동이다(Glass, 2002). 통합예술치료에서는 내담자의 성향에 따라 심리적 거리를 활용할 수 있어야 한다. 치료공간의 심리적 설계를 위하여 내담자와의 치료적 거리를 마련하고자 한다면, 내담자의 성향과 회기의 목표 등을 명확히 하여야 할 것이다.

통합예술치료사는 치료공간 내 모든 것을 심리학적으로 배치할 수 있어야 한다. 이것은 마치 연극에서 등장인물의 심리 또는 상황에 따라 무대의 좌측과 우측 그리고 중앙을 구분하여 극을 연출하는 것과 같다. 나아가 영상매체에서 피사체를 화면의 어느 곳에 위치하게 할 것인가를 인간의 심리적 관점에서 접근하는 것 역시 같은 맥락으로 볼 수 있다. 보조치료사와 치료사 간의 위치까지 고려하여 치료공간의 심리적 설계를 수행하여야 한다. 보조치료사와 치료사가 정면으로 마주하거나 나란히 위치한다면, 내담자로 하여금 치료사와 밀접하게 소통할 기회를 빼앗아 소외감 또는 박탈감을 느끼게 한다.

IT매뉴얼은 다양한 예술매체를 균형 있게 다루게 구조화되어 있다. 이것은 치료사에게 요구되는 역량이 확장될 수밖에 없음을 시사한다. 통합예술치료에서 치료사는 가능한 한 내담자의 에너지를 방해하지 않으면서 동시에 다양한 예술매체를 어려움 없이 다룰 수 있는 역량을 갖출 것을 염두에 두어야 한다. 만일 그것이 충족되지 못할 경우 치료사가 주관적 견해를 바탕으로 본인에게 수월한 매체를 적용하는 오류를 범할 수 있기 때문이다. 이러한 상황을 사전에 방지하기 위해 IT매뉴얼은 치료팀 체계를 구축해 두었다.

치료팀 체계는 슈퍼바이저와 임상팀장 그리고 실제 임상현장에서 치료를 운영하는 치료사와 보조치료사가 한 팀으로 구성된다. 이들은 내담자에 대한 이해와 목표설정 그리고 프로그램 운영방안까지 상호보완적으로 피드백을 주며 협력하는 체계로 운영된다. 특히 보조치료사는 임상현장에서 치료사의 회기진행을 돕는다. 하지만 필요한 경우 치료사의 지시에 따라 간단한 기법을 진행할 수도 있다. 치료사는 프로그램을 설계하는 데 있어 보조치료사의 활용 가능성을 반드시 염두하고 내담자에게 다양한 예술매체를 적용할 수 있도록 해야 한다.

단일예술치료 분야 역시 보조 인력을 치료에 참여시키는 경우가 있다. 대체적으로 그것은 집단을 대상으로 하는 경우이다. 그러나 해당 분야의 전공자가 아닌 인력이 참여되는 경우도 종종 일어난다. 또한 동일 분야임에도 불구하고 그 명칭이 서로 다르게 명명하고 있다. 보조치료사의 역할을 명확하게 제시하는 것은 통합예술치료가 단일예술치료와 차별화되는 또 다른 지점이라 할 수 있다.

예술치료에서 보고되는 한계점 중 하나는 예술치료의 특성과 속성을 반영하여 진행할 수 있는 내담자 진단법이 마땅치 않다는 점이다. 때문에 예술치료사들은 대부분 기존의 심리학 분야에서 개발된 검사 도구를 차용하여 연구의 결과를 입증하고 있다. 그러나 IT매뉴얼은 IT진단법을 고안하여 이 같은 한계를 보완하고자 하였다. IT매뉴얼에서 제안하는 진단법은 그것을 반영하여 하나의 회기를 구성할 수 있다. 이것은 인지적 상태를 요구하는 기존의 검사 도구들과 달리 그들의 무의식이 반영된다는 점에서 매우 효율적이다. 내담자들은 IT진단법을 경험하며 자신의 내면을 가감 없이 내보일 수 있다. 더불어 치료사는 그것을 객관적으로 진단 및 평가함으로써 내담자의 내면에 보다 깊이 접근할 수 있다.

지금까지 살펴본 통합예술치료 IT매뉴얼의 구조적 특성은 첫째, 인간의 인지적·행동적 그리고 심리적 발달 및 변화과정의 흐름에 맞춰 체계화된 통합예술치료의 소목표 세라트를 들 수 있다. 둘째, 내담자가 변화된 인격체로 사회에 적응할 수 있도록 특화되어 있다는 점이다. IT매뉴얼의 일곱 가지 개념 중 이와 관련한 것은 회기 구조 옴카의 적용하기 과정과 다면적 치료공간이 있다. 더불어 세라트의 적응 단계까지 통합예술치료는 다각적 차원에서 내담자의 사회적응을 도모한다. 셋째, 모델 및 기법을 개발함으로써 치료사가 다양한 예술매체를 균형 있게 다룰 수 있도록 돕는 점이다. 이것이 통합예술치료가 단일예술치료뿐만 아니라 그들이 시도하는 통합적 접근과도 분명하게 차별되는 지점이다. 넷째, 내담자의 몰입을 극대화하기 위하여 치료공간을 심리적으로 설계하는 점이다. 이것은 내담자와 치료사의 물리적·정서적 거리에서부터 치료공간의 심리학적 배치까지 아우르고 있다. 다섯째, 내담자에게 양질의 프로그램을 제공하고 치료사의 객관적 관점을 유지하기 위한 상호보완점 치료팀 체제를 갖추었다는 점이다. 그중에서도 단일예술치료와 차이점은 보조치료사의 참여를 지향하며 강조하고 있다는 점이다. 마지막으로 회기운영 방안의 하나로 내담자를 진단 및 평가할 수 있는 진단법을 제시하고 있다는 점이다.

2. IT매뉴얼 기반 프로그램을 설계하다

IT매뉴얼 구조의 임상적 이해를 위해서는 프로그램 설계부터 내담자의 반응 및 변화 그리고 치료사의 역할까지 다각적 측면에서 분석되어야 할 필요가 있다. 이를 위해 최윤주(2019)의 「통합예술치료 IT매뉴얼의 구조적 특성 연구」에서 주부신경증 집단을 대상으로 한 사례를 바탕으로 통합예술치료 프로그램 설계 과정을 소개하고자 한다.

1) 내담자를 향해 내딛는 첫걸음

통합예술치료 프로그램의 설계과정을 순차적으로 살펴보면, 치료사가 내담자와의 초기면담 등을 바탕으로 증상개선목표를 수립하고 그것을 세라트에 기준하여 각 회기목표로 대입한다. 이후 설정된 목표를 달성하기에 적절한 모델 및 기법으로 각 회기의 옴카 과정을 계획한다. 보다 상세하게는 각 회기에 대입된 증상개선목표를 달성하기에 적절한 모델 및 기법을 고려하여 회기 구조 옴카의 만나기 과정을 계획한다. 만나기 과정은 해당 회기의 증상개선목표를 달성하기 위해 필요한 내담자의 인지 및 자각이 무엇인지 고려하여 그것을 실현시키기에 적절한 모델 및 기법을 적용하여야 한다. 열기 과정은 만나기 과정을 우선 계획한 후 그것을 돕기 위한 활동으로 구성된다. 회기의 흐름이 유기적이지 않거나 유연하지 않을 때에는 대게 이 과정에서 문제가 있다.

치료사는 프로그램 설계를 완성하기에 앞서 다음의 세 가지를 점검하여야 한다. 첫째, 다면적 치료공간을 고려한 프로그램의 설계여부이다. 앞서 저자는 통합예술치료가 단일예술치료와의 차이점으로 다면적 치료공간을 꼽았다. 특히 이것은 내담자의 사회적응을 위하여 특화되어 있으며 주로 회기 구조 옴카의 적용하기 과정을 통하여 이루어질 수 있다. 따라서 적용하기나 회기 전체의 목표가 다면적 치료공간을 고려하여 계획되어 있는지 확인할 필요가 있다. 둘째, 다양한 예술체험 제공의 여부이다. 이것은 설계된 프로그램이 내담자의 다양한 예술체험을 장려하고 있는지 점검하는 것으로 통합예술치료의 근본과 맞닿아 있다. 마지막으로 내담자가 신체에너지를 유기적으로 사용하도록 설계되었는지 점검하여야 한다. 만일 프로그램 점검 과정에서 이 세 가지 기준이 충족되지 않는다면 옴카 계획 과정으로 돌아가 오류가 있는 부분을 수정함으로써 프로그램을 완성시킬 수 있다.

IT매뉴얼에 근거한 프로그램 설계과정이 매우 과학적이고 체계적임을 확인할 수 있는 것은 프로그램 설계과정을 역으로 검토할 때이다. 프로그램 설계과정을 역으로 살펴보면 다음과 같다. 가장 먼저 한 회기에 적용된 모델 및 기법이 옴카 과정 안에서 유기적으로 연결되고 있는지 검토한다. 나아가 그것들이 해당 회기의 증상개선목표를 완화시키기에 적절한지 검토하고 그 증상개선목표가 세라트 단계의 특성에 따라 적합하게 설정되었는지를 검토하는 것이다. 마지막으로 이렇게 검토된 각 회기가 서로 유기적으로 관계 맺고 있는지 점검한다. 이것은 결국 전체 프로그램의 타당성과 적절성을 점검할 수 있는 것이다.

프로그램을 순차적으로 설계한 후 그것을 역순으로 검토하는 과정은 반드시 필요하다. 그것이 단순히 프로그램이 내담자 맞춤형으로 설계되었는지 검토하는 것 이상의 의미를 갖고 있기 때문이다. 프로그램을 역순으로 점검하는 과정에서 치료사는 본인의 주관적 개입을 배제하고 객관적 · 중립적 태도로 프로그램을 구성하였는지 점검할 수 있다. 즉 치료사로서의 자기 역량을 스스로 평가하는 것이고 이를 통해 치료사가 성장할 수 있는 것이다.

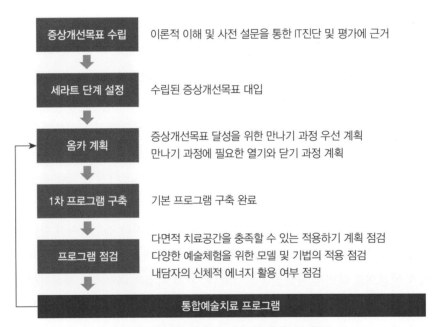

[그림 2-2] 통합예술치료 프로그램 설계 프로세스

2) 자아의 발달을 위한 두 걸음

프로그램 설계 진행단계에 따라 보다 구체적인 과정을 살펴보면 다음과 같다. 가장 먼저 증상개선목표의 수립은 IT진단 및 평가, 문헌연구, 치료사의 임상적 경험 그리고 내담자와의 초기 면담 등을 통하여 수립할 수 있다. 이때 치료사가 가장 주의 깊게 고려하여야 하는 것은 내담자가 직접 호소하는 주 호소 문제이다. 문헌자료는 치료사가 내담자의 증상에 대한 일반적 이해를 하는 데 도움을 주고 대상에 대한 폭넓은 이해를 확보하는 데 도움을 준다. 그러나 그것이 실제 임상현장에서 마주하는 내담자에게서는 나타나지 않을 수 있다. 때문에 내담자 맞춤형 프로그램을 구성하기 위해서는 실제 내담자들에게 초점을 맞춰 보다 세심한 접근이 필요하다. 따라서 통합예술치료 프로그램 설계과정에서는 내담자들이 직접 호소하는 증상이 우선적으로 고려되어야 한다.

증상개선목표 수립과정에서 치료사는 내담자의 심리적·정서적 차원과 신체적 차원의 증상을 이해하게 된다. 나아가 이러한 요소를 두루 관찰하여 내담자를 진단한다. 또 이들은 각각 회기의 목표가 되거나 회기를 운영하는 데 있어 치료사가 고려하여야 하는 필수 요소로 작용된다. 결과적으로 IT진단 및 평가에 따른 증상개선목표 수립은 치료사가 세라트 단계에 따라 내담자의 문제에 점진적으로 다가갈 수 있게 하는 것이다. 완성된 프로그램이 내담자에게 적절하지 않거나 맞춤형이지 않을 때에는 주로 치료사가 내담자를 진단 및 평가하는 데 주관적 또는 편향적 사고가 작동하였을 때라고 할 수 있다. 그렇지 않을 경우 내담자에 대한 깊이 있는 이해를 시도하지 않은 치료사의 부적절한 태도가 반영된 것일 수밖에 없다.

주부신경증에게 적용된 통합예술치료 프로그램의 증상개선목표 수립과정을 이해하기 위해 먼저 주부신경증에 대한 이해가 필요하다. 주부가 경험하는 신경증은 단순히 신경증적인 것뿐만 아니라 여성이기 때문에 사회로부터 문화적으로 경험하는 심리적 요인이 작용한다. 그로 인해 야기되는 문제적 양상 또한 주부의 특수성으로부터 영향을 받는다. 주부신경증 여성에게 두드러지게 나타나는 현상은 역할회피이다. 그리고 그 기저에는 자아정체감 혼란이 있다.

가사 부담이나 경제적 어려움과 같은 일상의 사소한 만성 스트레스가 생체에 미치는 영향이 더 크고 유해하다. 즉 중년의 위기에 있는 주부의 자아정체감 상실과 그것을 야기하는 원인은 특별한 것이 아닌 일상으로부터 오는 것이라 할 수 있다. 이것은 그들이 건강한 자아정체감을 회복하기 위하여 일상의 스트레스로부터 대처하는 능력을 갖추어야 할 필요성을 시사한다.

주부들은 지금과 같은 삶을 살아도 되는가에 대한 회의감 외에도 다양한 부정적 감정에 시달린다. 대개 이런 부정적인 감정은 직업이 있는 주부보다 전업주부에게서 높게 나타난다. 이들은 자녀의 욕구를 충족시켜 주어야 한다는 의무감 때문에 자신의 삶을 배제한 채 양육에 힘쓴다. 이것은 주부들로 하여금 자신을 상실하는 경험을 하게 한다. 이 외에도 그들은 열정과 창조성 그리고 자아, 낭만적이거나 현실적인 관계 심지어 언어의 상실마저 경험하기도 한다. 그들은 엄마가 됨으로써 자신이 결함 있는 사람으로 바뀌었다고 생각하게 되는 공허함을 느낀다(Donath, 2017). 나아가 과거 자신이 선택한 결혼이 얼마나 무의식적이었는가를 발견하며 불신감에 빠지게 된다(Hollis, 1993).

자신감을 발달시키기 위한 기회를 얻지 못한 개인은 필사적으로 그것을 얻으려고 하거나 대체물이라도 소유하기 위하여 애쓴다. 그것이 자신들이 느끼는 정서적 고립과 무력감을 해소해 줄 수 있을 것이라 믿기 때문이다. 그러나 그들은 여전히 자신이 타인보다 실력과 경제력 면에서 부족하다고 느낀다. 나아가 인생을 살아갈 준비가 되어 있지 않다는 불안감을 경험하게 된다. 여기에는 자신의 욕구를 알아차리지 못하거나 그에 대한 확신을 갖지 못한 것에 대한 불안 또한 포함되어 있다. 이들의 혼란스러운 삶의 태도는 소외감으로부터 비롯된다. 그것은 타인과 공존하며 개인이 삶을 영위하는 데 있어 내면의 자기 욕구와 감정 그리고 생각 등을 감추게 하고 일방적으로 외부에 초점을 맞춤으로써 진실된 자기를 잃게 한다. 때문에 소외감을 겪는 이들은 자아정체감을 확립하여 안정감을 느끼게 하는 것이 필요하다(Horney, 1951).

특히 주부들은 배우자와의 관계에서 거리감을 느낀다. 부부는 어느 순간 당연한 존재가 된다. 당연히 자신의 옆에 있어 줄 것이며 어떠한 상황에서도 자신을 이해하거나 용서하는 존재임이 약속된 사이라 생각한다. 특히 결혼생활이 진행될수록 사랑표현 또는 칭찬과 같은 긍정표현에서부터 호칭에 이르기까지 굳이 표현하지 않아도 상대가 알고 있을 것이라 판단한다. 때문에 긍정적 상호작용을 하고자 하는 의지를 갖지 않거나 그것을 수행하는 능력이 저하된다.

자녀를 양육하는 과정에서 주부들이 느끼는 감정은 다양하다. 하지만 그것을 참고 견뎌 내며 무조건적으로 아이들을 사랑해야 사회로부터 인정받을 수 있다. 그들은 스스로 '엄마는'이라는 가정하에 감정의 규제를 내면화한다. 이로 인해 강한 억압감을 느낀다. 결국 그들은 자녀와 가족에 대한 사랑과 미움의 양가감정을 느끼며 죄책감을 호소하기도 한다(Donath, 2017). 주부로서의 삶은 여성의 인생에 충만감과 기쁨 그리고 사랑과 안전감 등의 긍정적 정서를 제공하지만 무력감과 절망감 그리고 죄책감과 수치감, 분노감, 적대감, 실망감 등의 부정적 정서 또한 불러일으킨다. 나아가 그들은 자유와 독립성에 제한을 받으며 출산을 하는 과정에서 자신이 없어진 것 같은 분리감정을 호소한다.

주부가 자신의 역할을 회피하는 행동은 단지 개인차원의 문제로 설명할 수 없다. 이들의 심리적 압박은 가족갈등의 원인이 되기도 하며 심각한 경우 이혼 또는 자살 시도로 이어질 수 있기 때문이다. 신경증적 성향의 주부들은 계모임 또는 도박, 학부모회 등의 외부활동에 지나치게 열성적으로 참여하기도 하며, 성적 욕구가 급격히 저하 되어 불감증에 걸리기도 한다. 갈등 상황으로부터 회피하고자 하는 행동은 스트레스 반응의 가장 두드러진 특징이며 그것을 경험할 때 나타나는 생리적 · 인지적 · 행동적 반응의 양상과 정도는 개인에 따라 차이가 있다. 식욕감퇴와 수면의 변화가 나타나기 시작하고 음주와 약물복용에 빠질 가능성이 높다. 또한 공격적·폭력적·충동적 행동으로 위험 상황을 야기하기도 한다. 무엇보다 우유부단하고 소극적인 태도를 보인다. 더불어 수행능력이 저하되고 잦은 실수를 하는 등의 행동적 특징이 나타난다(신경희, 2016).

그들은 스스로의 당위에 부응하지 못하였다는 부정적 사고에 사로 잡혀 자신을 마주한다. 이 같은 태도는 신경증 환자가 내면의 갈등을 해결하기 위하여 택하는 주요 방법인 동시에 그들의 자기비하와 자기혐오 등의 행동을 유발하고 그것을 외부로 투사하게 하는 원인이다. 그들은 자부심을 느끼지 못하거나 의식하지 못한다. 나아가 타인보다 우월하다는 것을 드러내려고 하지 않기 때문에 칭찬과 인정을 받는 상황에 놓이면 불안감과 불편감을 표현한다. 특히 열등감을 해소하기 위하여 자신이 소속된 문화에서 가치 있는 것, 즉 돈이나 그림 또는 고가의 가구 그리고 명사들과의 사교 활동, 여행, 출중한 자식 등 보상적인 자기강화 욕구에 집착하게 된다(Horney, 2015). 이 외에도 주부신경증 여성이 경험하는 것은 많다.

저자는 문헌을 통하여 주부신경증 여성이 경험하는 총 31개의 부정정서와 2개의 신체증상을 경험한다는 일반적 이해를 하였다. 일반적 이해가 선행되었다면 이후 필요한 것은 사전설문을 통해 내담자의 주 호소 문제를 확인하는 것이다. 실제 해당 프로그램에 참여한 내담자들은 일반적 이해와 달리 수치감과 패배감 그리고 경멸감 등을 느끼지 않는 반면, 긴장감을 느끼고 있었다. 신체적 증상은 수면부족과 요통 그리고 체중증가를 경험하고 있었다.

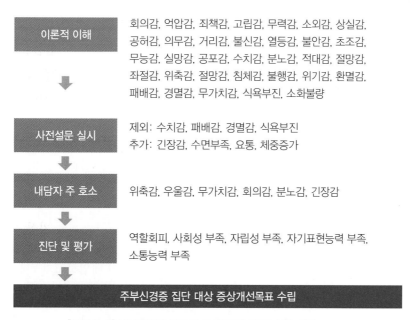

[그림 2-3] 주부신경증 집단 대상 증상개선목표 수립 과정

　　일반적 이해를 바탕으로 추출된 내담자 이해는 실제 연구의 대상자들이 호소하는 것과 큰 차이를 보이지 않았으나, 저자는 그것을 세라트의 각 단계에 대입하기 위하여 다음과 같은 기준에서 여섯 가지로 압축하였다. 첫째, 사전설문조사 응답에서 내담자가 직접적으로 사용한 단어이다. 둘째, 가능한 한 다수의 호소를 다루었다. 내담자 중 일부는 공포감 또는 초조감을 호소하기도 하였지만 그것은 그들이 처한 특수상황으로 발생한 것이므로 집단 활동에 적절치 않다고 판단하였다. 셋째, 비슷한 성질의 것은 범주화하였다. 이것은 앞서 다수의 내담자가 호소하지 않는다고 하여 제외된 증상들을 간접적으로나마 아우르기 위한 기준이다. 그 결과 위축감은 억압감, 고립감, 무능감, 긴장감 등을 포함하고 있었다. 우울감은 침체감, 절망감, 좌절감, 불행감, 소외감, 거리감 등을 포함하고 있으며 무가치감은 열등감을 회의감은 상실감, 공허감, 위기감, 실망감, 불신감, 환멸감, 분노감을 포함하여 범주화되었다. 이를 토대로 IT진단 및 평가 결과 역할회피, 자기표현 및 의사소통 능력 부족, 사회성 부족, 자립성 부족이 진단되었고 각 개념을 완화 및 향상하는 방향의 증상개선목표가 수립되었다.

〈표 2-3〉 주부신경증 집단의 자아정체감 회복을 위한 증상개선목표

원인	구분	내용	증상개선목표
자아정체감 상실	내담자 호소	위축감, 우울감, 무가치감, 회의감, 분노감, 긴장감	위축감 완화 우울감 완화 무가치감 완화 회의감 완화
	진단 및 평가	역할회피, 자기표현능력 부족, 소통능력 부족, 사회성 부족, 자립성 부족	역할수용 자기표현능력 향상 소통능력 향상 사회성 향상 자립성 향상

　　이와 같이 IT진단 및 평가를 바탕으로 증상개선목표가 수립되면 치료사는 그것을 세라트의 각 단계에 대입한다. 이때 고려해야 할 점이 바로 세라트 각 단계의 성격, 즉 그것이 목표로 하고 있는 바이다. 앞서 저자가 언급하였듯이 세라트는 치료사가 내담자의 내면을 향하여 점진적으로 다가가게 하는 것뿐만 아니라 내담자 역시 기존에 확립되었던 부정정서의 변화를 자아의 완전한 발달 흐름에 맞춰 체계적인 경험을 하게 한다. 따라서 치료사는 세라트의 각 단계가 목표하는 바를 명확히 이해하고 나아가 자신이 대입하고자 하는 단계와 증상개선목표가 상호 간에 적절한지 숙고하여야 한다.

　　저자가 소개하는 프로그램은 카타르시스와 실존 자각 단계의 비율이 비교적 높게 설계되

어 있다. 그 이유는 연구의 대상이 신경증을 경험하게 된 근본적인 원인에 있다. 주부신경증의 대표적 원인은 사회문화적으로 강요받는 감정의 억압과 그로 인한 자아정체감 혼란이다. 따라서 적체된 감정을 해소하고 감정의 균형을 돕는 카타르시스 단계와 존재자각을 돕는 실존 자각 단계를 보다 비중 있게 다룰 필요가 있다고 판단하였다. 이처럼 세라트의 각 단계는 치료사의 의도에 따라 비율을 다르게 할 수 있다. 그러나 그것은 반드시 객관적 근거가 있어야 한다. 이때 객관적 근거는 바로 내담자이다. 그러므로 치료사가 내담자의 문제를 야기한 궁극적 원인을 밝히는 것에 노력을 기울이지 않는다면, IT매뉴얼의 구조인 세라트를 효율적으로 활용할 수 없을 것이다.

한편 동일한 증상개선목표라 하더라도 그것이 적용되는 세라트 단계에 따라 치료목적과 접근법이 달라질 수 있다. 저자가 수립한 증상개선목표는 주로 각 단계의 성격에 따라 두 가지씩 대입되었으나 위축감 완화의 경우 카타르시스와 실존 자각 단계에서 모두 다루었다. 카타르시스 단계에서의 위축감은 웃음카타르시스 체험을 통하여 내담자의 신체를 활성화시킴으로써 완화할 수 있었다. 반면 실존 자각 단계에서는 왜곡된 자기이해를 바로 잡아 긍정적 자기를 발견하고 수용하게 함으로써 위축감 완화가 가능하였다. 즉 동일한 증상개선목표라 하더라도 그것을 다루고자 하는 목적과 방법에 따라 서로 다른 단계에서 다루어질 수 있는 것이다. 이것은 IT매뉴얼 구조인 소목표 세라트의 특성으로 인해 가능한 것이며 이러한 결과는 세라트가 치료사로 하여금 치료의 방향성과 체계성을 갖추는 데 도움을 주고 있는 것을 확인시켜 준다.

〈표 2-4〉 세라트 단계에 따른 증상개선목표 수립

소목표 단계	증상개선목표	목적
카타르시스	위축감 완화 우울감 완화	웃음카타르시스 체험을 통한 신체 · 정서적 부정감정 해소
실존 자각	위축감 완화 회의감 완화 무가치감 완화	삶의 가치 및 긍정적 자기 발견을 통한 왜곡된 자기이해 변화
역할	자기표현능력 향상 역할수용	가족구성원 및 역할이해를 통한 역할 수행 훈련
적응	소통능력 향상 사회성 향상	집단 활동을 통한 타인 이해 및 공동체 의식 함양
변형	자립성 향상	구체적 미래 설계를 통한 변화된 자기 수용

3) 핵심 치료 모델을 만나는 세 걸음

옴카에 따른 회기구성은 만나기 과정을 계획하며 시작된다. 이때 치료사는 해당회기의 증상개선목표를 달성하기 위하여 내담자가 어떠한 측면에서 인지 및 자각의 변화를 경험하여야 하는지 명확하게 파악할 필요가 있다. 열기 과정은 만나기 과정이 계획된 후 그것을 돕기 위한 성격의 활동으로 구성되며 닫기 과정 또한 내담자가 예술체험을 통하여 경험한 것을 인지 및 자각하기에 적절한 것으로 모델 및 기법으로 계획된다. 주부신경증 집단 임상에 적용된 통합예술치료 프로그램의 경우 만나기 과정에서 투사 모델이 가장 많이 적용되어 설계되었다. 그 외에도 카타르시스 모델부터 시간여행자 모델 그리고 그림자 엿보기 모델, 역할 모델, 힐링드라마 모델까지 IT매뉴얼의 주요 모델 중 가면아이 모델을 제외한 모든 모델이 다양하게 적용되었다.

〈표 2-5〉 증상개선목표에 따른 만나기 과정의 모델 및 기법 구성

소목표 단계	증상개선목표	주요 적용 모델(기법)
카타르시스	위축감 완화	카타르시스 모델(게임놀이 기법), 투사 모델(음악매체)
	우울감 완화	카타르시스 모델(게임놀이 기법)
실존 자각	위축감 완화	투사 모델(연극매체)
	회의감 완화	역할 모델, 투사 모델(미술매체)
	무가치감 완화	그림자 엿보기 모델(과거사진 기법), 투사 모델(미술매체)
역할	자기표현능력 향상	역할 모델
	역할수용	투사 모델(연극매체), 역할 모델
적응	소통능력 향상	투사 모델(영화/사진매체), 시간여행자 모델(나의 우주 기법)
	사회성 향상	투사 모델(영화/사진매체)
변형	자립성 향상	투사 모델(문학매체, 음악매체), 힐링드라마 모델(매직무대)

만나기 과정에서 모델 및 기법을 적용하는 데 있어 중요한 것은 내담자의 성향 등이 반영되어야 하는 점이다. 이것은 주부신경증 집단을 대상의 프로그램에 적용된 투사 모델을 통해 이해할 수 있다. IT매뉴얼의 투사 모델은 연극매체와 음악매체, 영화/사진매체, 미술매체, 무용/동작매체, 문학매체와 같이 다양한 예술매체로 이루어져 있다. 그러나 해당 프로그램은 만나기 과정에서 주로 영화/사진매체와 문학매체 그리고 음악매체가 적용되었다. 그 이유는 다음과 같다.

첫째, 일부 내담자들이 과거 문화센터에서 진행한 미술치료사 단기교육과정 참여 후 자

격증을 취득하였다고 밝혔기 때문이다. 이것은 다양한 교양프로그램 및 사회활동에 참여함
으로써 자신의 정체성을 확인받고자 하는 주부신경증 여성의 특성 중 하나이다.

둘째, 내담자들 모두 미술치료와 연극치료 체험이 있음을 이야기하며 새로운 체험에 대
한 갈증을 보였다. 따라서 카타르시스 모델의 게임놀이 기법과 투사 모델의 영화/사진매체,
음악매체 등을 적극 활용하여 다양하고 새로운 예술체험을 제공하여 내담자 맞춤형 프로그
램을 설계하였다.

〈표 2-6〉 만나기 과정의 적용 모델 및 목적

적용 모델	적용 기법	목적
카타르시스 모델	게임놀이 기법	라포형성 및 긍정정서 체험
		라포형성 및 긍정지지 체험
		신체 활성화 및 웃음카타르시스 체험
	감정표현 기법	긍정적 자기체험
그림자 엿보기 모델	과거사진 기법	긍정적 자기 인지
시간여행자 모델	나의 우주 기법	긍정적 미래 설계 및 집단의식 강화
역할 모델	자아 기법	긍정경험 재체험
	자아 기법, 타인 기법	가족갈등 이해 및 자기표현 훈련
	타인 기법, 관찰 기법	가족이해 및 역할훈련
투사 모델	음악매체	긍정감정 체험 및 인지
	연극매체	내면의 긍정적 힘 인지
	미술매체	삶의 의미와 가치인지
		존재로서의 자기 인지
	연극매체	잠재력 자각 및 욕구인지
	영화/사진매체	가족 내 문제요소 자각
		잠재력 표현 및 변화된 화법 인지
	문학매체	긍정적 미래설계와 실현의지 강화
	문학매체, 음악매체	구체적 미래설계와 실현의지 강화
힐링드라마 모델	매직무대	변화된 자기 인지 및 강화

만나기 과정은 주로 개인의 욕구를 충족하고 트라우마 상황 및 갈등대상 등에 대한 새로
운 인지 및 자각을 목적으로 하고 있다. 열기 과정은 주로 신체 및 감정의 이완 또는 내면탐
색 및 주제를 도출하는 것을 목적으로 카타르시스 모델과 그림자 엿보기 모델 그리고 투사
모델이 주로 적용되었다. 이를 통해 알 수 있는 것은 IT매뉴얼의 핵심 치료 모델이 회기 구

조 옴카의 열기와 만나기 그리고 닫기 과정 모두에 적용될 수 있으나 각 과정의 성격에 따라 적용하기에 적합한 모델 및 기법이 있음을 시사한다.

〈표 2-7〉 열기 과정의 적용 모델 및 목적

적용 모델	적용 기법	목적
카타르시스 모델	게임놀이 기법	라포형성
		신체 활성화 및 흥미유발
	이완 기법	신체 및 감정 이완, 집중 강화
그림자 엿보기 모델	마음낙서 기법	내면 탐색
투사 모델	미술매체	욕구 탐색
	명상매체	욕구 탐색 및 주제 도출
	영화/사진매체	욕구 탐색 및 주제 도출
	음악매체	욕구 탐색
	문학매체	욕구 탐색 및 주제 도출

카타르시스 모델과 그림자 엿보기 모델 그리고 투사 모델은 열기와 만나기 과정 모두에 적용할 수 있다. 그러나 앞서 동일한 증상개선목표라 하더라도 세라트 단계에 따라 다른 관점에서 다루어질 수 있었던 것과 마찬가지로 IT매뉴얼의 핵심 치료 모델 역시 옴카 과정에 따라 그 성격이 유연하게 바뀌어 적용될 수 있다.

〈표 2-8〉 열기 및 만나기 과정 적용에 따른 모델의 성격 변화

모델명	열기 과정	만나기 과정
카타르시스 모델	이완 및 흥미유발 집중 강화	긍정정서 체험
그림자 엿보기 모델	내면탐색	왜곡된 자기이해
투사 모델	주제도출 및 욕구탐색	욕구인지 및 현실적 자기이해

카타르시스 모델은 게임놀이 기법과 같은 신체활동을 통하여 내담자의 신체적·정서적 이완을 목적으로 열기 과정에 적용된 반면, 만나기 과정에서는 웃음카타르시스를 통한 부정정서 해소 및 긍정감정 체험을 위한 목적으로 적용되었다. 그림자 엿보기 모델의 경우 열기 과정에서 내면탐색을 목적으로 적용되었으나 만나기 과정에서는 왜곡된 자기이해를 자각하고 객관적 자기이해를 바탕으로 변화된 자기 수용을 위하여 적용되었다. 마지막으로 열기 과정에서 주로 주제도출 및 욕구를 탐색하기 위하여 적용된 투사 모델은 만나기 과정에

서 욕구를 인지하고 현실적 자기이해를 위하여 적용되었다. 한편 시간여행자 모델과 그림자 엿보기 모델을 만나기 과정에 적용할 경우 별도의 열기 과정을 구성하지 않아도 회기가 구성되었다. 두 모델은 자체적으로 옴카 구조를 지니도록 고안되었음을 알 수 있다.

닫기 과정은 내담자가 열기와 만나기 과정을 체험하며 자각한 것을 확인하는 것을 목표로 하며 그 방법은 다양하다. 주부신경증 대상 프로그램의 닫기 과정은 주로 언어를 통하여 진행되었으나 매체를 활용한 닫기 과정이 구성되었다.

〈표 2-9〉 매체를 활용한 닫기 과정

적용 모델	활동내용	목표
투사 모델	그림일기	긍정감정 인지 및 강화
	삼행시	
	영상편지	변화된 인지자각 및 강화

매체를 활용한 닫기 과정은 주로 강력한 웃음카타르시스 체험을 제공한 회기에 적용되어 있다. 이것은 중년 여성 집단이 이야기가 길어질 경우 주제에서 벗어나 일반적인 수다로 이어지는 특성을 반영한 것이다. 특히 이러한 특성은 카타르시스 모델의 게임놀이 기법과 같이 긍정감정을 강하게 경험하는 경우 상기된 감정으로 인하여 더욱 강하게 발현될 수 있기 때문에 감정을 시각화함으로써 그들의 인지 및 자각을 돕고자 한 목적으로 설계되었다.

4) 나에서 우리까지 네 걸음

옴카의 적용하기 과정은 예술체험을 통하여 통찰한 것을 현실에 접목할 수 있도록 내담자에게 화두를 제시함으로써 치료공간을 확장시키고 세라트의 적응 단계를 예비하는 패턴을 구축한다. 적용하기 과정이 IT매뉴얼의 다면적 치료공간 및 세라트의 적응 단계와 밀접한 관계를 맺고 있으며 IT매뉴얼의 구조가 서로 상호작용할 수 있도록 하는 기능을 하고 있다. 나아가 IT매뉴얼이 사회적응을 매우 집중적으로 다룰 수 있도록 구조화되어 있다. 따라서 적용하기 과정에서 치료사가 내담자에게 주는 화두는 그들이 예술체험을 통하여 새롭게 인지 및 통찰한 것을 바탕으로 이뤄져야 하며, 해당 회기의 세라트 단계 및 증상개선목표에 부합되는 성격의 것이어야 한다.

주부신경증 집단 대상의 통합예술치료 프로그램의 경우, 1~5회기가 카타르시스 단계에 해당한다. 이때 제1치료공간인 치료현장에서는 주로 내담자의 감정배설 및 정화를 다루고 있다. 제2치료공간인 가정과 제3치료공간인 사회에서는 가족구성원 또는 타인에게 자신의 감정을 표현하게 하는 적용하기 화두가 제시되었다. 실존 자각 단계인 6~7회기에 제1치료 공간에서는 내담자가 긍정적 자기가치를 자각하도록 다루었으며 이것을 바탕으로 제2, 3치료공간에서 자신을 위로하고 응원하게 함으로써 내면의 힘을 강화할 수 있는 화두가 제시되었다. 실존 자각 단계 후반에는 내담자가 제2, 3치료공간에서 변화된 모습에 대한 타인의 지지와 격려를 얻을 수 있도록 화두가 제시되었다.

11~13회기 역할 단계 이후 14~17회기 적용 단계 그리고 마지막 변형 단계인 18~20회기는 카타르시스와 실존 자각과 마찬가지로 제1치료공간에서 그들이 자기 자신의 역할을 인지 및 훈련하고 비전을 탐색하여 구체적 미래를 설계하는 체험을 하도록 되어 있다. 이러한 설계는 모두 타인과 소통한다는 점에서 초반부의 카타르시스 및 실존 자각 단계와는 차이를 보인다. 이것은 카타르시스와 실존 자각 단계가 개인적 차원에서 적용하기가 이루어지는 반면, 역할 단계 이후 그 차원이 타인으로까지 확장되는 것을 의미한다.

적용하기는 프로그램 체험을 하며 내담자들에 의해 생성된 물리적 인공물 또는 회기에서 사용한 자료를 활용하는 것 또한 가능하다. 주부신경증에는 다양한 요인이 영향을 미치지만 가장 큰 요인은 가족이다. 때문에 내담자가 예술체험을 통하여 만든 결과물을 가족 간의 소통을 위한 도구로 활용함으로써 다면적 치료공간을 확장하도록 설계된 회기를 포함하고 있다.

5) 한계를 뛰어넘는 다섯 걸음

사전설문에서 드러나지 않은 잠재된 부정감정과 자아정체감 상실로 인한 역할회피 정도를 파악하기 위한 역할 수행 태도 및 형태 그리고 갈등상황에 대처하는 방법을 진단하기 위한 회기도 구성되어 있다. 이것은 초기 면담에서 나타나지 않은 내담자의 문제를 진단 및 평가할 수 있도록 IT진단법을 회기에 적용하는 IT매뉴얼의 특성으로 가능하다.

〈표 2-10〉 진단 및 평가 목적의 회기 구성

회기	목적	적용 모델
1	욕구 관찰	카타르시스 모델 (게임놀이 기법)
2	부정감정 및 주 사용감정 관찰	
3	역할 수행 태도 및 성향 관찰	

진단 및 평가를 위한 회기는 내담자로부터 진단하고자 하는 것을 분명히 한 후 구성하여야 한다. 주부신경증 집단의 경우 이론적 이해와 사전설문을 통하여 억압된 생활환경과 감정표현 등이 문제가 되고 있음이 확인되었다. 나아가 역할회피 혹은 부적응과 같은 문제 행동을 보이며 갈등을 해결하기 위한 적절한 대처를 하지 못한다. 따라서 그들의 욕구와 적체되어 있는 부정감정 그리고 위축된 정도와 역할 수행 태도에 대한 진단이 필요하다. 또한 그들은 직업여성에 비하여 사회적 활동이 축소되었으므로 제2치료공간인 가정뿐만 아니라 제3치료공간인 사회에서 집단생활을 하는 데 있어 역할 수행정도와 소통능력을 진단할 필요가 있다. 이와 같은 점을 반영하여 진단 및 평가를 위한 회기가 설계되었다.

IT매뉴얼에서 내담자에 대한 진단 및 평가는 단지 일부 회기를 통해서만 진행되지 않는다. 프로그램 종결까지 매 회기 치료사는 내담자를 진단한다. 이때의 진단은 증상개선목표를 설정하기 위한 것이 아니라 내담자의 증상이 어떻게 개선되어 가는지 점검하는 것이라 할 수 있다. 내담자의 증상을 초래한 구체적 상황 또는 대상 역시 진단될 수 있다. 회기를 진행하며 진단 및 평가되는 정보는 치료사가 내담자의 문제를 개선하기 위한 목표를 실현하는 과정에서 혼란을 겪지 않도록 돕는다. 나아가 내담자의 성향을 보다 잘 이해함으로써 내담자 중심의 치료를 제공할 수 있도록 한다. 매회기 진단 및 평가가 이루어질 수 있는 것은 IT매뉴얼의 옴카 구조의 닫기 과정을 통하여 가능하다. 이 과정에서 내담자가 자신이 자각한 것을 스스로 말하게 하는 것은 치료사가 열기와 만나기 과정에서 내담자로부터 관찰한 것에 대한 근거를 마련하도록 돕는다. 또한 치료사가 미처 발견하지 못한 것까지도 진단할 수 있는 정보를 제공한다.

6) 도착, 여기는 통합예술치료 프로그램

인간은 적절한 기회가 주어졌을 때 잠재력을 발휘하고 그 범위 안에서 자기실현을 향해 나아가며 성장한다. 자신의 감정과 욕구에 대하여 명확히 이해하는 능력 그리고 소질을 계발하는 능력과 감정에 따라 타인과 자유롭게 관계 맺는 능력의 계발은 개인으로 하여금 인생의 목표와 가치를 발견하게 한다. 따라서 저자는 주부신경증 여성에게 다양한 예술체험의 기회를 제공함으로써 그들의 자아정체감 회복에 도움을 주고자 하였다. 내담자를 향하여 내디뎠던 발걸음은 이제 도착에 이르렀다. 우리가 지금까지 한 걸음씩 지나온 과정을 통하여 설계된 주부신경증 집단의 자아정체감 회복을 위한 통합예술치료 프로그램은 〈표 2-11〉과 같다.

〈표 2-11〉 주부신경증 집단 적용 통합예술치료 프로그램

회기	모델(기법/매체)		프로그램 구성	증상개선목표
1	카타르시스 모델 (게임놀이 기법) 투사 모델 (미술매체)	열기	눈 마주치며 상대 장점 선물	©ERAT 우울감 완화
		만나기	장점을 표현하는 애칭 짓기 〈이름 부르기〉게임	
		닫기	애칭을 통한 긍정감정 자각	
		적용하기	일상에서 애칭 부르기	
2	카타르시스 모델 (이완 기법 게임놀이 기법)	열기	상황별 걷기	©ERAT 우울감 완화
		만나기	〈몸으로 말해요〉게임	
		닫기	부정 및 긍정 감정 자각	
		적용하기	일상에서 긍정 감정 체험하기	
3	카타르시스 모델 (게임놀이 기법)	열기	〈블라인드〉게임	©ERAT 우울감 완화
		만나기	〈부탁해요〉게임	
		닫기	변화된 감정 및 생각 자각	
		적용하기	일상에서 도움요청하기	
4	투사 모델 (미술매체 음악매체)	열기	선호하는 노래에 따라 팀 구성	©ERAT 우울감 완화 위축감 완화
		만나기	팀별 릴레이 노래 부르기	
		닫기	그림일기로 긍정감정 자각	
		적용하기	일상에서 긍정감정 활용하기	
5	카타르시스 모델 (게임놀이 기법) 투사 모델 (문학매체)	열기	국민체조	©ERAT 위축감 완화
		만나기	운동회 경기	
		닫기	삼행시로 긍정감정 자각	
		적용하기	일상에서 긍정감정 공유하기	
6	카타르시스 모델 (게임놀이 기법) 투사 모델 (연극매체)	열기	〈라인〉게임	C©RAT 위축감 완화
		만나기	빈 의자, 부정감정 떨어뜨리기	
		닫기	내면의 힘 자각	
		적용하기	일상에서 자기 응원하기	
7	그림자 엿보기 모델 (마음낙서 기법) 역할 모델 (자아 기법)	열기	마인드맵 작성	C©RAT 회의감 완화
		만나기	즉흥역할극	
		닫기	대인관계 축소 원인 자각	
		적용하기	일상에서 긍정적 자기 찾기	
8	투사 모델 (미술매체 문학매체)	열기	책 『어디로 갔을까 나의 한쪽은?』 감상	C©RAT 회의감 완화
		만나기	나의 삶 퍼즐 제작	
		닫기	삶의 의미와 가치 자각	
		적용하기	일상에서 나의 삶의 의미 공유하기	

9	그림자 엿보기 모델 (과거사진 기법)	열기	과거사진 전시	CE®AT 무가치감 완화
		만나기	과거에서 온 편지쓰기 노래 〈다리미〉 감상	
		닫기	왜곡된 자기이해 및 자기 위로방법 자각	
		적용하기	일상에서 자기 위로하기	
10	카타르시스 모델 (게임놀이 기법 감정표현 기법) 투사 모델 (미술매체)	열기	〈킬러〉 게임	CE®AT 무가치감 완화
		만나기	손 석고 제작, 자기 칭찬하기	
		닫기	존재로서의 나의 가치 자각	
		적용하기	일상에서 나의 가치 공유하기	
11	역할 모델 (자아 기법 타인 기법) 투사 모델 (명상매체)	열기	호흡명상	CE®AT 자기표현능력 향상
		만나기	즉흥역할극	
		닫기	상대에게 표현하지 못한 감정 자각	
		적용하기	일상에서 상대에게 감정 표현하기	
12	투사 모델 (연극매체 영화/사진매체)	열기	애니메이션 〈팅커벨〉 편집영상 시청	CE®AT 역할수용
		만나기	나만의 요정 만들어 인형극	
		닫기	자기 재능 자각	
		적용하기	일상에서 재능 활용하기	
13	역할 모델 투사 모델 (영화/사진매체)	열기	가족 관련 영상 시청	CE®AT 역할수용
		만나기	가족 즉흥역할극	
		닫기	영상편지로 가족이해 변화 자각	
		적용하기	상대에게 영상편지 전하기	
14	카타르시스 모델 (게임놀이 기법) 투사 모델 (영화/사진매체)	열기	〈의자 뺏기〉 게임하여 팀 구성	CER®T 소통능력 향상
		만나기	팀별 더빙대본연습	
		닫기	만나기 과정을 통하여 알게 된 점 자각	
		적용하기	일상에서 체험공유하기	
15	시간여행자 모델 (나의 우주 기법)	열기	나의 우주 모습 상상하며 걷기	CER®T 소통능력 향상
		만나기	나의 우주 그리기, 우주여행	
		닫기	사회적 욕구 및 공동체 의식 자각	
		적용하기	일상에서 체험공유하기	
16	카타르시스 모델 (게임놀이 기법) 투사 모델 (영화/사진매체)	열기	〈손바닥 밀치기〉 게임	CER®T 사회성 향상
		만나기	A팀 〈팅커벨〉 더빙	
		닫기	만나기 과정을 통하여 알게 된 점 자각	
		적용하기	일상에서 체험공유하기	

17	카타르시스 모델 (게임놀이 기법) 투사 모델 (영화/사진매체)	열기	〈우리 집에 왜 왔니?〉 게임	CER⒜T 사회성 향상
		만나기	B팀 〈인사이드 아웃〉 더빙	
		닫기	만나기 과정을 통하여 알게 된 점 자각	
		적용하기	일상에서 체험공유하기	
18	투사 모델 (문학매체)	열기	책 『나는 기다립니다』 감상	CERA⒯ 자립성 향상
		만나기	소망 북 제작	
		닫기	소망을 함께하고 싶은 상대자각	
		적용하기	일상에서 소망 공유하기	
19	카타르시스 모델 (이완 기법) 투사 모델 (음악매체 문학매체)	열기	다양한 연령으로 걷기 미래인생그래프 그리기	CERA⒯ 자립성 향상
		만나기	책 『The Great Escape』 이미지 감상 노래 〈행복의 주문〉	
		닫기	인생그래프를 이루기 위한 구체적 방법 자각	
		적용하기	행복의 주문(긍정의 힘) 전하기	
20	투사 모델 (음악매체) 힐링드라마 모델 (매직무대)	열기	레드카펫입장	CERA⒯ 자립성 향상
		만나기	관객과의 대화	
		닫기	롤링페이퍼로 변화된 자기 인지 노래 〈우리는 또〉를 통한 변화 지지	
		적용하기	변화된 모습으로 삶 영위하기	

앞선 내용처럼 IT매뉴얼에 의해 설계된 치료프로그램은 내담자들의 특성과 성향 그리고 문제 상황을 고려한 '맞춤형 프로그램'으로 구성된다. 그리고 그 안에는 오랜 임상경험을 통한 치료사의 노하우가 녹아져 있다. 그렇기에 저자는 치료사들에게 무분별한 프로그램 인용을 지양하고 자신이 마주할 내담자의 성향과 증상 등을 고려해 보길 당부한다. 나아가 치료사로서 자신의 역량을 점검하고 치료사의 길을 한 걸음씩 내디뎌 성장하며 나아가길 기대해 본다.

 참고문헌

변학수(2006). 통합적 문학치료. 서울: 학지사.

변학수(2007). 문학치료. 서울: 학지사.

신경희(2016). 통합 스트레스 의학. 서울: 학지사.

신승녀(2015). 미술치료 핸드북. 서울: 창지사.

채연숙(2015). 형상화된 언어, 치유적 삶. 경기: 교육과학사.

채연숙, 김유석, 김효정, 심지현, 이금생, 조동우 외(2015). With 문학치료. 경기: 교육과학사.

최윤주(2019). 통합예술치료 IT매뉴얼의 구조적 특성. 동덕여자대학교 대학원 박사학위논문.

홍유진(2018). 내 안의 나를 깨우는 통합예술치료. 서울: 학지사.

Donath, O. (2017). *Regretting motherhood*. Berkeley CA: North Atlantic Books.

Greenberg, L. S., & Paivio, S. C. (2003). *Working with emotions in psychotherapy*. New York: Guilford Press.

Hollis, J. (1993). *The middle passage: from misery to meaning in midlife*. Toronto: Inner City Books.

Horney, K. (1951). *Neurosis and human growth: the struggle toward self-realization*. London: Routledge & Kegan Paul.

Wheeler, B. L., Shultis, C. L., & Polen, D. W. (2015). *Clinical training guide for the student music therapist*. 음악치료 전공자를 위한 임상 훈련 가이드(김영신, 김은주 공역). 서울: 학지사. (원서 2005년 발행).

Landy, R. J. (1994). *Drama therapy: concepts, theories, and practices*. Springfield, Ill.: C.C. Thomas.

제3장

갈등 완화를 위한 세라트(CERAT) 적용

김용태

통합예술치료
임상실제

1. 세 가지 몸의 정서와 행동

2. 웃음카타르시스와 몸의 이완

3. 세라트의 구조와 기능

4. 가족갈등 완화를 위한 세라트 적용

현대인의 과잉 소비와 소통은 경쟁과 갈등을 조성하는 경향이 있다. 이 같은 문제를 최소화하기 위해 현대인은 과잉의 상대적 의미를 지닌 사색이나 관조적 활동에 관심을 가져야한다. 이러한 과잉활동은 가족 사회 갈등에 영향을 미치는 공동체 윤리의식과 연관되어 있다는 것이 저자의 생각이다.

특히 가족세대 간의 이념과 의식의 대립은 갈등을 더욱 증폭시키고 있다. 산업사회를 살아온 노부모집단과 정보사회를 살아온 성인−자녀집단 간의 급격한 갈등은 가정폭력에 따른 가족해체라는 심각한 사회문제를 낳고 있다. 특히 경제문제로 인한 가족분쟁의 증가는 심각한 갈등을 심화하여 정신장애 및 존속범죄까지 촉발하는 사회적 이슈가 되고 있다. 이장에서는 극단적 갈등을 가진 분쟁가족의 사례를 통해 통합예술치료의 프로그램 설계 및 적용과정을 소개하고자 한다. 더불어 내담자의 인격 변형에 목적을 두는 통합예술치료의 핵심 개념인 세 가지 몸과 웃음카타르시스의 특성을 살펴보고자 한다. 통합예술치료 매뉴얼은 실천적이고 구체적인 프로세스로 구성되어 있기에 치료적 기능과 효과가 매우 높은 것으로 밝혀지고 있다. 이는 과학기술에 근거한 현대 정신의학이 치료의 한계를 보이면서 그 대안으로 몸과 마음에 긍정적 영향을 미치는 예술치료가 사회적으로 확장되고 있는 것으로 해석할 수 있다.

저자는 연극을 공부하는 동안 연극의 치료적 특성을 경험하였고 이후 통합예술치료를 전공하게 되었다. 현재는 동덕여자대학교 대학원 통합예술치료학과에서 강의하고 있으며 한국통합예술치료&연극치료협회에서 활동하고 있다.

1. 세 가지 몸의 정서와 행동

루보프F. Louboff는 이원론적 관점이 오늘날 우리 사회가 인간을 이해하는 방식과는 맞지 않다고 주장하며 인간에 대한 관점의 변화를 표현하는 단어로 심리치료를 사용하였다(Louboff, 2015). 이러한 맥락에서 심리치료 기제로서 통합예술치료는 자발적 예술체험을 통해 심리적 · 육체적으로 인식의 변화가 일어나게 함으로써 내담자가 "의식을 진화하고 우주적 존재로서의 가치를 자각"하는 것으로 정의한다. 여기서 존재 자각은 신체의 몸Physical Body, 마음의 몸Mind Body, 정신의 몸Spiritual Body이 유기적으로 작용하여 균형을 회복함으로써 하나의 인격체 완성을 가능하게 한다(홍유진, 2018).

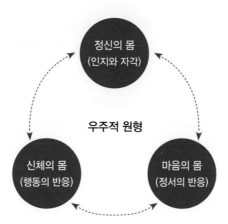

[그림 3-1] 세 가지 몸의 유기적 기능과 우주적 원형

　세 가지 몸의 회복이란 신체와 마음 그리고 정신의 몸, 각 영역이 유기적으로 기능할 때 가능하다. [그림 3-1]과 같이 각 영역은 정서와 행동 그리고 인지와 자각이라는 반응을 일으킨다. 즉 신체의 몸에서 일어난 행동의 반응이 마음과 정신의 몸에서 일어나는 정서와 인지의 반응을 불러올 수 있으며, 혹은 마음과 정신의 몸 중 어느 하나 또는 두 가지의 영역에서 일어난 반응이 다른 영역의 반응에 영향을 미치게 한다. 세 가지 몸이 유기적으로 온전히 작동할 때 정서와 행동 그리고 인지의 변화가 가능하게 된다. 따라서 통합예술치료는 세 가지 몸의 각 영역에서 일어나는 반응이 상호 간에 영향을 미침으로써 내담자의 내재된 부정적인 체험을 정화하고 고통에서 해방하도록 설계된 것이다.

　통합예술치료에서 말하는 세 가지 몸의 유기적 기능은 우주적 원형에 도달하는 과정으로 비유된다. 즉 인간은 우주와 자연환경에 민감하게 반응하기 때문에 육체와 감정은 상호 영향을 받게 되며, 이러한 우주적 진실을 경험하고 자각하는 순간 우주적 원형에 이른다는 것이다. 여기서 치료적 기능은 심리치료의 매체로 사용되는 예술활동 과정에서 일상에 가려진 가면을 벗겨내 참다운 본질을 드러내고 육체와 정신의 총체성을 체험할 기회를 제공한다. 또한 억압에서 벗어난 초ㆍ일상적, 초월적 자아의 본성을 회복하게 한다. 이러한 자아는 신체가 곧 의식이 되어 틀에 박힌 시각이나 인습적인 감정과 판단을 탈피하게 한다(박재환, 2000; Grotowski, 1968). 따라서 통합예술치료의 창조적 예술체험 활동은 신체와 마음 그리고 정신의 세 가지 몸을 유기적으로 기능하게 하여 물질문명에 가려진 자아의 본질을 회복하는 과정이 된다(김용수, 2012).

　통합예술치료에서 비유하는 우주적 원형은 융C. G. Jung이 말하는 원형과 비교된다. 융의 원형은 본래 플라톤적 의미의 이념이라는 정신적 표현에 있으며, 인간의 아름다움이며, 변하지 않는 활동의 특수한 형식인 원초적 상들이라고 정의된다. 여기서 정신은 충동이라는 강박으로부터 억압을 해방시키는 기능을 하며, 의지 충동과 선택적 자유의지 가운데 일어나는 창조적 환상을 가능하게 한다. 이러한 융의 원형은 창조적 상상력이 풍부한 신화적인 방식으로 정신의 심층적 자기에 존재하는 심상을 수용한다(Wilber, 2008). 이는 순수하고 거짓이 없고 창조적으로 말하고 행동하게 하는 성질(Jung, 2002)을 드러내는 점에서 통합예술치료 프로세스와 유사하다. 따라서 통합예술치료의 우주적 원형은 인간 활동의 창조적 상상력을 통해 인간에 존재하는 원초적 심상들을 드러내는 융의 원형을 성취한다.

통합예술치료는 존재에 대한 근원적 질문을 집단적 생존에 가치를 부여했던 제의식과 같은 맥락으로 인식한다. 즉 연극과 원시적 제의와 상관관계에 주목하여 예술과 심리치료의 함수관계를 구체화한다. 이러한 측면에서 통합예술치료는 다양한 예술매체와 명상, 요가, 제의식 등의 전통문화매체를 융 · 복합적으로 적용할 것을 권장한다. 미분화된 전통문화 속에는 인류의 역사만큼이나 안전하게 사용되어 온 치유의 도구들이 많기 때문이다. 이는 인간의 보편적, 근원적 행동을 찾기 위해 전통의 공연 수단과 숙련된 기술을 활용하여 신체, 마음, 머리에 영향을 미치는 객관적 실제(김용수, 2012; Richards, 1995)를 추구한 그로토프스키의 연극관과 같은 선상에 있다고 하겠다. 따라서 통합예술치료는 내담자의 세 가지 몸에 구체적인 영향을 미치게 하여 정서와 행동의 변화를 이끄는 전통의 숙련된 기술을 내재한다.

거리조절이론을 주장한 쉐프T. J. Scheff의 미적 거리는 통합예술치료에서 정서와 행동적 변화에 영향을 미치는 중요한 개념이다. 쉐프는 치료 과정을 이해하는 수단으로 몰입과 관조 그리고 미적 거리로 감정을 설명한다. 미적 거리는 몰입과 관조의 두 극단적인 심리상태가 한 사람 안에서 조화를 이룬다. 즉 내담자가 참여자인 동시에 관찰자가 되어 사회적 역할 수행을 가능하게 하는 것이다. 이 지점에서 내담자의 사색적, 관조적 명상의 실천이 심리 치유의 기능을 돕게 한다. 또한 내담자의 행동과 그 특성에 대한 새로운 이해가 생긴다. 나아가 선에 대한 새로운 관념이 나타나고 새로운 곳에서 도덕의 원천들이 발견된다. 이때 이중의 의식을 갖게 하는 이중 자아는 거리 두기를 통해 자신의 정서와 행동을 객관적으로 바라보는 대상화의 기능을 가능하게 한다(Taylor, 2015). 대상화의 기능은 자신이 주체이자 동시에 객체가 되어 구체적인 자기 반영과 성찰을 이루는 역할을 가능하게 함으로써 사회적 정서와 행동을 표현할 수 있다. 다시 말해 내적 자아인 관찰하는 자기와 사회적 자아인 관찰된 자기가 타자와 상호작용하는 동안 분리 · 통합하는 과정을 거쳐 의식의 확장을 이루기 때문이다(Mead, 2010; Wilber, 2008). 이 과정에서 내부 및 대인관계 감각이 일어나고 확장되어 내적 자아가 타자와 상호작용하게 돕는다. 따라서 거리 두기는 주체인 일인칭 신체에 일정한 거리를 두어 세계와 자신을 경험하는 정상적인 방식에서 벗어나 자신의 움직임을 객관화하는 것에 영향을 미친다.

또한 통합예술치료에서 미적 거리는 현실 세계와 허구 세계의 간격에 의해 야기된 긴장을 통합하여, 그 간격에 대한 인식을 형성하려는 인간의 본성을 체험하는 비고츠키L. Vygotsky의 이중정의 개념을 구체화하는 과정과 비유된다. 이는 통합예술치료가 이중적 입장에서 균형감을 잃지 않고 인지적 자각과 감정적 공감 모두에서 변화를 경험하는 것과 유사하기 때문이다. 이러한 과정에서 내담자는 변화된 정서와 행동에 새로운 의미를 스스로 구성한다. 따라서 통합예술치료에서 미적 거리는 내면의 무의식과 외면의 의식을 공평히 관찰하게 하는 동안 진실된 자신을 통찰하고, 타자에 대한 상호작용 및 관계 인식을 통해 새로운 의미를 재구성하게 한다.

통합예술치료는 내담자의 고유한 사고체계의 패턴에 의한 증상을 야기하는 생각디자인의 변형을 위해 고안된 안전한 도구이다. 저자는 이것을 통합예술치료의 전체성과 내담자의 고유성이 결합과정에서 의식의 변형에 영향을 미친 결과로 보았다. 이러한 변형은 융과 윌버K. Wilber가 언급한 초개인적 의식의 통합과정과 비교된다. 융은 한 개인이 진정한 자기가 되기 위해, 자기 존재의 불가분적 전체성을 살려 원숙한 자기실현이 가능하다고 보았으며, 윌버는 몸과 마음이라는 협소한 한계를 넘어 우주로 확장하는 합일의식을 통하여 정체성의 확장을 경험한다고 하였다(Mindell, 2011; Wilber, 2005). 이러한 맥락에서 통합예술치료의 의식 변형은 세 가지 몸의 유기적 기능, 즉 고차원적인 의식부터 일상의 자아에 가려진 본성, 순수한 충동까지 통합됨으로써 사고체계 디자인을 가능하게 한 것으로 설명된다(김용수, 2012). 따라서 통합예술치료는 안전하고 체계화된 프로세스를 제공하여 왜곡된 생각디자인을 스스로 변형할 수 있도록 맞춤형 프로그램을 설계하고 적용한다. 이로써 내담자의 주 호소를 해결할 수 있는 사고패턴을 새롭게 디자인하는 인간 본질에 접근한다.

통합예술치료의 목적은 자기 정체감을 증진하게 하는 인격체로 변형하는 것에 있다. 이것을 위한 통합예술치료 프로세스는 세 가지 몸의 기능을 원활하게 하여 양식화된 사고와 행동의 패턴을 변화시킨다. 이 과정에서 내담자는 실존을 자각하고 사회적 역할 수행을 한다. 또한 실제 정서와 행동의 변화를 통해 내담자 스스로가 의미를 새롭게 부여한다. 이는 통합예술치료의 독창적 프로세스가 의식과 무의식, 허구와 현실 사이의 경계를 자유롭게 넘나드는 인격체로 디자인되기 때문이다. 따라서 통합예술치료는 가족사회갈등에 놓여 있는 내담자에게 인격 변형을 체험하게 하여 갈등에 긍정적 변화를 이루게 한다.

2. 웃음카타르시스와 몸의 이완

카타르시스에 대해 아리스토텔레스Aristoteles는 사건의 구성인 플롯 자체가 극적인 연기방식을 통해 연민과 두려움을 일으키는 감정의 카타르시스를 행하는 것에 있다고 하였다. 나아가 플롯의 인과관계에 따른 이성적인 측면이 시인의 모방에 따라 관객에게 인식의 즐거움과 편안함도 제공한다고 하였다. 여기서 카타르시스는 극의 효과를 가리키며 부정적 감정의 정화와 배설을 말한다(Aristoteles, 2022). 한편 베르나이스J. Bernays는 카타르시스를 마음속의 병적 요소들을 몰아내고 즐거움을 동반하여 마음의 경감을 가져오는 치료적 차원으로 해석하였다(권혁성, 2014).

통합예술치료의 '웃음카타르시스'는 즐겁고 안전하게 적체된 부정적 감정을 배설함으로써 스스로 치유하여 긍정적인 힘을 일으키는 측면에서 카타르시스 개념들을 성취한다. 따라서 스스로 치유의 힘을 가진 웃음카타르시스는 몸의 이완에 따른 자발적 정서와 행동을 동반하게 하여 "인간에게 미성숙한 형태로 잠재하고 있는 어린자화상을 스스로 치유I Therapy 하도록 내 안의 나를 깨우는Awakening the Antaryamin 데에" 있다(홍유진, 2018). 이러한 웃음카타르시스는 통합예술치료의 창조성, 자발성, 이완성이라는 핵심 영역이 유기적으로 작용할 때 가능하다. [그림 3-2]는 웃음카타르시스의 유발 과정을 나타낸 것이다.

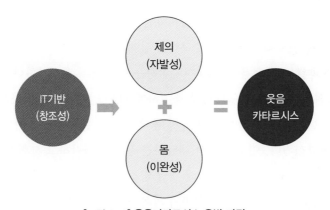

[그림 3-2] 웃음카타르시스 유발 과정

통합예술치료는 자연, 움직임, 언어, 춤, 노래, 그림 등의 전통문화의 예술적 치료 도구들이 놀이나 드라마를 활용하여 내담자와 접촉함으로써 창조성과 자발성과 이완성을 통한 객관적 실재를 경험하게 하는 프로세스다. 통합예술치료의 창조성은 제의와 몸에서 일어나는 자발성과 이완성의 반응을 불러온다. 또한 제의의 자발성과 몸의 이완성 중 어느 하나 또는 두 가지 영역에서 일어난 반응이 다른 영역에 영향을 미치게 된다. 즉 IT에 기반을 둔 통합예술치료라는 독창적 치료 도구가 자발적 특성을 가진 제의적 정서와 행동을 일으키고 몸의 이완을 가져와 웃음카타르시스를 유발하는 것이다. 이완된 몸 역시 제의적 정서와 행동을 유도하게 하여 창조적 통합예술치료의 프로세스를 구체화한다. 따라서 웃음카타르시스는 통합예술치료의 창조적 프로세스가 몸의 이완성과 제의의 자발성을 원활하게 상호작용하므로 내담자의 정서와 행동의 변화를 불러온다.

통합예술치료는 아리스토텔레스가 언급한 희극과 비극의 기원이 디오니소스를 숭배하는 제의에 기반을 두었다면, 그 행위가 목적하는 바도 카타르시스에 있다고 하겠다. 이러한 제의는 의식과 예술 사이의 간극이 존재하지 않는 것, 즉 시가 노래이고 노래가 주문이며 동작이 춤이었던 고대의 예술 형태로 감정을 마음 놓고 안전하게 표현하는 창조성과 놀이적 특성을 가진다. 이는 쾌감, 황홀경, 기쁨에 이르는 특별한 효과를 일으키는 내적 충동, 비이성적 자발성을 유발하여 의식의 변화를 경험하게 한다(이남영, 2017; Schechner, 2001). 즉 제의는 몸의 기억을 통하여 신체, 마음, 머리에 영향을 미쳐서 자신의 본성과 일치하는 진정한 자아를 되찾게 하는 것이다(김용수, 2012). 나아가 심리·신체장애를 제거하고 내면에 억눌린 감정을 표현하게 하여 긴장과 불안을 해소한다는 점에서 웃음카타르시스와 유사하다. 따라서 웃음카타르시스는 제의의 창조적, 자발적, 놀이적 특성을 기반으로 정서와 행동을 유발함으로써 자신과 사회에 긍정적 상호작용을 일으킨다.

아리스토텔레스는 모방이 인간의 본성 중 하나이고 카타르시스는 모방을 통해 학습의 즐거움을 느끼는 과정에 일어난다고 하였다. 이러한 모방은 어떤 행동을 하는 사람을 대상으로 재연적, 제시적 진행방식으로 역할의 극적 행동을 창조하며 수단, 대상, 방식에 의한 예술의 창조적 효과를 체험하게 한다(Aristoteles, 2022). 웃음카타르시스 또한 게임과 놀이를 모방하여 웃음을 창출하는 통합예술치료의 다양한 모델 및 기법 그리고 상황 코믹, 신체 코믹, 화술 코믹 등의 창조적 예술 활동을 체험하게 한다. 또한 이러한 웃음카타르시스는 희극과 비극, 웃음과 울음이 상호전환되는 모방의 여러 형태에서 다양한 색채와 형상, 목소리, 춤에 따른 리듬, 선율, 운율 등을 수단으로 즉흥적 감정표현을 동반하게 한다. 따라서 웃음카타르시스는 예술매체의 안전한 프로세스로 내담자 현실의 고통과 상실을 웃음의 의미로 재해석한다.

웃음카타르시스에서 의미하는 웃음은 문화적 동질성을 통한 객관적 공감대에 바탕을 둔다. 여기서 공감이란 상상력과 사고를 통한 경험뿐만 아니라 총체적 경험을 실제 참여하고 공유하는 것에 있다. 이 과정에서 타자가 느끼고, 생각하고, 행동하는 사회적 관계를 모두 인식한다. 이러한 공동체 삶의 집단의식에 근거한 공감은 긴장을 이해하고 웃음을 창출하여 웃음카타르시스를 가능하게 한다. 이 순간 이완된 신체와 정신은 인지의 기능을 강화하고 의식의 변화를 돕는다. 즉 몸의 이완에 따른 인지의 기능은 행동을 자각하고 조절하여 서로의 관계를 공동으로 유지하도록 하는 것이다. 따라서 웃음카타르시스는 몸의 이완과 인지의 기능을 통해 객관적 공감대를 유지하고 정서적 유대감 및 공동체 의식을 확장하여 긍정적 대인관계 인식에 영향을 미친다.

웃음카타르시스는 내담자에게 통합예술치료의 창조적 예술체험을 바탕으로 자발적 정서와 행동 그리고 몸의 이완에 따른 인지적 기능을 가능하게 한다. 또한 역할 수행과정에서 그들의 맺힌 한을 웃음으로 풀어내어 자신과 가족과의 관계 회복을 실현하게 한다. 즉 개인적 정체성 역시 객관적 공감대를 통한 사회적 정체성 맥락에서 주변의 관계를 수용함으로써 사회로의 확장을 경험하게 하는 것이다. 따라서 웃음카타르시스는 서로 인정하고 협력하는 가족사회공동체 의식을 수용하여 이기적 가족관계에 새로운 윤리적 의식을 경험하도록 한다.

3. 세라트의 구조와 기능

통합예술치료는 체계적으로 고안된 일곱 가지 적용항목인 IT매뉴얼을 제시한다. 내담자의 고착된 사고를 해체하고 의식 변형을 이루기 위해서는 새로운 맞춤형 프로그램을 설계하고 적용하여 인지와 자각의 변화가 가능한 치료적 구조와 기능이 요구되기 때문이다. IT매뉴얼은 단계별 소목표 세라트CERAT, 회기 구조 옴카OMCA, 핵심 치료 모델, 다면적 치료공간, 치료공간의 심리적 설계, IT진단 도구, 체계화된 치료팀으로 구성된다. 여기서 IT I Therapy는 '스스로 치유하도록' 하는 개념으로 IT기반, IT매뉴얼, IT진단 도구 등의 용어로 다양하게 사용된다.

세라트는 치료목표 달성을 위한 다섯 개의 단계별 소목표를 말한다. 이는 카타르시스Catharsis, 실존 자각Existence, 역할Role, 적응Adaptation, 변형Transformation을 말하며, 각 단계마다 그에 상응하는 소목표들을 달성하기 때문에 전체 회기를 구성하는 나침반 역할을 한다. 이러한 전체 회기는 초반부, 중반부, 후반부로 구성되어 내담자의 사회복귀에 필요한 변화를 단계적으로 제시한다. 따라서 통합예술치료는 치료효과를 극대화하기 위해 전체 회기 내에서 세라트의 각 단계가 순차적으로 진행되는 것을 권장한다. 세라트는 각 단계별로 상호관계를 맺고 있어 단계적으로 진행되어야 효과적인 치료가 가능하다. 세라트의 단계적 제시는 회기 구조 옴카의 증상개선목표를 향해 다양한 모델 및 기법들로 내담자의 증상을 고려하여 적용된다. 이 같은 세라트의 방향성과 체계성은 내담자가 점진적인 변화를 보이고 수용하는 과정을 긍정적으로 이끌어 준다. 한편 통합예술치료의 세라트 구조는 내담자에게 최적화된 핵심 치료 모델 및 기법들을 적용하는 방법을 제시하는 것에 있다.

세라트는 회기 구조 옴카에서 증상개선목표를 세우는 것으로 사용된다. 여기서 옴카는 내담자의 내면열기를 위한 열기Opening, 내담자의 어린자화상을 만나기 위한 만나기Meeting, 내담자의 열린 내면닫기를 위한 닫기Closing, 내담자의 현실 접목 적용을 위한 적용하기 Application의 네 가지 과정으로 구성되며, 각 과정에 따른 고유한 기능을 살려서 내담자의 문제를 안전한 구조에서 해결하도록 돕는다. 즉 이 과정에서 증상개선목표에 필요한 구체적인 모델과 기법이 적용되는 것이다. 이 중에 다양한 예술매체로 고안된 핵심 치료 모델은 카타르시스 모델Catharsis Model, 시간여행자 모델Time Traveler Model, 역할 모델Role Model, 투사 모델 Projective Model, 가면아이 모델Masking Inner Child Model, 그림자 엿보기 모델Self-reflection Model, 힐링 드라마 모델Healing Drama Model의 일곱 가지로 구성되어 있으며 일곱 가지 모델 아래 40가지가 넘는 기법들과 80가지가 넘는 하위 기법들이 있다(홍유진, 2018). 여기서 핵심 치료 모델은 내담자 스스로 정서와 행동에 대한 변화의 필요성을 인지하고 자각하게 함으로써 의식이 개체 중심에서 사회적 존재로 확장하도록 돕는 요소들이다. 또한 핵심 치료 모델은 세 가지 몸의 회복과 웃음카타르시스 체험에 필요한 실질적 요소가 된다.

일곱 가지의 핵심 치료 모델은 예술의 다양한 치료적 기능이 반영된 모델 및 기법들이 유기적으로 상호 통합되어 내담자의 자발성과 이완성 그리고 창조성을 증진하도록 구성되어 있다. 즉 세 가지 몸의 균형을 회복하고 웃음카타르시스 체험을 유도하는 여러 가지 치료적 요소들이 한 회기 내에도 단독 또는 연관성 있게 사용된다는 것이다. 이러한 핵심 치료 모델은 단계별 소목표 세라트와 회기 구조 옴카 안에서 진행된다. 이는 통합예술치료가 단지 몇 가지 개념만을 지침으로 설계 또는 운영하는 것이 아니라 매우 구조적이고 체계화된 심리치료 기제라는 것을 의미한다. 그러므로 치료사는 이러한 각각의 특징들이 서로 유기적으로 기능할 때 일어나는 영향을 반드시 이해해야 한다. 특히 핵심 치료 모델을 적용할 때 치료사는 우선 내담자의 특성과 모델 및 기법 그리고 치료사 자신의 성향과 태도에 따른 상관관계를 인식해야 한다.

통합예술치료에 대한 치료사의 전문지식과 숙련된 기술은 또한 내담자에게 큰 영향을 미친다. 치료사가 통합예술치료를 체계적으로 습득하고 기술적으로 활용하는 진행 능력은 내담자가 극대화된 치료 효과를 체험하도록 돕기 때문이다. 〈표 3-1〉은 핵심 치료 모델과 세라트 그리고 옴카가 내담자와 치료사에게 미치는 영향을 요약한 것이다.

〈표 3-1〉 핵심 치료 모델, 세라트, 옴카가 내담자와 치료사에게 미치는 영향

구분	내담자	치료사
핵심 치료 모델	정서, 행동, 인지의 변화 사회적 역할인식 및 수행 경험	모델 및 기법의 치료적 기능
세라트 단계	긍정적 자기 변화 인지 및 수용 사회적응을 위한 점진적 변화	치료 방향성과 체계성 마련 내담자 맞춤형 프로그램 설계
옴카 과정	예술체험에 의한 정체성 자각 및 새로운 자아상 수용	몰입과 거리 두기에 대한 진행 기술

1) 카타르시스 단계

내담자의 세 가지 몸에 적체된 부정 정서와 감정을 인지하고 정화하는 것을 목표로 하는 '카타르시스' 단계는 세라트의 시작이다. 이 단계는 통합예술치료의 세 가지 몸의 조화와 균형을 찾는 카타르시스 체험을 통한 자유회복을 목표로 한다. 이때 신체, 마음, 정신의 세 가지 몸에 적체된 부정 정서와 감정 배설을 경험한다. 이 과정에서 내담자는 부정적 감정의 정화는 물론 자연과 하나가 되어 자연스러운 욕구, 충동, 감정, 본능적 행동을 드러내어 긍정적 실존의 가치를 준비한다(이남영, 2017). 따라서 카타르시스 단계는 내담자가 우주적 원형과 본성을 경험하는 시작 단계에 해당한다.

이 단계에서 주로 사용되는 카타르시스 모델은 내담자의 감정 정화를 위한 이완 기법과 게임놀이 기법 그리고 감정표현 기법으로 구성되어 있다. 이완 기법은 신체, 마음, 정신의 몸과 오감의 이완을 통해 내 안의 맺힌 것을 풀어내도록 한다. 즉 창조적 상상을 통해 자연환경에 반응하는 신체감각을 활성화하여 마음과 정신의 긴장을 이완하고 인지하는 것이다. 또한 게임놀이 기법과 감정표현 기법은 게임과 놀이를 바탕으로 한 의사소통의 자기 탐색을 한다. 이 과정에서 내면의 결핍 또는 억압된 감정을 표현하고 욕구를 성취하여 새로운 인지가 일어나도록 돕는다. 특히 이 기법들은 웃을 수 있는 인간에 착안하여 다양한 코믹 요소를 치료에 접목함으로써 심리적 자각으로 인하여 정서 변화가 일어날 때 생기는 웃음과 울음에 주목한다.

카타르시스 단계에서 내담자는 자연과 관계를 회복함으로써 문명 이전의 상태로 돌아가 원시적인 관계로서 존재하는 자신을 체험한다. 스스로 틀에 박힌 생각과 관념을 거두고 여러 가지 감각을 지닌 자가 되기 위해 자연환경을 감각의 대상으로 삼아 상호작용하는 것이다(Buber, 1995). 이는 원초적인 본능을 억압하는 위선적인 사회에 대한 상징적 저항이며 물질화로 빚어진 거짓 자아를 해체하여 새롭게 재탄생하는 준비단계이다(김용수, 2012). 이 과

정은 몸에 적체된 부정적 감정을 정화하게 하여 긍정 정서와 행동을 유발하는 근원적 동기와 접촉을 시작하도록 유도한다. 따라서 이 단계는 내담자가 본래의 감각을 되살려서 웃음과 울음을 통해 원초적 감정을 드러내어 새로운 인격체로 변화하기 위한 기초를 갖춘다.

2) 실존 자각 단계

세라트의 두 번째 단계는 세 가지 몸의 각 부분을 구체적으로 인지하고 자각하는 '실존 자각'이다. 이 단계는 DNA의 부정적 메모리를 긍정적으로 전환하여 새롭게 인지함으로써 지금 이 순간의 소중함을 자각하게 한다. 이때 세 가지 몸의 각 부분을 분리하여 부정정서와 부정적 기억들을 긍정적으로 전환하는 과정에서 죄책감, 윤리의식 등을 새롭게 인식하도록 한다. 즉 내담자는 진실을 순수하게 인식하는 자아의 상태가 되어 실존하는 인간 삶에서 필요한 온갖 감정을 다시 회복하는 것이다. 나아가 지금 여기를 중심으로 과거, 현재, 미래라는 시공간의 다양한 상황과 사건을 현재의 삶과 관련하여 다시 구성한다. 따라서 이 단계는 현존재로서 타자와 대면하는 존재 방식이 가능하며, 상대와의 관계 속에서 본질적인 자아와 타자를 구분하는 능력을 향상하게 된다(Buber, 1995).

이 단계에 주로 사용되는 투사 모델은 그리기 기법, 보디스캔 기법, 점토 기법 등의 미술매체와 스토리텔링 기법, 글쓰기 기법 등의 문학매체로 내면을 투사하는 자기 탐색 과정을 통해 실존을 자각하게 한다. 가면 기법, 조각 기법, 극구성 기법 등의 연극매체와 인물사진 기법, 극영화 기법 등의 영화, 사진매체는 은유와 상징 그리고 이미지를 활용하여 내면의 억압과 결핍의 욕구를 표현하고 투사하도록 한다. 나아가 저항 또는 방어기제를 낮추어 자신의 존재를 새롭게 인식하게 한다. 나만의 우주를 가상공간에서 실현되게 함으로써 실존을 소중히 인지하도록 돕는 시간여행자 모델과 가면에 가려진 현실의 문제를 자각하여 스스로 방향을 설정하고 선택하게 하는 가면아이 모델 그리고 나는 누구인가? 라는 정체성을 통하여 내면의 이슈를 탐색하게 하는 동영상 기법, 자화상 기법 등의 그림자 엿보기 모델도 실존 자각 단계와 연관된다.

실존 자각 단계에서 내담자는 자연과의 관계인식을 바탕으로 타인과 새로운 관계를 준비한다. 이 과정에는 자신의 존재를 넘어 모든 억압과 지배의 욕구에서 벗어나 자유를 경험하게 된다. 이때 고착된 기존의 사고체계에서 벗어나 자신의 몸에 일어나는 반응을 성찰하며 내면의 이야기에 귀를 기울인다. 그리고 모든 인간에게 잠재하고 있는 미성숙한 상처받은 기억 속 자신의 이미지인 '어린자화상'의 소리를 듣도록 한다. 나아가 개인의 욕구 및 성격과 성향에 따른 개인적 동기를 발견하게 한다. 이로써 일상적 자아가 해체되고 일상에 가려진 삶의 본질을 회복하여 미래의 자아상 설계를 가능하게 하는 것이다(박재환, 2000). 따라서 이 단계는 내담자 자신의 존재 자각과 인식 능력이 동시에 증진되어 타자와 함께 사회적 존재로서 하나의 새로운 가능성을 제시하고 선택한다.

3) 역할 단계

세라트의 세 번째 '역할' 단계는 가족과 사회에서 자신의 의무와 책임 그리고 권리를 위해 역할이해와 증진을 이룬다. 이 단계는 개인 내의 자아와 역할, 개인과 타인 간 역할과 역할의 관계에서 다양한 상호작용을 경험하게 한다. 이로써 개인의 고유한 욕구와 성격 차이로 빚어진 기대와 갈등은 상호 간의 소통을 통해 조화로운 관계로 발전하게 된다. 즉 내 안의 주체와 객체가 분리, 통합되고 타자와의 관계를 인식하는 등의 거리 두기 및 유지를 경험하는 것이다. 이때 '어린자화상'은 내담자가 행동하는 주제이자 객체가 되어 어떤 목적을 갖고 외부세계와 자신에게 행동하는 과정에서 성장을 경험하게 된다. 따라서 이 단계는 사회적 역할수행에 따른 개인의 사회적 적응에 필요한 다양한 역할을 훈련한다.

이 단계의 중심에 있는 역할 모델은 재연적, 서사적 방식으로 구성되어 있으며 여기서 사용하는 모든 기법은 내담자가 체험한 특정 상황을 과거와 현재 그리고 미래의 관점에 두고 즉흥역할극을 활용하여 진행된다. 이 모델은 내담자의 욕구를 탐색하여 자존감을 향상시키는 조커 기법부터 자신의 이슈 혹은 트라우마 상황을 직접 연행하는 자아 기법과 타인의 역할을 연행하는 타인 기법 그리고 자신이 겪었던 상황을 거리 두어 바라보게 하는 관찰 기법 등으로 진행된다. 특히 자신의 이야기를 극화하여 역할로 구현하는 힐링드라마 모델은 역할의 마지막 단계에 해당한다. 이 모델은 무대에서 행하는 자는 '표현자'로 그것을 바라보는 자는 '보는자'로 칭하며 이들 모두는 집단공감 의식을 통해 자기치유를 수행하게 된다.

역할 단계에서 내담자는 사회복귀를 목적으로 자기 이해 및 사회적응을 위한 다양한 역할을 체험하게 된다. 또한 사회에서 요구하는 역할을 이해하고 수용하여 그에 따른 다양한 역할 및 행동유형을 재창조하도록 한다. 나아가 자신의 과거 또는 현재 상황과 관계를 재구성함으로써 균형 잡힌 미래를 계획하고 수행한다. 이 과정에서 내담자는 사회적 역할기대와 욕구체계가 상호작용함으로써 사회적 동기가 사회적 행동으로 나아갈 동력을 얻게 된다(송대영, 김정호, 2010). 따라서 이 단계는 실존 자각 단계에서 설계한 미래의 자아상을 현실 상황에 적용하는 사회적 역할 수행을 체험한다.

4) 적응 단계

역할 단계 이후 내담자는 가정 및 소속집단의 동질성을 이해하고 타인의 역할기대에 유연하게 반응하는 적응 단계에 들어간다. 세라트의 적응 단계는 예술치료의 지속성 문제를 해결하기 위한 것으로 옴카의 적용하기 과정을 착안한 이유가 된다. 적용하기 과정에서는 우선 내담자가 만나기 과정에서 자각한 것을 일상의 다양한 상황인 가정과 사회를 뜻하는 제2, 제3치료공간에 적용할 수 있도록 치료사가 화두를 제시한다. 제2, 3치료공간은 내담자가 속한 현재의 활동공간을 치료센터라는 제1치료공간, 가정이라는 제2치료공간, 사회라는 제3치료공간으로 구분하여 활용되는 '다면적 치료공간Multi-dimensional Therapy Space'으로 설명된다.

여기서 화두는 내담자가 예술체험에서 인지한 것들을 현실문제에 적용하도록 돕는 것을 말한다. 치료사는 내담자가 현실에 적응하도록 그 문제를 인식하고 자각하게 한 후 그에 대한 실천적 대안, 화두라는 전략을 제공한다. 즉 내담자가 예술체험을 통해 자각한 것이 일상의 벽에 부딪혀 원상태로 퇴행하거나 잊지 않도록 효과적인 대처방안을 계획하고 안내하여 변화를 일으키게 하는 것이다. 이러한 개인의 변화는 일상생활의 다양한 상황에 적용 가능할 때 의미를 지니며 그 과정에서 자각이 일어나게 된다. 이 단계에서 옴카의 적용하기 과정은 치료공간을 다면적으로 확장하여 치료효과를 증대한다.

언어가 갖는 현실 선포성에 대하여 설명한 루보프는 어떤 것을 이야기하거나 명명하는 행위를 통해 인간은 실제성과 지속성을 갖게 된다고 하였다(Louboff, 2015). 적용하기 과정이 강조되는 이유는 내담자가 예술체험을 통해 인지한 것을 현실에 재체험하여 변형 단계에 들어서기 위한 것이다. 이 말은 적용하기 과정에서 치료사가 제시한 질문의 내용과 방식은 실제 내담자에게 암시로 작용된다는 의미다. 즉 예술매체에서 획득한 인지의 변화를 현실에 접목하여 행동하도록 일종의 암시로 전달되는 것이다. 따라서 예술체험에서 현실 접목 및 훈련을 통하지 않고 감정의 해방에만 초점을 둔 치료는 내담자의 삶의 변화를 기대하기에 한계가 있다.

통합예술치료 적용하기 과정은 내담자가 스스로 정서를 전환할 수 있도록 동기를 유발하여 재체험하는 것을 전제한다. 이러한 재체험은 만나기 과정의 이슈가 닫기 과정에서 인지와 자각의 상태로 변화된 것을 뜻한다. 이는 만나기 과정에서 예술체험한 가상의 것이 닫기 과정에서 현실의 역할과 연관되어 새로운 의미로 발견될 때 가능한 것이다. 따라서 내담자의 동기 유발의 재체험을 전제로 하는 적용하기 과정은 치료목표에 따른 만나기 과정의 내적 동기를 부여하는 열기 과정과 '어린자화상'을 마주하며 완전한 몰입상태에 접어드는 만나기 과정 그리고 내담자가 인지 및 자각하는 의식화 작업이 닫기 과정에서 온전히 이루어진 후에 가능해진다. 이때 닫기 과정에서 요구되는 내담자의 인지와 자각은 우선 예술체험 과정에서 구성된 첫 번째의 의미가 실제 현실 상황의 의미에 영향을 미쳐 현실문제의 인식 및 해결 능력을 가능하게 한다. 따라서 이러한 옴카의 적용하기 과정은 유의미한 변화를 매 회기 반복함으로써 세라트의 적응 단계를 실현하게 된다.

적응하기 과정은 다음과 같이 설명된다. 만나기 과정은 예술체험 과정에서 상징적 의미를 지닌 외적 행동의 변화를 일으키는 것에 있다. 닫기 과정은 거리 두기를 통해 그 외적 행동을 인식하고 인지하는 것에 있다. 즉 닫기 과정은 가상의 세계에서 인지된 행동의 변화를 상징 및 가치체계의 바탕이 되는 현실의 상황 및 동기와 연관시켜 인지를 일으키는 것이다(김주연, 2016). 이 과정에서 역할 수행을 새롭게 해석하는 내적 사고 과정을 거친다. 즉 내담자의 내적 사고가 먼저, 드라마 체험 과정에서 역할과 자아가 아이러니에 직면하여 역동과 긴장 그리고 극적 역설을 체험하듯이 사회적 자아와 상호작용을 통해 그 과정을 거치는 것이다. 이 지점에 이르러야 정체성의 변화와 확장 그리고 새로운 역할의 부여가 가능하게 된다.

적용하기 과정을 다시 정리하면, 닫기 과정에서 찾아낸 동기를 현실의 상황과 상호작용하는 역할에 주목하여 그 의미를 실제로 체험하게 한다. 내담자가 스스로 정서를 전환할 수 있도록 동기를 유발하여 재체험한다는 적용하기 과정은 우선 내담자가 몰입단계에서 예술을 경험한 후에 닫기 과정에서 그 경험들이 거리두기 구조화 단계에 따라 의미화가 성립되어야 한다. 즉 의미화 과정을 거친 후에 그것이 현실의 동기가 되는 현실 접목과 적용 가능한 내담자의 질적 화두가 구체적으로 제시되는 것이다. 이로써 구성된 화두가 현실에 접목하여 경험될 때, 내담자는 새롭게 디자인된 자신의 사고체계 내에서 온전한 자각 단계를 발견한다. 따라서 적용하기 과정은 삶에 대한 본성 자각과 삶에 대한 주관적인 가치 그리고 보편적인 가치의 통합 등으로 과거의 왜곡된 감정과 모순된 사고가 다시 디자인되는 것이다.

5) 변형 단계

통합예술치료의 단계별 소목표 세라트는 인격 변형을 통한 새로운 인격체로의 재탄생에 도달하는 '변형' 단계로 마무리된다. 이는 세라트의 네 단계를 거쳐서 고착된 개인의 사고 구조가 해체되고 새롭게 생각디자인을 구성하는 단계가 된다. 즉 통합예술치료의 전체성을 체험하는 내담자의 고유성이 의식의 변형을 이루게 되는 것이다. 이 과정에서 내담자는 타인과 상호작용하는 문화에 진입하여 그 속에서 자신의 주체성을 획득하는 상태가 된다. 나아가 자기 안의 인식과 행동 또는 세계와 자기 운명의 주인이 되어 타자와 사회를 변형시키는 전인적이고 실천적인 자아가 가능하게 된다. 이러한 단계는 이전의 네 가지 단계에서 실제로 변형된 것들에 대한 자각을 확인하는 단계이다. 이로써 사회 내에서 세 가지 몸이 유기적으로 기능하고 자아의식이 행동의 중심이 되는 미적 거리가 완성되는 것이다. 따라서 변형 단계는 내담자가 본능과 의식을 함께 갖춘 존재로 변화되어 자기라는 변형된 인격체로서 타인과 함께 공존하는 사회적 자아를 수행한다.

특히 그림자 엿보기 모델의 동영상 기법은 내 안의 나와 직면하는 가운데 자신으로부터 투영한 무의식의 그림자를 인지하게 하여 변화된 감정의 균형을 찾게 한다. 이 과정에서 내담자는 자신의 사고 패턴과 감정 디자인이 현실 문제와 어떻게 상호작용하는지를 이해한다. 이 모델은 특별한 대상층에 따라 마지막 변형 단계에서 활용되기도 한다. 자신의 실체를 부정하는 감정의 직면으로 인한 저항과 자존감의 손상을 경험하기도 하지만 자발적 변화 욕구와 자각을 불러일으키는 강력한 모델이다.

변형 단계에서 내담자는 옴카의 적용하기 과정이 세라트의 적응 단계를 완성하듯 옴카의 닫기 과정에서 인지적 기능이 우선 체험되어야 한다. 이러한 적용하기 과정의 적응 단계가 반복하는 일련의 과정이 매 회기 진행되면서 세라트의 변형 단계를 완성하게 된다. 즉 세라트의 모든 단계가 순차적으로 통합되는 동안 세 가지 몸의 기능에 따른 정서와 행동의 변

〈표 3-2〉 소목표 세라트와 핵심 치료 모델의 연관성

단계	소목표	모델명	기능
카타르시스(C)	몸의 부정 정서 배설 자유 회복	카타르시스 모델	부정 감정 정화
		투사 모델	무의식 욕구탐색
실존 자각(E)	몸의 인지 및 현재의 순간을 자각	투사 모델	자기발견
		그림자 엿보기 모델	객관적 자기이해
		시간여행자 모델	실존 자각
		가면아이 모델	내면인지 및 현실자각
역할(R)	사회적 존재로서 역할이해 및 증진	역할 모델	역할이해 및 수행
		힐링드라마 모델	역할구현
		그림자 엿보기 모델	객관적 역할이해
적응(A)	가정과 사회적응 훈련	역할 모델	사회적응 및 사회복귀
변형(T)	의식 변형 및 인격체의 재탄생	힐링드라마 모델	기억변형
		그림자 엿보기 모델	본성자각 및 감정과 생각디자인 변형

화가 나타나는 것이다. 따라서 세라트와 옴카가 서로의 연관성을 지니듯 세라트와 모델 역
시 큰 틀에서 기본 특징에 따라 상호연관성을 가진다. 이러한 모델과 기법의 적용은 세라트
와 기본적인 연관성을 가지며 내담자에 대한 치료사의 진단과 치료목표에 따라 다양하게 설
계될 수 있다. 앞선 〈표 3-2〉는 단계별 소목표 세라트와 핵심 치료 모델의 연관성을 요약한
것이다.

통합예술치료 프로그램 설계는 내담자의 진단을 바탕으로 지금까지 설명했던 핵심 치료
목표, 세라트, 옴카의 유기적 상관성에 근거하여 구성된다. 즉 단계별 소목표 세라트에 따라
증상개선목표를 수립하고 그것을 달성하기 위한 운영방안을 옴카 과정에 기반하여 계획하
는 것이다. 이같이 세라트와 옴카 그리고 핵심 치료 모델은 매우 긴밀한 관계를 맺고 있다.
이 관계 안에서 각각의 기능은 고유의 특징을 발휘하면서 상호 간에 영향을 미쳐 치료사에
게는 안전한 치료환경과 효과를 제공하고 내담자에게는 새로운 인격체로의 변화를 가능하
게 한다.

4. 가족갈등 완화를 위한 세라트 적용

이 절에서는 금전적 이해관계로 인한 극단적 갈등 가족에 대한 연구(김용태, 2021)를 통
해 세라트에 대한 적용사례를 소개하고자 한다. 이 연구에서 저자는 치료팀으로 임상에 참
여하였으며 연구 초반부터 연구의 결과까지 공동진행자와 관찰자의 역할을 하였다. 치료팀
은 내담자의 신뢰를 얻기 위해 전문성, 연령, 성별 등을 고려함과 동시에 통합예술치료 프로
세스에 숙련된 기술을 보유한 치료사들로 구성되었다. 치료팀은 물질적 이해관계로 빚어진
극단적 가족갈등에 대한 방안으로 심리적 공감대에 주목하였다. 이는 신체와 정신의 균형,
즉 통합예술치료 세 가지 몸의 유기적 기능이라는 핵심 이론에 근거한 결과로 이해할 수 있
다. 따라서 치료팀은 신체와 마음 그리고 정신의 통합적 차원의 접근을 기본으로 하여 가족
간의 공감 증진을 계획하였다. 다음은 초기 면담에 따른 내담자 주 호소 문제, 가족 내 역할
인식과 기대를 살펴보았다. 그리고 가족갈등의 원인을 분석하기 위해 개인 역사 분석과 심
리적 성향 및 증상 등을 알아보았다.

1) 초기 면담과 IT진단 및 평가

초기 면담에서 우선 주 호소 문제를 파악하는 것은 내담자의 주요 증상에 따른 치료목표

를 세우는 데 기본적인 자료를 제공하게 한다. 이러한 내담자의 주 호소 문제가 반영된 자료는 초기 면담 과정에서 정리된 녹취록과 면담기록 그리고 치료사와 인터뷰를 진행하며 관찰된 내담자의 말투, 표정, 행동적 습관 등이 고려된다. 또한 내담자의 주 호소에 따른 과거 이력, 성격 및 성향 등을 분석한 IT진단 및 평가는 가족 상호 간 갈등의 원인을 해석하는 자료로서 통합예술치료 프로그램의 설계를 구성하는 데 핵심 요소가 된다.

(1) 내담자 특성 및 주 호소 문제

경기도 소재 ○○ 경찰서가 의뢰하여 초기 면담에 참여한 가족은 금전적 이해관계로 가족분쟁을 겪고 있는 노부모 2인과 혼자 사는 성인 아들 1인이다. 노부모와 아들은 회사 내 업무갈등 및 금전 다툼으로 폭행과 폭언이 오가면서 몇 차례의 형사고소와 맞고소를 겪었다. 이는 노부와 성인 아들이 가족경영체계의 사업을 하고 있었으며, 그로부터 야기되는 이해관계의 갈등에서 비롯된 것이다. 초기 면담에서 이들은 가족 내 세대에 따른 생활방식 및 성격의 차이에서 비롯된 다양한 갈등도 심각하게 호소하였다. 노부모는 아들의 패륜적 행동에 몹시 흥분하였고, 아들은 사무적인 태도로 금전적 권리를 주장하였다. 치료팀이 관찰한 가족 간의 특징은 먼저 자수성가한 노부와 경제활동의 경험이 부재한 노모 간의 깊은 밀착 관계이다. 특히 아들의 불규칙적인 생활방식과 여성편력 등을 강하게 비난하였지만, 경제적으로 독립한 딸에게는 강한 애착과 호감을 보인 점 등이다. 〈표 3-3〉은 내담자 정보를 요약한 것이다.

〈표 3-3〉 내담자 정보

연구대상	성별	연령	교육	재산	직업
노부	남	72	대졸	상류	유통업체 대표
노모	여	66	대졸	상류	주부
중년 아들	남	42	대졸	중류	유통업체 부대표
중년 딸	여	39	대졸	중류	주부

(2) 역할인식 검사 분석

치료팀은 가족갈등 관련 선행연구를 통해 내담자에게 해당하는 가족 내 세대갈등과 경제적 요인에 초점을 두었다. 이어 분쟁가족의 갈등완화를 위해 프로그램을 어떻게 구성하고 적용할 것인지를 고민하였다. 프로그램을 설계하고 적용하는 과정에서 역할에 대한 기본이해와 세부 역할 수행정도 및 결과평가를 위해 IT진단 도구 중 '롤 다이어그램 검사Role Diagram Test: IT-RDT'와 '롤 다이어그램 평가 기준표'를 활용하였다(홍유진, 2018). 이는 내담자가 상호 간

해야 할 일과 할 일에 따른 책임과 권리를 인식하게 하는 역할의 기본이해와 수행 정도를 제공한다.

이 도구는 매 회기 예술치료를 진행하는 동안 내담자의 주 호소가 지속으로 혹은 새롭게 나타나는 모습들을 분석하고 반영하기에, 시작 단계에서 설계된 프로그램을 수정하여 재구성하는 기능을 한다. 즉 내담자의 가려진 내적 정보를 끊임없이 개념화하는 것이다. 치료팀은 내담자의 역할인식 및 수행정도를 평가하기 위해 그들이 작성한 사전 롤 다이어그램 검사를 다음과 같은 관점에서 분석하였다. 첫째, 가족구성원 각자가 인식하고 있는 자기 역할의 기능적 측면이다. 역할 인식 정도가 낮거나 주요 역할의 가지 수가 현저하게 작아서 역할의 기능적인 측면이 낮은 경우 역할 수행에 문제가 있는 것으로 볼 수 있기 때문이다. 둘째, 가족원이 상호 간에 기대하는 역할의 일치 정도를 파악하고자 하였다. 분쟁가족의 갈등을 격화하는 결정적 요인은 역기능적 상호작용이다. 여기에 가장 큰 영향을 미치는 변인이 바로 가족 내 서로 다른 역할기대이다. 따라서 그것을 탐색하는 것은 가족 내 역기능적 상호작용을 변화시키기 위한 통합예술치료 프로그램 설계에 필요한 것이다. 내담자는 롤 다이어그램 검사지에 각각 현재 자신이 인식하고 있는 자기 개인 역할을 기재했다. 즉 아버지 또는 어머니는 아들에게 해줘야 하는 부-모의 역할을 각각 기재하였고, 아들은 아버지와 어머니에게 해야 하는 자식의 역할에 대하여 작성했다. 이후 자신이 상대에게 기대하는 역할을 기재하였다. 즉 아버지 또는 어머니는 아들이 자신에게 해 주길 바라는 것과 해야 하는 것에 대해 작성했다. 아들 역시 부모가 자신에게 해줘야 하는 것과 해야 하는 것을 작성했다.

이들이 롤 다이어그램에 작성한 단어를 토대로 노부, 노모 그리고 아들이 인식하고 있는 결과는 다음과 같다. 첫째, 기본적으로 내담자는 각자 인식하고 있는 자기 역할의 가지 수가 현저하게 낮았다. 롤 다이어그램을 통한 역할 수행 관련 공통단어의 분석 결과는 정서와 행동의 구체적 역할을 모두 합친다고 하더라도 건강한 개인이 인식하는 하위역할의 수준에 미치지 못하였다. 이 결과는 내담자가 일반적인 가족 내 개인역할 인식을 하지 못하고 있음을 알 수 있다. 둘째, 자기역할은 적게 인식하는 반면 상대에게 기대하는 역할의 수가 많았으며, 그 내용이 비교적 구체적이었다. 이는 자신에게 주어진 의무와 책임은 다하지 않은 채, 상대에게만 역할을 요구하게 됨으로써 갈등을 일으킬 수 있다. 즉 서로의 책임을 묻거나 원망하게 되는 계기가 되는 것이다. 초기 면담에서 서로에게 책임을 전가하거나 일방적으로 상대의 잘못을 지적하는 원인은 여기에서 비롯되었다. 셋째, 개인이 인식하는 역할과 상대가 기대하는 역할이 서로 일치하지 않는 것으로 나타났다. 이와 같은 현상은 분쟁가족뿐 아니라 사회 전반에서 역기능적 상호작용을 일으킨다. 내담자처럼 의사소통 기술이 부족할 때 더욱 그렇다. 이들은 갈등이 폭력으로 심화된 상황이었다. 이러한 정황과 롤 다이어그램 검사 결과는 내담자의 역기능적 상호작용의 근원적 원인이 서로 간의 다른 역할기대로부터 비롯되었다고 분석된다. 따라서 롤 다이어그램 검사에서 개인이 인식하는 역할과 상대에게 기대하는 감정·정서적 역할의 가짓수가 현저하게 낮다는 것은 가족 내 정서적 교류가 이루어지고 있지 않으며 그에 대한 필요성을 인식하지 못하고 있음을 시사한다.

다음은 내담자 각각의 롤 다이어그램 결과를 살펴본 결과이다. 노부는 아들에게 해야 하는 역할로 사랑을 느낄 수 있는 부성애와 들어주기, 참기를 작성하였다. 치료팀은 노부가 아들과의 관계를 회복하려는 의지와 감정은 있으나 아들에 대한 부정적 신체 반응이 이것을 방해하고 있다고 판단하였다. 따라서 노부는 신체적 몸의 반응을 정상적으로 기능하도록 돕는 맞춤형 프로그램 설계가 필요하다. 〈표 3-4〉는 노부가 인식하는 자신의 역할 평가를 기록한 것이다.

〈표 3-4〉 노부가 인식하는 아버지의 역할 평가

상위역할	구체적 역할 수행
감정(정서)	사랑을 느낄 수 있는 부성애
신체(행동)	들어주기, 참기

노모는 노부와 매우 다른 양상으로 나타났다. 노부는 신체의 몸을 회복하기 위한 치료적 개입이 필요하다고 나타났지만, 노모는 아들의 집을 청소해 주는 신체의 몸만 기능하는 것으로 나타났다. 특히 마음의 몸은 기능하고 있지 않아 정서적 교류가 차단된 상황이다. 이로써 치료팀은 일반적인 어머니의 역할을 인지 및 자각하게 하고 정서적 측면을 기능하게 하는 치료적 개입이 필요할 것으로 판단하였다. 지금까지 내용을 요약하면 〈표 3-5〉는 노모가 인식하는 자신의 역할 평가를 기록한 것이다.

〈표 3-5〉 노모가 인식하는 어머니의 역할 평가

상위역할	구체적 역할 수행
감정(정서)	-
신체(행동)	청소

성인 아들은 노부모 모두에게 자신이 해야 하는 역할로 언어순화와 화 참기를 작성하였다. 특히 아들은 자식으로서 부모에게 해야 하는 도리를 인지하고 있었다. 이는 자신의 태도를 현재 가족갈등의 요인 중 하나로 인식하고 있다는 점이다. 하지만 치료팀은 노부모와의 관계에서 정신의 몸과 마음의 몸은 다소 기능하지만, 신체의 몸이 적절한 기능을 하지 못

하는 점들을 반영하여 프로그램이 설계되어야 하는 필요성을 논의하였다. 지금까지 내용을 요약하면 〈표 3-6〉은 성인 아들이 인식하는 자신의 역할 평가를 기록한 것이다.

〈표 3-6〉 성인 아들이 인식하는 자식의 역할 평가

상위역할	구체적 역할 수행	
	아버지에게	어머니에게
감정(정서)	-	-
신체(행동)	언어순화, 화 참기	언어순화, 화 참기

상호 간 역할기대 인식을 분석하면 먼저, 부-자가 상호 간에 기대하는 것, 즉 상대가 나에게 해줘야 한다고 인식하고 있는 역할은 공통적으로 언어순화인 것으로 나타났다. 이들은 서로 상대가 자신에게 폭력적인 언어를 사용하고 있다고 느꼈다. 노부는 아들이 자신에게 규칙적인 생활과 정리정돈, 절제된 소비를 해줘야 한다고 답하였다. 함께 사업을 하고 있으므로 절제된 소비는 상호 간에 영향을 미칠 수 있다. 그러나 중년의 아들에게 이외 다른 두 가지 개념은 아들의 개인적인 부분에 해당한다. 이는 다소 과잉된 간섭이다. 반면 아들은 역할기대에 나타난 항목들이 상호 간에 영향을 미치는 것으로 답하였다.

부-자가 상호 간에 기대하는 역할 분석에서 주목할 점은 경제적 요인에 있다. 노부는 아들에게 절제된 소비를 원하고 있었으며, 아들은 노부에게 경제전환을 바라고 있었다. 절제 소비를 원하는 것은 아직 경제적 권한을 가지고 있는 노부의 관점이 반영된 것이다. 그러나 아들은 아버지의 관점과 다르게 경제전환을 기대한다. 이것을 통하여 치료팀은 가족의 갈등이 단순히 경제적 요인 때문이 아닌 가족 내 권한과 권위가 중심에 있다고 보았다. 노부와 아들이 기대하는 역할 평가는 〈표 3-7〉과 같이 분석된다.

〈표 3-7〉 노부와 아들이 상호 간에 기대하는 역할 평가

상위역할	구체적 역할 수행	
	아버지가 아들에게	아들이 아버지에게
감정(정서)	-	배려
신체(행동)	규칙적인 생활, 언어순화, 들어주기, 정리정돈, 절제된 소비	무시하지 않기, 언어순화, 의견존중, 경제전환, 일관성

노부와 마찬가지로 노모 또한 아들에게 언어순화를 바라는 것으로 나타났다. 모-자가 상호 간에 기대하는 역할 분석 결과에 주목할 것은 첫째, 경영에 참여하고 있는 사람은 부-자임에도 노모가 아들에게 바라는 것 중에 경제적 독립과 보답하기가 제시된 점이다. 치료팀

은 자신과 남편의 노년을 생각할 때 줄어드는 자산에 대한 불안이 작용한 결과로 해석하였다. 한편 아들은 이와 같은 노모의 태도를 간섭으로 인식하고 있었다. 간섭하지 않기라고 작성한 그의 답이 말해 준다. 흥미로운 점은 노부가 아들에게 절제된 소비를 원하였으나, 아들 또한 노모의 경제관념이 필요하다고 작성한 부분이다. 이는 노부가 아들에게 경제와 관련된 충고를 할 때 반항심 혹은 적대감을 느낀 것이 작용한 것으로 분석되었다. 〈표 3-8〉은 노모와 아들이 상호 간에 기대하는 역할 평가를 요약한 것이다.

〈표 3-8〉 **노모와 아들이 상호 간에 기대하는 역할 평가**

상위역할	구체적 역할 수행	
	어머니가 아들에게	아들이 어머니에게
감정(정서)	-	배려
신체(행동)	언어순화, 보답하기, 경제적 독립, 안정된 가정꾸리기	간섭하지 않기, 철들기, 경제관념

(3) 가족갈등의 원인 분석
① 노부모의 히스토리

노부는 가난한 농부의 집안에 장손으로 태어나 농사와 집안일을 도우며 성장하였다. 초등학교 때부터 학업능력이 뛰어나 서울에 있는 명문대학을 졸업할 수 있었다. 하지만 어려운 형편으로 학비를 마련하기 위하여 아르바이트를 계속해야 했으며 과외 교사를 하던 중 지금의 아내를 만났다.

> 대학교 때 서울에 올라와서 고생 많이 했어요. 돈을 벌어야겠다는 생각뿐이었지요. 그러다가 아내를 만났고 처가의 도움을 많이 받았어요. 규칙적인 생활과 건강식은 다 아내 덕분이에요. 고맙죠. 내겐 가장 소중한 사람이에요.

가족갈등은 가족 내 역할 간의 관계와 친밀도가 고려되어야 한다. 초기 면담 결과, 노부가 아내에게 느끼는 친밀도는 상당 수준 높은 것으로 분석된다. 그러나 그는 "처가의 도움을 많이 받았어요."라는 말로 현재의 위치에 있기까지 아내 측으로부터 도움을 받았음을 알 수 있다. 이는 노부가 아내에게 강한 책임감을 느끼게 하는 데 영향을 미쳤을 것이다. "돈을 벌어야겠다는 생각뿐이었어요."라는 말은 노부의 자산증식에 대한 욕구를 말해 준다. 이는 현재의 가족갈등에도 크게 영향을 미칠 것으로 보인다. 〈표 3-9〉는 노부의 개인 역사를 기록한 것이다.

〈표 3-9〉 노부의 개인 역사 분석

시기	가족 관계	교우 관계	직업	경제 수준	가치관	종교	취미 특기
유아기	부, 모, 누나, 여동생			가난			
아동기	부, 모, 누나, 여동생	보통		가난	돈	무교	농사
청소년기	부, 모, 누나, 여동생	보통		가난	돈	무교	농사, 공부
성년기	아내, 아들, 딸	보통	제작업 유통업	부유	돈, 일, 건강, 아내	무교	일, 저축

그 애가 내 재산을 탕진한다고 생각하니까 잠이 안 왔어요. 이젠 자식이 아니라는 생각이 들었어요. 한 집안의 가장으로서 부끄러웠지만 문득 자식과 인연을 끊어야겠다고 결심했어요.

노부는 아들이 청소년기에는 모-자간에 갈등이 생기면 아들을 지지했다고 하였다. 그러나 10년 전 아들과 사업을 같이 하면서 경제관념 없이 돈을 낭비하는 아들이 어렵게 쌓은 "내 재산을 탕진"한다고 생각하였다. 그것이 그에게 부-자간의 인연을 끊어야 하겠다는 극단적인 생각과 연관되어 있을 것이다. 그가 "한 집안의 가장으로서"라고 말하는 것은 전통적 가족의 가치관에서 비롯된 태도와 역할을 인식하는 것으로 보였다. 이는 현대사회의 변화된 가족 형태에서 요구되는 가치관과 다소 다를 수 있다. 가족 내 세대갈등의 주요 변인이 노부에게 나타나고 있음을 확인할 수 있는 지점이다. 이 같은 사실은 다음의 말에서 알 수 있다.

아들을 때린 날 살고 싶지 않았어요. 자식이 아비한테 대들었다는 게 너무 수치스러워서요. 걔도 참지 못하고 욕을 해대고 의자를 집어 던지더라고요. 하늘이 무너졌어요. 우리의 인연은 여기까지구나 싶었죠.

회사 운영권 및 경제적 지원 문제로 2015년 12월부터 간헐적으로 언어적 갈등을 빚어오던 부-자는 2016년 8월을 기점으로 폭언과 폭행이 일어났다고 하였다. 이로부터 3개월 후 아버지가 아들을 경찰에 고소하기에 이른 것이다. 노부는 당시의 상황을 말하면서 수치심을 언급하였다. 이는 자신이 폭력을 행한 것의 미안함이나 후회가 아닌 자식이 아비한테 대들었다는 것에 대한 수치스러운 감정을 이입한 것이다. 이로써 아버지가 가부장적 태도와 사고로 아들을 대하였을 가능성을 확인한 것이다. "하늘이 무너지더라고요."라는 그의 말에서 당시 그가 좌절과 절망의 상태에 있다는 사실을 알 수 있다. 이 외에도 면담을 통해 확인된 노부의 심리적 성향 및 증상으로는 앞서 행동 관찰을 통해서도 나타나듯이 그가 부-자간에 있어 매우 독선적이며 보수적이고 억압적인 상호작용을 하고 있다는 것을 알 수 있다. 따라서 노부는 성공 지향적이면서 자기중심적이고 방어적이며, 소유욕이 강한 것으로 분석하였다. 그리고 노부의 심리상태에서 수치심, 책임감, 절망감, 신경과민 등을 진단하였다. 〈표 3-10〉은 노부의 심리적 성향을 분석한 것이다.

〈표 3-10〉 노부의 심리적 성향 및 증상

구분		내용
외적 요소		키(167cm), 몸무게(75kg), 옷차림(캐주얼), 헤어스타일(짧음), 걸음걸이(팔자걸음)
내적 요소	성격	독선적, 보수적, 억압적, 현실적, 성공 지향적, 자기중심적, 자기방어적
	성향	완벽주의형, 과시형, 집착형, 소유욕
	습관	머리 긁적임, 코 만짐, 테이블 두드림, 입 삐죽거림, 설명적 말투
	심리상태	신경과민, 수치심, 책임감, 부담감, 좌절감, 절망감

노모는 아동기에 엄격한 아버지 밑에서 교육을 받으며 부유하게 성장하였다. 중학교 때 운동을 좋아해서 선수를 하려고 하였으나 보수적인 아버지로 인하여 꿈을 포기할 수밖에 없었다. 그는 평범한 가정주부를 꿈꾸며 지금의 남편과 결혼하였다. 〈표 3-11〉은 노모의 개인 역사를 기록한 것이다.

〈표 3-11〉 노모의 개인 역사 분석

시기	가족 관계	교우 관계	직업	경제 수준	가치관	종교	취미 특기
유아기				부유			
아동기		보통		부유		무교	
청소년기		보통		부유	돈	무교	운동
성년기	남편, 아들, 딸	보통	전업주부	부유	돈, 건강, 남편, 외모	기독교 무교	인테리어 외모 가꾸기

최근엔 어렸을 때 생각이 많이 나요. 늙었나 봐요. 이제는 모든 신경을 끊고 돈 걱정 없이 행복하게 살았으면 좋겠어요.

노모는 걱정이 많은 상태였다. "행복하게 살았으면 좋겠어요."라는 그의 말에서 삶이 행복하지 못하다고 느끼는 것을 알 수 있다. 우회적으로 표현하였으나 "돈 걱정 없이"라는 그의 말은 경제적 요인으로 인한 불안을 느끼고 있음을 진단할 수 있다. 여기에 "이제 모든 신경을 끊고"라는 말을 덧붙여 이해해 보면, 현재 노모는 돈에 대한 불안으로 인하여 걱정이 많은 상태이다. 결국 노모가 지칭한 "신경"이란 아들과 돈을 뜻하는 것이며 그것을 "끊는다"고 표현한 것은 아들과의 관계를 유지하고자 하는 의지가 약한 상태라고 볼 수 있다. 즉 노부와 비교해 노모의 이성적인 태도는 아들과의 관계를 지속할 의지보다 거리를 두고 싶어하는 것으로 진단된다. 이는 다음과 같은 말로 이해할 수 있다.

> 그 앤 태어나면서부터 나하고 성격부터 모든 게 맞지 않았어요. 게으른 생활 습관과 불량한 언행은 어려서부터 제멋대로여서 너무 힘들게 했어요. 남편과 저는 문제아 아들한테 학교 진학부터 경제적 지원까지 할 만큼 다 했어요.

"태어나면서부터 나하고 성격부터 모든 게 맞지 않았어요."라는 말은 모—자간의 건강한 애착이 형성되지 않았을 가능성을 제기한다. 따라서 치료팀은 노모가 아들에게 긍정적 양육 태도를 제공하지 않았을 것으로 평가하였다. 이는 가족 내 세대갈등 중, 모의 양육 태도가 성장기 자녀의 정서와 행동에 영향을 미친다고 보았던 것이 확인되는 지점이다. 게으른 생활이라고 표현하는 것으로 보아 노부와 마찬가지로 전통적인 가족공동체 가치관을 고수할 가능성이 크다. 이는 가족갈등을 빈번하게 일으키는 변인으로 작용할 수 있다. 주목할 점은 노부의 경우 아들과의 관계를 이야기할 때 "부끄러웠지만" 또는 "걔도 참지 못하고"와 같이 감정적인 면을 언급하는 것과 달리, 노모는 자신과 맞지 않는다고 단호하게 말하며 아들의 태도를 평가하고 있다는 것이다. 이는 아들에게 책임을 묻는 듯 자신을 "너무 힘들게 했어요."라고 한 말이나 "할 만큼 다 했어요."라며 자신들은 아들에게 해줘야 하는 부모 역할을 충실히 수행하였음을 강조한 것으로 보인다. 따라서 아직 노부가 아들과 정서적·관계적 측면을 중요하게 인지하고 있는 것과 달리, 노모는 상호 간의 관계에서 정서적 측면을 고려하지 않고 있음을 알 수 있다. 나아가 학업과 경제적 지원을 부모 역할로 일관하는 가부장적 사고와 동시에 금전적 애착 성향을 강하게 보인 것으로 분석된다. 무엇보다 자신들은 부모로서 역할과 도리를 다한 것에 비해 아들은 그렇지 못하다는 비판의식은 갈등의 모든 원인이 아들에게 있다고 인지하는 것이다. 이 외에도 노모는 "보수적인 아버지 밑에서 온실 속 화초"처럼 자랐으며 결혼 후에는 전형적인 가정주부로 지냈다고 하였다. 즉 일평생에 경제활동을 한 경험이 없으며 성장기에는 아버지로부터, 그 후로는 중년기를 거쳐 노년기에 이르기까지는 남편에게 의지하며 살아온 것이다. 노모는 다소 낭비적 성향이 있는 것으로 평가된다. 앞서 "돈 걱정 없이"라고 표현한 것과 달리 외모를 가꾸기 위한 자기관리 비용, 즉 운동과 미용시술, 명품구매 등의 지출에는 돈을 아끼지 않는 모습이 노모에 대한 진단을 뒷받침한다.

따라서 노부부가 겪는 실제 아들과의 갈등은 그들의 여가와 노년을 즐기기 위한 돈이 아들에게 지원되고 있는 심리적 불안 때문인 것을 알 수 있다. 노모는 유아적, 감성적, 과소비적, 이기적인 성향을 보이며 동시에 자기방어적인 것으로 분석하였다. 그리고 노모의 심리 상태에서 불안감, 두려움, 원망 등을 진단하였다. 〈표 3-12〉는 노모의 심리적 성향을 분석한 것이다.

〈표 3-12〉 노모의 심리적 성향 및 증상

구분		내용
외적 요소		키(165cm), 몸무게(60kg), 옷차림(캐주얼), 헤어스타일(짧은 단발), 걸음걸이(팔자걸음)
내적 요소	성격	유아적, 감성적, 과소비적, 이기적, 자기방어적
	성향	명품 선호, 소유욕, 과거 집착
	습관	고개 기울고 뒤로 뺌, 턱 듦, 하소연하는 말투
	심리상태	원망, 불행감, 불안감, 두려움

② 성인 아들의 히스토리

성인 아들은 태어난 후 6세가 될 때까지 외조부와 함께 성장하였다. 조부모와 지낼 때는 자유로웠다. 그들의 엄격한 교육보다 무조건적 사랑을 받고 성장한 것이다. 아들이 조부모에 대한 기억이 좋았다는 감정, 힘들 때 가끔 할아버지, 할머니를 찾아간다는 진술이 이를 말한다. 하지만 부모와 함께 살기 시작하면서 특히 어머니의 강압적인 성격과 자주 충돌하게 된다. 아버지의 경우 아들이 어머니와 충돌할 때 아동·청소년기의 아들을 이해하고 지지했다. 이렇게 성장한 아들은 중·고등학교 시절 불량한 친구들과 어울리게 되었고 자연스럽게 공부를 멀리하였다. 그리고 대학 졸업 이후 아버지의 권유로 함께 사업을 하게 되었다. 〈표 3-13〉은 성인 아들의 개인 역사를 기록한 것이다.

〈표 3-13〉 성인 아들의 개인 역사 분석

시기	가족 관계	교우 관계	직업	경제 수준	가치관	종교	취미 특기
유아기	부모, 여동생			부유			
아동기	부모, 여동생	보통		부유			곤충
청소년기	부모, 여동생	불량		부유	권력, 명예		동물 기르기
성년기	부모, 여동생	보통	제작업 유통업	부유	돈, 성공	무교	음주 흡연

　　　돈을 벌어서 안정된 생활을 하고 싶어요. 저한테 분명한 건 제가 지금 하는 사업체뿐이에요. 그런
　데 주변에서 도와주기는커녕 막고 있어요. 불확실한 미래를 생각하면 늘 불안하고 미칠 것 같아요.
　그리고 좋은 여자 만나서 다시 시작하고 싶어요.

　　초기 면담에서 아들은 자신이 하는 사업에 대한 성취욕을 드러냈다. 이는 노부모의 이야기와는 다소 상반된 것이었다. 노부모는 아들이 사업에 대한 열정이 없으며 그것을 이뤄가고자 하는 의욕도, 비전도 없다고 설명하였다. 그렇지만 아들은 오히려 부모가 자신의 사업 계획을 방해하고 있다고 하였다. "불확실한 미래"라고 표현하며 자신을 비관하는 태도를 보였으며 그로 인해 "불안하고 미칠 것 같아요."라고 말하였다. 덧붙여 이성과 함께 "다시 시작"하고 싶다는 표현은 현재 자신이 처한 상황으로 인해 불안함을 느끼고 있으나, 그것을 개선하고 보다 나은 삶을 모색하고자 하는 간한 의욕으로 분석된다. 앞서 부모의 초기 면담을 통해 아버지는 아들과의 관계를 정서적 측면에서 바라보지만, 어머니는 아들과 정서적으로 분리되어 있음을 확인한 바 있다. 이는 아들의 면담내용에서 재차 확인할 수 있다.

　　　저는 청춘을 다 바쳐 회사에 10년 동안 헌신했는데, 회사 운영권은 물론 경제적으로 정당한 대우
　를 받지 못했어요. 요즘은 아빠를 생각하면 우울한 마음에 힘이 빠지고 갑자기 눈물이 나요.

　　아버지를 언급하며 아들은 부당함을 느끼고 있었다. 그러면서도 "우울한 마음에 힘이 빠지고 갑자기 눈물이 나요."라고 말하며 우울감, 허망함을 드러내기도 하였다. 아버지로부터 이와 같은 감정을 느끼는 것은 아들 또한 어머니보다 아버지에게 정서적 친밀감을 느끼기에 표현된 것으로 판단된다. 어머니의 이야기를 할 때는 한쪽으로 다리를 꼬고 앉아 팔짱을 낀 상태로 눈에 힘을 주며 다음과 같이 말하였다.

어려서 두 살 터울 여동생과 자주 싸웠어요. 그러면 엄마는 잘못을 따지기 전에 저를 혼내시는 거예요. 밥을 다 먹지 않고 남긴다는 이유로 초등학교 때부터 자주 맞았어요. 어머니가 따뜻하게 느껴진 기억이 없어요. 언제나 낯설고 어색해요. 얼마 전에 교통사고가 심하게 났는데, 보통은 몸은 어떠니? 그런 말을 먼저 하잖아요. 그런데 "너 보험료 받았으면 나한테 한 300만 원 보내라. 핸드백 사게."라고 하시면서 끊더라고요.

아들의 이야기를 바탕으로 치료팀은 어머니의 현실감 없는 경제관념을 예상할 수 있었다. 노모가 아들에게 부모 역할을 다했다고 말한 것과 달리 아들이 생각하는 어머니는 교통사고를 당한 아들에게 핸드백 살 돈을 달라는 상식 밖의 행동을 한 것이 확인되었다. 또한 "어머니가 따뜻하게 느껴진 기억이 없어요."라는 말은 가족 내 소외를 경험한 것이 표현된 것으로 보인다. 이는 동생과의 갈등상황에서 무조건 자신만 혼나는 반복적 상황을 통해 아들의 성장 과정에 모의 부정적 양육 태도가 영향을 미친 것으로 설명된다.

그러나 치료팀은 아들이 어머니의 이야기를 하는 도중 간간이 자신이 어머니를 많이 닮았다고 하는 말을 하였다. 이 말은 그가 어머니에 대한 원망을 이야기하고 있지만, 한편으로 어머니의 애정을 원하고 있을 가능성이 있다고 해석된다. 처음 폭행이 있었던 당시를 묻자 아들은 아버지가 부도난 사업체를 인수하면서 변리사 준비를 하던 자신을 "끌어들였다"라고 하였다. 그러면서 아버지의 폭언과 폭행에 자신도 참지 않고 언어폭력과 기물파손으로 맞고소하였다고 한다.

오래전부터 회사 일로 사사건건 잔소리와 제 의견을 무시했어요. 사실 성인이 되면서 아빠한테 칭찬을 받아본 적이 거의 없어요. 특히 회사 일로는 저를 칭찬하거나 인정하지 않아요. 아빠는 회사를 막무가내로 운영하세요. 일관성도 없고 논리도 없어요. 저하고 의견이 다르면 직원들 앞에서 무안을 주고 욕해요. 심지어 때리기까지요. 도저히 참기가 힘들어서 저도 홧김에 욕을 했어요. 의자를 발로 찼고요.

앞서 치료팀은 부-자간의 관계가 비교적 정서적 친밀감을 이루고 있었을 것으로 분석하였다. "성인이 되면서 아버지한테 칭찬받아본 적이 거의 없어요."라는 아들의 말에서 성인기 이전까지는 둘의 관계가 유지되고 있었을 것으로 보인다. 부-자간의 관계에 갈등이 생긴 시점은 사업을 함께하기 시작하면서라고 할 수 있다. "특히 회사 일로"라고 덧붙인 그의 설명이 이 견해를 더한다. "저를 칭찬하거나 인정하지 않아요."라는 답변을 바탕으로 치료팀은 아들이 아버지로부터 인정받고자 하는 욕구가 강한 것으로 평가하였다.

　　가족 간 세대 갈등에서 밝혀진 갈등 요인 중 또 다른 하나는 부모세대와 자녀세대의 전환기에 더욱 빈번하게 일어났다는 것이다. 즉 자신이 살아오며 쌓은 삶과 일에 대한 지식을 자녀세대에게 전달하고 싶은 부모의 입장과 달리, 자녀세대는 그것이 고리타분하다고 느껴지거나 과잉간섭으로 느끼는 관념의 차이가 갈등을 야기한 것이다. 권력과 권위의 중심이 전환되는 이 시점에 자녀세대의 행동은 부모세대에게 도전으로 받아들여진다. 이와 같은 상황은 노부부에게 해당하였다. "아빠는 회사를 막무가내로 운영하세요. 일관성도 없고 논리도 없어요."라며 아버지의 경영방식을 언급하는 아들의 말이 이를 뒷받침한다. 이것을 받아들이지 못하는 부모세대는 자녀세대에게 강압적이고 적절하지 못한 상호작용을 하게 한다. 아들은 "저하고 의견이 다르면 직원들 앞에서 무안을 주고 욕해요. 심지어 때리기까지"라며 무안함과 모욕감을 호소하였다. 또한 "저도 홧김에 욕을 했어요. 의자를 발로 찼고요."라고 말하며 감정과 분노를 참지 못한 일련의 상황이 이를 설명한다.

　　이 외에도 면담을 통해 나타난 성인 아들의 성향은 독단적이고 저돌적이며 충동적인 성격임을 알 수 있다. 더불어 의존적이며 현실적이고 성공 지향적인 것도 확인하였다. 성인 아들의 심리상태는 피해의식과 모욕감, 불안감, 원망감, 소외감 등으로 진단된다. 〈표 3-14〉는 성인 아들의 심리적 성향을 분석한 것이다.

〈표 3-14〉 성인 아들의 심리적 성향 및 증상

구분		내용
외적 요소		키(182cm), 몸무게(80kg), 옷차림(캐주얼), 헤어스타일(짧음), 걸음걸이(큰 보폭)
내적 요소	성격	독단적, 자기중심적, 자기방어적, 저돌적, 과시적, 충동적, 의존적, 현실적, 비관적, 성공 지향적, 냉소적
	성향	유아형, 소유욕
	습관	손떨림, 턱 괴기, 안경 만짐, 머리 긁적임, 고개 기울임, 다리 흔들기, 테이블 두드림, 동의를 구하는 말투
	심리상태	피해의식, 무안함, 모욕감, 불안감, 책망, 원망, 부당함, 허망함, 소외감

　　초기 면담의 진단 결과를 요약하면, 노부는 분노와 적대감 그리고 자책감 등을, 노모는 수치감과 우울감 등을, 아들은 감정 기복이 심하고 피해의식에 따른 무기력한 상태 등을 보였으며, 내담자 모두는 공통으로 불행감을 나타냈다. 따라서 진단 결과의 요인은 경제 기득권에서 빚어진 심각한 갈등 문제로 보인다. 또한 이러한 갈등이 계속 반복되어 고착된 적대감, 수치감, 우울감, 불행감 등의 심리적 측면은 상황을 더욱 악화시키고 유지되는 요인으로 보

인다. 따라서 이와 같은 갈등의 촉발 및 유지 요인은 근원적으로 신체와 마음 그리고 정신의 몸이 균형을 이루지 못해 나타난 심리적 공감 부재로 해석된다.

2) 치료목표 및 전략

(1) 증상개선목표 수립

치료팀은 초기 면담 및 IT진단 평가, 가족갈등 요인, 이론적 고찰, 선행연구의 종합한 내용을 바탕으로 치료계획을 구성하였다. 내담자의 신체, 마음, 정신의 통합적 차원을 바탕으로 한 심리적 공감 증진에 동의하였다. 그리고 치료팀은 가족갈등의 원인 중에 전통적 가족윤리와 공동체 의식의 저하가 가족갈등의 문제해결을 악화하는 요인으로 평가하였다. 따라서 내담자의 치료 대목표는 우선 가족공동체 의식의 증진으로 하였다. 갈등의 양상이 경제적 요인에 있음에도 가족 내 친밀감과 유대감 그리고 결속이 기본이라고 본 것이다. 가족갈등의 문제해결은 전통적 가족윤리 의식과 공동체 의식이 증진될 때 가능하다고 판단하였기 때문이다.

치료팀은 이와 같은 가족공동체의식의 증진을 위해 두 가지 치료목표를 구체화하였다. 첫째, 내담자의 신체, 마음, 정신의 통합적 차원을 바탕으로 한 심리적 공감능력 증진에 두었다. 가족 내 세대갈등의 완화는 갈등을 제거하려고 하기보다 의견조율을 통한 상호 간의 이해를 통해 이루어진다고 평가하였다. 서로의 의견을 수용하고 이해하기 위한 노력과 의지를 통해 분쟁의 절충점을 찾을 수 있기 때문이다. 둘째, 가정과 사회에서의 역할을 구분하고 올바른 가족 역할 수행 훈련에 따른 역할 인식능력 증진에 두었다. 사회적 역할과 가족역할이 혼재되기 쉬운 가족경영체계 속에 있는 내담자들은 갈등을 완화할 수 있는 역할 훈련이 필수적이기 때문이다.

증상개선목표는 우선 초기 면담을 통한 내담자의 주 호소 파악과 IT진단 도구에 따라 평가와 진단이 반영된다. 이후 내담자의 주 호소에 근거하여 핵심 및 하위증상들이 분석되고 세라트 다섯 단계로 범주화된다. 그리고 세라트의 다섯 단계에 입각하여 범주화된 증상을 개선하기 위한 단계별 소목표가 구성된다. 분쟁가족에 대한 증상개선목표를 구체적으로 살펴보면 내담자 주 호소 문제, 롤 다이어그램 검사 분석 등에 나타난 하위요인들을 범주화하였다. 이러한 범주화 과정은 우선 내담자의 주 호소와 그와 연관된 선행연구에서 제시하는 정신장애 범주의 핵심증상과 하위장애 등을 참고하여 구성하였다. 특히 이들에게서 나타난 성격 및 성향을 갈등요인, 부정정서, 문제유발행동 등과 연결하였고, 그 인과관계를 통해 현실에서 부적응 및 적응패턴 등을 분석하였다. 치료팀은 이러한 결과를 세라트의 다섯 단계에 근거해 감정조절능력 부족과 대인관계인식 부족, 역할인식 부족, 역기능적 상호작용 그리고 낮은 유대감 다섯 가지로 구체화하였다.

이 중에서도 감정조절능력 부족과 대인관계인식 부족은 아들에게만 해당하며, 나머지 범주는 노부모와 아들 모두에게 적용하였다. 다음의 〈표 3-15〉는 내담자의 주 호소에 따른 하위요인들을 범주화하여 정리한 것이다.

〈표 3-15〉 분쟁가족 주 호소 문제와 IT진단 및 평가 범주화

적용	범주	하위요인
아들	감정조절능력 부족	증오, 통제력 부족, 공격성, 분노, 부당함, 스트레스
	대인관계인식 부족	배려부족, 이기심, 부적응, 낮은 자아분화수준, 불안전한 애착
공통	역할인식 부족	경제적 부담, 역할회피, 역할기대 충돌, 의존성, 책임감, 부담감
	역기능적 상호작용	신체폭력, 언어폭력, 신경질, 난폭성, 의사소통 기술 부족, 감정적 의사표현, 짜증, 책임공방, 비난, 불평, 원망, 경멸, 책망
	낮은 유대감	불신, 관심부족, 응집력 부족, 원망, 적대감, 불편감, 편애, 차별, 따돌림, 피해의식, 애정결핍, 소외감, 수치심, 무안함, 모욕감, 걱정, 긴장, 무기력감, 상실감, 허망함, 절망감, 좌절감, 공허감, 두려움

범주화 과정에 포함되지 않았지만, 이들에게서 강하게 나타난 신경과민, 불행감은 노부모의 증상개선목표에 불안감과 피해의식은 아들의 증상개선목표에 포함하여 〈표 3-16〉과 같이 수립하였다.

〈표 3-16〉 분쟁가족 대상 증상개선목표 수립

구분		요인
이론 고찰	정서	두려움, 분노, 적대감, 불신, 편견, 소외감, 무기력감, 죄책감, 수치심, 짜증, 측은지심, 경멸, 스트레스, 긴장, 증오, 불안전한 애착, 애정결핍, 낮은 자아분화수준, 가학성, 이기심, 경제적 부담, 불편감, 우울감, 걱정, 원망, 불평, 공허감, 상실감
	행동	책임공방, 비난, 따돌림, 신체폭력, 언어폭력, 관심부족, 배려부족, 차별, 지나친 헌신, 강박증, 부적응, 공격성, 신경질, 난폭성, 과잉간섭, 의존성, 의사소통 기술 부족, 감정적 의사표현, 편애, 역할기대 충돌, 역할인식 부족, 역할회피, 역기능적 상호작용, 감정조절능력 부족, 통제력 부족, 대인관계인식 부족, 낮은 유대감, 응집력 부족
노부모	주 호소 문제	신경과민, 책임감, 부담감, 좌절감, 절망감, 불행감, 두려움
	진단 및 평가	의도적 무시, 차별, 의존성, 편애, 긴장, 따돌림

	주 호소 문제	분노, 피해의식, 무안함, 모욕감, 불안감, 책망, 부당함, 허망함, 소외감
아들	진단 및 평가	경멸, 불안전한 애착, 낮은 자아분화, 부적응, 공격성, 통제력 부족, 애정결핍, 감정조절능력 부족
공통	주 호소 문제	신체폭력, 언어폭력, 수치심, 스트레스, 신경질, 불편감, 우울감, 공허감, 상실감
	진단 및 평가	적대감, 불신, 편견, 책임공방, 비난, 무기력감, 배려부족, 관심부족, 원망, 증오, 난폭성, 의사소통 기술 부족, 감정적 의사표현, 경제적 부담, 역할기대 충돌, 역할인식 부족, 역할회피, 원망, 불평, 역기능적 상호작용, 대인관계인식 부족, 낮은 유대감, 응집력 부족, 짜증, 이기심, 걱정
증상 개선 목표	노부모	신경과민 완화, 불행감 완화, 역기능적 상호작용 완화, 역할인식 증진, 유대감 형성
	아들	불안감 완화, 피해의식 완화, 감정조절능력 향상, 역기능적 상호작용 완화, 역할인식 증진, 유대감 형성

(2) 증상개선목표를 위한 모델 및 기법 적용
① 개인 정서변화를 위한 모델 및 기법

가족 분쟁의 일차적 요인은 가족의 역기능적 상호작용에 있다. 이는 가족 내 자기 역할을 인지하는 정도가 낮은 것으로 볼 수 있다. 치료팀은 우선 노부모와 아들의 심각한 불안감과 적대감을 완화하여 치료에 집중하도록 호흡과 명상 그리고 '카타르시스 모델'의 '이완 기법'을 매 회기 열기 과정에서 적용하였다. 또한 그들의 부정정서를 해소하도록 돕는 통합예술치료 모델 및 기법을 적용하였고, 그것을 바탕으로 인지 또는 자각한 역할을 일상에서 수행할 수 있도록 돕는 프로그램을 설계하였다. 그리고 분쟁가족에게 적용된 통합예술치료의 모델 및 기법을 노부모와 아들 모두에게 공통으로 적용하였다. 동일한 회기 구성임에도 그것이 개선하고자 하는 목표에는 차이를 보였다.

개인 정서변화를 위한 모델 및 기법을 살펴보면, 분쟁가족 각 개인의 정서변화를 위해 적용된 모델은 카타르시스 모델과 투사 모델 그리고 그림자 엿보기 모델이다. 하지만 개선하고자 하는 이들의 증상은 서로 다르게 나타났다. 노부모의 대표적인 부정정서는 신경과민이다. 그들은 아들이 자신들의 재산을 탕진한다고 생각하여 민감한 정서상태를 보였다. 따라서 치료팀은 카타르시스 모델의 '감정표현 기법'과 그림자 엿보기 모델의 자화상 기법을 통해 노부모의 정서변화를 도모하였다. 아들의 경우 동일한 카타르시스 모델의 감정표현 기법임에도 감정조절능력 향상과 불안감 완화라는 정서변화를 위해 적용되었다. 또한 그림자 엿보기 모델의 자화상 기법도 감정조절능력 향상에 목표를 두었다.

이와 같은 차이는 노부모의 경우 〈사랑 표현〉을 하며 긍정감정을 회복시킴으로써 과민한 정서 반응을 줄이고자 하였다면, 아들의 경우 긍정감정의 회복은 물론 그것을 표현하는 과정에서 자신의 부정적 감정표현방법 등을 자각함으로써 감정조절능력을 향상시켰던 것이다. 가부장적 가족관에서 비롯된 노부모와 아들의 불행감은 이것을 완화시키고자 카타르시스 모델의 게임놀이 기법과 투사 모델의 '글쓰기 기법'이 적용되었다. 노부모가 느끼는 불행감은 아들과의 갈등에서 비롯된 것으로, 자신의 인생과 가족의 가치를 재발견하여 완화하고자 하였다.

반면 아들이 느끼는 불안감은 현재까지 자신이 이룬 것을 점검하고, 미래에 대한 불안감과 피해의식을 카타르시스 모델의 게임놀이 기법 중에 〈당신은 누구십니까〉 게임으로 완화하고자 하였다. 투사 모델의 글쓰기 기법은 현재까지 이뤄놓은 것들이 모두 자신의 공이라고 여기는 아들에게 부모는 피해만 주는 존재로 인지하고 있는 것을 개선하고자 적용되었다. 아들에게만 적용된 것은 불안감 완화를 위한 카타르시스 모델의 감정표현 기법 중에 〈자기 칭찬〉 표현이다. 이것은 타인으로부터 인정을 요구하기 이전에 스스로 자신을 인정하고, 그로 인해 내면의 힘을 기르도록 설계된 것이다. 이 점에서 〈자기 칭찬〉 표현은 부모와 자녀 간의 갈등상황에서 개인의 불안을 낮추고 안정감을 얻는 기능을 하게 하였다. 분쟁가족을 위한 통합예술치료 프로그램은 불안과 안정감 그리고 개인 및 가족의 가치 발견을 위한 개인 정서에 초점을 두었다. 〈표 3-17〉은 개인 정서변화를 요약한 것이다.

〈표 3-17〉 개인 정서변화를 위한 모델 및 기법

적용 모델	적용 기법	증상개선목표	
		노부모	아들
카타르시스 모델	이완 기법	부정적 감정정화 및 긍정적 감정인지	
	감정표현 기법	신경과민 완화	감정조절능력 향상 불안감 완화
	게임놀이 기법	불행감 완화	불안감 완화
투사 모델	글쓰기 기법	불행감 완화	피해의식 완화
그림자 엿보기 모델	자화상 기법	신경과민 완화	감정조절능력 향상

② 가족 간 상호작용 변화를 위한 모델 및 기법

가족 간 상호작용 변화를 위한 모델 및 기법을 살펴보면, 대부분 노부모와 아들 모두에게 공통된 목표로 설계되었다. 우선 내담자가 주로 호소한 역기능적 상호작용 완화를 위한 모델 및 기법은 카타르시스 모델의 게임놀이 기법과 투사 모델의 '극영화 기법' 그리고 역할 모델이다. 〈부탁해요〉 게임은 내담자의 경직된 화법과 화술을 유연하게 하는 것을 시작으로 각자 자신이 상대와 소통하는 방식을 인지하게 하였다. 투사 모델의 극영화 기법은 영화 속 가족 간의 역기능적 상호작용 모습에 해당하는 가족 또는 개인의 모습을 인지하도록 도왔다. 내담자의 역기능적 상호작용을 완화하기 위해 치료팀이 활용한 모델 및 기법은 역할 모델이다. 이 모델은 가족 간의 갈등상황을 통한 자신과 상대에 대한 이해 그리고 가족갈등의 근원적 원인 및 과거 긍정적 상호작용을 인지하도록 적용되었다.

카타르시스 모델의 게임놀이 기법은 유대감을 형성하기 위한 목적으로 활용되었다. 유대감 형성을 위한 모델 및 기법은 투사 모델의 보디스캔 기법과 그림자 엿보기 모델의 동영상 기법이 적용되었다. 이는 노부모와 아들이 함께하는 회기에 상호 간에 책망, 원망, 비난 등이 아닌 서로를 공감하고, 위로하고 지지하도록 설계되었다. 투사 모델의 '스토리텔링 기법'과 '점토 기법'은 노부모와 아들 모두에게 역할인식 증진을 위해 적용되었다. 노부모와 아들의 상호작용에서 다르게 진단된 것은 앞서 설명했듯이 과잉간섭 완화와 대인관계인식 향상이다. 따라서 치료팀은 노부모에게 투사 모델의 '시/동화 기법'과 '조각 기법'을 적용함으로써 다양한 형태의 가족관계의 갈등요인이 무엇인가에 대한 자각을 유발하고, 그것을 토대로 상호작용을 개선하고자 하였다. 아들은 대인관계에서 어려움을 갖고 있었다. 치료팀은 이것이 양육과정에서 부모와 건강한 애착을 형성하지 못한 것에서 비롯되었다고 보았다. 이는 아들이 특히 이성과의 관계에서 대처하는 능력과 기능적 의사소통에 부정적 영향을 미친 것으로 분석하였다.

〈표 3-18〉 가족 간 상호작용 변화를 위한 모델 및 기법

적용 모델	적용 기법	증상개선목표	
		노부모	아들
카타르시스 모델	감정표현 기법	-	대인관계인식 향상
	게임놀이 기법	역기능적 상호작용 완화 유대감 형성	
투사 모델	시/동화 기법	역기능적 상호작용 완화	역기능적 상호작용 완화
	조각기법	역기능적 상호작용 완화	-
	스토리텔링 기법	역할인식 증진	
	점토 기법		
	보디스캔 기법	유대감 형성	
역할 모델	자아 기법, 타인 기법, 관찰 기법	역기능적 상호작용 완화	
그림자 엿보기 모델	동영상 기법	유대감 형성	

따라서 아들의 대인관계인식 향상을 위한 카타르시스 모델의 감정표현 기법이 적용되었다. 치료팀은 이것을 통해 아들이 대인관계에서 적절한 대처능력을 인지하고, 긍정적 의사소통을 통해 타인과의 관계, 즉 가족 간의 상호작용에서 긍정적 변화가 있을 것으로 기대하였다. 앞선 〈표 3-18〉은 가족 간 상호작용의 변화를 알아보기 위해 증상개선목표에 따른 적용기법의 반응을 정리한 것이다.

3) 통합예술치료 프로그램

노부모와 아들에게 각각 적용된 모델 및 기법을 살펴본 결과, 분쟁가족의 갈등완화를 위한 통합예술치료 프로그램에 카타르시스 모델과 투사 모델, 역할 모델, 그림자 엿보기 모델 등이 적용되었음을 알 수 있다. 이상의 모델 및 기법이 적용된 분쟁가족의 프로그램은 초반부, 중반부, 후반부로 나뉜다. 특히 통합예술치료의 소목표인 세라트(SERAT) 단계 중 카타르시스와 실존 자각 단계는 주로 개인의 정서적 변화를 계획한 모델 및 기법들로 구성된다. 그 외에 역할과 적용 단계는 가족 간 상호작용의 변화를 위한 것들로 이루어진다. 따라서 통합예술치료 프로그램의 설계는 이러한 내담자의 행동, 정서, 인지의 변화를 위해 세라트에 근거하여 모델 및 기법들이 체계적으로 설계 및 적용되었다. 〈표 3-19〉와 〈표 3-20〉은 노부모와 아들을 위한 통합예술치료 프로그램을 설계한 것이다.

(1) 노부모를 위한 통합예술치료 프로그램

〈표 3-19〉 분쟁가족의 갈등완화를 위한 노부모 통합예술치료 프로그램

회기	모델(기법)		프로그램 구성	증상개선목표
1	카타르시스 모델 (이완 기법 감정표현 기법)	열기	호흡명상 및 신체 이완	ⓒERAT 신경과민 완화
		만나기	〈사랑 표현〉 하기	
		닫기	긍정감정 인지	
		적용하기	현실에 접목하여 적용하기	
2	카타르시스 모델 (이완 기법) 그림자 엿보기 모델 (자화상 기법)	열기	호흡명상 및 마음 이완	ⓒERAT 신경과민 완화
		만나기	〈개인 자화상〉 그리기	
		닫기	내면의 안정감 인지	
		적용하기	현실에 접목하여 적용하기	

3	카타르시스 모델 (이완 기법 게임놀이 기법)	열기	호흡명상 및 오감 이완	CE®RAT 불행감 완화
		만나기	〈당신은 누구십니까?〉 게임	
		닫기	존재로서의 자기 가치 인지	
		적용하기	현실에 접목하여 적용하기	
4	카타르시스 모델 (이완 기법) 투사 모델 (글쓰기 기법)	열기	호흡명상 및 정신 이완	CE®RAT 불행감 완화
		만나기	유언장 작성 및 낭독	
		닫기	가족 가치 인지	
		적용하기	현실에 접목하여 적용하기	
5	카타르시스 모델 (이완 기법) 투사 모델 (시/동화 기법)	열기	호흡명상 및 마음 이완	CE®RAT 역기능적 상호작용 완화
		만나기	동화 〈어린왕자〉 스토리텔링	
		닫기	다양한 관계 형태 인지	
		적용하기	현실에 접목하여 적용하기	
6	카타르시스 모델 (이완 기법) 투사 모델 (조각 기법)	열기	호흡명상 및 마음 이완	CE®RAT 역기능적 상호작용 완화
		만나기	과거 가족사진 조각상	
		닫기	가족관계 갈등유발 요인 인지	
		적용하기	현실에 접목하여 적용하기	
7	카타르시스 모델 (이완 기법) 투사 모델 (극영화 기법)	열기	호흡명상 및 오감 이완	CE®RAT 역기능적 상호작용 완화
		만나기	영화 〈사도〉	
		닫기	가족 내 역기능적 상호작용 모습 인지	
		적용하기	현실에 접목하여 적용하기	
8	카타르시스 모델 (이완 기법 게임놀이 기법)	열기	호흡명상 및 심체 이완	CE®RAT 역기능적 상호작용 완화
		만나기	〈부탁해요〉 게임	
		닫기	다양한 의사소통 방식 인지	
		적용하기	현실에 접목하여 적용하기	
9	카타르시스 모델 (이완 기법 게임놀이 기법) 역할 모델 (자아, 타인 관찰 기법)	열기	호흡명상 및 이완, 〈미러링〉 게임	CE®RAT 역기능적 상호작용 완화
		만나기	가족갈등 상황 즉흥역할극	
		닫기	갈등의 근원 인지	
		적용하기	현실에 접목하여 적용하기	
10	카타르시스 모델 (이완 기법) 역할 모델 (자아, 타인 관찰 기법)	열기	호흡명상 및 신체 이완	CE®RAT 역기능적 상호작용 완화
		만나기	가족갈등 상황 즉흥역할극	
		닫기	긍정적 상호작용 방안 인지	
		적용하기	현실에 접목하여 적용하기	

11	카타르시스 모델 (이완 기법) 투사 모델 (극영화 기법)	열기	호흡명상 및 오감 이완	CE®AT 역기능적 상호작용 완화
		만나기	영화 〈국제시장〉	
		닫기	세대 간 의식 차이 인지	
		적용하기	현실에 접목하여 적용하기	
12	카타르시스 모델 (이완 기법) 투사 모델 (스토리텔링 기법)	열기	호흡명상 및 마음 이완	CER®T 역할인식 증진
		만나기	인생목록 작성하기	
		닫기	가족역할 인지 확장에 따른 가치관 발견	
		적용하기	현실에 접목하여 적용하기	
13	카타르시스 모델 (이완 기법) 투사 모델 (점토 기법)	열기	호흡명상 및 마음 이완	CER®T 역할인식 증진
		만나기	가족 세우기	
		닫기	가족 유대를 위해 필요한 자기 역할 인지	
		적용하기	현실에 접목하여 적용하기	
14	카타르시스 모델 (이완 기법 게임놀이 기법)	열기	호흡명상 및 마음 이완	CER®T 유대감 형성
		만나기	〈블라인드〉 게임	
		닫기	지지 체험을 통한 가족 유대감 인지	
		적용하기	현실에 접목하여 적용하기	
15	카타르시스 모델 (이완 기법) 투사 모델 (보디스캔 기법)	열기	호흡명상 및 신체 이완	CER®T 유대감 형성
		만나기	보디스캔	
		닫기	상대에게 필요한 위로와 공감 인지	
		적용하기	현실에 접목하여 적용하기	
16	카타르시스 모델 (이완 기법 게임놀이 기법) 그림자 엿보기 모델 (동영상 기법)	열기	호흡명상 및 〈아이컨텍〉 게임	CERA① 인격 변형
		만나기	치료영상 시청	
		닫기	체험을 통한 가족변화 인지	
		적용하기	현실에 접목하여 적용하기	

(2) 성인 아들을 위한 통합예술치료 프로그램

〈표 3-20〉 분쟁가족의 갈등완화를 위한 성인 아들 통합예술치료 프로그램

회기	모델(기법)		프로그램 구성	증상개선목표
1	카타르시스 모델 (이완 기법 감정표현 기법)	열기	호흡명상 및 신체 이완	©CERAT 감정조절능력 향상
		만나기	〈사랑 표현〉 하기	
		닫기	긍정 감정 인지	
		적용하기	현실에 접목하여 적용하기	

2	카타르시스 모델 (이완 기법) 그림자 엿보기 모델 (자화상 기법)	열기	호흡명상 및 마음 이완	ⒸERAT 감정조절능력 향상
		만나기	〈개인 자화상〉 그리기	
		닫기	내면의 안정감 인지	
		적용하기	현실에 접목하여 적용하기	
3	카타르시스 모델 (이완 기법 게임놀이 기법)	열기	호흡명상 및 오감 이완	CⒺRAT 불안감 완화
		만나기	〈당신은 누구십니까?〉 게임	
		닫기	존재로서의 자기 가치 인지	
		적용하기	현실에 접목하여 적용하기	
4	카타르시스 모델 (이완 기법 감정표현 기법) 투사 모델 (그리기 기법)	열기	호흡명상 및 신체 이완	CⒺRAT 불안감 완화
		만나기	손 그리고 〈자기 칭찬〉 하기	
		닫기	인정욕구 및 불안의 원인 인지	
		적용하기	현실에 접목하여 적용하기	
5	카타르시스 모델 (이완 기법) 투사 모델 (글쓰기 기법)	열기	호흡명상 및 정신 이완	CⒺRAT 피해의식 완화
		만나기	유언장 작성 및 낭독	
		닫기	가족 가치 인지	
		적용하기	현실에 접목하여 적용하기	
6	카타르시스 모델 (이완 기법) 투사 모델 (조각 기법)	열기	호흡명상 및 마음 이완	CEⓇAT 역기능적 상호작 용 완화
		만나기	과거 사진 조각상	
		닫기	다양한 관계 형태 인지	
		적용하기	현실에 접목하여 적용하기	
7	카타르시스 모델 (이완 기법) 투사 모델 (극영화 기법)	열기	호흡명상 및 오감 이완	CEⓇAT 역기능적 상호작 용 완화
		만나기	영화 〈사도〉	
		닫기	가족 내 역기능적 상호작용 모습 인지	
		적용하기	현실에 접목하여 적용하기	
8	카타르시스 모델 (이완 기법) 게임놀이 기법)	열기	호흡명상 및 신체 이완	CEⓇAT 역기능적 상호작 용 완화
		만나기	〈부탁해요〉 게임	
		닫기	다양한 의사소통 방식 인지	
		적용하기	현실에 접목하여 적용하기	
9	카타르시스 모델 (이완 기법) 역할 모델 (자아, 타인 관찰 기법)	열기	호흡명상 및 이완, 〈미러링〉 게임	CEⓇAT 역기능적 상호작 용 완화
		만나기	가족갈등 상황 즉흥역할극	
		닫기	갈등의 근원 인지	
		적용하기	현실에 접목하여 적용하기	

10	카타르시스 모델 (이완 기법) 역할 모델 (자아, 타인 관찰 기법)	열기	호흡명상 및 신체 이완	CE®AT 역기능적 상호작 용 완화
		만나기	가족갈등 상황 즉흥역할극	
		닫기	긍정적 상호작용 방안 인지	
		적용하기	현실에 접목하여 적용하기	
11	카타르시스 모델 (이완 기법 감정표현 기법)	열기	호흡명상 및 오감 이완	CE®AT 역기능적 상호작 용 완화
		만나기	영화〈국제시장〉	
		닫기	세대 간 의식 차이 인지	
		적용하기	현실에 접목하여 적용하기	
12	카타르시스 모델 (이완 기법) 투사 모델 (스토리텔링 기법)	열기	호흡명상 및 마음 이완	CER®T 역할인식 증진
		만나기	인생 목록 작성하기	
		닫기	가족역할 인지 확장에 따른 가치관 발견	
		적용하기	현실에 접목하여 적용하기	
13	카타르시스 모델 (이완 기법) 투사 모델 (점토 기법)	열기	호흡명상 및 마음 이완	CER®T 역할인식 증진
		만나기	가족 세우기	
		닫기	가족유대를 위해 필요한 자기역할 인지	
		적용하기	현실에 접목하여 적용하기	
14	카타르시스 모델 (이완 기법 게임놀이 기법)	열기	호흡명상 및 마음 이완	CER®T 유대감 형성
		만나기	〈블라인드〉 게임	
		닫기	지지체험을 통한 가족 유대감 인지	
		적용하기	현실에 접목하여 적용하기	
15	카타르시스 모델 (이완 기법) 투사 모델 (보디스캔 기법)	열기	호흡명상 및 신체 이완	CER®T 유대감 형성
		만나기	보디스캔	
		닫기	상대에게 필요한 위로와 공감 인지	
		적용하기	현실에 접목하여 적용하기	
16	카타르시스 모델 (이완 기법 게임놀이 기법) 그림자 엿보기 모델 (동영상 기법)	열기	호흡명상 및 〈아이컨텍〉 게임	CERA® 인격 변형
		만나기	치료영상 시청	
		닫기	체험을 통한 가족변화 인지	
		적용하기	현실에 접목하여 적용하기	

세라트 근거로 설계된 프로그램 초반부, 중반부, 후반부 단계에 적용된 모델 및 기법의 기능에 대해 다음과 같은 해석이 가능하였다.

초반부 '카타르시스'와 '실존자각' 단계는 우선 노부모와 아들에게 적체된 감정을 배출하게 한 후에 부정적 메모리를 긍정적으로 전환하여 새로운 인지를 경험하는 것에 있다. 이 단계는 어머니의 부정적 감정과 태도에 영향을 받았던 성장기 아들의 심리적 스트레스와 아들에 의해 지금 심리적 물리적 스트레스를 받는 노부모의 부정적 스트레스를 긍정적 정서로 전환하는 것을 목표로 한다. 매 회기의 열기 단계에서 명상과 호흡 그리고 심신이완은 내담자가 자연과 동일시를 유도하기 위한 것이다. 특히 이 단계는 '신체의 몸'에 영향을 미치는 기법인 이완 기법, 조각 기법 등이 사용된다. 정서와 행동 그리고 의식과 무의식을 드러내어 몸의 감각을 깨우고 내면의 고유한 속성들을 자극한다. 이는 신체의 외형 및 감각, 행동의 방향, 상징 등의 요소로 구성된 '형상화' 단계라는 행동의 특성을 나타낸다. 이 형상화 단계는 가족갈등을 겪고 있는 내담자의 감정조절 장애 완화에 도움을 준다. 이는 내담자가 지금 이 시점에서 자기 형상화 작업을 통해 자아와 타자를 분리하게 함으로써 본질적 실존을 자각하였기 때문이다.

중반부 '역할' 단계는 가족원 간 의사소통 기술을 증진시켜 가족갈등을 완화하는 것에 있다. 이 단계는 내담자가 과거 삶의 기억을 역할연기로 재현하여 상대에 공감하는 사회적 존재로서의 역할 수행을 목표로 한다. 내담자 자신의 이야기를 객관적으로 관찰하고 그 행동을 수정하여 새로운 행동유형을 창조하도록 가족 안에 의사소통 기술을 향상하게 하는 모델 및 기법을 활용한다. 특히 이 단계는 마음의 몸에 영향을 미치는 기법들인 감정표현 기법, 게임놀이 기법, 역할 모델 등이 사용된다. 타인과 상호작용을 통해 개인의 고유성, 내적 충동과 욕구가 드러난다. 이는 의지 충동, 욕구, 이미지, 감정, 상상력 등의 요소로 구성된 '심상화' 단계라는 상대적 특성을 나타낸다. 이 심상화 단계는 내담자 간 의사소통을 통한 가족갈등 완화에 도움을 준다. 이는 내담자가 가족갈등과 연관된 극적 행동의 동기가 되는 무의식이 타자와 상호작용을 거쳐 가족공동체 의식을 유도하였기 때문이다.

후반부 '적응'과 '변형' 단계는 가족과 사회에서 내담자의 공동체 의식을 증진하는 것에 있다. 이 단계는 내담자가 가정과 직장이라는 사회적 공간에서 유대감 형성 및 정서와 행동의 변화를 자각하고 수용하는 것을 목표로 한다. 내담자가 자신의 공동체적 목표를 구체적으로 경험함으로써 자아 혹은 인격을 확장하게 하는 모델 및 기법을 활용한다. 특히 이 단계는 정신의 몸에 영향을 미치는 기법인 관찰 기법, 자화상 기법, 동영상 기법 등이 사용된다. 내면의 자각에 필요한 정서와 행동의 상호작용을 객관적으로 인지하는 기능을 한다. 이는 관계 인식, 거리 두기, 사고 및 인지, 윤리성, 직관과 성찰, 공감과 자각, 의미부여, 조절과 유지 등의 요소로 구성된 '대상화' 단계라는 인지적 특성을 나타낸다. 이 대상화 단계는 내담자가 현실 생활공간의 적응과정에서 실제화하는 것에 도움을 준다. 이는 가상의 공간에서 인지된 것을 가족과 사회라는 실제 공간과 비교하여 현실 문제를 인식하고 해결하게 하는 자각

과정을 거쳤기 때문이다.

따라서 통합예술치료 프로그램 설계 및 적용은 위와 같이 구체적으로 진행되는 과정에서 내담자의 증상개선목표 세라트가 완성되는 것이다. 특히 형상화, 심상화, 대상화 세 단계는 내담자의 증상개선을 위해 적용된 통합예술치료의 모델 및 기법에 내재된 고유한 특성 및 기능으로 이해할 수 있다. 따라서 이러한 특성과 기능은 통합예술치료에서 인격변형을 위해 궁극적으로 지향하는 신체, 마음, 정신이라는 세 가지 몸의 유기적 기능을 가능하게 한다.

 참고문헌

권혁성(2014). 아리스토텔레스와 비극의 카타르시스, 주도적 해석들의 재검토를 통한 새로운 해석의 시도. 서양고전학연구, 53(1), 121-166.

김용수(2012). 연극이론의 탐구. 서울: 서강대학교출판부.

김용태(2020). 분쟁가족의 갈등완화를 위한 IT기반 통합예술치료 적용연구. 동덕여자대학교 대학원 박사학위논문.

김주연(2016). 생각이 터지는 교실 드라마. 서울: 연극과 인간.

박재환(2000). 연기: 훈련모델 및 기초미학. 서울: 예니.

송대영, 김대영(2010). 사회적 역할의 이해. 서울: 한국방송통신대출판부.

이남영(2017). 우리춤 철학 입히기. 서울: 도서출판문사철.

정성희(2006). 교육연극의 이해. 서울: 연극과 인간.

홍유진(2018). 내 안의 나를 깨우는 통합예술치료. 서울: 학지사.

Aristoteles (2022). 아리스토텔레스 시학(박문재 역). 서울: 현대지성.

Buber, M. (1995). *Ich und Du*. 나와 너(표재명 역). 서울: 문예출판사.

Grotowski, J. (1968). *Towards a Poor Theatre*. New York: A Touchstone Book.

Jung, C. G. (2002). *Archetyp und Unbewusstes*. 원형과 무의식(한국융연구원 C. G. 융 저작번역위원회 역). 서울: 솔. (원서 1984년 발행).

Louboff, F. (2015). *J'aimerais tant tourner la page*. 그때 그 장면을 지우고 싶어요(임말희 역). 서울: NUN. (원서 2008년 발행).

Mead, G. H. (2010). *Mind, Self and Society*. 정신, 자아, 사회(나은영 역). 경기: 한길사.

Mindell, A. (2011). *Working on Yourself Alone*. 명상과 심리치료의 만남(정인석 역). 서울: 학지사. (원서 2002년 발행).

Richards, T. (1995). *At Work with Grotowski on Physical Actions*. New York: Routledge.

Schechner, R. (2001). *Selected Essays on Performance Theory*. 퍼포먼스 이론 I (이기우, 김익두, 김

윌덕 공역). 서울: 현대미학사. (원서 1985, 1993년 발행).

Scheff, T. J. (1979). *Catharsis in Healing, Ritual, and Drama.* Los Angeles: University of California Press.

Taylor, C. (2015). *Sources of the Self. The Making of the Modern Identity.* 자아의 원천들: 현대적 정체성의 형성(권기돈, 하주영 공역). 서울: 새물결. (원서 1996년 발행).

Wilber, K. (2005). *No Boundary.* 무경계(김철수 역). 서울: 무수. (원서 1979, 2001년 발행).

Wilber, K. (2008). *Integral Psychology.* 통합심리학(조옥경 역). 서울: 학지사. (원서 2000년 발행).

제4장

통합예술치료사의
역량강화

이수현

통합예술치료
임상실제

저자는 20대 중반의 나이에 비교적 일찍 미술치료 석사 학위 과정에 입문하였고 임상실습에 있어 많은 어려움을 겪었던 것을 기억한다. 뉴욕이라는 낯선 곳에서 유학하면서 미술치료 인턴실습을 위해 다양한 대상군을 만났다. 심각한 정신질환자, 암환자, 사고를 당해 사지를 잃은 이들이 입원해 있는 병원을 비롯하여 가정폭력 피해여성들의 쉼터, 발단 지연 아동들을 위한 교육센터 등에서 인턴십을 하면서 저자는 미술치료를 지식적으로는 이해할 수는 있었지만, 실제 치료사 역할 수행에는 많은 한계에 부딪혔다. 이러한 저자의 경험은 이후 예술치료 전공 석사 과정의 수련생들이 겪는 어려움에 관한 연구로 이어졌을 뿐 아니라 이후 예술치료 교육자로서 학생들을 수련하는데 큰 길잡이가 되었다.

석사를 졸업한 후 5~6년이 지난 후 통합예술치료를 공부하기 위해 박사과정에 입학하면서 예술치료사로서의 지경과 스펙트럼은 더욱 넓어졌다. 오랜 시간 미술이라는 단일매체를 전공하고 이를 통해 임상을 해 온 저자로서 연극이나 무용/동작과 같은 낯선 매체를 통해 스스로를 발견하고 더 나아가 이를 치료에 적용한다는 것은 많은 용기와 도전이 필요했다. 저자는 통합예술치료 교육자로서 실제로 많은 수련생이 이 과정에서 다양한 형태의 저항을 경험하는 것을 지켜봐 왔다. 수련생들이 실습 초기에 겪는 어려움에 대해 이해하고 이를 반영한 교육을 구성하는 것은 통합예술치료사의 역량을 강화하기 위한 매우 중요한 요소이다. 통합예술치료사로서의 역량은 다양한 예술 분야를 통합적으로 적용해야 한다는 측면에서 습득하는 데 오랜 시간이 걸릴 뿐만 아니라 기존의 방식이 아닌 새로운 형태의 임상교육이 요구된다.

이 장에서는 통합예술치료의 이론과 교육현황을 개관한 후 수련생들이 통합예술치료를 효과적으로 학습할 수 있도록 돕기 위한 실험교육을 소개하며 역량강화를 위한 교육방안을 제시하고자 한다.

1. 통합예술치료의 진화

1) 통합예술치료 발전배경

각 예술장르의 특징에 따라 독립적으로 발전해 온 예술치료 분야는 최근 단일 예술매체가 지닌 한계를 보완하기 위한 목적으로 지속적으로 보완되고 발전하고 있다. 통합예술치료는 다양한 내담자의 특성과 문제에 적합한 예술매체를 통합적으로 활용하는 심리치료 접근법으로 임상현장의 치료사들에 의해 자발적이고 창조적으로 확산되고 있다. 특히 최근에는 홍유진(2018)의 통합예술치료(이하 IT매뉴얼)가 개발되면서 그 체계적인 원리와 방법이 학문적으로 규정되었다.

고대로부터 인간은 예술창작을 통한 심리치료 행위를 이어왔다(홍유진, 2018). 과학적 패러다임이 지배담론이 되기 이전 원시시대부터 인류학과 예술에 대한 참고문헌들을 살펴보면 예방과 회복을 목적으로 예술창작 활동이 사용된 다양한 사례가 이를 뒷받침하고 있다. 예를 들어, 이집트인들은 정신병이 있는 노인들에게 예술 활동을 장려했으며, 그리스인들은 치료적 회복을 위해 드라마와 음악을 사용하였다. 이러한 행위들은 통합예술치료의 기원으로 볼 수 있으며, 현대에 와서는 예술과 의학 등의 학문 분야로 분화되었다. 또한 세계 모든 지역의 다양한 종교의식은 그림, 연주, 연극, 춤 등의 활동들이 분리되지 않은 형태로 통합되어 이루어져 있음을 알 수 있다.

현대의 예술치료는 1940년대부터 본격적으로 치료의 한 영역으로서 발전해 왔지만, 아쉽게도 단일 예술장르의 고유한 원리와 특성에 따라 독립적으로 연구되고 발전되어 왔음을 알 수 있다. 특히 음악, 미술, 무용동작, 연극 등은 심리치료에 가장 보편적으로 활용되어 왔으며, 각 분야별로 전문 학회 및 협회가 설립되기도 하였다. 그러나 점차 다원화되고 복잡해지는 현대인들의 정신건강 문제를 해결하는 데 단일예술매체를 활용한 치료는 그 한계를 드러내기 시작하였다. 최근에는 그러한 한계를 극복하기 위하여 보다 발전적 형태로서의 통합예술치료 적용에 대한 시도가 있어왔다. 즉 인간의 고유성과 전체성을 추구하면서 다양한 예술매체를 하나의 전체로 통합하는 접근방식에 대한 관심이 증가하고 있으며, 그 효과가 입증되고 있다.

예술치료의 통합적 접근Integrating the Arts in Therapy이라는 용어는 숀 맥니프(Shuan McNiff, 2014)에 의해 처음 사용되기 시작하였다. 또한 그는 1970년경 미국 레슬리 대학Lesley college에서 미술치료, 독서치료, 무용치료, 드라마치료, 음악치료, 시 치료, 사이코드라마 등 여러 예술치료 분야를 통합적으로 다루면서 이를 표현예술치료라고 지칭하였다.

표현예술치료의 개념에 따른 실제 적용은 치료사들의 훈련 배경 및 전문성, 구체적인 맥락에 따라 다양해질 수 있다. 즉 치료사가 통합의 어떤 부분을 강조하느냐에 따라 차이가 나타난다. 일반적으로 표현예술치료는 목적과 방법의 두 가지 측면에서 통합을 강조한다(Knill, 2005). 먼저 목적으로서의 통합은 몸·마음·정서의 전체성을 회복하고 조화시키는 통합의 목적에 중점을 둔다(Chodorow, 1991). 특히 신체동작 중심의 표현예술치료사들은 이러한 목적으로서의 통합을 보다 강조하는 경향이 있다. 신체동작치료이론들과 그 범위는 다양하며, 이 분야는 표현예술치료라는 용어와 혼용되어 무용동작치료, 무용치료, 동작치료, 신체동작치료 등의 명칭으로도 불린다. 한편 방법으로서의 통합은 두 가지 이상의 예술매체를 결합하여 다양한 표현을 활성화시키는 매체통합을 강조한다. 파올로 닐(Paolo J. Knill, 2005)은 더욱 효과적인 치료를 위하여 하나의 예술매체에서 다른 예술매체로 이동하는 상호 통합적 접근inter-modal approach을 강조하였다.

표현예술치료 분야의 다소 불분명하고 모호한 학문적 견해로 인해 용어 사용에서 통일성이 미흡한 것으로 보인다. 특히 국내에서는 각 예술치료 분야가 지향한 통합적 접근이 국내로 유입되면서 '통합예술치료Integrative Arts Therapy'로 번역되어 혼선을 주고 있다. 이미 살펴본 바와 같이 국내외적으로 통합예술치료에 대한 접근법과 명칭에 대한 혼용으로 통합예술치료를 정의하기에 어려움이 따른다. 그럼에도 불구하고 한 가지 분명한 것은 통합예술치료로서 독자적인 이론체계와 임상시스템을 갖춘 홍유진의 통합예술치료와 표현예술치료사들이 언급하는 '예술치료의 통합적 접근'과 구분하여 이해할 필요가 있다.

2) 통합예술치료 IT매뉴얼

구체적인 이론체계에 기반한 홍유진(2018)의 IT매뉴얼Integrative arts Therapy manual은 통합예술치료의 치료원리와 방법론으로 구성되어 있다. 그동안 예술치료의 통합적 접근은 다양한 강조점을 두고 시도되어 왔으나 여전히 학문적인 체계가 정립되지 않아 이에 대한 일부 비판적 시각이 있어 왔다. 그중 하나는 통합을 강조하면서 내담자 중심의 치료 목표라는 본질에서 벗어나 임의적 절충주의만을 취해 왔다는 비판이다. 이는 앞서 기술한 방법론적 통합의 오류로서, 개별 내담자의 특성이나 고유한 증상에 대한 충분한 이해 없이 주로 치료사의 전문성에 의존한 기법 수준의 매체 결합에 머물렀다는 점이다. 일반적으로 다양한 예술매체를 통합적으로 적용하기에 앞서 내담자에 대한 충분한 이해와 평가에 따른 치료 목표 및 계획 수립이 선행되어야 할 필요가 있다. 심리치료와 상담에서는 접수 평가 도구들을 활용하여 내담자에 대한 풍부한 정보를 수집한 후 그들에게 최적의 도움을 줄 수 있는 상담접근을 맞춤화한다. 이때 상담과정이 적절하게 이루어질 가능성이 높아지고, 궁극적으로는 치료성과가 성공적일 가능성도 높아진다.

이와 같이 방법론적 통합이 주로 기법 수준에 머무는 오류를 범했다면, 몸·마음·정신의 조화라는 목적론적 통합은 추상적, 개념적 수준에 머문 경향이 있다. 즉 현재까지의 예술치료의 통합적 접근은 기법 및 개념 수준에서 강조되어 왔으나, 그 중간인 내담자 증상에 따른 현실적 치료 목표와 접근은 상대적으로 체계적이지 않다. 따라서 통합적 접근은 개별 내담자의 진단과 평가에 따른 구체적이고 현실적인 치료 목표의 수립과 함께, 이를 달성하기 위한 단계적인 치료 방법론으로 보완될 필요가 있다. 이러한 필요성에 대한 하나의 구체적인 대안이며, 치료적 본질로 돌아가고자 하는 통합예술치료의 실제적인 접근으로 IT매뉴얼이 개발되었다.

IT매뉴얼은 단순히 매체통합이라는 방법론적 통합을 넘어 내담자의 문제를 해결하기 위하여 증상에 따른 하위체계를 적용한 맞춤형 프로그램을 개발하는 치료적 접근을 강조한다. 이를 위해 IT매뉴얼은 치료단계별 소목표를 설정하기 위한 세라트CERAT, 치료회기의 구조인 옴카OMCA, 일상과 치료의 통합을 위한 다면적 치료공간, 치료공간의 심리적 설계, 내담자 증상 및 성향별 핵심 치료 모델, 상호보완적인 치료팀 운영체계, 그리고 마지막으로 IT진단 및 평가법을 제안한다(홍유진, 2018).

2. 통합예술치료사로서의 자질

1) 통합예술치료사의 역량

통합예술치료사는 내담자의 증상에 따라 다양한 예술분야를 통합적으로 적용해야 하므로, 일반 예술치료사에 비해 전문적 역량 및 기준이 더 체계화되고 강화될 필요가 있다. 통합예술치료사가 갖추어야 하는 핵심역량을 종합해 보면 다음과 같다.

첫째, 통합예술치료사는 예술에 대한 이해를 기반으로 심리학, 상담학, 인류학, 철학, 종교 등 인간과 유관한 다양한 학문에 대한 풍부한 이해를 갖추어야 한다. 치료실제에 근거가 되는 학문적 이해를 하기 위함이다. 또한 치료에 대한 기초지식을 습득하고 정상발달과 이상발달을 구분하여 적절한 임상적 결정을 할 수 있어야 한다.

둘째, 통합예술치료사는 IT매뉴얼이 제시하는 수행중심의 IT진단법에 따라 내담자의 문제를 정확하게 진단하고 평가할 수 있어야 한다(홍유진, 2018). 이는 내담자 사정을 수행하고, 진단하며, 그리고 효과적으로 개념화하여 치료계획treatment planning을 세울 수 있는 능력을 모두 포함한다.

셋째, 위의 정확한 평가와 진단에 따라, 통합예술치료사는 다양한 예술매체를 내담자 증상과 치료맥락에 따라 통합적으로 활용하는 수행능력을 갖추어야 한다. 이는 치료사가 치료과정에서 내담자의 요구나 상황에 따라 유연하게 개입할 수 있는 중재수행intervention implementation과 연관된다. 즉 내담자의 지적·표현 수준에 따라 매체와 기법을 달리 적용하여 내면 욕구의 자유로운 승화를 촉진할 수 있어야 하며, 내담자가 예술체험에 몰입할 수 있는 치료적 언어를 구사할 수 있어야 한다.

넷째, 치료관계를 형성하고 유지할 수 있는 역량이다. 효과적인 치료를 위해서 치료사는 내담자와의 신뢰관계를 형성하고, 내담자의 저항을 인지하고 해결할 수 있어야 한다. 내담자와 치료사 간의 신뢰관계는 치료과정에서 치료의 목적과 방법에 대한 상호이해를 촉진하여, 긍정적인 치료결과를 도출할 수 있도록 한다. 특히 통합예술치료사는 내담자를 예술체험 자체에 몰입하도록 만들기 위해서 내담자와의 라포를 유지하면서도 내담자와의 불필요한 감정이입을 줄이고 심리적 거리를 유지할 수 있어야 한다. 한편 집단 방식으로 많이 운영되는 통합예술치료에서는 집단원 간의 친밀감과 자기개방성을 증대시키기 위해 치료사의 효과적인 라포 형성 기술을 요구한다.

다섯째, 자기탐색 및 이해를 바탕으로 내담자를 안내할 수 있는 민감성을 갖는 것이다. 전문치료사는 치료사로서 자기 문제가 치료 과정에 어떻게 영향을 미치는지 탐색하고 스스로의 한계를 인식할 수 있어야 하며(Skovholt, 2003), 전이와 역전이로 일어나는 관계역동을 숙련도 있게 탐색할 수 있어야 한다.

여섯째, 통합예술치료사는 집단에서 각기 다른 환경과 성향, 증상을 가진 내담자의 특성을 파악하여 집단 전체의 역동을 효과적으로 다룰 수 있어야 한다. 또한 그들은 다양한 돌발상황을 예방하고, 사건에 직면했을 경우 현명하게 대처할 수 있는 능력을 갖출 필요가 있다.

일곱째, 치료를 평가하고 종결하는 능력이다. 치료과정에서 지속적인 내담자 평가를 통해 처치를 점검하고 수정하여 치료목표를 재조정하는 역량은 필수적이다. 또한 치료 후기에는 종결과 관련된 문제를 치료적으로 다루어 종결 이후 내담자의 문제가 재발하는 일 없이 일상에 잘 적응할 수 있도록 준비시켜야 한다. 특히 통합예술치료에서는 다면적 치료공간의 도입을 통해 치료환경에서 경험한 효과가 내담자의 일상생활에서도 동일하게 적용될 수 있도록 하는 것을 강조한다(홍유진, 2019).

여덟째, 문화적이고 윤리적인 민감성을 가지고 치료를 중재·계획·수행하는 역량이다. 유능한 치료사는 문화에 따른 적절한 맞춤식 치료중재를 계획하고 수행할 수 있다. 또한 비밀유지와 같은 치료사 윤리를 고려하여 윤리와 관련된 다양한 딜레마와 갈등 속에서 최적의 결정을 내릴 수 있어야 한다(Sperry, 2015). 치료사의 윤리적 민감성은 인성적 소양과 연관이 있기는 하나, 치료사 윤리와 관련된 구체적인 지식을 습득하고 교육받을 때보다 효과적으로 개발될 수 있다.

2) 초보통합예술치료사의 어려움

통합예술치료사는 진단 및 평가자, 진단과 평가에 따른 통합예술치료 프로그램 개발자, 그리고 프로그램 진행자로서 역할 수행을 함에 있어 다음과 같은 어려움을 느낀다.

첫째, 다양한 예술매체 습득의 어려움이다. 통합예술치료 분야의 초보치료사들은 단일 예술치료 분야에 비해 전문성 발달과정에서 상대적으로 더 많은 어려움을 겪는다. 단기간 에 여러 매체를 습득하고 치료적으로 활용할 수 있는 능력을 갖추어야 하기 때문이다. 그들은 다양한 범주의 매체와 기법에 압도되면서, 자신의 전문성을 어떻게 쌓아가야 하는가에 대한 부담감을 느낀다. 특별히 IT기반의 통합예술치료를 수행하는 치료사의 경우 IT매뉴얼 의 치료 단계별 소목표인 세라트CERAT를 적용하여 특정 내담자 또는 내담자 군에 맞춤화된 프로그램을 개발(모델 및 기법선정)하는 데 어려움을 겪을 수 있다. 특정 내담자 군에 대한 이해가 아직 부족한 초보치료사가 IT매뉴얼의 치료 모델에 대한 이해를 바탕으로 내담자에게 적합한 프로그램을 구성하기까지는 오랜 수련이 요구되기 때문이다.

둘째, 통합예술치료사를 비롯한 다양한 분야의 초보예술치료사들은 이론과 실습의 괴리 를 느끼며 전문가로 성장한다. 그들은 예술치료에 대한 많은 지식을 가지고 있으나 치료과 정에서 이를 유용하게 활용하지 못하는 경우가 많다. 그들은 이론과 실제의 괴리를 다룰 수 있는 전문성이 부족하기 때문에, 그들이 설계한 치료계획이 현실에서 부적절하다는 것을 경 험한다. 스코볼트(2003)는 교육과정을 통해 배운 이론은 풍부한 실제 경험과 결합 될 때 인 지적 지도가 만들어지면서 치료개입 능력이 증대되고 치료철학이 확립된다고 하였다.

셋째, 치료개입의 어려움이다. 치료 경험이 부족한 초보통합예술치료사들은 치료 장면에 서 일어나는 상황과 맥락을 정확히 이해하기 어렵기 때문에, 내담자의 상태에 적절한 치료적 개입을 유연하게 하기까지 많은 훈련과정이 필요하다. 또한 내담자가 획득한 체험적 인지를 현실에 어떻게 적용하고 반영할 수 있을지에 대해 화두를 던지는 것은 매우 어려운 과제다. 치료개입의 어려움은 예술치료가 예술과 심리치료라는 전혀 다른 두 분야가 합쳐진 분야라 는 점에 기인한다. 예술치료에서는 내담자−예술−치료사라는 삼각구도에서, 치료사가 치료 적 상황에 맞는 다양한 매체 사용방법을 익혀야 하므로, 상담분야에 비해 치료사의 역할이 보다 난해하다. 즉 예술작업 안에서 이루어지는 비언어적 의사소통, 감각의 구체성, 과정중 심의 창작과정이 초보예술치료사에게 모호하고 혼란스럽게 느껴질 수밖에 없다.

3. 실제 역량을 키워주는 통합예술치료 교육

1) 예술치료교육의 실태

통합예술치료에 대한 사회적 요구와 관련 분야 종사자의 증가에도 불구하고 아직 자격증 발급을 위한 일원화된 교육과정에 대한 제도는 마련되어 있지 않다. 자격제도의 비표준화는 통합예술치료 분야뿐 아니라 예술치료 분야 전반의 문제이기도 하다.

예술치료는 보건복지부가 시행하는 사회서비스로 다양한 대상층에게 널리 제공되면서 정부와 민간차원에서 수요가 점차 늘었고, 예술치료사 민간자격제도가 활성화되면서 자격 과정을 실행하는 교육기관도 급속도로 늘었다. 예술치료가 우리나라에 들어오기 시작한 1990년대에는 주로 학회와 협회 그리고 사설기관을 통해 자격과정이 이루어졌으며, 2000년대 초반부터는 본격적으로 예술 매체별로 대학원에 학위과정이 개설되기 시작하였다. 그 외에도 대학 부속 기관인 평생교육원과 복지관 또는 문화센터에서도 자격과정이 이루어지고 있다. 최근에는 예술매체의 통합적 접근을 표방하는 예술치료 학회와 협회, 연구소뿐 아니라 학부와 대학원에서 관련 전공 및 학과가 속속 개설되고 있는 추세이다.

예술치료 교육기관이 급증하고 이에 따라 예술치료사들이 치료현장에 과잉 공급되면서 그에 따른 부작용도 나타나고 있다. 치료 현장에는 대학원 정규교과과정을 마친 후 추가적인 자격증 교육과정을 이수한 자부터 전문대를 졸업하고 석사학위 없이 아주 적은 양의 사설기관의 교육만으로 자격증을 취득하여 활동하는 자까지 다양한 예술치료사들이 혼재해 있는 실정이다. 실제로 많은 예술치료사들이 단기간의 교육만을 받은 후 검증되지 않은 학회나 기관에서 무분별하게 발급되는 자격증을 받고 임상현장에서 활동하고 있다. 이로 인해 그 피해는 고스란히 내담자에게 가고 있다는 지적이 있어 왔다. 이는 예술치료 분야의 지나친 상업주의로 인해 체계적인 교육과정 없이 양에 치우친 단기 양성 시스템의 문제가 임상현장에서 예술치료사들의 역량의 한계로 드러나게 된 것이다.

따라서 현장에 투입되는 예술치료사들의 다양한 수준편차를 평준화하고 역량을 강화하기 위한 체계화된 교육과정이 절실히 필요한 시점이다. 인력을 양성하고 자격을 주는 교육과정이 일원화되지 않는다면 배출되는 예술치료사의 자격 수준 또한 평준화될 수 없기 때문이다. 예술치료 분야 전문가들은 대부분 이와 같은 문제를 보완하여 교육-자격-실제의 표준화와 통합을 위한 체계적인 시스템의 필요성에 대해 공감하고 있다. 특히 예술치료의 새로운 흐름인 통합예술치료 분야는 현재 자격과정이 정착되어가는 초기이므로, 그 체계를 잘 정립하기 위한 노력이 필요하다.

2) 통합예술치료 임상교육

통합예술치료는 예술과 치료가 융합된 분야로 예술치료 교육은 학생들이 독립적인 학문 분야뿐 아니라 학문 간의 상호관계를 이해하고, 이를 임상실습을 통해 구현할 수 있어야 한다는 점에서 균형과 체계를 갖추어야 한다. 다음은 초보통합예술치료사의 역량을 강화하기 위한 필수적인 교육 요소이다.

(1) 다양한 예술매체의 이해

모든 예술치료 분야의 실습교육은 예술매체를 기반으로 하는 특성상, 예술장르와 상관없이 매체의 전문적인 이해가 선행되어야 한다는 측면에서 필수요소로 여겨진다. 예를 들어, 음악치료 실습교육의 경우 음악을 연주하거나 작곡하는 등의 음악적 경험을 통해 내담자를 이해하여 문제에 개입할 수 있는 치료역량을 강화하는 것을 목적으로 한다. 마찬가지로 미술치료사 수련과정에서도 수련생이 내담자 입장에서 다양한 미술매체를 접해 보는 것은 완전한 교육적 경험의 필수 요소이다. 숙련된 미술치료사는 내담자의 미술표현을 다양한 방법으로 도울 수 있어야 하고 작품에 나타난 상징을 이해할 수 있어야 하기 때문이다(Rogers, 1993).

(2) 교육치료집단을 통한 자기이해

교육치료집단은 직접 내담자가 되어 집단치료에 참여하는 경험을 제공하는 교육과정으로, 일반적으로 모든 치료분야에서 치료사의 자기이해를 증진하여 치료 전문성을 배양하기 위해 권장되는 교육방법이다. 인간은 자기성찰과 인식을 통해 비로소 타인을 제대로 바라볼 수 있기 때문에 치료사의 자기이해 및 성찰은 전문성 습득을 위한 핵심요소로 인식되고 있다. 수련생들은 막연하게 다른 사람을 돕고 싶거나 스스로가 변화되고자 하는 갈망으로 예술치료 교육과정에 입문하지만 머지않아 전문예술치료사가 되기 위해서는 때로는 고통스럽기까지 한 자기 변화의 과정이 선행되어야 함을 깨닫게 된다. 즉 상처를 입었으나 그 고통을 통과하여 다른 이를 돌볼 수 있는 치유자로 서게 된다는 측면에서 교육치료집단은 수련생들에게 필수적인 요소이다.

(3) 슈퍼비전

슈퍼비전은 실습교육의 일환으로 'Super(특별한, 특출한)'와 'vision(통찰력, 선견지명)'의 결합어로 '감독, 관리'를 의미한다. 즉 '훈련생이 다른 전문가, 주로 선경험을 통해 전문인이 된 사람을 구조화된 방식으로 정기적으로 만나 사례뿐만 아니라 치료 과정에서 인식하게 되는 전문인으로서의 이슈들에 대해 토론하고 지도받는 것'을 뜻한다(Campbell, 2006, p. 53). 예술치료 슈퍼비전은 이론을 통해 습득한 치료지식이 더욱 효과적으로 치료실제에 적용되어 다양한 실무능력을 갖추게 한다는 점에서 필수적이다.

슈퍼비전의 주된 목적은 훈련생의 치료사례를 슈퍼바이저가 확인하여 훈련생이 임상현장에서 전문가로서 적절한 치료적 개입을 하도록 책임지고 모니터링하는 것이다. 이를 위해 수련생들은 실습현장에서 진행한 치료사례를 돌아가면서 구술로 발표하거나, 회기과정 촬영 영상을 감상한 후에 그룹토론 및 피드백의 시간을 갖는다. 이러한 진행방식은 발표자가 다각적인 관점의 피드백을 제공받을 수 있어 유용할 뿐 아니라 슈퍼비전에 참여한 나머지 훈련생들 또한 다양한 대상층의 여러 치료 상황을 간접적으로 접할 수 있어 치료실제에 대한 이해를 증진시킬 수 있다는 장점이 있다.

일반적으로 슈퍼비전을 통해 학습될 수 있는 영역들은 '초기면접 과정, 평가 기법들, 내담자의 사례를 개념화하는 과정, 보고서 작성 방법, 위기 개입, 그리고 치료적 윤리' 등이 있다(Campbell, 2006). 이를 통해 훈련생들은 지나간 회기를 반성하고 다음에 올 상황을 예측할 수 있을 뿐 아니라 실천 현장의 고유한 규칙을 배우고 실질적 기술을 연마하여 다양한 치료 상황에 대처하는 능력을 키울 수 있다.

슈퍼비전과 관련된 미국 예술치료 교육 규준에 따르면, 훈련생들은 임상현장과 교과과정에서 제공되는 슈퍼비전을 동시에 경험하면서 전문 예술치료사로 성장할 수 있도록 의무화하고 있다. 현장 슈퍼비전을 통해 전문가 양성에 있어서 이론을 적용하여 시험해 볼 수 있고, 다양한 상황의 맥락 속에서 판단하며 배울 수 있기 때문이다. 현장 슈퍼바이저는 훈련생들의 수준에 따라 임상실습 내용과 방법을 유연하게 조정함으로써 맞춤화된 슈퍼비전을 제공할 수 있다는 장점이 있다. 또한 훈련생들이 슈퍼바이저의 현장감 있는 피드백과 치료 모델링을 통해 더욱 효과적으로 치료 실제를 익힐 수 있다. 슈퍼바이저의 즉각적이고 직접적인 피드백은 효과적인 슈퍼비전의 핵심요소이다. 치료현장에서 발생한 중요한 사건에 대한 즉각적인 피드백이 주어졌을 때 학습효과는 배가된다. 그러나 현재까지 국내에서는 실습현장의 환경 및 현장 슈퍼바이저 부족으로 인해 실습현장 슈퍼비전은 활성화되지 않은 상황에 있다.

(4) 치료시연

치료시연은 초보예술치료사가 동료 집단을 대상으로 치료사 역할이 되어 '모의회기'를 경험해 보는 것으로써 실습현장에서의 준비도를 높여주는 중요한 실습교육과정이다. 워크숍 형태로 이루어지는 치료시연을 통해 초보예술치료사는 치료기법을 적용하고, 치료진행의 기본을 익힐 수 있다. 모의회기는 예술을 매개로 한 내담자와의 상호작용을 경험할 수 있게 하여 다양한 예술매체를 통한 치료적 개입에 대해 실질적으로 이해할 수 있게 한다.

4. 통합예술치료사로 성숙해 가다

1) 통합예술치료 실험교육의 구성

다음은 초보통합예술치료사의 역량을 강화하기 위해 개발된 실험교육의 구성요소이다. 실험교육은 매체별 실습집단 과정과 슈퍼비전 과정으로 구분되며, 다음의 세 가지 세부 교육목표를 추구한다. 첫째, 내담자의 증상에 따라 다양한 예술매체를 통합적으로 적용할 수 있는 예술과 심리치료 분야의 전문역량을 강화한다. 둘째, 내담자를 이해하기 위해 지속적인 자기이해와 치유 작업을 한다. 셋째, 통합예술치료사로서의 리더십을 강화한다. 통합예술치료는 집단치료로 이루어지는 경우가 많기 때문이다.

(1) 매체별 집단 실습

매체별 실습집단을 통해 수련생들은 예술치료의 발달 과정에서 가장 보편적으로 활용되어 온 음악, 미술, 무용/동작, 연극, 문학, 영화/사진 매체별로 적용한 집단 실습 과정에 내담자 역할로 참여하면서 다양한 예술매체의 치료적 특성을 충분히 경험할 수 있다.

매체별 실습집단의 목표는 다음과 같다. 첫째, 전문역량의 증대를 위하여 각 예술매체의 치료적 특성을 이해하고, 이를 활용한 다양한 치료기법을 학습한다. 둘째, 예술치료집단 체험을 통해 자기탐색 및 치유의 시간을 갖는다. 셋째, 숙련된 치료사의 집단운영 및 치료 개입을 모델링하여 리더십을 계발한다.

〈표 4-1〉 매체별 집단 실습 구성

교육참여 관점	실습과정(옴카 구조)		시간
내담자 관점에서 회기경험	Opening	내면열기	2시간
	Meeting	내면 만나기 (매체별 치료기법 집중학습)	
	Closing	내면닫기	
	Application	현실에 적용하기	
치료사 관점에서 인지적 명료화	회기 진행과정 돌아보기 기법의 활용 및 적용법 논의하기		30분

[그림 4-1] 집단 실습 과정/무용동작

[그림 4-2] 집단 실습 과정/음악

(2) 슈퍼비전

수련생들은 슈퍼비전을 통해 이루어지는 사례 발표 및 공개시연을 통해 IT매뉴얼의 실제를 익힐 수 있다. 임상현장에서 경험한 사례 발표를 통하여 통합예술치료 사례의 개념화를 학습한다. 또한 동료들을 대상으로 치료사 역할을 훈련하는 공개시연을 통해 치료현장의 준비도를 높인다. 시연자는 가상으로 설정한 내담자군의 증상을 분석하여 증상 개선을 위한 대목표와 소목표를 설정한 후 세라트 단계별 소목표에 맞는 모델 및 기법을 적용하여 임상진행안을 작성한다. 이때 옴카의 과정 목표로 세분화하여 모델 및 기법이 적용되도록 한다. 작성된 임상진행안을 바탕으로 시연자는 공개시연을 진행한다. 이 과정은 총 4단계로 진행되고 수련생들은 수련시간에 따라서 시연대상자를 시작으로 하여 관찰자, 발표자/시연자 순으로 다양한 역할을 맡게 된다. 1단계 수련생은 치료시연 시 내담자 역할을 맡는다. 2, 3단계 수련생의 경우, 치료시연에서 관찰자 역할을 한다. 4단계 수련생은 사례발표자와 치료시연자로서의 역할을 경험한다.

사례발표 및 공개시연과정의 교육적 목적은 첫째, 효과적인 치료 개입법을 연습하고 내담자 중심의 매체 및 기법적용을 학습하여 전문역량을 증대하는 것이다. 둘째, 집단의 에너지를 집중시키고 촉진하는 운영스킬을 학습하게 함으로써 리더십을 계발한다.

〈표 4-2〉 슈퍼비전 과정 구성

수업구조	수업참여 관점	수업과정	시간
사례발표	발표자 학습자	① 발표자는 임상현장에서 경험한 사례를 발표한다. ② 발표자는 슈퍼비전을 받고자 하는 두 가지의 논의점을 제안한다(임상현장에서 경험한 어려움이나 의문점을 중심으로).	30분
피어 및 슈퍼비전	학습자	① 피어비전: 논의점에 대한 동료들의 의견 공유한다. ② 슈퍼비전: 논의점에 대한 슈퍼바이저의 전문적 소견과 수련생들의 질문에 대한 답변을 전달한다.	30분
공개시연	치료사 내담자 관찰자	① 시연자는 시연대상자를 모집한다(1, 2단계 수련생 중심으로). ② 시연자는 시연을 진행한다.	1시간
피어 및 슈퍼비전	학습자	① 시연자가 자기분석적 소감을 이야기한다. ② 피어비전: 시연에 참여한 내담자가 느낀 점을 공유한다. 관찰자가 시연에 대한 의견과 느낀 점을 공유한다. ③ 슈퍼비전: 슈퍼바이저가 시연과정에서 도출된 치료쟁점에 대한 전문적 소견과 수련생들의 질문에 대한 답변을 전달한다.	1시간

2) 실험교육을 통한 통합예술치료사 되어가기 여정

통합예술치료사의 역량강화를 위한 실험교육 사례 연구를 통해 드러난 핵심주제인 '통합예술치료의 본질 체험' '초보예술치료사로서 타인 및 자기 탐색' '통합예술치료의 관찰 및 실제학습' '복합적 체계의 치료사 역량 심화' '통합예술치료 현장 입문'을 중심으로 기술하고자 한다.

(1) 통합예술치료의 본질 이해

수련생들은 반복되는 실습체험을 통해 예술매체의 특성 및 시너지를 이해하여 통합예술치료의 실제에 보다 쉽게 다가갈 수 있었다.

① 이론과 실제의 연결

일반적으로 초보예술치료사들은 교육 과정에서 습득한 다양한 예술치료의 이론적 지식을 막상 실습현장에서 구현하는 데 많은 어려움을 겪는다. 대부분의 초보예술치료사들이 실습 초기에 이론과 실제의 괴리를 다룰 수 있는 전문성이 부족하기 때문에, 그들의 계획에 따라 치료과정이 진행되지 않는 예측 불가능한 상황을 맞이한다. 한편 통합예술치료 슈퍼비전의 수련생들은 실습과정에서 치료사와 내담자 그리고 관찰자 역할로 참여하면서 이론을 통해 배워왔던 예술치료에 대한 지식을 체험적 차원에서 소화할 수 있었다. 그들은 다각적 관점에서 실습에 참여하면서 놀이와도 같이 쉽고 단순한 활동에서도 작동하는 치료적 원리를 체험적으로 깨달을 수 있었다. 또한 반복적인 치료시연을 통해 다양한 치료 상황에 부딪히면서 시행착오를 겪으며 통합예술치료에 대한 실질적이고 풍부한 팁을 얻을 수 있었다. 즉 실험교육을 통해 어렵고 복잡하게 느껴졌던 치료에 대한 개념적 틀을 깨고 통합예술치료의 본질에 더욱 쉽게 다가갈 수 있다.

> 실제 경험을 한 다음에 이론을 읽으면 경험을 떠올리게 되어 공부가 더 잘돼요. 경험 없이 이론으로만 배웠다면 잘 이해가 되지 않았을 거예요.

> 이전에 제가 생각했던 치료의 개념은 무의식을 끄집어 내주는 심오한 작업이었는데 막상 경험을 해 보니까 "아, 되게 단순한 놀이 안에 치료적 본질이 있을 수도 있구나."를 알게 되었어요.

이론적 지식은 실습을 통해 치료실제에 적용될 수 있는 지식으로 재구성될 수 있다. 예술치료사의 유능함이 이론적 박식함에 좌우되는 것이 아니라 치료 상황의 맥락을 읽어 적절하고 유연하게 대처할 수 있는 능력에 있기 때문이다. 따라서 진정한 의미에서의 교육은 경험을 통해 이루어지며 특히 슈퍼비전과 같은 실습교육은 '경험의 전환을 통해 지식을 창조하는 과정'으로 볼 수 있다(Kolb, 1984).

결론적으로 실험교육을 통한 실습은 이론으로 배운 지식을 더욱 생생하고 깊게 하며, 이론은 실습에 대한 관점이나 초점을 인지적으로 명료화시킨다. 따라서 이론을 먼저 배우고 실습으로 직접 경험하는 top-down 방식과 실습을 먼저 경험하고 이론으로 공고히 하는 bottom-up 방식을 병행하여 상호 시너지를 꾀하는 교육체계가 효과적임을 알 수 있다.

② 다양한 예술매체의 특성 및 시너지를 이해함

많은 전문 예술치료사들이 기법들을 이해하고 잘 쓰기 위해서 내담자에게 적용하기에 앞서 치료사 자신이 먼저 경험해 보는 것의 중요성을 강조한다. 즉 예술치료사 수련과정에서 수련생이 내담자가 되어 예술치료를 받아 보는 것은 완전한 교육적 경험의 필수 요소로 볼 수 있다. 실험교육은 수련생들이 내담자 입장에서 다양한 예술매체를 치료적으로 경험할 수 있는 집단실습과정을 제공한다.

> 외부에서 내가 어떤 위치라는 것을 다 버리고 온전히 내담자가 되어 다양한 예술매체의 치료적

속성을 경험할 수 있어서 좋았어요. 저에게 있어서 내담자 경험은 산 경험이었던 것 같아요.

통합예술치료사로서의 전문역량을 배양하기 위해서는 다양한 매체실습 경험이 단일예술매체를 활용하는 예술치료 분야에 비해 더욱 많이 요구된다. 불특정 다수의 내담자를 치료하려면 증상에 따른 적합한 매체 적용의 이해가 선행되어야 하기 때문이다. 실험교육의 매체별 집단 실습을 통해 수련생들은 다양한 예술매체에 반복적으로 노출되면서 매체에 대한 친숙도를 높일 수 있었다. 또한 예술 창작과정 자체가 치유적인 행위임을 인식하면서 내담자들의 흥미를 유발하여 예술표현의 질을 높이고 자발성을 높여야 함을 깨닫게 되었다.

실험교육을 통해서 다양한 경험을 흡수할 수 있고 치료사로서 넓어지는 게 참 좋았어요. 한 가지 예술매체만 배웠다면 부족했을 것 같아요.

제가 박치, 음치인데 실험교육을 통해서 음악을 많이 접할 수 있었어요. 통합예술치료사가 되기 위해서는 모든 감각들이 자극을 받을 수 있도록 다양한 매체에 대해서 다 열려야 하는 것 같아요. 자기가 경험한 만큼 이해할 수 있거든요.

집단실습을 통해 수련생들은 다양한 예술매체를 연이어 경험하면서 매체결합의 시너지를 이해하고 치료 맥락에 맞게 매체를 통합할 수 있는 능력이 증대될 수 있다. 이 과정에서 수련생들은 평소 선호하지 않는 매체에 대한 저항감을 감소시키고, 자신의 성향과 강점을 잘 발휘할 수 있는 예술분야를 발견할 수 있다.

통합예술치료사로서 수련을 받더라도 어쩔 수 없이 자신에게 취약한 매체가 있고 강점을 발휘할 수 있는 매체가 있어요. 다양한 매체를 다루면서 나한테 강점이 될 수 있는 매체를 찾아갈 수 있었어요.

나탈리 로저스(Natalie Rogers, 1993)는 하나의 예술매체가 또 다른 예술 매체와 결합되어 활용됨으로써 장점들이 통합되어 매체간의 시너지를 일으키는 현상을 '창조적 연결'이라고 불렀다(p. 6). 아나이스 닌(Anais Nin, 1977)은 "예술은 다른 예술을 풍성하게 만들어 주어야 하고 다른 예술과 접목시킬 수 있어야 한다."(pp. 185-186)고 하였다. 이와 같이 수련생들은 매체의 각기 다른 치료적 특성이 내면의 다양한 감정과 욕구의 표현에 기여한다는 점을 인식하면서 매체 간의 상호보완적 시너지가 일어날 때 전인적 치유를 더욱 촉진할 수 있다는 점을 체험적으로 깨달을 수 있었다.

> 움직임이나 소리가 언어보다 더 근원적인 자기 표현법이라는 것을 알게 되었어요. 그리고 움직이거나 소리를 내는 행위는 유기적으로 서로 연결되어 있기 때문에 통합적인 접근이 더 효과적이더라고요.

> 두 가지 매체가 함께 만나면서 치료의 시너지가 훨씬 더 커지는 것을 경험했어요. 다양한 매체를 다루는 것이 인격형성이나 성품계발에 참 좋을 것 같아요. 〈중략〉 나는 조용하고 움직이기 싫어해요. 그런데 처음에는 조용히 그림을 그리면서 거부감 없이 마음이 열어지니까 나중에는 차츰 행동으로 발산할 수 있었어요.

임용자(2016)는 "여러 표현예술 형식들 사이를 오가는 과정들이 신체와 개인생활 사이의 연상이나 이미지를 명료하게 확대하는 것을 돕는다."고 하였다(p. 100). 홍유진(2018)은 우리의 신체, 마음 그리고 정신은 유기적으로 연결되어 있기 때문에, 다양한 예술매체를 통합적으로 활용하여 내담자의 감각 전체를 활성화시키는 예술작업을 통해 내담자의 정신과 신체가 조화를 이루게 하고 증상을 완화시킬 수 있다고 하였다.

(2) 초보통합예술치료사로서 타인 및 자기 탐색

수련생들은 실험을 내담자 입장에서 예술치료를 지속적으로 경험하면서 스스로를 치유하고 더 나아가 타인에 대한 이해와 공감대를 넓힐 수 있었다.

① 내 안의 새로운 나를 탐색하고 통합함

치료사의 자기탐색 및 이해는 수련생들이 내담자를 안내할 수 있는 민감성을 가질 수 있게 한다는 측면에서 치료사 수련과정에서 중요한 의미를 갖는다. 그러나 그동안 일반적인 교육과정의 수련생들은 치료사로서의 실습요건을 채우는 데 급급하여 내담자 체험은 상대적으로 간과되어 온 것이 사실이다. 치료 도구로서의 자신을 이해하는 작업을 소홀히 했던 것이다. 실험교육을 통한 내담자 체험은 수련생들이 스스로를 성찰하고 치유할 수 있는 계기를 마련해 주었다. 즉 역전이 탐색을 통해 수련생들은 치료현장에서 깨닫지 못했던 자신의 이슈를 성찰하여 내담자의 문제를 보다 공감적이고 객관적으로 바라볼 수 있게 되었다.

> 실습수업을 통해 내 안의 아픔을 보게 될 때 부정하고도 싶지만 그런 과정은 꼭 필요한 것 같아

요. 치료사는 자기 자신이 치료되는 과정을 통해서 다른 사람의 문제를 더 잘 볼 수 있게 되는 것 같아요. (p. 2)

홍유진(2018)은 통합예술치료의 지향점이 "모든 인간에게 미성숙한 형태로 잠재되어 있는 어린자화상을 스스로 치유하는 데에 있다."고 하였다. 즉 수련생들은 과거의 상처가 건드려지는 과정에서 강렬한 감정이 올라왔으며, 이를 미술과 동작 그리고 연극 등으로 표현하면서 자기 치유를 경험할 수 있었다.

음악을 들으면서 내면에서 올라오는 충동을 몸으로 표현하는 시간이었는데 감정이 많이 올라오더라고요. 그리고 올라온 감정을 그림으로 표현한 다음에 서로를 격려해 주었는데 되게 희망적이게 마무리가 되었던 기억이 있어요. 무언가 해소되는 느낌…

어린 시절의 한 장면을 그림으로 그리면서 엄마 얘기를 하는데 울컥 한 거예요. 되게 당황스러웠어요. '내가 왜 울컥하지? 옛날 일이고 지금은 엄마를 이해한다고 생각했는데 사실은 아직 치유가 되지 않았구나.'라는 것을 알게 되었어요. 그런 나를 발견하면서 엄마와의 관계가 개선됐어요.

또한 실험교육은 수련생들이 새로운 변화를 위한 실험을 할 수 있도록 해 주었다. 이 과정에서 수련생들은 자신의 선호도나 성향과 잘 맞지 않는 낯선 매체를 접하면서 자신 안의 미성숙하고 열등한 측면과 마주하게 되었다.

제가 사람들 앞에서 나의 모습이 드러나는 것을 안 좋아해요. 그래서 젬베이 시간에 막 크게 소리를 내거나 북을 치고 이런 걸 엄청 싫어했거든요. 내가 해 보지 않은 것에 대한 두려움, 하기 싫고 자신 없는 마음이 있었어요.

여러 가지 악기로 연주를 할 때 내가 너무 못했어요. 박자도 못 맞추는 아기가 진짜 애를 썼어요. 내가 너무 소심하고 아기 같아서 학생 중 한 명이 내가 너무 순수한 것 같다고 막 웃더라고요.

저항은 무의식을 의식화하는 데서 오는 불편과 불안으로부터 스스로를 보호하려는 무의식적 소망에서 비롯되는 것으로, 원활한 진행을 방해하는 요소가 될 수 있지만 잘 활용하면 오히려 치료적 변화를 이끄는 촉진적 요소가 된다. 익숙하지 않은 매체에 대한 수련생들의 불편감과 저항감은 실습과정에서 지속적으로 다루어지면서 치료적 변화로 전환되기 시작하였다. 타인의 시선과 평가에 매여 있었던 수련생들은 용기를 내어 내면의 경직된 틀을 깨고 내적 충동을 솔직하게 표현하는 새로운 도전을 할 수 있었다.

> '나이 들어서 이런 거 하라고 하면 하기 싫은 게 당연하지. 저항이 하나도 안 일어나는 사람이면 여기 올 필요가 없는 거야. 그래야지 배울 것도 있고 치료받을 것도 있고….' 내가 하기 싫어하는 것을 문제라고 생각하지 않고 나 스스로를 달래면서 그렇게 실습에 참여했어요.

> 어색하고 힘들지만 그걸 안 할 수 없는 상황들이 계속 만들어지니까 자기 틀을 깰 수밖에 없는 것 같아요. 그걸 안 하려면 아예 수업을 들을 수가 없거든요.

시도해 보지 않은 채 무조건 못한다고 접어두는 것들은 누구에게나 있다. 수련생들은 자신 없는 활동들을 용기를 내어 직접 부딪치면서 자유로움과 자신감을 갖게 되었으며 타인에 대한 지나친 의식 또한 점차 사라졌다.

> '나의 모난 부분이 많이 치유되어서 나가는구나.'라는 생각이 들어요. 다른 사람들의 시선을 더 이상 신경 안 쓰게 되는 것들? 그리고 이제 다른 사람들에 의해 상처받는 일이 많이 없어진 것 같아요.

> 어색함과 '나 못해.'라는 두려움들이 풀어진 것 같아요. 부딪치면서 열고 도전을 하니까 자유로워지고 억압된 것들이 많이 풀어졌어요. 제가 원래 소극적이었는데 적극적으로 되었어요. 자신감이 많이 생겼어요.

한편 교육집단이면서 동시에 치료집단인 집단실습과정에서 나타났던 내담자 체험의 부작용 또한 향후 수련생들의 자격 과정에서 고려해야 할 필요가 있다. 치료와 교육의 경계에 있는 집단의 모호한 정체성으로 인해, 수련생들은 내담자로서 자기 내면을 치유하고자 하는 욕구와 치료사로서 더 배우고자 하는 학습 욕구 사이에서 혼란을 겪었다. 집단의 특성을 파악하지 못했던 일부 수련생들은 초기에 자신도 모르게 예술 활동에 몰입하면서 과도한 자기 개방에 따른 후회와 불안을 경험하였다.

> 실습집단 안에서 교육과 치료가 동시에 일어나기 때문에 어느 정도 나를 개방해야 할지 좀 혼란스러웠어요. 학생들 중에는 자기 문제를 해결하고 싶어서 적극적인 사람이 있고 그냥 기법 차원에서 배우려고 하는 사람도 있어요. 저 같은 경우에는 '잘 배워야지.'라는 마음이 더 큰 것 같아요. 치료집

단이라고는 하지만 우리가 공부하러 왔지 치료받으러 온 게 아니잖아요.

처음에는 저도 자기개방을 많이 했는데 차츰 '정식 치료회기가 아닌 협회 수업인데 내가 다 쏟아
내면 누가 나를 추슬러주나….' 이런 생각이 드는 거죠. 자기 이야기를 너무 많이 한 후에 후회하는
사람들을 봤거든요.

다른 사람은 정석으로 얌전히 앉아서 적절한 자기개방만을 하는데 나 혼자 너무 빠져들었던 것
같은 느낌이 들 때가 있었어요. 나만 만신창이가 되어서 내려온 것 같은 느낌이랄까요.

이러한 부작용을 예방하기 위해서는 교육 참여 관점 및 역할에 대해 사전 안내를 해 주는
것이 중요하다. 우선 교육적 특성과 치료적 특성이 결합된 매체별 집단실습에서는 수련생
들이 순수한 내담자 관점을 취할지 또는 관찰자, 학습자의 관점을 취할지에 대한 혼란이 일
어날 수 있다. 특정 관점에 집중할 때 교육의 효과는 더 높아지므로 그들이 취해야 할 관점
에 대해 안내해 주는 오리엔테이션이 필수적이다. 예를 들어, 교육 초반에는 내담자 관점에
집중하여 다양한 예술매체의 치료적 원리를 직접 경험할 수 있도록 한다. 그리고 현장실습
을 앞둔 슈퍼비전 후반에는 치료사 역할과 개입능력을 배우고 모델링하는 관점에 강조점을
둘 수 있다.

② 타인에 대한 이해와 공감대를 넓힘

자신에 대한 이해가 깊어질수록 타인에 대해서도 더 깊이 이해하고 공감할 수 있게 된다.
치료사가 스스로에 대해 충분히 의식하지 못할 때 내담자에게도 불편감을 줄 수 있다. 특히
이러한 모습은 치료사가 내담자에게 미치는 영향이라는 측면에서 이해할 필요가 있다. 수
련생들은 치료에 대한 지식이 마음에서 우러나오는 반응을 앞설 때 오히려 내담자에게 다가
가는 것에 방해가 된다는 점을 깨달았다. 또한 다른 수련생의 경우 인간의 마음을 다루는 직
업을 선택했음에도 불구하고 막상 타인에 대해서는 무관심한 스스로의 모습을 인식하게 되
었다.

제가 주치료사 시연을 하면서 제일 많이 느낀 것이 '내가 내담자들의 이야기를 잘 듣는 척하지만,
사실은 닫고 있었구나.'라는 거예요. 제가 지적이라는 소리를 자주 들었는데 그게 어떻게 보면 닫혀
있다는 소리인 것 같기도 해요. 마음으로 반응하기보다 머리가 먼저 돌아갔나 봐요.

제가 관심 있는 분야에 꽂히면 주위가 눈에 하나도 들어오지 않는 성향이 있다는 것을 알게 되었어요. 관심이 없으니까 치료사로서 분위기 파악이 잘되지 않고요.

마음이 열린다는 것은 타인에 대한 진정한 관심을 갖는 것뿐 아니라 자신의 상태를 있는 그대로 개방하는 것을 뜻한다. 수련생들은 실습 과정에서 순간적으로 내면에서 올라오는 것을 정직하게 표현할 때 상대방의 마음에도 진정성 있는 파장이 일어난다는 것을 깨닫게 되었다.

파트너와 호흡작업을 하면서 느낀 것은 내가 긴장하면 상대방도 같이 긴장하고 내가 편안하면 상대방도 비로소 편안하게 본인의 호흡에 집중할 수 있게 된다는 것이에요. 나의 상태를 말로 하지 않을지라도 상대방에게 전달된다는 것을 알게 되었어요.

내가 재지 않고 표현할 때 상대의 반응도 달라진다는 것을 느꼈어요. 상대방의 연주를 들으면서 나의 감정이 올라왔고 그 감정을 소리로 다시 전달하면서 교감이 되었던 것 같았어요. 마지막 수업 때는 눈을 감고 모두 함께 서로의 북소리를 들으면서 하나로 조화를 이루는 건데 무언가 새로운 세계를 경험했어요. 각 사람들의 소리가 다 달랐어요.

수련생들의 자유롭고 진솔한 자기개방은 동료 간 깊은 공감대로 이어졌다. 그들은 상대의 예술표현에서 드러난 감정을 읽어 공감과 위로의 예술표현으로 되돌려줄 수 있었다. 즉 자신에게 집중되었던 에너지가 전환되어 타인의 분노나 슬픔을 바라볼 수 있게 된 것이다. 예술치료는 강력하고 아직 조절되지 않는 감정들이 우리를 압도할 때 이를 창작활동을 통해 소화하도록 하며, 예술매체는 감정을 받아들이고 형태를 부여함으로써 경험을 상징적으로 보유하도록 한다.

어떤 수련생이 공격적인 역할을 맡았는데 그걸 잘 못하는 거예요. 그래서 그걸 풀 수 있도록 같이 지지해 주면서 함께 분노를 표출해 주었어요. 나중에 얘기를 들어보니까 OO원생이 집단을 지배하고 싶은 마음이 막 올라왔는데 그런 마음을 표현할 수 있었다고 하더라고요.

저의 파트너가 저의 잼베를 이렇게 쓰다듬어 주는데 제가 얼마나 울었는지 몰라요. 제가 그때 진짜 힘들었을 때였거든요. '말을 하지 않아도 젬베이로도 느낌 전달이 가능하구나.'를 그냥 깨달았어요.

윌프레드 비온(Wilfred Bion, 1962)은 '보유한다' '담는다'라는 개념을 제시하여 비숙련자가 조절되지 않은 감정과 행동을 발산할 때 숙련자가 조절된 형태로 이를 바꾸어 줄 수 있다고 하였다. 얄롬(Yalom, 2008)은 집단치료 과정에서 가장 중요한 치료적 요인은 집단원이 자신의 내면세계를 타인과 정서적으로 공유하고, 그들에게 수용받는 경험이라고 하였다. 수련생들에게 실험교육의 장은 타인에 대한 편견을 내려놓고 한 마음으로 동화될 수 있는 여유와 수용의 공간이 될 수 있었다.

내담자를 이해한다는 것은 '내담자의 아래에서 그 사람의 삶의 무게 그대로를 가지고 서 있는 것'이며, 옳고 그름의 판단을 떠나 내담자의 존재를 그의 관점에서 공감하고 수용하는 태도이다. 실험교육 과정에서 수련생들은 예술을 통한 공감적 소통능력을 학습할 수 있었다. 서로에게 내담자이자 치료사가 되어주는 경험을 통해 어떻게 내담자를 이해하고 치료적으로 개입할지에 대한 안목을 키울 수 있었다. 이제 수련생들이 경험한 변화는 실습현장을 넘어 삶의 영역으로 점차 확장되기 시작하였다.

> 동료들과 실습집단에 함께 참여하면서 개인적인 개방을 많이 하다 보니 사회에서 만난 사람들에 비해 단기간 안에 서로를 깊이 이해하게 되는 것 같아요. 실제 치료 상황에서 이와 비슷한 내담자를 만나게 된다면 어떻게 다가갈 수 있을지 생각해 볼 수 있는 기회가 되었어요.

> 그동안 아들과 대화가 거의 없어요. 그러던 중에 아들에게 "엄마가 협회에서 이거 배우는데 좀 대상이 되어줄래?"라고 하면서 배운 것을 하나하나 적용해 봤어요. 아들이 자기도 모르게 마음을 쓰윽 오픈하더라고요. 그동안 한 번도 볼 수 없었던 아들의 모습을 많이 보게 됐어요.

어빈 얄롬(Irvin Yalom, 2008)에 의하면 치료집단의 집단원들은 긍정적이고 스스로를 강화하는 '신뢰-자기개방-공감-수용-신뢰'의 고리를 만들어 낸다. 수련생들은 실험교육 초기에 다른 집단 구성원들이 자신을 판단할 것이라는 두려움이 있으나 차츰 집단을 신뢰하게 되면서 치유적인 힘을 체험적으로 깨닫게 되었다. 서로를 깊이 알아가는 만큼 예술표현 안에서 함께 공명하며 어우러질 수 있다. 얄롬은 집단에 소속되어 애착관계를 형성함으로써 친밀한 관계에 대한 욕구를 충족할 수 있다고 보았다.

> 평소에 사람들로부터 '정말 착하시네요. 정중하시네요.' 이런 얘기만 듣고 살아왔어요. 지금까지 가면을 쓰고 살아왔던 거에요. 그런데 실습집단에서 신뢰관계를 경험하면서 숨겨두었던 공격성이 자꾸 나오는 거조.

차츰 집단을 신뢰할 수 있게 되니까 감정대로 남 신경 안 쓰고 하고 싶은 대로 다 해봤던 거죠. '적어도 나를 싫어하진 않겠다.'라는 믿음이 생겼던 것 같아요. 이론으로 배워왔던 신뢰집단의 힘을 경험한 것 같아요.

(3) 통합예술치료의 관찰 및 실제학습

수련생들은 숙련된 치료사들을 모델링하고 IT매뉴얼에 기반한 임상훈련을 통해 통합예술치료의 실제를 효과적으로 학습할 수 있었다.

① 통합예술치료사 모델링

통합예술치료 실험교육을 통해 수련생들은 숙련된 치료사들의 치료 방식을 모델링하면서 통합예술치료 전문성을 학습했다. 즉 수련생들은 치료 상황을 관통하는 핵심을 이해하고 그에 적절하게 개입하는 숙련된 치료사의 개입을 몸소 경험할 수 있었다.

내담자가 치료사의 예상대로 반응하지 않을지라도 그 내담자의 상황에 맞는 즉흥적인 개입을 할 수 있는 순발력이 필요하다는 것을 가장 크게 느꼈어요.

슈퍼비전 수업 때 학생들의 시연 후에 같은 상황일지라도 어떻게 다른 개입을 할 수 있는지 슈퍼바이저가 직접 시연을 해 주실 때가 있어요. 그럴 때 같은 기법을 사용하더라도 치료사가 어떻게 치료적 맥락에 따라 중요한 이슈를 선택해서 집중시킬 수 있는지 되게 많이 배웠어요.

치료사의 효과적인 개입이란 내담자의 상태를 민감하게 읽어내어 그 특성에 활동내용을 섬세하게 조율하여 공감적인 상호작용을 하는 것이다. 따라서 치료사가 사전에 많은 준비를 할지라도 내담자의 반응에 따라 치료과정은 전혀 예상하지 못한 방향으로 흐를 수 있다. 렌 스페리(Len Sperry, 2010)는 치료사가 갖추어야 하는 최소한의 핵심 능력의 하나로서 중재 수행을 강조하였다. 이는 치료사가 처치계획을 수행하는 동안 내담자의 요구, 기대, 상황에 따라 중재를 맞추는 데 능숙해지는 것이며, 처치방해 요인을 다루는 동안 처치 초점을 형성하고 유지하는 능력이다.

슈퍼바이저가 진행하시는 걸 보면 내담자가 저항을 해서 계획대로 진행되지 않을지라도 나중에 보면 처음 세웠던 목표대로 가고 있는 거예요. 나중에 보면 슈퍼바이저의 개입이 일맥상통하게 다 통해져 있어요.

전문치료사 선생님들의 진행과정을 살펴보면 순간순간 치료적 개입의 관통하는 맥이 있달까? 그래서 치료회기가 진행되다가 보면 별것 아닌 것 같은 활동에 대해서도 치료적 의미가 느껴져요.

하인즈 코헛(Heinz Kohut, 2006)에 의하면 인간은 발달과정에서 이상화된 부모상에 대한 전이를 형성하는데, 이는 상대에게 절대 권력과 완벽함을 부여함으로써 도전과 성장에 대한 목표를 세우는 것을 뜻한다. 초보예술치료사들의 정상적인 발달과정 또한 특정 스승이나 저명한 예술치료사를 이상화하면서 그들과 같이 되고 싶다는 열망을 통해 이루어진다. 이와 같은 맥락에서 슈퍼비전의 수련생들은 숙련된 통합예술치료사들의 치료 방식을 모델링하면서 치료사의 리더십을 효과적으로 학습할 수 있었다.

강사선생님들마다 치료사로서 가지고 있는 다양한 장점을 발견하고 흡수할 수 있었어요. 어떤 선생님들은 굉장히 훈훈하게 자기개방을 하시면서 재미있게 진행을 하시고요, 또 어떤 강사선생님은 정말 안정적이고 편안하게 대해 주시거든요. 다양한 예술치료사들을 경험하면서 미래의 저의 모습을 그려보게 되었어요.

슈퍼바이저가 진행하시는 걸 보면 내담자를 편안하게 해 주면서도 사실 딱 끌고 가시잖아요. 내담자들의 에너지를 모아서 그 순간에 몰입할 수 있도록 분위기를 조성하시거든요. 그래서 '치료사의 리더십이 중요하구나.' 생각했어요.

집단 작업을 주로 하는 예술치료사들에게 집단에너지를 치료적으로 집중시키고 촉진시킬 수 있는 리더로서의 역할은 특히 중요하다. 이는 치료사들이 집단을 가장 잘 기능하게 하는 방법에 대해 알고, 적절한 시기에 효과적으로 개입하는 기술을 보유하는 것이다. 이러한 기술은 치료사들의 언어적 측면뿐 아니라, 고유한 에너지, 목소리 톤 그리고 제스처 등의 비언어적 측면과도 관련이 있다.

다양한 분야의 예술치료사 선생님들을 관찰하면서 치료사의 목소리톤이나 말투나 행동이 내담자와 신뢰관계를 형성함에 있어서 얼마나 중요한지 깨닫게 됐어요.

어떤 치료사는 본인의 색깔을 지우고 내담자로 하여금 자기작업에 집중하게 해요. 그런데 어떤 치료사는 자기색깔이 강해서 치료사한테 자꾸 집중하게 되는 거예요. 치료사의 스타일을 자꾸 파악하려고 하게 되면서 나의 작업에 대한 집중도가 깨지는 것을 경험했어요.

이와 같이 수련생들은 다양한 전문가들이 이끄는 집단회기에 반복적으로 참여하면서 수련생들은 내담자의 흥미를 이끌어 내면서 신뢰관계를 구축할 수 있는 전달력을 익힐 수 있었다. 집단지도자의 대인관계 기술과 진정성, 공감능력은 치료적인 분위기를 형성함에 있어 중요한 변수이다. 또한 치료사가 개방성과 존중, 서로에 대한 배려와 같은 집단 내 분위기를 조성할 때 집단구성원들 사이에서 치료적인 상호작용은 더욱 활성화될 수 있다는 측면에서 실험교육을 통한 치료사 리더십 모델링은 중요한 요소이다.

② 통합예술치료 실제 학습

최근 자신이 전문성을 가진 특정 예술매체에 다른 매체들을 접목하면서 스스로를 통합예술치료사라고 자처하는 경우가 많다. 그러나 그들 대부분은 통합예술치료 수련과정을 거치지 않은 상태에서 치료사 중심의 매체나 기법의 절충에 그친다. IT매뉴얼은 통합예술치료의 핵심 원리와 방법론을 담고 있다는 점에서 통합예술치료의 표준화된 모델로서의 가치가 있다. 따라서 IT매뉴얼 기반의 슈퍼비전이 이루어질 때 수련생들의 전문성은 심화될 수 있다. 슈퍼비전 중 이루어지는 치료시연은 IT매뉴얼의 치료 단계 및 구조에 따라 진행된다. IT매뉴얼에서는 개별 내담자의 특징과 치료단계에 적합한 표준화된 기법들의 묶음을 제공한다.

> 초보예술치료사 시절에는 치료목표를 달성하기 위해 어떤 기법을 써야 할지 막연함이 있는데 IT매뉴얼에서는 다양한 기법이 치료 모델로 범주화되어 있기 때문에 구체적으로 안내를 받을 수 있어 좋아요.

특히 IT매뉴얼의 체계적인 치료단계인 세라트는 내담자의 증상 개선을 위한 치료의 소목표에 해당된다(홍유진, 2018). 세라트에 따르는 실습을 통해 수련생들은 치료의 큰 흐름을 파악하여 회기를 구성하고 각 내담자군의 증상과 치료 단계에 적합한 기법들을 적용할 수 있다.

> 세라트는 내담자 개인의 회복에서 사회 안에서의 회복이라는 흐름으로 가거든요. 예전에는 단일 회기의 관점에서 어떻게 활동내용을 구성해야 할지 급급했는데 이제 전체 회기의 큰 흐름을 생각할 수 있는 안목이 생긴 것 같아요.

> IT매뉴얼의 표준적인 치료 단계에 따라 프로그램을 구성하면서 내가 하는 활동에 대한 구체적인 방향성이 생기고 치료적 의미가 더 명확해지는 것 같아요.

또한 통합예술치료 IT매뉴얼의 회기 구조는 단일 회기 안에서 '열기-만나기-닫기-적용하기'의 네 단계의 순서로 구성된다(홍유진, 2018). 수련생들은 IT매뉴얼에 따라 단계별 고유한 기능과 명확한 목적에 맞게 통합예술치료의 회기를 구성하면서 치료회기를 더욱 효과적으로 운영할 수 있게 된다. 매 회기 반복되는 치료의 구조는 초보예술치료사들이 예측 가능한 치료집단 경험을 설계하는 데 도움을 줄 뿐 아니라 치료회기의 경계를 명확하게 하여 내담자들의 예술창작 과정에도 심리적 안정감을 제공한다. 따라서 수련생들은 회기구조의 이해를 통해 치료의 핵심적인 본질을 파악하여 치료현장에서 안정적인 치료를 진행하기 위한 역량을 증대시킨다.

> 슈퍼비전 수업에서 옴카 구조에 따라 회기안을 내가 직접 작성하고 시연해 보면서 통합예술치료에 대한 확신을 더 가지게 되었어요. 계속 연습하다 보니 좀 초보여도 개인의 실력과는 상관없이 일단 현장에서도 무난하게 회기를 진행할 수 있게 되는 것 같아요.

> 매주 진행되는 치료시연을 통해 이론으로 배웠던 옴카 회기 구조가 치료상황에서 어떻게 전개가 되는지 실질적으로 이해할 수 있게 되었어요.

결론적으로 IT매뉴얼 기반의 교육은 초보통합예술치료사들이 현장에서 치료회기를 안정적으로 진행할 수 있도록 안내해 주는 나침반 역할을 할 수 있었다. 자격과정을 밟는 수련생들은 치료에 대한 이해의 폭도 다르고 예술매체를 다룰 수 있는 스킬도 다를 수밖에 없는데, IT매뉴얼은 수련생의 전문성 수준과 내용을 표준화하는 틀을 제공하기 때문이다.

한편 수련생들이 치료이론에 대한 깊은 이해 없이 IT매뉴얼에 따른 기법 중심의 실습만을 추구하면서 예술창작과정이 피상적인 수준에 머문다면 내담자의 핵심문제로 접근할 수 없을 것이다.

> 슈퍼비전 수업에서 치료시연을 보면 학생들이 예술의 치유적 속성을 충분히 활용하지 못하는 것 같다는 생각이 들 때가 있어요. 예를 들어, 미술의 속성을 진짜 이해하고 있다기보다는 그저 미술이 활용하기 쉽기 때문에 하나의 기법으로써 활용한다는 느낌이 들더라고요.

> 실습을 강조하는 것에 비해 이론이 좀 약하다 보니 치료를 기술로서 배우는 게 아닌가 하는 생각이 들었어요. 그러다 보니 치료적 맥락 없이 자기가 본 것만 할 줄 알게 돼요. 어떤 기법이 어떤 치료적 의미인지 알지 못하고 그냥 쓰는 경우가 있는 것 같아요.

따라서 IT매뉴얼의 치료단계와 방법론을 충분히 인식하면서 치료 맥락에 적합한 치료사의 즉흥적 치료개입능력이 배양할 수 있도록 돕는 슈퍼바이저의 피드백이 필수적이다.

> 동료들끼리는 여러 이야기를 할 수 있지만, 여전히 답을 얻을 수는 없고 좀 혼란스러운 부분이 있는데 맨 나중에는 슈퍼바이저가 슈퍼비전을 주니까 전문가의 관점으로 검증받을 수 있어서 좋았어요.

> 수련생들끼리는 무슨 이야기든지 다 나올 수 있지만 그것의 정도를 잡아주고 한계를 지어주는 슈퍼바이저의 역할로 인해 수업이 안정적으로 진행될 수 있었던 것 같아요. 슈퍼바이저가 마지막에 정리를 해 주니까 좀 헤매다가도 우리가 가려던 최종 목적지로 도착하고 수업을 마무리할 수 있는 것 같아요.

(4) 복합적 체계의 치료사 역량강화

통합예술치료 슈퍼비전은 기존의 구술형식이나 보고서 제출 방식에서 벗어나 다각화될 때 교육효과는 배가될 수 있다.

① 공개시연

슈퍼비전 과정의 마지막 학기에는 수련생들은 공개시연을 진행하게 된다. 공개시연은 수련생들이 동료 집단을 대상으로 치료사 역할이 되어 모의회기를 경험해 보는 것으로서 실습현장에 대한 준비도를 높여주는 중요한 실습 교육과정이다. 이 경험은 수련생들이 실제 치료현장으로 나가기에 앞서 동료들과 슈퍼바이저 앞에서 치료사로서 스스로를 점검할 수 있는 기회가 되었다.

> 다른 교육과정에서는 사례 발표까지만 하고 치료시연을 하는 경우는 많지 않은 것으로 알고 있어요. 치료현장에 나가기 전에 시연을 통해 점검 받고 나갈 수 있다는 점이 아주 좋은 장치인 것 같아요. 치료사로서 무엇을 보충해야 할지 알고 나가게 돼요.

> 우리가 졸업을 앞둔 시점에서 시연을 한다는 것은 큰 의미가 있는 것 같아요. 치료사로서 검증의 시간이죠. 교육과정을 통해 습득하고 경험한 바를 바탕으로 진행되는 것이기 때문에 일종의 졸업 작품이라고 생각해요.

실험교육의 시연자는 공개시연을 통해 다양한 상황에 따른 치료적 개입을 연습해 볼 수 있다. 수련생들은 이전에 자신들이 배웠던 많은 기법을 떠올리며 다양한 치료 상황에 대해 준비하고 계획을 세우지만 예측 불가능한 실제 치료 과정에 직면할 때 즉흥적 치료개입을 할 수 있는 전문적 역량이 부족함을 느꼈다. 이는 초보치료사가 내담자의 반응을 고려하여 융통성 있게 개입하기보다는 사전에 계획한 바를 고수하면서 어려움을 겪는다는 연구와도 맥락을 같이 한다(Stoltenberg & McNeil, 1998).

> 내가 혼자 생각하는 거랑 실제 해 보는 거랑은 다른 것 같아요. 그냥 잘 흘러갈 거라고 생각했는데 막상 해 보니깐 예측하지 못한 부분이 많더라고요.

> 제가 집단 밖에서 치료시연을 관찰할 때는 어떻게 순간순간 치료적으로 개입을 해야 할지 잘 보이는데 막상 시연자가 되어 해 보면 잘 안 돼요. 그런데 시연자의 입장으로 들어가면 또 다른 것 같아요.

치료시연 후에 이루어지는 피어비전과 슈퍼비전은 시연자가 자신의 즉흥적 치료개입과 전달력 등을 객관적으로 성찰하여 치료역량을 강화할 수 있다는 측면에서 의미가 있다. 그중 피어비전은 동료들이 시연의 구체적인 상황과 맥락에 함께 속하여, 내담자 입장에서 경험한 바를 시연자와 생생하게 다룰 수 있다는 점에서 유용했다.

> 치료사가 어떤 목표를 가지고 무엇을 적용하였는지 알고 있는 내담자들이기 때문에 시연 후에는 내담자들로부터 "실제로 나는 이런 효과를 보았어요."라는 직접적인 코멘트를 받을 수 있었어요. 시연자가 목표로 잡은 것과 내담자들의 실제 경험 사이의 간극을 명확하게 알 수 있었어요.

> '아, 이렇게 하면 되겠구나.'도 있지만 '아, 이렇게 하면 안 되겠구나.'도 있어요. 한 기법에 대한 여러 참여자들의 경험과 의견을 들으면서 어떤 치료기법은 때론 효과가 없거나 심지어는 위험할 수도 있다는 점을 알게 돼요. 그래서 치료현장에서 안전성을 조금 더 높일 수 있는 것 같아요.

종종 평가에 대한 불안감을 느끼게 하는 위계구조 속에서 이루어지는 슈퍼비전과는 달리 피어비전은 구성원들 간의 평등하고 상호역동적인 관계 안에서 이루어지기에 안전하다. 동료들의 피드백을 통해 시연자는 자신의 실수를 깨닫고 절적한 개입이 무엇인지 스스로 성찰할 수 있기 때문이다.

부정적인 피드백은 슈퍼바이저가 주는 것보다 동료들이 줄 때 더 잘 와닿고 수용하기가 쉬운 것 같아요. 슈퍼바이저가 주는 피드백은 아무래도 평가로 받아들여지기 때문에 덜 안전할 수 있어요.

슈퍼바이저가 "네가 이것을 잘했어."라고 이야기해 주는 것보다 동료들이 나의 시연을 통해 치료적 경험을 한 이야기를 듣거나 관찰자들이 공통적으로 나의 시연에 대한 긍정적인 피드백을 줄 때 저에게 더 큰 힘이 되었어요.

따라서 슈퍼바이저는 자신의 피드백을 보류한 상태에서 피어비전이 충분히 이루어지도록 독려하고 최종적으로 동료들의 피드백들을 종합하여 효율적이고 정제된 피드백을 제공하도록 하는 것이 좋다. 이렇게 도출된 슈퍼바이저의 피드백을 통해 수련생들은 자신 안의 미숙한 부분과 한계를 더욱 구체적으로 확인할 수 있게 되기 때문이다.

슈퍼바이저가 "이렇게 해야 해."라는 정답을 바로 주기보다는 피어비전을 통해서 수련생들이 자유롭게 의견을 나눈 후에 슈퍼바이저가 정리를 해 주는 방식이 좋았어요. 슈퍼바이저가 먼저 정답을 주었다면 수련생들이 그 틀 안에서만 생각하거나 토론의 범위가 작아졌을 거예요.

시연 후에 슈퍼바이저의 피드백이 피와 살이 되었어요. 나의 부족한 점을 대충은 알고는 있었지만 개선할 점이 무엇인지 더욱 정확하게 알게 되었어요. 슈퍼비전을 받지 않았다면 지금 내가 잘하는지 못하는지도 모르고 그냥 정신없이 지나가게 되었을 것 같아요.

수련생들은 자신이 초보임을 인정하고 한계와 부족함을 수용할 때 성숙의 과정으로 나아갈 수 있었다. Collins(2006)는 수련생이 수행을 한 후 수행 과정에 대해 반추하면서 문제를 해결하고 스스로의 목표를 설정하는 교육방식을 강조하였다. 이는 통합예술치료 슈퍼비전이 추구하는 학생 중심의 교수법과 동일하다.

② 집단시너지의 활용

통합예술치료 슈퍼비전에 참여한 수련생들은 각기 다른 배경과 전문성 그리고 경력을 가지고 있어 교육목표와 수준을 설정하기에 어려움이 있을 수 있다. 이러한 상황에서 통합예술치료 슈퍼바이저는 집단시너지를 다음의 두 가지 측면에서 적극적으로 활용할 때 효과적인 교육이 이루어질 수 있다.

첫째, 수련생들의 치료 경력 및 수준에 따라 슈퍼비전에 참여하는 역할을 구분하여 수련생 모두에게 교육효과를 확대한다. 치료 경험이 전혀 없는 초보수련생은 내담자 또는 관찰자 역할로 참여함으로써 치료 실제에 단계적으로 친숙해질 수 있게 한다. 또한 치료 경험이 있는 선배는 발표 또는 시연 역할을 맡음으로써, 치료사의 역량과 태도를 많은 동료와 슈퍼바이저 앞에서 가다듬을 수 있다.

둘째, 초보수련생들은 선배수련생들의 다양한 경험을 통해 치료사례의 상황별 대처법을 모색할 수 있고, 선배수련생들은 초보자들이 제기하는 원론적 질문을 통해서 잊어버렸던 치료의 핵심 가치를 명료화함을 알 수 있다. 일반적으로 다양한 수준차의 수련생들이 교육에 참여하는 것이 학습의 방해요인으로 작용할 수 있지만 통합예술치료 슈퍼비전에서는 이러한 측면을 통해 오히려 교육의 시너지 높아졌다.

> 선배들이 실제로 현장에서 겪었던 내담자들의 특성이나 상황적 예시를 알려주니까 많은 사례들을 간접적으로 접할 수 있다는 점이 가장 큰 메리트였어요. 선배들이 치료현장에서 겪은 이야기들을 들으면서 앞으로 저도 마주하게 될 일들이라 기대되고요…. 어려웠던 상황과 그 상황에 어떻게 대처했는지에 대해 이야기를 들을 때 앞으로 저에게도 충분히 일어날 수 있는 일이기 때문에 더 주의 깊게 들으려고 했던 것 같아요.

> 후배 수련생들의 질문들이 굉장히 신선하게 다가올 때가 있어요. 나로서는 너무나 당연한 부분에 대한 질문을 던지거든요. 그런데 생각해 보면 사실 그 부분이 가장 치료의 핵심인데 내가 놓치고 갔었던 거죠. 후배들과 함께 피어비전을 하면서 중요하지만 잊고 있었던 부분에 대한 새로운 관점이 열릴 때가 있어요.

(5) 통합예술치료 현장 입문

실험교육을 통해 반복적으로 치료회기를 경험한 수련생들은 첫 임상장면에서 보다 편안하게 적응할 수 있었으며, 더 나아가 내담자 중심의 접근 역량을 발휘할 수 있었다.

① 통합예술치료사로서의 효능감 증대

일반적으로 첫 임상장면에서 초보예술치료사들은 이론을 통해서 배운 예술치료가 어떤 방향으로 진행될지 몰라 막막하고 혼란스러워한다. 그러나 실험교육을 이수한 수련생들은 직간접적이고 반복적으로 치료회기를 경험해 봤기 때문에 첫 현장 실습은 낯설거나 당황스러운 경험이 아닌 어느 정도 예상할 수 있는 장면으로 다가왔다. 따라서 수련생들은 초기 임상실습에 불안하지 않고 담대하게 임할 수 있었다.

선배들의 치료시연을 계속 관찰하면서 자연스럽게 체득되는 것들이 있어요. 치료사의 태도가 어
때야 한다는 것을 누누이 들었잖아요. 그래서 그런지 실습현장에서의 첫 실습 때도 익숙한 기분이었
어요.

실습수업을 통해서 치료 진행과정을 관찰하고 치료시연을 진행해 보았으니까 실제 임상현장에서
아직 미숙하더라도 외적으로는 일단 시작은 할 수 있게끔 소양을 갖추게 되는 것 같아요.

이는 치료사로서의 자신감 또는 효능감이라고 할 수 있는데, 일반적으로는 치료현장에서
인간 정신의 모호성 및 인간과 환경 간의 상호작용에 대한 지식과 경험이 축적되면서 치료
사로서의 효능감은 증대된다. 따라서 사전 준비 없이 바로 현장에 나가야 하는 경우와 비교
할 때 수련생들의 치료사 효능감은 상대적으로 높아질 수 있었다.

실습집단을 통해 예술의 치료적 힘을 내가 경험해 봤기 때문에 그걸 믿고 가는 거죠. 나의 믿음이
내담자에게도 전달이 되는 것 같아요.

여러 가지 기법을 경험해 보았으니까 실습현장에서 필요할 때 적용을 할 수 있었어요. 대상은 다
르더라도 경험이 없는 것보다는 자신감을 가지잖아요.

② 내담자 중심의 접근 역량이 발휘됨

내담자 중심의 접근은 치료사가 고정된 처방이나 공식으로 내담자의 문제에 접근하는 것
이 아닌 내담자가 스스로의 시간과 방식에 따라 변화할 수 있도록 도우며 인내하고 기다리
는 것이다(Rogers, 2007). 즉 내담자를 도식화된 틀에 맞추기보다는 경험적이고 실천적인 지
식에 따라 융통성 있게 반응하는 것이 내담자 중심의 접근이다. 이러한 접근방식은 내담자
에게 익숙하지 않은 예술매체를 통해 다양한 활동을 하도록 하는 통합예술치료에서 더욱 중
요성을 갖는다.

통합예술치료 슈퍼비전을 통한 수련생들의 실습경험은 내담자 중심의 접근을 이해할 수
있는 좋은 토대가 된다. 수련생들은 치료시연을 비롯한 집단실습과정에 내담자 역할로 참
여함으로써 내담자의 마음을 열어주고 신뢰감을 주는 치료사의 태도에 대해 직접 경험해 보
기도 하고, 치료사 역할 시연을 통해 내담자에게 충분히 공감적으로 반응하지 못하는 자신
의 모습을 마주하기도 하면서 내담자의 입장을 이해할 수 있게 된다. 또한 집단 실습과정을
반복적으로 경험한 수련생들은 자신이 선호하거나 익숙한 예술매체의 접근방식에서 벗어

나 내담자의 상태와 요구에 적합한 예술매체를 보다 유연하게 활용할 수 있게 된다. 즉 풍성하고 다양한 매체를 도구적으로 활용하여 내담자 중심의 접근을 실행할 수 있게 된다.

처음에 통합예술치료 프로그램을 짤 때는 기법이나 매체에 대한 생각을 많이 했어요. 그런데 지금은 내담자의 이야기를 들으면서 자연스럽게 떠오르는 것들로 프로그램의 틀을 잡아가게 되었어요. 같은 매체나 기법을 사용하더라도 대상에 맞춰서 적용할 수 있게 된 것 같아요.

내가 지금 수업을 위해 재료를 이만큼 준비해 왔어도 내담자에게 맞지 않을 때는 계획했던 바를 내려놓을 수 있어야 하는 것 같아요. 처음에는 그 부분이 힘들더라고요. 지금은 내담자가 필요로 하는 것이 있다면 더 유연하게 내담자 위주로 매체를 활용할 수 있게 되었어요.

예전에 누군가가 저에게 "선생님은 어떤 치료방식에 중점을 두나요?"라고 물어보면 저의 치료방법에 근거한 이론을 쭉 말했을 거예요. 그런데 지금의 저는 "그냥 대상에 맞출 뿐입니다."라고 이야기해요.

한편 모든 수련생들이 치료현장에서 통합예술치료 접근에 쉽게 다가갈 수 있는 것은 아니다. 일부 수련생들의 경우 익숙하지 않은 매체에 대한 친숙도는 어느 정도 높아졌지만 치료적 개입을 하는 데는 여전히 자신감이 부족함을 절감한다.

모든 매체를 전문적으로 다룰 수 있는 능력이 있으면 너무 좋겠지만 실제로는 그게 정말 힘든 일이잖아요.

짧은 교육기간 안에 너무 다양한 매체를 배우니까 현장에서의 적용까지 가기에는 한계를 느껴요.

물론 통합예술치료사로의 성장은 단기간에 이루어질 수 있는 것이 아니며, 수련생들이 겪는 좌절감이 때로는 스스로에 대한 그리고 교육과정에 대한 비현실적인 기대에서 비롯되는 것임도 인식할 필요가 있다. 따라서 슈퍼바이저는 슈퍼비전 교육을 통해 초보통합예술치료사로서 달성 가능한 현실적인 목표와 범위를 사전에 안내하는 것이 매우 중요하다. 즉 통합예술치료 슈퍼비전의 목표는 모든 예술치료 분야의 전문성 배양이 아니라 IT매뉴얼 기반 통합예술치료의 보편적 원리와 다매체 간 통합의 시너지를 이해하는 데 있다는 것을 숙지시킬 필요가 있다.

(3) 통합예술치료사로서의 정체성 확립

수련생들은 임상현장에서 경험을 쌓을수록 통합예술치료의 가치를 지속적으로 확인할 수 있게 될 뿐 아니라 이 과정을 통해 통합예술치료사로서의 정체성이 보다 견고히 자리 잡아가게 된다. 통합예술치료사로서의 정체성은 치료사 각자의 관점과 성향, 그리고 선호도에 따라 고유한 방식으로 이루어 나가게 된다. 다양한 예술매체의 특성을 잘 이해하여 그것들을 통합하고 현장에서 적용하는 각자의 방식이 다르기 때문이다. 이는 미술치료사의 전문직 정체성 형성과 관련하여, 미술치료사 개개인의 발달과정에 맞는 치료 특성을 옹호하며 자신만의 치료 스타일을 발달시키는 것이 중요함을 지적한 이디스 크레이머(Kramer, 1993)의 제안과 맥을 같이한다.

> 통합예술치료사라면 임상현장에서 다른 예술치료 분야와는 구분되는 통합예술치료사로서의 자부심과 정체성을 확실히 가지고 있어야 한다고 생각해요. 통합예술치료의 목적과 장점에 대해서도 제대로 설명할 수 있어야 하고요.

> 제가 연극전공이기 때문에 지금은 나에게 익숙한 매체인 연극을 주로 하면서 음악이나 미술을 곁들이는 정도예요. 하지만 나중에는 내가 전공하지 않은 매체도 자신 있게 할 수 있는 치료사가 되고 싶다는 생각이 들어요.

3) 통합예술치료사를 위한 교육

통합예술치료사의 역량강화를 위한 교육의 효과적인 운영 및 교육방안에 대한 종합적 견해는 다음과 같다.

첫째, 통합예술치료 슈퍼비전의 운영자는 교육내용이나 방법을 일방적이거나 고정된 형태로 운영하기보다는 수련생들의 요구 및 사회문화적 변화에 민감하게 주의를 기울여야 할 것이다. 현대의 급격한 산업화는 예술치료사들이 만나는 내담자들에게 영향을 미침과 동시에 치료환경을 변화시키고 있다. 특히 다양한 예술매체를 활용하는 통합예술치료의 경우, 매체에 따른 내담자의 치료적 반응이나 효과에 대한 검토를 통해 이러한 변화의 물결을 지속적으로 수용해 나가는 것이 더욱 요구된다. 이는 치료사가 자신의 훈련배경 및 전문성 중심으로 치료하기보다는 현장의 내담자 중심으로 접근해야 한다는 통합예술치료의 가장 중요한 본질과도 그 맥을 함께한다.

둘째, 통합예술치료 임상교육은 각기 다른 배경 및 경력을 갖고 통합예술치료사 자격과정에 입문한 수련생들의 고유성을 고려하여 구성되어야 할 것이다. 통합예술치료는 이론과 치료의 통합, 다양한 예술매체 및 활동의 습득 등 그 범위가 매우 방대하므로, 수련생들이 그 모든 지식과 경험을 쌓는 것은 실제로 불가능하다. 따라서 교육자는 각 수련생들의 선호도나 특성 등에 기초하여 각자에게 가장 적합한 형태로 통합적 전문성을 계발해 나갈 수 있도록 교육커리큘럼을 구성하는 것이 중요하다. 그 하나의 시도로서, 각 수련생의 강점은 더욱 계발하고 취약점은 보완할 수 있도록, 매체별 실습집단의 경우 수강생의 필요와 관심에 따라 반복적으로 수강할 수 있게 하는 것이 좋다. 더불어 향후 보다 체계적으로 맞춤화된 커리큘럼을 적용해 나가기 위한 지속적인 노력이 필요하다.

셋째, 통합예술치료 슈퍼비전 과정은 현장사례의 발표뿐 아니라 치료시연을 함께 진행함으로써, 교육적 시너지를 극대화할 수 있다. 수준차가 다양한 수련생들이 내담자-관찰자-시연자의 역할을 단계적으로 밟아가면서 치료 실제를 다각적인 관점에서 익힐 수 있기 때문이다. 즉 슈퍼비전이라는 하나의 커리큘럼을 통해 수련생들이 치료 현장의 생생한 사례를 간접적으로 접할 수 있을 뿐 아니라, 시연을 통한 치료사 실제 역량강화, 내담자 체험을 통한 교육 분석 등 다양한 효과를 누릴 수 있게 하는 것이 효과적이다.

넷째, 통합예술치료 슈퍼비전을 통해 통합예술치료의 핵심적, 공통적 원리인 IT매뉴얼에 기반한 교육과정을 훈련함으로써, 치료사 역량의 질적 표준화를 이룰 수 있다. 그동안 예술치료사들은 수많은 심리학적 치료 이론 및 실제에 기초해 각자 자신만의 치료적 접근을 해왔다. 특히 매체와 기법이 다양하게 활용되는 통합예술치료 분야의 접근 방식은 더욱 방대해졌다. 이는 치료사 집단의 소통 및 상호학습을 어렵게 하여 치료 지식의 축적을 방해하는 결과를 가져올 수 있다. 이러한 최근의 예술치료 흐름 속에서 IT매뉴얼은 수련생들이 통합예술치료의 기본 원리를 이해하고, 이를 치료 현장에 각자의 방식으로 확장하고 응용할 수 있도록 돕는 나침판 기능을 할 수 있다. 즉 IT매뉴얼이 수련생들에게 통합예술치료의 보편적 언어를 제공함으로써, 상호학습을 통해 치료사들의 공감대를 촉진하는 역할을 할 수 있다. 더 나아가 IT매뉴얼이라는 공통의 언어로 통합예술치료 분야의 치료지식을 지속적이고 체계적으로 축적해 나가는 것에도 기여할 수 있으리라고 기대한다.

참고문헌

이수현(2019). 통합예술치료사의 역량강화를 위한 실험교육 사례연구. 동덕여자대학교 대학원 박사
학위논문.

임용자(2016). 표현예술치료의 이론과 실제. 서울: 학지사.

홍유진(2018). 내 안의 나를 깨우는 통합예술치료. 서울: 학지사.

Bion, W. R. (1962). *Learning from Experience*. London: Heinemann.

Campbell, J. M. (2006). *Essentials of Clinical Supervision*. New Jersey: John Wiley & Sons, Inc.

Chodorow, J. (1991). *Dance Therapy & Depth Psychology - The Moving Meditation*. New York:
Routledge.

Collins, A. (2006). Cognitive Apprenticeship. In Sawyer R. K. (Ed.),. *The Cambridge Handbook of
the Learning Science* (pp. 47-60). Cambridge: Cambridge University Press.

Knill, P. J., Levine, E. G., & Levin, S. K. (2005). *Principles and Practice of Expressive Arts
Therapy*. London: Jessica Kingsley.

Kohut, H. (2006). *The Restoration of Self*. 자기의 회복(이재훈 역). 서울: 한국심리치료연구소. (원서
1977년 발행).

Kolb, D. A. (1984). *Experiential Learning; Experience as the Source of Learning and Development*.
London: Prentice-Hall.

Kramer, E. with Children (1993). *Art as Therapy*. Chicago: Magnolia street publishers.

McNiff, S. (2014). *Integrating the Arts in Therapy: History, Theory and Practice*. 통합예술치료(윤혜
선 역). 서울: 이담북스. (원서 2009년 발행).

Rogers, N. (1993). *The Creative Connection*. California: Science & Behavior Books, Inc.

Rogers, C. (2007). *A Way of Being*. 사람중심 상담(오제은 역). 서울: 학지사. (원서 1980년 발행).

Skovholt, T. M. (2003). *The Resilient Practitioner*. 건강한 상담자만이 남을 도울 수 있다(유성경 역).
서울: 학지사. (원서 2001년 발행).

Stoltenberg, C. D., Delworth, U., & McNeil, M. (1998). *An Integrated Developmental Model for
Supervising Counselors and Therapists*. San Francisco: Jossey-Bass.

Sperry, L., & Sperry, J. (2015). *Case Conceptualization: Mastering this competency with ease and
confidence*. 사례개념화 이해와 실제(이명우 역). 서울 :학지사. (원서 2012년 발행).

Yalom, I. D. (2008). *The Theory and Practice of Group Therapy*. 집단정신치료의 이론과 실제(최해
림 역). 서울: 도서출판 하나의학사. (원서 2005년 발행).

Nin, A. (1977). A Woman Speaks, psychology of women, *2*, 185-186. 545-556.

통합예술치료사의
투사매체 활용

김미낭

저자에게 미술은 어린 시절부터 좋아하는 놀이였고 나를 표현하는 도구였다. 즐거움을 주는 미술이 재능으로 발휘되면서 청소년기 디자이너로 진로를 결정했고, 이후 직업을 선택하는 데까지 영향을 미쳤다. 하지만 성인의 삶은 더 이상 재밌거나 창조적이지 못했다. 번 아웃으로 삶이 생명력을 잃어갈 때쯤 다시 그림을 그리기 시작했고 당시 미술치료를 만나게 됐다. 미술이 지닌 치유의 힘은 저자를 의미 있는 삶으로 이끌었고 미술치료사로 살게 했다. 감사하게도 다양한 임상현장에서 만난 내담자들은 저자를 심리상담가로 성장시켰고 다른 장르의 예술까지 매체를 확장하도록 길을 열어주었다. 치료사에게 치료의 도구가 많다는 것은 장점이다. 하지만 때로는 혼란을 주기도 한다. 그래서 다양한 예술매체를 통합하기 위한 원리와 임상 모형이 필요했다. 통합예술치료 박사과정은 이러한 치료사로서의 고민을 탐구하고 연구할 수 있는 장이 되었다.

통합예술치료사는 내담자의 개별적 특성과 치료맥락에 따라 다양한 예술매체를 연결하는 통합적 접근을 실현해야 하므로 다양한 예술매체 활용역량을 고루 갖추어야 한다. 치료사가 모든 예술매체와 기법을 깊이 있게 이해하고 적용하는 데는 오랜 수련 과정이 필요하다. 이 과정에서 치료사는 자신의 선호 경향에 따른 매체 인식과 적용방식을 먼저 파악해야 한다. 치료사의 예술매체에 대한 자기성찰은 통합예술치료사로서의 전문성 발달에 핵심역량이기 때문이다. 이 장에서는 예술매체가 지닌 치유성과 매체의 특성에 따른 활용 방법을 제시하였다. 다음으로 치료사의 성격유형에 따른 투사매체 적용과정을 살펴봄으로써 치료사의 투사매체 선택과 활용방식을 의식화하도록 도왔다. 마지막으로 투사매체를 활용하면서 겪게되는 어려움과 이를 극복하기 위한 실천 방안 및 치료사의 태도를 제안하였다. 그동안 임상현장의 경험을 들려준 통합예술치료사들께 감사드리며, 앞으로 여러분들이 내담자들과 함께하는 생생한 임상 경험을 통하여 우리의 이야기가 더욱 풍성해지기를 희망한다.

1. 치료의 매개체로서 예술

예술매체는 치료의 매개체로서 통합예술치료에서는 투사 모델에서 활용하고 있는 연극, 영화/사진, 미술, 음악, 무용/동작, 문학을 의미한다. 투사 모델은 내담자가 자기 내면을 다양한 예술매체에 안전하게 투사하고 탐색하며 치유하도록 안내한다. 이 장에서는 다양한 예술매체를 통틀어 '투사매체'라고 부를 것이다.

통합예술치료에서 치료사가 내담자의 성향과 증상을 고려하여 치료적으로 적합한 매체를 선정하고 적용하는 일은 치료 효과와 직결되기 때문에 중요하다. 따라서 투사매체의 활용을 위해서는 예술매체에 관한 이해와 탐구가 필수적이다.

1) 예술매체에 따른 치료적 특성

인류는 마음을 표현하고 이해하는 방식으로 미술, 음악, 춤, 연극과 같은 예술매체를 창조적으로 사용해 왔다. 전통적으로 춤과 음악은 감정을 해소하고 신체에너지를 높여주며 공동체의 혼을 일깨웠고, 시각예술은 은유를 제공하는 매개체였다(Rogers, 1993). 예술의 본성은 인간에게 새로운 관점과 가능성을 열어주고 세상을 경험하는 다양한 방법을 제시하는 것이다(Atkins, 2010). 예술은 자연이 인간에게 부여한 한계를 넘어서 인간의 능력을 확장시키는 힘을 지녔으며, 인간의 타고난 약점이나 심리적 결함을 보완해 주는 치유의 매개 역할을 한다(Botton et al., 2016). 치료를 매개하는 도구로서 문학, 무용/동작, 미술, 연극, 영화/사진, 음악의 기원과 고유한 치료적 특성은 다음과 같다.

문학은 언어로 표현되는 예술이다. 언어에는 일정한 뜻이 담겨 있어 문학을 의미예술이라고 한다. 문학의 치료적 기원은 원시 제의에 담긴 인간의 바람이나 이야기처럼 주술적 서사에서 싹텄다고 할 수 있다. 인간 삶의 이야기는 서사적 구조를 갖게 되므로 문학이 심리치료로 기능할 수 있는 것이다. 인간은 문학을 통해 감정을 표현함으로써 감정으로부터 해방되며 안심하게 된다. 문학매체는 이러한 카타르시스 이외에도 인지적 통찰과 깨달음을 통한 치유를 가능하게 한다. 이는 문학이 예술이면서 인문학적 성격을 지녔기 때문이다. 따라서 예술로서 문학은 감정 치유를, 인문학으로서의 문학은 삶에 대한 사유와 통찰을 통해 인간을 변화시키는 치유의 힘을 지녔다.

무용은 몸을 표현 수단으로 활용하는 동작 예술이다. 신체의 움직임은 인간이 처음 세상과 교류하는 창의적 표현이었다. 춤은 고대부터 치유의식에서 사용되었고 감정표현과 연결된다. 페인(Payne, 1992)은 인간의 일상적 동작뿐만 아니라 개인의 모든 동작 표현을 창의적이고 치료적으로 보았다. 무용/동작매체는 창조적이고 행동 지향적인 과정을 통해 새로운 행동을 북돋아 주며, 의식하지 못하는 정서를 상징적으로 표현하도록 함으로써 몸과 마음 그리고 정신을 통합시키는 치료적 특성을 지닌다(Malchiodi, 2005).

미술은 시각적인 요소로 표현하는 예술이다. 미술의 치료적 근원은 선사시대 동굴벽화에서 엿볼 수 있다. 사람들은 자신의 소망과 생활을 동굴 벽에 그렸고 주술적인 목적으로 그림 표현을 하였다. 미술매체는 자신의 주관적 생각, 느낌, 경험 들을 심상으로 표현하여 의미를 쉽게 발견할 수 있게 돕는다. 심상을 창조하는 경험 자체가 치유적이며 사람들에게 자기 이해와 행동의 변화를 가져오게 한다. 아울러 정서 회복을 돕는 치료적 역할을 담당한다(Malchiodi, 2005).

연극은 이야기를 무대에서 공연하는 예술이며 드라마는 행동한다는 의미를 지닌다. 연극의 치료적 기원도 원시시대 종교의식에서 찾을 수 있다. 오락적이고 놀이적인 연극의 속성은 자발성과 창조성을 자극하며, 극적 투사와 변형은 치료의 핵심이 된다. 또한 문제를 극적으로 재현하는 치료과정에서 고도의 공감과 정서적 거리를 경험할 기회를 제공한다. 즉 카타르시스를 통한 의식의 변화, 사회적 존재로서 해야 할 역할인식 등 연극매체는 개인의 정서적, 인지적 경험을 통한 변화를 촉진한다.

영화/사진은 영상매체에 속한다. 영상은 렌즈를 통해 형성된 이미지를 말하며 카메라로 시·공간적인 현상을 포착하여 기록하는 과정이다. 영화의 기원은 구석기시대의 동굴벽화에서 찾을 수 있다. 벽화는 정적이지만 이미지에 동적인 표현을 담으려는 흔적들을 영화적 표현의 시발점으로 본다. 영화/사진매체는 인간의 발명을 통해 만들어진 매체이다. 그래서 기술적인 요소가 필요하며 이는 다른 예술매체보다 치유성 활용이 늦어진 이유이기도 하다. 현재는 미디어 환경이 디지털화되면서 영화/사진매체의 활용이 대중화되어 감상부터 제작까지 쉽게 활용할 수 있는 매체가 되었다. 영화매체는 인간의 감각과 정서를 특정 방향으로 유도하여 심리작용을 촉진함으로써 인식을 확장하도록 하는 감독의 의도가 포함되므로 지시적, 연상적, 정화적 특성이 있다. 영화매체는 다른 예술매체보다 개인의식에 빨리 침투하는 힘을 지닌 대중매체이기에 사람들에게 접근이 쉬운 편이다. 또한, 영화매체는 등장인물과의 동일시, 모방을 통해 대리학습을 유도하고 영화의 시각·청각적 메타포를 통해 삶을 새롭게 경험할 수 있게 한다. 사진매체는 사실성, 기록성, 전달성이라는 특성을 바탕으로 개인의 감정과 생각을 포착하고 표현할 수 있는 도구로서 치유성을 지닌다.

음악은 목소리나 악기로 사상이나 감정을 표현하는 예술이다. 음악은 심리 생리적으로 인간의 마음을 안정시키기도 하지만 어떤 경우는 혼란을 일으키는 성질도 내포하고 있다. 음악의 다감각적 성격 때문에 다른 예술 형태와 함께 사용할 수 있는 특징이 있다. 창조적이고 치유적이며 무한한 내면세계를 표현할 수 있는 역동적인 예술이다. 음악매체는 개인의 사고와 감정을 표현하는 비언어적 의사소통의 수단으로 감정을 드러내기 쉬우며, 언어로 담을 수 없는 것들을 표현하게 하는 치료적 역할을 담당한다. 이러한 음악은 수동적인 활동으로 감상과 적극적인 활동인 노래 부르기, 연주, 작곡 등이 있다. 음악은 하는 행위가 음악을 듣는 행위보다 치료적으로 강조되고 있다. 음악매체는 인종과 문화를 뛰어넘어 공감을 불러일으키고 기억을 자극하여 정서와 연결되도록 한다.

결론적으로 모든 예술은 인간의 생존 욕구의 발현으로 주술적인 예술 행위, 즉 의례Ritual

에 뿌리를 두고 있으며, 카타르시스를 제공한다. 오늘날 예술치료에서 카타르시스가 중요한 치료 요인으로 작용하는 것도 이러한 역사성을 담고 있기 때문이다. 이처럼 예술은 하나의 뿌리에서 비롯되었기에 원형적인 치유성은 서로 연결된다. 따라서 예술의 통합양식은 치유의 본질과 온전성을 회복하게 한다. 단일 예술치료 분야에서 치료 효과를 높이기 위해 타 장르를 통합적으로 활용하는 이유도 자연스러운 인간 본성에서 우러나온 근원적 통합 지향성 때문일 것이다.

2) 정적 매체에서 동적 매체까지

통합예술치료에서는 투사매체를 내담자의 관점에서 신체 움직임의 정도에 따라서 정적 예술매체Static Arts Media와 동적 예술매체Dynamic Arts Media로 분류한다. 정적 매체는 미술, 영화/사진, 문학 매체이고 동적 매체는 연극, 음악, 무용/동작 매체이다. 음악은 동적 매체에 포함되지만, 감상 기법은 정적 매체 적용으로 분류할 수 있다. 기본적으로 모든 투사매체의 적용은 내담자의 움직임이 수반되지만, 투사매체를 통합·적용하기 위해서는 내담자 중심으로 신체에너지를 유기적으로 활용할 수 있도록 고려해야 한다. 정적 매체와 동적 매체를 적절히 안배함으로써 내담자가 세 가지 몸의 균형을 회복하고 유지할 수 있도록 도울 수 있다. 투사매체를 정적 매체와 동적 매체로 분류하여 정리하면 [그림 5-1]과 같다.

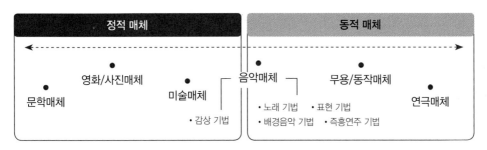

[그림 5-1] 정적 예술매체와 동적 예술매체

IT기반 통합예술치료는 각각의 예술치료 분야를 통합한 것이 아닌 다양한 예술매체를 통합한 접근이다. 또한 내담자 맞춤형, 즉 내담자 중심의 치료를 지향하기 때문에, 내담자의 예술적 선호 파악은 기본이고 개인의 특성과 치료상황에 맞게 맞춤형으로 예술매체를 적용한다. 이는 내담자가 온전히 예술체험에 몰입할 수 있도록 치료적 시간과 공간을 제공하기 위함이다. 통합예술치료는 치료의 의례적 특성을 기초로 일정한 절차에 따라 치료과정을 구조화하여 시스템으로 운영되기 때문에 예술매체를 통합·적용하는 방식이 체계화되어 있다. 그래서 투사매체를 정적 매체와 동적 매체로 구분하여 통합하는 방식은 치료단계 및 치료과정의 구조에 따라 달리 적용할 수 있다.

일반적으로 투사매체의 활용에서 옴카 과정 중 열기는 움직임을 전제로 하기에 주로 동적 매체를 적용한다. 특히 치료 초반부에는 라포형성과 이완을 치료목표로 설정하므로 열기 과정에서 신체를 매개로 한 활동이 적합하다. 통합예술치료에서는 치료 초반부뿐만 아니라 옴카의 구조적 특성 때문에 치료회기에 몰입을 유도하고 한 회기에 다루어야 하는 이슈에 접근하기 위하여 간단한 신체활동을 통해 내담자의 마음을 열 수 있도록 돕는다. 열기 과정은 개개인의 참여자들이 일상의 신체 컨디션에서 벗어나서 신체, 마음, 정신의 몸이 통합된 상태로 만나기 과정에서 '내 안의 나'를 만나게 하기 위한 과정이다. 열기 과정에서는 내담자가 움직임을 통해 자신의 신체나 마음 또는 정신을 깨우도록 유도해야 한다. 따라서 열기에서는 움직임과 관련된 매체를 사용하는 것이 도움이 된다. 열기 과정에서 동적 매체인 무용/동작과 연극 매체를 적용하는 것도 이러한 치료적 판단 때문이다. 무용/동작매체는 신체감각을 깨우는 단순한 움직임을 유도할 때, 연극매체는 움직임에 의미를 부여하여 감정이나 정서 또는 주변의 상황과 연결되도록 움직임을 확장할 때 적용하는 것이 좋다. 열기 과정에 연극매체를 적용하여 연령대별로 걷게 하거나 계절의 순환을 연상하며 걷게 하는 것이 예가 될 수 있다. 물론 열기 과정에서 동적 매체를 활용할 때는 내담자의 에너지 수준이나 증상을 고려하여 움직임의 정도를 결정해야 한다. 이러한 고려는 정적 매체를 적용할 때도 마찬가지이다.

통합예술치료사들은 옴카 과정에서 신체에너지의 유기적 활용을 고려하여 투사매체를 선정한다. 열기와 만나기에서 닫기 과정까지 신체에너지가 조화롭게 안배되도록 정적 매체와 동적 매체를 적용한다. 옴카 과정에서 내담자의 신체에너지를 어떻게 고려하여 투사매체를 적용하는지 이해를 돕고자 예를 들어보자.

[그림 5-2] 열기의 무용/동작매체 적용

[그림 5-3] 만나기의 미술매체 적용

이 사례는 저자가 치료사로 참여한 통합예술치료 프로그램으로 첫 회기였다. [그림 5-2]는 열기 과정에 동적 매체인 무용/동작매체를 적용하여 즉흥 표현을 통해 신체감각을 깨우고 이완을 촉진하는 목표로 진행하였다. 즐거운 신체 움직임으로 예술체험에 흥미를 느낄 수 있도록 안내하였고 만나기 과정에서는 내담자들이 앉아서 미술 활동에 집중할 수 있도록 연결하였다. [그림 5-3]은 만나기 과정에서 정적 매체인 미술매체를 활용하여 내담자들에게 자기를 소개하는 명패를 만들도록 하였다. 내담자의 입장에서 무용/동작매체는 일어선 상태에서 온몸을 활용하여 움직이기 때문에 동적 매체라고 했고 미술매체는 앉은 상태에서 상대적으로 적은 움직임으로 가능하기에 정적 매체라고 한 것이다.

이처럼 통합예술치료에서는 한 회기를 구성할 때 내담자의 신체에너지의 균형을 고려하여 동적 예술매체와 정적 예술매체를 조합하여 투사매체를 적용한다. 열기 과정에서 동적 매체를 활용하면 만나기 과정에서 정적 매체를 적용하고 다시 닫기 과정에서 내담자들의 신체 에너지 정도를 고려하여 동적이거나 정적인 활동으로 마무리하도록 한다. 이는 예술매체를 적용하여 내담자의 세 가지 몸을 자극하여 균형을 이루도록 할 뿐만 아니라 내담자들의 선호와 특성이 다르므로 매체의 다채로운 조합을 통하여 예술 활동에 흥미를 느끼게 하고 몰입하도록 하는 치료적 개입이다.

3) 변화하는 투사매체의 쓰임새

투사매체는 내담자의 생각, 감정, 무의식 표현을 위한 매개체의 역할을 하고 동시에 매체를 통한 창조 과정이 치유의 길로 인도한다. 내담자를 치유의 길로 안내하는 투사매체의 쓰임새는 김미낭(2022)의 「통합예술치료사의 예술매체 적용에 관한 연구」에서 찾아볼 수 있다. 이 연구에 따르면 통합예술치료사들은 옴카 과정에서 다음과 같이 투사매체를 활용하고 있다.

(1) 열기 과정에서의 투사매체 적용

치료는 열기 과정에서 출발한다. 내담자가 제1치료공간(치료실)에 들어오는 순간부터 열기 과정이 자연스럽게 시작된다. 치료사는 열기에서 내담자의 신체, 마음, 정신 '세 가지 몸'이 제1치료공간에 온전히 머물 수 있도록 유도해야 한다. 이를 위해 통합예술치료사는 내담자가 예술체험에 자연스럽게 몰입할 수 있도록 신체를 이완시키고 긴장이 완화되도록 도와야 한다. 내담자가 저항 없이 마음의 문을 열고 만나기 과정으로 이행할 수 있도록 치료사들은 주로 무용/동작과 연극매체를 적용하였고 다음으로 음악과 영화/사진매체를 적용하고 있었다.

열기 과정에서는 무용/동작매체를 활용하여 신체감각을 깨우는 것이 효과적이다. 무용/동작매체는 신체 이완 및 활성화를 돕는 매체로서 긴장을 완화한다. 특히 특별한 재료나 도구 없이 치료 진행이 가능하여 치료사에게도 부담이 적은 편이며 내담자도 무엇을 해내야 한다는 것으로부터 자유로울 수 있다. 경쾌한 움직임은 즐거움을 유도하고 편안함을 느끼게 하여 저항을 최소화한다. 이러한 무용/동작매체의 특성 때문에 치료 초반부 열기 과정에서 라포형성을 위해 자주 활용한다.

연극매체는 자연스럽게 움직임을 유도할 뿐 아니라 내담자의 상상력을 자극할 수 있다는 측면에서 열기 과정에서 활용하기에 좋은 매체이다. 상상력의 자극은 만나기 과정에서 이루어질 내담자의 이야기가 더욱 긍정적으로 확장될 수 있게 한다. 이러한 과정을 통해 신체의 몸뿐만 아니라 마음과 정신의 몸까지 '지금-여기'에 초점화되며 만나기 과정으로 연결하여 몰입을 이끈다. 연극매체도 무용/동작매체와 마찬가지로 특별한 도구 없이 치료 작업이 가능하여 편리하다. 연극매체는 극화라는 허구성을 통해 현실의 공간과 분리되는 안전하고 창의적인 치료공간으로 내담자를 초대하는 매체라고 할 수 있다.

열기 과정에서 음악매체는 움직임을 촉진하기에 좋은 매체이다. 음악매체는 거부감 없이 세 가지 몸을 깨워 활동에 집중하게 하고 시작의 에너지를 북돋아 만나기 과정에서의 예술체험을 준비하도록 한다. 영화/사진매체는 구체적인 시각적 이미지를 통하여 내담자의 내면을 자극하여 치료 주제와 접촉하게 하고 만나기 과정에서 이슈에 초점을 맞추어 탐색할 수 있도록 돕는다.

〈표 5-1〉 열기 과정에서의 투사매체 적용

예술매체	치료목표	내용
무용/동작매체	신체감각 깨우기	• 긴장 이완을 돕는 매체 • 신체 이완 및 활성화를 돕는 매체 • 부담감 완화하는 매체 • 즐거움을 유도하는 매체 • 부담이 적은 매체 • 저항을 최소화하는 매체 • 라포형성에 도움이 되는 매체 • 간편한 매체
연극매체	움직임에 상상 더하기	• 치료공간으로 초대하는 매체 • 만나기를 준비하는 매체 • 자연스러운 움직임을 유도하는 매체 • 상상력을 깨우는 매체

		• 세 가지 몸을 깨우는 매체 • 도구 없이 진행이 가능한 매체
음악매체	움직임을 유도하기	• 시작의 에너지 고취하는 매체 • 예술체험의 준비를 돕는 매체 • 거부감이 없는 매체 • 집중을 돕는 매체 • 에너지를 활성화하는 매체
영화/사진매체	주제에 다가가기	• 시각적 이미지로 내면을 마주하게 하는 매체 • 주제에 빨리 다가가게 하는 매체 • 초점화하는 매체

통합예술치료는 열기 과정에서 내담자의 자발성을 촉진하기 위하여 이슈에 집중하도록 연상을 자극하는 간단한 동작이나 대화 정도로 내면을 여는 것을 권장한다. 무용/동작과 연극매체는 내담자가 신체의 몸에 주의를 기울여 '지금-여기' 즉, 제1치료공간에서 몰입함으로써 마음과 정신의 몸이 조화로운 상태에서 예술체험을 할 수 있도록 돕는 역할을 한다. 열기 과정에서 무용/동작매체와 연극매체는 내담자를 안전하고 편안하게 표현할 수 있는 움직임을 유도하기 위한 목적으로 활용하고 있다.

(2) 만나기 과정에서의 투사매체 적용

만나기 과정은 한 회기의 치료목표를 다루는 과정이다. 치료사는 한 회기 중 치료목표의 구심이 되는 만나기 과정에서 회기 목표에 부합하는 투사매체를 선정하여 내담자들이 예술체험에 몰입하도록 치료를 계획한다. 내담자들은 만나기 과정의 예술체험을 통해 미해결된 이슈와 트라우마 상황이나 정서적 기억과 직면하게 된다. 이를 위해서 치료사들은 만나기 과정에서 주로 미술과 연극 매체를 적용하였고 다음으로 영화/사진매체를 적용하고 있었다.

만나기 과정에서 미술매체는 내면의 이미지를 시각화하기, 결과물을 창조하기, 저항 낮추기를 목표로 활용된다. 미술매체는 내면의 이미지를 시각화하도록 도움으로써 내면을 탐색하여 무의식적인 욕구나 내적 자원을 발견하도록 한다. 또한 미처 알지 못했던 감정이나 생각 그리고 자신의 상태에 대해 시각화된 이미지를 통해 알아차리게 된다. 그리고 창조하는 과정에서 나타난 산물이 결과로서 존재한다. 결과물을 통해 동기유발이 가능하며 성취감을 얻을 수 있다. 미술 재료를 활용하여 다양한 시도가 가능하여 창조적인 내담자들에게 좋은 매체가 될 수 있다. 마지막으로 미술매체는 내담자들에게 익숙하고 거부감이 없는 편으로 내담자가 안전하게 자기표현을 할 수 있도록 돕는다.

　　연극매체는 만나기 과정에서 경험을 재현하기, 객관적으로 바라보기를 돕는다. 연극매체는 안전장치 안에서 안전한 투사를 통해 이슈를 다룰 수 있는 매체이다. 내담자가 자기 경험을 재현함으로써 내면과의 관계성을 표현할 수 있는 매체이며 다양한 활용이 가능한 매체로서 밀착적이고 강력하게 자신을 총체적으로 드러내는 매체의 특성이 있다. 치료과정에서 연극매체에 투사된 내용을 거리를 두고 관찰하게 함으로써 자신을 객관화하도록 도와서 트라우마 상황을 재해석하고 자기 이해가 가능하게 하는 매체이다.

　　영화/사진매체는 내면의 이야기와 연결하도록 돕는 매체이다. 내담자들에게 친밀한 매체로 예술 활동에 거부감이 있는 내담자에게 좋은 매체이다. 내면의 심리상태를 파악하거나 자신의 이야기를 끌어내는 데 유용하다.

〈표 5-2〉 만나기 과정에서의 투사매체 적용

예술매체	치료목표	내용
미술매체	내면의 이미지를 시각화하기	• 감정이나 생각 표현의 매체 • 내면 탐색의 매체 • 내적 자원 발견의 매체 • 무의식적 욕구 표현의 매체 • 시각화된 이미지가 있는 매체
	결과물을 창조하기	• 직면하기 좋은 매체 • 감정과 상태를 드러내는 매체 • 동기 유발하는 매체 • 결과물을 통한 성취감을 주는 매체 • 창조적인 내담자에게 좋은 매체
	저항 낮추기	• 다양한 시도가 가능한 매체 • 편의성과 익숙한 매체 • 거부감 없는 매체 • 흔하게 접하는 매체
연극매체	경험을 재현하기	• 안전장치의 매체 • 안전한 투사 매체 • 내면 표현의 매체 • 다양한 활용이 가능한 매체 • 강력한 매체 • 밀착적인 매체 • 관계성을 표현하는 매체
	객관적으로 바라보기	• 이슈를 다룰 수 있는 매체 • 자신을 총체적으로 드러내는 매체 • 자신을 객관적으로 경험하는 매체 • 자기 이해의 매체 • 트라우마 상황을 재해석하는 매체

영화/사진매체	내면의 이야기 연결하기	• 익숙하게 사용할 수 있는 매체 • 예술 활동에 거부감이 있는 내담자에게 좋은 매체 • 이야기를 끌어내는 매체 • 내면의 심리상태를 파악하는 매체

만나기 과정에서 선호가 높았던 미술은 내면의 이미지를 시각화하고 유형의 결과물을 생산하는 매체이며, 연극은 역할을 적극적으로 선택하도록 하고, 내담자가 자기 경험을 재현하며 상황을 객관적으로 바라볼 수 있도록 돕는 매체이다. 치료사들은 만나기 과정에서 내담자가 자신의 미해결된 감정과 연관된 트라우마 상황이나 정서적 기억을 직면함으로써 '고통받은 내면의 어린자화상'을 스스로 치유하도록 돕는다. 만나기 과정에서 내담자가 미성숙한 어린자화상을 만나기 위해서는 치료공간의 안전성이 담보되어야 한다. 내담자가 자신의 이슈를 안전하게 다루기에 유용한 접근이 투사매체를 활용하는 것이다. 특히나 미술과 연극매체는 내담자들이 자신의 미해결 이슈를 결과물과 소품에 투사하여 거리를 두고 바라볼 수 있어 안전하게 자신의 어린자화상과 만날 수 있다는 점 때문에 치료사들이 만나기 과정에서 주로 활용하고 있다.

(3) 닫기 과정에서의 투사매체 적용

닫기 과정은 내담자가 예술체험 과정에서 새롭게 인지하게 된 것을 알아차리는 의식화단계이다. 이 과정에서는 열기부터 만나기 과정 동안 체험한 내용을 내담자가 되돌아보며 자기 경험을 객관화한다. 이러한 과정을 통하여 거리를 두고 자신을 조망하며 인지, 자각, 통찰에 이르게 되는 것이다. 대개는 언어화를 통하여 의식화를 돕지만, 필요에 따라 투사매체를 활용하여 닫기 과정을 진행하기도 한다. 닫기 과정은 내담자가 자신의 통찰을 현실과 연결하여 변화를 위해 시도를 할 수 있도록 하는 적용하기 과정과 연결되는 단계이기도 하다. 닫기 과정에서 치료사들은 주로 문학매체와 연극매체를 적용하였고 그다음으로 미술매체와 무용/동작매체도 활용하고 있었다.

닫기 과정에서 문학매체는 자기 발견하기, 연극매체는 대화를 통해 알아차리기, 미술매체는 상징적으로 이해하기, 무용/동작매체는 몸으로 알아차리기의 치료적 역할을 담당한다. 문학매체는 열기와 만나기 과정에서의 경험을 인지하고 자각하면서 새로운 자기를 발견하도록 유도한다. 이러한 과정에서 내담자는 자신의 감정과 생각을 정리할 수 있어서 자기 이해가 늘어나며 성찰하게 된다. 또한 최소한의 에너지를 사용하여 정확한 표현으로 자기 인식의 변화를 표현할 수 있으며 이러한 변화를 깊이 새길 수 있는 것이 문학매체이다. 닫기 과정에서 연극매체는 대화를 통해 알아차리도록 돕는다. 만나기 과정에서의 표현을 안정적으로 거리를 두고 바라보게 하는 것이다. 만나기 과정에서 체험한 '내 안의 나'와의 만남을 닫기 과정에서 대화라는 형식을 통하여 알아차리고 내적인 깨달음을 증폭하도록 한다.

닫기 과정에서 미술매체는 상징적 이해에 유용한 매체이다. 내면을 인식하도록 하는 매체로서 만나기 과정에서 체험한 내용을 이미지로 포착하여 표현함으로써 의식화를 돕는 역할을 한다. 무용/동작매체는 몸으로 알아차리기에 유용한 매체로서 몸을 통한 환기와 자각을 통해 알아차림을 가능하게 하는 매체이다.

〈표 5-3〉 닫기 과정에서의 투사매체 적용

예술매체	치료목표	내용
문학매체	자기 발견하기	• 최소한 에너지를 사용하는 매체 • 자기성찰을 돕는 매체 • 자기 이해를 돕는 매체 • 인지와 자각을 유도하는 매체 • 인지화를 돕는 매체 • 자기 인식의 변화를 표현하는 매체 • 정확한 표현이 가능한 매체 • 감정이나 생각을 정리하기 좋은 매체 • 깊이 새기는 매체
연극매체	대화를 통해 알아차리기	• 거리두기를 통한 통찰이 가능한 매체 • 대화를 통한 알아차림이 가능한 매체 • 내적 깨달음을 증폭하는 매체
미술매체	상징적으로 이해하기	• 내면 인식을 돕는 매체 • 이미지를 통한 의식화를 돕는 매체 • 상징적으로 표현이 가능한 매체
무용/동작매체	몸으로 알아차리기	• 몸을 통한 인식을 돕는 매체 • 환기에 적절한 매체 • 자각하기 좋은 매체

닫기 과정은 예술체험을 통한 인지와 자각을 강화하는 것이 치료목표이기 때문에 투사매체를 매개로 하는 언어화를 강조하고 있다. 내담자들의 트라우마는 표현만으로 치유되는 것이 아니다. 그들이 건강해지려면 경험을 언어로 바꾸어 표현할 수 있어야 한다. 이러한 스스로 깨닫는 과정을 통하여 치유가 되는 것이다(Kolk, 2016). 치료사들은 닫기 과정에서도 투사매체를 적용할 때 전체적인 옴카 과정의 조화를 고려해야 한다.

(4) 적용하기 과정에서의 투사매체 적용

적용하기는 내담자가 닫기 과정에서 새롭게 발견한 내용을 현실에 접목하도록 '화두Self question'를 제시한다. 여기서 화두는 '치료사가 내담자의 자기성찰 또는 자신의 문제를 현실에 접목하여 훈련할 수 있도록 건네는 말'을 의미한다(홍유진, 2018). 적용하기의 목적은 치료회기에서 내담자가 경험한 치료 효과를 그가 생활하고 있는 가정과 사회에까지 긍정적 영향을 미치게 하는 것이다. 내담자가 자신의 변화를 안정적으로 유지하여 치료 효과를 지속할 수 있도록 돕는 것이 적용하기 과정의 핵심이다.

적용하기 과정은 '내담자의 적응을 위한 현실 접목 훈련'이 주가 되기 때문에 치료사들은 연극매체를 주로 적용하고 있었다. 이는 연극매체를 통해서 역할 적용하기를 돕는 것이다. 즉 내담자들이 평상시 인식하지 못했던 감정을 인식하고 적절하게 표현할 수 있는 훈련과 자신의 역할에 대한 새로운 이해를 바탕으로 변화한 역할을 스스로 현실에 적용해 보도록 하는 것이다. 이러한 역할 훈련은 내담자의 가정이나 사회에서 이루어지므로 자연스럽게 관계 영역을 확장하여 대인관계 기술 향상에 도움이 된다.

〈표 5-4〉 적용하기 과정에서의 투사매체 적용

예술매체	치료목표	내용
연극매체	역할 적용하기	• 감정표현을 돕는 매체 • 역할 훈련을 돕는 매체 • 관계 기술을 돕는 매체

치료사들은 만나기 과정에서 치료목표에 적합한 투사매체를 다양하게 적용하려고 노력하지만 만나기 과정에서 주로 활용되는 매체는 미술과 연극이었다. 이러한 결과는 투사매체 활용에 관하여 시사하는 바가 크다. 치료사가 경험하기에 미술과 연극 매체가 타 매체에 비하여 치료의 유용성이 높았기 때문이라 할 수 있겠다. 하지만 치료사가 자신이 선호하는 매체를 만나기 과정에서 자주 활용함으로써 누적된 경험치가 쌓여 예술매체가 지닌 유용성을 많이 발견한 것으로 해석할 수도 있다. 즉 치료사가 자신이 선호하는 예술매체를 주로 임상에 적용하다 보면 그만큼 치료의 유용성을 많이 발견하게 될 것이고 접근이 쉬워지기 때문이다. 그렇게 되면 상대적으로 비선호하는 예술매체에 대한 소외가 일어나게 된다.

치료사가 경험한 만큼 내담자에게 적용할 수 있는 것이니 다양한 투사매체를 통합 적용해야 하는 통합예술치료사는 자신의 투사매체 선호가 실제 임상에 어떠한 영향을 미치고 있는지 인식하는 것이 중요하다. 이 시점에서 치료사들이 투사매체에서 발견하지 못한 치료의 유용성이 투사매체의 한계인지, 치료사 개인의 한계인지에 대한 의문이 생긴다. 따라서 비판적인 입장에서 통합예술치료사들의 투사매체 적용에 대한 점검이 필요하다.

2. MBTI 성격유형과 치료사의 매체 활용

사람은 고유한 선천적 심리 경향이 있고 이러한 선호 경향들이 합쳐져 의사결정 방식 및 행동양식으로 표현된다. 겉으로 나타나는 행동은 후천적으로 형성된 것도 있지만 상당 부분은 선천적인 성격의 자연스러운 표현이다. 선호 경향은 융의 심리 유형론에 근거한 선천적 선호 경향의 의미를 담고 있다. 통합예술치료사의 성격유형에 따른 투사매체의 활용을 살펴보기 위해 융의 심리학적 유형론과 MBTI 이론을 먼저 알아보자.

1) 성격유형론 알아보기

선호 경향의 실현을 통해 유형의 발달이 이루어진다. 개인의 성격특성이란 다른 사람들과 자신을 구별해 주는 '심리적 경향'이고 일관성 있는 성향을 지니고 있으므로 상황에 따라 행동이 쉽게 변하지 않는 것이다(노안영 외, 2003). 이렇듯 특성적 관점에서 성격을 이해하면 성격은 개인에게 내재한 고유한 특성이므로 이러한 심리적 경향으로 행동을 예측할 수 있다. 즉 성격은 한 개인의 사고, 감정, 행동의 바탕이며 개별적 행동을 낳는 삶의 근원을 말한다. 이 같은 개인의 심리적인 특성을 이해하는 과정에 생성된 학설이 융C. G. Jung의 심리 유형론이다.

융의 심리 유형론은 의식의 구조와 기능의 유형을 알려주며 의식의 기능과 무의식과의 관계를 설명하는 학설이다(이부영, 2018). 심리 유형론에서는 심리적 에너지의 방향에 따라 '외향'과 '내향'으로 구분하여 외향은 자아가 외부세계를 지향하고 내향은 자아가 내부세계를 지향한다고 하였다. 사람들은 두 가지의 태도를 모두 지니고 있고 양쪽을 사용하고 있지만, 기질적으로 좀 더 선호하는 태도가 있으며 이것이 심리적 선호 경향이라 한다. 의식의 기능은 '사고' '감정' '감각' '직관' 네 가지로 분류된다. 의식의 네 가지 기능에서 사고와 감정을 '합리적 기능', 감각과 직관을 '비합리적 기능'으로 구분한다. 사고는 논리적 사고를 담당하고 감정은 가치판단을 담당한다. 그리고 감각은 주변 환경 및 신체의 물리적, 생리적 정보를 감지하고 직관은 의식과 무의식 내의 모든 정신적 요소를 연결한다. 사람마다 기능의 분화 정도가 다르다. 이러한 차이가 겉으로 드러나며 성격의 차이를 만든다(박철용, 2021).

융은 인간이 자신의 타고난 성향in born tendency을 알고 활용할 때 심리적으로 쾌적하며 자신의 본래 성향과 상반된 유형으로 살게 되면 심리적 탈진이 생기고 유기체가 손상될 수 있다고 한다. 인간은 자기의 타고난 선호 경향에 따라 익숙하게 살아갈 때 그 반대 선호 경향 역시 개발시킬 수 있다. 즉 자기가 선호하는 경향뿐 아니라 억압된 것도 개발하여 통합하는 것이다.

융의 가설에 따른 심리유형을 측정하는 도구들이 개발되었는데 그중에서 마이어스–브릭스 유형 척도Myers-Briggs Type Indicator가 우리나라에서 활발히 이용되고 있다. 융의 가설을 충실하게 따른 검사는 아니지만, 융의 심리 유형론을 고려하여 자신들만의 독창적인 내용을 보태어 제작되었으며 한국에서 표준화가 이루어진 검사이다(이부영, 2018). MBTI는 브릭스K. Briggs가 자서전 연구를 통해 인간의 개인차를 연구하던 중 1920년 융의 이론을 접하고 융의 이론을 바탕으로 개인의 차이를 유추해 낼 수 있는 심리적 도구를 만들기 위해 각 개인의 성격적 특성을 20여 년간 관찰하였다. 20여 년의 인간관찰을 통해 융의 성격유형 이론의 타당성을 확증하였다. 그녀의 딸인 마이어스I. Myers가 지속적인 연구 끝에 MBTI Form A. B. C. D. E를 거쳐 최종판인 F와 G를 만들었다. 이 전체과정이 70여 년 걸렸으며, MBTI에 나타나는 지표에는 융이 간략하게 언급하고 넘어간 JP 지표를 첨가하였다. 이러한 MBTI 성격검사는 자신이 가지고 태어난 선천적인 경향이 무엇인지를 깨닫고 자신의 잠재력이 무엇인지를 발견해 나가며, 또한 다른 사람들의 특성을 이해하고 그들을 있는 그대로 수용할 수 있도록 돕는 검사 도구이다(Myers et al., 1994).

MBTI는 성격을 단정하는 기준이 아니고 자기 탐색과 성찰을 위한 하나의 도구이다. 그러므로 개인의 선호 경향을 가정하지만, 유형을 확신하지 못하는 다양한 요인을 존중한다. 심리학적 유형은 원형적 내용을 근간으로 하기에 유형이 성찰의 대상이 된다면 미지의 영역을 탐색하게 되어 자기 인식에 도움이 될 것이다(이부영, 2018).

2) 행동양식을 결정하는 선호 경향

MBTI는 네 가지의 기본적 선호 경향을 파악하는 것이 주요 목적이다. EI, SN, TF, JP라는 네 가지 지표는 어떤 특성이나 행동을 측정하기 위한 척도가 아니며 두 가지 반대 경향 중 어떤 것을 주로 사용하는가를 밝히는 것이다. 네 가지 선호 경향이 인식과 판단을 결정짓고 특정 상황에서 무엇에 주의를 기울이고 어떻게 결론을 내리는가에 영향을 미친다. MBTI의 네 가지 선호 경향을 살펴보면 [그림 5-4]와 같다.

[그림 5-4] MBTI 선호지표

EI 지표는 외향형과 내향형을 밝히는 것이 목적이다. 외향적인 사람은 관심의 방향이 주로 외부세계로 향하여 자신 바깥의 사람이나 사물에 대해 인식과 판단을 사용하려는 경향을 띤다. 반면에 내향적인 사람은 관심의 방향이 주로 내부세계로 향하여 자기 자신의 마음속의 개념이나 아이디어에 인식과 판단을 사용하려는 경향이 있다(Myers et al., 1994).

SN 지표는 인식할 때 양극단의 두 경향 중에서 어느 쪽을 더 선호하는지를 파악하는 것이 목적이다. 감각을 통해 인식하려는 경향의 사람은 오감을 통한 관찰 가능한 사실이나 사건을 더 잘 인식하는 편이다. 직관을 통해 인식하려는 사람은 의식의 영역을 넘어서 어떤 사실이나 사건의 이면에 감추어진 의미나 관계, 가능성을 더 잘 인식한다.

TF 지표는 판단할 때 선호하는 경향을 알아보는 것이 목적이다. 인정에 이끌리지 않고 주로 사고를 통한 논리적인 근거에 따라 결정하는 사람이 있는가 하면 개인적 또는 사회적 가치를 바탕으로 한 감정에 따라 결정하려는 경향의 사람이 있다.

JP 지표는 외부세계에 대처할 때 판단을 선호하는 사람은 사고나 감정의 판단과정을 주로 사용하고 인식을 선호하는 사람은 감각이나 직관의 인식 과정을 사용하는 것을 알려준다. 이러한 네 가지 선호지표에 따라 네 가지의 선호 경향을 조합하면 16가지 성격유형이 형성된다. 각 선호 경향에 따른 다면적 특성은 [그림 5-5]와 같다.

인간은 인식과 판단에 따라 행동하고 이러한 인식과 판단은 외부세계의 활동이나 내부의 아이디어를 통해 드러난다. 개인의 의사결정과 선호는 정보를 수집하는 인식기능과 의사결정을 하는 판단기능에 따라 나타난다. 이는 감각과 사고, 감각과 감정, 직관과 사고, 직관과

외향	내향		감각	직관
능동적	수동적		구체적	추상적
표현적	보유적		현실적	창의적
다양한 관계	밀접한 관계		실용적	개념적
활동적	반추적		경험적	이론적
열정적	정적		전통적	독창적

사고	감정		판단	인식
논리적	정서적		체계적	유연적
이성적	감성적		목표지향적	개방적
질문지향	협응지향		조기착수	임박착수
비평적	허용적		계획성	자발성
강인한	온건한		방법적	과정적

[그림 5-5] MBTI 대극의 다면적 특성

출처: Myers et al. (2013), pp. 5-6.

감정으로 유형화된다. 인간은 합리적 기능과 비합리적 기능이 판단과 인식의 중심이 되어 선호 경향으로 나타난다. 이 네 가지 지표 중 SN과 TF는 인식과 판단에 대한 근본적인 선호 경향을 나타낸다. EI와 JP는 내부와 외부세계에 대한 태도와 지향을 나타낸다. 이러한 기능과 태도는 특정 상황에 대한 개인의 인식과 또 이러한 인식 내용을 바탕으로 한 행동의 결정에 영향을 미친다. 특정 기능이나 태도의 선택은 인간의 발달과정에서 분기점과 같은 역할을 한다. 왜냐하면 각각 서로 다른 역량을 발휘하게 할 길을 선택하는 것과 같기 때문이다.

개인들이 얼마나 서로 다른 길을 가고 또 얼마나 자기 역량을 발휘하는가의 문제는 어느 정도 각자가 가진 에너지와 포부에도 영향을 받는다. 유형 이론에 의하면 각 개인의 역량 발휘는 각 분기점에서 특정 방향으로 이끄는 타고난 선호 경향에 의해 결정된다고 한다. 이 이론에 의하면 인식과 판단에 대한 각 개인의 선호 경향을 실행에 옮김으로써 각자의 유형이 만들어진다. 비슷한 선호 경향을 가진 사람이라면 이 선호 경향을 실제 행동에 옮김에 따라 자연히 공통적인 특징을 띠게 되는 것이다. 흥미, 가치, 욕구 및 자연스럽게 발생하는 마음의 습관은 비슷한 유형의 사람으로 만들어 나간다. 같은 유형이라도 문화적 압력이나 각자 처해 있는 유형의 발달 수준이 다르다면 특징이 다를 수 있다.

이렇듯 심리적 선호경향을 이해하면 자신은 물론 타인을 이해할 수 있어 궁극적으로 '자신의 역량을 발휘하면서 자기답게' 살아가는 데 도움이 된다(김창윤, 2020). 따라서 통합예술치료사들이 자신의 심리적 선호나 행동이 투사매체 활용에 어떠한 영향을 미치는지 이해하는 것은 내담자의 매체 선호나 반응에 나타나는 내담자의 특성을 이해하는 데도 도움이 될 것이다.

3) 선호 경향이 말하는 매체의 활용

통합예술치료사의 성격유형에 따른 투사매체의 활용을 이해하기 위해서 외향/내향, 감각/직관, 감정/사고, 인식/판단의 단일 선호 경향을 중심으로 치료사의 심리적 선호 경향이 예술매체 적용에 어떻게 반영되는지 살펴보고자 한다. 여기서 사용한 네 가지 지표는 두 가지 반대 경향 중 어떤 것을 주로 사용하는지에 따라 선호 경향과 그에 따른 행동양식을 결정한다.

다음 내용은 치료사들과의 인터뷰를 통해 얻은 자료를 근거로 제시했다. 통합예술치료사의 예술매체 적용에 관한 김미낭(2022)의 연구에 따르면 치료사로서 선호하는 예술매체와 임상현장에 적용하는 매체가 대부분 같은 것으로 나타났다. 예외는 있겠지만 치료사들은 자신이 선호하는 매체를 임상에서도 주로 사용한다.

(1) 외향과 내향에 따른 예술매체 활용

외향형은 대체로 활동적이고 표현적이며 열성적인 특성이 있다. 외향형의 치료사가 선호하는 투사매체는 자신과 유사한 속성을 지닌 동적 매체였다. 반면 반대 성향의 내향형의 치료사는 자신의 정적이고 관조적이며 보유적인 특성과 유사한 속성을 지닌 정적인 투사매체를 선호했다.

외향형과 내향형의 치료사 모두는 미술과 연극 매체에 대한 선호도가 높았다. 하지만 치료사들이 선호하는 매체가 동일해도 투사매체를 선택한 이유가 심리적 선호 경향에 따라 달라졌다. 외향형은 에너지가 외부를 지향하는 사람으로 활력이 있고 역동적인 에너지의 흐름을 선호하는 열성적인 태도를 지닌다. 외향형의 치료사는 연극매체가 지닌 속성 중에서 활발하게 움직이는 역동적인 특성을 선호하였다. 반면 내향형은 에너지가 내부세계를 지향하는 사람으로 속으로 간직하고 내적인 반응을 선호하는 정적인 태도를 보인다. 그렇기에 내담자와의 밀접한 관계에서 내면을 탐색할 수 있는 미술매체의 속성을 선호하였다. 한편, 외향형의 치료사가 반대 성향의 정적인 미술매체를 선호하는 이유를 다음과 같이 말한다.

> 미술매체는 다양하게 활용이 가능해요. 가만히 앉아서 하는 것부터 큰 움직임까지 유도할 수 있지요. 미술매체는 자유자재로 활용할 수 있어요.

미술매체를 다양하고 자유자재로 활용한다는 외향형의 치료사에게서 열성적인 에너지를 느낄 수 있다. 본래 미술매체가 지닌 정적인 특성보다 활동적이고 역동적인 표현 방식으로 활용하는 것을 선호하고 있다.

다음으로 외향형의 경우는 문학매체와 무용/동작매체를 선호하지 않았고, 내향형의 경우는 음악매체의 선호도가 낮았다. 외향형은 문학매체를 자신과 반대되는 성향의 특성인 정적이고 내적인 처리 과정이 필요한 매체로 이해하고 있어서 문학매체의 활용을 선호하지 않았다. 내향형은 음악매체를 주로 정적인 매체로 활용하고 동적인 매체로 활용하는 것을 선호하지 않았다. 음악매체를 선호하지 않는 내향형의 치료사는 다음과 같이 말하고 있다.

> 음악매체는 주로 배경음악으로 신체를 이완할 때나 심상을 유도하기 위해서 활용하는 경우가 많아요. 주로 정적으로 활용하지요. 악기를 써야 할 때는 생각이 많아져요. 먼저 부담스러워지거든요. 악기 하나는 괜찮은데 여러 가지 악기를 사용해야 할 때는 치료공간의 소음 문제나 조화로움 등 생각할 게 많아요. 그래서 음악매체를 가장 선호하지 않는다고 했어요.

내향형의 치료사가 음악매체를 활용할 때 다양한 외부자극을 수용하는 데 어려움을 느낀다. 외향형은 외부자극을 적극적으로 수용하고, 자극이 많은 것을 선호하는 편이나 내향형은 일정한 외부자극만을 수용한다. 그래서 외향형과 내향형이 최적의 상태를 유지하기 위한 자극의 양이 다르다. 이는 신경계의 차이로 설명할 수 있는데 외향형이 적절한 각성 수준을 유지하기 위해서 내향형보다 자극을 더 많이 필요로 하기 때문이다.

외향형의 치료사는 문학매체를 에너지적인 측면에서 정적인 매체로 파악하였고, 자신의 외향적인 선호 경향과는 반대의 속성을 띤 예술매체로 인식하였다. 문학매체가 외향형의 각성 수준을 충족하기에는 낮은 자극으로 경험되는 것으로 보인다. 이와 반대로 내향형이 음악매체를 활용할 때 다양한 자극으로 인하여 부담을 느낀다. 외부의 많은 자극을 한꺼번에 수용하는 데 어려움이 있기 때문이다.

외향형의 경우는 움직임이 있는 무용/동작매체라도 심층적인 내면의 움직임을 표현할 때는 어려움을 느끼기도 한다. 무용/동작매체를 선호하지 않는 외향형의 치료사는 다음과 같이 말했다.

> 무용/동작매체는 움직임이 있어 활동적이지만 움직임을 깊이 있게 탐색하는 작업은 좀 힘든 편이에요. 고요한 움직임에 집중하여 표현을 유도하는 것에 치료사로서 한계가 있다고 해야 하나. 개인적으로 워크숍에 참여할 때도 에너지를 표출하는 동작은 재미있는데 내 안으로 들어간다고 해야 할

까 그럴 때는 저항감이 느껴져요. 제가 그렇다 보니 무용/동작매체를 가볍게 활용하고 있어요.

　외향형의 치료사는 동작으로 표현하는 것은 선호하지만 움직임을 깊이 있게 탐색하는 것을 어려워하고 있었다. 이는 외향형의 경우는 에너지의 지향이 외부에 있으므로 내면에 집중하기에 다소 어려움이 있는 것으로 보인다. 그래서 외향형의 경우 무용/동작매체를 활용할 때도 에너지를 표출하는 방식의 활동을 좀 더 선호하는 것으로 여겨진다.

　이상의 내용을 정리하면, 통합예술치료사들은 자신의 선호하는 방향으로 투사매체를 활용하고 있었다. 즉, 외향형의 경우는 연극매체를 대체로 활동적, 표현적, 열성적 특성을 내포한 동적인 매체로 인식하였다. 내향형의 경우는 미술매체를 정적, 보유적, 관조적 특성을 내포한 정적인 매체로 인식하며 선호하였다. 그리고 외향형의 경우는 문학매체를 자신의 선호 경향과 반대되는 정적, 보유적, 관조적인 특성의 매체로 인식하며 선호하지 않았고 동적인 매체인 무용/동작매체도 내면의 움직임을 심층적으로 끌어내는 활동은 선호하지 않았다. 내향형의 경우는 음악매체를 동적으로 활용하는 것을 선호하지 않았다.

(2) 감각과 직관에 따른 예술매체 활용

　감각형은 미술매체, 직관형은 연극매체에 대한 선호도가 높은 편이었다. 감각형은 실제적이고 유용한 정보에 주의를 기울이며 정보를 취한다. 그래서 감각형은 미술매체의 실제적이고 실용적인 측면에 관심을 가진 반면, 직관형은 대상의 가능성과 상황에 대한 의미에 주목하며 대상을 변화시키는 것에 초점을 두는 경향을 보인다. 이런 특성은 직관형의 치료사가 말하는 연극매체를 선호하는 이유에서 잘 드러난다.

　연극매체는 무궁무진해요. 상상을 극으로 연출할 수 있거든요. 그래서 연극은 종합적이고 어쩌면 모든 예술을 총망라하는 것 같아요. 그래서 연극을 종합예술이라고 얘기하잖아요. 연극매체를 활용할 때 늘 새로운 상황이 연출되니 그것 자체가 제게는 흥미 있는 것 같아요.

　직관형의 치료사는 연극매체가 자신은 물론 내담자들에게 풍부한 상상력을 제공하는 것에 주의를 기울이는 것을 볼 수 있다. 또한 치료사는 극화하는 과정에서 연출되는 새로운 상황을 흥미롭게 경험하고 있다. 반대로 감각형의 치료사는 연극매체를 잘 활용하고 싶으나 상상력을 동원하는 것과 극을 총괄하는 연출에 어려움을 드러냈다. 이는 상상력이나 연출력의 발휘에 문제가 있어서라기보다 이미 알려진 자료를 이용하여 익숙한 방식으로 일 처리를 하는 것을 선호하는 감각형의 특성 때문이라 생각한다.

다음으로 감각형은 무용/동작매체를 선호하지 않았고 직관형은 음악매체를 선호하지 않았다. 감각형은 사실적인 정보에 관심을 기울이며 유형의 구체적인 대상을 선호하는 특성이 있다. 그래서 감각형은 무형의 정보에서 자유로운 상상을 발휘하는 데 어려움을 느끼게 하는 예술 활동을 선호하지 않는 것으로 보인다. 감각형의 치료사는 무용/동작매체를 체험할 때 구체적인 제시를 따르는 움직임은 선호하였지만, 구체적인 제시가 없는 가운데 자유롭게 추상적인 움직임을 표현하는 것을 불편하게 느낀다. 아래 감각형 치료사의 이야기를 들어보면 같은 무용/동작매체를 체험이더라도 어떤 정보에 주의를 기울이는지에 따라 선호가 달라지고 있다.

> 춤추는 것을 좋아해요. 잘 짜인 대로 배워서 추는 것은 잘할 수 있거든요. 그런데 무용/동작매체 워크숍에 참여할 때, 자유롭게 표현하는 것에 대한 두려움을 느꼈어요. 제가 치료에 적용할 때도 각본을 쓰게 되더라고요. 그리고 내담자에게 내가 원하는 답을 얻기를 바라는 저를 발견했어요. 제가 불편한 매체를 내담자에게 활용할 수 없겠더라고요.

직관형의 치료사는 형식을 벗어나서 자유롭게 연주하는 즉흥 연주를 선호하였지만, 일정한 패턴의 음악곡을 연주하는 상황에서는 기능적인 한계를 느끼며 창의성을 발휘할 수 없는 아쉬움을 표현하였다. 이처럼 통합예술치료사들의 경우, 같은 투사매체라도 예술 활동이 어떻게 운영되는지에 따라 예술매체에 주목하는 점이 달라지며 예술매체에 대한 선호가 변화하고 있다.

> 음악매체는 자유로운 듯 자유롭지 못한 것 같아요. 아마도 악기 연주와 관련되면 제한이 따를 수밖에 없어요. 내담자들의 풍부한 표현을 담아내기에는 기능적 한계가 있다고 할까요. 즉흥 연주는 자유롭기는 하지만 어느 정도 패턴이 존재해요. 어떤 내담자들이 함께하냐에 따라 변화가 일어나지만, 창작 면에서는 기존의 음악을 활용하는 정도라서 순수한 창작에서는 아쉬움이 있어요.

이상의 내용을 정리하면, 통합예술치료사들은 자신의 선호 경향에 따라 투사매체를 바라보는 관점이 달랐다. 그래서 자신의 성향과 유사한 특성이 인식되는 투사매체를 선호하였고, 반대의 특성이 인식되는 투사매체를 선호하지 않았다. 즉 감각형의 치료사는 미술매체가 지닌 구체적, 현실적, 실용적, 경험적인 특성에 주목하였고 반대 성향의 직관형의 경우는 연극매체를 상상력과 독창성을 발휘할 수 있는 매체로 인식하며 선호하였다. 그리고 감각형의 경우, 무용/동작매체를 사용할 때 무형의 정보에서 자유롭게 상상력을 발휘하여 움직임을 창조하는 것을 어렵게 느끼며 선호하지 않았다. 반면 반대 성향의 직관형의 경우는 음악매체를 사용할 때 일정한 형식이 반복되는 활동을 적용하는 것을 선호하지 않았다.

(3) 사고와 감정에 따른 예술매체 활용

사고형과 감정형의 경우 모두 미술과 연극 매체를 선호하였다. 사고형은 논리적이고 객관적인 판단을 통하여 투사매체를 선택하는 반면 감정형은 공감적이고 허용적으로 투사매체를 선택하였다. 사고형은 논리적이고 분석적 근거로 판단을 한다. 투사매체를 선택할 때 치료목표라는 객관적인 기준에 따라 연극매체를 선택하는 반면 감정형은 개인적, 사회적 가치를 바탕으로 판단한다. 사고형의 치료사가 투사매체를 선호하는 이유를 아래와 같이 진술하고 있다.

> 연극매체가 아무래도 가장 선호하는 매체예요. 선호한다고 해서 중심적으로 사용하지 않고 내담자의 상황이나 목표에 따라, 필요에 따라 선택하긴 하는데 아무래도 통합예술치료에서 역할 훈련이라든지 역할 적응 훈련을 강조하잖아요. 연극매체를 강화해서 후반부에 많이 사용하는 것 같아요.

같은 연극매체를 선호하더라도 감정형의 치료사는 개인적인 선호를 떠나서 내담자들에게 연극매체를 활용했을 때 그들이 즐거워하는 반응을 보고 내담자들에게 치료적으로 도움이 될 수 있을 거라는 평가하에 투사매체를 선정한 것을 볼 수 있다. 다음은 감정형 치료사가 연극매체를 선택하는 이유다. 앞에서 사고형 치료사와 비교해 보면 각 치료사가 어디에 주안점을 두는지를 알 수 있다.

> 연극매체를 선호하고요. 아무래도 내담자들이 실제 자기 이야기를 하는데 가상 역할을 통해서 자기를 드러내는 것들이 용이하다고 생각돼서 사실은 활용하기가 쉽지 않아요. 〈중략〉 내담자들이 경험하다 보면 재밌어하고 흥미롭게 반응을 보이는 것들이 그들한테 유익하게 어떤 것들을 찾아낼 수 있구나라는 경험 때문에 그런 것들을 하게 되는 것 같아요.

다음으로 사고형은 무용/동작과 문학매체를 선호하지 않았고 감정형은 음악매체를 선호하지 않았다. 비선호 투사매체를 선정할 때, 사고형은 논리적, 이성적, 비평적인 의사결정을 하는 데 비하여 감정형은 정서적, 감성적, 허용적 의사결정을 하는 것으로 보인다. 사고형 치료사는 공간사용에 제한이 따르는 것 때문에 무용/동작매체의 활용도가 낮다고 진술하였다. 비선호 매체를 선정할 때 객관적인 상황을 기초로 합리적인 의사결정을 하는 사고형의 논리적 특성이 반영된 것을 알 수 있다. 다음은 사고형 치료사의 인터뷰 내용의 일부이다.

> 무용/동작매체는 구체적인 목표가 있을 때는 구조화하여 전개하는 것이 편해요. 하지만 무용/동작매체를 좀 더 효과적으로 활용하기 위해서는 움직임을 자유롭게 펼칠 수 있는 넓은 공간도 필요해요. 그런데 임상현장은 그렇지 못한 상황과 공간의 제한이 높은 편이죠. 그래서 비선호라기보다 제게는 활용도가 낮은 매체라고 할 수 있어요.

감정형의 치료사는 자신의 미숙함 때문에 내담자에게 도움이 되지 않는다고 느끼거나 내담자의 반응이 좋지 않았을 때 음악매체 사용을 꺼렸다. 감정형은 비선호 예술매체를 선정할 때 특히 인간관계 중심으로 결정하는 특성이 반영되었다. 아래의 감정형 치료사의 인터뷰 내용을 보면 내담자에게 맞추어 결정하는 특성이 보인다.

> 음악매체는 하모니가 중요하잖아요. 내담자들에게 필요한 것을 제공하여 음악매체를 통해 조화를 경험하도록 도움이 돼야지요. 그런데 아직 그렇게 음악매체를 풍부하게 활용하지 못하고 있어요. 그리고 저의 미숙함도 있겠지만 내담자들의 반응이 좋지 않으면 다른 활동으로 대체하는 경우가 많아요.

이상으로 내용을 종합해 보면, 통합예술치료사들이 같은 투사매체를 선호하더라도 자신의 성격유형에 따라 투사매체를 결정하는 방식이 다른 것을 알 수 있다. 그래서 사고형의 경우는 투사매체를 선택할 때 치료목표라는 객관적인 기준에 따라 매체를 선택하였고 감정형은 내담자의 반응에 따라 투사매체를 선택하였다. 그리고 사고형은 논리적, 이성적, 비평적인 의사결정에 따라 활용도가 낮은 예술매체를 비선호 매체로 선정하였다. 반대 성향인 감정형은 정서적, 감성적, 허용적 의사결정에 따라 내담자에게 도움이 되지 않는다고 판단한 투사매체를 비선호 매체로 선정하였다.

(4) 판단과 인식에 따른 예술매체 활용

판단과 인식에 따른 통합예술치료사들의 투사매체 선호를 살펴보면, 판단형과 인식형 모두 미술과 연극매체를 선호하였다. 판단과 인식에 따른 비선호 투사매체를 살펴보면, 판단형은 무용/동작매체를 선호하지 않았고 인식형은 음악, 문학, 영화/사진 매체를 고르게 선호하지 않았다. 판단과 인식은 생활양식을 반영하는 지표라는 점에서 통합예술치료사들이 투사매체를 선택하여 적용하는 방식과 관련하여 두 가지 선호 경향이 어떠한 차이가 있는지 살펴볼 수 있다.

판단형의 경우는 투사매체를 활용할 때 미리 계획하고 조직된 방식을 선호하였고, 인식형의 경우는 자율적으로 상황에 따라 유연하게 투사매체를 활용하였다. 판단형의 치료사는 다음과 같이 말한다.

저는 준비를 좀 철저히 해 가는 편인 것 같아요. 일단은 주제가 이렇게 있고 뭐 예를 들면은 그냥 미술을 매체로 활용하겠다고 하면은 종이랑 크레파스나 챙겨야지. 이게 아니라 어떤 활동을 하냐에 따라서 조금 더 치밀하게 준비할 때가 있었어요. 방과 후 교실 아이들이 할 때 예를 들면은 마지막 회기 때 메달 만들기로 했거든요. 두꺼운 마분지에다가 메달 모양을 오려서 〈중략〉 시간을 계산했을 때 하나하나 다 만들게 하면 지루하겠다. 너무 오래 걸릴 것 같아서. 모양은 다 만들어서 오리게만 한다거나 계획을 치밀하게 세우는 편이에요.

매체를 활용할 때 철저하게 사전에 계획하고 준비하는 태도가 보인다. 외부세계에 대하여 체계적이고 계획적으로 접근하는 판단형의 성향이 투사매체를 활용하는 태도에도 고스란히 드러나고 있다. 반면 인식형의 치료사는 다음과 같이 말한다.

치료의 도구는 그 무엇이든 가능하다고 생각해요. 저는 그때그때 다양한 재료를 내담자에게 새롭게 제공하고 싶어요. 그리고 치료회기에서도 계획하지 않았던 소품들이나 재료를 현장에 있는 것으로 즉흥적으로 활용하는 것을 좋아해요. 그런 상황들이 좀 더 치료적으로 작용하는 것 같아요.

인식형은 상황에 따라 즉흥적인 방식으로 계획하는 것을 선호한다. 마찬가지로 외부세계에 대하여 개방적이고 융통성 있게 다가가는 인식형의 성향이 투사매체를 활용하는 태도에도 잘 반영되어 있다. 또한 인식형 치료사의 비선호 매체가 고루 분포된 것도 인식형이 지닌 유연성 때문으로 보인다. 유연성은 다양성과 새로운 것을 추구하여 자연스럽게 개방적으로 의사결정하는 것을 선호한다.

치료사는 판단형과 인식형의 선호 경향에 따라 투사매체의 적용을 계획하고 운영하는 방식에 차이가 있을 수 있다. 판단형의 경우는 매체를 활용할 때 미리 계획하고 조직된 방식을 선호하나 인식형의 경우는 자율적으로 상황에 따라 유연하게 투사매체를 활용하는 방식을 선호하는 것으로 보인다.

이처럼 치료사의 심리적 선호 경향이 투사매체 활용에 영향을 미치는 것은 어쩌면 당연한 결과이다. 심리적 선호 경향에 대한 이해는 치료사의 개별적 특성에 대한 이해를 바탕으로 궁극적으로 대극적 요소를 통합해 나가는 과정을 통해 성격유형을 발달시키는 것이다. 하지만 지나치게 대극적인 특성만 강조된다면 치료사는 투사매체 활용에서 균형감을 상실하게 될지도 모른다. 성격유형 발달의 목표가 선호하는 과정을 분화하고 덜 선호하는 과정을 발달시키는 데 있는 것처럼 치료사도 자신이 선호하는 매체를 분화시키고 비선호 매체를 보완하며 발전을 꾀해야 할 것이다.

3. 통합예술치료사의 전문성을 위한 발돋움

통합예술치료사의 전문성 발달을 위해서는 투사매체를 경험하고 치료적으로 활용할 수 있는 능력이 필수적이다. 이는 내담자의 증상과 치료맥락에 따라 적합한 투사매체를 선정하여 통합적으로 적용할 수 있는 역량을 말한다. 투사매체에 대한 전문성을 통해 치료사는 치료회기의 운영 및 진행자로서 내담자가 안전하게 예술체험과정에 몰입할 수 있도록 치료상황을 통제하고 이끌어 나가면서 치료회기를 원활히 운영할 수 있다.

통합예술치료사에게 투사매체 활용 능력은 중요한 자원이며, 다른 영역의 심리치료사나 단일예술치료사들과 구별되는 특성이기에 고유한 정체성을 갖게 하는 지점이 된다.

1) 기본 자질 살펴보기

치료사는 예술적 역량을 갖추어야 한다. 통합예술치료사에게는 예술로 자신을 표현할 수 있는 능력과 경험이 중요하다. 이러한 표현을 위해서는 기술적인 면보다 사고의 유연성과 자발적인 창조성이 요구된다. 특히 치료사는 내담자가 예술체험을 통해 잠재력을 충분히 발현하도록 자신의 창조적 역량을 발휘해야 한다. 또한 치료사는 내담자의 예술적 기술이 낮더라도 체험 자체를 존중하고 치료과정에서 드러난 심리적 자료에 대해 알아차릴 수 있어야 한다(임용자, 2016). 이를 위해 치료사는 낮은 기술과 높은 민감성Low Skill, High Sensitivity을 추구하는 접근방식으로 내담자의 표현에 다가가야 한다(Knill, 2004).

통합예술치료사로서의 전문성을 갖추기 위해서는 설정한 치료 방향에 적합한 예술매체와 접근방법을 선택하여 치료회기를 운영할 수 있는 능력이 있어야 한다. 더불어 예술의 상호보완적인 연계점을 파악하여 통합적으로 활용하는 전문성이 필요하다(Levine et al., 1999). 이러한 능력은 지적인 차원으로 터득할 수 없고 예술치료 경험이 축적되어야 가능하다(김진숙, 2010). 통합예술치료사들은 수련 과정에서 내담자 체험을 통하여 다양한 예술매체의 특성은 물론 매체 간의 통합에 따른 시너지를 이해함으로써 통합예술치료사로서 성장하게 된다.

통합예술치료에서는 여러 장르의 예술을 활용하므로 예술매체에 따른 다양한 치료도구를 사용할 수 있는 능력이 필요하다. 통합예술치료에서 넓은 의미로 다양한 예술매체가 치료의 매개가 되는 치료도구라고 할 수 있지만 여기서 말하는 치료도구는 예술매체의 활용에 따르는 다양한 소품과 도구를 말한다(홍유진, 2018). 치료도구에 대한 이해와 사용 능력을 전문적으로 갖춘다면 치료목표에 맞는 투사매체를 활용할 수 있으므로 치료 효과를 높일 수 있다. 반면 도구를 지나치게 많이 활용하는 경우나 내담자의 수준에 적합하지 않은 재료나 도구가 사용되었을 때 치료에 방해가 되기도 한다. 통합예술치료에서는 내담자의 상상력을 자극할 수 있는 최소의 도구 사용을 표방하고 있다.

2) 투사매체 적용의 어려움과 극복 과정

통합예술치료사는 전문성 발달을 위하여 균형적인 투사매체 적용을 위한 방안을 모색한다. 이를 위해 김미낭(2022)은 「통합예술치료사의 예술매체 적용에 관한 연구」에서 치료사들이 투사매체 적용의 한계를 어떻게 인식하고, 한계를 보완하기 위해 어떠한 노력을 하고 있는지 제시하고 있다.

(1) 투사매체 적용의 한계

치료사들이 경험하는 투사매체 적용의 한계는 투사매체 간의 적용 불균형, 투사매체에 대한 저항, 투사매체의 고정된 레퍼토리, 통합예술치료사의 역량 부족인 경우가 많았다.

치료사들은 투사매체에 대한 개인적 선호가 존재하고 매체에 대한 이해와 체험의 정도가 다르며, 수련 과정에서의 내담자 체험을 통한 치유의 경험과 치료사로서의 임상 경험에도 차이가 있다. 이러한 투사매체에 대한 이해와 경험의 차이는 투사매체 간 적용의 불균형을 초래할 수도 있다. 또한 통합예술치료사들은 자신이 선호하는 투사매체의 경우, 그 매체가 지닌 치료적 속성을 포함하여 매체에 대한 이해가 높다고 생각하고 기능적으로도 숙련되어 치료에 적용하는 것을 편안하게 인식한다. 하지만 선호하지 않는 투사매체의 경우 매체를 접하는 경험 자체가 적기 때문에 매체를 치료적으로 활용하는 데 이해도와 숙련도가 낮을 수밖에 없다. 이럴 때 치료사들은 투사매체의 이해와 경험의 차이에서 한계를 느끼게 된다.

또한 통합예술치료사의 투사매체 관련 자기 치유 경험에도 차이가 있다. 치료사들은 자신이 수련 과정에서 내담자 체험 중에 자연스럽게 혹은 강력한 치유 경험을 했기 때문에 투사매체에 대한 치유성이 체화될 수 있었지만, 상대적으로 선호하지 않는 매체의 경우 투사매체에 대한 치유 관련 경험치가 낮은 편이었다. 치료사들은 자신이 선호하는 투사매체를 다른 매체보다 임상에 많이 적용하였기 때문에 선호하는 투사매체에 대한 임상 경험이 풍부하다. 따라서 자연스럽게 선호하지 않는 투사매체의 임상 경험이 부족하여 투사매체 간의 불균형이 발생한다. 한편 통합예술치료사는 개인적으로 기피하는 투사매체가 있을 수 있으며 과거의 상처를 자극하는 투사매체를 경험할 때 매체에 대한 저항을 경험하기도 한다. 결국 치료사는 개인의 체험에서 투사매체에 느끼는 불편감과 저항으로 인해 임상현장에서 매체를 적용할 때 어려움을 겪게 된다.

> 저는 무용/동작을 선호하지 않는다기보다는 제가 어려워요. 몸은 언급도 좀 어렵고 일단 저부터가 몸으로 표현하는 게 좀 어색하고 낯서니까 일단 제가 좀 경직된다고 할까요. 그렇게 하려고 하면 그래서 좀 불편함을 느끼는 것 같아요. 제가 표현을 자유롭게 할 수 있냐 없냐로 저는 받아들이는 것 같아요. 〈중략〉 내가 솔직하게 표현했을 때 내 것 같고 자연스러운 거는 부끄럽지도 않고 좋은데 내가 참 어색해하고 잘 못 하고 약간 삐걱삐걱하는 걸 사람들이 볼 때 되게 수치심을 느껴요.

위의 치료사처럼 몸으로 표현하는 어색함 때문에 자기 신체 표현이 경직되며, 자연스럽지 않다는 것을 의식함으로써 자신을 부끄러워하게 되고 위축되어 매체에 대한 자신감이 떨어지는 것을 볼 수 있다. 치료사가 두려움을 느끼는 투사매체를 적용할 때 단순 적용은 할 수 있지만, 그 이상으로 매체의 확장이 필요한 순간은 피하게 되는 것으로 여겨진다.

치료사들은 자신의 선호 매체를 중심으로 다른 투사매체로 확장되면서 투사매체 활용 능력을 발달시킨다. 그러나 부정적 경험 때문에 자연스러운 발달이 저해되는 경험을 하기도 한다. 다음 치료사의 이야기를 들어보자.

> 제가 중학교 때 그 그림을 그리다가 선생님께 욕을 엄청 먹은 적이 있었어요. 그때 저는 4시간 동안 그렸고 우리 반 1등은 한 시간을 그렸는데 A⁺를 받았고 저는 D를 받았어요. 그런데 그때 제가 버드나무를 그렸는데 선생님이 여자 머리카락 같다며 뭐라 하셨어요. 그 전까지는 그림 그리기를 되게 좋아했거든요. 그런데 그러고 나니까 안 해. 그런 부분들이 강하게 있어요. 이런 경험을 하다 보니까 미술매체를 활용할 때… 과거의 상처랄까 그 마음과 연결이 돼요. 그래서 미술매체를 적용할 때 다른 매체를 대체하려고 해요.

사소한 일일 수도 있겠지만, 경험의 당사자에게는 트라우마틱한 사건이 될 수도 있는 것이다. 이 부분은 비단 치료사만의 경험이 아니다. 사람들은 저마다의 고유한 선호 경향을 발달시키는 과정에서 외부의 요구에 따라 부자연스러운 변형이 일어나는 경우가 있다. 이처럼 치료사의 개인적 경험은 투사매체 활용에 부정적 영향을 미치며 매체 사용에 저항이 일어나게 할 수 있다.

통합예술치료사들은 자신의 성향에 따른 투사매체 선호가 존재하기 때문에 때로는 고정된 기법만 사용하거나 투사매체 적용에서도 고착되는 현상이 나타나는 것에 대하여 문제를 인식하고 자기반성을 한다.

> 제가 습관적으로 사용하는 매체 위주로 사용하고 있었다는 것도 알게 되었고요. 왜 이 매체를 소외시켰는지에 대해 진지하게 되돌아보게 되었어요. 그리고 선호하는 매체를 주로 활용하다 보니 주로 사용하는 기법도 정해져 있어요. 한편으로는 반성하게 되네요. 안일하다고 해야 할까요. 주로 사용하는 매체도 확장이 필요한 데….

치료사들은 투사매체를 활용할 때 고정된 레퍼토리에서 벗어나지 못하는 한계를 느낀다. 치료사들은 자신이 임상에 적용하였을 때 치료 효과를 경험한 기법을 주로 활용하는 경우가 많았다. 치료사가 잘 활용할 수 있는 매체를 내담자에게 제공한다는 측면에서는 안정적이지만 치료사들은 새로운 매체로의 확장이 필요하다는 것을 알고 있었다.

치료사들은 투사매체 활용에서 자신의 성향에 따른 투사매체 선호가 굳어지는 경험을 한다. 치료사는 자신이 사용하는 투사매체가 고정되다 보니 다양한 투사매체가 지닌 치료적 속성들을 활용하는 데 한계가 있다는 것을 인식하였다. 투사매체마다 고유한 치료적 역할이 있음에도 이를 활용하지 못하고 있다는 것을 인식함으로써 통합예술치료사의 역할을 재인식하는 계기가 되었다.

통합예술치료사들은 자신의 선호 경향이 투사매체를 선택하고 적용하는 데 영향을 미친다는 것을 인식하면서 통합예술치료가 지향하는 내담자 맞춤형의 치료를 진행하고 있는지에 대하여 의문을 품게 된다. 이러한 과정에서 이론의 지향을 임상현장에서 실현하지 못하고 있는 괴리를 경험하기도 한다. 그리고 내담자 중심의 치료가 아닌 치료사 중심의 투사매체를 적용하고 있을 수도 있다는 사실을 직면하며 통합예술치료사로서의 역량이 부족하다는 한계를 느낀다.

통합예술치료사들은 다양한 투사매체를 통합 적용하기 때문에 다양한 투사매체를 치료적으로 활용할 수 있는 능력이 필요하다. 치료사들은 통합예술치료사이기 때문에 여타의 단일 예술매체를 적용하는 예술치료사보다는 투사매체 적용과 관련하여 결핍감을 느낀다.

우리가 모든 예술매체를 다 전문가처럼 할 수는 없잖아요. 나도 모르게. 내가 선호하는 매체들을 주로 사용한다든가 그러다 보니까. 안 쓰는 매체는 계속 안 쓰던가. 이런 일들이 좀 벌어지는 거죠. 그러면서도 또 동시에 저걸 해야 하는데 하는 어떤 결핍도 느껴요. 우리가 통합예술치료사이기 때문에. 내가 단일 매체를 쓰는 치료사라면 글쎄요. 그렇게까지 고민을 안 했을 것 같아요.

이처럼 통합예술치료사들은 자신의 성향에 따른 예술매체 선호가 실제 매체를 선택하고 임상에 적용하는 데 한계로 작용한다는 것을 인식하고 있다. 치료사가 한계를 인정하는 것은 윤리적으로 중요한 문제이다. 통합예술치료사들은 자신의 개인적 한계를 인정하면서 내담자 중심의 투사매체 적용을 위하여 한계를 보완하기 위한 여러 시도를 하고 있다. 그래서 치료사의 예술매체 적용의 한계를 극복하는 방법도 통합예술치료사들의 경험 안에서 해답을 찾고자 한다.

(2) 투사매체 적용의 한계 극복

균형적인 투사매체의 적용은 내담자의 욕구를 반영하고 치료의 필요성에 부합하는 매체를 적용하는 것을 말한다. 즉 내담자 중심으로 투사매체를 적용하는 것이다. 치료사들은 투사매체 적용의 한계를 개선하기 위하여 치료사의 균형감 유지, 임상 매뉴얼 적용, 치료팀 상호보완 체계의 적용이 필요하다고 보았다.

통합예술치료사들은 개인의 한계를 보완하기 위해 투사매체 적용과 관련한 자기 인식과 역량강화의 필요성에 관심을 가진다. 치료사는 매체의 적용에 대한 자각을 통해 자신에게 어떠한 역량이 부족한지 파악하고, 투사매체 적용의 편향을 알아차릴 수 있다. 치료사들은 예술매체 적용에 대한 자기 인식과 성찰을 바탕으로 투사매체 적용과 관련하여 자신에게 부족한 역량이 무엇인지 인식할 수 있다. 이러한 치료사의 투사매체에 대한 자기 인식과 역량강화는 투사매체 적용에 대한 치료적 태도를 공고히 하며 예술 매체별 적용의 균형감을 유지하도록 하여 투사매체 적용의 한계를 보완한다.

치료사들은 임상 경력을 쌓아가면서 자신이 선호하지 않는 투사매체에 대한 도전을 받게 되거나 더는 피할 수 없는 순간을 마주하게 된다. 그러한 경험들 속에서 자신들만의 방식으로 부족한 부분들을 채워나간다. 투사매체 활용 역량을 강화하기 위해 자신이 부족하다고 생각하는 매체를 집중적으로 탐구하며 연구한다. 치료사가 투사매체의 적용 역량을 강화하기 위한 노력은 일반적으로 해당 분야에 대한 이론적인 학습과 치료사를 위한 보수교육에 참여하는 것이다. 또한 치료사들은 일상생활에서 자신만의 방식으로 예술 분야에 관심을 가지며 자신의 개인적 한계를 극복하기 위한 시도를 한다. 이는 통합예술치료사들이 예술을 바라보는 본질적 태도와 관련이 있다. 홍유진(2018)이 『내 안의 나를 깨우는 통합예술치료』 책 서문에서 "예술은 향유하는 자의 고유한 권리이다."라고 밝힌 것처럼 다양한 투사매체를 치료의 도구로 활용하는 통합예술치료사에게 예술은 치료 도구이기 전에 일상을 의미 있고 가치가 있게 하는 삶의 도구이기도 하다. 치료사는 다양한 예술 언어를 통하여 세상과 연결되며 인간에 대한 이해를 확장함으로써 투사매체에 대한 균형감을 유지하는 것으로 보인다.

또한 개인적으로 비선호 매체에 대해 자신의 심리적 이슈를 돌보는 작업을 통해 치료사들은 예술매체 영역을 확장해 나간다. 치료사들은 투사매체와 관련된 개인적 트라우마 때문에 투사매체에 대한 저항을 경험하였다. 저항으로 인한 한계를 치료사들은 인식하고 이를 극복하기 위해서 자신의 심리적 이슈를 위한 치료를 받거나 직접적인 자기돌봄을 선택한다. 이러한 과정을 통하여 투사매체 활용 능력은 개발되고 지속적인 발전을 하게 된다.

배움이란 단순히 독서처럼 지적으로만 지식을 얻는 게 아니라 우리 삶 전체를 통해서 배우는 것이라고 하였다. 치료사는 자신에게 주어진 일뿐만 아니라 삶 전체로부터 배움을 확장해 나가는 것이 필요하다. 이러한 과정은 배움에 몰입하게 한다. 모든 대상으로부터 배움의 자세를 통해 몰입의 과정을 가지는 것은 치료사에게 예술성을 키우는 중요한 훈련이 된다. 예술적 감수성은 늘 깨어 있는 개방된 눈과 마음이 필요하다. 치료사에게 예술적 감수성이 중요한 만큼 그들에게 배움은 늘 멈추지 않는 것이다(Moon, 2010).

통합예술치료사들이 다양한 투사매체의 활용을 지향하는 것은 임상 경험뿐만 아니라 삶에서도 예술적 경험을 확장한다. 이러한 경험은 자연스럽게 예술매체의 확장을 돕고 치료사로 하여금 새로운 시도를 하게 한다. 이러한 과정은 매체 간의 시너지를 현상적으로 체험하도록 안내한다. 치료사들은 시간이 지나면서 이 과정을 즐길 수 있게 된다. IT기반 통합예술치료는 통합예술치료 분야에서 고유한 투사매체의 통합양식으로 이론적 토대를 형성하고 있지만 아직은 역사가 짧은 편이다. 그렇기에 통합예술치료사들이 IT기반의 통합예술치료 임상 매뉴얼을 실제 임상현장에 적용하면서 체화하고 내면화하는 과정이 필요하다.

통합예술치료사들은 투사매체 적용의 한계를 보완하기 위해 치료의 형식적인 면을 강조하고 치료의 구조를 활용한다. 치료사 개인의 한계를 보완하는 방법은 객관적인 근거에 의해 치료사의 역할 수행을 하는 것이었다. 이를 위하여 내담자가 선호하는 투사매체를 파악하고 내담자의 상태를 진단하여 전반적인 내담자에 대한 이해를 바탕으로 치료를 설계하는 과정이 중요하다. 초기 면담 과정에서 예술매체에 대한 선호를 파악하여 적용하는 것은 초반부 내담자가 편안하게 치료에 진입하는 것을 돕기도 하지만 내담자가 자신이 선호하는 예술체험에서 강한 인지와 자각 통해 긍정적인 변화를 보인다. 이는 치료사가 내담자에 대한 이해를 기반으로 투사매체를 적용함으로써 치료사 중심의 투사매체 적용에서 내담자 중심의 투사매체 적용으로 균형을 찾을 수 있게 하는 단초가 되는 시도로 이해할 수 있다.

또한 한 회기의 치료목표를 성취하기 위해서 옴카 과정에 따라 매체를 통합하고, 전체 회기를 단계별로 이끄는 세라트에 따라 투사매체를 선정한다면 치료사의 개인적 한계에 의해 발생하는 예술매체 적용의 불균형을 해소할 수 있을 것이다. 통합예술치료사들은 옴카 과정이나 세라트 단계의 소목표에 따라 투사매체를 적용하는 것이 내담자에게 안전한 치료의 구조화를 제공하는 것이며 동시에 치료사 자신에게도 안전한 치료를 진행하도록 하는 전문적인 보완 방법이라고 생각한다.

통합예술치료사들이 임상 매뉴얼을 적용한다는 것은 치료사로서 전문성을 다지는 훈련과정이라고 할 수 있다. 통합예술치료 전문가로서 효율적인 통합예술치료를 하기 위해서는 끊임없는 훈련과정이 필요하다. 전문가로서 성장해 가는 과정은 통합예술치료에서의 '인격의 변형을 통한 재탄생'을 목표로 진행하는 세라트 단계와 유사하다. 통합예술치료 임상 매뉴얼을 임상현장에 적용하며 치료사로서 적응하는 단계, 즉 세라트의 적응Adaptation 단계의 현실 적응 훈련 단계를 몸소 체험하고 있는 것으로 보인다. 치료사는 이러한 임상 매뉴얼을 체화하는 과정을 통해 치료전문가로 변형Transformation되는 것이다. 이렇듯 통합예술치료사들은 전문가로서 성장하는 과정에서 겪게 되는 개인적인 한계 체험을 전문적인 훈련 및 태도로 극복하고 있다.

통합예술치료사들은 투사매체 적용의 개인적인 한계를 보완하기 위하여 치료팀 체계를 활용한다. 치료사가 선호하지 않는 투사매체도 보조치료사를 활용하여 치료에 적용할 수 있으며 동료 간의 슈퍼비전과 슈퍼바이저를 통한 슈퍼비전을 통하여 내담자의 증상과 치료 맥락에 적합한 투사매체를 선정하고 임상현장에 적용할 수 있는 실질적인 도움을 받을 수 있다.

통합예술치료에서는 투사매체의 통합 적용을 위해 보조치료사를 도입하고 있다. 치료사들이 치료팀을 구성할 때 자신을 보완해 줄 수 있는 반대의 성향을 선호하였고 일부는 자신과 비슷한 성향을 선호하기도 한다. 치료사들이 선호하는 보조치료사가 지닌 예술적 역량을 치료사 다수가 자신이 잘 활용하는 매체 이외에 다른 투사매체 활용을 보완해 줄 수 있는 보조치료사를 선호하였고 일부는 자신이 선호하는 투사매체를 효과적으로 활용하기 위하여 같은 분야에 강점을 지닌 또는 그 매체를 전공한 사람을 선호하기도 한다.

통합예술치료사들은 치료팀을 구성할 때 전체 치료 운영을 위해, 치료 목표를 단계적으로 실현하기 위해 보조치료사를 같은 목표를 향해가는 동반자로 인식하고 있다. 그러므로 동등한 위치에서 상호교류하며 역할의 경계를 잘 지키는 것이 중요하다. 통합예술치료사들은 보조치료사가 투사매체를 적용하는 데 도움이 되지만, 보조치료사가 기본적으로 성실하고 사회적인 조망 능력과 기본적인 소통 능력을 지녔을 때 통합매체 사용에 도움이 될 것이라고 한다. 이렇듯 통합예술치료사들은 보조치료사의 활용을 통하여 투사매체 적용의 한계를 보완하고 있다.

다음은 동료 간의 슈퍼비전과 슈퍼바이저를 통한 슈퍼비전을 통하여 개인의 한계를 보완하며 균형적인 매체를 적용하려고 노력한다. 치료사들은 동료들 간의 유대를 통하여 상호 보완적인 관계를 유지하며 안전하게 자신의 회기를 평가받으며 자신의 투사매체 적용방식을 점검받게 된다. 동료가 자신을 비춰주는 거울이 되며 이를 통하여 투사매체를 좀 더 다양하게 다룰 수 있는 기회를 맞이한다.

치료사들은 자신과 동료 슈퍼비전만으로 해결할 수 없는 문제를 슈퍼바이저의 슈퍼비전을 통하여 해결하게 된다. 또한 핵심 치료 모델 및 기법을 다양한 대상자에게 적용하면서 발생하는 여러 문제를 논의하기에는 슈퍼바이저와 논의할 수 있다. 같은 투사매체를 적용해도 대상자에 따라 치료목표에 따라 적용하는 방식이 다양하므로 이러한 민감한 사항은 슈퍼비전을 통하여 도움을 받을 수 있다. 이러한 과정을 통하여 핵심 치료 모델에 대한 이해가 심화되며 투사매체를 치료적으로 활용할 수 있는 능력을 개발하게 된다.

통합예술치료사들이 투사매체의 통합을 지향하는 것은 궁극적으로 내담자를 돕기 위함이며 내담자 중심의 투사매체를 제공하기 위해서이다. 내담자에게 투사매체에 대한 선택권을 제공하여 방어를 최소화하고 흥미도와 참여도를 높일 수 있다. 이 과정은 치료 초반부에 중요하게 작용하며 내담자가 치료팀에 대한 신뢰를 바탕으로 치료에 계속 참여할 수 있는 계기를 마련하게 된다. 결과적으로 통합예술치료사는 균형적인 투사매체 적용을 위하여 항시 투사매체 적용에 대한 균형감을 유지해야 한다. 또한 임상 매뉴얼에 따라 투사매체를 적용할 때 내담자에게 치료적으로 적합한 매체를 안전하게 제공할 수 있다. 마지막으로 치료팀 체계를 통하여 지지와 조력을 받으며 투사매체 적용의 한계를 보완할 수 있다.

최근 예술치료 분야에서 하나의 경향으로 자리매김하고 있는 통합예술치료는 예술매체를 통합적으로 적용함으로써 치료의 효용성을 높이고 있다. 이는 통합예술치료 각각의 투사매체가 대체할 수 없는 고유한 치료적 속성을 지니고 있다는 점을 보여 주는 결과이다. 그렇기에 통합예술치료사는 여러 투사매체가 지닌 고유한 치유성을 조화롭게 활용하여 치료적 시너지를 창출할 수 있어야 한다.

통합예술치료사들은 개인적 측면에서 투사매체 적용의 한계로 인하여 어려움을 겪게 되지만, 이러한 과정을 통하여 투사매체를 치료적으로 활용할 수 있는 역량을 강화하며 전문가로서 성장한다. 통합예술치료에서는 치료사가 더 다양한 투사매체를 활용할 수 있는 역량이 요구되기에 수련 과정에서 임상 매뉴얼을 내면화하여 체화하는 과정이 쉽지 않다. 따라서 치료사들은 자신의 한계를 직면하며 통합예술치료사로서 자신의 자질이 부족함을 경험하게 되는 것이다. 하지만 통합예술치료사들의 개인적 한계는 통합예술치료의 임상 매뉴얼과 상호보완적 치료팀 체계에 의하여 보완될 수 있었다. 즉 IT기반 통합예술치료는 체계적인 임상 매뉴얼을 제시하여 안전한 치료과정을 제공하며, 치료팀의 체계화로 초보 치료사도 안정적인 역할 수행을 할 수 있도록 도움을 받을 수 있다.

따라서 통합예술치료사들은 균형적인 투사매체 적용을 위하여 투사매체 적용에 대한 자기 탐색과 성찰 작업을 통한 개인적 훈련과정이 필요하다. 이러한 개인의 노력을 전제로 치료 공동체 안에서의 성장을 도모해야 한다. 그리고 이러한 지향성은 통합예술치료가 궁극적으로 도달하고자 하는 '우주적 존재로서의 가치를 자각'이라는 통합예술치료의 본질적인 인간관과도 연결되며 이를 통해 내담자 중심의 예술매체 적용이 가능할 것이다.

3) 태도를 넘어 실천으로

치료사들이 자신의 한계를 마주하며 전문가로서 부족함을 직면하는 과정은 마치 통과의례와 같다. 전문가로서의 발달과정은 오랜 시간이 필요하기에 우리는 여러 차례 통과의례를 거치게 된다. 치료사는 치료과정을 의식화하면서 투사매체가 지닌 본질적 치료 기능과 창조적으로 연결될 수 있으며 이때 지식과 기술을 넘어서는 통찰을 통하여 성장으로 나아가게 될 것이다. 이러한 성장은 통합예술치료사의 임상현장에서의 실천적 탐구와 전문성 발달을 위한 노력에서 비롯된다. 내담자들이 다양한 방식으로 자신을 표현하고 치유해 나갈 수 있도록 돕기 위해서 치료사에게 다음과 같은 실천적 태도를 제안하고자 한다.

첫째, 통합예술치료사는 투사매체 적용의 타당성에 대한 비판적 사고가 필요하다. 치료사들은 내담자 중심의 맞춤형 치료를 지향하지만, 치료사에게 익숙한 매체를 내담자에게 제공하거나 내담자가 긍정적인 반응을 보였던 매체와 기법들만 적용할 수 있다. 이는 치료사 중심으로 매체를 적용하는 것이다. 이렇듯 치료사는 투사매체를 적용할 때 치료적으로 적합한가의 타당성을 검토하기 위하여 건설적인 비판적 태도가 필요하다. 폴(Paul, 1990)의 견해에 따르면 비판적 사고는 자기 주도적이며 '아는 것에 대해 이성적으로 입증하고, 모르는 것에 대해 명료하게 사고'하는 것이다. 비판적 사고는 깊이 있는 의미를 탐색하게 한다. 이는 치료사가 투사매체를 적용하는 과정에 대한 자기 인식이라 할 수 있다. 통합예술치료사는 투사매체를 적용할 때 항상 전문적인 태도를 견지해야 할 것이다.

둘째, 통합예술치료사들은 투사매체의 고유한 본질에 대하여 이해가 필요하다. 통합예술치료에서의 치료원리와 투사매체 적용의 원리의 근원은 자발적인 예술체험을 통하여 의식을 진화시키고 우주적 존재로서의 가치를 자각하도록 하는 것이다. 예술치료 과정은 스스로 치유하도록 내 안의 나를 깨우는 것, 인간의 자가치유력 곧 인간 근원의 창조적 능력이 예술체험을 통하여 깨어나 새로운 인식과 통찰을 가능하게 하는 것이다. 내 안의 나를 깨우는 것은 우리 안의 신성함, 즉 자기Self와의 연결을 통하여 다른 존재의 본질과도 연결되게 한다. 투사매체는 매체별로 고유한 치료적 기능을 내포하고 있으며 서로 창조적으로 연결되어 있다. 이러한 투사매체의 치료원리를 이해한다면 치료사가 예술매체를 통합하는 역량을 발휘하는 데 투사매체를 다루는 기술 부족은 더 이상 방해요인으로 작용하지 않을 것이다.

통합예술치료사들은 임상 매뉴얼에 대한 이해와 충분한 체화의 과정이 필요하다. 치료사들은 투사매체가 지닌 본질의 속성에 대한 이해를 바탕으로 임상 매뉴얼에 따라 핵심 치료모델과 기법을 적용하는 훈련을 해야 한다. 실무 경험을 통하여 임상 매뉴얼에 대한 이론과 실제의 차이를 통합하게 되어 투사매체 적용에 대한 전문역량이 증진된다. 또한 같은 매체를 적용한 기법이라도 여러 가지 변인에 따라 참여하는 내담자의 반응이 다르게 나타나므로 치료사는 다양한 임상 경험을 통해 배움이 커질 것이다. 내담자가 우리의 가장 좋은 선생님일 수 있다는 말처럼(Kottler, 2108) 치료사는 내담자와의 만남을 통해 성장하게 된다. 또 다른 배움의 창구는 역할 모델을 활용하는 것이다. 특히 초보 치료사나 특정 매체 적용이 어려운 치료사의 경우는 숙련된 통합예술치료사를 역할 모델로 전문가의 역할을 발달시켜 나가는 것도 하나의 방법이 될 수 있다. 통합예술치료는 치료팀으로 운영되기 때문에 많은 임상 경험을 쌓을수록 다양한 역할 모델을 만날 수 있다.

마지막으로 우리가 전문가로서 발달하기 위해서는 치료과정에 대한 끊임없는 내적 자문 Ask Oneself과 외적 자문인 슈퍼비전이 필요하다. 자기 자신에 대한 탐색과 성찰을 통한 진실한 자기 평가와 슈퍼비전을 통한 지지 및 돌봄의 환경에서의 객관적 자기 평가는 치료사로서 전문적 역량 발휘뿐만 아니라 개인적 성장에도 도움을 줄 수 있다.

 참고문헌

김미낭(2022). 통합예술치료사의 예술매체 적용에 관한 연구. 동덕여자대학교 대학원 박사학위논문.
김진숙(2010). **샤머니즘과 예술치료**. 서울: 학지사.
김창윤(2020). **성격과 삶**. 서울: 북캠퍼스.
노안영, 강영신(2003). **성격심리학**. 서울: 학지사.

이부영(2018). 분석심리학. 서울: 일조각.

임용자, 유계식, 안미연(2016). 표현예술치료의 이론과 실제. 서울: 학지사.

홍유진(2018). 내 안의 나를 깨우는 통합예술치료. 서울: 학지사.

Atkins, S., & Williams, L. D. (2010). *The Expressive Arts Therapy Sourcebook*. 표현예술치료 소스북 (최은정, 김미낭 공역). 서울: 시스마프레스. (원서 2007년 발행).

Botton, A., & Armstrong, J. (2013). *Art as Therapy*. London: Phaidon Press Limitrd.

Knill, P. J., Levine, E. G., & Levine, S. K. (2011). *Principles and practice of expressive arts therapy*. 치료미학: 표현예술치료의 이론과 실제(이모영, 문소연 공역). 서울: 시그마프레스. (원서 2004년 발행).

Kottler, J, A. (2018). *On Being a Therapist* (4th ed.). 상담자가 된다는 것(이지연, 황진숙 공역). 서울: 학지사. (원서 2010년 발행).

Malchiodi, C. (2005). *Expressive Therapies*. New York: Guilford Press.

Moon, C. H. (2010). *Studio art therapy: Cultivating the artist identity in the art therapist*. 스튜디오 미술치료(정은혜 역). 서울: 시그마프레스. (원서 2002년 발행).

Myers, I., & Briggs, K. (1994). *Theory, Psychometrics Application*. MBTI 개발과 활용(김정택, 심혜숙, 제석봉 공역). 서울: 한국심리검사연구소. (원서 1985년 발행).

Paul, R. (1993). *Critical thinking*. California: Santa Rosa, CA: Foundation for Critical Thinking.

Payne, H. (1992). *Dance movement therapy*. England: Tavistock/Routledge.

Rogers, N. (1993). *The Creative Connection*. California: Science & Behavior Books, Inc.

Van der Kolk, B. (2016). *The body keeps the score: Brain, mind, and body in the healing of trauma*. 몸은 기억한다(제효영 역). 서울: 을유문화사. (원서 2014년 발행).

제6장

IT기반 통합예술치료팀 운영체계

최미선

통합예술치료
임상실제

저자는 예술치료사로서 경력을 쌓아갈수록 임상이 점점 어렵게 경험되었고 다양한 차원에서 역량의 한계를 절감하고 있었다. 그러던 차에 한국임상정신분석연구소The Institute for Clinical Psychoanalysis: ICP에서 시작한 수련 여정을 통해 마침내 정신분석가ICPsyA가 되었다. 정신분석은 치료의 폭을 확장하여 저자를 좀 더 단단하게 성장시켰다. 예술심리치료의 치료적 속성과 가치를 소중히 여기던 저자는 정신분석을 바탕으로 예술치료를 확장하고자 하는 내면의 요구를 발견하고 용기를 내게 되었다. 예술치료의 깊이를 더하기 위하여 저자는 고심 끝에 통합예술치료를 선택하였다.

평소에도 치료사의 전문성과 지속적인 훈련에 대해 늘 관심이 있던 저자는 통합예술치료를 공부하는 과정에서 뜻밖에 '통합예술치료팀 운영체계Integrated Arts Therapy Team Management System'를 접하게 되었다. 이는 임상 조직의 업무를 체계적으로 관리하고 예술치료사와 치료팀 간의 협력을 통해 다양한 임상 상황에 대한 경험과 지식을 공유하는 새로운 방식의 치료사 교육과 훈련체계로 이해되었다. 그러면서 저자는 통합예술치료팀 운영체계야말로 치료사의 역량 증진을 위한 매우 효율적인 슈퍼비전의 플랫폼으로 기능할 수 있다는 가능성을 경험하였다. 통합예술치료팀 운영체계의 효과성과 효율성에 대해 객관적으로 살펴보기 위한 탐색에 전념하며 그 조직의 특성 그리고 기능과 효과성에 대해 구체적으로 연구하여 작은 성과를 얻을 수 있었다. 허락된 지면을 통해 저자가 직접 관찰하고, 경험하고, 그리고 확인한 통합예술치료팀 운영체계의 내용과 기능을 간략하게나마 소개하고자 한다.

1. 상호보완적 치료팀

IT기반 통합예술치료는 고유한 환경에 따라 다양한 발달과정을 경험한 인간 정신의 다원적인 세계를 존중하는 차원에서 두 가지 이상의 예술매체를 통합하여 적용하는 원칙을 따르고 있다. 내담자의 다양한 심리적 어려움을 보다 체계적으로 돕고자 내담자 맞춤형 핵심 치료 모델 및 기법을 매뉴얼화하여 제시하고 있다. 이는 각 개인의 고유한 내면과 자연스럽게 소통하여 정신 조직 기능의 재구조화를 시도할 수 있도록 체계화되었다. 따라서 통합예술치료사는 IT매뉴얼이 제시하는 구조적 특성을 기반으로 내담자의 심리적 안녕과 증상개선을 도모하기 위한 프로그램 설계 지식과 이를 활용할 수 있는 운영 기술 역량을 갖추어야 한다.

통합예술치료사는 치료적 도구로 활용하는 예술매체에 대한 심층적인 이해를 바탕으로 심리치료에 관한 인접 분야의 학문적 지식을 두루 갖추고 임상에 임해야 한다. 또한 여기에 안주하지 말고 자신의 임상 사례에 대한 반성적 사고 과정을 전제하는 훈련을 지속하여 실제 적용 가능한 임상지식과 기술의 전문성을 점진적으로 발달시켜 가야 한다. 치료사의 역량 증진에 대한 중요성은 다양한 관점에서 강조되고 있지만 이는 단순히 인지적 차원의 학습 수준을 높이는 것만으로는 달성하기 어렵기 때문이다. 이런 관점에서 본다면 통합예술치료팀 운영체계야말로 치료사의 통합적인 역량을 제고(提高)하는 실효적 매개가 될 수 있다. 일반적으로 통합예술치료팀 운영체계는 임상의 원활한 진행을 지원하고 치료사의 역량을 증진할 수 있도록 협력적 실천과 학습공동체의 특성을 기반으로 조직되었다.

통합예술치료팀은 통합예술치료 구조하에서는 편리성을 위해 '치료팀'이라고 불리며, 다양한 자격으로 구성된 치료팀은 임상 준비단계부터 종결까지 단일한 체제로 활동한다. 내담자를 위한 통합예술치료사는 팀 체제로 프로그램을 운영하는 만큼 각 치료사는 임상적 전문성을 토대로 치료팀의 구성원은 상호보완적이고 유기적인 협업 체계로 긴밀하게 유지하는 것이 매우 중요하다. 그러한 만큼 IT기반 통합예술치료는 치료의 가치와 치료적 성과를 견인하는 역할을 치료팀에게 부여하고, 치료사 각 개인의 임상적 전문역량을 통합예술치료사의 필연적 책무로 규정하고 있다.

1) 구조와 역할

통합예술치료팀 운영체계의 구조는 슈퍼바이저, 임상팀장, 치료사 그리고 보조치료사로 구성된다. 치료팀은 임상 수행을 위하여 자격의 지위에 따라 각각의 역할에 따른 임무가 주어진다. 각 팀원은 임상 경험을 공유하며 이를 토대로 얻게 된 정보를 가지고 토론과 평가 과정을 반복적으로 수행한다. 이 관계의 특성은 내담자의 발달과 성숙을 위해 임상의 전 과정을 지원하며 동시에 치료사의 전문성 발달을 상호보완적으로 증진하는 기회를 제공한다 (홍유진, 2018).

보조치료사는 치료사가 주관하는 예술치료 프로그램 진행 과정에 직접 참여하며, 치료사와 긴밀한 협조 체제하에 활동 시연 또는 회기 촉진자 역할과 치료공간 세팅 및 치료도구 준비와 제공 등을 담당한다. 그리고 임상 과정에 대한 관찰 및 기록을 하며 그 내용을 바탕으로 임상일지를 작성하며 자신의 미비점을 확인하게 된다. 그리고 팀별 과업으로 매 회차마다 사전 및 사후회의에 참여하며 팀의 성과를 위해 그리고 개인의 전문성 증진을 위해 치료팀과 유기적인 관계를 유지하며 임상 현안을 토론한다. 결과적으로 통합예술치료에서 요구하는 다양한 업무를 지원하며 치료사가 회기 진행에 온전하게 몰입할 수 있도록 도움을 제공한다. 동시에 수행업무를 완수하고 치료사를 모델링하며 얻게 된 다양한 경험은 기초지식으로 활용되어 슈퍼바이저가 주관하는 심층적인 수준의 슈퍼비전을 소화하는 밑거름이 된다.

치료사는 내담자를 위한 통합예술치료 프로그램 설계와 운영을 책임지고 수행하는 기능을 한다. 이 과정에서 프로그램에 대한 적절성과 운영과정에서 반드시 준수해야 하는 성질에 대해 임상팀장으로부터 원론적인 지도를 받는다. 임상 진행 직후에 이루어지는 사후회의에서는 사례내용을 즉각적으로 돌아보는 기회로 활용하여 팀원들이 함께 사례를 점검한다. 이는 사례내용 경험이 치료사의 주관적 견해에 치우치거나 시간 지연으로 인해 왜곡될 수 있는 사고와 정서를 중립적으로 유지하는 데 기여하여 팀원들은 비교적 객관적 사실에 입각한 사례내용을 정리하게 된다. 정리된 사례내용을 토대로 임상팀장의 주관하에 이루어지는 슈퍼비전에 참여하여 서로의 지식을 공유하고 임상 현안에 대해 다 각도로 토론하면서 역량은 자연스럽게 증진된다.

임상팀장은 치료팀의 임상 전반에 직간접적으로 개입하며 치료사의 역량증진을 위해 다차원적으로 지원한다. 그리고 통합예술치료팀 운영체계가 의무로 규정하는 수행업무를 팀 차원에서 관리하고 점검하는 막중한 역할을 담당한다. 그뿐만 아니라 치료팀의 임상수행 능력을 점검하고 치료사에게 필요한 역량 요인을 파악하여 팀원의 수준을 고려하며 해결책을 강구한다. 이 과정은 임상팀장 자신의 역량을 점검하는 계기가 되기도 하여 스스로를 반성하는 자기성찰의 기회가 된다. 그리고 임상팀장의 중요한 업무 중에는 치료사가 감당하기 어려운 임상적 실무와 기관과 관련된 업무를 지원하는 실무 지도가 있다. 임상팀장만 수행할 수 있는 고유한 업무로는 치료사와 보조치료사 각 개인의 특성과 자질을 고려하여 완성도 높은 치료팀을 조직하고, 임상이 종결할 때까지 안전하게 유지되도록 책임을 다한다. 임상팀장의 관리범위에 해당하지 않거나 역량의 한계를 벗어난 경우에는 적법한 절차를 거쳐 슈퍼바이저에게 중대 사안을 보고하고 문제를 해결하는 중간 역할을 한다. 이 과정에서 얻게 된 지혜를 통해 임상팀장의 전문성도 증진된다.

슈퍼바이저는 치료팀원 전체의 역량증진을 지원하는데 치료팀에서 개인적 요구가 발생하면 그들의 전문성 향상을 위해 임상적 난제의 요인을 파악하고 이를 돕기 위해 다방면으로 지원한다. 또한 치료사의 사적인 고충이나 치료사 자신의 개인적 이슈에 따른 역전이 관리 등 심층적인 임상 현안을 상담하며 치료사의 인격적 성숙과 발달을 지원한다. 무엇보다도 가장 중요한 핵심 역할은 치료사의 역량에 대한 개입과 평가를 담당하는 감독자로서 통합예술치료팀을 총괄 지휘하고 운영한다.

치료팀의 실용적인 임상 지식과 기술의 전문성을 습득할 수 있는 것은 회기 운영 이후에 즉각적으로 이루어지는 사후회의나 피어비전의 기회를 통해 오염되지 않은 진솔한 사례내용을 공유하고 이를 토대로 실증적 차원에서 훈련이 진행되기 때문이다. 이렇듯 이루어지는 치료사 교육과 훈련과정은 치료사 개인의 주관적 경험에 의존하여 사례를 보고하는 일반적인 슈퍼비전 체제와 구분되는 IT기반 통합예술치료의 독창적인 역량기반 교육훈련 체제이다.

슈퍼비전에 관한 연구에 따르면 치료사가 보고하는 내담자의 특징적 표현이나 치료사의 임상적 접근 내용이 순전히 치료사의 주관적 경험에 의해 보고된다고 한다. 따라서 개인 슈퍼비전의 경우 사례내용의 객관성을 유지하기 위해서는 다양한 방면에서 슈퍼바이저와 슈퍼바이지 모두 본질적인 사안을 객관적으로 전달하기 위한 노력이 필요하다. 특히 초보 치료사에게 자주 야기되는 현상으로 시간적 간극으로 인한 기억의 오류와 치료사 개인의 심리적 상황에 따른 편중된 사고과정 등의 다변적 요소에 따라 치료사의 견해가 왜곡될 수 있다.

치료사도 주관적인 견해에 지배받아 다소 편향적인 시각으로 내담자를 파악하고 자신에게 보다 관심이 가는 주제에 집중할 수 있다. 이러한 차원에서 슈퍼바이저는 슈퍼바이지가 전달하는 사례내용과 함께 슈퍼바이지의 상태 등을 점검하는 것까지 감당할 수 있는 슈퍼바이저로서의 특별한 역량이 필요하다. 한편 슈퍼바이지가 객관성을 최대한 유지할 수 있도록, 슈퍼비전에 대한 준비와 절차 등 사례 개념화에 대한 별도의 교육을 제공해야 한다(Carol et al., 2015). 그래야만 치료사는 자신의 임상사례를 비교적 공정하게 전달하여 슈퍼비전의 의미와 효과를 최대한 누릴 수 있다. 앞서 언급한 바와 같이 통합예술치료팀 운영체계는 임상과정에 팀 체제로 참여하는 것을 원칙으로 하여 이러한 우려를 보완하고 있다. 더불어 치료사에게 요구되는 통합적 역량을 세분화하여 제시하고 이를 성취하도록 구체적인 수행업무를 제시하며 독려하고 치료사의 전문성 증진을 위해 만전을 기한다. 일반적인 슈

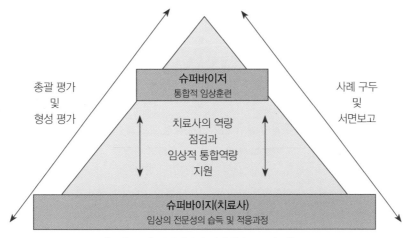

[그림 6-1] 일반적인 슈퍼비전의 구조와 기능

퍼비전의 보고체계에 따른 치료사의 교육과 훈련은 슈퍼비전 모델에 따라 다소 차이가 있으나 일반적인 슈퍼비전 체제의 구조와 기능은 [그림 6-1]과 같다.

치료사 역량강화를 위한 교육과 훈련 절차가 실효성을 거두기 위해서는 치료사의 역량 정도를 고려하여 구체적인 기준과 절차를 정립하고 이를 체계적으로 실행하여야 한다. 즉 치료사에게 특별히 요구되는 미완된 역량의 요인을 파악하고 이를 수용할 수 있는 정도에서 임상훈련을 단계별로 실시하여야 한다. 이를 위한 평가와 개입에 대한 분명한 기준이 있을 때 교육의 실효성을 높일 수 있다. 이와 뜻을 같이하여 통합예술치료팀 운영체계에서는 치료사의 역량을 효율적으로 증진시키기 위한 방안으로 형성평가와 총괄평가를 실시한다. 형성평가는 통합예술치료를 위한 프로그램이 IT매뉴얼에 기반하여 합리적으로 설계되었는지, 프로그램의 내용을 준수하여 회기가 성공적으로 운영되었는지에 대한 평가이다. 구체적으로 치료사 역할을 얼마나 충실히 수행하였는지, 치료 과정의 내용과 결과는 어떠한지, 수행업무의 실천과 완성도는 어떠한지, 역량의 정도와 역량 요인의 균형 상태는 어떠한지, 치료팀원과의 협력적 관계가 원활하였는지 등이 평가의 대상이다. 그리고 여기에서 치료사에게 요구되는 역량의 요인을 탐색하여 집중적으로 훈련을 실시한다. 총괄평가는 공식적인 치료사 자격에 대한 평가로서 자격내용과 자격조건을 유지하기 위한 훈련 프로그램의 출석률과 참여태도 등을 점검한다. 이는 자격에 대한 책임감과 치료사의 윤리를 부여하면서 치

〈표 6-1〉 통합예술치료팀의 기능 및 역할

임상절차	내용	역할 수행
초기 면담	증상 분석 및 내담자 주 호소 진단	치료사
프로그램 설계	진단을 바탕으로 한 프로그램 설계	치료사
	설계된 프로그램의 치료 목표와 매체 활용 적법성 점검	임상팀장
치료팀 구성	내담자 정보 및 임상진행 공유를 위한 사례콘퍼런스 운영	치료사
	사례콘퍼런스 관리 및 치료팀 점검	임상팀장
임상 진행	사전·사후회의 참여, 관찰일지 작성, 프로그램 진행도움	보조치료사
	프로그램 및 사전·사후회의 진행 임상진행안 및 임상일지 작성	치료사
	치료사 역할업무 관리 및 치료사 임상평가와 문제보고	임상팀장
	치료사 개인문제 상담, 슈퍼바이지 분석 및 전반적 평가	슈퍼바이저

출처: 홍유진(2018), p. 195 재구성.

료사로서 자신의 전문적인 역량증진에 최선을 다하고 이로 인해 스스로의 자부심을 고취시키려는 의도가 반영된 기준이다.

2) 교육과 훈련절차

임상훈련과정에서 치료사(슈퍼바이지)에게 내재된 임상적 개념에 대한 고정관념을 개선하고 성숙한 임상을 도모하기 위한 학습은 치료사에게 여러 가지로 어려움이 따른다. 이러한 어려움을 지원하는 차원에서 통합예술치료팀 운영체계에서는 임상을 위한 수행업무를 팀별 과제와 개인별 과제를 부과하며 의무적으로 실천하게 한다. 치료팀원은 상호적으로 강점을 지지하고 약점을 보다 신속하게 발견하면서 개인적인 과제를 수월하게 해결해 나간다. 이를 통해 새롭게 얻게 된 정보는 전문가 훈련을 위한 기초지식체계를 다지는 성과를 얻게 한다.

치료사는 치료결과에 긍정적 영향을 미칠 수 있는 변수들 혹은 오해를 일으킬 수 있는 제한적인 영역과 금기시하는 것들에 대한 내·외적인 요인을 극복하기 위해 훈련을 받고 있다(Kitchener, 1992). 무의식적인 감정표현과 투사가 용이한 매체를 치료적 도구로 활용하는 예술치료는 치료사와 내담자 및 집단원 간의 상호작용이 예술작업 과정에서 언어적·비언어적으로 발생한다. 그러므로 치료사는 예술작업에서 복합적으로 이루어지는 소통 관계에서 내담자를 이해하기 위한 중요한 단서를 획득하기 위해 치료사의 예술활동 체험은 매우 중요하다. 이러한 맥락에서 통합예술치료팀 운영체계에서는 단일화된 훈련 방식을 넘어 다각적인 관점에서 실험교육이 실행된다. 이는 통합예술치료의 실제를 경험시키기 위한 일환으로 치료사는 치료 시연을 관찰하는 관찰자, 내담자로서 통합예술치료를 체험하는 체험자, 치료를 시연하는 운영자로서 치료사 훈련과정에 참여한다. 이 과정을 통해 다양한 예술매체 통합적용의 시너지 효과를 이해하고, 내담자 체험과 자기 치유를 경험하며 치료사 역할과 역할의 의미를 근본적으로 수용하여 역량 증진의 기회를 갖는다. 결과적으로 치료사는 IT 기반 통합예술치료 학문에 대한 이해를 깊게 하고 매체와 기법의 특성을 연마하며 예술치료의 정서적 의사소통에 대한 민감함을 체험적으로 습득하게 된다. 이것은 집단 슈퍼비전과 함께 연계하여 진행됨으로써, 치료사들은 자기성찰을 통한 자기점검과 반성적 사고과정을 지속적으로 반복 경험하며 전문적 역량을 균형적으로 발전시켜 간다. 전문분야에서 자신의 능력을 증진시킬 수 있는 경험과 정보를 다양하게 수집하고 통합하는 특정한 작업과정을 핵심 사안으로 여기는 반영적 실무가 통합예술치료사의 훈련과정에 적용되어 실천된다는 것은 매우 의미가 깊다.

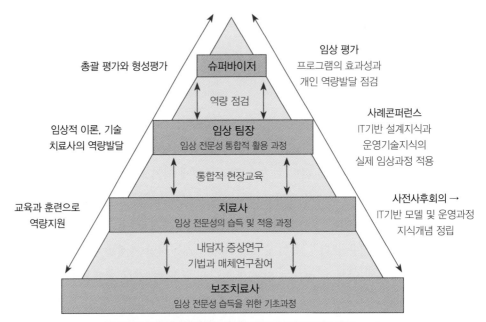

[그림 6-2] 통합예술치료팀 운영 체계의 교육과 훈련 절차

결과적으로 통합예술치료팀 운영체계의 조직적이고 체계적인 교육과 훈련과정은 치료사가 감당해야 하는 심리적 어려움을 최소화할 수 있도록 고안되었다. 이 과정의 치료사들은 자신의 임상경험을 바탕으로 반영적 실무 차원에서 신지식과 기술을 아우르며 자기성찰의 기회를 얻게 된다. 이를 토대로 설계적, 운영적 차원의 역량과 윤리의식 강화와 치료사의 태도를 포함한 자질적 차원의 역량을 자연스럽게 체득하게 된다. 통합적 역량증진에 기초한 통합예술치료팀 운영 체계의 구조와 기능에 따른 교육과 훈련 절차는 [그림 6-2]와 같다.

3) 학습 절차와 전략

통합예술치료팀 운영체계에서는 치료팀 전체의 성과를 위해 개인 및 팀별 과제를 부여하고 이를 완수하기 위해 각 구성원이 습득한 학습 정보를 팀원들과 공유하게 함으로써 상호보완적으로 역량이 증진되도록 조직되었다. 일반적인 슈퍼비전 집단과 달리 통합예술치료를 수행하기 위해 결성된 치료팀은 동일한 의도와 취지의 성격적 특성을 가지고 있다. 이는 공동의 목적을 효과적으로 달성하기 위해 팀의 성과가 개인의 전문성 향상으로 연결될 수 있도록 전략적인 교수법을 적용하고 있다는 의미이다. 래리(Larry et al., 2009)가 주장하는 동일한 목적과 취지를 가지고 조직된 팀은 심리적인 우려와 고립감을 감소시키면서 개인의 요구와 필요에 의한 동시다발적인 상호작용의 정도와 효과성을 상승시킨다는 팀 차원의 교수법과 일맥상통한다. 통합예술치료 운영체계의 전략적 교수법의 의미를 팀 기반 학습과 협동 학습 원리를 통해 구체적으로 살펴보고자 한다.

(1) 팀 기반 학습(Term-Based Learning) 전략

팀 기반 학습은 구성주의 철학과 이론을 구체적으로 실천하는 방법으로, 개별 학습과 협동 학습의 장점을 접목시킨 교수법으로 대규모로 진행되는 교육현장에서 효과적으로 활용할 수 있는 학습 방법이다. 학자들 간에 견해 차이가 있으나 팀 기반 교육 중심에는 직무 훈련과 문제해결 경험의 제공 그리고 모니터링 및 재평가 등의 과정이 수반된다. 팀 기반의 교수 프로그램에서는 최소 2인 이상의 전문 인력이 조직되어 합리적으로 제기된 문제를 해결하기 위해 각자 독립적으로 해결책을 탐색하고, 이후 함께 모여 논의하는 과정을 거쳐 구체적인 해결 방안을 강구한다(Bos & Vaughn, 2006). 여기에서 구성원들은 서로를 공정하게 평가하는 동료 평가의 기회를 갖는다. 학습 절차에 대한 개인의 준비도, 수업 출석률, 교실 밖에서 이루어지는 팀 미팅 참석률, 팀별 회의에서의 공정한 공헌도, 팀 구성원들에게 용기를 불어넣고 개인의 의견에 가치를 두는 것 등이 평가 대상이다(Michaelsen et al., 2009). 팀 기반 학습 관점에서 통합예술치료팀 운영체계의 교육과 훈련절차를 살펴보면 다음과 같다.

첫째, 적절한 집단을 형성하고 그에 해당하는 직무를 제시하여 체계적으로 운영하여야 한다. 통합예술치료팀은 보통 4~8인이 팀을 이루어 치료집단이 종결될 때까지 유지하며 임상을 수행한다. 각 팀원에게는 각 지위별 그에 합당한 수행업무가 분담되는데 임상팀장이 책임지고 각 개별 수행업무가 상호보완적으로 완수하도록 체계적으로 관리 감독한다. 결과적으로 치료팀의 응집력은 임상이 종결 시까지 긴밀하게 유지되면서 팀 체제의 예술치료 프로그램 수행은 만족할 만한 결과를 드러낸다. 따라서 각기 고유한 역할과 기능을 가진 치료사로 구성된 치료팀은, 팀 차원에서 다각도의 활동과 학습을 통해 치료적 전문성을 훈련받으며 역량 증진의 성과를 이루게 된다.

둘째, 학생들은 반드시 학습에 대한 책임을 지도록 해야 한다. 임상팀장 및 팀원은 동료의 임상적 난제를 해결하기 위해 역할 수행 과정에서 문제를 해결할 수 있었던 자신의 경험을 공유하며 개인의 지식에 서로의 지식이 더해지는 피어비전을 지속적으로 반복한다. 이 과정에서 임상절차와 과정 등에 대해 세심하게 살피면서 치료사의 책임을 다하기 위해 통합예술치료의 치료적 가치를 확인하고 전문적 역량을 증진시켜 나간다.

셋째, 팀별 학습과제를 통해 팀의 발전과 학습을 촉진해야 한다. 임상팀에게 주어지는 수행업무 중에는 개별 과제와 별도로 반드시 팀별로 수행해야 하는 사전·사후회의나 임상팀 회의 등의 치료팀의 과제를 수행한다. 치료팀은 보다 효과적인 임상수행을 위한 개입과 절차에 대해 각자의 견해를 수렴하며 치료팀원들은 학습의 성과를 높힌다. 이 과정에서 치료팀의 성공적인 임상수행을 위해 치료적으로 최선의 방법과 최고의 가치를 창출하도록 상호보완적으로 지원하며 서로의 전문성을 촉진시킨다.

넷째, 학생들에게 자주 즉각적인 피드백을 제공해야 한다. 특히 치료팀의 수행업무 중 사후회의는 임상 직후에 이루어지는 것으로 즉각적인 반성적 사고 과정이 수반된다. 이를 계기로 내담자에 대한 임상 접근은 적절했는지, 언어적·비언어적 상호작용은 어떠하였는지에 등에 대해 팀원 간에 피드백을 주고받으며 회기 운영과정과 결과에 대해 전반적인 평가와 개입이 이루어진다. 이 과정은 지속적으로 반복되면서 지난 회기의 평가가 얼마나 수용되어 변화되었는지에 대한 재평가의 과정도 함께 이루어지면서 전반적인 자료는 총괄평가와 형성평가의 근거 자료가 된다.

(2) 협동 학습(cooperative learning) 전략

경쟁 학습 또는 개별 학습과 같은 기존 학습 이론의 약점을 제거하기 위한 대안으로 1949년 도이취M. Deutsch에 의해 제안된 협동 학습 이론은 특히 발달심리와 사회심리학 연구에 기여하였다. 일반적으로 협동 학습은 구성원의 상보적 개입의 소통 방식에 따른 것으로 둘 이상의 학습자가 상호작용을 통하여 학습 과제를 수행하거나, 혼자서 해결할 수 없는 과제를 동료 학습자와 협력을 통해 성취하는 형태의 집단 학습 이론이다. 협동 학습은 전형적인 상호작용적 학습 기회를 제공함으로써 의사소통 기술, 사고 기술, 사회적 관계 기술의 촉진 등 학생들의 학습 범주를 다양하게 넓히는 면에서 미래지향적인 학습 방안임이 다수의 연구에서 논의되었다. 협동 학습이 실현되기 위해서는 '동시다발적 상호작용' '긍정적인 상호의존' '개인적인 책임' '동등한 참여' 등 네 가지 기본 원리가 적용되어야 한다(Kagan et al., 1999). 이를 통합예술치료팀 운영 체계의 관점에서 살펴보면 다음과 같다.

첫째, 통합예술치료팀 운영체계 역시 구성원 간의 동시다발적 상호작용을 특징으로 한다. 치료팀의 사전·사후 회의에서, 치료사는 회기 운영에 대한 전략을 공유하고 보조치료사가 반드시 수행해야 할 역할을 안내한다. 그리고 치료과정에서 경험한 내담자 반응이나, 치료사의 기술적 개입방식 등 임상적 현안에 대해 조금 더 진보된 전문 지식을 얻고자 서로에게 묻고 답을 청한다. 각 구성원들은 한 개인의 답변에 만족하지 않고 각자가 보유한 전문지식을 공유하고 동시다발적으로 소중한 정보를 얻으며 상보적으로 역량을 증진시킨다.

둘째, 개인과 팀의 성과가 긍정적으로 연계되어 나타나는 긍정적 상호의존 원리는 통합예술치료팀의 뚜렷한 특징이다. 통합예술치료팀 운영 체계의 임상팀장은 치료팀원들에게 필요하다고 여겨지는 임상지식과 기술을 전수하기 위해 자신의 생생한 임상경험을 들려주며 팀원들에게 슈퍼비전을 제공한다. 또한 치료사도 회기 진행에서 보조치료사를 적극 활용하며 임상을 수행하고, 보조치료사는 치료사를 모델링하며 자신의 치료적 역량을 확장해 나간다. 임상팀장 또한 치료팀 회의에 쏟아지는 다양한 사례보고를 통해 실증적 사례를 간접적으로 경험하며 생생한 임상지식을 쌓게 된다. 팀의 구성원들은 서로 신뢰를 바탕으로 개인의 성장과 함께 팀이 성장하면서 예술치료 프로그램을 성공적으로 마무리하게 된다.

셋째, 통합예술치료팀 각 구성원은 개인적으로 수행해야 하는 임상일지 작성, 내담자 관찰 보고, 재료 및 결과물 관리 등의 역할 업무를 개인적인 책임 차원에서 완수하고 임상의 전문성을 증진시켜 나간다. 이렇게 형성된 개인 지식은 사전·사후회의, 임상팀 회의, 피어비전 등의 집단활동에서 토론의 자료로 활용하고 자신의 미비점을 해결하기 위해 팀원들의 지식을 구한다. 결과적으로 치료팀은 각 구성원을 지원하고, 각 구성원은 치료팀을 지원하는 방식의 상호 협력적인 전략을 통하여 팀원들 모두는 양질의 지식을 자연스럽게 습득하게 된다.

넷째, 통합예술치료팀은 임상 운영지원과 역량증진이라는 공동의 목적을 가지고 수행업무에 팀원 모두가 함께 관여한다. 치료팀에서는 하나의 임상을 수행함에 있어 모든 책임과 수고를 치료사 혼자만 감당하는 것이 아니라 효과적인 임상수행을 위해 치료팀이 관여한다. 그리고 임상의 현장에서 프로그램을 운영하는 치료사와 보조치료사는 역할에 따라 업무의 성격은 구분되지만, 임상실무는 특정한 개인에게 편중되지 않도록 업무의 질과 양을 고려하여 동등하게 분배한다. 그리고 임상현장에서 돌발적인 상황이 발생하면 치료사와 보조치료사는 리더와 보조의 역할에 국한하지 않고 적당한 한계 내에서 유연성을 발휘하며 공동으로 책임을 다한다.

2. 핵심역량의 플랫폼

IT기반 통합예술치료의 고유한 프로세스를 준수하여 프로그램을 설계하고 프로그램의 전 과정을 안전하게 관리하며 효과적으로 마무리하기 위하여 임상적 전문성이 필요하다. 여기에는 내담자의 문제를 해결하기 위해서 지속적으로 주의를 기울이고 자신의 전문적 역량증진을 위하여 노력하는 치료사의 태도까지 포함된다. 저자는 통합예술치료사 역량의 요인을 설계적 측면, 운영적 측면, 자질적 측면에서 살펴보고자 한다. 각 요소가 균형과 조화를 이루어 통합적 역량으로 발휘될 때 통합예술치료사로서의 역량을 갖추게 된다.

역량에 대한 바람직한 기준을 마련하는 일은 치료사 교육과 훈련의 기준이 되며 치료과정과 성과에 대한 평가와 개입에서 강점을 확인하고 보완점을 체계적으로 설명하는 데 매우 유용하다. 그리고 치료사 자격의 준거를 마련하고 치료사 교육과정과 절차를 체계적으로 실행하는 면에서 효율적으로 작용한다.

이 절에서 통합예술치료사의 역량을 구체적으로 제시하는 것은 통합예술치료사가 지향해야 하는 역량의 기준을 마련하고 이를 실천의 지표로 삼기 위해서이다. 이 과정에서 치료사 개인은 치료사로서 자신의 강점을 확인하고 보완점을 개선하는 데 필요한 객관적 근거자료를 확보할 수 있게 된다. 궁극적으로 치료사는 자신의 한계를 수용하고, 구체적으로 인지하게 된 미비한 부분의 보완에 집중하며 치료사로서 균형적인 역량발달을 도모할 수 있게 된다(Welfel, 2020).

1) 설계적 측면의 역량

치료사는 설계적 측면에서 초기 면담과 진단 및 평가, 내담자 분석 그리고 분석정보 공유라는 세부업무를 수행한다. 이 세부업무의 특징은 치료사가 진단한 내담자의 문제를 공식화하는 과정에서 수행하는 업무라는 점이다.

임상이 실천되기 위해 선행되어야 하는 일은 내담자와의 면담을 위한 제반 지식 확립이다. 면담을 통한 진단적 평가는 일반적으로 DSM 기준에 따라 이루어지나 이것만으로는 내담자에 대한 심층적 이해가 부족하다. 통합예술치료에서는 이를 보완하기 위한 방법으로 IT 진단 및 평가를 병행하여 심리검사에 활용하기를 권장한다. 이는 내담자가 호소하는 표면적인 증상 이면에 존재하는 본질적 욕구와 심층적 문제를 다각도로 탐색하는 데 용이한 수행 중심의 진단 검사 방식이다. 이를 확장하여 치료과정에서 활용하면 내담자의 심층적인 발달 정도와 핵심 문제를 이해하고 임상적으로 접근하는 데 매우 유용하다.

예술치료사는 내담자의 연령 발달을 고려하며 예술작업 과정과 결과물을 통해 드러내는 문제적 이슈에 중점을 두고 치료적으로 접근해야 한다. 그러기 위해 내담자 개인의 성장 과정과 그가 속해 있는 가족 및 사회환경에 대해 객관적으로 통찰할 수 있는 식견이 요구된다. 그러므로 치료사는 인간과 관련된 인문학적 지식을 토대로 발달 및 이상심리학 등의 전문 지식을 충분히 소화하고 있어야 한다. 이를 통해 내담자에게 필요한 합리적인 치료목표를 설정하여 계획을 세우고 그 과정을 준비할 수 있기 때문이다. 특히 핵심 치료 모델을 유기적으로 통합하여 적용하는 통합예술치료사에게는 각 모델의 활용 기법 및 적용 매체의 통합 적용원리와 개념을 완벽히 숙지해야만 통합예술치료가 의도하는 프로그램 설계가 가능하다. 치료과정에 대한 구상이 마련되면 치료적 의도를 실행하기 위한 임상학적 분석지식과 개입기술 지식이 필요하다. 치료사가 파악한 내담자의 내적 요구와 문제적 소인을 해결하기 위하여 언제, 어떻게, 어떤 방식으로 개입해야 하는지를 결정하고 실행할 수 있다.

통합예술치료에서는 이를 지원하는 수단으로 세라트CERAT와 옴카OMCA를 제시하며 설계와 운영에 적용하도록 하였다. 세라트는 통합예술치료의 치료목표를 달성하기 위하여 다섯 단계로 구분된 수행목표로 내담자의 발달 정도를 고려하며 매 회기마다 유기적으로 통합 적용하여 프로그램에 구성해야 한다. 옴카는 네 단계의 회기 운영과정으로 프로그램을 설계할 때 회기 과정을 구체적으로 제시해야 한다. 즉 세라트와 옴카를 포함한 IT기반 매뉴얼의 임상적 의도와 의미의 개념 정립은 운영적 지식으로 축적되어 회기 운영을 효과적으로 할 수 있게 된다. 치료과정을 성공적으로 이끄는 것은 임상 회기 진행과정과 절차에 대한 치료사의 정확한 이해에 달려 있다.

치료목표를 분명히 하고 치료과정이 합리적으로 잘 구성된 프로그램은 임상에 임하는 치료사의 부담을 현저히 줄여줄 수 있다. 특히 옴카는 초보 치료사가 치료과정에 참여하는 두려움을 덜어주며 치료과정을 안정적으로 유지할 수 있게 해 준다. 치료사의 임상지식 역량은 치료적 구상과 접근방법 그리고 개입 시기에 영향을 미쳐 최종적으로 치료결과에 대한 차이로 이어진다. 그러므로 치료사의 이론지식 및 기술지식의 숙지는 임상환경에서 개입기술의 적법한 실천을 가능하게 하는 전문적인 지식 역량이다.

통합예술치료팀 운영체계에서 치료사가 경험한 설계적 측면의 역할 수행 업무 내용을 내담자 중심, 치료과정 중심 그리고 설계역량 중심으로 범주화할 수 있다. 첫째, 설계적 측면에서는 초기 면담과 진단 및 평가, 내담자 분석 그리고 분석정보 공유라는 세부업무를 수행해야 한다. 이는 내담자 중심의 범주에 해당한다. 이 세부업무의 특징은 치료사가 진단한 내담자의 문제를 공식화하는 과정에서 수행하는 업무라는 점이다. 둘째, 치료과정 중심의 범주에서 통합예술치료사는 프로그램 설계와 치료팀 구성, 프로그램 회의, 치료목표 수립, 회기 구성, 역할 분담논의 세부업무를 수행한다. 이는 임상 적용을 위한 임상설계 과정을 공식화하는 시점에 수행되는 것이 특징이다. 셋째, 설계역량 중심은 주로 임상이 종료된 시점에 이루어지는 업무로 이루어져 있다. 이는 임상 지식연구에 대한 활동이 공식화되는 특징을 갖고 있으며 모델 기법연구, 내담자 증상연구, 사후관리연구, 치료 도구 개발, 사례콘퍼런스와 같은 세부업무가 이에 해당한다.

설계적 측면의 역량은 통합예술치료의 원칙을 존중하고 내담자에게 적합한 프로그램을 설계할 수 있다는 측면에서 통합예술치료사로서 전문성의 기본토대이다. 통합예술치료팀 운영체계에 참여하면서 각 구성원은 서로 다양한 동기와 영향이 상호작용한다. 이 과정에서 치료사의 통합적 역량 구성 중 설계적 측면의 역량이 증진된다.

〈표 6-2〉 설계적 측면의 통합예술치료 역할 수행

범주	세부 업무	특징
내담자 중심	초기 면담, 진단 및 평가, 내담자분석 분석정보 공유	임상진단과정 공식화
치료과정 중심	프로그램 설계, 치료팀 구성, 프로그램 회의 치료목표 수립, 회기 구성, 역할분담 논의	임상설계과정 공식화
설계역량 중심	모델기법 연구, 내담자 증상연구 사후관리연구 치료 도구 개발, 사례콘퍼런스	임상지식연구 공식화

2) 운영적 측면의 역량

운영적 측면의 역량이란 통합예술치료 프로그램의 설계내용을 준수하고 임상과정에서 드러나는 문제의 현안을 현명하게 판단하여 개입하고 프로그램을 안정적으로 운영할 수 있는 능력을 의미한다.

예술치료사는 치료적 도구로서 활용하는 예술매체의 치료적 속성과 기법, 예술치료의 효과성에 대한 지식을 활용하여 내담자와 보호자가 안심 할 수 있도록 치료과정과 절차 등에 설명하고 상담할 수 있어야 한다(Robin, 1993). 이는 이론 지식 및 기술 지식을 토태로 한 임상 개입 기술 실천에 해당되는 것으로 치료과정 전반을 편안한 분위기로 조성하는 데 직접 관여하는 것으로 논의되고 있다. 이러한 임상 환경은 내담자가 치료과정에 적극적으로 참여하며 자신의 문제를 안심하고 드러내는 데 일조하여 치료사와의 라포형성과 치료 동맹을 유지하는 데 지대한 공헌을 한다고 주장한다(Pope et al., 1998). 치료 동맹은 내담자가 핵심적 이슈를 회피하거나 포기하는 것을 예방하며 자신의 문제를 적극적으로 해결하고자 하는 의지를 촉진한다.

예술창작 과정에서 내담자가 도움을 요청하면 치료사는 내담자의 요구와 발달 정도를 세심하게 고려하며 적정한 수준에서 필요한 만큼의 도움을 제공하여야 한다. 무엇보다도 내담자에 대한 자율성을 고려하며 가능한 한 개입을 적게 하고 기다려주는 것이 바람직하다. 그것은 내담자가 예술체험을 하는 동안 자발적인 표현을 할 수 있도록 내담자의 에너지 흐름을 방해하지 않고자 하는 의도이다. 치료사의 적극적 개입이나 과도한 친절은 내담자에게 무능감을 유발하여 좌절감으로 경험될 수도 있기 때문에 지양해야 한다. 침범적이지 않은 치료사가 접근할 때, 내담자는 치료과정에서 성취감을 느끼며 흥미와 자부심을 가지고 참여하게 된다(옥금자, 2009). 내담자의 요구와 필요를 파악하고 예술매체 사용방법을 다양한 각도로 활용할 수 있는 기술역량이 실천될 때, 내담자는 예술활동에 몰입하며 자신의 내면세계를 안심하고 드러낼 수 있게 된다.

치료사는 통합예술치료의 핵심 치료 모델을 적용할 때, 내담자의 적응과 수용 정도를 고려하여 기법과 매체 활용의 난이도를 조절할 수 있는 것 또한 치료사의 프로그램 운영 능력이다. 이것은 임상과정을 예민하게 파악하고 적절한 시기에 개입을 실천하는 '창조적 사고'의 치료 기술이다(Remez, 2016). 마찬가지로 IT기반 통합예술치료의 독창적인 구조인 세라트와 옴카를 기술적으로 활용하기 위해서는 치료사의 집중력과 창조성이 요구된다.

세라트는 프로그램 전 과정의 흐름을 자연스럽게 유지하도록 나침판 역할을 하는 핵심 기제로서 매 회기마다 내담자의 적응정도를 세심하게 살피면서 그에 상응하는 소목표를 유연하게 적용하며 운영해야 한다. 옴카의 열기 과정에서는 내담자의 지금-여기의 상태를 파악하고, 만나기 과정과 자연스럽게 연결지어야 한다. 만나기 과정은 본격적인 예술체험의 장으로서 치료사의 이해력과 상황 판단 능력이 조화를 이루어야 한다. 닫기 과정은 열기와 만나기 과정에서 보인 반응을 스스로 통찰하고 직면하도록 치료사의 인지적 개입은 자제해야 한다. 통합예술치료의 독창적인 운영과정인 적용하기는 치료과정 체험이 현실과 연결시킬 수 있도록 실천 가능한 화두를 제공해야 하는 면에서 치료사의 창조적인 사고능력이 발휘되어야 한다. 치료사의 시기적절한 운영 개입은 내담자가 치료 자체와 치료사에 대한 신뢰감을 형성하는 데 기여하여 치료에 대한 몰입도를 높여준다.

기관 의뢰로 진행되는 임상의 경우 안전한 치료공간 확보와 환경 조성에 어려움을 겪기도 한다. 치료사들은 이를 해결하기 위한 업무에 대해, 자칫하면 치료사 역할 밖의 일로 여길 수 있지만, 기관과의 업무 또한 치료사가 감당해야 하는 임상 실무 능력 중 하나이다. 예술치료사로서의 치료 환경조성을 위한 작업 공간 확보는 내담자와 예술치료에 대한 존중과 깊게 관련되기 때문이다(Judith, 2001). 통합예술치료에서는 내담자가 현실 적응력을 키울 수 있도록 돕는 치료 환경 요인으로서 치료공간 프로세스를 강조한다. 임상현장인 제1치료공간의 심리적 설계를 실천하는 프로그램 운영기술은 내담자 집단과 물리적, 정서적 거리를 적절하게 유지하는 데 기여하여 그들의 역동을 살필 수 있도록 돕는다. 치료사의 심리적 거리 유지는 내담자의 신체의 몸, 마음의 몸, 정신의 몸에 대한 균형 상태를 살피는 데 반드시 필요하다. 그리고 치료사가 안정적으로 조성한 치료공간의 심리적 설계는 내담자의 내적 욕구를 자연스럽게 표출하는 데 일조하여 자발적으로 인격의 변형을 시도한다.

팀 체제로 프로그램을 운영하는 통합예술치료에서는 치료팀의 유기적이고 긴밀한 협조체계를 실천하고 유지하는 것 또한 운영적 측면의 역량이다. 통합예술치료팀의 긴밀한 협력 관계는 임상실무를 넘어 IT기반 통합예술치료의 가치와 효력을 뒷받침하는 부분으로 임상운영에 지대한 영향을 미친다. 치료사와 보조치료사의 긴밀한 운영 시스템은 임상과정에서 야기될 수 있는 치료사의 편중된 개입을 제한하여 집단원 모두가 균등한 참여를 가능하게 한다. 또한 치료팀이 보여 주는 긴밀한 팀워크는 치료집단의 관계 역동에 롤모델로 작용하며 집단원 간의 협동심과 치료과정에 대한 신뢰감 형성에 깊게 관여하여 내담자의 참여도를 고취시킨다. 내담자의 적극적인 집단 참여는 치료사의 리더십에서 발휘되는 것으로 보고 리더십 또한 치료사의 역량이며 임상적으로 유용한 운영기술의 한 단면이다.

심리치료 기술은 한순간에 계발되는 것이 아니라, 효과적으로 치료를 진행하기 위한 방법을 다양하게 모색하는 과정에서 점진적으로 발전되는 것이다. 부족한 임상 기술은 임상 소견을 왜곡시킬 수 있고 이로 인해 잘못된 임상적 개념이 도출될 수도 있다. 임상적 지식을 임상 개입 기술로 통합해 내지 못하면 치료사와 내담자 모두가 언제든지 부진해질 수 있다는 점을 반드시 명심해야 한다.

통합예술치료팀 운영체계에서 치료사가 경험한 운영적 측면의 역할 수행 업무 내용을 임상진행 준비, 회기 과정, 그리고 운영 역량증진으로 범주화할 수 있다. 임상진행 준비 범주에 해당하는 업무는 재료준비, 공간배치, 치료도구 운반, 공간정리, 기자재 관리이며, 임상 환경을 구축한다. 회기 과정 범주에는 회기 과정을 구축하는 임상진행, 진행안 작성, 내담자 관리, 내담자 관찰, 롤 모델링, 참여 유도, 치료팀 운영, 재료관리 업무가 포함된다. 마지막으로 프로그램 평가, 임상수행 평가, 활동자료수집, 사후회의, 사전회의, 일지작성, 기록물 관리 수행업무는 운영 역량증진의 범주로 구분된다.

〈표 6-3〉 운영적 측면의 통합예술치료사 역할 수행

범주	세부업무	특징
임상진행 준비	재료준비, 공간배치, 치료도구 운반 공간정리, 기자재 관리	임상환경 구축
회기 과정	임상진행, 진행안 작성, 내담자 관리, 내담자 관찰 롤 모델링, 참여 유도, 치료팀 운영, 재료관리	임상진행 구축
운영 역량증진	프로그램 평가, 임상수행 평가, 활동자료수집, 사후회의 사전회의, 일지작성, 기록물 관리	임상운영 기술

치료사는 단순히 정해진 절차와 이론을 기계적으로 적용하는 형식으로 프로그램을 운영할 수 없다. 따라서 치료사는 치료 운영과정에서 내담자의 역동을 살피고 자율성을 존중하며 즉각적인 만족감 성취요구에 흔들리지 않는 사고유지 능력이 요구된다. 이러한 관점에서 치료사가 갖추어야 하는 운영능력은 이론적이기보다 실천적이라 할 수 있다. 운영적 측면에서 살펴볼 때, 통합예술치료팀 운영체계를 통해 치료사가 경험하는 다양한 역할 수행은

치료사가 갖추어야 하는 실무와 실천역량을 제공한다. 특히 초보예술치료사는 치료팀 운영 체계를 통해 예술치료의 운영적 측면에 대한 이론적·실천적 지식을 습득하게 된다.

3) 자질적 측면의 역량

치료사의 전문적 자질은 임상 지식과 기술의 균형을 이루는 근본으로, 성찰적 자세와 자신의 임상 능력을 향상시키고자 지속적으로 노력하는 반듯한 태도를 의미한다. 그러므로 정신과 연결된 치료사의 몸 에너지는 언제나 정제되어 있어야 하며 정서적으로 흔들리지 않아야 한다. 이는 자기인식과 관련된 정서적 역량을 일컫는 것으로, 전문적 역량을 증진시킬 수 있는 원동력이 된다. 치료사의 자질 발달은 자신이 부족한 역량을 수용하는 겸손함에서 비롯된다고 보는데, 이는 인격의 겸손함에서 치료사의 성실한 자세가 고취되기 때문이다. 그 기저에는 임상적 난제를 해결하기 위해 자신의 역량을 점검하고 스스로 성찰하게 된 객관적 사실을 수용하는 용기와 이를 극복하고자 시도하는 당위성이 포함된 의미이다. 내담자의 심리적 고통이나 정서적 문제는 불쾌한 갈등이나 고통스러운 경험에서 비롯되는데, 내담자가 표출하는 다양한 표현을 치료사의 정서적 어려움으로 인해 그 반응을 견디지 못한다면 치료사의 역할은 매우 제한될 수밖에 없다. 그러므로 내담자와의 언어적·비언어적 상호작용에 세심한 주의를 기울이며 내담자의 감정과 행동이 의도하는 의미를 심도 있게 공감하기 위해 치료사 내면의 정서적 반응을 살피는 것이 중요하다. 특히 예술치료는 예술매체의 창조적 작업과정을 통해 임상적 의미를 만들어 나가기 때문에 예술작업과정과 결과물에 연관된 의미를 다각도로 이해하고 반응하기 위해 자신에 대한 성찰적 자세가 예술치료사에게는 더욱 요구된다(Judith, 2001).

이를 기반으로 치료과정에서 드러난 무의식적 요구가 내담자 스스로가 어떻게 인식하고 있는지, 그것이 대상관계에서 어떻게 작용되는지를 파악하기 위해서 치료사의 자기 통찰력에 대한 필요성이 논의되고 있다. 치료과정에서 발생하는 전이와 역전이의 심층적인 요인과 의미를 객관적으로 파악하고 치료적으로 활용하기 위해 치료사 내면의 정서적 반응을 우선 살피는 것이 중요하다. 이를 통해 치료적으로 필요한 적절한 해석과 개입이 가능하고 저항을 다루는 면에서도 활용할 수 있어서 치료적으로 유용한 자료가 된다(Cruz & Feder, 2015).

치료사는 임상적 가치와 전문성의 발전을 추구하기 위하여, 내담자와의 소중한 사례 경험을 치료 과정과 결과에 대해 임상학적 이론을 토대로 체계적으로 설명해 내야 한다. 예술치료 분야에서도 예외 없이 강조되고 있는 사안으로 임상 사례에 대한 예술치료사의 지속적인 학술연구는 필요하다. 예술치료 연구 '틀'을 형성하기 위해 창작 과정 이면에서 드러나는 임상자료에 대해 이론적 개념을 체계적으로 기술하여 치료적 도구로서 예술치료의 효과성을 논리적으로 입증해 낼 수 있어야 한다. 그것은 치료사가 자신의 임상 내용을 원천적으로 파악하는 데 크게 도움이 되어 자신의 전문성 발달과 함께 치료적 가치와 치료사에 대한 신뢰도를 높이는 데 있어 결정적인 매개 요인이 된다. 같은 맥락에서 통합예술치료사 역시 임상일지 작성과 활동자료수집 등의 수행업무를 실천할 때, IT매뉴얼의 본질적인 개념과 임상조건들을 고려하여 사례를 체계적으로 개념화하는 것이 매우 중요하다.

　치료사의 이러한 시도는 내담자의 문제를 해결하기 위한 평가와 개입에 객관성을 유지하게 하여 개인의 능력이 훈련에서 요구하는 것과 어느 정도 일치하는지를 측정하는 근거의 기준이 된다. 이 과정에서 경험한 모든 것은 자기 평가와 자기성찰 태도에 관여하여 자신의 역량 증진에 일생 동안 영향을 미친다(Fleischer & Lee, 2016). 역량을 구성하는 세부적 요인이 균형과 조화를 이루지 못하면 내담자의 문제와 치료적 접근방식의 문제점을 객관적으로 파악하는 데 치료사는 어려움을 겪게 된다. 치료사의 역량은 제한된 전문적 행위를 실천하는 것뿐만이 아니라 임상을 수행할 수 있는 충분한 자격 조건하에서 역량 소진 예방과 증진을 위한 훈련에 지속적으로 참여하는 것까지 포함한다. 결과적으로 자질적 측면의 역량은 인지적 측면과 정서적 측면의 통합을 위해 지속적으로 노력할 수 있는 근본적인 동력으로, 치료사 역량의 균형적 발달과 통합을 가능하게 하는 치료사의 전문성을 의미한다.

　IT기반 통합예술치료의 역사는 예술치료 분야에서 상대적으로 길지 않아 치료사가 특정한 경험을 답습할 기회가 충분하지 않다. 그러나 통합예술치료팀 운영체계가 있으므로 상호 간 정보와 경험을 공유할 수 있다. 그리고 개인의 강점을 나누며 미완성된 기능을 보완하는 실천적 교육과 학습 체험을 통해 개인의 역량을 효율적으로 증진시킬 수 있다. 즉 개인의 역량증진은 이론적 · 경험적 지식의 통합과 표면적 · 암묵적 지식의 포괄이라는 관점에서 보면 통합예술치료사가 통합예술치료팀 운영체계를 통하여 경험한 자질적 측면은 실천적 지식의 범주로 이해될 수 있다.

　특히 통합예술치료팀 운영체계는 수직적 구조와 수평적 구조가 조화를 이루고 있다. 이러한 구조적 특징은 상호 협력 관계를 통해 즉각적인 피드백과 평가가 교차적으로 이루어지면서 발전적 통찰의 기회를 제공한다. 치료사들은 자연스럽게 자기 수행에 대한 반성적 사고와 성찰의 기회를 가질 수 있으며 실천적 지식 습득으로 이어진다. 실천적 지식은 단순히 이론의 암기와 절차에 따른 기계적 적용으로 얻을 수 있는 것이 아니다. 예측할 수 없이 변화하는 현실 속에서 즉흥적으로 문제에 대처하고, 다양한 통로를 통해 그 결과를 평가받고 반성하는 경험을 통해서 얻을 수 있다. 이러한 과정에서 정확한 평가와 즉각적이고 구체적

인 피드백이 제공되며 호혜적 지지를 통하여 구축된 상호신뢰를 바탕으로 스스로를 반성할
수 있기 때문에, 발전된 대처방안의 근거를 마련하는 통합예술치료팀 운영체계의 경험은 치
료사에게 의미가 크다.

 참고문헌

옥금자(2009). 표현예술치료로 만나는 정신건강 이야기. 서울: 시그마프레스.

최미선(2022). 통합예술치료팀 운영 체계가 치료사의 역량증진에 미치는 영향. 동덕여자대학교 대학
　　원 박사학위논문.

홍유진(2018). 내 안의 나를 깨우는 통합예술치료. 서울: 학지사.

Bos, C. S., & Vaughn, S. (2006). *Strategies for teaching students with learning and behavior*
　　problems (6th ed.). Boston, MA: Allyn & Bacon.

Cruz, R. F., & Feder, B. (2015). *Feders' The Art and Science of Evaluation in the Arts Therapies:*
　　How Do You Know What's Working. 예술치료에서의 평가와 연구(한국심리치료학회 역). 서울:
　　학지사. (원서 2013년 발행).

Falender, C. A., & Shafranske, E. P. (2015). 임상 슈퍼비전(유미숙, 전성희, 정윤경 공역). 서울: 학지
　　사. (원서 2004년 발행).

Fleischer, L., & Lee, E. (2016). The analytic principle and attitude: Mobilizing psychoanalytic
　　knowledge to maximize social work students' practice competence. *Psychoanalytic Social*
　　Work, 23(2), 99-118.

Higgins, R. (2003). *Approaches to Case-Study A Handbook for Those Entering the Therapeutic*
　　Field. 예술 · 심리치료 임상사례연구 방법론(김진아 역). 서울: 학지사. (원서 1993년 발행).

Judith, A. R. (2001). *The art of art therapy.* 미술심리치료 총론(김진숙 역). 서울: KEAPA. (원서 1984
　　년 발행).

Kagan, S., & Kagan, M. (1999). *Cooperative learning.* 협동 학습(중앙기독초등학교 협동 학습연구회
　　역). 서울: 디모데. (원서 1998년 발행).

Kitchener, K. S. (1992). Psychologist as teacher and mentor: Affirming ethical values throughout
　　the curriculum. *Professional Psychologist Research and Practice, 23,* 190-195.

Michaelsen, L. K., Knight, A. B., & Fink, L. D. (2009). *Team-Based Learning.* 팀 기반 학습(이영민,
　　전도근 공역). 서울: 학지사. (원서 2002년 발행).

Pope, K. S., & Vasquez, M. J. T. (1998). *Ethics in psychotherapy and counseling* (2nd ed.). San
　　Francisco: Jossey-Bass.

Remez, A. (2016). The building blocks reflective supervision model. *Journal Infant Child*

Adolescent Psychotherapy, 15(2), 120-123.

Welfel, E. R. (2020). *Ethics in counseling and psychotherapy standards, research, and emerging Issues.* 상담 및 심리치료 윤리(서영석, 조희진, 최바올, 김민선 공역). 서울: 박영스토리. (원서 2016년 발행).

제7장

스토리텔링 기반의 힐링드라마 콘텐츠

배상국

통합예술치료
임상실제

많은 예술치료사는 내담자를 치료하는 과정에서 이미 스토리텔링 기법 등을 활용하여 이야기를 만들고 있다. 이 과정에서 다양하고 흥미로운 이야기들이 생산되지만 아쉽게도 콘텐츠 단계까지 나아가지 못한 채 소비되는 경우가 대부분이다. 이는 이야기의 활용목표가 치료에만 한정되어 있기 때문이다. 물론 이야기의 완성도 여부를 떠나 치료목표에 부합만 한다면 그 자체로서도 가치는 충분하다. 그럼에도 불구하고 단순히 경험에 불과한 이야기가 하나의 콘텐츠로 성장할 수 있다면 제1차 목표인 개별 치료공간 안에서의 성과를 넘어 예술치료현장에서도 유용한 레퍼런스로 활용될 수 있으며, 더 나아가 문화콘텐츠 산업으로까지 그 생명력이 확대될 수 있다. 이런 전략적 관점에서 볼 때 예술치료과정을 통해 콘텐츠를 개발하려는 시도는 반드시 시행되어야 한다.

저자가 극화의 소재로서 주목한 것은 갱년기로 인해 우울과 자아상실감을 겪고 있는 중년 여성들의 이야기다. 2011년 10개국 5,190명의 중년 여성을 대상으로 삶의 질에 대한 인식을 조사한 한국갤럽조사연구소의 조사에 따르면 우리나라의 중년 여성들이 자신들을 가장 불행한 집단으로 인식하고 있다는 결과가 나왔다. 우리 사회는 이 조사결과를 가볍게 넘겨서는 안 될 것이다. 특히 갱년기를 전후한 자아상실의 문제는 매우 심각하며, 이는 개인적인 차원에 머무르지 않고 가족구성원에 대해 직접적으로 영향력을 미치므로 사회적 차원에서도 그 중요성을 간과해서는 안 될 것이다.

다행인 것은 최근 들어 중년기 문제들을 극복하기 위해 중년 여성들 스스로의 노력이 증가하고 있다는 것이다. 그중 하나가 바로 예술체험이며, 특히 연극, 영화, 드라마, 소설 등과 같은 극적 내러티브를 가진 이야기에 열광한다는 것이다. 이러한 현상은 예술치료에서도 이어지고 있다. 중년 여성을 대상으로 한 임상에서 스토리텔링을 활용하는 경우가 점점 늘어나고 있다. 그 결과 낭독공연, 글쓰기와 같이 자신들의 경험담을 작품으로 만들어 비슷한 경험을 하고 있는 이들과 공유하며 서로 아픔을 나누고 격려하면서 중년의 위기를 극복해 나가고 있다. 이런 예술치료의 경험은 정서적 안정과 행복감을 느끼게 할 수 있으며, 특히 창작활동 특유의 놀이성은 내담자의 정서적, 심리적, 신체적 문제를 해결하여 우울을 극복하고 자존감을 회복시켜 긍정적인 자아개념 형성에 도움을 주는 큰 장점을 가지고 있다.

하지만 여전히 '이야기'는 일회성에 머무는 경우가 많다. 치료공간 안에서 지속가능하게 활용될 수 있는 이야기의 필요성은 예술치료를 산업의 관점까지 확대해서 바라보고자 하는 저자의 시각에서 볼 때 너무나 절실하다. 오늘날 백세시대를 맞이하여 우리 사회는 중년에 대한 새로운 해석을 끊임없이 요구하고 있다. 따라서 직접 현장에서 중년 여성들을 만나 이야기를 듣고 함께 콘텐츠를 구성해 가는 과정 속에서 나온 경험담과 스토리는 시대의 요구에 부합하는 유의미한 작업일 것이다.

1. 스토리텔링과 힐링드라마

1) 힐링드라마 모델

IT기반 통합예술치료에는 다양한 예술매체와 그에 따른 기법이 적용된 7개의 치료 모델이 있는데 그중 힐링드라마 모델은 스토리텔링을 통한 극화작업이 가능하여 콘텐츠의 형태로 개발될 수 있다. 힐링드라마 모델은 심리치료를 위해 내담자 자신이 현재 경험하고 있거나 또는 과거에 경험한 사실에 근거하여 내면에 지니고 있는 문제들을 극화하는 '트라우마무대'와 소망하는 것을 허구 또는 상상이라는 장치를 이용해 이야기로 꾸며 표현하는 '매직무대'로 구성되어 있다(홍유진, 2017). 치료사는 내담자와 프로그램을 진행하면서 두 타입 중 하나를 선택하게 된다. 즉 내담자들이 가지고 있는 트라우마를 무대 위에서 직접 다루어도 큰 문제가 없다고 판단되면 트라우마무대를 선택하지만 내담자가 직접 자신의 이야기를 다루는 것에 대한 부담을 느껴하거나 저항이 있을 경우 매직무대를 운영하면 효과적이다.

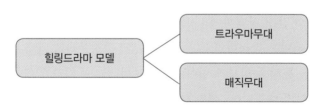

[그림 7-1] 힐링드라마 모델 구성

힐링드라마 모델은 자전공연과 치유공연의 결합된 형태로 과거 제의에서부터 앙또냉 아르또Antonin Artaud의 잔혹극, 예르지 그로토프스키Jerzy Grotowski의 가난한 연극, 아우구스또 보알Augusto Boal의 억압받은 자들의 연극 등 다양한 치료적 속성을 지닌 공연이론들에 영향을 받았다. 제의는 상징과 은유를 통해서 억압되고 적체된 감정을 배설하도록Catharsis 도움을 준다는 측면에서 볼 때 극적이며 치유적이다. 제의로부터 비롯된 연극 역시 그 자체로 치료적인 속성을 가지고 있음을 이미 역사를 통해 입증해 왔다. 대표적으로 리차드 세크너Richard Schechner는 제의와 연극의 유사성에 대해 연구하였는데 인간이 고통을 해소하는 데 필요한 '분리, 전이, 통합'이라는 공통의 형식을 제의와 연극이 공유하고 있으며 현대에는 제의의 기능적인 측면을 연극이 대신하고 있다고 주장하였다(Schechner, 1985). 홍유진 역시 제의와 연극의 치료가능성을 주목해 왔다. 이에 힐링드라마 모델의 개념을 정립하는 과정에서 제임스 루스-에반스James Roose-Evans가 말한 예술로서의 기능보다는 공연을 통해서 공연 참여자 스스로가 창조적인 존재임을 자각하게 함으로써 의식의 변화와 자존감을 회복시켜 주는 데 주안점을 둔 제의연극의 개념도 반영되었다(Roose-Evans, 1995).

힐링드라마 모델의 형식적인 측면에서는 연극을 구성하는 본질, 즉 배우와 관객을 제외하고 무대장치, 조명, 의상 등을 제거하자는 그로토프스키의 가난한 연극개념(Grotowski et al., 1987)을 차용해 최소한의 장치만을 사용할 것을 제시하였다. 특히 무대와 객석의 비경계화를 통해 표현자와 보는자의 상호관계를 중요하게 여기는 점도 그로토프스키로부터 많은 영향을 받은 측면이다. 실제로 힐링드라마에서는 무대와 객석의 구분이 없다. 공연이 이루어지는 공간을 보는자들이 둘러싸고 있는 형태로 가장 원시적인 무대의 원형이다. 공연이 끝나고 진행되는 후속회기 중에 치료사에 의해 선택된 보는자는 표현자가 했던 역할을 하는 경우가 종종 있는데, 이는 전통적인 연극에서의 수동적인 관객을 넘어 능동적 참여자로서의 관객, 즉 또 다른 배우로서 위치하는 것이다.

공연과정에서 격앙되었던 감정을 다스림과 동시에 인지적으로 그 순간의 기억을 떠올리게 하는 후속회기인 '마음닫기' 과정은 힐링드라마 모델만의 독특한 '의식'이다. 이때 치료사의 역할이 매우 중요한데, 그는 직접 공연에 참여한 표현자뿐만 아니라 관찰자로서 공연을 지켜봤던 보는자들의 감정 상태까지 다루어야 하기 때문이다. 특히 표현자와 보는자들의 상호관계 속에서 나타나는 감정이입identification effects과 감정분리alienation effects를 잘 관찰하여야 한다. 극적체험을 통해 동일시가 일어나는 경우와 거리두기가 일어나는 경우는 때로는 그 원인이 같을 수 있기 때문이다. 예를 들어, 한 표현자가 알코올 중독의 아버지로부터 폭력에 시달리는 이야기를 했을 때 보는자들은 일반적으로 그 상황에 감정이입하여 함께 분노하고 눈물을 흘리기도 한다. 하지만 이때 오히려 유사한 경험을 갖고 있으면서도 거리두기를 통해 자신과는 상관없다는 듯 외면하려는 자도 있을 수 있다. 따라서 치료사는 솔직한 감정을 숨기고 있는 보는자의 내면을 들여다볼 줄 아는 섬세한 눈을 가지고 있어야 한다. 이후 치료사는 치료적 효과를 지닌 채 표현자와 보는자들이 안전하게 현실로 돌아올 수 있도록 이끌어야 한다(홍유진, 2017).

힐링드라마 모델을 진행하기 위해 6단계의 절차를 밟는데 내담자가 자신의 트라우마를 극화하여 공연할 수 있도록 가이드를 해 주는 과정이다. 따라서 누구나 쉽게 따라할 수 있도록 간소화되어 있다. 6단계 진행과정은 다음과 같다. 먼저 이슈탐색(1단계)을 시작으로 핵심장면 3부분을 이미지로 표현하고 이에 상응하는 감정을 적게 한다(2단계). 이어 일반적으로 극화작업을 하는 데 있어 구체적인 대본을 제시하지 않는다. 대신 내담자가 공연을 하기 위해 최소한의 가이드를 제시해 줄 수 있는 힐링드라마 모델 구성표를 작성한다(3단계). 이 때 극화작업과 무대장치 및 음향 등을 사용하는 데 있어 멘토의 도움을 받을 수 있다(4단계). 극화작업이 끝나면 무대 위에서 '자아기법' 또는 '타인기법' 등을 통해 극적 재현을 한다(5단계). 마지막으로 공연이 끝나면 표현자와 보는자를 대상으로 치료사는 마음닫기 작업을 실시한다(6단계).

〈표 1〉 힐링드라마 모델 6단계 진행과정

단계	설명
1단계	이슈탐색
2단계	핵심장면 이미지화
3단계	힐링드라마 모델 구성표 작성을 위한 간단한 이야기 구성
4단계	멘토와 함께 무대구성
5단계	힐링드라마
6단계	마음닫기

일반적으로 힐링드라마 모델의 트라우마무대는 6단계 진행과정에서 언급한 것처럼 구체적인 대본 작업은 하지 않는데, 그 이유는 대본을 암기하여 연기하는 것보다 순간순간 느끼게 되는 감정들을 자유롭게 표현할 수 있도록 하기 위함이다. 이는 극을 연출하고 연기하는 과정에서 발생하는 즉흥성과 우연성으로 인해 다양한 창조적 행위들이 연출되는 것을 강조하는 아르또의 잔혹연극의 개념과 닮아 있다. 따라서 내담자는 비지시적인 상징과 추상의 표현을 통해 자신의 내면을 투사하게 되는데 이때 무의식과 만나게 되는 강렬한 경험을 할 수 있게 된다. 하지만 때로는 이러한 무의식과의 직면이 내담자로 하여금 저항하게 만드는 요인이 되기도 한다.

반면 낭독공연 형식으로 진행되는 힐링드라마 모델의 경우는 기본적으로 대사를 구체화한 텍스트인 대본을 필요로 한다. 즉흥성이 강조되는 공연에 비해 지시적인 성격이 강한 대본을 읽는 낭독공연의 경우는 감정이입에 따르는 동일시보다 심리적 거리두기를 통해 인지적 반응을 이끌어 내는 데 더 용이하다. 즉 자신의 문제를 제3자적 관점으로 객관화하여 바라보며 문제해결을 해나갈 수 있게 된다. 하지만 인지가 앞서는 작업인 만큼 내면에 잠재되어 있는 무의식적인 감정의 출구를 충분히 제공해 주지 못하는 단점도 있다.

이 작업은 중년 여성들과 파일럿스터디 프로그램을 진행하면서 그들이 스스로 겪어온 경험을 나누고 대본으로 극화하는 데 동의했기 때문에 트라우마무대로 결정하였다. 이어 중년 여성들의 경험을 보편적으로 재현하여 콘텐츠화함으로써 추후 임상과정에서 활용할 수 있도록 하는 목적에 따라 낭독공연의 형식을 선택하였다.

2) 스토리텔링을 활용한 콘텐츠개발

인간은 유사 이래 사회적 소통을 가장 중요하게 생각해 왔다. 단순하게 말하는 데 그치는 것이 아니라 자신의 생각을 전달하는 방식으로 이야기라는 형식을 빌려 표현하는 것이 더욱 효과적이라는 것을 잘 알고 있다. 즉 이야기를 구성하는 대표적인 요소들인 인물, 사건, 배경, 갈등을 적절히 활용한 스토리텔링을 통해 전달한다는 것이다. 이는 인간을 가리켜 이야기하는 사람을 뜻하는 '호모 나랜스Homo Narrans'라고 하는 데서 알 수 있듯이 스토리텔링은 의사소통의 방식에 있어 가장 강력한 호소력이 있는 표현도구라고 할 수 있다.

스토리텔링을 통한 표현방식은 시대가 요구한 방식으로 변모해 왔다. 고대, 문자가 없던 시절에는 전설, 신화, 민담들이 구전이라는 방식으로 전해지다가 문자가 등장하면서 이야기를 다룬 기록물의 형태로 발전하였다. 수천 년간 이어오던 문자의 시대를 지나 과학의 시대인 19세기 이후 전기, 전자, 기계, 화학공업의 집약체인 광학기술이 발전하게 되면서 텍스트로 머무르던 방식은 영화, 애니메이션, 사진 등 영상 및 이미지로 그 영역이 확대되었다. 디지털 시대인 현재, 스토리텔링은 게임, 가상현실, 교육, 축제, 의료 심지어 선거 등 그 영역의 한계를 계속 지워나가고 있다. 이는 이야기 속 인물들을 통해 직간접적인 경험을 체험하게 되고 이는 현실에서 맞닥뜨리게 되는 갈등이라는 상황을 효과적으로 해결하는 데 스토리텔링이 최적의 방식이기 때문이다(Fog et al., 2008). 이것이 바로 이 연구에서 스토리텔링을 활용하려는 이유이기도 하다. 내담자가 스토리를 통해서 감정이입과 분리라는 경험을 하게 되고, 그 과정에서 이야기 속의 인물, 사건, 배경 등과 긴밀히 상호작용을 하게 된다. 특히 상호작용은 내담자가 흥미를 갖고 치료에 지속적으로 몰입할 수 있게 하는 힘이 되는데 이는 콘텐츠에 스토리텔링을 적용하는 가장 중요한 목적이 된다. 즉, 스토리텔링은 스토리를 구성하는 3요소(스토리, 스토리텔러, 스토리 이벤트)와 스토리를 경험하는 참여자 간의 상호작용을 근간으로 한다. 따라서 스토리텔링의 목적이 제대로 작동하기 위해서는 이야기를 전달하는 화자와 경험하는 참여자들 사이에 '정서적 공감과 카타르시스'가 일어나야 한다(임화순 외, 2010).

우리는 현재 문화콘텐츠산업의 시대를 살고 있다. 문화와 콘텐츠라는 광범위한 두 개념이 만나 탄생한 문화콘텐츠산업은 예술성, 오락성, 창의성, 등을 반영하여 고부가가치의 산업으로 그 영역을 확장하고 있다. 특히 문화콘텐츠의 활용가치를 극대화하기 위해 매체의 특성에 맞게 이야기를 표현하는 내용적인 측면과 기술적인 측면까지도 아우를 수 있는 스토리텔링 방식이 선호되고 있는 추세이다. 즉 스토리텔링을 기존의 서사적 관점에 제한하여 볼 것이 아니라 콘텐츠를 생산하는 전략적 측면에서의 논의까지 확대해서 살펴봐야 한다. 왜냐하면 스토리텔링이란 이야기와 그것을 담아내는 매체의 특성까지 포함하는 매우 포괄적인 개념이기 때문이다.

따라서 확장된 스토리텔링의 개념에서 볼 때 이야기는 단지 하나의 형태로만 존재하는 것이 아니라 다양한 매체와 결합하여 트랜스미디어transmedia를 가능하게 할 수 있다. 예를 들어, 양질의 이야기는 소설로, 영화로, 뮤지컬로 더 나아가 게임 등으로 확대, 재생산된다. 이처럼 디지털 컨버전스의 시대인 지금, 하나의 스토리텔링은 다른 매체로 옮겨 가면서 매체 변주를 하게 되고 새로운 표현 방식을 획득하게 된다.

스토리텔링을 통해 구성되는 콘텐츠의 유형은 크게 두 부류로 나눌 수 있는데, 그 첫 번째가 엔터테인먼트 스토리텔링이다. 서사가 중심이 되는 영화, 연극, 뮤지컬, 애니메이션, 게임 등이 여기에 속하며, 문화콘텐츠에서 가장 큰 부분을 차지하고 있다. 두 번째는 주어진 정보를 바탕으로 이를 가공하거나 배치, 편집, 디자인하는 것으로 전시나 축제, 에듀테인먼트, 데이터베이스 등을 지칭하는 인포메이션 스토리텔링이다. 이 기준에서 볼 때 이번 연구에서 개발하려고 하는 콘텐츠는 극을 기반으로 하는 엔터테인먼트 스토리텔링에 해당하면서 동시에 예술치료를 목적으로 하기 때문에 인포메이션 스토리텔링의 측면도 갖고 있다. 즉 개발된 콘텐츠는 연극으로, 영화로 또는 소설 등으로 확장될 수 있으며 예술치료 과정에서는 레퍼런스로 활용이 가능하고 콘텐츠개발모형에 관한 연구처럼 교육적인 측면에서도 활용이 가능하다.

3) 갱년기 중년 여성

(1) 중년기의 일반적 특징

20세기 후반 인간의 평균수명이 길어지게 되면서 중년기에 대한 연구의 필요성이 대두되었다. 이후 많은 학자들에 의해 연구가 활발히 진행되고 있으나 중년기를 정의하는 데 있어서 학자들은 저마다 견해를 달리하고 있다. 일반적으로 평균수명에 따른 연령구분을 내세우지만 개개인의 삶에 따라 신체적, 환경적, 심리적 요인이 달라 중년기를 맞이하는 시기가 조금씩 다르기 때문이다. 이 시기는 대략 40세에서 60세까지로 보며 65세까지 확장해서 보는 학자들도 점차 늘어나고 있다.

중년을 바라보는 시선에는 긍정과 부정 모두 포함되어 있다. 중년은 대개 사람들의 생애

중 경제적, 사회적, 문화적으로 가장 많은 성취를 이루는 시기임과 동시에 정점에 도달한 신체의 기능이 하락하기 시작하는 시기이다. 일반적으로 중년기가 되면 자신이 살아온 삶을 되돌아보며 중간 점검을 하게 되고 살아온 날보다 살아갈 날이 짧아졌다는 불안감이 사고방식에 부정적인 영향을 미치기도 한다. 하지만 부모를 봉양하고 자녀를 양육하며 가족을 지켜온 것에 대한 책임을 완수했다는 성취감이 작동하기도 한다. 이는 열심히 살아온 중년기에 누릴 수 있는 소중한 감정이기도 하다.

인간의 발달과정을 연구한 많은 학자들 중 중년기의 중요성을 강조한 이들이 있는데 칼 융Carl Jung, 에릭 에릭슨Erik Erikson, 다니엘 레빈슨Daniel Levinson 등이 대표적이다. 융(1954)은 생애주기 안에서 중년기를 처음으로 구분한 학자였는데, 그에 따르면 중년기는 35세 이후의 삶이며 이를 인생의 후반기라는 말로 표현하였다. 그는 중년기가 되면 대체로 삶의 목표들을 성취하게 됨과 동시에 그동안 중요하게 여겼던 가치들, 즉 명성, 특권, 돈 등에 대한 집착이 약화되면서 정신적, 심리적 허무 상태에 놓이게 된다고 말한다. 이는 삶의 목표를 이루기 위해 달려온 에너지가 그 목적을 다했기 때문이다(Storr, 1973). 융은 인생의 후반기를 효과적으로 살아가기 위해서는 인생의 전반기와는 다른 삶의 태도를 가져야 한다고 주장한다. 이는 전반기와는 달리 후반기에는 사회적, 신체적 여건이 달라지기 때문이며, 이를 제대로 수행하지 않으면 삶의 위기가 찾아온다는 것이다. 따라서 융은 '인생의 아침'에 알맞은 심리학과 '인생의 저녁나절'에 알맞은 심리학의 차이를 깨달아야 현명하게 위기를 극복해 나갈 수 있다고 말한다(Clift, 1989).

인간의 발달과정을 8단계로 나눠 전 생애적 관점에서 연구한 에릭슨은 중년기를 가리켜 생식성generativity과 정체stagnation 사이에 균형이 중요한 시기라고 하였다. 여기서 의미하는 생식성이란 자신이 살아온 삶을 되돌아보며 성찰을 통해 획득하는 것으로 다음 세대를 성장시키기 위한 욕구를 의미한다. 이는 축적된 경험이 후세에게 효과적으로 활용되는 것인데 이를 통해 중년기는 만족감을 느낀다. 만약 중년기가 되었음에도 불구하고 생식성을 경험하지 못할 경우 반대로 정체에 빠져들게 되는데 이때 중년은 후세들을 위한 사회적 역할을 하지 못하고 자신의 욕구에만 집착하게 된다(Erikson, 1963).

남성과 여성의 성인기 발달연구에 헌신한 레빈슨은 전 생애를 자연의 사계절에 비유해 4개의 시기, 즉 성인 이전기, 성인 초기, 성인 중기, 성인 후기로 구분한다. 그는 인생주기의 진행을 '인생구조life structure'가 진화되는 과정으로 보고 있다. 레빈슨이 말하는 중년기는 대략 40~60세를 의미하는데, 이 시기를 40대 전환기, 중년 입문기, 50대 전환기, 중년 절정기와 같이 4단계로 세분화하였다(Levinson, 1986). 그에 따르면 중년기에 들어서면서 사람들에게 많은 변화들이 생긴다고 한다. 먼저 신체적, 심리적 변화가 두드러지는데, 노화가 표면적

1. 스토리텔링과 힐링드라마 | 225

으로 드러나면서 신체기능의 저하가 동반된다. 특히 여성의 경우는 생리적인 변화, 즉 폐경이 이루어지며, 이는 불안정한 심리상태를 야기시켜 병리적 증세까지 이어지기도 한다. 또한 사회적 역할의 변화가 일어난다. 자녀가 독립하고 은퇴의 시기가 겹치게 되면서 새로운 형태의 삶을 구축해야 하는 시기가 된다. 이때 갈등과 혼란을 경험하기도 하지만, 반대로 책임감으로부터 벗어나는 홀가분함도 느끼는 양가감정을 경험한다. 특히 여성의 경우 내조와 양육 그리고 돌봄의 역할에서 벗어나 비로소 개인의 역할을 수행할 수 있는 시기가 된다. 하지만 이때 새로운 역할에 대한 인식이 올바르게 작동하지 않으면 오히려 역할혼동이 일어나 스트레스로 작용할 수 있다고 한다. 최근 들어 우리나라 여성들은 자녀의 독립으로 인한 상실감, 허무감보다는 새로운 역할에 대한 수행의 어려움으로 인해 혼란을 겪고 있는 경우가 많다(노영주, 한경애, 2000).

지금까지 융, 에릭슨, 레빈슨을 통해 중년기 특성에 대해 살펴보았는데, 그들의 말을 종합해 보자면 중년기는 인생의 전반기와 후반기 사이의 과도기로 그동안 자신이 살아온 삶을 회고하면서 인생에 대한 전반적인 평가가 이루어지는 시기라고 할 수 있다. 따라서 평가가 만족감을 주지 못할 경우 지난 삶에 대한 회의감, 우울 등을 느끼게 되며, 다가올 삶에 대해 두려움 속에서 살아갈 수 있다고 한다(Jan, 2008).

(2) 중년 여성의 갱년기 증상

중년기에는 가족과 사회 내에서 역할의 변화가 일어나기도 하고, 주변 환경의 변화, 즉 지인 및 친지의 죽음, 자녀의 독립, 은퇴 등에 따른 심리적 변화가 급격하게 일어난다. 하지만 노화에 따른 신체의 변화만큼 두드러진 변화도 없다. 신체 및 생리적 기능은 일정시기 최고조에 이르렀다가 점차 그 기능은 감소하고 만다. 따라서 노화는 인간이라면 누구나 감수할 수밖에 없는데, 청년기에는 감소의 폭이 적다가 중년기에 접어들게 되면서 그 폭이 두드러지게 늘어난다. 특히 노화에 따른 외모의 변화는 여성들에게 있어 민감한 관심사이다. 왜냐하면 사회가 남성과 여성에게 노화에 대한 다른 기준을 적용하고 있기 때문이다. 즉 남성의 노화를 연륜이라는 긍정적 요인으로 받아들이는 사회적 경향에 비해 여성의 경우는 미적 대상의 상실로 받아들이는 경향이 강하기 때문이다. 따라서 여성에게는 나이 듦에 대한 부정적 정서가 강할 수밖에 없다. 하지만 중년기의 다양한 신체적 변화 중에서도 생식계의 변화야말로 중년기를 대변하고 있다고 볼 수 있다. 여전히 중년기에도 생식기능을 유지하는 남성에 비해 폐경을 통해 출산능력의 상실을 경험하는 여성의 경우 심각한 심리적 문제까지 야기될 수 있다. 물론 폐경에 대해 전혀 문제가 없으며 새로운 시작으로 여기는 사람들도 있다. 그들은 폐경을 완경이라 부르며 피임 걱정으로부터 해방되었다고 생각하기도 한다(이유명호, 2014). 그러나 대부분의 중년 여성들은 폐경을 전후로 우울과 불안을 경험하며 이는 일상의 삶을 힘들게 하는 요인이 되기도 한다.

사람들은 흔히 여성의 폐경기와 갱년기를 동일한 개념으로 생각하기도 하지만 갱년기와 폐경기는 엄연히 다른 개념이다. 여성의 갱년기는 폐경 전 생식이 가능한 상태에서부터 폐경 후 생식능력이 상실된 상태로 변화하는 시기 전체를 의미한다. 반면 폐경기는 월경이 최종적으로 정지된 시기를 의미하기 때문에 시간적으로 갱년기의 중간에 해당하는 시기이다. 한국 여성의 갱년기는 평균 폐경연령인 48세를 전후하여 5~10년의 기간에 해당한다. 폐경의 주된 원인은 난소에서 분비되는 핵심 여성호르몬인 에스트로겐estrogen을 생성하지 못하는 데 기인한다. 여성호르몬 분비가 감소하면 여성의 월경주기는 점점 불규칙해지고 결국 월경은 종결된다. 이후 폐경 상태에서는 생식기관의 크기가 축소되고 질 윤활에 문제가 되어 성기능이 저하되고 이는 성관계에 대한 불만으로 이어지게 된다. 또한 에스트로겐의 감소는 피부의 탄력을 떨어뜨리며 골질량 감소에도 영향을 주게 되는데(김진홍, 최문기, 2008), 이로 인해 여성은 자신의 신체를 바라보는 사고의 변화가 일어나게 된다. 즉, 폐경을 통해 나타나게 되는 안면홍조, 식은땀, 가슴 두근거림, 피로감, 불면증, 기억력 감퇴 등과 같은 증상은 여성에게 자신의 신체를 더 이상 스스로 통제할 수 없게 되었다는 불안감을 야기시켜 우울, 무가치함 등과 같은 심리·정서적 혼란 상태로 이끌게 된다(Chrisler & Ghiz, 1993).

물론 폐경이 곧 우울로 연결된다는 것을 의미하는 것은 아니다. 최근의 연구에서는 폐경 전 여성, 폐경 진행 중인 여성, 폐경 후 여성들을 비교한 결과 폐경과 우울증은 크게 상관없음이 발견되기도 하였다. 오히려 과거 우울 경력과 신체적으로 비활동적이거나 경제적인 어려움을 갖고 있는 여성이 갱년기 동안 우울을 더 경험한다는 것이다(장휘숙, 2012). 즉 중년 여성의 경제상태, 건강상태, 가족과의 관계, 자아의 문제 등에 따라 우울의 빈도가 높아짐을 알 수 있다. 이런 관점에서 볼 때 가부장적 환경 속에서 성장하고 사회적 역할보다는 가정 내에서 돌봄의 역할을 주로 담당했던 한국의 중년 여성, 특히 전업주부들은 갱년기를 거치면서 우울을 경험할 가능성이 높다. 그들은 자신의 삶보다는 수십 년간 아내, 엄마, 며느리와 같은 가족이 먼저인 삶을 살아왔으며 가족의 성취를 곧 자신의 성취로 강요당해 왔다. 그러는 가운데 그들의 심리적, 정서적, 신체적 문제는 방치되었으며 그에 따르는 고통을 참아내는 것이 당연한 것으로 여겨졌다. 실제 우리나라 여성의 우울 유병율만 보더라도 폐경이 진행되는 50대 초반에서 50대 후반의 우울 유병율이 높은 것을 볼 수 있는데, 이를 통해 여성들이 경제적으로 종속되어 있으며 사회적으로 독립된 삶을 살지 못하고 있음을 유추해 볼 수 있다.

〈표 7-2〉 성인 여성 주요우울장애 일 년 유병률의 5년간 변화

연령	여자		
	2006	2011	증감
18~29세	3.3	5.7	+72.7%
30~39세	3.0	2.5	-16.7%
40~49세	2.5	4.0	+60%
50~59세	4.7	4.9	+4.3%
60~64세	3.0	4.6	+53.3%
합계	3.2	4.3	+34.4%

또한 이 시기가 되면 환경적인 변화가 일어나는데, 결혼과 출산 이후 아내와 어머니로서 배우자를 내조하고 자녀를 부양하던 역할에서 배우자의 은퇴와 자녀의 출가는 오랜 기간 담당해 왔던 이들의 역할을 약화시킨다. 역할로부터의 해방감과 자유로움을 주는 긍정적인 측면도 있지만, 의존적이며 제한된 삶을 살아온 여성들에게는 오히려 역할의 상실이라는 부정적인 측면이 강하며 이는 정체성 혼란을 야기한다. 이로 인해 스트레스를 경험하게 되는데, 호르몬 변화와 같은 신체적 증상까지 겹치게 되면 우울감은 대폭 상승한다. 그 결과 자신을 부정적으로 평가하게 되고, 이는 자존감의 하락, 무가치함, 자신감 부족, 절망감, 죄책감 등으로 이어지게 된다. 이런 정서적인 위기상태가 식욕부진, 두통, 변비, 현기증, 수면장애, 오심, 구토 등과 같은 신체적인 증상으로 나타나며, 더 나아가 개인의 문제에서 가족, 사회적 문제로까지 확대되기도 한다. 따라서 중년 여성의 심리적, 정서적, 신체적 문제를 개인의 문제로 치부하여 그들에게 그 책임을 전가할 것이 아니라 공적인 영역 안에서 주의 깊게 다루어야 할 것이다.

(3) 중년 여성의 자아

'자아란 무엇인가?'라는 질문에 답을 찾기 위해 철학, 사회학, 심리학 등 많은 영역에서 다각적 연구가 계속되고 있다. 특히 심리학사에 그 업적을 남긴 대부분의 학자들은 '자아'에 관심을 두었고 나름대로의 자아개념 이론을 형성하였다. 하지만 학자마다 자아를 지칭하는 용어와 정의는 조금씩 차이가 있다. 프로이트처럼 인간의 내면을 강조하는 학자가 있는가 하면, 찰스 쿨리Charles Cooley나 조지 미드George Mead와 같이 사회적 측면을 강조하는 이들도 있다. 그러나 이런 차이에도 불구하고 인간행동양식을 결정짓는 핵심요인이 자아라는 데 학자들은 공통된 의견을 내놓는다. 따라서 자아개념을 형성하는 데 있어 내적 측면과 사회학적 측면 모두 매우 중요한 요인이라고 보고 있다(송인섭, 2013).

　　많은 심리학자들 중에서도 칼 로저스는 어린이들뿐만 아니라 어른들을 대상으로 실용적인 관점에서 자아를 중요한 개념으로 다룬 대표적인 인물이다. 그에 따르면 인간의 행동에 영향을 미치는 것이 자아개념이기 때문에, 심리치료나 상담을 할 때 내담자의 자아개념을 변화시켜가는 것이 매우 중요한 행위가 된다. 즉 긍정적인 사람의 경우는 주변 환경과 조화를 이루고 변화를 받아들이는 데 있어 탄력적인 사고를 할 수 있는 데 반해, 부정적인 사람의 경우는 환경에 적응하기가 어렵거나 대인관계에 있어 소극적이고 열등감을 가지기 쉽다. 이로 인해 부정적인 정서가 내면에 강하게 퍼져 있으면 심리적으로 장애 상태까지 나아갈 수 있다. 따라서 로저스는 인간의 행동이 자아개념으로부터 나온다고 보았기 때문에 한 개인이 갖고 있는 부정적 신념 또는 정서를 긍정적으로 전환시키면 행동 역시 변화되어 건강한 자아를 형성할 수 있다고 보았다(Rogers, 1959).

　　중년기는 생애발달사에서 청소년기만큼이나 예민한 시기이다. 특히 중년기 여성의 경우 자녀 양육에 따른 스트레스와 건강상의 문제 등을 겪게 되면서 불안과 삶의 허무함을 느끼게 되며, 무엇보다 폐경으로 인한 출산능력을 상실하게 되면서 여성으로서의 정체성 혼란이 생기는 시기다. 이로 인해 우울이 심해져 때로는 병리적인 증상으로까지 확대되기도 하는데 특히 가부장적 사회에서 전통적인 여성의 역할을 강요당해 온 경우 폐경이 더해지면 심한 우울과 상실감을 느낀다고 알려져 있다. 중년 여성을 대상으로 갱년기 증상과 자아개념 간의 관계를 연구한 성미혜(2002)에 따르면 두 관계는 상당히 밀접하게 연결되어 있다고 한다. 우리나라의 경우 폐경을 전후해서 약 50% 이상이 갱년기 증상을 경험하며 25% 정도가 치료를 요할 정도의 중증 상태를 경험한다. 이때 자신의 존재를 무가치하다고 느끼거나 열등감을 갖는 등 부정적인 정신적, 심리적 상태에 놓이게 된다. 이는 중년기 자아개념에 부정적인 영향을 미치게 된다.

　　또한 가정 내에서의 역할 상실 역시 자존감의 감소와 우울에 많은 영향을 미친다. 우리나라 중년 여성의 경우 남편과 자녀의 성공을 자신의 내조와 양육의 결과로 받아들이는 경향이 강하다. 이는 자신과 무관하게 외적 결과에 따라 만족도가 결정된다는 것을 의미한다. 하지만 이 시기에 겪게 되는 경험 중에 순기능만 있는 것은 아니다. 자녀의 독립과 남편의 은퇴로 인해 더 이상 가족 내에서 자신에게 부여된 역할이 없어졌을 때 강한 상실감으로 이어진다. 빈둥지증후군과 같은 중년 우울증이 급증하는 이유도 여기에 있다. 따라서 의존적인 관계에서 벗어나 스스로 건강한 자아개념을 형성할 수 있어야 중년기 위기를 극복해 나갈 수 있게 된다. 최근 들어 중년 여성들의 재취업, 사회봉사, 문화활동, 여가생활, 사회참여 등 긍정적인 자아실현을 위한 활동들이 증가하고 있는 추세이며, 이는 자신의 삶을 찾고자 하는 욕구의 반영이라고 볼 수 있다.

2. 콘텐츠개발모형 설계

콘텐츠개발이라는 용어 속에는 두 가지 의미가 담겨 있다. 하나는 내용물에 해당하는 작품을 창작하는 것이며 다른 하나는 그 과정을 체계화하는 것이다. 이 과정 역시 예술적 창작과 치료 프로세스의 결합으로 콘텐츠를 개발하기 때문에 이에 적합한 개발모형을 필요로 한다. 주제가 선정된 이후 저자는 콘텐츠개발에 적합한 모형을 찾기 위해 교육학, 콘텐츠학 등 다양한 분야의 개발과 설계모형들을 학습 및 탐구하는 시간을 가졌고 이후 힐링드라마 모델 6단계 진행과정을 중심으로 교수설계과정에서 가장 많이 활용하는 ADDIE 모형, 연극제작 3단계 모형 등을 참조하여 연구에 적합하도록 변형한 콘텐츠개발 4단계 모형을 확정하였다.

첫째, 치료기반 구축을 위한 기획 단계로 연구주제를 선정하고 진행프로그램을 구성하였다. 이어 파일럿스터디를 통해 연구주제에 대한 조사 및 탐구를 실시하였다. 둘째, 이야기 범주화를 위한 설계 단계로 핵심주제를 범주화하고 이를 반영한 인터뷰질문지를 만들었다. 다양한 의견을 수렴하기 위한 설문과 심층 인터뷰를 진행하였다. 셋째, 극화작업을 위한 개발 단계로 인터뷰 등을 통해 획득한 경험담을 스토리로 구성하는 극화작업을 하였다. 콘텐츠를 최종적으로 완성하기까지 반복된 피드백 작업을 거쳤다. 넷째, 무대화를 위한 재현 단계로 극화된 콘텐츠를 무대 위에서 연행한 후 마음닫기 과정을 진행하였다.

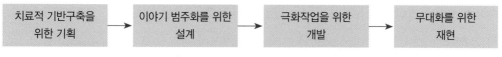

[그림 7-2] 콘텐츠개발 4단계 모형

저자는 콘텐츠개발모형 4단계인 기획, 설계, 개발, 재현에 따라 스토리를 구성하였다. 이 개발과정을 단계별로 제시하려는 목적은 창작과정 그 자체에 의미를 부여함으로써 이를 재현하는 방식이 비평적 의미를 갖게 하기 위함이다(Barrett, 2010). 이는 객관적이고 합리적인 비평 요건에 따라 진리를 판별하기보다는 실천의 과정 속에서 경험한 체험을 통해 연구자 스스로 연구와 실천에 대한 논평자가 되어 비평적 통찰을 이끌어 내는 것이 '실천으로서 리서치'의 목적이라고 주장한 로빈 넬슨의 견해에 동의하기 때문이다(Nelson, 2009). 또한 창조적 과정인 예술적 만들기가 그 자체로 치유적인 것이다. 이는 삶의 가치를 향상시키는 데 도움을 준다고 한 맥니프의 말처럼, 치료가 지닌 창조성의 역할은 인간 본연의 예술적 재능과 치료 안에서의 통합된 표현예술로 개인과 우리 사회에 점차 흥미롭고 중요한 주제로 부각되고 있다. 따라서 이 연구는 객관적이고 과학적인 지식이 아닌 창작과정을 실천해 가면서 연구자가 경험한 기록으로 실천을 통해 '구현된 지식'이라고 명할 수 있다.

3. 중년 여성의 '자아찾기' 스토리 만들기

1) 치료적 기반구축

저자는 '자아찾기'에 나선 중년 여성의 이야기를 다룬 콘텐츠개발을 위해 콘텐츠 기획부터 콘텐츠 재현까지의 전 과정에 중년기 문제를 경험하고 있거나 경험한 45세 이상 65세 이하인 5명의 중년 여성들을 선정하여 참여시켰다. 이는 저자가 남성이기 때문에 간과할 수 있는 요소들을 최소화하기 위함이었다. 그들의 경험은 저자로 하여금 중년 여성에 대한 이해를 높이게 하여 콘텐츠개발 과정에 많은 도움이 될 수 있었다.

콘텐츠개발을 위한 파일럿스터디 프로그램을 구성하는 데 있어 여성학, 심리학, 예술치료학에서 다루었던 선행연구들과 다양한 문화 서적을 참조하였다. 그리고 파일럿스터디 프로그램을 조직·운영하기 위해 회기별 주제를 선정하여 자유로운 토론과 사고의 교류가 가능할 수 있도록 비구조화된 프로그램으로 구성하였다. 또한 중년 여성이 발달과정에서 겪게 되는 심리적, 정서적, 신체적 문제를 고려하여 중년의 자아, 신체, 심리, 관계로 구성된 4개의 주제를 선정하였다.[1] 이어 각 주제별로 하위주제들을 나누었다.

〈표 7-3〉 회기별 파일럿스터디 프로그램 구성

회기	주제	활동내용
1	오리엔테이션	• 연구목적 및 목표 소개 • 참여자의 윤리문제 소개 • 파일럿스터디의 규칙 설정
2	중년의 정의	• 우울, 자존감 검사 • 참여자 스스로 생각하는 중년의 정의

[1] 총 12회기의 프로그램에는 주제별 대담 프로그램 12회기(오리엔테이션 포함)에 콘텐츠개발 프로세스를 위한 준비 프로그램 3회기가 포함되어 있다. 위에서 사용된 회기별 프로그램 구성표는 대본화 작업에 적합한 파일럿 프로그램의 성격상 IT 매뉴얼에서 사용하는 공식포맷이 아닌 편의에 따라 저자가 임의로 구성한 포맷을 사용하였다.

3	중년의 신체	• 중년의 성 문제 • 갱년기 증상 • 일반 건강 • 외적 변화
4	중년의 자아 I	• 연령별 사진을 통한 자아 탐색(회상) (유아~20대까지)
5	중년의 자아 II	• 연령별 사진을 통한 자아 탐색(회상) (30대~현재까지)
6	중년의 심리 I	• 우울(빈둥지증후군) • 욕망
7	중년의 자아 III	• 영화감상: 〈글로리아〉 • 영화 속 주제 '중년기 자아'에 대한 토론
8	연구방법론 I + 중년의 관계 I	• 콘텐츠개발 연구를 위한 방법론 • 중년의 부부관계
9	중년의 관계 II	• 영화감상: 〈파리폴리〉 • 영화 속 주제 '부부관계'에 대한 토론
10	중년의 심리 II + 중년의 관계 III	• 죽음 • 가족이야기
11	연구방법론 II + 중년의 관계 IV	• 인터뷰질문지 만들기 사전점검 • 자녀와의 관계
12	연구방법론 III + 소감 나누기	• 인터뷰질문지 만들기 • 마무리하며

파일럿스터디는 대담형식으로 저자가 주제를 제시하면 자유롭게 이야기를 하는 방식으로 설정하였다. 토론과정에서 주제와 벗어난 이야기가 대두되어도 크게 문제가 되지 않는다고 판단되면 제지하지 않고 가급적 그대로 진행하는 것을 원칙으로 하였다. 그럼에도 불구하고 지나치게 주제와 벗어난 이야기가 계속되거나 한 사람이 주도권을 쥐고 길게 이야기를 할 경우, 저자는 자연스럽게 화두를 전환하거나 다른 사람에게 발언 기회를 제공하며 대담을 원활하게 이끌어 가는 역할을 담당하였다. 또한 대담 이외에 과거부터 현재까지의 연령별 사진을 통해 자아의 변화과정을 회상하는 작업과 두 번에 걸쳐 주제와 관련된 영화를 선정하여 프로그램 구성에 포함하였다.

〈표 7-4〉 파일럿스터디 프로그램에 활용한 영화목록

제목	연도	제작 국가	러닝 타임	줄거리	선정 이유
글로리아	2013	칠레	110분	"퇴근 후 밤마다 싱글클럽에서 춤을 추는 중년의 이혼녀 글로리아. 여전히 아름다운 여자이고 싶은 그녀는 싱글클럽에서 순수한 소년 같은 로돌포를 만나 낭만적인 사랑을 시작하게 된다. 하지만 과거 가족들의 구속에서 벗어나지 못한 나약한 로돌프에게 실망하게 되는데…"	"오늘도 난 빛나고 싶다."고 외치는 중년 여성의 일상과 욕망을 다룬 영화로 주변의 시선들에 맞서 자신을 찾아가는 주인공 글로리아의 모습을 통해 진정한 자아찾기가 무엇인지 제시하는 영화.
파리폴리	2015	프랑스	98분	"노르망디의 전원에서 목장을 운영하는 브리짓과 자비에는 일평생을 함께한 부부이다. 소녀 감성을 지닌 몽상가 브리짓과는 달리 일밖에 모르는 무뚝뚝한 남편 자비에는 살가운 애정 표현보다 티격태격 나누는 농담이 더욱 익숙하다. 함께 살던 아들마저 도시로 떠난 후 브리짓은 자비에와 살아가는 단조로운 일상에 점점 따분함을 느낀다. 그러던 어느 날, 우연히 만난 매력적인 연하남에게 흔들린 브리짓이 호기심에 그를 만나기 위해 파리행을 결심하는데…"	"지금 당신 곁에 누가 있나요?"라는 질문에 해답을 제시하는 영화로 권태로운 중년부부의 위기를 다루고 있다. 하지만 영화는 중년부부의 은은하고 소박한 사랑이 뜨거운 사랑보다 더 아름다울 수 있음을 보여 준다. 중년부부의 관계 회복에 도움을 줄 수 있는 영화.

파일럿스터디의 또 하나의 목적인 콘텐츠개발을 위해 12회기 중 3회기 동안의 준비과정도 포함시켰다. 이 과정을 통해서 참여자들에게 힐링드라마 모델에 대한 이해, 인터뷰질문지 구성 방법, 콘텐츠개발모형 및 과정 등에 대한 학습을 이루기 위함이었다.

2) 이야기 범주화

(1) 인터뷰질문지를 구성하기 위한 핵심주제 범주화 및 설계

대본을 창작함에 있어 개인의 예술적 영감으로 써내려 가는 일반적 의미의 글쓰기가 아닌 치료적 속성이 반영된 텍스트를 구성하는 과정인 점을 염두에 두어야 한다. 따라서 중년여성의 경험을 최대한 많이 텍스트에 반영하기 위한 방법으로 심층인터뷰 방식을 선택하였다. 효과적인 인터뷰질문지를 만들기 위해 인터뷰의 시간, 난이도, 흥미 등을 고려하였다.

특히 중년 여성들일 경우 주관식 문항에 어려움을 겪기 때문에 객관식 중심의 질문지를 만들었다. 실제 인터뷰를 실시한 결과를 보더라도 주관식 문항에 대한 답은 빈약한 경우가 많았다. 따라서 특별한 경험 또는 생각 등에 대한 정보를 얻기 위한 경우가 아니라면 가급적 객관식 문항으로 구성하였고 부족한 부분은 대면인터뷰를 통해 자료를 확보하였다.

질문 문항의 주제는 파일럿 프로그램을 바탕으로 범주화하였다. 즉, 중년의 자아, 신체, 심리, 관계를 바탕으로 크게 '대상자의 일반적 특성' '당신이 경험하고 있는 중년' '당신의 가족에 대해' '당신의 사회활동' '중년인 당신에 대해' 5개의 영역으로 구성하였다.

첫째, '대상자의 일반적 특성'에서는 중년 여성들의 일반적 정보인 가족구성, 건강상태, 수술여부, 초경과 폐경의 시기 등 10개의 객관식 문항이 제공되었다.

둘째, '당신이 경험하고 있는 중년'에서는 폐경을 경험하며 느낀 감정, 민감한 신체적 변화의 부위, 나이 듦의 두려움 여부, 혼자 보내는 시간 및 행동, 중년의 자위에 대한 인식 등 총 10개의 객관식 문항을 다루고 있다. 이 과정을 통해 스스로 중년기를 어떻게 인식하고 있는지 여부를 살펴볼 수 있었다. 특히 폐경을 겪으며 느낀 경험은 문항에서 제시한 5개의 질문을 바탕으로 대면인터뷰에서 심층적으로 다루었다. 선행연구들에 따르면 폐경기를 부정적으로 경험하는 부류는 대체적으로 경제적 요인이나 남편과의 관계에 있어 어려움을 호소하는 사람들이 많다는 결과에 따라 '당신의 가족에 대해'에서 경제력과 부부관계를 묻는 질문과 연계하여 살펴볼 수 있었다. 또한 한국사회에서 성문제는 매우 민감한데, 특히 중년 여성의 성문제는 금기시되어 온 경향이 있었다. 따라서 자위에 대한 질문은 중년 여성들이 스스로 성을 어떻게 인식하고 있는지 여부를 알아보기 위한 것이었다. 이 역시 '당신의 가족에 대해'에서 남편과의 성생활 정도를 묻는 질문과 연계하면 보다 효과적인 경험을 얻어낼 수 있다.

셋째, '당신의 가족에 대해' 부분에서는 남편과의 대화시간 및 주제, 경제력이 부부관계에 미치는 영향, 성생활 정도, 이혼에 대한 견해, 자녀의 독립 등 10개의 객관식 문항과 호칭의 문제, 남편과 보냈던 시간 중 행복했던 때, 남편에게 자녀에게 바라는 것 등 4개의 주관식 문항으로 구성되어 있다. 이 질문들을 통해 남편과의 관계를 어떻게 유지하고 있으며, 그것이 개인의 삶에 어떤 영향을 주고 있는지를 살펴보는 질문이었다. 또한 이혼과 자녀의 독립 문제를 어떻게 인식하고 있는지 여부를 통해 의존성에 대한 정도를 엿볼 수 있었다.

넷째, '당신의 사회활동'에서는 여가시간의 활용, 정기적인 모임 또는 활동의 이유, 대인관계의 어려움, 의견충돌 시 행동 등 5개의 객관식 문항과 중년이라는 이유로 겪은 차별에 대한 경험담을 묻는 주관식 1문항으로 구성되어 있다. 이는 중년 여성들이 사회적 관계를 어떻게 맺고 있는지에 대한 인식을 알아보는 질문이다. 대면인터뷰를 진행하면서 사회적 활동이 개인의 삶의 질을 향상시킬 수 있는지 여부를 알아보는 질문으로 활용하였다.

마지막으로 '중년인 당신에 대해'는 자아에 대한 질문으로 미래의 모습, 사랑, 나만의 시간 등을 묻는 7개의 객관식 문항과 자살, 자아상실 등 4개의 주관식 문항으로 이루어졌다. 이는 5개의 부분으로 나뉜 인터뷰질문들 중 가장 중요한 질문으로 중년 여성의 욕구 또는 욕망을 알아보기 위한 것이다. 이를 통해 스스로 자신들의 솔직하고 내밀한 욕망을 들여다봄으로써 자아찾기를 실현할 수 있는 길을 모색할 수 있도록 하는 목표가 반영된 질문들이다.

인터뷰질문지를 구성하면서 가장 고려했던 점은 피상적인 경험이 아닌 현재 그들이 겪고 있는 내밀한 경험을 얻고자 함이었다. 따라서 객관식 문항의 응답에 대해서도 궁금증이 생기면 심층질문으로 이어가는 형태를 취하였다. 질문에 대한 난이도와 방향성은 참여자들의 의견을 최대한 반영하였고 그들에게 직접 질문을 던져봄으로써 활용가치를 측정하였다. 수차례의 수정을 거듭하여 질문지를 최종 확정하였다.

(2) 인터뷰 실시

저자는 콘텐츠개발 참여자를 포함하여 총 52명의 인터뷰를 실시하였다. 인터뷰 방법은 인터뷰질문지를 서면으로 제공하여 30분 동안 작성하게 한 후 그 질문지를 토대로 1시간 동안 심층 인터뷰를 실시하였다. 인터뷰는 몇몇의 경우를 제외하고 보통 지인들로 구성된 3~4명의 집단 중심으로 진행되었다. 그러다 보니 때로는 주제와 관련 없는 이야기가 진행되기도 했지만, 집단으로 인터뷰를 했을 때 서로의 경험을 공유하며 더 깊은 이야기가 도출되는 장점이 있었다. 예를 들어, 민감한 질문들, 특히 중년의 자위와 성에 관련한 이야기가 나왔을 때 개별적으로 진행한 인터뷰보다 그룹으로 진행한 인터뷰에서 솔직한 경험담이 도출되었다. 개별인터뷰의 경우 특정한 공간에서 남성 인터뷰어와 여성 인터뷰이가 성에 대한 대담을 나누는 것에 대한 불편함을 느껴 솔직한 대답을 회피하는 경우이다. 하지만 집단으로 진행된 인터뷰에서는 서로가 질문에 대한 강화제가 되어 오히려 적극적으로 이야기를 이끌어가는 경향이 두드러졌다. 물론 집단인터뷰의 단점도 드러났다. 즉 질문에 따라 도덕성이 드러날 수 있는 경우에는 설문 시 거짓으로 답변하는 경향도 있었다. 실제 자존감이 낮아 우울을 느끼고 있었음에도 불구하고 설문지상에는 스스로 아무런 심리적 문제가 없다고 대답하는 경우이다. 따라서 거짓 답변이 예상되는 질문의 경우 반드시 개별인터뷰를 통해 심층적으로 확인하는 절차를 거쳤다.

3) 극화작업

(1) 주제별 핵심이야기 분류: 경험담을 중심으로

인터뷰를 통해 수집한 자료들을 개별적으로 나누어 분석하기보다는 하나의 일관된 이야기로 재구성하는 방식인 내러티브 분석방법을 선택하였다. 인간의 경험은 수많은 내러티브의 파편들로 얽혀 있다고 한다. 따라서 산발적으로 흩어져 있는 경험들을 이야기라는 틀 안에서 바라본다면 인간은 자신이 겪어온 경험을 보다 의미 있게 이해할 수 있게 된다. 실제로 각 개인의 삶에 큰 의미를 부여한 사건들은 이야기 형태로 기억되어 있으며, 다른 사람들에게도 이야기를 통해 전해지게 된다. 따라서 인간을 이해하기 위해서는 내러티브의 탐구가 필요하다. 내러티브가 가지는 효과성은 한 인물의 변화와 성장을 지속적으로 관찰할 수 있다는 것이다. 즉, 삶의 과정 속에서 한 인물이 겪게 되는 사건들과 그로 인해 발생하는 결과들을 살펴볼 수 있다. 이를 통해 사건들이 화자의 삶에서 어떠한 의미를 갖고 있는지 또한 화자가 자신을 둘러싼 주변의 환경을 어떻게 이해하고 있는지를 파악할 수 있다(Clandinin & Connelly, 2000).

따라서 한 인물이 경험한 개별 사건을 세분화해서 분석하기보다는 전체의 삶이라는 이야기 속에서 바라보았다. 즉 인간은 살아가면서 많은 사건들을 경험하게 되는데, 그중에서도 인물을 변화시키는 중요한 사건들은 시간, 공간, 타인과의 관계 등 그 인물을 둘러싸고 있는 주변 환경 등에 영향을 받기 때문이다. 또한 인터뷰 과정에서 화자의 말하는 방식도 분석의 대상이 된다. 왜냐하면 화자가 영향 받고 있는 사회적, 정치적, 문화적 환경들이 이야기 과정에 반영되기 때문이다. 따라서 말하는 방식을 통해서 화자가 스스로 경험한 사건을 어떻게 해석하는지 그의 가치관 또는 신념 등을 살펴볼 수 있다. 캐롤 그르비치는 한 사람의 내러티브를 분석하기 위해서는 표면 위에 드러난 이야기뿐만 아니라 그 이면에 감춰진 환경적 요인들도 고려하여 분석해야 한다고 주장한다(Grbich, 2007). 이러한 분석방법은 IT매뉴얼 그림자 엿보기 모델의 '개인의 역사분석' 방법과 유사하다. 즉 하나의 개인이 형성되기까지는 그를 둘러싸고 있는 사회적, 정치적, 종교적, 경제적 환경 등 다양한 요인들이 영향을 주기 때문에 단순히 한 개인만을 볼 것이 아니라 주변의 요인들까지 고려해야 한다는 것이다(홍유진, 2017). 따라서 대담과 인터뷰를 진행하는 과정에서 나오는 내러티브 결과들을 분석함에 있어 그림자 엿보기 모델의 분석방식도 적용하였다.

경험담을 스토리로 구성하기 위한 범주화 작업을 진행하였다. 이를 통해 대주제와 소주제로 나누었고, 그와 관련된 11개의 핵심이야기를 도출하였다. 즉 대주제는 '중년의 자아' '중년의 신체' '중년의 심리' '중년의 관계' 등 4개의 범주로 나누었으며, 소주제는 '잃어버린 자아' '찾고 싶은 자아' '중년의 성' '갱년기' '건강상태' '외모변화' '우울' '욕망' '부부관계' '자녀와의 관계' '사회관계'를 다룬 총 11개의 범주로 구성되었다. 이어 각각의 소주제에 적합한 경험담을 적용한 11개의 에피소드를 구성하였고 그에 따른 제목을 부여하였다. 하지만 각각의 11개의 에피소드는 그 주제의 경계에 있어 엄격한 구분이 있는 것은 아니다. 이야기의 속성상 대 · 소주제를 넘나드는 경우가 대부분이었다. 예를 들어, 〈내 인생 최초의 가출〉에 피소드는 대주제인 중년의 심리와 소주제인 우울, 욕망 카테고리에 들어가 있지만 중년의 관계와 자아의 문제도 다루고 있다. 11개의 에피소드는 플롯 작업을 위해 편의적으로 구분한 이야기이며 극화작업을 통해 최종 확정된 이야기는 11개 에피소드가 하나로 결합된 형태를 띤다. 이 단계에서는 인터뷰를 통해 획득한 경험담을 주제에 맞게 분류하였다. 이는 스토리로 구성되는 과정에서 활용되는 원천 자료가 되었다.

〈표 7-5〉 주제별 핵심이야기

대주제	소주제	핵심이야기
중년의 자아	잃어버린 자아 찾고 싶은 자아	내 이름은 '은희엄마' 내 이름은 '박인숙' 나를 찾아서(La vie en rose)
중년의 신체	성/갱년기/외모변화 건강상태	여자 여자 여자 어쨌든 아직은 더 살고 싶다…
중년의 심리	우울 욕망	빈둥지 내 인생 최초의 가출 어느 특별한 날들
중년의 관계	부부관계 자녀와의 관계 사회관계	메로나 이혼미수사건 영월, 그 남자 자기소개서

① 중년의 자아

갱년기 중년 여성들이 느끼는 자아상실감의 심각성은 이미 오래전부터 수많은 연구 자료를 통해 제기되어 왔다. 그만큼 문제해결을 위한 사회적인 각성이 필요한 것이 현실이지만 여전히 중년 여성의 자아문제는 관심의 영역 밖에 위치하고 있다. 이를 상징적으로 보여 주는 것이 '누구누구 엄마'라고 부르는 호칭이다. 결혼 이후 여성들은 자신의 이름을 박탈당한다. 그리고 항상 누구의 엄마, 누구의 아내로만 살기를 강요받아 왔다. 그러다 보니 어느 순간부터 자신조차 이름으로 불리는 것이 어색하다고 말한다. 총 52명의 중년 여성들을 인터뷰하면서 사회생활을 하는 경우를 제외하고는 대부분 자신의 이름으로 불리는 경우는 없었다. 사회생활을 하는 경우에도 회사를 벗어나면 자신의 이름 대신 누구 엄마로 호칭이 바뀌는 것이 다반사라고 말한다.

> 20년 동안 알고 지낸 동네분이 있었는데 병원에 입원했다는 거예요. 그래서 지인들과 같이 병문안을 갔는데 병실을 몰랐어요. 안내데스크에 가서 몇 호실인지 물어보려는데 글쎄 환자 이름을 모르는 거예요. 다른 엄마들한테 물어봤지만 같이 간 사람들도 아무도 찬진이 엄마 이름을 모르더라고요. 한참 동안 실갱이하다가 겨우 찾았어요. 20년간 그렇게 친하게 지냈는데 어쩜 이름도 몰랐을까….
>
> — 이O희(57세) —

> 촌스러운 이름을 갖긴 했어도 솔직히 내 이름으로 불리고 싶지요…. 나도 여잔데….
>
> — 지O옥(63세) —

또한 우리 사회는 중년 여성들에게 이름만 박탈한 것이 아니라 여자로서의 온전한 삶 역시 박탈하고 있다. 항상 가족이 먼저인 삶을 살았지만, 그 수고에 대한 인정보다는 억척스러운 아줌마라는 불명예스러운 칭호만 얻게 되었다고 그들은 말하고 있다.

> 엄마는 뭐든지 잘하는 척척박사가 되길 바라요. 그렇다고 잘했다는 소리 한번 들어본 적 없어요. 그것은 그냥 엄마로서, 아내로서 당연히 해야 하는 일이에요. 그렇게 30년을 살아왔고 그렇게도 되기 싫어했던 아줌마가 어느덧 되어 버렸어요.
>
> — 이O신(58세) —

특히 전업주부로 살아온 경우 가족을 위한 삶에 익숙해져 있으며 상당히 의존적인 성향을 보였는데, 이들에게 갱년기 증상이 겹치게 되면 자아상실감을 더욱 심각하게 경험한다고 한다.

② 중년의 신체

여성에게 중년기는 가장 신체적 변화가 두드러지는 시기이다. 즉, 이때 신체능력이 감소하고 체형이 변화하며 피부노화가 급격히 진행된다. 하지만 무엇보다도 갱년기에 따른 폐경의 문제는 여성으로서의 정체성 문제까지 이어지는 심각성을 야기한다. 물론 모든 중년 여성들이 갱년기를 심각하게 경험하는 것은 아니지만, 대체적으로 폐경을 겪으며 우울과 스트레스를 경험한다. 실제 폐경에 대한 두려움은 상당수의 인터뷰이들이 가진 공통의 정서였다. 중년기 신체적 변화는 자존감을 감퇴시키는 원인이 된다.

> 병원에서 폐경됐다고 그러는 거야. 뭐, 어느 정도는 예상하고 있어서 덤덤했어요. 그날 오후엔 다
> 니던 수영장의 강사가 그만둔다고 해서 같이 점심 먹고 노래방 가고 평소보다 더 즐겁게 놀았어요.
> 그런데 아무도 없는 집에 들어오는데 갑자기 겁이 덜컥 나기 시작하는 거야. 처음 생리했을 때와 비
> 슷한 그 공포감이 밀려 왔어요. 15살 땐가 그랬는데 그때도 집에 아무도 없었거든요. 혼자 울면서
> 있었는데 밤늦게 엄마가 들어오니까 안도감이 밀려오는 거예요. 울면서 엄마한테 안겼는데 생리한
> 걸 알고는 웃으며 괜찮다고 이제 여자가 된 거라고 했어요. 기분이 묘하더라고. 폐경 때도 비슷한 감
> 정이었어요. 그런데 그땐 옆애 아무도 없네…. 남편은 부인이 갱년긴지 병원에 다녀왔는지 관심도
> 없고…. 솔직히 슬펐어요.
>
> — 조○진(58세) —

또한 우리 사회에서 금기시되어 왔던 중년의 성문제도 다룬다. 여성, 특히 중년 여성의 성은 그동안 공론의 장에서 쉽게 언급할 수 없었던 주제였기에 저자 역시 조심스럽게 접근할 수밖에 없었다. 하지만 처음에 염려했던 것과는 달리 대부분의 인터뷰이들은 솔직하게 자신들의 생각을 이야기하였다. 대체적으로 성문제에 소극적인 태도를 보였던 것은 사실이었지만, 인터뷰를 진행하다 보면 이○란의 경우처럼 때로는 깊은 경험까지 이야기해 주는 인터뷰이들도 있었다.

> 나는 폐경 되고 처음 자위라는 것을 해봤어요. 떨렸어. 겁나고. 그런데 이상하게 기분도 좋아요.
> 뭐라고 표현 못 하겠지만 찌릿찌릿한 게 처음 느끼는 기분이랄까? 구성앤가? 그랬잖아요? 여자도
> 자위를 해야 한다고. 그때는 불결하다고 생각했거든요. 근데 아이러니하게도 자위하면서 '내가 여자
> 였지.'라는 생각이 드는 거예요. 너무 억울했어. 하필이면 여자로서 수명을 다하고 나니까 깨달을 건
> 뭐예요?
>
> — 이○란(56세) —

③ 중년의 심리

'빈둥지증후군'은 중년 여성의 심리문제를 함축적으로 보여 주는 용어이다. 늘 가족에 의존해서 살아온 전업주부들의 경우 자녀가 독립한 이후 남편과 둘만 남겨진 자신의 집이 빈둥지처럼 느껴진다는 의미에서 붙여진 것이다. 특히 자녀에 대한 의존도가 높은 경우와 남편과의 관계가 원만하지 못할 경우 빈둥지증후군을 경험하는 빈도가 높다는 연구결과가 있

다(정원임, 2013). 저자는 인터뷰에서 '자신의 삶이 빈껍데기 같다고 느낄 때는 언제인가?'라는 질문을 통해 빈둥지를 느끼는 공허함의 정서를 묻고자 하였다. 그들은 대체적으로 가족 관계 속에서 자신의 존재가 무가치하게 느껴질 때 또는 무시당할 때 삶이 빈껍데기 같다는 생각을 하였다.

> 애들 학원비라도 보탤까 싶어 일자리를 찾아보려는데 남편이 그러는 거예요. "누가 너 같은 아줌마를 갖다 쓰겠냐?" 그 말에 갑자기 열이 확 받더라고요. 그래서 "내가 물건이야? 갖다 쓰게?"라며 화를 냈어요. 정말 말 한마디를 해도 너무 무시하는 듯해요. 그게 정말 기분 나빠요. 그런데 남편 말처럼 갖다 쓰라고 해도 날 갖다 쓰는 곳이 없더라고요. … 나도 학교 다닐 때는 똑똑했는데 한 15년 쉬고 나니까 아무데도 찾는 곳이 없어요. 완전 존재감 바닥이지요.
>
> – 장O영(49세) –

> 언제부턴가 내 손에 들려 있는 것은 장바구니 아니면 쓰레기봉투가 다였어요. 남편도 아이들도 엄마 손을 잡아주지 않아요. 예전에는 손이 예쁘다는 말을 많이 들었는데 이제는 못생겨졌어요.
>
> – 이O경(47세) –

위의 경험담처럼 지나온 자신의 삶을 돌아보며 존재가치에 대해 고민하는 중년 여성들이 많았는데 대부분은 공허함을 호소하고 있었다. 하지만 인터뷰를 하는 과정에서 지속적으로 들었던 이야기는 "나도 여자예요. 왜 나라고 꿈이 없겠어요?"라는 항변이었다. 그들에게는 과연 누구의 엄마, 누구의 아내 이외에 다른 역할이 없는 것일까? 저자는 그들의 솔직한 심리를 들여다보고 싶었다. 그리고 중년의 욕망에 대해 알아보기 위한 의도로 "당신은 여전히 사랑을 꿈꾸고 있는가?"라는 질문을 던졌다. 욕망이란 단어 속에는 육체적, 정신적 의미 모두 포함되어 있다. 이 질문에 인터뷰이의 78.8%(41명)가 '그렇다'고 답을 했다. 즉 다음의 사례처럼 여전히 욕망의 주체로서 살고자 하는 그들의 의지를 엿볼 수 있는 결과는 많은 점을 시사하고 있었다.

> 50이 넘으니까 무서운 게 없어지더라고. 남편도 이젠 나한테 함부로 못 해. 그러면 나도 막 하거든. 이젠 헌신적인 아내, 좋은 엄마, 그런 말 싫어요. 더 이상 그렇게 살고 싶지도 않고. 이제부터는 나를 위해 살 거예요. 안 그러면 억울하잖아. 한 번 살다 가는 건데. 왜 진작에 그런 생각을 못 했는지….
>
> –민O순(52세)–

④ 중년의 관계

중년 여성의 삶을 들여다보기 위해서 가장 먼저 고려해야 하는 것이 그들과 함께 살고 있는 가족관계일 것이다. 특히 배우자와의 관계를 살펴보면 현재 그들의 심리상태를 정확하게 들여다볼 수 있다. 그래서 저자는 5개의 인터뷰 주제 중 '당신의 가족에 대해'에서는 직접적으로 남편과의 관계를 묻는 질문을, '중년인 당신에 대해'에서는 간접적으로 남편과의 관계를 유추해 볼 수 있는 질문들을 구성하였다. 인터뷰를 통한 결과를 살펴보면 대체적으로 둘 사이의 관계는 '애증'이라는 단어로 표현할 수 있다. 이는 대화의 정도나 성생활 등 친밀도를 물었을 때 부정적인 답변을 하던 인터뷰이들도 "생의 마지막 순간 부르고 싶은 단 한사람을 고르라는 질문이나 여행을 간다면 누구와 함께 가고 싶은가?"라는 질문에서 의외로 자신의 배우자를 선택하는 경우가 많이 있었음이 이를 증명한다. 그들은 "그래도 미우나 고우나 지금껏 같이 살았잖아요…"라며 남편을 대하는 태도가 긍정과 부정 사이에 있음을 알 수 있었다.

그럼에도 불구하고 중년 여성의 삶에 가장 직접적인 갈등 대상은 역시 배우자인 남편이었다. 실제 인터뷰를 진행하면서 부부갈등의 원인에 대해 질문을 해 보면 의외로 사소하며 일상성을 띠고 있는 경우가 많다. 하지만 사소한 문제라고 해서 가볍게 보아서는 안 된다고 인터뷰이들은 주장한다. 결혼생활을 이어오는 수십 년간 축적된 사소함이라는 상처는 어느 순간 자신의 결혼생활을 회의적으로 되돌아볼 만큼의 폭발력을 지닌다고 말한다. 많은 인터뷰이들이 남편에 대해 불만을 터뜨리는 사유로 부인에 대한 무관심을 들었다. 상대에 대한 배려는 없이 자기 마음대로 결정하고 판단한다는 것이었다. 수없이 말해 왔던 것이 상대에 의해 받아들여지지 않았을 때 또 그것이 반복되었을 때 작고 사소한 것이라고 생각했던 것은 그 어떤 큰 사건보다 무서운 법이라고 말한다. 인터뷰이들의 상당수는 남편에 대해 "남편은 여전히 나를 잘 몰라요. 아니 알려고 노력하지도 않아요."라고 하소연을 했다. 그러면서 남편을 가리켜 "내편도 아닌 남의 편"이라고 말한다.

> 어머니가 치매 판정을 받고부터는 나의 삶은 말 그대로 엉망진창이었어요. 시간이 흐르면서 점점 한계를 느꼈어요. 우울증이 심해져 갔고 당장 나부터 죽을 것만 같았어요. 그때 남편에게 요양원 이야기를 꺼냈어요. 당연히 한바탕 소동이 벌어졌지. 이혼 얘기까지 나올 정도였으니까. … 하지만 그 이후로 난 시어머니를 요양원으로 내쫓은 나쁜 며느리가 되었고 한동안 남편은 나에게 말조차 걸지 않을 만큼 노골적으로 화를 드러내기까지 했어요. 오히려 그동안 혼자 어머니 병 수발을 든 것을 생각하면 위로는 못해 줄 망정 화를 내는 남편이 괘씸했어요. 남편은 원래 그런 사람이에요.
>
> — 김O숙(54세) —

시어머니를 요양원으로 보내고 난 후에도 김○숙은 여전히 시어머니를 돌보는 것은 자신의 몫이라고 한다. 그렇게 난리를 치던 시댁식구들은 시간이 지나자 언제 그랬냐는 듯 발길을 끊었다고 했다. 그럼에도 남편은 여전히 고맙다는 말 한마디 없다고 서운함을 드러냈다. 김○숙의 경우와 비슷한 사례가 있다.

> 남편은 무관심하고 무뚝뚝해요. 말 한마디 해도 늘 윽박지르듯이 말하고. 그러다 보니까 주눅이 들어서 잘못한 적이 없어도 늘 내가 먼저 미안하다고 잘못했다고 말하는 편이에요. 그러니까 항상 내가 뭘 잘못한 사람처럼 되어 있더라고요. 특히 시댁식구들이 나를 대하는 태도가 그래요. 그래도 내 편을 단 한 번도 들어준 적이 없어요.
>
> – 손○옥(57세) –

사소한 문제가 삶의 중대한 사건으로 발전할 수도 있는 중년부부의 일상적 갈등은 저자에게 이야기의 소재로서 흥미를 주었으며, 동시에 부부관계에 있어 그 의미를 다시 한번 숙고하게 하는 계기가 되었다. 이어 자녀문제는 중년 여성들에게 있어 중요한 삶의 관계가 된다. 특히 중년의 심리에서 다룬 빈둥지증후군의 사례에서 보는 바와 같이 남편과의 관계가 원만하지 않을 경우 자녀에 대한 집착이 자연스럽게 높을 수밖에 없는데, 그것이 자녀와의 관계에 있어 갈등의 원인이 되었다. 인터뷰이들 중에서도 이 문제로 인한 갈등을 호소하는 경우가 많았다. 따라서 자녀의 결정에 일방적으로 순응해야 하는 상황이 벌어지는데 이것이 그들에게는 커다란 스트레스로 다가온다. 특히 자녀가 독립하는 과정에서 또는 결혼한 자녀의 아이를 양육하는 과정에서 그들이 겪게 되는 스트레스는 심각하다.

중년기의 대인관계와 사회관계 역시 그들의 삶에서 중요한 부분을 차지한다. 현재 경제활동 또는 사회활동(봉사, 모임, 교육활동 등)을 하는 중년 여성과 경력단절 이후 경제활동을 재개하려는 중년 여성들의 이야기를 각각 들어보았다. "사회활동 과정에서 중년 여성이라는 이유로 차별을 경험한 적이 있는가?"에 대한 설문에서는 언급하지 않았던 부분들을 대면 인터뷰를 진행하면서 그들의 솔직한 경험들을 이야기해 주었다. 특히 전업주부로 살아오던 중년 여성들이 새롭게 일거리를 찾아 사회생활을 한다는 것에 대한 어려움을 토로하였다. 하지만 자녀의 교육비에 대한 부담, 개인의 욕구 등이 겹치면서 사회생활에 도전해 보지만 전업주부로만 살았던 중년 여성들에게는 쉽지 않은 길이 된다. 그들이 할 수 있는 역할이 상당히 제한적인데 그마저도 경쟁이 심하다. 주로 식당보조, 주방, 홀서빙 등 자아성취감을 높일 수 있는 일이 아니다 보니 가사노동의 연장선상으로 이어지는 단순 업무가 주를 이룬다. 이런 경우 그들은 사회활동을 하고 난 이후 가정으로 돌아가서 다시 가사노동을 이어가는 고된 노역을 되풀이하게 된다. 게다가 평생을 자녀양육과 남편내조 그리고 시부모봉양에 모든 시간을 사용했던 중년 여성들은 경력단절에서 오는 한계에 직면하게 되는데, 이는 가정에서도 사회에서도(취미, 모임 등 비경제활동을 제외) 그다지 환영받지 못하는 존재가 되는 경우가 많다.

(2) 극화작업

최종 글쓰기 작업은 수집되고 분석된 자료를 총체적으로 활용하는 것이다. 특히 단순한 글쓰기가 아니라 대본 형태의 창조적 글쓰기인 이 과정에서는 내러티브의 핵심요소인 플롯이 절대적이다. 이야기 안에 존재하는 많은 인물, 사건, 배경 등은 무질서하게 존재하는 것이 아니라 처음부터 끝까지 플롯이라는 끈을 통해서 연결되어 있다. 플롯은 결국 내러티브를 전달하는 사람의 의도에 따라 결정되며 적절하게 조합된 플롯은 이야기를 경험하는 이들에게 흥미를 제공한다. 따라서 저자는 경험담이라는 다소 거칠고 투박한 내러티브의 조각들을 흥미로운 이야기로 탈바꿈하기 위해 플롯을 적용하여 중년 여성의 자아찾기 과정을 하나의 드라마틱한 스토리로 엮는 데 중점을 두었다.

주제별로 분류한 경험담을 토대로 진행한 11개의 에피소드 작업이 마무리되면서 본격적인 대본 작업에 돌입하였다. 이야기의 흐름상 누락된 에피소드도 있었으며, 도중에 새롭게 각색되어 첨가된 이야기도 있었다. 일반적 의미에서 대본작업은 그 플롯을 구성함에 있어 기, 승, 전, 결 또는 발단, 전개, 위기, 절정, 결말과 같은 구조를 갖는다. 여기에 연구 과정으로 창작되는 대본인 만큼 IT매뉴얼의 단계별 소목표인 세라트CERAT를 플롯의 개념으로 반영하였다. 이는 주인공이 갈등을 극복하는 과정에서 새로운 인물로 거듭난다는 일반적인 내러티브 구조가 그 자체로 치유의 과정이라고 본다면 적체된 감정의 배설을 통해 자신의 존재를 느끼고 역할훈련을 통해 '새로운 인격체로 재탄생'(홍유진, 2017)하는 과정을 의미하는 세라트와 매우 닮아 있기 때문이다. 따라서 11개의 에피소드를 세라트의 관점에서 순서화하였다.

3개월여의 작업 끝에 탄생된 콘텐츠는 누구의 아내로, 며느리로, 엄마로 30여 년의 시간을 살아오면서 자아를 상실하고 우울과 낮은 자존감을 숙명처럼 받아들인 한 중년 여성의 이야기이다. 주인공 '박인숙'은 52명의 경험이 반영된 인물이다. 비록 순수한 의미에서 한 사람의 내러티브라고 볼 수 없으나, 그녀가 이야기 속에서 겪는 경험들은 충분히 중년 여성들의 삶을 대변한다고 할 수 있다. 따라서 콘텐츠개발과정에 참여한 중년 여성들뿐만 아니라 관객으로서 공연을 보는 중년 여성들은 인숙의 내러티브에 감정이입하여 자신의 이야기로 받아들일 수 있으며, 나아가 주인공이 잃어버린 자아를 찾아가는 과정을 통해 자신들의 삶을 되돌아볼 수 있다. 집필과 수정의 모든 과정을 참여자들에게 원고를 보내 확인하고 그

〈표 7-6〉 에피소드별 세라트 적용

에피소드 순서	제목	세라트
1	내 이름은 '은희엄마'	C
2	메로나 이혼미수사건	C
3	빈둥지	E
4	여자 여자 여자	E
5	자기소개서	E
6	어쨌든 아직은 더 살고 싶어!	R
7	내 인생 최초의 가출	R
8	영월, 그 남자	R
9	내 이름은 '박인숙'	A
10	어느 특별한 날들	A
11	나를 찾아서(La Vie en Rose)	T

들의 의견을 반영하는 절차를 거쳤다. "우리의 이야기가 공연으로 만들어질 수 있나요?"라며 반신반의했던 그들도 완성된 대본을 보면서 만족하였다.

〈어느 특별한 날들〉이란 제목으로 개발된 콘텐츠는 가출한 50대 중년 여인이 30년 만에 찾은 고향에서 한 남자를 만나게 되고, 그와 특별한 3일을 보내게 된다는 이야기다. 중년 남녀 간의 사랑보다는 주인공 박인숙이 잃어버린 자아를 찾게 되는 3일간의 여정을 따라가는 구성에 초점을 맞추었다. 줄거리는 다음과 같다.

결혼 30년 차 주부 박인숙은 최근 우울한 나날을 보내고 있다. 남편은 자신에게 관심조차 없고 분가한 아들과 딸은 아이를 맡길 때 말고는 코빼기도 보이지 않는다. 게다가 갱년기가 겹치면서 삶의 의욕마저 상실하게 된다. 사사건건 남편과의 트러블이 이어지고 외롭고 무기력한 삶에 지쳐만 간다. 인생의 회의감에 괴로워하던 인숙은 살아생전 처음으로 가출을 하게 된다. 30년 전 떠나온 고향, 영월로 이끌려 온 인숙은 운명처럼 한 남자를 만나게 된다. 그 남자의 자상하고 따뜻한 마음에 끌리고만 인숙은 그 남자와 3일간의 특별한 시간을 보내게 된다. 그 시간 동안 인숙은 누구의 엄마로서, 아내로서가 아닌 박인숙 자신을 찾게 된다.

4) 무대화

(1) 힐링드라마

무대화를 위한 재현 단계를 통해서 개발된 〈어느 특별한 날들〉을 실제 힐링드라마 모델로 재현해 봄으로써 그 가치와 임상적용의 가능성을 점검할 수 있는 토대가 되었다. 〈어느 특별한 날들〉의 재현 단계는 다음과 같이 진행되었다. 먼저 콘텐츠개발 과정을 함께한 참여자들을 공연에 참여시킨 것인데, 이는 힐링드라마 모델의 취지이기도 했지만 중년 여성의 일상을 다룬 이야기를 실제 그 과정을 살아가고 있는 당사자들의 목소리를 통해 직접 듣는 것이 더 의미가 있다고 판단했기 때문이었다. 특히 자신이 경험한 것을 대본화하여 공연이란 방식으로 이야기를 하는 것은 스스로 개인의 문제를 해결하는 데 도움이 되며 이는 중년 여성들이 자신의 경험을 거리감 두고 바라볼 수 있게 하여 의식변화 과정에 큰 역할을 할 수 있기 때문이었다.

공연은 2017년 8월 3일 오후 3시 종로구 동숭동에 위치한 동덕여자대학교 공연예술센터 코튼홀에서 60분간 진행되었다. 힐링드라마의 특징인 무대와 객석의 구분을 없애고, 보는 자도 또 다른 배우라는 개념을 적용하여 무대 위에서 관람하게 하였다. 실제 마음닫기 과정에서 보는자에게 표현자 역할을 부여해 낭독공연의 기회를 제공하기도 하였다. 이는 전통적인 연극에서의 수동적인 관객을 넘어 능동적 참여자로서의 관객을 위치시키는 것이다. 또한 조명과 음악 등 무대장치의 사용도 힐링드라마 모델에 맞게 최소한으로 제한하였다.

(2) 마음닫기 진행

힐링드라마 모델의 6단계 진행과정을 보면 공연 이후 마음닫기를 진행하는데, 이 과정은 내담자가 공연을 하면서 느낀 다양한 감정들을 정리하는 매우 중요한 시간이다. 이를 통해 공연에 표현자로 참여한 내담자들은 안전하게 가상의 상황에서 현실로 돌아올 수 있게 된다. 이때 치료사는 공연에서 야기된 문제들을 때로는 감정이입하거나, 때로는 거리두기를 통해 다루어주는 역할을 한다. 특히 낭독공연의 경우 내담자가 배역을 통해 연기를 하게 됨으로써 심리적 안전망이 확보될 수 있다. 이에 따라 저자는 〈어느 특별한 날들〉의 공연이 끝나고 마음닫기 과정에서 표현자와 보는자 모두에게 공연을 통해 느낀 감정, 자신이 연기한(또는 지켜본) 배역에 대해 동일시 또는 거리감을 느낀 이유, 등장인물의 상황과 유사한 경험담 등의 질문을 제기하였다. 이는 힐링드라마 콘텐츠로서의 가치와 추후 통합예술치료 임상과정에서 콘텐츠로 또는 콘텐츠개발과정을 활용할 수 있을지 여부를 확인하는 과정이었다. 모든 참여자들은 공연을 통해 자신의 문제를 바라보게 되는 계기가 되었다고 말했다.

즉, 제기되고 있는 문제가 자신의 것이 아닌 배역의 문제로 거리두기를 하면서 바라보게 되는데, 이는 객관적인 시각을 제공하게 하여 자신의 인지적 변화를 이끌어 내는 데 도움을 주는 역할을 한다. 또한 배우가 되어 자신이 원하는 것을 무대 위에서 실현해 봄으로써 성취감 또는 자존감의 상승을 느끼기도 했는데 낮은 자존감으로 인해 자아상실을 느끼고 있는 중년들에게 매우 치료적인 요인이 되기도 한다.

> 극에서 인숙이 이력서를 쓰는 장면 있잖아요. 정말 저도 인숙처럼 이력서를 쓴 적이 있었거든요. 정말 똑같았어요. 30년간 남편을 잘 돌봐주고 애들 잘 키우고 열심히 살아왔다는 것 외에는 정말 없더라고요. 저도 그때 정말 충격을 받았어요. 그리고 이렇게 50이 넘어가면서 느꼈던 것들이 상황은 좀 다를 수는 있지만 마음속에 깊이 있던 나 자신을 돌아보는 것에 대해서는 굉장히 공감했었던 것 같아요. 특히 50이 넘으면 눈이 밝아져서 내가 보인다는 말은 정말 저한테는 굉장히 맞는 말이었고….
>
> − 박O현(54세) −

저자는 우울과 낮은 자존감으로 인해 자아상실을 경험하고 있는 중년기 여성들에게 통합예술치료 도구로써 활용될 수 있는 콘텐츠의 개발과정을 살펴보았다. 이 과정에서 중년기 여성들의 경험이 최대한 반영되어 그들의 문제를 다룸에 있어 보편성을 확보하는 것이 중요했으며 동시에 치료적 프로세스에 따른 개발이 되어야 했다. 그 결과 연구에 참여한 5인의 중년 여성은 예술치료콘텐츠를 개발하는 과정과 〈어느 특별한 날들〉 공연을 통해 지나온 삶을 돌아보게 되는 계기가 되었으며, 삶의 주체로서 다가올 삶을 맞이할 수 있는 힘을 얻게 되었다고 말했다. 그들은 추후 이 콘텐츠를 통해 수많은 중년 여성들도 자신들과 마찬가지로 유사한 경험을 하게 될 것이라며 예술치료콘텐츠로서의 임상적용 가능성을 높이 평가하였다. 관객 반응 역시 유사했는데, 이들은 우울과 낮은 자존감으로 인해 자아를 상실한 여성들에게 〈어느 특별한 날들〉을 활용할 경우 효과적일 수 있다는 데 동의하였다. 즉 자신과 유사한 경험을 하고 있는 주인공과 등장인물에게 감정이입하여 부정적인 감정과 분노 등을 배설하는 데 도움이 될 수 있으며, 자아에 대한 부정적인 인식을 긍정적으로 변화시키는 데 촉매제 역할을 할 뿐 아니라, 주인공이 갈등과 문제를 극복하는 모습을 보며 관객들 역시 인지적 각성이 일어나 현실에서 마주하게 되는 문제들을 해결해 가는 데 영향을 줄 수 있는 콘텐츠라는 결론을 얻을 수 있었다. 더 나아가 〈어느 특별한 날들〉의 콘텐츠 사례는 노년기 여성과 중년 남성의 갱년기 문제를 다루는 데 있어서도 활용가능성이 높다. 특히 저자가 중년 여성들을 만나 파일럿스터디를 하면서 우울과 낮은 자존감 문제는 중년 여성에게만 한정된 것이 아니라는 점을 느끼게 되었다. 어쩌면 모계중심으로 재편된 현재 한국사회의 가족

형태를 볼 때 항상 소외되어 있는 중년 남성들에게 더욱 시급한 문제일 수 있다.

또한 예술치료에 바탕을 둔 콘텐츠개발 과정을 20~30대의 청년들, 자기표현에 어려움을 겪고 있는 청소년들에게 적용한다면 즐거운 예술체험을 통해 자존감과 자기 표현력이 향상될 뿐만 아니라 자신에 대한 이해를 높이는 데 효과적일 수 있다. 그리고 공연뿐만 아니라 다양한 형태로 콘텐츠가 활용될 가능성을 제기해 본다. 특히 영화와 같은 영상콘텐츠로 확장될 수 있다. 이는 내담자들이 직접 자신들의 이야기를 제작하는 영화에 참여하여 시나리오를 쓰고 연기와 스태프 등으로서의 역할을 하는 과정에서 치료효과를 볼 수 있기 때문이며 완성된 영화가 예술치료과정에서 활용되어 같은 문제를 갖고 있는 내담자들에게 치료효과를 제공할 수 있다고 믿기 때문이다. 더 나아가 트랜스미디어의 환경에서 양질의 치료콘텐츠 개발은 예술치료영역만이 아니라 연극, 영화, 뮤지컬, 소설, 에세이 등 문화콘텐츠로 확산되어 산업으로서의 역할도 충분히 가능할 것이다. 즉 '힐링'이 사회의 주요한 화두로 떠오른 현재 인간의 심리, 정서, 정신의 문제를 다루는 콘텐츠는 예술치료뿐만 아니라 문화콘텐츠 산업에서도 활용도가 높아질 가능성이 매우 높기 때문이다. 덧붙여 한 가지 주의사항이 있다면 예술치료를 받는 내담자들의 이야기를 콘텐츠로 개발하는 과정에서 야기될 수 있는 윤리적, 도덕적 문제에 치료사는 늘 주의해야 한다. 이는 콘텐츠개발과정이 단순한 창작활동이 아닌 심리치료에 기반하고 있기 때문이다. 따라서 이야기 제공자의 의도와 맞지 않는 과도한 각색이나 예기치 못한 문제가 발생하여 내담자들에게 불이익이 생길 경우, 또는 자신의 이야기가 공개되는 데 있어 불편함을 호소할 경우 무조건 내담자 편에서 고려해야 한다.

 참고문헌

노영주, 한경애(2000). 50대 중년 여성의 모성경험에 관한 질적연구. 한국가족관계학회지, 5(1), 1-22.

배상국(2018). 통합예술치료 IT매뉴얼의 힐링드라마모델을 적용한 콘텐츠 개발. 동덕여자대학교 대학원 박사학위논문.

성미혜(2002). 중년 여성의 갱년기 증상, 자아개념 및 우울 간의 관계. 성인 간호학회지, 14(1), 102-113.

송인섭(2013). 자아개념. 서울: 학지사.

이유명호(2014). 안녕, 나의 자궁. 서울: 나무를 심는 사람들.

임화순, 김구, 남윤섭(2010). 문학공간을 활용한 스토리텔링 콘텐츠개발연구. 탐라문화, 40, 139-170.

장휘숙(2012). 성인발달 및 노화심리학. 서울: 박영사.

최영주(2013). 조사와 연구를 통한 공연 텍스트 구성하기: 여성의 중년 경험에 관한 드라마투르기 구성 과정의 기록. 드라마연구, 45, 141-176.

홍유진(2017). 내 안의 나를 깨우는 통합예술치료. 서울: 학지사.

Barrett, E. (2010). "*The Exegesis as Meme*", *Practice as Research: Approach to Creative Arts Enquiry*. I. B. Tauris.

Chrisler, J., & Ghiz, L. (1993). Body image issues of older women. *Women & Therapy, 14*(1/2), 67-75.

Clandinin, D., & Connelly, M. (2000). *Narrative Inquire. Experience and story in qualitative research*. San Francisco: Jossey-Bass Publishers.

Clift, W. (1989). *Jung & Christianity*. 융의 심리학과 기독교(이기춘, 김성민 공역). 서울: 대한기독교서회. (원서 1984년 발행).

Erikson, E. (1963). *Childhood and Society* (2nd ed.). New York: W. W. Norton.

Fog, K., Budtz, C., & Yakaboylu, B. (2008). *Storytelling in Business*. 스토리텔링의 기술(황신욱 역). 서울: 멘토르출판사. (원서 2007년 발행).

Grbich, C. (2007). *Qualitative Data Analysis: An Introduction*. London: Sage Publications.

Grotowski, J., Barba, E., & Brook, P. (1968). *Towards a Poor Theatre*. London: Routledge.

Jan, B. (2008). Physiology and effects of the menopause. *Nurse Prescribing, 6*(5), 202-207.

Nelson, R. (2009). "*Practice-as-Research: Knowledge and Their place in the Academy*", *Practice as research in Performance and Screen*. Eds. Ludivine Allegue, Simon Jones, Baz Kershaw, etc., Palgrave Macmillan.

Rogers, C. (1959). A Theory of therapy, personality and interpersonal relationships as developed in the client-centered framework.

Roose-Evans, J. (1995). *Passage of Soul: Ritual today*. Dorset: Element Book.

Schechner, R. (1985). *Between theater and anthropology*. Philadelphia: University of Pennsylvania Press.

제8장

치료사와 역전이

박선영

통합예술치료
임상실제

저자에게 있어서 무의식은 판도라 상자와 같다. 사람은 저마다 무의식의 판도라 상자를 가지고 살아간다. 그 상자는 어쩌면 알고 싶지 않은 진실에 대한 무의식 세계일 때도 많다. 저자에게 무의식의 판도라 상자는 결핍되고 좌절된 욕구의 상자이지만 삶의 태도와 인생의 전환을 가져오는 경험을 열어주었다. 저자는 치료과정에서 내담자에 의해서든 스스로에 의해서든, 해결의 난관에 부딪히면서 대책 없이 무너지는 자신을 발견할 때가 종종 있었다. 그리고 그 어려움의 순간들을 저자의 무의식에 자리잡은 내적 자원과 외적 자원에 의해 헤쳐 나갈 수 있었다. 그래서 저자에게 무의식은 결핍의 욕구와 좌절의 욕구 그리고 내적 자원과 내적인 힘을 담은 판도라 상자이다.

예술치료 공부를 통해 치료사로 활동을 하면서 저자의 결핍된 욕구와 좌절된 욕구가 무엇인지 15년이 지난 후 판도라 상자에서 해답을 찾게 되었다. 역전이에서 프로이트s. Freud가 말하는 무의식에 잠재되어 있는 '어린 자아'와의 접촉을 통한 결핍된 욕구와 좌절된 욕구들을 알아차리는 과정을 거치며 성숙된 치료사로 성장할 수 있었다. 이 과정에서 저자는 인생 전반에 걸쳐 반복되는 패턴의 감정 조각들을 알아차리게 되었으며 역전이 이해를 통해 치료사의 진정한 내면의 힘을 발견할 수 있었다.

이 장에서는 역전이와 전이에 대한 개념을 다루며 통합예술치료 과정에서 역전이를 긍정적 치료 도구로 활용한 사례를 소개하고자 한다.

1. 전이와 역전이의 맞물림

1) 혼란의 시작 어린 자아

치료사는 치료과정에서 내면에 잠재되어 있는 자신의 '어린 자아'를 만나게 되는 경우가 있다. 이러한 어린 자아의 만남에서 내담자들은 어린아이와 같이 행동하고 말하며 생각하게 되는데 이는 곧 치료사와 내담자에게 혼란스러운 감정을 갖게 한다. 어린 시절의 기억이 떠오르면 이와 관련된 기억들이 소환되면서 유년기에 상처받은 기억들이 활성화된다. 내담자는 퇴행의 감정을 느끼게 되고 어린아이가 된 것처럼 느끼게 될 경우 치료사는 내담자가 현재의 감정에서 균형감을 잃지 않도록 유지시켜 주는 것이 임무이며 역할이다.

어린 자아는 어린 시절에 경험된 특정 사건의 외상으로 자기 신념 체계를 가지게 되며 매우 비정상적인 사고와 행동으로 발현된다. 예를 들어, 어린 시절 난폭한 아버지가 어머니에게 폭력을 행사한 것처럼 특정 사건과 상황에서 화난 남성의 목소리에 강렬한 불안감과 공포감을 느낄 수 있다. 마치 그 당시 어린아이가 된 것처럼 스스로를 보호하지 못하고 그 상황에 압도되는 경험을 하게 된다. 이러한 압도되는 경험은 특정 사건의 기억이나 미해결 감정이 있는 경우에 한해서 일어난다. 치료과정에서 내담자는 자신의 갈등 대상을 치료사에게 투영하게 되는데 이러한 현상을 전이라고 한다.

2) 결핍의 원천에서 찾은 전이

전이transference란 내담자가 아동기의 '미해결된 무의식 감정을 치료과정 중에 치료사에게 투사하는 개념'으로 무의식적 콤플렉스의 기억에 대한 저항이다. 이후 전이라는 용어는 여러 정신분석학자에 의해 다양한 관점에서 연구되어 왔다. 클라인M. Klein은 아동들을 대상으로 전이 관계를 다룰 때에도 성인과 같은 방식으로 다루는 것이 효과적이라고 말하고 있다. 아동은 양육자와의 애착 경험에 따른 긍정적 전이와 부정적 전이 두 가지로 구분된다. 이때 긍정적 전이의 주된 구성요소는 관심과 사랑이며 부정적 전이를 형성하는 신경증적인 아동들의 경우는 양육과정에서 반복되는 좌절감을 경험하면서 현실 외면과 부인을 통해 자신을 지키려는 행위로서 전이를 표현한다. 코헛H. Kohut은 아동기에 지속적으로 욕구가 충족되지 못하는 경험을 하였을 경우 성인이 된 후 중독자가 될 위험성이 높아진다고 하였다. 또한 컨버그O. Kernberg는 자아가 약한 경계선 내담자들은 생애 초기에 전이 관계를 형성함에 있어서 무의식·전의식·의식이 충돌하여 압도적인 혼돈, 의식의 왜곡된 사고패턴, 공허감 등을 경험한다고 기술하였다. 그리고 코헛은 치료과정에서 경계선 내담자가 치료사를 향해 형성하는 전이에 의한 갈등을 불러일으키는 대상을 치료사에게 투영하면서 상처 입은 자아에 대한 위안을 받고자 하는 보상심리로 표출된다고 하였다. 따라서 경계선 내담자가 치료과정 중에 자기애적 전이를 지금-여기에서의 경험으로 방해받지 않고 재활성화하는 것에 지대한 영향을 미칠 수도 있다.

더불어 전이를 보다 넓은 의미에서 정의하자면 모든 인간관계에서 일어나는 현상이라고 할 수 있다. 또한 전이 증상은 사고의 균형이 깨져 왜곡된 해석이 활성화되어 나타나는 저항 현상으로도 표현된다. 특히 치료 관계 안에서 전이는 내담자 스스로가 이상화한 부모상 또는 좌절된 부모상을 치료사에게 투영하여 칭찬을 기대하거나 그 당시 감정을 치료사에게 투사하는 것으로 나타나기도 한다. 이처럼 전이는 과거의 내면화된 관계 패턴을 현재의 관계에서 반복적으로 재현되는 현상이라 할 수 있다. 전이 분석의 경향에 있어서 초기 정신분석 임상가들은 심리 내적으로 발생하는 갈등 상황을 재구성하고 이것을 이해하는 데 초점을 두었다. 그러나 최근 바워(Bauer, 2007)는 치료과정에서 나타나는 부적응 관계 패턴을 대처하기 위한 도구로 '지금-여기에서의 전이 분석' 활용을 강조하고 있다(pp. 18-19).

3) 누군가는 처음 겪는 역전이

역전이countertransference란 치료과정에서 나타난 치료사의 무의식적 · 의식적 역전이 현상의 반응이다. 이는 과거의 미해결 감정과 욕구 등의 결핍된 정서 반응을 내담자에게 사랑과 증오의 양가감정으로 투사하는 긍정적 · 부정적 역전이를 의미한다. 치료과정에서 치료사의 과거 미해결 감정에서부터 이어지는 어린 자아를 자극받았을 때 치료사가 내담자에게서 느끼는 전체적인 생각과 행동 그리고 정서와 깊은 연관성이 있다. 특히 내담자의 심리적 · 행동적 특성과 문제들이 치료사의 과거와 현재의 갈등을 건드릴 때 일어나는 반응이 역전이를 이루는 요소들이다. 반면 치료과정에서 역전이를 극복하지 못한다면 치료사는 분석의 중립성을 잃게 되며 치료에 방해적 요소로 역전이가 걸림돌이 될 수 있다.

역전이는 프로이트 이후에도 여러 정신분석학자에 의해 더욱 활발하게 연구되어 왔다. 위니콧D. W. Winnicott은 역전이의 증오라는 주제를 다루면서 역전이 유형을 세분화하였다. 1980년부터 1990년대 정신분석학파에서 공통관심사인 역전이는 투사적 동일시projective identification와 역전이 분석 내 행동화countertransference enactment를 중심으로 연구가 확장되어 왔다. 한편 강석영(2008)은 역전이가 치료성과에 미치는 중요한 요인임을 강조하고 있다. 이는 역전이가 잘 관리되지 않으면 조기 종결과 같은 치료의 실패를 초래할 수 있다는 것이다. 박경은(2019)은 치료사의 긍정적인 역전이가 내담자와의 신뢰관계 형성, 치료기법의 적용 그리고 치료사의 적절한 개입에 따라 치료 효과를 높일 수 있다고 하였다. 이처럼 역전이를 효과적으로 활용하는 것은 내담자의 표현을 이해하는 수단이며 현재 일어나는 핵심감정을 알아차릴 수 있도록 돕는다고 할 수 있다.

역전이의 개념은 크게 세 가지 접근법으로 구분 지을 수 있다. 첫째, 고전적 접근은 역전이가 치료의 장애물이고 방해물이라는 관점이며 치료사의 무의식적 갈등요소에 기반을 둔 것이다. 둘째, 전체적 접근은 역전이가 치료사의 어린 시절 대상관계와의 미해결 문제와 관련이 깊으며 역전이의 긍정적인 측면을 강조하는 관점이다. 즉 치료과정에서 치료사의 모든 반응이 역전이가 된다는 것이다. 셋째, 절충적 접근은 역전이의 부정적 측면과 긍정적 측면을 중요한 요소로 바라보는 관점이다.

(1) 고전적 접근(classical perspective)

역전이는 "내담자에 대한 치료사의 감정과 태도에서 나타나는 요소이며 치료사의 과거 경험이 현재 상황으로 전치되는 현상"으로 정의하고 있다(이재훈 외, 2002, p. 285). 또한 치료사의 역전이는 내담자 전이에 대한 치료사 자신의 전이라는 무의식적 반응 개념으로 자기-분석을 강조하고 있다. 특히 긍정적 역전이는 사랑의 감정이 포함된 동정, 우정, 신뢰와 같은 믿음이 내포된 것을 의미한다. 그리고 부정적 역전이는 정서의 결핍으로 이용당했다는 불쾌한 기분과 히스테리 증상을 일으키는 열등감, 공격성, 죄의식과 같은 애증의 감정이 내포된 것을 의미하고 있다(Freud, 1905). 한편 프로이트(Freud, 1910)는 역전이가 정신분석의 핵심개념 중 하나이며 "내담자가 치료사의 무의식 감정에 영향을 미친 결과"라고 처음 언급하였다(pp. 139-151).

역전이는 치료사가 내담자에게 느끼는 전체적인 정서와 깊은 관련이 있으며 치료과정에서 치료사의 과거 또는 현재의 갈등이 건드려질 때 일어나는 현상이다. 따라서 고전적 접근은 역전이를 치료의 장애물 또는 방해물로 작용하는 것으로 보고있다. 치료사의 무의식과 신경증적 갈등의 역전이가 발생하는 주요 원인은 치료사의 과거 미해결된 감정과 갈등을 내담자에게 투영할 때 일어나는 무의식적 문제에서 기원하는 반응이라 하겠다.

(2) 전체적 접근(totalistic perspective)

1940년대 이후 전체주의적 관점이 등장하면서 내담자에 대한 치료사의 모든 생각과 감정 그리고 환상 등을 모두 역전이라고 보는 개념으로 확장되었다. 정신분석을 기반으로 1930년대부터 1940년대에 대상관계이론과 대인관계이론의 임상결과에 기초하여 발달한 전체적 접근이다. 특히 클라인의 투사적 동일시의 개념은 내담자에 대한 치료사의 감정을 내담자를 이해하기 위한 자료로 활용될 수 있다는 역전이 개념의 이론적 기초로 확립하였다. 이후 역전이는 발달적 접근의 역전이 개념으로 확장되면서 그 적용대상이 경계선 및 신경증 환자에서 조현병 환자, 성격장애 등으로 점차 그 범위가 넓어지기 시작했다.

또한 퀴노도즈J. M. Quinodoz는 치료 상황에서 치료사의 감정을 치료적 도구로 활용하여 내담자의 정서발달에 긍정경험으로 제공되는 치료사의 역전이 감정에 대한 활용 가능성을 제안하였다. 즉 내담자의 공격적인 문제행동으로 유발된 역전이 감정을 인식하고 치료사의 객관적인 역전이를 기초로 하여 치료 상황에서 긍정 반응의 행동이 매우 중요하다는 것을 강조하고 있다. 그리고 치료사는 의식적인 사고의 유추보다는 내담자의 무의식적 심상과 관련된 연상이나 행동에 따른 치료사 자신의 감정에 집중함으로써 내담자를 좀 더 깊이 이해하는 수단으로 활용할 수 있다. 특히 락커H. Racker는 역전이 동일시를 일치적 동일시와 상보적 동일시 구분을 통해 내담자에 대한 중요한 정보를 수집할 수 있다고 하였다. 일치적 동일시는 공감과 매우 유사하며 치료사의 양상을 내담자의 양상과 동일시하는 현상이다. 이렇듯 일치적 동일시 측면에서 보면, 공감 또한 정상적 역전이로 볼 수 있으며 내담자가 치료사에게 투영한 자아의 일부분을 치료사가 동일시하는 것이다. 반면 상보적 동일시는 치료 상황에서 내담자의 내적 대상의 투사를 치료사가 동일시하는 것을 의미한다. 이를 통해 치료사는 내담자에 대해 느끼는 주변인들 간의 관계를 정확하게 파악할 수 있다(Quinodoz, 2011).

따라서 전체적 접근 역전이는 치료사와 내담자의 상호작용 안에서 일어나는 치료사의 생각, 정서, 사고, 태도의 현상이며 이를 잘 점검하여 치료에 유용하게 활용된다면 역전이는 긍정적인 치료적 도구로 활용될 수 있다. 즉 내담자의 합리화, 저항, 투사 등 다양한 방어기제를 치료적 도구로 사용할 뿐만 아니라 긍정적인 역전이 도구로서의 활용 가능성을 높이 평가하였다.

(3) 절충적 접근(integrative perspective)

절충적 접근은 고전적 접근과 전체적 접근의 유용성을 살리는 방향에서 나온 결과물이다. 이에 절충적 접근은 고전적 접근의 입장을 고려하여 치료 실패의 원인을 치료사의 내적갈등으로 보았고, 치료사의 역전이 반응을 잘 이해한다면 치료 상황에서 유용한 도구가 될 수 있다는 것이다. 이는 정신분석 과정에서 내담자와 부딪치는 문제를 역전이로 보았으며 역전이로 인한 정신분석가의 실수는 곧 치료의 실패로 이어질 수 있다는 것이다. 그러나 역전이를 잘 활용한다면 내담자를 보다 깊이 이해하는 수단으로 활용될 수 있다(이무석, 2006).

따라서 절충적 접근에서는 내담자에 의한 치료사 개인의 근원적인 문제를 밝히는 것이 매우 중요하다. 치료과정에서 내담자에 의해 치료사의 갈등이 건드려질 때 치료사는 스스로 자각하고 알아차려야 한다. 특히 치료사의 갈등은 과거 미해결 감정뿐만이 아닌 현재의 갈등 대상과 문제들을 포함시켜 부정적·긍적적 측면의 역전이가 충분히 다루어져야 할 필요가 있다.

4) 통합예술치료로 역전이를 완전하게

통합예술치료과정에서 역전이는 일어날 수 있는 모든 현상이며 내담자의 전이를 다루기 위해서 치료사의 심리역동적 역전이 이해가 요구된다. 치료사가 경험하는 역전이 현상은 치료의 실패, 즉 조기 종결로 이어지는 경우가 있다. 이때 역전이를 활용한 치료의 성공을 위해서는 치료사의 자기성찰을 돕는 슈퍼비전이 매우 중요하다. 슈퍼비전은 치료과정에서 발생한 역전이 현상을 치료 관계(내담자-치료사)에 초점을 맞추어 세밀하게 분석함에 따라 긍정적인 치료성과를 이뤄낼 수 있다. 이때 역전이는 치료사의 감정과 행동 양식 그리고 대응 태도에 지대한 영향을 미치므로 역전이 관리가 매우 필요하다. 이에 저자는 치료과정의 '지금-여기'에서 일어나는 역전이 현상들을 다루면서 치료사의 저항이 '왜 일어나는지'를 분석함으로써 저자 자신을 치료의 수단으로 활용하였다. 이에 통합예술치료과정에서 경험하는 부정적·긍정적 정서를 이해하는 과정을 통해 역전이 현상을 이해할 뿐만 아니라 내담자에 대한 깊은 이해로 연결될 수 있었다.

2. 가끔 혼란스러운 저항과 미해결 감정 역전이

1) 내 맘대로 하고 싶은 저항

내담자의 저항은 치료과정에서 항상 존재하며 내담자가 갈등감정을 치료사에게 드러내는 모든 행동과 정서표현의 방해를 말한다. 치료사 저항 또한 내담자에 의해 존재하며 치료사의 미해결 감정을 치료과정 안에서 내담자에 의한 방해적 요소의 반응으로 일어난다. 프로이트는 치료과정에서 단계마다 저항이 동반되는 것을 발견하였다. 저항은 내담자와 치료사의 현재 경험과 초기 경험 사이에 존재하는 어린 시절의 미해결 감정과 연관이 깊으며 방어구조에 의해서 제한받고 있다. 넓은 의미에서의 저항은 자기인식을 회피하는 내담자와 치료사의 모든 과정에서 발현되는 현상일 수 있다. 특히 내담자와 치료사의 저항은 성격, 스타일, 과거 병력, 초기 경험, 가정환경, 직업, 관념, 생활방식 등이 서로 연관되어 나타난다. 또한 내담자 전이와 치료사의 역전이에서 나타난 저항은 유아적 소망, 환상 그리고 사고에 의한 자각을 막는 방어의 형태로 나타날 수 있다(이재훈 외, 2002). 이는 내담자와 치료사 과거에서 문제의 원인을 찾기보다는 현재 상황에서 자신의 문제를 해결하고 충족시키기 위해서 전이와 역전이의 심각한 저항이 일어날 수 있다는 것이다.

2) 위험한 미해결 감정의 역전이

치료사의 미해결 감정은 치료과정에서 내담자의 방어구조에 의해 긴장감이 형성되면서 치료사의 과거 트라우마 상황, 기억 등이 소환되어 치료에 영향을 미치는 것을 의미한다. 이

때 치료사는 내담자와의 지나친 동일시로 치료 상황에서 중립성을 잃게 되어 내담자의 전이보다 치료사의 역전이가 더 강력하게 작용될 수 있다. 즉 치료사의 미해결 감정은 내담자의 병리로 합리화하는 행동을 보일 수 있다. 반면 미해결 감정을 치료 상황에서 긍정적인 자원으로 유용하게 활용한다면 치료의 성공률을 높일 수 있다.

역전이는 유아기에서부터 성년기까지의 발달과정 안에서 나타난 결핍된 욕구와 좌절된 욕구로 불안한 심리상태와 행동적 특성을 가지고 있다. 이에 상처받은 어린 자아의 미해결 감정을 분석함으로써 내담자를 돕는 최선의 도구는 치료사 자신이라는 믿음을 가져야 한다. 저자는 내담자의 상처를 치료하는 과정에서 촉진자로서 자신의 트라우마 상황과 개인사로 인해 발현하는 심리적·행동적 미해결 감정을 다음과 같이 분석하였으며 이를 통해 역전이 이해의 토대를 만들었다.

〈표 8-1〉 저자의 트라우마 상황 분석

		키	체중	헤어스타일	의상	장신구
	외적 요소	160cm	45kg	단발머리	교복	없음
		성향	성격	심리상태	언어적 특성	행동적 특성
누가 (who)	내적 요소	애교적 배려형 호감형 거절 결핍형	외향적 의존적 주관적 솔직함	주변의식 대인기피 현실도피 자격지심 불안감 두려움 원망감 고립감 불행감	서울 말씨 긴장과 불안을 동반한 말더듬, 극 존칭어 사용	긴장되면 다리 떨기, 불안하면 엄지 손톱 뜯기, 눈 깜박거림, 어색한 상황에 웃음소리 내기
언제 (when)	1992년 2월 10일 5시 (치료사의 나이 17세) 학교에서 수업을 마친 후					
어디서 (where)	집 안방에서					
무엇을 (what)	엄마에게 집을 나가지 말라는 애원과 자신(치료사)도 함께 데리고 나가달라고 매달렸지만, 엄마가 나를 밀어내고 혼자 집을 나감					
어떻게 (how)	엄마와의 관계 단절은 수치심, 죄책감, 무가치감, 고립감, 외로움 등의 정서적 결핍을 경험하여 암울한 청소년기를 보냄					
왜 (why)	아빠의 외도로 인해 부모님이 이혼함					

〈표 8-2〉 저자의 자전적 탐색

시기	가족관계 및 주요 특성	교우 관계	학력	직업	경제 수준	가치관	종교	취미 및 특기
유아기	부모님과 함께 살며 자신에게 관심을 갖고 보살펴주길 기대하고 사랑을 원했음	-	-	-	중하	-	기독교	-
아동기	남동생이 태어나면서 부모에게 더욱 많은 관심과 사랑을 받고자 함	-	-	-	중	사랑과 관심을 받으려면 '부모가 원하는 행동을 해야 한다.'라는 신념을 형성함	기독교	고무줄 놀이
청소년기	부모가 이혼하고 아버지 밑에서 새엄마와 함께 살기 시작함 (권위적인 아버지로 인해 위축됨)	보통	-	학생	중상	'나는 언제든 버려질 수 있다.'라는 신념이 형성됨, '좋은 부모가 있었더라면 좀 더 잘 되었을 텐데'라는 생각을 하게 됨	기독교	음악 감상, 만화책 보기
성년기	결혼하여 19세 딸과 17세 아들 있음(사춘기 아들로 인해 남편과 자주 싸움)	보통	박사 졸업	통합 예술 치료사	중상	나로 인해 타인들이 더욱 잘 되었으면 하는 소망을 가지게 됨	무교	여행, 영화, 맛집 투어

〈표 8-3〉 저자의 심리적 · 행동적 미해결 감정 특성

시기	심리적 특징	행동적 특징
유아기	• 부모로부터 충분한 사랑과 지지를 받지 못해 타인에 대한 불신과 불안감을 경험함	• 자주 손가락을 빨거나 손톱을 물어뜯음
아동기	• 5살 터울의 남동생에게 부모의 사랑을 빼앗겼다는 생각에 질투심과 적대심을 느끼다가도 미안함과 죄책감을 경험함 • 부모의 잦은 부부싸움으로 인해 불안감을 느낌	• 부모가 있을 때는 동생을 예뻐하는 척하다가 안 보일 때는 때림 • 원하는 것을 얻기 위해 고집을 부리고 떼를 많이 씀 • 혼나고 나면 관심을 받고자 이불에다가 소변을 봄 • 불안하면 말을 더듬고 부모의 눈치를 많이 살핌 • 부모가 싸우면 큰 소리로 많이 울었음

청소년기	• 부모의 이혼으로 엄마와의 관계 단절은 버림받았다는 생각을 하게 되면서 저항감(반항), 불행감, 불신감 등을 느낌 • 부모를 향해 사랑과 증오의 양가감정 등을 경험함 • 주변을 의식하고 자격지심을 가지게 되면서 고립감, 열등감, 수치심, 외로움 등을 느낌	• 인정받으려는 욕구로 상대방의 눈치를 살핌 • 관심이 집중되면 당황하거나 긴장하고 부적절한 웃음소리를 냄 • 불편한 상황에서 머리카락을 만지고 손으로 눈을 비빔 • 혼자서 하는 것을 잘하지 못함 • 관계 안에서 버려질 것이라는 두려움으로 인해 상대의 호의를 거절함 • 권위적 대상에게 반항함 • 대인관계 안에서 부탁에 대한 거절을 잘하지 못함 • 자신은 항상 부족하다고 생각하고 타인을 높게 평가함 • 타인의 친절과 칭찬에 있는 그대로 잘 받아들이지 못함
성년기	• 결혼을 통해 심리적 안정감이 형성됨 • 사춘기 아들로 인해 부부 갈등을 겪음 • 치료사로서 주변을 의식하면서 자격지심을 느낌 • 아들에 대한 미안함과 고마움, 사랑과 증오의 양가감정 때문에 우울감을 겪음	• 주어진 역할보다 많은 역할을 찾아서 수행함(인정받고 싶은 욕구) • 관계 안에서 극 존칭어를 많이 사용함(타인에게 존중받고 싶은 욕구) • 현실에서 내가 무엇을 하고 내 주변에서 일어나는 것을 잘 지각하려고 노력함 • 올바른 자기인식을 통해 나 자신을 수용적인 태도로 바라보려고 노력함 • 상황에 맞는 감정적 행동을 통제하는 능력이 향상됨 • 나 자신의 가치를 인정하고 내가 수용 받고 있다고 느끼는 자기수용 능력이 향상됨 • 타인과 친밀한 관계를 누리고 정서적 교감 능력이 향상됨 • 슈퍼비전을 통하여 객관적인 분석으로 균형감 있는 문제해결과 대처능력이 향상됨

3. 어린 시절 기억의 습작

저자의 유아기에는 항상 부모님이 자신에게 관심을 가지길 원했고 사랑을 갈구했던 것으로 기억한다. 아동기에 가정적, 환경적 특성으로 부모와 불안정한 애착이 형성되었다. 남동생이 태어난 이후 부모님에게 관심과 사랑을 받고자 이불에 오줌을 쌌던 그 일로 엉덩이를 호되게 맞은 기억이 트라우마로 남아 있다. 저자는 동생을 경쟁상대로 여겨 적대시하다가도 미안한 마음, 죄책감, 수치감이 드는 양가감정을 느끼기도 하였다. 청소년기에는 이상적인 가족상을 꿈꾸었지만, 엄마에게 저항하고 반항적 태도를 보였으며 본능적으로 부모가 원하는 행동과 반대로 행동하였다. 부부 사이가 좋지 않으셨던 부모님은 저자가 17세 때 이혼을 했다. 그로 인해 엄마와의 관계 단절은 수치심, 죄책감, 무가치감과 외로움, 고립감 등의 감정이 혼재되어 불안하고 암울한 청소년기를 보낼 수밖에 없었다. 저자에게 고교 시절의 기억이 잘 떠오르지 않고 파편화된 이미지로 남아있는 것을 볼 때, 부모의 이혼은 큰 트라우마를 남겼던 것으로 생각된다. 이 과정에서 '나는 언제든지 버려질 수 있다.'라는 부정자아를 형성하게 되었으며, 그 결과 대인관계에서 인정받고자 눈치를 살피고 타인의 반응에 예민하였다. 또한 타인의 부탁을 잘 거절하지 못하고 사람들에게 지나친 친절을 베푸는 착한 아이 콤플렉스도 생겼다. 이처럼 저자는 버려짐에 대한 두려움과 불신감들이 공격적인 태도로 표출되지 않도록 억압하면서 자기방어와 보호를 하였고 상황에 따라 긴장되고 불안정한 대인관계의 반복적 패턴을 나타내었다.

현재 저자는 중년의 여성으로 남편과 1남 1녀의 자녀를 두고 있다. 남편과는 원만하고 딸과 친밀한 관계이며 아들은 남편과 친밀한 관계를 유지하고 있다. 그동안 저자는 이상적으로 그려놓은 가족상과 일치하지 못할 때마다 가정에서 설득자, 협상자 그리고 조정자의 역할을 하거나 독단적으로 문제를 해결해 왔다. 그러나 최근 들어 '행복한 가족'이라는 가족 신화의 인생 각본을 만들어 놓고 살아왔다는 것을 알아차리게 되었다. 아들의 사춘기를 겪게 되면서 흡연, 거짓말, 게임, 가출 등의 부적응 행동들은 남편과의 부부싸움으로 이어졌다. 저자가 그동안 가족 신화를 유지하기 위해 노력해 왔던 역할들이 더는 기능하지 못하였고 오히려 역기능적으로 작용하였다. 모든 갈등의 원인을 아들 탓으로 돌리고 책임을 전가하면서 수용보다는 비난의 태도를 취하였다.

저자의 박사논문인 「위기청소년의 정서적 자립을 위한 IT기반 통합예술치료 과정에서 나타난 치료사의 역전이 현상 연구」라는 주제를 선정한 이후 '나는 왜 위기청소년 대상에게 관심이 생겼는가?' '나는 왜 정서적 자립을 위한 프로그램을 계획하였는가?' '나는 역전이 현상을 통해 무엇을 알아차렸는가?'라고 되뇌며 자문하였다. 저자는 역전이를 체험하는 치료과정에서 과거에 내재화된 문제를 지닌 위기청소년이었으며, 결핍되고 좌절된 욕구와 미해결된 감정 때문에 정서적 자립을 이루지 못했다는 것을 깨달았다. 이러한 이유로 현재 사춘기 아들을 공감하기 어려웠다는 점을 인식하게 되었으며 치료 진행을 위한 자기분석의 한계를 보완하는 방법과 감정적 충돌에 대한 자기회복이 필요하다고 보았다.

이와 관련하여 저자는 역전이가 치료의 방해물로 작용하는 것을 방지하고 자기분석의 한계를 보완하기 위해 슈퍼비전을 받게 되었다. 그리고 슈퍼바이저에게 치료 상황에서 느끼는 역전이 감정을 보고하여 분석 받음으로써 저자의 감정 상태를 객관화할 수 있었다. 이를 통해 내담자의 내적 상태를 심층적으로 이해할 수 있었다. 특히 치료과정에서 저자의 균형감 있는 내적 성장과 정서적 자기회복의 의미를 높일 수 있었다.

결론적으로 저자의 자전적 탐색을 통하여 과거 상처 입은 어린자화상의 미해결 감정과 사춘기 아들과의 갈등은 깊은 연관성이 있다는 것을 알 수 있었다. 특히 17세에 경험한 부모의 이혼으로 엄마와의 관계 단절은 '버림과 불신, 불안과 외로움, 인정과 존중 그리고 사랑받고자 하는 욕구'가 성인으로 성장한 이후에 핵심 정서로 자리매김하였다는 것을 알게 되었다. 따라서 저자의 개인사를 통하여 미해결된 감정의 조각들을 찾아 의식화하고 전문가로서 역량을 계발할 수 있었다.

4. 좌충우돌 청소년 이야기

이 사례는 박선영(2021)의 「위기청소년의 정서적 자립을 위한 IT기반 통합예술치료 과정에서 나타난 치료사의 역전이 현상 연구」를 중심으로 기술되었으며 청소년보호시설에 거주하는 위기청소년 7명을 대상으로 진행되었다. 참여대상자의 개별 정서적 특성은 〈표 8-4〉와 같다.

〈표 8-4〉 위기청소년의 개별 정서적 특성

대상	내담자	성별	나이	학년	입소 사유	정서적 요인 특성
위기 청소년	A	남	17	고1	기타 (어릴 때 버려짐)	사람들과의 지속적인 관계 맺기를 어려워하고 부정적 자기 인식으로 미래를 불안해하며 퇴소에 대한 두려움을 가지고 있음
	B	남	17	고1	양육자의 죽음	학교 및 친구들과 지속적인 관계 맺기를 어려워하고 비속어 사용을 많이 하며 스스로 고립된 생각으로 인하여 자아에 대한 긍정적 인식이 부족함
	C	남	17	고1	기타 (모름)	퇴소에 대한 두려움이 있으며 믿고 의지할 사람 없이 혼자라는 외로움과 상실감을 표현하고 부정적 정서조절의 어려움이 있음

D	여	17	검정 고시	양육자에 의한 학대	감정 기복이 심하고 가족들과의 단절로 인한 상실감 호소와 외로운 감정을 종종 경험하며 미래에 대한 불안감이 있음
E	여	19	고3	기타 (성추행)	정서조절의 어려움이 있으며 우울 증상을 호소하고 퇴소에 대한 두려움이 있으며 이에 대해 막막하다고 말하였음
F	여	19	고3	기타 (성폭력)	스스로 '혼자'라는 고립된 생각과 화를 낼 때는 감정을 억누르지 못하고 한번 폭발하면 통제가 어려우며 퇴소에 대한 두려움이 있음
G	여	19	고3	양육자에 의한 학대	자신에 대한 부정적 인식과 불안감을 호소하며 부당한 상황에서 자기 생각을 잘 전달하지 못함

치료의 목표는 '정서적 자립'이라는 대목표를 수립한 뒤 단계별 증상개선목표에 따른 다섯 가지 요인으로 '부정적 정서 이해 및 정화, 긍정적 정서 탐색 및 가치 자각, 정서적 자립을 위한 역할 훈련, 안정성 및 주도성 향상, 정서적 자립의 확립'으로 소목표를 설계하였다. 〈표 8-5〉는 그에 따른 프로그램 구성이다.

〈표 8-5〉 통합예술치료 프로그램

단계	회기	모델(기법/매체)		프로그램 구성	증상 개선 목표
초반부	1	카타르시스 모델 (게임놀이 기법) 투사 모델 (미술매체)	열기	애칭을 짓고 자기소개하기	©ERAT 부정적 정서 이해 및 정화
			만나기	〈애칭 부르기〉 게임 프로그램을 통해 얻고자 하는 〈버킷리스트〉 작성하기	
			닫기	내가 생각하는 정서적 자립은 무엇인지 의견나누기	
			적용하기	일상에서 버킷리스트 실천해 보기	
	2	카타르시스 모델 (감정표현 기법) 투사 모델 (미술매체 음악매체)	열기	〈부탁해요 게임, 거짓말 표현〉 하기	©ERAT 부정적 정서 이해 및 정화
			만나기	〈젬베 〉 악기 탐색 내면의 무의식적 욕구를 소리로 표현하기	
			닫기	젬베로 적체된 감정 표출과 색종이로 감정 자각	
			적용하기	일상에서 자기감정(욕구)을 전달하기	

3	카타르시스 모델 (감정표현 기법) 투사 모델 (음악매체)	열기	〈사랑합니다〉 감정표현	ⓒERAT 부정적 정서 이해 및 정화
		만나기	〈행복의 주문〉 노래 부르기 행복의 주문 〈개사곡〉 만들기	
		닫기	개사곡을 통한 변화된 정서 자각	
		적용하기	일상에서 행복해지기 위한 행동하기	
중반부	4	가면아이 모델 (가면착용 기법) 역할 모델 (자아 기법 타인 기법)	열기	반 가면 탐색 후 가면 꾸미기	CⓔRAT 긍정적 정서 탐색 및 가치 자각
		만나기	2인칭 스토리텔링 〈빈 의자〉 기법	
		닫기	미해결된 감정 자각을 통한 미적거리 유지하기	
		적용하기	일상에서 긍정 자원 찾기	
	5	투사 모델 (연극매체 음악매체 문학매체)	열기	음악을 들으며 〈My Life〉 목적지 탐색	CⓔRAT 긍정적 정서 탐색 및 가치 자각
		만나기	캐릭터 상징 만들기 〈영웅의 여정 목적지〉 스토리텔링	
		닫기	목적지까지 가기 위한 대처방법과 문제해결능력 자각	
		적용하기	일상에서 친구에게 수호천사 되어보기	
	6	카타르시스 모델 (게임놀이 기법) 투사 모델 (연극매체 영화/사진매체)	열기	〈아이컨텍〉 게임	CEⓡAT 정서적 자립 을 위한 역할 훈련
		만나기	〈동물농장〉 영화 감상 〈내가 만일 00였더라면〉 주제 소개하기	
		닫기	자신만의 즉흥극을 통한 역할 이해	
		적용하기	일상에서 가치 있는 존재로 마니토 되어주기	
중반부	7	시간여행자 모델 (왕의 의자 기법) 투사 모델 (연극매체 문학매체)	열기	최근 힘들었던 기억이나 대상 생각하기	CEⓡAT 정서적 자립 을 위한 역할 훈련
		만나기	〈권위 있는 왕〉 되어보기	
		닫기	왕과 신하의 역할 바꾸기	
		적용하기	자신에게 주는 축복의 행운주문 실천하기	
	8	역할 모델 (자아 기법 관찰 기법) 투사 모델 (영화/사진매체)	열기	〈상대 칭찬 표현, 자기 칭찬 표현〉 하기	CEⓡAT 정서적 자립 을 위한 역할 훈련
		만나기	동화 〈아낌없이 주는 나무〉 영상보기 동화 내용과 반대되는 〈즉흥극〉 하기	
		닫기	관계 안에서의 나 알아차리기	
		적용하기	일상에서 자발적으로 행동하기와 긍정적 자기암시 실천하기	

	9	투사 모델 (연극매체 문학매체)	열기	가치관 떠올려 보기	CER@T 안정성 및 주도성 향상
			만나기	나에게 필요한 가치 선택하기 〈가치관 경매〉 시작	
			닫기	〈타임캡슐〉 편지쓰기 자기 신념과 가치관 자각	
			적용하기	일상에서 자신의 신념과 가치관 실천하기	
후 반 부	10	힐링드라마 모델 (매직무대) 역할 모델 (타인 기법 관찰 기법)	열기	미해결 이슈 떠올려보기	CER@T 안정성 및 주도성 향상
			만나기	보는자로서 〈만약에 내가〉 시놉시스 이미지화 3단계 표현하기	
			닫기	보는자로서 목격한 핵심 정서자각	
			적용하기	일상에서 주도적으로 매직공연 홍보해 보기	
	11	힐링드라마 모델 (매직무대) 역할 모델 (자아 기법 관찰 기법)	열기	매직무대 리허설	CER@T 정서적 자립 확립
			만나기	표현자로서 공연하기	
			닫기	표현자로서 본 느낀 점 나누기	
			적용하기	일상에서 변화된 나 알아차리기	
	12	투사 모델 (미술매체 문학매체)	열기	메이킹 영상 감상	CER@T 정서적 자립 확립
			만나기	〈2019년 소망〉 버킷리스트 작성하기 〈한 줄 명언〉 롤링페이퍼 공유하기	
			닫기	변화된 자기 모습 새롭게 확립	
			적용하기	새로운 모습으로 행복한 삶 영위하기	
사전/사후검사				리더십 게임검사(IT-LGT), 정서자립 척도(ESS)	

이 프로그램을 진행하는 초반부, 중반부, 후반부 치료과정 중 치료사와 내담자들 간에 일어났던 역전이 현상들을 회기진행 순으로 기술하면 다음과 같다.

1) 양가감정의 혼란 시기

1회기

A는 고개를 숙이고 힘없는 목소리로 설명하거나 말끝을 흐렸고 저자를 실눈으로 쳐다보다가 눈을 마주치면 시선을 피하였다. B는 다소 거친 언행을 보이며 거부적인 인상이었다. 내담자에 대한 이해를 바탕으로 A와 B의 학교생활에서의 불편감과 학교 선생님들에 대한 불신과 불만이 처음 보는 기성세대인 저자에 대한 방어와 저항으로 연관되어 나타날 수 있

다는 것을 자각하였다. 저자는 A와 B의 비언어적 표현에서 불만 가득한 표정을 지으며 말대답하는 아들의 모습이 투영되었다. 이는 아들과 해결하지 못한 감정이 내담자한테 투사되어 A와 B를 중립적인 태도로 공감하고 수용하기가 어려운 상황이었다. 그리고 저자는 내담자들의 표정을 민감하게 살피며 무표정하거나 반응을 보이지 않을 때 순간 몸이 경직되는 것을 느낄 수 있었다. 저자는 첫 회기에 대한 기대감과 잘하고 싶은 마음, 치료를 성공적으로 이끌고 싶은 욕구가 컸기 때문에 무의식적으로 내담자들의 표정을 수시로 살폈고, 무표정, 무반응이 느껴질 때마다 '혹시 재미없나' '이 프로그램이 마음에 안 드나'라는 생각을 불러일으켰다. 또한 부모에게 버림받아 보호시설에서 거주하는 상황과 부모의 사랑을 받지 못하는 내담자들을 안쓰럽게 느끼며 과거 암울했던 청소년기의 저자와 동일시하였다. 저자의 상처받은 어린자화상의 결핍된 욕구와 좌절된 욕구는 내담자와 정서적으로 밀착하여 역전이를 일으키고 있었다. 또한 청소년기 자녀와의 미해결된 감정이 청소년 내담자들에게 투사되어 라포형성에 방해요인으로 작용하였다.

2회기

A의 거짓말 표현에서는 학교생활 부적응으로 힘든 심리상태를 보였다. A가 저자를 오랫동안 빤히 쳐다보는 시선에서 저자는 불만과 불평, 짜증이 가득한 반감을 느끼게 되었고 눈 밑이 떨리며 씰룩거리는 신체 증상이 동반하는 역전이를 경험하였다. 이는 A가 학교 선생님들(담임, 교감, 교장 등)과 기관 보호자와의 관계에서 느끼는 불만, 불평 등이 혼재된 감정을 저자에게 투사한 것으로 생각되었다. 저자는 A에 대한 역전이 반응을 통해 내담자의 정서를 이해할 수 있었다. 하지만 학교에서 선생님에 대한 반발심이 많은 아들의 모습과의 동일시는 계속되어 A가 '사고뭉치'로 느껴지며 불안, 초조, 염려 등의 감정 반응이 일어나기도 하였다. 저자는 역전이를 통해 내담자를 이해할 수 있는 긍정적인 경험을 하였지만, 여전히 청소년기 자녀와의 미해결된 감정이 내담자에 대한 정서적 반응 대처와 감정통제를 어렵게 하는 요소로 발현되었다. 이에 저자는 미해결된 감정이 A에게 투사되어 부정적으로 작용하지 않도록 의식화하는 작업이 필요하다고 느꼈다. 특히 A를 이해하는 과정을 통해 학교생활에서 늘 사고와 말썽을 일으키는 '사고뭉치' 아들 편에서 이해하고 수용할 수 있는 계기가 마련되었다. 저자는 아들과의 관계를 새롭게 조망하면서 청소년기 아들의 자율성과 독립성을 인정하지 않고 통제했기에 공감이 어려웠다는 것을 인식하였다. 내담자가 놀이적으로 거짓말을 표현하면서 무의식적 욕구를 탐색하도록 돕는 것은 무조건적인 긍정 수용 태도라고 판단되었다. 이 과정에서 청소년 내담자는 자율과 독립의 욕구를 표현하며 자신에게 필요한 것을 인지하게 되었다.

3회기

저자는 감정표현 기법 중에 사랑 표현을 진행하였다. B는 집단원의 말을 가로채고 주의를 끄는 행동을 반복하며 산만한 모습을 보였다. 회기 과정에서 B는 저자를 쳐다보면서 눈을 동그랗게 뜨고 양손을 잡으며 "엄마 사랑해도 돼요?"라는 같은 말을 세 번 반복하였다. B는 사랑받기를 원하는 욕구를 억압하면서 적절하지 않은 방법으로 저자의 관심을 유도하고 있었다. B는 평소에 감당하기 어려운 감정을 무의식적으로 처리하며 주로 반동형성의 방어기제를 활용했던 것이다. 반동형성은 억압된 감정이나 욕구가 행동으로 나타나지 않도록 그것과 정반대의 행동으로 바꾸어놓는 심리기제이다. 저자는 순간 B가 자신을 공격하는 것처럼 느껴졌으며 적대감을 투영하는 투사적 역동일시를 경험하였다. 투사적 역동일시는 치료사가 치료과정에서 내담자에게 투사하는 심리적 기제이다. 이러한 역전이 반응의 분석을 통해 저자는 부모에 대한 사랑과 증오의 양가감정이 혼재되어 불안정했던 청소년기의 자화상을 의식화할 수 있었다. 과거 부모의 이혼으로 인해 버림받았다는 생각에 사로잡혀 타인들로부터 관심과 사랑을 받고자 오히려 반항하거나, 끊임없이 관심과 인정받으려고 상대방의 눈치를 살폈던 자신의 모습을 되돌아볼 수 있게 되었다. 이 과정은 저자에게 내담자의 투사적 동일시를 온전히 이해하고 수용할 수 있는 통찰의 기회가 되었으며, 점차 내담자들의 정서를 통합적으로 이해하고 대처할 수 있었다.

따라서 내담자들은 감정표현 활동을 통해 소화할 수 없었던 사랑과 증오의 양가감정들을 저자에게 표현하며 카타르시스를 경험할 수 있었다. 즉 놀이와도 같은 쉽고 재미있는 감정표현 활동을 통해 언어 이전 시기의 미분화된 감정을 저항감 없이 자연스럽게 표출함으로써 감정을 정화할 수 있는 장을 제공할 수 있었다.

2) 감정 전환과 내면 마주보기

4회기

저자는 가면아이 모델과 스토리텔링 기법을 적용하였다. 자신이 되고 싶은 선망의 대상을 가면에 투사하여 꾸미게 하였고, 완성된 가면을 착용하고 저자가 준비한 마술의자에 앉아 가면의 대상이 되어 감정을 표현할 수 있게 하였다. 2인칭 스토리텔링 만들기를 통해서 내담자들이 추구하는 삶이 무엇인지 탐색하고 스스로의 존재 가치를 발견할 수 있게 하였다. 그 결과, 실존 자각 단계에서 내담자들은 평상시 조절되지 않는 상태에서 부정정서를 경험했던 것과는 다르게 안전한 공간에서 자기를 표현하며 다양한 존재 방식과 관련된 정서를 탐색할 수 있었다. 특히 가면의 착용은 내담자들이 안전하게 내적 욕구를 가면에 투사하여 객체에 반응하는 실존적인 존재로서의 '나'를 자각할 수 있게 하였다. 특히 G는 마술의자에 앉아 헤어진 남자친구에게 시설에서 거주하는 상황을 털어놓지 못해 미안했던 감정을 표현하였으며, 저자의 개입을 통해 평상시 대인관계에서 상대가 자신의 진짜 모습을 알게 되면 떠나갈까 봐 두려워하고 있었다. G는 초기 애착 관계에서 대상 상실의 경험을 충분히 애도하지 못하여 이별할 때 더욱 힘들어하며, 일상생활에서 작은 거절에도 민감하게 반응한다는 점이 드러났다. 가면 작업을 통해 충분히 정서를 배출한 내담자들은 갈등 관계에서 더는 휘둘리거나 지배받지 않는 새로운 '나'를 인식할 수 있었다. 가면아이 모델의 적용을 통해 저자는 역전이 반응으로 일으키지 않고 효율적인 치료적 개입을 할 수 있었다. 가면의 활용을 통해 내담자의 정서가 저자에게 투영되어 전이 반응을 일으키기보다 가면 자체에 투사될 수 있게 하여 저자의 역전이가 완충될 수 있었다. 내담자의 실존체험 과정에서 목격자 그리고 동반자로서 함께한 저자 또한 '지금-여기에서' 존재하는 자신의 실존을 내담자와 함께 체험할 수 있었다.

5회기

'영웅의 여정 목적지' 스토리텔링의 적용은 내담자들이 갈등 상황을 대처하고 문제를 해결하는 방식을 자연스럽게 드러내면서 스스로의 존재 가치를 찾아갈 수 있게 하였다. 평소에 타인에게 의존하는 특성이 있는 E는 비웃고 찔러서 죽이는 가학적인 방해자들이 등장하는 이야기를 만들었다. 이에 저자가 스토리텔링에 대하여 질문하거나 다른 내담자들의 시선이 집중될 때 부적절하게 웃으며 시선을 피하는 행동을 보였다. 저자는 E가 대인관계에서 불안감을 가지고 있으며 긴장감을 해소하기 위해 정서적 상호작용을 회피하거나 부적절한 웃음을 짓는다는 점을 발견하였다. 저자 또한 청소년기에 타인에게 주목과 사랑을 받고 싶어 하면서도 타인의 관심이 집중되면 당황하여 크게 웃거나 부적절하게 대응했던 기억이 떠오르면서 E에게 연민의 감정을 느끼는 역전이 반응이 일어났다. 저자의 연민은 집단으로 진행되는 치료 상황에서 E에게 큰 도움을 줄 수는 없다는 무력감을 느끼게 되었다. 더 나아가 부모에게 사랑받지 못하고 버림받아 보호시설에서 거주하는 내담자들에게 슬픔을 느끼면서 과거 암울했던 청소년기의 자신과 동일시하게 되었다. 저자의 결핍되고 좌절된 욕구와 슬픔이 내담자들과 정서적으로 밀착하여 역전이를 일으켰다. 저자는 슬프고 고통스러웠던 자신의 청소년기 자화상을 직면하면서 E에게 느끼는 밀착된 정서를 분리할 수 있었다. 역전이 반응을 통한 자기성찰의 과정을 통해 저자는 점차 자기연민에서 벗어나 E의 정서를 공감하고 지지해 주되 자신의 한계를 인정할 수 있었다.

6회기

저자는 사회에서 경험되는 상하 관계적 상황, 소외와 왕따 문제 등을 다룬 애니메이션 영화를 감상하게 한 이후에 즉흥극을 진행하였다. 또한 왕의 의자 기법을 통해 사회적 강자와 약자의 역할을 탐색하게 하고 관련 정서를 표출할 수 있게 하였다. 그 결과 내담자들은 왕이 되어 권력을 휘두르는 역할연기를 통해 평소 갈등을 겪어온 대상에게 가져왔던 감정을 표출할 수 있었다. 특별히 학교폭력 가해자로 처벌받았던 A는 저자가 준비한 영화를 감상하면서 억울함과 분노를 표현하였고 영상 속 약자가 죽었으면 하는 마음을 표현하였다.

저자는 유년기 시절 첫 아이로서 부모의 사랑을 독차지하였지만 남동생이 태어나면서 부모의 사랑을 남동생에게 빼앗겼다고 생각하여 동생을 미워하고 질투하였다. 그러나 성장하면서 차츰 이러한 감정을 억압하고 '착한 누나'로서의 역할을 하면서 살아왔다. 내면에 적대적 감정이 있음에도 불구하고 착하고 올바르게 행동해야 한다는 가치 기준으로 자신을 억압해 왔던 것이다. 저자는 치료과정에서 자신의 틀로 내담자의 문제를 규정하고 판단하면서 이에 맞지 않는 행동을 보이는 내담자의 행동을 수용하기 어려운 경험을 하였다. 따라서 역전이 현상을 이해하는 일련의 과정에서 저자는 청소년기 자녀를 둔 엄마 역할과 청소년기 내담자를 만나는 치료사 역할 구분이 명료해졌으며 각 역할의 이해를 바탕으로 상호 호혜적 역할 수행이 가능하다는 것을 경험하였다. 더 나아가 역전이 분석은 저자가 엄마의 역할을 더욱 잘 감당할 수 있게 도왔다고 할 수 있다.

7회기

왕의 의자 기법에서 A는 양육자로 여겨지는 원장과의 갈등을 해결하고 싶은 마음과 회피하고 싶은 양가감정이 반영된 태도를 보였다. 이때 저자는 매사에 반항적인 아들이 떠오르면서 답답하고 안타까운 마음이 들었다. 그리고 아들에 대한 감정을 A에게 전이하여 원장을 대변하고 싶은 욕구가 생기는 것을 자각하였다. 저자는 평소에 엄마 역할을 잘 감당하지 못하고 있는 것 같아 좌절감을 느껴왔기 때문에 순간 치료사로서 무력감과 불안감을 느꼈다. 이에 저자는 현재 가족 내 역할 갈등이 치료사로서 사회적 역할 수행에 전이되어 부정적 영향을 미친다는 것을 인식하고 역전이 현상이 치료과정에 방해물이 되지 않도록 주의하였다. 저자는 A뿐 아니라 B의 다소 폭력적인 태도에도 역전이를 일으켰다. B는 권위자의 역할을 하면서 A의 머리를 때린 후에 크게 소리 내어 웃었다. 신하 역할을 맡았을 때도 왕의 말을 잘 따르지 않는 불손한 태도를 보였다. 평소 옳고 그름의 명확한 기준을 가지고 있는 저자의 관점에서 볼 때 A의 반항적이고 적대적인 태도는 사회가 요구하는 역할을 위배하는 문제행동으로 판단되었다. 저자는 안타깝고 답답하여 조바심이 생기기 시작하였으며 B의 문제행동을 바로잡고 싶다는 욕구가 올라오는 것을 인식하였다. 이러한 과정에서 역전이 분석은 내담자와의 관계뿐만 아니라 사춘기 아들과의 관계에도 긍정적인 영향을 미치게 되었다. 저자는 평소에 사춘기 아들로부터 딸을 편애한다는 이야기를 들어왔다. 역전이 분석 과정에서 저자는 딸을 자신과 동일시하며 예뻐하였지만, 아들에게는 남동생에 대한 미움이 전이되어 간섭과 배척 그리고 통제하였음을 인식하였다. 또한 아들에게 느끼는 부정 감정을 억압하며 '좋은 엄마' 역할만 하려다 보니, 아들을 객관적으로 파악하지 못하여 일관성 있는 엄마 역할이 어려웠다는 점을 자각할 수 있었다.

8회기

A는 '아낌없이 주는 나무'의 소년에 대해 자신이 필요할 때만 나무를 찾는 이기적인 사람으로 해석하며 싫다고 하였다. A는 양육자로부터 꾸준한 정서적 지원을 받으며 안정적이고 지속적인 관계를 형성하는 데 어려움이 있었다. 그렇기에 인간관계를 다소 부정적으로 인지하며 불신을 드러내는 불안정 애착 반응이 나타난 것이다. 그동안 A가 보인 거부적이고 공격적인 태도는 자신을 보호하고 방어하기 위한 행동이었다는 것을 이해할 수 있었다. B도 소년이 나무를 착취하는 나쁜 아이로 표현하였다. A와 B는 대상에 대한 부정적 표상을 지녔고 대인관계에서 과거 부정적인 경험을 재현하고 있었다. 이는 사람에 대한 불신이 심리기저에서 작동한 것이며 보호시설에서 돌봄 받고 있지만 보호가 종료되면 자립해야 하는 내담자들은 막연한 불안감을 안고 살아갈 수밖에 없었다. 어린 시절부터 보호시설에서 생활했던 내담자들에게 저자 또한 스쳐 가는 선생님 중 한 명이었을 것이다. A와 B는 치료 초반부에는 저자에게 공격적인 양상을 보이고 기대가 없는 것처럼 행동을 취하였다. 하지만 치료가 진행됨에 따라 A와 B는 자신을 사랑하고 지지를 해 줄 대상이 필요하다고 말하며 저자가 그런 존재가 되어주길 바라는 모습이 관찰되었다. 치료 초반부와 다르게 저자에게 이상적인 양육자를 투사하며 긍정적 전이가 일어났다. 이에 저자는 내담자들의 욕구를 충족시켜 줄 수 없다는 현실에 대해 미안한 감정이 들었고 내담자들에게 실망을 주는 것 같아 죄책감이 느껴졌다. 저자는 역전이 반응을 통해 A와 B는 태어나면서 부모에게 버려졌고 보호시설에 위탁되어 내담자들의 역기능적 관계 패턴을 이해할 수 있었다. A와 B는 대상 상실의 경험으로 모성상을 안정적으로 내면화하지 못하여 대상 항상성을 유지하기 어려웠을 것이다.

내담자들은 성장하면서 누군가에게 건강한 의존을 해 본 적이 없기에 요구하는 것을 착취하는 것으로 경험하고 있었다. 이들은 애착 손상의 피해자라고 할 수 있는데 또래 관계에서 가해자 역할로 역전되었다고 볼 수 있다. 역할역전은 타인에게 받고 싶은 욕구를 대신 함으로써 심리적 안정감을 찾으려 하는 이차적 방어기제가 파괴적으로 작용한 것이다. 보통 치료사들에게는 역할역전이 건설적으로 작동한다. 저자는 어린 시절부터 모(母)에게 보살핌을 받고 싶은 욕구가 컸다. 의존하고 싶은 욕구를 직접 표현하면 거절당할 것 같아서 주로 다른 사람들을 보살피며 대신 만족감을 느꼈다. 자신의 의존 욕구를 상대가 느끼는 만족감에 동일시하며 충족했었다. 이러한 특성 때문에 저자는 내담자에게 긍정적 애착 대상이 되기도 하지만 이들의 욕구를 만족시키지 못할 때는 주로 죄책감을 느끼게 되었다. 저자는 내담자의 긍정적 전이에 부응하려는 태도에서 무의식적인 방어기제가 작동한 것을 알아차렸다.

따라서 역전이 이해를 통해서 저자는 내담자가 안전하게 예술체험에 몰입하도록 조력자 역할을 함으로써 내담자 스스로가 치유될 수 있도록 안내하였다. 더불어 저자의 적절한 역할 수행은 청소년기 내담자들에게 역할 롤 모델이 될 수 있었다.

3) 새로운 관점에서 바라보는 내적 동기

9회기

저자는 내담자들이 편안한 음악을 들으면서 각자가 인생에서 원하는 가치관을 떠올려보게 한 후에 '이것만 있으면 행복하다.'를 주제로 제시 지문을 준 뒤 선택하게 하였다. 그리고 경매놀이를 통하여 자신이 원하는 가치를 쟁취할 수 있게 하였다. 가치관 경매과정에서 B가 큰 소리로 웃으면서 '행복한 가족'에 올인 베팅하면서 돈이 많고 잘생기기만 해서는 행복한 게 아니라고 말하였다. 또한 20년 후에 원하는 바가 쟁취되었다는 가정하에 미래의 내가 현재의 나에게 보내는 〈타임캡슐〉 편지를 쓰게 하였다. A는 "힘내고 잘 살아보자.", B는 "포기하지 말고 열심히 살자.", C는 "지금 열심히 살자.", D는 "널 사랑해.", E는 "사랑해, 넌 최고야, 너 자신을 아껴.", F는 "넌 정말 소중해.", G는 "돈 좀 아껴 써. 잘할 거라 믿을게."라고 표현하였다. 이러한 활동들을 통해 내담자들은 삶에서 추구하고자 하는 진정한 가치와 이를 이루기 위해 노력해야 하는 일들에 대하여 구체적으로 떠올려보며 현실적응을 위한 구체적인 발판을 만들 수 있었다. 저자는 내담자들의 자기 위로와 조언을 통해 변화하고 싶은 욕구와 열망의 소감을 들으며 과거 어린자화상이 나에게 보내는 응원 메시지의 공감을 경험하였다.

10회기

내담자들의 현실적응을 위하여 저자는 힐링드라마 모델을 적용하여 허구와 현실을 포함한 다양한 상황을 극화하기 위한 시놉시스를 구성하게 하였다. 이 과정에서 A는 눈에 힘을 주고 목소리 톤을 높이며 통금시간에 대한 불평과 짜증을 원장에게 표현하는 장면을 다룬 시놉시스를 작성하였다. 또한 B는 입술을 실룩거리면서 화난 표정으로 보호시설에서 자신이 의심받았던 억울한 상황을 극화하기 위한 시놉시스를 완성하였다. 저자는 내담자들의 보호시설 생활에서 엄격한 공동 규칙을 지켜야 하는 어려움을 겪고 있다는 점을 확인할 수 있었다. 이 과정에서 저자는 아들의 늦은 귀가 시간 때문에 겪는 갈등과 지갑에서 돈이 사라질 때마다 아들을 의심했던 상황이 떠올라 내담자들이 겪고 있는 어려움에 더욱 잘 공감할 수 있었다.

저자는 그동안의 회기가 진행되면서 역전이를 분석하는 노력을 통해 아들을 좀 더 잘 이해할 수 있었고 아들과의 관계를 객관적으로 바라볼 수 있게 되었다. 특히 아들에 대한 이해는 내담자들에 대한 이해로 이어져 점차 내담자들의 반응을 있는 그대로 수용하고 지지할 수 있었다. 이전에 저자는 보호시설의 내담자들이 안쓰러워 특별한 돌봄과 정서적 지지를 제공하고자 과잉 개입을 하기도 하였다. 그러나 저자의 이러한 밀착적 태도가 오히려 내담자들의 정서적 자립을 방해하는 요인이 될 수 있음을 자각하여 내담자와의 물리적·정서적 거리 두기를 할 수 있게 되었다.

11회기

저자는 지난 회기에 작성한 시놉시스를 극화하여 상상과 허구를 통해 내담자들이 겪고 있는 갈등 상황을 새로운 관점에서 조망하고자 하였다. 내담자들은 공통으로 권위자에 대한 불만과 통제받는 것에 대한 저항을 표현했지만, A의 매직무대를 감상한 C는 보는자로서 "○○가 학생을 위해 기도하자고 할 때 새로웠어요. 기도가 아니라 잔소리만 한다고 느꼈거든요."라는 이야기를 하였다. 이에 저자는 C가 현재 겪고 있는 감정들은 청소년 시기에 겪는 자연스러운 감정과 정서라는 것을 인식하였으며 통제받는 것에 대한 저항감이라는 것을 이해할 수 있었다. A에 대한 B의 피드백은 "자기 자신만 죽는다고 더 이상 불행해지지도 않는 것이 아니고 … 〈중략〉 … 선택의 책임"이라는 이야기에 A는 "잘 살아볼게."라는 반응을 보였다. 저자는 갈등 상황에서 감정에 의해 휘둘리거나 충동적으로 행동하지 않는 내담자들의 변화를 확인할 수 있었다. 이러한 과정에서 저자는 매직무대 공연에서 현재 아들과의 갈등 문제를 인식하였고 역전이를 통하여 아들에 대해 새롭게 바라볼 수 있는 계기가 마련되었다.

12회기

마지막 회기에 저자가 느낀 역전이 감정을 개방하여 내담자들과 공유하면서 내담자들이 표현하지 않은 자신의 감정을 종결 작업을 통해 표현하고 해소할 수 있도록 유도하였다. 치료과정에서 치료사는 중요한 요인이기에 저자는 자신을 개방할 수밖에 없었다. 내담자들에게 '부모가 있었다면 내가 더 잘 되었을 텐데, 좀 더 잘 컸을 텐데'라는 생각에 사로잡혀 살아가지 않았으면 하는 걱정되는 역전이 감정을 공유하였다.

저자는 내담자들이 타인의 시선을 지나치게 의식하는 삶이 아닌 자신에게 주어진 것을 잘 활용할 줄 아는 독립적인 주체로 사는 삶을 살고자 하는 내적 동기가 강화되기를 소원하였다. 특별히 B는 부모의 사랑 대신에 보호시설을 통해 받게 된 돌봄과 사랑에 대한 감사를 표현하였다. 저자는 내담자들이 부모가 없다는 점에 집중하기보다 온전히 현재 자신에게 주어진 삶에 최선을 다하기를 바라는 바람을 내담자들과 공유할 수 있었다. 프로그램 종결 이후 내담자들을 위해 할 수 있는 것이 없다는 치료사의 역할 한계를 평온하게 수용하게 되었다.

결과적으로 저자는 치료장면에서 역전이 체험과정을 통해 스스로를 분석하는 기간을 가졌으며 정서적으로 균형 잡힌 심리상태를 유지할 수 있게 되었고 전문치료사로서 성장할 수 있었다. 치료현장의 역전이 현상은 내담자의 전이와 밀접한 관계가 있었으며 저자의 미해결 과제는 치료과정에서 내담자에 의해 지대한 영향을 받음을 알 수 있었다. 이러한 역전이는 의식적·무의식적으로 체험되지만, 내담자의 전이를 면밀히 관찰하고 분석하여 치료 진행을 위한 원동력으로 사용할 수 있다. 즉 역전이는 치료과정에서 긍정적 도구로서 치료사 자신을 활용할 수 있는 가능성을 열어주는 개념이다.

 참고문헌

강석영(2008). 상담자 자기효능감과 상담성과의 관계에서 상담자 역전이 행동 및 내담자 협력관계의 매개효과. 단국대학교 대학원 박사학위논문.

박경은(2019). 상담자의 '역전이 경험'에 관한 내러티브 탐구. 평택대학교 피어선신학전문대학원 박사학위논문.

박선영(2021). 위기청소년의 정서적 자립을 위한 IT기반 통합예술치료 과정에서 나타난 치료사의 역전이 현상 연구. 동덕여자대학교 대학원 박사학위논문.

이무석(2006). 정신분석에로의 초대. 서울: 이유.

정은심(2015). 기독교 상담에서 전이와 역전이의 이해와 활용. 복음과 실천신학, 37, 39-67.

American Psychoanalytic Association (APA). (2002). *Psychoanalytic terms and concepts*. 정신분석 용어사전(이재훈, 문미희, 신은향, 권혜경, 우재현 공역). 서울: 한국심리치료연구소. (원서 1990년 발행).

Bauer, G. P. (2007). *The analysis of the transference in the here and now.* 지금-여기에서의 전이분석(정남운 역). 서울: 학지사. (원서 1993년 발행).

Freud, S. (1905). Fragment of an analysis of a case hysteria. *standard Edition, 7,* 7-122.

Freud, S. (1910). The future prospects of psycho-analytic psychotherapy. *standard Edition, 11,* 139-151.

Quinodoz, J. M. (2011). *Lire Freud: decouverte chronologique de l'oeuvre de Freud.* 리딩 프로이트 (PIP정신분석연구소 역). 서울: NUN. (원서 2004년 발행).

위기청소년을 위한 통합예술치료

최슬아

저자는 중앙대학교에서 무용학을 전공하고, 교육자로서 주로 활동했으며 4학년 재학 시절 무용치료 수업을 수강한 뒤 예술치료의 매력에 빠졌다. 이후 예술이 어떻게 치료적일 수 있는가에 대한 답을 찾기 위해 워크숍을 찾아다니며 나의 존재가 특별해지는 경험을 하였다. 그 당시 임상현장에서는 주로 한 가지가 아닌 다양한 예술매체를 통합하여 사용하고 있었다. 그래서 동덕여자대학교 대학원에 진학해 통합예술치료학 석사학위를 취득했고, 위기청소년 대상 연구로 동 대학원에서 박사학위를 받았다. 상담센터 · 병원 · 대학교 등 다양한 기관에서 8년 동안 통합예술치료사로서 활동하다가 현재 [마말: 마음을 말하다] 연구소를 운영하고 있다.

저자는 수년간 청소년들의 다양한 문제를 만나면서 한 가지 공통점을 발견했다. 가족 간의 불화나 학교생활 문제와 같은 환경적 요소가 회복에 중요하게 작용한다는 점이다. 저자는 가정이나 학교로부터 지지기반이 부족하여 문제 재발 위험에 노출되어 있는 청소년들이 치료과정에서 깨달은 바를 삶 안에서 적극적으로 적용할 수 있도록 도움을 주고 싶었다.

이 장에서는 먼저 통합예술치료 회기의 마지막에 치료사가 제시하는 삶으로의 적용을 위한 화두에 대하여 개념화하고자 한다. 이어 적용하기 과정의 치료적 활용이 얼마나 중요한가를 밝히기 위해서 위기청소년 사례를 소개하고자 한다. 그리고 프로그램 종료 6개월 후 내담자 개인의 삶이 어떻게 유지되고 있는지를 소개하고자 한다. 이 장을 통해 저자는 앞으로 통합예술치료를 경험하게 될 많은 청소년이 치료의 과정을 통해 깨달은 바가 일상의 삶과 분리되지 않고 그들의 고유한 삶의 맥락 안에서 소화되어 변화에 이를 수 있게 되기를 기대한다.

1. 재발을 막는 통합예술치료

정신건강 분야에서의 회복이란 질환으로부터 벗어나는 것을 넘어 삶에 대한 질적 향상으로 개념을 넓혀가고 있다. 세계보건기구WHO는 전문에서 "건강은 단순히 질병에 걸리지 않고 허약하지 않은 상태가 아닌 육체적, 정신적, 사회적으로 완전히 안녕한 상태"로 규정하고 있다(세계보건기구, "Health", 2020. 02. 18). 건강은 독립된 자아로서 자신을 관리하면서 최종적으로는 사회에 적용하는 것을 의미한다고 볼 수 있다. 따라서 치료자는 완전한 증상 제거에 초점을 맞추기보다 내담자가 사회적 자립을 할 수 있도록 지원해 주어야 한다. 이를 실제화하는 방안으로 홍유진은 내담자들이 삶으로 돌아갔을 때 보다 적응적이고 자립적이 될 수 있도록 돕는 IT기반 통합예술치료Integrative Arts Therapy를 개발하고 정립하였다. 임상이 이루어지는 환경만이 치료공간으로 인식되는 타 분야의 예술치료와는 달리 IT기반 통합예술치료에서는 내담자가 속한 생활환경까지 치료공간으로 개념화하였다. 즉 통합예술치료는 치료환경의 범위를 가정과 사회로 확장함으로써 내담자의 증상을 호전시키거나 완화하는 것을 넘어 재발 예방과의 관련성을 공고히 하고 있다.

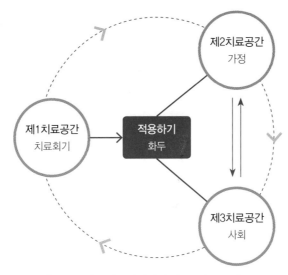

[그림 9-1] IT매뉴얼 다면적 치료공간 프로세스

출처: 홍유진(2018).

[그림 9-1]의 내용과 같이 IT매뉴얼에서는 치료공간의 범위를 제1·2·3치료공간으로 구분하여 제시하고 있다. 먼저 치료회기가 진행되는 제1치료공간, 가정을 제2치료공간, 학교와 같은 사회활동이 이루어지는 곳을 제3치료공간으로 명칭화함으로써 내담자의 생활환경까지 연결되어 나가는 순환적인 구조로서 운영된다. 즉 통합예술치료는 개인의 변화를 시작으로 삶의 터전이 되는 사회와의 간격을 줄여나가는 연속적인 과정을 회복으로 보고 있다. 이와 같이 세 가지 차원으로 치료적 변화가 톱니바퀴처럼 돌아가야 내담자의 온전한 사회복귀가 가능해진다.

가정과 사회에서의 변화는 통합예술치료 회기에서 치료사가 안내하는 화두를 통해 확장될 수 있다. 즉, 화두는 자연적 일과에서 내담자에게 적응훈련을 강화시켜 생활 내 문제 행동을 감소시키고 독립적인 활동을 증진하는 데 초점을 두고 있다. 결과적으로 적용하기 과정의 화두 수행 단계는 내담자에게 관계적 소통의 연결고리를 만들어 줌으로써, 사회에서 긍정 역할 수행을 실현하는 데 도움을 줄 수 있다.

즉, 화두는 내담자가 일상에서 치료를 통해 깨달은 바를 실천할 수 있도록 검토되어야 할 사항이다. 따라서 이 장에서는 적용하기 과정에서 치료사가 안내하는 화두에 역점을 두어 설명하고자 한다.

1) 재발 극복 레시피: 화두

화두라는 의미는 '앞으로 해결해야 할 과제' 또는 '관건'을 뜻한다(석지현 외, 2018). 이는 불가의 수행자에게 깨달음을 가르치기 위해 부처와 역대 조사가 스스로 풀어보라고 던져주는 과제를 가리키는 불교 용어이다. 그러나 현대에 들어서는 종교적 의미를 넘어 일상적인 삶에서 무엇인가에 관심을 두고 중요하게 생각하거나 이야기할 만한 것에 대한 의미의 일반 명사로 확대, 통용되어 쓰이고 있다. 기독교의 전유물처럼 여겨지던 '영성'이 인간이 가진 고결한 정신적 가치를 의미하는 단어로 통용이 되듯이 '화두' 역시 시대적 흐름에 따라 일반화되는 현상이 나타나고 있다.

화두는 '나는 누구인가'에 대한 자기성찰로부터 출발한다. 고대 인도의 힌두교 경전인 『우파니샤드』는 나는 누구인가, 삶의 의미는 무엇인가 하는 물음을 끝없이 던진다. 이 경전은 스승과 제자가 일상생활 속에서 질문을 주고받는 형식으로 다양하게 전개되고 있다. 제자는 자신과 마주하는 여러 삶의 문제들에 대한 의문을 가지고 스승에게 질문하며, 스승은 그에 대한 대답으로 세상 전체를 참되게 아는 일을 전해 준다. 이 방법은 불교의 대표적 수행법인 화두(話頭)와 유사하다고 할 수 있다. 이렇듯 화두 수행의 형태는 힌두교에 뿌리를 내리고 있으며 훗날 불교의 근간이 되는 이론이 되었다.

화두의 원형은 중국 남송 시대의 대혜종고 선사에 의해 지금과 같은 형태로 체계화하여 정립됐다. 대혜는 각종 사이비 수행승들로 인한 분란을 바로 잡으려는 방안으로 화두를 이용해 제자들을 지도했다. 이는 불교에 기반을 둔 수행법 중에 깨달음에 가장 빨리 질러가는 길이며, 굳이 경전이 필요 없기 때문에 글을 몰라도 생활 속에서 얼마든지 수행할 수 있다는 점에서 일반 백성들 사이에서도 선풍적인 인기를 끌었다[대한불교 조계종 불학연구소(전국선원수좌회), 2005]. 선가(禪家)의 화두 가운데, '이 뭣꼬'를 가장 근원적인 화두라고 말한다. 여기에서 '이' 혹은 '이것'이라고 서술하는 이유는 특정한 개념이 주어지면 색안경을 낀 채 대상을 보고 사유 판단하기 때문이다. 따라서 화두를 수행할 때 주의할 점은 질문의 뜻이 무엇인가에 대해 분석하지 말아야 한다는 것이다. 즉, 자신의 내면 깊은 곳의 참된 나를 만나기 위해서는 화두를 들고 그것과 하나가 되어 간절하고 사무치게 의심해야 한다. 이렇게 지극히 의심에 들어가다 보면 화두 하나만 또렷이 남는데, 이때 어떠한 계기를 만나 화두를 타파

하면 마침내 실존적 고통에서 벗어나 자신의 본래 모습을 깨치는 것이다. 이로써 화두는 수행자가 깨침의 경지에 나아가게 하는 중요한 매개 작용을 하게 된다. 이러한 성찰적 경험을 통해 무아와 무소유, 무아집과 무집착, 인연이라는 삶의 본질과 의미를 찾기 시작한다. 이는 개인의 내면적 깨달음과 더불어 가족, 사회적인 문제에 대한 성찰과 연민으로까지 이어진다고 본다.

2,500년의 역사와 전통을 통해 축적된 불교의 가르침은 인간의 정서적 안정과 정신의 수행을 말하고 있다. 불교가 중시하는 마음의 수행법은 수행자 스스로 자아의 존재 의미를 발견하고 이를 실현하는 데 그 목적이 있다. 인간은 자신에 대한 망념과 집착 때문에 번민하며 고통을 겪는 것이므로 그러한 마음으로부터 벗어나야 평화롭고 자유로운 존재가 된다는 것이다. 더욱이 화두는 내면적 성찰을 통해 불행한 마음을 끊어 버리고 본래 맑고 고요한 자리로 돌아가게 해 주어 새로운 차원의 자신을 발견하고 유지할 수 있도록 지탱해 주는 역할을 한다(혜거, 2006). 이와 관련하여 화두의 중시는 급변하는 사회적 문제로 인한 각종 정신질환의 해결책으로 대안이 가능하다. 그러므로 불교의 가르침은 어디까지나 깨침에 이르는 것이며 인간의 마음을 이해하는 심리학적 관점과도 밀접한 관계가 있다. 이러한 원리는 IT기반 통합예술치료의 인격 변형이라는 지향점과도 상통하며, 이는 화두의 개념 도입에 모티브를 제공하였다.

2) 화두의 비밀

예술치료 분야에서 치료의 지속성 문제는 치료사가 해결해야 할 목표이자 과제이다. 그러나 예술을 매개로 한 심리치료 분야에서는 재발 방지를 돕는 개입 방략에 대한 고려가 아직까지 부족하며, 완전한 관해 달성에 한계를 두고 있다. 따라서 임상 과정 중에 발생하는 치료반응, 재발, 회복에 관한 일관된 기준이 제시되어야 하며, 내담자 개인의 심리적 원인과 함께 그들을 둘러싼 환경적인 원인과 지원 방안에 관심을 둘 필요가 있다.

통합예술치료에서는 회기 내에서 이뤄진 변화에 대한 일상적 적용을 위해 적용하기 과정에서 내담자에게 화두를 제시한다. 화두self-question란 "치료사가 내담자의 자기성찰 또는 자신의 문제를 현실에 접목하여 훈련할 수 있도록 건네는 말"을 뜻한다(홍유진, 2018, p. 325). 내담자들은 치료를 마치고 일상 속에서 화두를 수행함으로써 질문에 대한 답을 스스로 찾거나 깨달음을 얻게 된다. 여기서 자신의 내면을 성찰하는 일은 진정한 자아를 찾아가는 것이며, 그것은 타인과의 조화를 돕고 사회적응에 실제적인 영향을 미친다. 이렇듯 적용하기 과정에서 치료사가 던지는 화두는 건강한 사회 복귀를 위해 일상생활에서 스스로 반복해야 되는 훈습의 개념으로 설명될 수 있다. 인간은 어떤 행위를 반복하여 훈련할 때 새로운 형상을 만들어 가게 되고, 고정된 사고로부터 분리되어 예상하지 못했던 고유한 형태를 창조해 낼 수 있다. 즉 화두를 생활화하는 것은 새로운 자기변형과 확장을 가능하게 하는 특성으로서 그 중요성이 강조되고 있다. 이처럼 통합예술치료에서 화두를 찾아가는 방법으로 내담자의 변화를 유도해 내는 것은 종교적 관점에서의 수행에서 벗어나 일상적인 삶에서 쉽게 접근할 수 있도록 활용한 예로 볼 수 있다.

　화두는 내담자가 직접 호소하는 문제를 바탕으로 구체적으로 설정해야 한다. 이는 치료 회기에서 내담자의 행동에 변화를 주도록 하는 것부터 출발하여 주변 타자들의 변화를 유도 하는 데까지 다양한 제시 형태로 이루어질 수 있다. 이는 미해결된 과제들의 해결책을 구축 하는 데 도움이 되는 방안을 모색하고 체계화한다. 그리고 개인의 자아실현과 더불어 사회 적 실천 원리로서의 지향점을 함께 지니는 것으로 본다. 이러한 관점에서 화두는 치료사가 부재한 가정과 사회에서 원격제어 시스템으로 작용하여, 내담자뿐만 아니라 그들의 관계 속 에 있는 타자, 즉 가족과 사회공동체가 지닌 문제에 대한 성찰로까지 연결이 가능해지는 것 이다. 따라서 IT매뉴얼의 고유한 시스템인 적용하기의 화두는 치료과정에 간과될 수 없는 중요한 열쇠가 된다.

　상담치료, 인지행동치료, 해결중심적 단기상담, 전략적 가족치료 등 여러 상담 실제에서 도 내담자의 문제해결을 위한 개입방법으로 숙제homework 또는 과제task 기법을 활용하고 있 다. 상담에서의 숙제 부여는 치료계획이 진행되고 있는 상황에 대한 정보를 얻을 수 있도록 해 주며 치료 기간을 단축하는 데도 도움이 되는 것으로 알려져 있다. 이와 같이 상담 실제 와 통합예술치료 모두 수행과제가 치료 효과에 긍정적인 영향을 미친다는 공통점이 있다. 그러나 상담 실제에서는 내담자의 필요에 따라 과제를 활용하는 데 주목하지만 통합예술치 료에서는 회기구조 안에 적용하기 과정의 화두가 매 회기 포함된다는 점에서 차이가 있다. 또한 기타 분야에서의 학습적 적용과 달리 통합예술치료에서는 화두가 치료적 목적으로 활 용되기 때문에 내담자로 하여금 숙제로 느껴지거나 강압적으로 느껴지지 않도록 유의하여 야 한다. 즉, 화두는 내담자의 자발성에 기인하여 치료에서 느낀 것을 일상의 다양한 상황에 스스로 적용시켜 볼 수 있다는 점에서 치료적 의미가 있다.

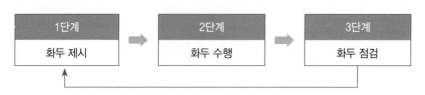

[그림 9-2] 적용하기 화두의 3단계

통합예술치료에서는 [그림 9-2]와 같이 적용하기의 화두 사용에 대한 세부 진행 과정을 크게 3단계로 제시한다. 프로그램 진행에 있어 화두를 부여하는 단계(1단계), 화두를 수행하는 단계(2단계), 화두 수행을 점검하는 단계(3단계)를 반복한다. 내담자의 증상 완화 및 적응을 위한 화두를 제시하고, 화두를 수행함으로써 사회참여 활동을 확대시키며, 회기 안에서 화두 수행을 점검함으로써 변화에 대한 희망적인 암시를 주는 것 등이 포함된다. 이러한 단계별 순환과정이 치료성과를 높이고 지속하는 데까지 영향을 미친다.

2. 위기 탈출 프로젝트

1) 비행이 재발하는 세 가지 이유

위기청소년이란, "교육적 선도대상 중 비행·일탈 예방을 위한 지원이 필요한 청소년, 학업중단 청소년, 보호자가 없거나 실질적인 보호를 받지 못하는 청소년"을 말한다(「청소년복지지원법」, 제2조 4항, 시행 2019. 03. 19.). 경제협력개발기구인 OECD에서는 위기청소년을 학교생활에 실패하고 직업이나 독립적인 성인으로서의 삶을 성공적으로 이행하지 못할 것 같은 사람, 그 결과 사회에 긍정적인 기여를 못 할 것 같은 청소년으로 정의하고 있다(청소년위원회, 2005). 그 밖에도 개인적으로 성격이나 기질 면에서 어려움을 보이고, 가정과 학교로부터 적절한 보호와 돌봄의 기회를 받지 못함으로 인해 문제행동을 경험할 위험이 높은 청소년을 포함하고 있다(김향초, 2013). 이 장에서는 위기청소년을 위탁형 대안학교에 재학 중이며, 위기스크닝 검사를 통해 위기청소년으로 분류된 대상으로 규정한다.

위기청소년의 예후는 진단체계에도 영향을 미쳐 DSM-5에서 품행장애로 진단하고 있다(김청송, 2015). 품행장애는 다른 사람의 기본적인 권리를 해치거나 나이에 적합한 사회적 규범 및 규칙을 어기는 행동 패턴이 지속적으로 나타난다(권석만, 2013). 주된 증상으로는 비행과 공격성이 동반되며 특히 가정과 학교, 사회에서 문제행동을 더욱 일삼는다. 이 부분과 관련하여 에릭슨(Erikson, 1963)은 청소년기를 심리사회적 발달단계로 보았으며, 그들을 둘러싼 다양한 환경과의 상호작용이 자아정체감 형성에 중요한 기초요인이 된다고 하였다.

하지만 위기청소년들은 유해환경에 빈번하기 노출되기 때문에 역할에 대한 확고한 정체성을 가지는 데 어려움을 겪는다. 이에 따라 위기청소년의 품행적 문제는 개인, 가정, 학교 등의 다양한 층위에서 나타날 수 있다. 이로써 저자는 [그림 9-3]과 같이 위기청소년의 문제행동 요인을 개인 요인이나 환경적 요인들이 복합적으로 작용하여 발생되는 것으로 판단하고, 그들에 대한 예방적 처우 방법을 살펴보았다.

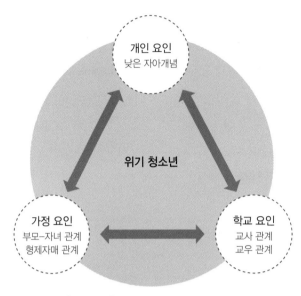

[그림 9-3] 위기청소년의 문제행동 요인

(1) 개인 요인

개인의 성격을 특징짓는 가장 큰 요인은 자기 자신에 대한 개념이다. 위기청소년의 심리적 특성을 살펴보면, 부정적인 자아개념이나 낮은 자존감과 관련된 문제가 두드러진다. 낮은 자아개념은 자기 비하라는 부적응 요소를 가지고 있어 역할에 대한 혼란 속에서 무능감과 좌절감을 경험하게 한다. 그뿐만 아니라 손상된 자기상을 보상하기 위한 수단으로 반항적이고 공격적인 태도를 취함으로써 사회 전반적인 측면에서 부적응 양상을 초래하게 한다.

자아개념이란 내가 누구이며 다른 사람과 어떻게 비슷하고 다른지 아는 것, 즉 스스로 판단하는 자신에 대한 지각 현상을 말한다(송인섭, 2013). 인간의 행동은 자아개념과 일치하는 중요 결정요인이며, 높은 적응력은 개인의 자아개념 여하에 기인된다. 따라서 자아개념의 향상은 스스로에 대해 긍정적인 가치관을 형성하며 바람직한 행동특성을 갖게 할 뿐 아니라 대인관계에서도 원만한 사회생활을 영위할 수 있도록 돕는다. 이에 따라 주어진 상황에 대한 주도적 문제해결력을 가지며, 적절한 역할을 수행할 수 있게 해 준다. 반면 낮은 자아개념의 형성은 자기 자신이 쓸모없고 무가치하다고 생각하여 타인과 관계를 맺고 유지하는 데 어려움을 갖게 한다. 이렇게 대인관계 갈등이 반복적으로 누적될 경우, 사회에서 소외되는 현상과 실패자라는 낙인효과 때문에 비행 행동에 보다 쉽게 개입하게 되고 위기는 더 심화되어 간다. 즉, 올바른 자아개념을 소유하는 것은 사회와 문화에 잘 적응할 수 있도록 하는 가이드 역할을 하고 건전한 성장과 발달의 원동력이 된다. 따라서 발달 과정에서 다양한 위기를 겪는 청소년에게 높은 자아개념을 확립시키는 것은 더욱 특별한 의미를 갖는다. 이에 따라 위기청소년이 사회 구성원의 일원으로서 자신의 역할을 적극적으로 수행해 나가며 스스로 건강한 삶을 영위할 수 있도록 개인의 자아개념 수준에 맞는 차별화된 치료방안이 요구된다.

(2) 가정 요인

가정은 청소년에게 있어서 최초의 사회집단이며, 가족구성원들과의 관계는 개인의 만족과 삶의 방식에 가장 직접적으로 관여한다. 가족관계는 청소년에게 애정, 신뢰, 보호와 안위를 제공해 줌으로써 사회적 지지 체제로서의 중요성을 가진다. 이러한 측면에서 가정환경은 위기청소년의 일상생활 적응에 영향을 미치는 가장 주요한 요인으로 주목받고 있다. 이는 위기청소년의 예방 및 선도에 있어서 가정의 역할이 재발의 가장 강력한 선행요인이 될 수 있음을 야기한다.

일반적으로 가족관계는 부모-자녀 관계, 형제자매 관계가 주축을 이루게 된다. 먼저 위기청소년이 가장 많이 지각하는 문제영역은 부모와의 관계에서 파생되는 양육 태도나 갈등에 관한 것이다. 위기청소년들은 성장 과정에서 부모와의 불안정 애착이나 학대받은 경험이 빈번하며, 수용과 공감, 존중과 인정받는 경험의 부재를 보인다. 이러한 분위기 속에서 위기청소년은 자신과 타인을 부정적으로 인식하게 되며 일상생활에서도 공격적이고 반사회적 행동을 일삼게 된다. 반면, 부모로부터 정서적 지지를 많이 받는 청소년이 비행성향이 낮다는 것은 부모와 형성된 안정적인 관계가 위기청소년으로 하여금 가정 안에서의 적응과 문제해결을 위한 주요한 자원으로 작용함을 뜻한다. 따라서 부모는 위기청소년에게 선도자가 아닌 조력자로서 기능하여야 한다.

형제자매 관계 또한 위기청소년의 문제행동을 유발하기도 한다. 형제자매 관계는 일생을 통해 가장 오래 지속되는 사회화의 대상으로서, 부모가 제공할 수 없는 다른 측면에서 상호지지체계의 역할을 한다. 또한 같은 생활공간을 공유하면서 상호 간에 동일시와 비교의 준거가 되고 개인의 사고와 행동의 관찰자가 되어 사회적 역할 수행에 상당한 영향력을 미치게 된다. 특히 청소년기에는 관계가 조금 더 성숙되고 평등해지며, 유대감이 높아지고 갈등상황은 줄어든다. 그러나 위기청소년은 가족체계가 실질적인 안전망 역할을 충족하지 못함에 따라 형제자매 간의 갈등 문제가 반복된다. 즉 가족관계는 유기적인 조직구조를 취하고 있다는 데에서 위기청소년의 형제자매에 대한 더 깊은 이해를 가능케 한다. 나아가 아동기나 청소년기에 시작된 형제자매 관계 문제는 성인기의 사회심리적 적응까지 장기적으로 영향을 미친다.

이러한 사실은 형제자매 관계갈등이 단순한 언쟁의 결과로 우연히 발생하는 것이 아니라 지속적으로 해결되지 않은 갈등의 결과로 인한 것임을 설명한다. 그러므로 부모와의 관계를 비롯한 형제자매 관계는 위기청소년 특성인 낮은 자아개념 문제를 극복하게 하여 어떠한 상황에서도 적응해 낼 수 있는 능력을 증강시켜 주는 중요하고 일차적인 사회체제인 것을 알 수 있다.

(3) 학교 요인

청소년의 교육을 담당하는 학교는 가정과 더불어 가장 중요한 사회적 환경 주체이다. 청소년들은 사회참여 활동 범위가 고정되어 있기 때문에 학교라는 공간에서 사회의 규범과 가치관을 학습한다. 그러므로 청소년이 학교생활에 어려움을 겪게 되면 학교 부적응과 같은 문제행동으로 이어질 수 있다.

학교 부적응 청소년은 학업중단(무단결석), 집단따돌림, 학교폭력 가해 및 피해 등 복합적이고 다양한 문제를 지니고 있다. 이때 교사와의 관계가 중요한 역할을 하는데, 교사의 지지는 청소년의 발달과 학교에서 받는 스트레스를 완화시키는 데 긍정적 영향을 준다. 청소년의 적응에 있어 교사는 학습 내용과 생활 전반에 대한 피드백을 하기 때문에 학교에 대한 태도 및 가치관을 결정하는 데 결정적인 요인이 된다. 또한, 학생에게 교육적 관여의 대상일 뿐만 아니라 부모의 역할을 보완해 줄 수 있는 의미 있는 타자로서 중요한 역할 모델을 제공한다. 하지만 대다수의 위기청소년은 학교 내에서 관심에서 벗어나 있고 교사에게서의 지지 또한 부족한 편이다. 교사와의 부정적 관계는 위기청소년으로 하여금 학업과 학교에 대해 무관심하게 함으로써 학습 동기와 성취 의지 또한 낮아지는 결과를 초래한다.

청소년의 자아개념 형성 및 변화를 결정하는 가장 큰 요인은 교우와의 관계이다. 더욱이 청소년기에 접어드는 중학생 때는 어른들의 영향력으로부터 벗어나고 싶은 욕구로 인해 자신을 이해해 줄 수 있는 또래와 동질감을 형성하게 된다. 이처럼 교우 관계는 단순히 놀이를 함께하는 관계로서의 의미를 넘어 더 깊이 있고 장기적인 지원을 주고받는 정서적 지지자로서의 역할을 한다. 그렇기 때문에 청소년이 또래로부터 거부당하고 따돌림을 당한다면 학업중단을 하거나, 범죄 행동이나 폭력과 같은 양상을 보일 수 있다. 이는 학업성적 저하와 불안감, 우울감, 심지어 자살과 같은 극단적 선택으로 이어지기도 한다. 즉 어떤 친구를 사귀느냐의 문제는 심리적, 사회적 적응의 실패로 귀결될 수 있다.

요약하면, 위기청소년의 문제행동은 개인의 내적 특성과 더불어 그들을 둘러싼 가정과 학교에서의 상호작용 과정에서 발생되고 있다는 것이다. 나아가 위기청소년이 처한 문제를 해결하기 위해서는 개인 내적 자원을 보완할 수 있는 사회적 지지 자원이 중요하게 다루어져야 한다.

2) 재비행의 심각성

비행 및 범죄에 연루된 위기청소년의 문제는 사회의 화합과 안정을 위협하고 있다. 청소년 비행자 중 상당수가 성인 범죄자로 전이되기 때문에 위기청소년들의 선도 및 예방은 중요한 과제로 부각되고 있다. 위기청소년의 비행문제는 대개의 경우 만성적이고 재발률이 높은 경향을 보인다. 이에 따라 위기청소년의 문제행동에 영향을 미치는 인자들을 정확히 파악하여, 이에 특화된 치료적 대안을 마련하는 일이 중요하다.

위기청소년이 당면하고 있는 문제는 대부분의 경우 사회부적응에서 오는 심리적 단절을 시작으로 자아개념이 낮고, 우울의 정도가 심각하며 대인관계도 원만하지 못하다는 것이다. 특히 그들의 재비행은 사회접촉과 참여의 활동으로부터 멀어지게 하는 동시에 가족과 사회집단에서 일탈하게 하는 결과를 초래한다. 또한 청소년 비행은 방치될 경우 또 다른 문제로 이어질 위험을 증가시키게 되어 성인기 이후에도 상습 범죄를 유발할 가능성을 높인다. 따라서 위기청소년의 재비행 진입에 대한 예방과 함께 그들이 안전하게 사회 구성원으로 돌아오게 하는 기제에 관심을 갖는 것이 중요할 수밖에 없다. 대검찰청과 한국청소년상담복지개발원이 발표한 자료에 따르면 위기청소년의 1년 내 재비행률은 90%가 넘는 것으로 나타났다(뉴스1, 2019. 09. 09).

위기청소년의 재비행에 대한 이론은 그들의 문제행동에 대한 원인론적 관점에서 이루어져 왔다. 실제로 많은 종단 연구들을 통해 다양한 차원에서 예측 요인들을 규명하려는 시도가 일부 이루어지고 있으나, 연구대상이 보호소나 소년원에 수용되어 있는 청소년들에 국한되어 있는 상황이다. 이와 같은 접근은 비행의 수준이 매우 높은 청소년들만이 선택되었을 가능성이 높고, 범죄관련 변인들과의 연관성에 초점을 두고 있어 정신병리나 환경특성에 대한 분석이 포괄적이지 못하다는 한계를 갖고 있다. 또한 소년사범은 환경적인 변화가 없기 때문에 특정 개념 외에 치료적 과정에서 어떠한 변화를 경험하였는지를 설명하기 어렵다는 비판들이 제기되고 있다. 위기청소년의 재비행을 예방하고 실질적인 삶의 변화를 꾀하기 위해서는 적용하기 과정과 같이 가정이나 주변 환경을 총체적으로 이해하려는 노력이 필요하다.

3) 위기청소년 극복 사례

인간은 생존하기 위해 사회영역 안에서 자신의 위치를 찾으며 이에 따른 역할을 수행한다. 즉 자신의 역할을 명확하게 찾고 수행하는 것은 적응을 잘하는 것을 의미한다. 그러나 성인기로 전환해 가는 중요한 성장단계에 놓여 있는 청소년기에는 감당해야 하는 역할이 커짐에 따라 곳곳에서 역할 수행 문제를 보인다. 그 중심에는 가정과 학교가 있으며 이는 청소년의 긍정적 발달과 적응에 기여하는 대표적인 요인으로 작용한다. 이와 같이 그들이 처한 환경에 잘 적응하지 못한다면 청소년들은 더욱 가치관이 혼란해지며 비행과 범죄에 노출되는 위기청소년으로 전락할 가능성이 매우 높아진다. 즉 청소년의 역할 수행 문제는 곧 위기청소년의 발생과 직결되고 있었다.

에릭슨의 심리사회적 발달 8단계에 의하면, 청소년기는 '정체성 대 역할 혼란'에 해당한다. 이 시기에 중요한 것은 '나는 누구인가?'에 대한 물음을 스스로에게 자문하고 그에 대한 올바른 답을 찾아가도록 하는 것이다(Erikson, 1959). 이 같은 자아탐색의 과정은 청소년으로 하여금 자아개념과 대인관계능력을 확립하여 환경에 잘 적응할 수 있도록 기능한다. 그러나 위기청소년은 자기 스스로에 대한 신념이 낮고 가족문제, 학교적응문제, 사회적응문제에 직면한다. 즉, 개인적으로는 낮은 자아개념에 기인하여 기존의 역할상실 및 혼돈과 같은 어려움을 보이고, 가정에서는 학대와 방임과 같은 보호기제의 약화, 학교에서는 관계망 축소 등의 문제로 확대되어 간다. 이는 사회구조 안에서 단절 및 낙오를 유발하는 등 사회시스템 전반의 문제를 모두 포함하는 복합적이고 다원적인 현상임을 의미한다. 그래서 저자는 위기청소년 집단을 사례로 적용하기 과정을 통한 이들의 사회적응 지원 방향을 찾아보기로 했다.

이 사례는 최슬아(2021)의 「IT기반 통합예술치료의 적용하기 과정이 위기청소년의 긍정역할 수행에 미치는 영향 연구」를 중심으로 기술한 것이다. 사례집단은 서울시에 소재한 위탁형 대안학교에 재학 중인 중1(14세)~중3(16세) 청소년들이다. 이들은 학업 문제와 따돌림, 가정폭력 등 자신이 처한 환경에 적응하지 못한 결과로서 대인관계와 관련된 어려움을 보이고 있었다. 대인관계 문제의 대부분은 부모, 형제자매, 교사, 교우와 같이 가족과 학교를 중심으로 나타나고 있었다. 이 같은 측면에서 내담자들이 가정과 학교에서 관계를 회복하는 일이 일상에서 올바른 역할 수행을 유지하는 데 중요한 함의를 갖는다. 따라서 가정과 학교영역에서의 관계적인 측면에 초점을 둔 화두가 집중적으로 계획되고 실행되었으며, 화두의 구성요소는 청소년 활동영역에서 제시된 필수적 대인관계역량 요소와 연계하여 핵심 개념을 우선적으로 선정하였다.

청소년 대인관계역량은 협동심, 관계유지, 관계형성, 대인의사소통, 대인이해, 가족이해로 구성되어 있다. 그중 저자가 선정한 요인은 가족이해와 관계유지이며 추가적으로 자기개방 요인을 포함시켰다. 자기개방은 청소년의 대인관계역량의 세부 구성요소로서 가장 중요한 개념이다. 대인관계의 첫걸음은 자신을 얼마나 진술하게 드러내는가의 자기개방 정도에 달려 있기 때문에 더욱 중요하며 이는 관계 형성의 계기가 된다. 따라서 위기청소년 집단의 대인관계역량을 증진시키기 위해 자기개방 단계를 우선적으로 배치하였다.

또한 이들이 처한 환경적 특성에 대해 충분히 고려한 적용하기 과정을 설계하여 운영하고자 노력하였다. 가정폭력 및 유해환경에 빈번하게 노출되는 청소년들에게 회기 초반부부터 가정영역과 연계된 활동을 제안하는 것은 내면적 상처와 직면해야 한다는 점에서 저항을 불러일으킬 수 있다고 보았다. 따라서 이들의 증상이 어느 정도 개선된 후 화두를 수행하는 공간을 상세화하는 것이 적합하다고 보았다.

프로그램 초반부에는 가정과 학교 중 내담자가 좀 더 익숙한 사회적 상황에서부터 부담 없이 화두를 수행할 수 있도록 제시되었다. 화두를 제시하는 방안을 단계별로 제안하는 것은 내담자의 저항감을 낮추고 긍정 역할 수행을 한층 더 강화시킬 수 있다. 이를 반영한 화두의 세부적인 내용은 [그림 9-4]와 같다.

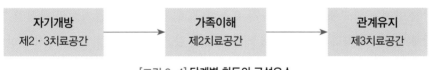

[그림 9-4] 단계별 화두의 구성요소

(1) 제2 · 3치료공간: 가정 · 학교

첫 단계는 가정 · 학교에서의 자기개방 요소이다. 먼저 프로그램 초반부에는 화두가 개인적 차원에서 시작하여 타인과의 관계로 확장되는 형태로 계획되었다. 이에 따라 내담자 개인이 자신의 전반적인 삶에 대해 다시 생각해 보고 스스로에 대한 성찰이 가능하도록 하는 데 목표를 두었다. 먼저 1~2회기에서는 긍정 자원 찾아보기와 음악을 통한 자기위로 실천하기로 일상에서 쉽게 풀어나갈 수 있는 화두가 구성되었다. 그리고 3~4회기에서는 긍정 체험 공유하기, 긍정 감정 표현하기와 같이 자신의 정서 상태를 검토하고 그에 관한 생각을 표현해 볼 수 있는 방향으로 구성되었다.

중반부인 5~6회기에서는 일상에서 다양한 방법의 분노 해소 적용하기, 일상에서 긍정 체험 공유하기로 자신의 본질적인 부분들을 좀 더 개방할 수 있는 활동을 점차적으로 포함시켰다. 이는 직면하기 어려운 문제를 가지고 있는 내담자들의 저항감을 고려한 것이다. 이 단계의 목표가 달성되면 타인과의 관계적 맥락 속에서 자기를 개방하는 것이 비교적 용이해 질 것이다.

(2) 제2치료공간: 가정

두 번째 단계는 가족구성원 간의 유대 강화를 목표로 화두를 제시한다. 실제로 내담자들은 가족구성원 간의 관계가 단절되어 여러 가지 심리적 혼란을 경험하고 있는 상태였다. 또한, 가족경계 모호성, 역할구속, 소외감 같은 경계혼란 관련 변인들을 높게 지각하는 것으로 나타났다. 이러한 특성을 반영하여 가정 내에서 가족구성원 간의 관계적 거리를 반추해 보며 자신의 대인관계역량 수준이 어느 정도인지 파악하고 발전시키는 기회를 갖도록 하는 화두가 구성되었다. 이를 통해 내담자들이 가족과의 관계가 어디까지 나아가야 할지 스스로 생각해 봄으로써 갈등 문제를 원만하게 처리하고 대응하는 것이 가능해질 것이다. 이에 따라 7~12회기의 화두 내용은 가정에서 나의 대인관계 모습 파악하기, 가족구성원과의 공통점 찾기, 관계적 이슈 관찰하기, 가족지지 경험하기, 긍정 자아 발견하기, 변화 행동 다지기로 구성되었다.

(3) 제3치료공간: 학교

세 번째 단계는 학교에서의 관계유지 요소이다. 위기청소년들은 자신의 사회적 지지 정도를 낮게 인식함에 따라 학교 내에서 역할 축소와 같은 문제를 경험한다. 특히 대안학교에 재학 중인 내담자들의 경우에는 원적교에 복귀할 수 없다는 불안감이 갈등의 주된 원인으로 보여졌다. 따라서 후반부인 13~16회기의 화두 내용은 학교에서 멘토 되기, 감사함 전하기, 칭찬하기, 일상에서 희망찬 현실 계획하기와 같이 자신의 강점과 자원을 생활 속에서 활용하고 그것을 지지받는 것으로 구성하였다. 또한 이러한 상황에서 어떠한 의사소통 방식이 관계를 유지하는 데 좋을지 스스로 생각해 볼 수 있도록 하였다. 이처럼 일상생활에서의 변화를 일반화시키는 작업은 자신을 긍정적으로 볼 수 있는 안목과 주변인의 관점을 변화시켜 안정적인 학교생활이 유지되도록 도움을 준다. 나아가 학교와 다시 연결된다는 것은 내담자들에게 이전 활동 수준을 회복하고 역할에 대한 인식을 새롭게 할 것이다. 〈표 9-1〉은 위기청소년 집단을 대상으로 진행된 통합예술치료 프로그램이다.

〈표 9-1〉 위기청소년 집단 적용 통합예술치료 프로그램

회기	모델(기법/매체)		프로그램 구성	증상개선목표
1	투사 모델 (미술매체 음악매체)	열기	음악 들으며 나만의 공간으로 여행	ⓒⒺRAT 불안감 완화
		만나기	〈타임박스〉 제작	
		닫기	참여 동기 강화	
		적용하기	일상에서 자신의 긍정 자원 찾아보기	
2	투사 모델 (미술매체 음악매체)	열기	선호하는 음악 떠올리기	ⓒⒺRAT 불안감 완화
		만나기	나만의 CD 제작	
		닫기	만나기 과정을 통하여 알게 된 점 자각	
		적용하기	일상에서 음악을 통한 자기위로 실천하기	
3	투사 모델 (미술매체 음악매체)	열기	라디오 사연 작성	ⓒⒺRAT 우울감 완화
		만나기	라디오 DJ 되어보기	
		닫기	만나기 과정을 통하여 알게 된 점 자각	
		적용하기	일상에서 긍정 체험 공유하기	
4	카타르시스 모델 (이완 기법) 투사 모델 (미술매체)	열기	〈감정 빙고〉 게임	ⓒⒺRAT 우울감 완화
		만나기	감정 아트북 제작	
		닫기	부정 및 긍정 감정 자각	
		적용하기	일상에서 긍정 감정 표현하기	
5	투사 모델 (미술매체 무용/동작매체)	열기	우드락에 분노 대상 그리기	ⓒⒺRAT 통제력 결여 완화
		만나기	우드락 격파를 통한 분노 표출	
		닫기	부정 감정 원인 자각	
		적용하기	일상에서 다양한 방법의 분노 해소 적용하기	
6	투사 모델 (명상매체 무용/동작매체)	열기	호흡명상	CⒺRAT 통제력 결여 완화
		만나기	습식화	
		닫기	무의식적 욕구 자각	
		적용하기	일상에서 긍정 체험 공유하기	
7	카타르시스 모델 (게임놀이 기법) 투사 모델 (미술매체)	열기	〈당신은 누구십니까?〉 게임	CⒺⓇAT 관계성 결여 완화
		만나기	관계도 작성	
		닫기	나의 관계적 위치 자각	
		적용하기	가정에서 나의 대인관계 모습 파악하기	
8	투사 모델 (미술매체 문학매체)	열기	동화『관계』 감상	CⒺⓇAT 관계성 결여 완화
		만나기	동화를 통한 관계의 의미 찾기	
		닫기	만나기 과정을 통하여 알게 된 점 자각	
		적용하기	가정에서 가족구성원과의 공통점 찾기	

9	카타르시스 모델 (게임놀이 기법) 역할 모델 (자아 기법 타인 기법)	열기	〈방 있어요?〉 게임	CE®AT 유능성 결여 완화
		만나기	즉흥역할극	
		닫기	만나기 과정에서 알게 된 점 자각	
		적용하기	가정에서 관계적 이슈 관찰하기	
10	카타르시스 모델 (게임놀이 기법) 투사 모델 (미술매체)	열기	〈당신은 당신의 이웃을 사랑하십니까?〉 게임	CE®AT 유능성 결여 완화
		만나기	이어 그리기	
		닫기	자신과 타인의 가치 자각	
		적용하기	가정에서 가족지지 경험하기	
11	투사 모델 (미술매체 음악매체)	열기	노래 〈매력있어〉 감상	CER®T 자아존중감 결여 완화
		만나기	셀프광고지 제작	
		닫기	긍정적 자기개념 자각	
		적용하기	가정에서 긍정 자아 발견하기	
12	투사 모델 (미술매체 음악매체)	열기	노래 〈수고했어, 오늘도〉 감상	CER®T 자아존중감 결여 완화
		만나기	손 석고 제작	
		닫기	나의 강점 자각	
		적용하기	가정에서 변화 행동 다지기	
13	카타르시스 모델 (게임놀이 기법) 투사 모델 (미술매체)	열기	〈부탁해요〉 게임	CER®T 사회성 결여 완화
		만나기	수호천사 제작	
		닫기	만나기 과정을 통하여 알게 된 점 자각	
		적용하기	학교에서 멘토 되기	
14	투사 모델 (미술매체 연극매체)	열기	선망의 대상 그림으로 표현하기	CER®T 사회성 결여 완화
		만나기	조각상을 통한 희망체험	
		닫기	만나기 과정을 통하여 알게 된 점 자각	
		적용하기	학교에서 감사함 전하기	
15	투사 모델 (미술매체 음악매체)	열기	노래 〈노래할게요〉 감상	CERA® 낙관성 결여 완화
		만나기	노래를 통해 탐색한 나의 꿈 그림으로 표현하기	
		닫기	미래에 대한 설계 자각	
		적용하기	학교에서 칭찬하기	
16	투사 모델 (미술매체)	열기	〈타임박스〉 개봉	CERA® 낙관성 결여 완화
		만나기	지끈 공 제작	
		닫기	긍정적 자기 변화 자각	
		적용하기	일상에서 희망찬 현실 계획하기	

▨ A 집단의 적용하기 과정

앞에서 제시한 프로그램은 A 집단과 B 집단에 동일하게 적용하였으며 차이점은 A 집단은 적용하기 과정을 실시하였고 B 집단은 적용하기 과정을 실시하지 않았다. 다음은 각 집단의 참여자 특성이다.

〈표 9-2〉 A 집단의 참여자 특성

집단원		개인 요인	가정 요인	학교 요인
a	14세 남자	• 게임중독 • 주의력 결핍	• 한부모가정 • 형제간의 갈등	• 학습부진 • 따돌림 문제
b	16세 남자	• 자기조절 문제 • 우월감	• 양친가정 • 신체적 학대 경험 • 문제 가족원(비행형제)	• 학교폭력가해 • 비행친구들과 어울림
c	16세 여자	• 비자살적 자해 • 우울감, 불안감	• 재결합가정 • 가정불화 • 가족 간 대화단절	• 학교 부적응 • 또래관계 문제
d	16세 여자	• 신체화(두통, 복통) • 낮은 자아존중감	• 양친가정 • 자매간의 갈등	• 학교폭력피해 • 또래관계 문제

〈표 9-3〉 B 집단의 참여자 특성

집단원		개인 요인	가정 요인	학교 요인
e	16세 남자	• 선택적 함구증 • 시선회피 • 불안감, 위축감	• 한부모가정 • 아버지와의 갈등	• 수업이탈 • 따돌림 문제
f	16세 여자	• 식욕부진 • 감정둔화	• 양친가정(주말부부) • 신체적 학대 경험 • 반려견에 대한 집착	• 품행문제 • 비행친구들과 어울림
g	16세 여자	• SNS 중독 • 과잉행동 • 우월감	• 한부모가정 • 새아버지 有 • 정서적 학대 경험	• 따돌림 문제 • 또래관계 문제
h	16세 여자	• 우울감, 불안감 • 낮은 자아존중감	• 양친가정 • 방임적 양육태도 • 가족 간 대화단절	• 따돌림 문제 • 또래관계 문제

3. 일상으로의 회복

이 단락에서는 적용하기 과정의 시행 여부에 따른 A 집단과 B 집단의 임상 경과를 비교함으로써 적용하기를 통해 어떠한 과정을 거쳐 회복에 이르게 되고 그 후 일상생활에서 어떤 경험을 하게 되는지 소개하고자 한다. 이를 위해 적용하기 과정의 화두를 중심으로 대인관계 양상이 어떻게 달라지는지와 개인의 삶에서 보인 치료의 지속성 여부도 함께 살펴보도록 하겠다.

1) 상처 입은 자아의 회복

A 집단과 B 집단의 가장 특징적인 차이점은 회기구조 옴카의 열기–만나기–닫기 과정은 동일하되 적용하기 과정만 달리하여 설계되어 있다는 점이다. A 집단의 진행구조는 옴카의 '열기–만나기–닫기–적용하기'의 과정으로 구성되었다. 그리고 제1치료공간인 치료실에서는 위기청소년의 자아개념을 증진시키는 것을 목표로 통합예술치료 프로그램에 일곱 가지 치료 모델 및 기법이 적용되었다. 또한 제2·3치료공간인 가정과 학교에서는 위기청소년의 대인관계역량 향상을 위한 적용하기 과정의 화두가 제시되었다.

반면, B 집단은 예술체험을 통한 제1치료공간에서의 변화에만 집중되어 있다. 진행구조는 적용하기를 제외한 '열기–만나기–닫기'의 3과정으로 구성되어 있으며, 제2·3치료공간과 관련된 요소를 제외한 제1치료공간 설계는 A 집단과 동일하다. 이를 정리하면 〈표 9-4〉와 같다.

〈표 9-4〉 A 집단 프로그램과 B 집단 프로그램 비교

구분	A 집단	B 집단
진행구조	열기-만나기-닫기-적용하기 과정	열기-만나기-닫기 과정
진행원리	통합예술치료 7모델 및 기법 적용하기 과정 '화두'	통합예술치료 7모델 및 기법
접근방식	제1·2·3치료공간 초점	제1치료공간 초점
하위목표	자아개념 증진 대인관계역량 향상	자아개념 증진

A 집단은 프로그램 초반부의 적용하기 과정에서 주어진 화두를 수행하고자 하는 의지가 저조하였으며, 자신이 선호하는 한두 가지 특정한 활동에만 집중하면서 대부분의 일상을 무료하게 보내고 있었다. 또한, 자신의 부정적 정서를 적응적인 행동으로 변화시키는 도전에 대해 낯설고 불편하게 느끼기도 하였다. 그러나 회기가 진행될수록 진로 준비, 가정관리, 학교관리를 통해 일상생활 패턴의 다양성이 증가되었다. 이것은 적용하기 과정의 화두가 내면의 힘을 외부로 전달하는 것이기에 A 집단이 변화된 자기를 현실에서도 수용하여 역할을 확장하고 유지하려는 노력을 하게 된 것으로 보인다. 무엇보다 이러한 과정이 모두 자발적이었기에 적용하기는 자기표현이 어려운 내담자들의 자율적인 반응을 이끄는 도구로서도 작용함을 알 수 있었다. 이를 통해 내담자의 자발성을 유도하고 치료공간 확장과 재발 방지를 가능하게 하는 적용하기 과정의 이론적 이해 또한 확인할 수 있었다. 〈표 9-5〉는 적용하기 과정에서 나타난 집단별 반응을 중심으로 정리한 내용이다.

〈표 9-5〉 A 집단과 B 집단의 적용하기 과정 반응 내용

A 집단	B 집단
아침에 일어나는 게 힘들어서 지각을 밥 먹듯이 했거든요. 담임 선생님이 전화로 학교 오는 걸 도와주셨는데 이제 전화 주시지 않아도 제가 일어나서 와요. 그래서 담임 선생님이 저보고 변했대요.	운동 가야겠다고 마음먹어도 금방 포기하게 돼요. 집에 가면 지쳐서… 지쳐 가지고 그냥. 그냥 있을 수가 없어서 움직이긴 하는데 다음날 못 버티겠어서 마음먹은 게 하루를 못 가요.
가족들을 즐겁게 해 주기 위해 아빠한테 김치찌개 끓이는 방법을 알려주고 엄마 생일 때 가족들은 아무것도 안 해 주었는데 저는 편지도 써드리고 선물도 드렸어요.	제가 가족한테 도움만 받고 자랐으니 저를 그만큼 키워주신 것을 돌려드리고 싶은 마음은 있어요. 근데 제가 먼저 뭐라고 말 걸어요? 솔직히 뭐라 이야기해야 할지 모르겠어요.
학교 끝나면 오늘은 누구를 만날까? 친구랑 뭐하고 놀까? 생각했는데 이제는 집에 빨리 들어가야지, 언니랑 맛있는 거 먹어야지 생각해요.	엄마를 이해하고 이제 이야기는 잘하는데 엄마가 가끔 저를 이해를 못 할 때가 있거든요. 그땐 다시 삐쳐요.
학교 올 때 1층 청소해 주시는 아주머니께 항상 인사를 드리기 시작했어요.	엄마가 돈 줄 테니 졸업장만 따오래요. 그래서 수행평가 열심히 하고 학교도 잘 다니고 있는 거죠.
재판할 때는 계속 지각했는데 그래도 열심히 해야겠다고 생각해서 일찍 일찍 학교 오고, 처음에 수업에 오기 귀찮았는데 지금은 하고 싶은 마음이 생긴 거… 애들이랑 안 싸우고 잘 지내는 거. 수행평가 점수가 처음으로 잘 나온 거.	h랑 한 번도 이야기해 본 적 없는데 용기 내서 그냥 뭐 잘해 보자 해서. 안녕? 너 나랑 놀래? 했어요.
대학교에 가고 싶어졌어요. 하루는 책도 찾아보고. 지금 당장은 엄마한테 학원에 보내 달라고 말할 거고. 수학이랑 영어에 집중하려고 계획표도 세워봤어요.	인터넷 하다 보니까 일본어 같은 게 쓸 일이 있을 것 같아서 그냥 해 볼까 해요.

A 집단

A 집단은 대안학교에 위탁되면서 자신을 문제아로 낙인하는 주변의 태도로 인해 외부와 단절된 채 자신의 틀 안에서 고립과 혼돈을 경험하고 있었다. 이에 따라 초반부에는 학교와 집만 오가며 한두 가지의 제한되고 반복적인 생활을 하면서 역할의 범위와 다양성이 축소되어 있었다. 또한, 가정에서는 부모나 형제자매와의 관계에서 문제를 경험하고 있었고, 학교에서는 교사와 또래 학생들과의 의사소통에 어려움을 겪었으며, 전반적인 학교생활이나 교내활동 또는 그 외 사회적 활동에 융화되지 못하고 있었다. 이들의 위기상황이 개인적인 문제로 끝나지 않고 사회적 문제로까지 확대될 수 있다는 점에서 적용하기 과정에 대한 개입이 더욱 필요해 보였다.

이후 프로그램 중반부로 갈수록 문제행동이 감소됨을 자각하였고 주변에서도 이들의 변화를 알아채기 시작하였다. 소년재판으로 인해 심리적으로 매우 불안정한 상태를 보였던 b는 7회기의 적용하기 과정의 화두를 수행하며 "담임 선생님이 저보고 (긍정적으로) 변했대요." 라고 이야기하였다. 그리고 지각이나 결석을 하는 횟수가 줄어들게 되면서 출석 정지나 하교 후 교실에 남아서 혼자 청소를 하지 않게 되었다고 하였다. 이렇게 노력하는 과정에서 일찍 일어나거나 금연을 하는 등 자기관리 능력이 향상되었으며, "부모님께 미안하고 고맙고 다시 열심히 살려고요."라고 하며 한 단계 성장한 자신을 발견하게 되었다.

무표정한 얼굴로 잘 웃지 않았던 c는 주위에서도 알아볼 만큼 표정과 목소리가 달라지는 외적 변화를 보이기 시작했다. 그리고 주변 사람들에게 웃음을 주기 위해 농담을 건네기도 하고, 친구들 사이에서 분위기 메이커 역할까지 하게 되었다. 적용하기 과정은 내담자로 하여금 건강한 방식으로 외부와 소통하게 하면서 바람직한 행동을 이끌도록 동기화하는 요인이 되고 있었다. 이러한 변화들을 주변에서 감지하고 있을 무렵, A 집단은 가정에서도 새로운 대상으로서의 역할을 찾게 되면서 자신의 활동 범위를 점차 확대해 나가고 있었다.

가출하는 것이 꿈이라고 말했던 c는 12회기의 적용하기 과정의 화두를 수행하며 "가족들을 즐겁게 해 주기 위해 아빠한테 김치찌개 끓이는 방법을 알려주고 엄마 생일 때 가족들은 아무것도 안 해 주었는데 저는 편지도 써드리고 선물도 드렸어요."라고 하며 생활 속에서 부모와의 관계 개선을 위한 노력을 지속하겠다고 하였다.

언니가 가장 무섭다고 말했던 d는 "학교 끝나면 오늘은 누구를 만날까? 친구랑 뭐하고 놀까? 생각했는데 이제는 집에 빨리 들어가야지, 언니랑 맛있는 거 먹어야지 생각해요."라고 하며 갈등적 관계가 상당 부분 호전되고 있음을 보고했다. 이 밖에도 A 집단은 게임하는 시간을 스스로 줄여나가거나 엄마에게 말을 건네 보기도 하는 등 자신이 무의식적으로 생각하고 동경했던 가족의 풍경을 만들어 가는 데 필요한 역할들을 다짐하고 점진적으로 시도해 나가고 있었다. 이처럼 생활장면에 나타난 구체적 사례를 통하여 적용하기 과정은 개인뿐만 아니라 가족과의 관계를 새롭게 시작할 수 있도록 하는 의지를 확실하게 해 주었다.

후반부에는 학교 안에서 친구와의 관계 개선을 시도하는가 하면, 한 번도 경험해 보지 않았던 교내 행사에서 역할을 맡아 참여하게 되면서 평범한 일상으로 복귀하게 되었다. 게임 이야기만 하던 a는 14회기의 적용하기 과정의 화두를 수행하며 "학교 올 때 1층 청소해 주시는 아주머니께 항상 인사를 드리기 시작했어요."라며 그것이 매우 보람 있는 일이었음을 이야기하였다. 그리고 친구들과 어울리게 되면서 자신에 대한 긍정감도 생기고, 생각을 편안하게 표현할 수 있게 되었다고 하였다.

자퇴를 고려했던 b는 "(중략) 일찍일찍 학교 오고, 처음에 수업에 오기 귀찮았는데 지금은 하고 싶은 마음이 생긴 거… 애들이랑 안 싸우고 잘 지내는 거. 수행평가 점수가 처음으로 잘 나온 거."라고 말하며 학교에 적응하기 위해 자발적 의지로 많은 노력을 기울이고 있다고 하였다. 이처럼 A 집단은 적용하기 과정을 통해 자신이 되기 원하는 모습과 변화되고자 하는 것이나 느끼고 생각하는 것들을 삶에서 해결해 나가고 있었다.

이와 같은 맥락에서 16회기의 적용하기 과정의 화두를 수행하며 적성에 맞는 진로를 결정하거나 대학교 진학을 위해 성적관리를 해나가고 구체적인 계획을 세워가면서 자신의 미래에 대해 더욱 세밀하게 구상하고 준비하고 있었다. 무엇보다 초반부와 비교해 A 집단이 달라진 점은 진학과 직업에 대한 꿈과 뚜렷한 목표가 생기고 이와 관련해서 앞으로 더 잘할 수 있을 것 같다는 의견과 전에는 안 되는 일이 있으면 그냥 포기하고 말았는데 지금은 왜 그런지, 정말 안 되는 것인지, 그냥 중단하는 것이 아니라 스스로 생각하고 행동할 수 있게 되었다는 것이다. 이로써 A 집단은 적용하기 과정을 통해 자신이 처한 환경, 즉 가정과 학교 안에서 자신이 해야 할 의무를 지각하고, 자연적 일과 안에서의 행동 변화와 활동 수행을 실현시킴으로써 역할의 범위가 증진되었음을 나타냈다.

B 집단

B 집단의 경우에는 역할의 기능적인 측면에서 A 집단에서 보이는 것만큼 뚜렷한 변화는 보이지 않았다. B 집단은 프로그램을 통해 그동안의 자신에 대해 되돌아보고 좋지 않은 행동과 생활습관에 대해서 반성하였고, 이를 개선해 나가기 위해 노력하였다. 또한 초반부에 보였던 손톱 물어뜯기, 산만했던 손짓과 태도가 교정되면서 정서적 안정감을 느끼고 있었다. 이전 학교에서 따돌림과 배신으로 또래 관계의 어려움을 호소한 g는 용기 내어 h에게 다가가기 시작하면서 학교생활에서 어울릴 수 있는 친구들이 늘어나게 되었다. 이처럼 B 집단은 자신이 원하는 모습이 되기 위해 스스로 실천할 수 있는 여러 가지 방법을 동원해서 해

낼 수 있다는 의지를 다지며 변화에 대한 노력을 기울이고 있었다. 그러나 반복되는 일상에 대한 무료함을 호소한 h는 막연히 생각만 했던 일본어를 배우기로 결심하게 되었지만 "엄마한테 말하려니 귀찮다."고 하며 실행에는 미숙함을 보였다. 또한 부모나 친구들이 자신이 달라진 걸 몰라줄 때, 주변에서 반응이 없을 때와 같은 외적 현실을 직시하게 되면서 또다시 혼란과 좌절을 경험했다. 그리고 변화를 위한 노력을 시도해 보니 현실적이지 못한 목표를 설정한 것이 걸림돌이 되었으며, 구체적으로 어떻게 실천해 나가야 할지가 정리가 안 된다는 의견도 있었다. 즉, 주변에 존재하는 지지적인 환경 요인이 위기청소년이 문제행동을 해결하는 데 가장 주효하게 작용하고 있었다.

2) 잃어버린 관계의 회복

개인과 사회환경과의 관계적 유대는 위기청소년에게 올바른 역할 수행을 위한 주요 요인으로 작용한다. 일상 속에서 나타난 타자와의 상호작용, 즉 대인관계 양상을 살펴보는 것은 적용하기 과정의 유무에 따른 A 집단과 B 집단의 역할 수행 경로를 비교할 수 있는 실제적인 단서가 되었다. 이 장에서는 적용하기 과정의 화두 수행 단계에서 나타난 A 집단의 언어적·비언어적 표현과 반응특성을 치료사 관점과 관찰자 관점에서 설명하였다. 관찰자 관점은 담임 교사의 의견과 보조치료사가 평가한 내용을 수렴하여 기술하였다. 이로써 적용하기 과정이 위기청소년 개인에게 미치는 영향과 그것이 그들을 둘러싸고 있는 사회적 상황과의 관계에서 미치는 영향까지 살펴볼 수 있을 것이다.

(1) 자기개방

A 집단과 B 집단은 모든 사례에서 자신을 개방하는 표현의 정도가 높거나 아주 낮은 특징을 보였다. 자기개방이 높은 대상은 자신의 권위를 공격적인 행동으로 과시함으로써 상대방과 원활한 상호작용이 불가능했고, 반대로 자기개방 정도가 낮은 내담자는 집단적인 관계보다는 일대일 관계를 더 선호하는 고립의 특성이 있었다. 이에 따라 대인관계에서 오는 갈등이나 문제들을 해결하기 위해 두 집단에게 관계적 개방 정도를 조절할 수 있는 역량을 먼저 키우는 것이 도움이 된다. 원활한 자기개방을 목적으로 적용하기 과정의 화두를 제시하자, A 집단은 자신이 직면한 관계적 문제들에 관해 유연한 자세를 갖게 되었으며 이전보다 밝고 건전한 가정 및 학교생활을 영위하게 되었음을 나타냈다. 또한 자신에 대한 이해와 수용, 개방적인 태도가 바람직한 대인관계를 맺는 데 중요함을 스스로 인식하게 되었다.

1회기

먼저 화두 수행에 대한 어려움을 보인 1회기에서는 '일상에서 자신의 긍정 자원 찾아보기'가 화두로 제시되었다. A 집단은 사춘기로 인한 자아정체감의 혼란을 크게 경험하고 있었으며, 이에 따라 적용하기 과정의 실제 수행으로까지 이어지지 못하였다. 이는 첫 회기 화두를 자신의 긍정적 측면에 초점을 둔 것에서 비롯된 것으로 보인다. 화두의 목적은 자기 자신에 대한 긍정 자원을 찾아가면서 의식의 변화를 이끌어 내기 위함이었으나, 결과적으로 자아와 관련한 주제가 부정적 반응으로 나타났다. 이번 회기 화두는 집단 내에서 상대방의 자원, 능력, 장점 등을 찾아보고 서로 교환하게 하는 것이 더욱 적절하였을 것으로 보였다. 이에 내담자의 특성과 그들이 처한 고유적 상황에 대해 충분히 고려한 화두를 계획할 필요가 있음을 확인할 수 있었다.

2회기

2회기에서는 '일상에서 음악을 통한 자기위로 실천하기'가 화두로 제시되었다. 화두 수행 단계에서 a는 "운동을 하면서 〈양화대교〉라는 음악을 듣고 마음의 여유를 찾았어요."라고 하였으며 b는 "생각이 많은 날 혼자 방에 누워서 〈우주를 줄게〉를 들으니 진짜 위로가 되었어요."라고 하였다. 이번 적용하기 과정의 화두는 A 집단에게 일정 부분 심리적 안정을 도모하고 불안감을 완화하도록 돕고 있었다. 반면 화두 수행에 대한 어려움도 존재하였다. c와 d는 화두를 기억하지 못해서 수행하지 못하였다고 하였다. 여기서 저자는 화두가 왜 필요하고 어떤 점에서 도움이 되는지에 대해 설명하였다. 이러한 설명의 목적은 치료에 대한 긍정적 기대를 일으킴으로써 참여에 동기화시킬 수 있도록 하기 위한 것이다. 이로부터 내담자의 연령대나 정신건강 수준에 따라 화두 수행을 보다 직접적으로 이끌어 낼 수 있는 방안이 제시될 필요가 있음을 확인하였다. 나아가 화두의 활용은 개인의 변화와 성장을 위해 필수적인 부분이지만 수행 여부에 대해서는 내담자 스스로가 선택하고 결정할 수 있는 기회를 주는 것도 필요해 보였다.

3회기

타인과의 자기개방을 시작하게 된 3회기에서는 '일상에서 긍정 체험 공유하기'로 화두가 제시되었다. 확인 결과, 지난 회기에 진행했던 '라디오 DJ 되어보기' 활동을 타 교과 시간에 다시 시연해 보았다고 말하였다. 이를 통해 A 집단은 각각 "처음에는 아무래도 좀 쑥스러웠는데 애들이랑 이야기를 많이 했던 게 좋았어요." "또 하고 싶어요." "다시 하니까 지난번에 말하지 못한 곡이 생각나서 재밌었어요." "제가 DJ할 때 행복했어요." 등의 말을 하였다. 이와 더불어 a는 "엄마가 지난주에 했던 제 작품사진을 찍어서 카톡 프로필에 올리기까지 하고. 뿌듯하고 기분이 좋았어요."라는 이야기를 하였다. 이번 적용하기 과정의 화두는 내면의 자기를 발현시키는 기능으로써 자기개방과 표현이 유기적으로 작용하여 결과적으로는 우울감 완화로 이어졌다.

4~5회기

4회기와 5회기에서는 화두 수행을 촉진하는 전략으로 메모 양식을 제시하였다. 4회기에서는 각 내담자가 행복, 기쁨, 감사, 희망이라는 네 가지의 긍정 감정이 적힌 종이를 무작위로 뽑은 뒤에, 선택된 한 가지 감정을 회기 밖에서 타인에게 표현해 볼 수 있도록 하였다. 그러자 a는 게임에서 이긴 행복감을 친구에게 표현했으며, b는 음료수를 사주신 담임 선생님께 감사의 마음을 전달하였다고 하였다. 또한 c는 d와 카톡을 주고받으며 방탄소년단의 콘서트 소식에 대한 기쁨을 표현하였고, d는 언니에게 다이어트에 대한 희망을 언급하였다고 하였다.

5회기

5회기에서는 '일상에서 다양한 방법의 분노 해소 적용하기'가 화두로 제시되었다. 이때 일상에서 화두가 있음을 스스로 알 수 있도록 종이에 화두를 직접 기록하고 자신이 보관하여 꺼내 볼 수 있도록 하였다. a는 화가 날 때 잠시 다른 생각을 하였으며, b는 기분 좋은 음악을 들었다고 하였다. 그리고 c는 유튜브를 시청하거나 d는 좋아하는 연예인을 떠올리며 부정적인 기분을 전환하였다고 하였다. 특히 A 집단은 일상의 자연스러운 상황에서 자신이 직접 작성한 종이를 발견하면서 화두가 있다는 것을 기억하는 데 도움이 되었다고 하였다. 이처럼 화두를 제시할 때 치료적 상황 등을 고려하여 내담자가 보다 쉽게 수행할 수 있도록 텍스트나 이미지 요소가 활용될 수 있음을 확인하였다.

6회기

담임 교사와 가까워진 계기가 된 6회기에서는 '일상에서 긍정 체험 공유하기'가 화두로 제시되었다. 그 결과, a는 "엄마한테 지난 시간에 그린 그림을 또 보여줬어요."라고 하였으며, 나머지 내담자들은 담임 교사와의 상담 시간에 지난 회기 활동내용을 공유하였다고 하였다. 이를 계기로 a는 엄마와 대화하는 시간이 이전보다 증가했으며 b, c, d는 어색하고 불신했던 담임 교사와 가까워진 기분이 들었다고 하였다. A 집단은 해당 적용하기 과정의 화두를 통해 가정과 학교에서 긍정적인 자기개방을 하게 된 것이다. 결과적으로 A 집단은 자신의 생각과 경험에 대하여 안정적으로 바라보고 표현할 수 있게 되는 모습을 보였고, 치료현장에서의 경험으로만 그치고 마는 것이 아니라 실제 삶 속에서도 자기개방을 다짐하고 그에 대한 노력을 실천하고 있었다. 적용하기 과정의 화두는 일상에서도 자기개방의 흐름을 지속할 수 있도록 하는 데 도움을 주었다.

　적용하기 과정이 시행되지 않은 B 집단도 집단 내에서 자기 자신을 개방하는 것에 있어서 이전보다 편안함과 안정감을 더 느끼고 있었다. 회기 초반부에는 자신의 개인적인 이야기를 꺼내는 것에 대해 주저하는 모습을 보인 반면, 후반부에 갈수록 집단원과 관계가 가까워지면서 자기개방을 시도하는 데 조금 더 긍정적인 태도를 갖게 되는 모습을 보였다. 그러나 담임 교사의 보고에 따르면 일상영역에서는 여전히 자기개방을 잘하지 못하고, 학급 내에 하위집단이 만들어지면서 비난과 논쟁이 생겨나는 등 학교생활에 회의적 태도를 나타내고 있다고 하였다. 이는 옴카의 열기, 만나기, 닫기 과정은 회기 안에서 내담자의 적절한 반응을 이끌어 내는 데 도움을 주지만 이러한 태도가 실제 행동으로 이어지는 데까지 한계가 있음을 시사하기도 한다. 반대로 적용하기 과정의 화두가 치료현장에서 일어난 변화를 회기 밖에서도 연결될 수 있도록 기능하고 있음을 확인시켜 주는 것이라고 할 수 있다. 〈표 9-6〉은 자기개방 단계의 변화 내용을 치료사와 담임 교사 관점에서 정리한 것이다.

〈표 9-6〉 자기개방 변화내용

목적	A 집단	B 집단
치료사 관점	회기 초반부에는 집단 내에서 자신과 관련된 것을 이야기하지 않겠다고 결심하였으나 서로 비슷한 환경을 가진 친구들과 공감대가 형성되기 시작한 뒤부터 자기개방이 이루어짐	친구의 중요성, 의미에 대해 자각하지 못하였으나 집단원에게 조금씩 가까워지고 싶어 하는 노력이 보임
	회기 안에서 경험한 긍정적 자기개방을 일상생활에서도 적용해야겠다고 다짐하고 화두를 통해 실제로 실천하는 모습을 보임	집단 내에서 의사 표현이 원활해졌지만, 타인이 자신의 개방 내용에 대한 판단이나 평가할 것에 대한 두려움이 남아 있음
담임 교사 관점	학급 내에서 자발적으로 인사하고 얼굴 표정이 밝아졌으며 또래 관계가 개방되면서 학급 활동에 의욕을 보임	생각하고 느끼는 것에 대해서 잘 표현하는 편이지만 학급 안에서는 또래 관계에 있어 개방할 필요성을 크게 느끼지 못하고 주저하는 분위기를 나타냄
	담임 교사와의 대화를 무조건 회피하지 않게 되었으며 자신의 생각과 의사를 조금씩 표현하기 시작한 뒤로는 기본적인 활동이나 생활지도가 원만하게 이루어지고 있음	담임 교사의 요구를 자꾸 어기려는 자신의 행동에 대해 반성하는 모습이 보이나, 통제하는 부분에 관해서는 여전히 침묵하거나 반항하는 모습이 보임

(2) 가족이해

A 집단과 B 집단은 성장 과정에서 온정적 보살핌이 충족되지 못하여 부모에 대한 불만족, 분노와 더불어 정서적으로 친밀하게 지내지 못하고 있었다. 특히 한부모 가정의 자녀인 경우에는 부모 중 한쪽이 부재함으로 인한 부적절한 의존과 집착을 경험하고 있었다. 또한 형제자매 관계에 대해서는 짜증이나 분노와 같은 표현이 자주 나타나는 등 갈등이 빈번하게 발생하고 있었다. 이는 프로그램 초반부에 가정에 대해 "감옥 같은 곳" "편히 쉴 곳이 없네." "언니가 가끔은 죽이고 싶을 정도로 싫다." 등의 내용과 어조에서 가족구성원에 대한 부정적인 지각을 다시 한번 확인할 수 있었다. 따라서 이 단계에서는 화두를 통해 가족구성원 간 대화할 수 있는 기회를 마련해 주고, 충족되지 않았던 관계의 필요를 채우며 갈등을 해결해 나갈 수 있도록 하였다. 그러자, 가정 내에서 각자의 역할과 의무만을 수행했던 이전과 달리 가족구성원들과 함께 시간을 보내며 애정과 친밀감을 나누는 정서적 관계의 차원으로 함께 변형해 나가고 있었다. 즉 가정영역에 초점을 둔 적용하기 과정의 화두는 가족구성원과 의사소통을 능동적으로 생성해 나가며 서로 변화되고 성장해 가는 상호교류적인 관계를 이어 가는 데 크게 기여함을 알 수 있었다. 이는 가족 간 유대 형성에 있어서 한 사람의 일방적인 노력만 이루어진다면 가족이해가 성립되지 않을 수 있음을 확인할 수 있는 결과이다.

7회기

가족을 이해하려는 태도를 보이기 시작한 7회기에서는 '가정에서 나의 대인관계 모습 파악하기'가 화두로 제시되었다. 그러자, a는 "가족은 가깝고도 먼 존재 같아요."라고 하였으며, b는 "저희는 좀 자유분방한 가족인 것 같아요."라고 하였다. c는 "저는 아빠가 너무 싫어요.", d는 "생각보다 언니가 나한테 큰 존재구나 느꼈어요."라고 하였다. 이처럼 A 집단은 회기 내에서 가족과의 관계를 새롭게 인식하는 등 서서히 변화를 보이기 시작하면서도 일상에서는 여전히 대립과 갈등을 지속하고 있었다. A 집단은 부모의 통제에서 벗어나 독립된 인격체로 인정받고 싶어 하는 마음과 가족을 공동체로 인식하고 싶어 하는 욕구를 동시에 나타내고 있었다. 화두는 치료사가 회기 내에서 파악하지 못한 내담자의 일상생활 요인들에 대한 정보를 확인하거나 수집할 수 있음을 알 수 있었다.

8회기

가정 내 유대 정도를 알 수 있었던 8회기에서는 '가정에서 가족구성원과의 공통점 찾기'가 화두로 제시되었다. 그러자, a는 "저는 삼촌이랑 닮았다는 소리를 많이 들어요.", b는 "저는 성격이 불같은 게 아빠를 닮았어요.", c는 "아무도 안 닮은 것 같아요.", d는 "저는 언니랑 모든 게 다 비슷해요."라고 하였다. 이 과정에서 a는 삼촌의 그림자로 자신을 비유하였고, d는 목소리와 말투가 언니와 같아서 함께 있으면 재미있다고 하였다. 이처럼 A 집단은 가족구성원과 닮은 점을 스스로 찾아가면서 친밀감을 느끼고 정서적인 측면에서도 가까워지고 있음을 표현하였다. 더 나아가 가족구성원이 가진 모습을 그대로 수용하기 시작했고 결과적으로 자신에 대해 더 알아가는 계기가 되었다고 하였다. 반면 c는 회기 당일 부모와 용돈 문제로 다투게 되면서 이에 대한 불만의 감정이 쉽게 환원되지 못하고 있었다. 이에 화두 수행과 관련하여 대답하기를 주저하고 꺼려하였다. 이를 통해 청소년 대상에게는 그들이 처한 환경과 상황적 요인이 화두 수행 여부에 영향을 미칠 수 있음을 알 수 있었다.

9회기

가정 내 문제적 근원을 파악할 수 있었던 9회기에서는 '가정에서 관계적 이슈 관찰하기'가 화두로 제시되었다. 이에 따라 A 집단이 보고한 일화를 살펴보면, a는 동생만을 편애하는 모에 대한 불만감, b는 형으로부터 자신의 욕구가 좌절되는 데서 야기되는 분노감, c는 부모의 통제와 가족 간의 대화 단절, d는 언니의 물건을 몰래 사용하거나 만지는 문제로 인해 갈등이 자주 생긴다고 하였다.

종합하면 A 집단은 가족을 지나치게 군림하려는 특성을 가지고 있거나, 서로에게 적대적인 태도를 보이고 있었으며, 이로 인해 접촉 빈도가 낮아지고 관계가 소원해지는 경향을 보였다. 그러나 회기를 거듭하면서 a와 c는 부모에게 효도를 다짐하게 되었고, b는 사전처럼 형에게 고함치거나 공격하는 방법이 줄어들었으며, d는 언니와 물건을 공유하는 등 바람직한 상호작용이 증대되었음을 이야기하였다.

10회기

가족 친화적 분위기였던 10회기에서는 '가정에서 가족지지 경험하기'가 화두로 제시되었다. 이때 치료사는 화두제시 단계에서 가족지지를 받기 위해 자신이 먼저 그들에게 무엇을 해 줄 것인가를 생각해 볼 수 있도록 하였다. 그러자 a는 게임을 줄이기로 엄마와 약속하였으며, b는 소년재판으로 인해 마음 아파하는 부모님께 죄송함을 표현했다고 하였다. 또한 c는 부모에게 화를 내거나 짜증을 내지 않으려고 노력하였고, d는 언니에게 아침을 해 준 것에 대한 고마움을 표현했다고 하였다. 그 일환으로 a의 친모는 게임중독 문제가 많이 좋아졌다고 하였으며, b의 부모는 잘해나가고 있다고 격려해 주기도 하였다. 그리고 c는 부모님과의 마찰이 없어졌으며 d의 언니는 식단을 지속적으로 챙겨주며 다이어트에 적극적인 도움을 주고 있었다. 이러한 가족 간의 보호노력 이후에는 내담자들의 거친 언행이 눈에 띄게

줄었으며, 결석일수가 감소되는 변화를 보이기도 하였다. 즉 A 집단이 관계회복을 위해 노력해 가는 모습을 보일 때 가족구성원도 함께 변화해 나가며 이는 다시 스스로의 변화로 유인해 내는 순환적인 고리 형태를 나타내고 있었다. 이로써 적용하기 과정의 수행은 A 집단으로 하여금 환경과 상호 교섭하는 능력을 강화하여 유능성 결여 완화에 도움을 주었다고 보았다.

11회기

자신의 현재 모습을 잘 나타낸 11회기에서는 '가정에서 긍정 자아 발견하기'가 화두로 제시되었다. 그러자 a는 "아무래도 가족한테는 제가 최고인 것 같아요.", b는 "집에서 제가 제일 키가 커서 힘을 잘 써요.", c는 "용돈을 잘 모으고 절약을 잘해요.", d는 "제가 막내라서 애교가 많아요."라고 하였다. 이번 회기 적용하기 과정의 화두는 일상에서 주변 환경을 적극적으로 탐색하고 접촉하며 자신에 대한 긍정적인 자아개념 형성과 더불어 대인관계에 더 이상 방해받지 않게 되었으며 학업이나 기타 활동에서도 좋은 성과를 거둘 수 있도록 하였다.

12회기

가정 내 활발한 상호작용이 이루어진 12회기에서는 '가정에서 변화 행동 다지기'가 화두로 제시되었다. 그 결과 a는 동생들과 싸우지 않기, b는 부모님 가게 일을 도와드리기, c는 부모님께 요리해 드리기, d는 언니랑 함께하는 시간 늘리기라는 계획을 세우고 실천하였다고 말했다. 이를 통해 a는 한 주 동안 동생들과 갈등이 없었으며, b는 부모님의 가게에서 아르바이트를 장기적으로 하기로 했고, c는 부모님께 "고맙다"라는 칭찬을 들었으며, d는 언니와 같이 운동을 시작하게 되었다고 말하였다. 이처럼 이번 적용하기 과정의 화두는 가족구성원에게도 긍정적인 영향을 미치게 되면서 가족이해가 강화되고 나아가 가정 내 분위기도 우호적으로 변화되고 있음을 확인할 수 있었다. 화두를 통해 가족 간의 교제와 친교 활동이 상대의 입장에서 생각해 볼 수 있는 기회를 갖게 함으로써 관계가 조금씩 개선되었고, 가족구성원에 대한 결속력이 강화되었음을 나타냈다. 즉 A 집단은 적용하기 과정을 통해 가정 내 문제를 해결하기 위해 스스로 노력해 나갔고 그것을 가족들에게 인정받게 됨으로써 역할에 대한 자아존중감이 고취된 것으로 보였다.

반면 적용하기 과정이 시행되지 않은 B 집단은 A 집단만큼 가정 내에서 실제적인 변화를 보이지 않았다. 회기 안에서는 가족과의 관계에 대해 웃으면서 말하는 등 한결 여유 있게 받아들이는 모습을 보이다가, 후반부에는 부모를 향한 미안함과 고마움을 표현했고 이전만큼 부모에게 화를 내거나 짜증을 내지 않겠다는 구체적인 노력을 보이게 되었다. 이처럼 B 집단은 가족 간의 부정적 상황을 극복하고자 하는 시도를 나타냈지만, 익숙해진 생활습관 때문에 삶에서 변화를 스스로 적용시키는 데 한계가 있다고 하였다. 따라서 이들의 가족이해 증진을 위해서는 적용하기 과정의 화두와 같이 가족과 직접적으로 소통할 수 있는 기회를 제공하는 것이 필요하다는 것을 알 수 있었다. 이와 더불어 청소년의 부적응 문제는 단순히 개인의 결함에서 기인하는 것이 아니라 가정환경에서의 부모나 형제자매의 관심 및 지지가 갖는 의미가 크다는 것 또한 다시 확인할 수 있었다. 〈표 9-7〉은 가족이해 단계의 변화 내용을 치료사와 담임 교사 관점에서 정리한 것이다.

〈표 9-7〉 가족이해 변화 내용

목적	A 집단	B 집단
치료사 관점	가족의 소중함과 존중, 배려를 기반으로 스스로에 대해 그리고 다른 가족구성원과의 관계에 대해 갈등을 관리하는 방법을 적용해 나감	가족에 대한 이해의 폭이 넓어지면서 관계를 새로운 시각으로 수용하게 됨
	화두를 통해 가족에게 자발적으로 의사소통을 시도하게 되면서 내담자뿐만 아니라 가족도 함께 보호적, 지지적으로 성장해 가는 일상의 변화를 경험함	가족에게 힘든 부분과 원하는 바를 이야기할 수 있게 되었으나, 상대는 여전히 자신의 일과에 무관심해 보이며, 이로 인해 갈등이 지속되고 있음
담임 교사 관점	부모가 문제시했던 행동들이 줄어들면서 갈등 관계가 호전되고 집안 분위기가 안정화되었음	이전 상태와 큰 변화를 보이지 않음
	가족관계 문제와 관련한 어려움에 직면했을 때 담임 교사에게 조언을 구하고 이를 수용하며 해결하려는 시도가 향상됨	

(3) 관계유지

관계유지 단계에서는 위기청소년에게 사회관계의 중심축으로서 기능하는 학교영역을 중심으로 살펴보았다. 사회의 규범과 가치관을 학습하는 기관이 학교라고 할 때, 생활 대부분을 보내는 학교환경은 위기청소년의 사회적 역할 수행에 매우 중대한 영향을 미친다. 그러나 내담자들은 여러 가지 관계갈등으로 대안학교에 위탁 결정을 내리게 되면서, 학업 지속성에 대한 필요성을 갖추지 못하고 있었다. 그 때문에 학교에서는 이들의 학업성취에 목표를 두기보다는 학교적응에 영향을 미치는 주변 관계에 대한 이해가 최우선으로 되어야 한다고 판단했다.

이들이 대안학교에 입학한 가장 결정적인 이유는 교사에 대한 체벌과 교우 관계에서의 인격적 무시를 경험하지 않아도 된다는 점이었다. 대안학교의 자유스럽고 허용적인 분위기는 그들이 학교생활을 충실히 하도록 하는 기제들로 자리 잡고 있었다. 그럼에도 불구하고 새롭게 만나게 된 교사들과 교우들은 심리적 불안감과 불편함을 초래하기도 하였다. 관계에 대한 편협했던 자신들의 부정적 시각에서 조금씩 벗어나려고 시도하지만 반복된 좌절감에 익숙한 이들은 쉽게 포기하고 회피하며 스스로를 비하하고 있었다. 또한 일부 내담자들은 누적된 결석으로 다시 수탁을 해지할 위기에 처하기도 하였다. 이는 새롭게 관계를 형성해 나가는 것에 대한 부담감과 불안감을 내포하고 있는 것으로 보이며, 이는 더욱 견고한 관계 맺기를 위한 초석이 될 수 있음을 의미한다.

적용하기 과정의 화두를 수행한 A 집단은 교사와 교우에게 받은 지지적, 수용적 경험을 통해 변화의 기회를 맞게 되었다. 기존에 파편적이고 단절적인 관계에서 벗어나 자신의 과업을 조금씩 수행하게 됨으로써 자신감을 얻어 갔다. 이로써 교사 및 교우들과 관계 안에서 진정성들을 획득해 가는 화두의 지속적이고 일상적인 특성 자체가 학교에서의 변화를 이끌어 내는 데 중요한 요인임을 확인하였다. 무사히 졸업할 수 있다는 자신감, 담임 교사의 세심한 돌봄, 집단원의 응원과 지지는 변화를 이끌어 내는 동력이 된 것이다. 이러한 경험은 학교출석을 용이하게 하였고 성취감으로 연결되기도 하였다. 결과적으로 적용하기 과정의 화두를 수행한 A 집단은 달라진 환경에 적응하고, 학업중단 위기를 극복하며, 현실적인 벽에 부딪혀 좌절하고, 다시 도전하고, 어려움을 극복하는 순환적 경험의 과정을 통해 점차 학생의 역할로서 수행해야 하는 가치관과 규범들을 내면화하고 있음을 나타냈다.

13회기

리드하는 활동을 경험한 13회기에서는 '학교에서 멘토 되기'가 화두로 제시되었다. 그러자 a는 "아파서 학교에 못 나온 b에게 힘내서 빨리 나으라는 응원의 메시지를 전달했어요.", b는 "a가 집안 문제로 힘들어할 때 다 괜찮아질 거라고 했어요.", c는 "대인관계 문제로 힘들어하는 d에게 네가 잘못한 게 아니라고 말했어요.", d는 "남자친구 때문에 힘들어하는 친구에게 조언과 위로를 해줬어요."라고 하였다. 또한 c는 과거 원적교 친구들에게 먼저 연락을 취하여 갈등상황을 해결하였다고 하는 등 화두를 일상생활에서 적용하게 되면서 관계 조정의 경험을 하기도 하였다.

14회기

담임 교사와 소통하는 기회를 가진 14회기에서는 '학교에서 감사함 전하기'가 화두로 제시되었다. 그러자 A 집단은 해당 회기의 화두를 모두 담임 교사에게 실천하였다고 하였다. a는 "선생님이 좋은 건 진짜 여기가 처음이라고 했어요."라고 하였으며, b는 "직접 말하는 건 좀 쑥스러워서 말을 잘 들으려고 했어요.", c는 "선생님을 닮고 싶다고 했어요.", d는 "집에 갈 때 수고하셨다고 했어요."라고 하였다. 이처럼 A 집단은 담임 교사에게 호의와 존경의 마음을 용기 있게 표현하며 보다 의미 있는 상호작용적 관계를 시도하기 시작했다. 이어서 담임 교사는 저자와 함께 A 집단의 화두 수행 과정을 함께 살펴보면서 보다 섬세한 시선으로 학생을 관찰하게 되었으며, 다양한 상황과 맥락을 고려하여 수업시간 너머의 문제를 응시하게 되었다고 하였다. 또한 생활지도 시 자신을 무시하고 도전적으로 맞서 문제적 행동을 일삼았던 학생의 이면을 이해하게 되었다고 술회하였다. 이것은 적용하기 과정이 다차원적인 관계들을 유기적으로 연결하여 상호 간 역동적으로 영향을 미침으로써 개인 내적 변화가 개인 외적 변화로 강화되었음을 확인할 수 있는 맥락이다.

15회기

친밀감 향상을 나타낸 15회기에서는 '학교에서 칭찬하기'가 화두로 제시되었다. 그러자 a는 b에게 "잘생겼다."라고 하였으며, 이에 b는 "네가 더 잘생겼지."라고 하면서 서로의 외모를 칭찬해 주었다. 또한 c는 d에게 "살 빠진 것 같다."라고 하였고, d는 c에게 "손이 작아서 귀엽다."라고 하였다. 이처럼 A 집단은 서로 칭찬을 주고받으며 집단 내 친화적인 분위기가 형성되었으며 무엇보다 긍정적인 방향으로 관계가 발전되고 있음을 스스로 자각하고 있었다.

16회기

마지막 16회기에서는 긍정적인 미래를 탐색하기 위해 '일상에서 희망찬 현실 계획하기'가 화두로 제시되었다. 그러자 a는 대학교 가기, b는 몸짱 되기, c는 한 학기 잘 마무리하기, d는 예술고등학교 가기로 정했다고 하였다. 이처럼 A 집단은 진로에 대한 준비를 시작하며 자신에게 어떤 일이 적성에 맞을지 주변 사람들의 견해를 들어보기도 하고, 행동한 후 결과를 생각하고자 했다. 이번 적용하기 과정의 화두는 A 집단에게 현재와 미래의 사회에 적응하고 대비하기 위한 역량을 갖추는 데 도움을 주었다. 이로써 자신이 되기 원하는 모습과 변화되고자 하는 것이나 느끼고 생각하는 것들을 희망적으로 발전시켜 나감으로써 낙관성 결여가 완화된 것이다.

반면 적용하기 과정의 화두를 실시하지 않은 B 집단은 여전히 비행 친구들과 어울려 놀다가 범죄에 연관되거나 위험에 노출되기도 하는 등 몇몇 증상은 여전히 잔존해 있는 상태에서 문제행동이 지속되기도 하였다. 이 밖에도 A 집단은 방과 후에도 집단원과 어울려 따로 만나거나 연락을 유지하는 등 상호작용이 지속적으로 안정화된 모습을 보인 반면, B 집단은 학급 내에서 보여진 것과 달리 일상에서는 서로 분리되어 있는 존재들로 여기고 있었다. 이는 A 집단에게 적용하기 과정의 화두를 통해 방과 후에도 또래와 자연스럽게 어울리는 기회를 얻도록 한 것이 실제 삶에서도 상호작용의 흐름을 지속할 수 있도록 유도한 것으로 보인다. 즉, 내담자의 문제가 개선되었다 할지라도 잔여 증상이 남아 있다면 재발위험을 높일 수 있으므로, 예방적 차원에서 삶의 현장까지 치료공간을 확장하는 적용하기 과정의 필요성을 제시해 주고 있는 것이다. 〈표 9-8〉은 관계유지 단계의 변화 내용을 치료사와 담임 교사 관점에서 정리한 것이다.

〈표 9-8〉 관계유지 변화내용

목적	A 집단	B 집단
치료사 관점	현실 부정의 방식을 비행으로 가치화하였지만, 가족, 주변 사람들의 지지와 관심 속에서 기대에 부응하고 이를 유지하고자 노력함	부정적 사고의 기준이나 관점에서 벗어나 자신에 대한 의미와 가치를 긍정적으로 부여하는 등 스스로에 대해 새로운 시각을 형성하게 됨
	대학진학에 대한 열망, 학업성취에 대한 열망, 더 나은 자신이 되고 싶은 욕망 등을 실천하며 학급 내에서 자신이 해야 할 역할을 적극적으로 수행함	긍정적이고 발전적인 미래를 향한 내적 동기가 생겨났지만 이를 현실에서 실천하는 것에 대한 어려움이 보임
담임 교사 관점	지각과 결석률이 감소하였으며 학습 참여도와 의욕이 눈에 띄게 증가하였음	부적응 행동들(손톱 물어뜯기, 다리 떨기, 턱 괴기 등)이 줄어들었으며, 학급 내에서 자신의 성취를 확인받고 칭찬받기 위해 노력함
	일상에서 학급 내 친구들과 지속적인 연락을 주고받고 식사, 영화, 여행과 같은 여가활동을 공유하며 친밀한 관계를 유지함	
	비행과 연결된 과거 관계 및 생활을 단절하였으며, 재비행하지 않기 위해 참을성을 가지고 인내함	방학 후 학급 내 친구들과 거리를 두게 되면서 관계가 소원해지고 서먹해짐
	교우 관계의 어려움으로 대부분 원적교 복귀나 자퇴를 고려했지만 집단원들과의 관계가 안정화되면서 학교생활을 즐겁게 받아들이고 있음	현재도 흡연, 음주하는 비행 청소년들과 간혹 어울리지만 예전만큼 사고를 치거나 방황을 하지 않음

3) 일상 속 실천

치료 지속성 여부는 적용하기의 영향력을 확인하는 것이기 때문에 적용하기 과정을 시행한 A 집단의 변화 지속성을 확인하였다. 저자는 프로그램 종결 후 6개월이 지나 A 집단을 다시 만나서 롤 다이어그램 검사ㅠ-RDT와 자아존중감 검사SES를 진행하였다. 검사 시점은 위기청소년의 재비행 발생률이 6개월 이내에 가장 높다는 다수의 연구보고를 근거로 하였다.

사전 검사 실시 과정에서 A 집단 전원은 상대방을 가족구성원으로 선정하였다. 이는 A 집단이 학교보다 가정에 우선적으로 의미를 두고 역할을 인식하고 있으며, 이들의 긍정 역할 수행은 가정 요인에 더 많은 영향력을 받을 수 있음을 의미한다. 결과 내용을 세부적으로 살펴보면, 사전 검사에서는 역할의 가짓수가 현저하게 낮았으며 '모르는 척, 나를 투명인간 취급해 줘라, 가만히 있기' 등 가족 간의 부적응 경향성이 높게 나타났다. 반면에 사후 검사에서는 주요 역할의 가짓수가 향상되었으며, '사랑, 이해, 친절' 등의 표현방식이 생겨남으로써 가족 간의 정서적 친밀감과 상호작용 수준이 높게 나타났다. 무엇보다 상호 간 역할의 의무를 공동의 책임으로 인식하는 표현양식이 많이 나왔다는 것은 가족의 응집력과 적응력이 기능적인 수준으로 회복되었음을 보여 준다. 이것은 위기청소년에게 자신의 역할을 어떻게 지각하느냐 하는 것은 가족구성원을 포함한 환경체계에 영향을 미친다는 의미로 해석할 수 있다. 6개월 뒤에도 사후 검사에서 기재한 역할 인식의 내용을 실제 생활에서 대부분 유지하고 있었다. 그리고 가정 내 서로에게 기대하는 역할의 의무를 수행함으로써 역할이해 및 역할참여 증진과 같은 변화를 지속하고 있는 것으로 나타났다. 이것은 역할 수행을 잘하는 사람일수록 자기 자신에 대해 긍정적으로 지각함을 의미한다. 즉 A 집단은 적용하기 과정을 통해 일상에서 역할 수행에 대한 자신감과 만족감을 느끼게 됨으로써 자기 자신에 대한 개념도 긍정적으로 변화되었다.

(1) a의 변화 지속성

a의 주된 변화는 역할 수행의 차원이 정서적·행동적 측면에서 균형감을 이루게 된 것이다. a는 사전-사후 검사에서 정서적 측면의 역할을 전혀 인식하지 못하고 있었다. 그러나 추후에서는 '기쁨, 사랑, 이해'와 같은 감정의 표현이 생겨나면서 가족 간 친밀감이 높아졌음을 알 수 있었다. 또한 스스로 수행해야 하는 역할의 가짓수가 증가하였으며, 사전에 기재한 '놀이, 인사'는 추후에도 변함없이 유지되고 있음을 나타냈다. 이를 통해 가정에서 자신의 역할에 대한 자신감을 느끼게 되었으며, 종결 후 삶에서도 새롭게 생성된 의미와 지속적인 긍정 역할 수행을 이루어 나가고 있음을 확인할 수 있었다.

반대로 가족이 나에게 해줘야 하는 역할에서는 사전-사후에 기재된 '이해'가 추후까지 높은 수준으로 유지되고 있음을 알 수 있었다. 또한 '여행, 학원 보내주기, SOS 요청'과 같은 구체적인 묘사가 생겨났다. 이는 가정에서 자신의 의사를 전달하려는 표현의 증가를 의미하며 가족구성원 간의 의사소통이 향상되었다. 이로써 a의 자기 변화 노력은 치료 종결 후에도 이어져 가족과 정서적 교감을 나누게 되었으며, 최종적으로는 가정 내의 관계가 긍정적인 방향으로 유지되고 있었다.

(2) b의 변화 지속성

b의 주된 변화는 주 호소 문제인 낮은 자기조절능력이 해결된 것이다. b는 사후보다 '감정조절, 말조심하기'를 높게 수행하면서 프로그램 종결 후에도 자신의 공격성과 부정적 정서를 조절하고 있음을 나타냈다. 또한 '믿음, 설거지, 정직, 빨래, 친구들과 잘 지내기, 효도'를 추가함으로써 가정 내 역할 참여가 증대되었음을 알 수 있었다. 이처럼 자신의 역할을 사후보다 분명하게 설정한 것은 자아상이 더욱 명료해지고 대인관계의 욕구가 커진 것으로 예측된다.

반대로 아빠가 나에게 해줘야 하는 역할은 사후와 비슷한 수준으로 유지되고 있었다. 특히 사전에 아빠에게 인식되었던 '감정조절'이 추후 검사 결과에 반영되지 않았으며, '내 편, 응원, 지지'와 같은 정서적 공감의 표현이 생겨났다. 이를 통해 아빠 역시 가정 내에서 안정적인 양육 활동의 필요성을 인지하고 수행하고 있음을 알 수 있었다. 또한 부-자간에 공통된 역할로 '믿음'을 공유함으로써 서로를 신뢰하게 되었으며 관계도 호전되었음을 나타냈다. 이로써 b는 실제 생활에서 아빠로부터 자신의 애착 욕구가 수용되면서 공격성을 비롯한 문제행동이 점진적으로 완화되고 있었다.

(3) c의 변화 지속성

c의 주된 변화는 자기 자신과 부모님에 대한 인식의 폭이 넓어진 것이다. c는 사전에서 부모님에게 고립감이나 단절감을 느끼고 갈등 문제를 높게 지각하고 있었다. 그러나 사후에서 확립된 부모님과의 정서적 유대관계는 프로그램 종결 6개월이 지난 시점까지 유지되고 있었다. 또한 '예의, 존중, 차분, 즐겁게 해드리기'와 같은 새로운 개념이 형성되면서, 자신이 가정 내에서 발전시켜야 하는 역할을 적극적으로 추진해 나가고 있음을 나타냈다. 이러한 변화는 c가 관계에 대한 생각과 태도를 보다 적응적으로 바꿀 수 있게 되면서, 자신뿐만 아니라 부모님에 대해 보다 개방적이고 긍정적인 마음의 태도를 보일 수 있게 된 것으로 추측된다.

반대로 부모님이 나에게 해줘야 하는 역할에서는 사후의 '이해'가 '조금의 이해'로 변화되었으며, '웃음, 배려'가 추가되었다. 이를 통해 가족 간에 형성된 긍정적 역동을 확인할 수 있었으며 관계 개선이 지속되고 있음을 나타내고 있었다. 또한 부모 양육형태가 무관심의 태도에서 온정적 태도로 전환되었음을 예상할 수 있었다. 이로써 가정 내에서 이루어진 c의 높은 역할 참여는 가족 전체의 역동성에 긍정적인 영향을 미치고 있음을 알 수 있었다.

(4) d의 변화 지속성

d의 주된 변화는 언니와의 관계가 회복된 것이다. 사전에 언니와의 갈등지각 수준이 높았던 d는 사후에서 관계의 진전 및 안정화를 보였다. 그리고 추후에는 '감정조절, 존중, 배려, 투정 부리지 않기'를 추가하였으며 '요리'는 높은 역할 수행 수준으로 유지되고 있었다. 이처럼 d는 생활 속에서 언니와의 갈등을 최소화하고자 적극적으로 노력하고 있었다. 이러한 변화는 d가 언니에 대한 부정적인 감정을 소거하게 되면서 가족에 대한 역할의 의미를 재인식하게 되었고, 결과적으로 가정 내 역할 수행 범위가 확장된 것으로 보인다.

반대로 언니가 나에게 해줘야 하는 역할에서는 '건강, 잦은 대화'가 추가되었으며, d와 마찬가지로 '요리'를 높은 수행수준으로 유지하고 있었다. 이때 상호 간에 '요리'를 공동의 역할로 제시한 것은 언니와 함께 음식을 준비하고, 만든 음식을 나누는 경험에 대해 특별한 의미를 두고 있는 것으로 보였다. 즉 이들은 유대감이나 동질감을 공유하고 여가시간을 함께할 수 있는 관계로서 서로에게 필요한 존재로 인식되고 있었다. 또한 '잦은 대화'가 추가된 것은 자매간 상호작용의 빈도가 높아졌다는 것을 시사한다. 이로써 d는 언니와 서로의 기대에 부응하는 상호보완적인 관계를 나타내고 있었으며 가정 내 긍정 역할 수행이 현실화되었음을 나타냈다.

이처럼 적용하기 과정은 치료 지속성과 재발과 관련된 성과를 극명하게 보여 주었다. 구체적으로 살펴보면 롤 다이어그램 검사의 사전–사후 검사 변화에서는 가족 간 역할 인식의 변화를 통하여 정서적인 유대관계 형성에 긍정적인 영향을 미치고 있음을 나타냈다. 그리고 추후 검사에서는 그들이 프로그램 종결 후 삶에서도 가족과의 관계를 발전시키기 위한 노력을 끊임없이 지속하고 있음을 확인할 수 있었다. 특히 가정 내에서 발생하는 갈등에 대한 문제가 사후 검사 시보다 종결 후에 더욱 감소되어 가고 있다는 의미 있는 현상을 보고하였다. 이를 근거로 적용하기 화두 수행의 성과는 치료가 끝난 상황, 즉 치료사가 부재중인 상황에서 더 중요할 수 있음을 알게 되었다. 또한 자아존중감 검사에서도 자아존중 변인이 높게 유지되고 있는 양상이 확인되었다. 이는 적용하기 과정의 화두 수행을 통해 얻어진 타협과 지지의 경험들이 삶의 현장에서 긍정적인 역할을 수행하도록 함으로써 자아존중감이 고취된 것으로 생각된다.

종합해 보면, 통합예술치료의 적용하기 과정은 일상적인 생활 속에서 겪는 다양한 관계적 문제에 초점을 맞추어 반복적인 적응훈련을 함으로써 치료현장뿐만 아니라 실생활에서의 변화로 증명될 수 있는 결과를 보였음을 입증하였다. 즉 적용하기 과정은 일차적으로는 개인의 독립적 기능을 최대한 회복시키며 이차적으로는 자기실현적 삶을 살아갈 수 있도록 돕는 것이다. 이는 위기청소년의 긍정 역할 수행을 강화하고 확장하기에 적합한 치료중재

전략임을 시사한다. 또한 적용하기 과정을 통한 대인관계역량의 증진이 심리 · 사회적 적응의 향상으로 이어질 수 있음을 확인함으로써 위기청소년의 발달 및 정서적 안정에 미치는 환경체제의 중요성을 확인할 수 있었다. 나아가 적용하기 과정을 통해 가정과 사회에서 수행할 수 있는 화두를 제시하는 것은 향후 발생할 수 있는 위기청소년의 문제행동에 대한 예방효과까지 가질 수 있을 것으로 생각한다.

 참고문헌

권석만(2013). 현대 이상심리학. 서울: 학지사.

김청송(2015). 사례중심의 이상심리학(DSM-5). 경기: 싸이북스

김향초(2013). 위기청소년의 성인되기. 서울: 학지사.

대한불교 조계종 불학연구소(전국선원수좌회) (2005). 간화선. 서울: 조계종 출판사.

석지현, 윤창화, 일지(2018). 왕초보, 불교 박사 되다. 서울: 민족사.

송인섭(2013). 자아개념. 서울: 학지사.

채연숙, 김유석; 김효정, 심지현, 이금생, 조동우, 조희주, 허선아(2015). 'With 문학치료' EAG-FPI 통합 문학치료 실습. 경기: 교육과학사.

청소년위원회(2005). 청소년동반자 활동 매뉴얼. 서울: 청소년위원회.

최슬아(2021). IT기반 통합예술치료의 적용하기 과정이 위기청소년의 긍정 역할수행에 미치는 영향 연구. 동덕여자대학교 대학원 박사학위논문.

혜거(2006). 참나: 기초 참선의 지침서 좌선의 강의. 서울: 선문.

홍유진(2018). 내 안의 나를 깨우는 통합예술치료. 서울: 학지사.

Erikson, E. H. (1959). Identity and the Life Cycle: Selected Papers. *Psychological Issues, 1*, 1-171.

도박중독과 통합예술치료

소희정

통합예술치료
임상실제

저자는 에니어그램 안내자이며 심리에 예술을 접목한 글을 쓰는 작가이자 심리상담자로 살아가고 있다. 대학교와 대학원 석사 때 상담심리와 통합예술치료학을 공부했고 박사학위를 받았다. 육체의 눈eye of flesh으로 사람과 사물을 인지하기보다는 마음의 눈eye of mind으로 세상을 볼 수 있다면 우리의 삶은 보다 더 따뜻하고 행복해질 것이라는 믿음으로 심리학, 정신분석, 명상, 통합예술치료에 대한 연구를 이어가고 있다. 대학에서는 예술심리치료, 행복심리학 등 다양한 교과목으로 꾸준히 학생들을 만나고 있다.

'도박중독과 통합예술치료'에 관련된 글을 쓰게 된 계기는 '한국도박문제예방치유원'에서 도박중독 가족들과 예술치유 프로그램을 진행하면서부터다. 도박을 하는 한 개인만이 아닌 가족들의 삶이 어떻게 함께 무너지고 힘들어지는지를 현장에서 보게 되었고 그즈음, 도박행위를 조절하지 못해 대학 등록금을 도박에 탕진한 대학생 내담자와 상담을 진행하면서 중독에 대해 깊이 있게 연구를 하게 되었다. '그들이 어떻게 도박을 하게 되었고, 스스로 자기 통제를 함으로써 어떻게 도박중독을 극복할 수 있을까?'라는 실존적 질문을 가지고 극복해가는 과정의 길을 함께 걸어간다면 어떨까 하는 마음에 연구를 하게 되었고 박사논문까지 쓰게 되었다.

이 책이 중독된 개인뿐만 아니라 그들의 가족이 '행복'의 길을 찾아가는 과정에 함께하기를 바라며, 첫째로 현대사회와 중독, 중독과 몰입에 대해 설명하였다. 둘째로 알코올중독, 도박중독, 인터넷중독, 운동중독의 개념과 특성을 기술하였다. 셋째로 도박중독의 이론과 자기 통제감, 특히 우리나라의 미래인 대학생의 도박중독과 자기 통제감에 대해 설명하였다. 넷째로 도박중독에 잠식당한 대학생들의 통합예술치료 프로그램을 진행하면서 그들이 스스로를 자기 통제함으로써 도박중독에서 얼마나 어떻게 변화하는지의 사례를 소개하고 있다.

1. 중독과 몰입 사이

홍콩 배우 유덕화는 영화 〈유랑지구 2〉 홍보를 위해 출연했던 예능 프로그램에서 "나는 하루에 커피를 20잔 넘게 마신다. 내가 커피 마시는 것을 가족들이 걱정하는 것을 알고 있고 이해는 하지만, 커피 마시는 것을 스스로 컨트롤할 수 없어 중독된 것 같다."며 자신의 커피 사랑을 공개했다. 그렇다면, 커피를 하루에 20잔 마신다면 중독일까? 취향일까? 꼭 연예인이 아니라 커피를 좋아하는 성인이라면 모닝커피로 아침을 여는 이들을 가까이서 볼 수 있다. 커피를 좋아하는 이들은 커피를 마시지 못하고 하루를 시작할 경우 두통이나 피로감을 호소한다. 이처럼 중독은 우리들의 일상에 깊이 들어와 있다.

미국정신의학회American Psychiatric Association: APA에서는 육체적, 정신적 질환이 없지만, 최근 하루 카페인 섭취량이 250mg 이상, 다음 12가지 증상 중에서 5가지 이상의 증상이 체크된다면 카페인 중독을 의심해야 한다고 정의한다.

〈표 10-1〉 카페인 중독의 증상

• 안절부절못함	• 신경질적이거나 예민함	• 자주 흥분함	• 불면
• 안면홍조	• 소화불량 등 위장장애	• 주의산만	• 두서없는 사고와 언어
• 근육 경련	• 맥박이 빨라지거나 불규칙	• 지칠 줄 모름	• 잦은 소변 또는 소변량 과다

현대에 들어와 중독의 유형과 영향력은 시대의 흐름보다 급속도로 변화되고 있다. 새로운 기술 발전에 따른 가상공간의 진화 또한 실로 놀랍게 달라지고 있다. 가상공간은 단순한 소통의 매개체를 넘어 우리의 일상에 깊숙이 자리매김하고 있다. 이런 환경으로 인해 사람들의 인간관계는 과거에 비해 넓어진 인맥에도 불구하고 사람들은 조직사회에서 개인의 정체성을 찾지 못하고 심리적으로 고립되고 있다. 소외된 현대인은 관계에 목말라하고 그 증상은 심화되고 있으며, 이로 인해 수많은 중독과 인간 소외 현상이 야기되고 있다.

2021년 국내 주식투자를 하는 사람은 1천만 명 시대를 열었다. 주식을 개설하는 계좌는 2021년 12월 말 기준 5,535만 계좌로 우리나라 전체인구 5,182만 명을 뛰어넘은 수치이다. 또한 주식 투자를 하는 연령층을 살펴보면 386세대인 40~50대에서 20~30대와 미성년자로 확대되었다. 특히, MZ세대는 주식시장의 중요 고객층으로 급부상되고 있다. 또한 주식시장에서 개인투자자의 비중이 크고 중독화가 심화되고 있는 실정이다. 기존 주식 시장은 대면 거래가 익숙했던 시장이었지만, 최근 흐름은 증권사에 직접 가서 주식을 매입하기보다는 비대면 온라인 거래가 활성화되고 있다. 주식을 매수, 매도할 때 개인투자자가 증권사에 지불하는 위탁매매 중개수수료, 펀드 취급수수료, 자산관리 수수료가 있다. 예전과 비교하면 수수료율이 낮아졌지만, 높고 낮음이 개인의 수익성에 영향을 미치는 효과보다는 거래를 얼마나 많이 하고, 적게 했는지 횟수가 개인의 수익과 직접적인 영향을 미치고 있다. 네이버 종목토론 게시판에 2022년 4월 22일 하루 동안 올라온 글의 수를 보면, 삼성전자 한 종목의 경우 1,350건이다. 이렇게 올라온 글의 내용이 미래의 긍정적인 전망과 건강한 투자의 사례는 거의 없고, 주로 개인투자자들의 불안, 우울, 분노, 굴복, 장애 등 주식중독과 관련한 내용을 담고 있다.

1) 너는 중독

중독addiction은 특정 행동에 습관적 또는 강박적으로 몰입하거나 반복하는 증상으로 정의된다. 결과적으로 생활에 직접적인 부작용을 야기함에도 불구하고 금(禁)하지 못하고 반복한다면 중독되었다고 본다. 또한 이러한 지속적인 반복성을 중독 현상이라 말한다.

미국중독의학협회American Society of Addiction Medicine: ASAM에 의하면 중독이란 뇌 보상, 동기 부여, 기억의 관련 체계에 문제가 나타나는 주요 만성질환이며, 뇌의 보상경로에서의 조절 장애로 정의한다.

중독은 한 개인이 무엇인가에 사로잡혀 벗어나기 힘든 즐거움과 쾌락을 준다. 마치 자신이 왕이 되어 모든 것을 마음대로 할 수 있고, 세상의 행복은 나를 위해 움직이고, 권력은 자신의 주도하에 조정할 수 있다는 착각의 늪에 빠진다. 이때 중독에 빠진 이들은 위태롭고 불안하게 느껴진다. 인간의 내면에는 밝음이 있다면 어둠이 있다. 중독에 빠진 이들은 극한 상황에 놓일 때 인내와 끈기로 힘든 현실을 이겨내기보다는 쾌락을 통한 회피를 선호하는 욕구가 생긴다.

중독은 내성 및 금단증상과 의존성이 있고, 이로 인해 이차적인 문제가 발생하게 되고 행동에 대한 자기조절력이 상실되는 것을 말한다. 또한 중독은 자신뿐 아니라 가족과 주변 사람에게도 전염시키는 특징이 있다. 그로 인해 사회적으로도 더 많은 부정적 영향을 끼치게 된다. 자신을 돌보지 않고 정상적인 행동이나 기능을 할 수 없는 개인이 늘어날수록 사회의 구심력과 원동력은 약화된다. 스트레스 상황에서 무의식적인 행동을 하게 되고, 자신의 정서를 인식하지 못하며 신체와 심리를 안정시키고자 자신이 흥미로워하는 것이나 쉽게 접할 수 있는 스마트폰, 인터넷 세상 등 가상세계로 도피하게 되고 이러한 악순환은 끊임없이 반복된다.

미국심리학회American Psychological Association: APA는 중독을 물질 사용의 병리적 특성, 금단withdrawal과 내성tolerance, 물질 남용abuse과 물질 사용에 대한 통제 결여, 사회적, 직업적 활동 감소, 신체적, 심리적으로 문제가 생기지만 사용을 줄일 수 없는 행동을 중독의 진단 기준으로 보며, 물질중독에 초점을 맞춘 진단기준으로 제시하였다(APA, 2000).

중독을 질병관리청 자료에서 살펴보면 신체적·물질적 중독poisoning/intoxication과 정신적·행위적(의존적) 중독addiction, 두 개의 용어로 조작적 정의를 할 수 있다. 신체적·물질적 중독은 생물체의 기능에 해로운 영향을 주는 독성물질에 생물체가 노출(흡입, 경구 섭취, 피부 접촉 등)될 경우 발생되는 신체 위해성 문제(농약, 독버섯, 페놀 등)를 말한다. 정신적·행위적 중독은 일종의 습관성 중독으로, 심리적 의존이 있어 지속적으로 물질, 행위, 약물 등을 갈

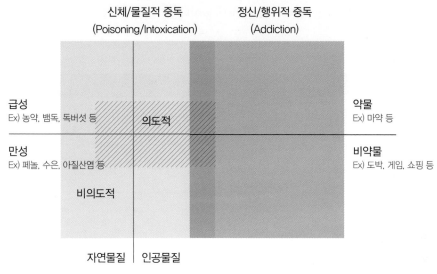

신체/물질적 중독
(Poisoning/Intoxication)

정신/행위적 중독
(Addiction)

급성
Ex) 농약, 뱀독, 독버섯 등

의도적

약물
Ex) 마약 등

만성
Ex) 페놀, 수은, 아질산염 등

비약물
Ex) 도박, 게임, 쇼핑 등

비의도적

자연물질 | 인공물질

[그림 10-1] 중독 분류도

출처: 질병관리청(www.kdca.go.kr).

망하고, 습관성 중독으로 인해 정신적뿐만 아니라 신체적으로도 건강에 해를 입히게 되는 상태다. 즉 정신적 의존증을 말한다. 따라서 두 개의 용어 중 이 장에서는 정신적 · 행위적 (의존적) 중독을 말하고자 한다. [그림 10-1]은 질병관리청에서 발표한 중독의 분류도이다.

2) 나는 몰입

긍정심리학자 칙센트미하이는 사람들이 다른 어떤 일에는 아무 관심이 없고, 지금 하는 일에 푹 빠져 몰두하는 상태를 몰입flow이라고 정의한다(Csikszentmihalyi, 2004).

인간은 몰두하는 존재다. 일과 사랑, 취미든 자신이 좋아하는 일에 몰입할 때 자기 삶의 의미를 찾는다. 이런 경험을 한다는 자체가 즐겁고, 이 상태를 꾸준히 지속하기 위해 감당해야 하는 고통은 감내하면서도 그 행위를 하게 되는 상태이다. 몰입은 특정인만 느끼는 것이 아니라 국적이 다르고 나이, 성별, 직업이 달라도 몰입 경험은 본질적으로 동일하다. 그런가 하면 또 다른 이들은 몰입을 경험하며 자신의 삶에 열정적이고, 주인공이 되는 느낌을 받는다. 바로 이런 느낌을 행복에 가장 가까운 상태라고 표현한다. 행복은 외부의 상황과 사물에 의해 바뀌는 것이 아닌, 외부의 자극을 받아들이는 과정에서 생기는 것이다. 내면의 즐거운 상태를 키워가고, 사라지거나 빼앗기지 않도록 조절하며, 인생의 순간순간에 몰입할 때 비로소 행복을 얻을 수 있다. 중독과 몰입 둘 다 어떤 한 가지에 빠져드는 것은 동일하다. 하지만 그 한 가지에 빠져 있을 때 행복감을 느끼거나 조절 능력이 있는지는 서로 다르다. 〈표

10-2〉는 중독과 몰입의 개념적 차이에 관한 내용이다.

〈표 10-2〉 중독과 몰입

분류	중독(Addiction)	몰입(Flow)
주의집중 태도	강박적, 부정적	자발적, 능동적
통제	통제 불가능	통제 가능
조절	조절 불가능	조절 가능
결과	부정적	긍정적

출처: Csikszentmihalyi (2004) 재구성.

2. 달리기하는 중독 선수들

1) 감성 충전, 알코올중독

알코올중독은 지속적이고 과도한 음주로 인해 음주에 대한 스스로 조절하는 능력을 상실하고, 심리적, 생리적 내성과 금단이 발생하여 일상생활, 대인관계, 직업 기능 및 수행능력 등 중요 생활에 기능장애를 일으키는 만성질환이다.

(1) 알코올중독의 특성

알코올중독의 특징은 첫째, 강한 음주에 대한 갈망이다. 술에 대한 생각이 마음속에서 끊임없이 올라오며 어떤 수를 써서라도 술을 마신다. 둘째, 술에 집착한다. 자신이 해야 하는 일, 사회 속에서 맺어야 하는 사회적 관계 등 사회활동을 포기하며 자신의 인생에서 가장 중요한 것은 술이다. 셋째, 몸에 내성이 생겨서 같은 양을 마시면 부족하다고 느낀다. 기존의 만족감을 경험하고자 많은 양의 술이 필요해진다. 넷째, 금단증상이 나타난다. 음주를 하지 않으면 불안, 초조, 우울, 무기력, 불면, 구토 등 금단증상이 악화되면 일시적인 환시, 환시, 환청을 경험한다. 다섯째, 스스로 조절할 수 있는 능력이 상실되고, 음주를 시작하게 되면 몸 상태를 개의치 않고 상할 때까지 마신다. 여섯째, 모든 기능이 저하된다. 술로 인해 신체적, 심리적, 사회적 활동까지 기능이 저하되고 장애가 발생한다.

(2) 개인적 특성

알코올중독자는 자기중심적인 태도로 타인의 감정은 고려하지 않고 둔감한 반면, 자신에 대한 연민은 강하게 나타난다. 즉 자신밖에 보지 못하는 특성이 있다. 지속적으로 음주를 해야 하는 근거를 만들고 핑계를 대며 정당화시키려 한다. 금주를 선언하지만, 조절능력이 상실되고 '딱 한 잔만' '내일부터 다시는 마시지 않겠다.'라고 말하지만, 대부분은 자제력을 잃고 취하도록 마신다. 술을 마신 이유에 대해 변명을 하거나 거짓말을 하며 자신이 술을 마실 수밖에 없음을 정당화시킨다. 반면 자신에게 주어진 역할, 책임에서 벗어나려고 회피적인 태도를 취한다. 자신이 알코올중독자라는 사실을 자각하지 못한다.

(3) 가족적 특성

알코올중독자 가족들은 가족 간의 관계가 부정적이고 서로에 대해 감정 표현이 적고 서툴다. 알코올중독자는 알코올을 계속 마시려는 강박관념에 사로잡히고 그의 가족들은 마시지 못하도록 애를 쓴다. 자녀와의 갈등, 부부간의 갈등으로 인한 가정폭력 등 음주로 인한 가정문제가 심각한 양상을 띤다. 알코올중독은 친밀하고 밀접한 가족구성원들 관계에까지 해를 끼치고, 손상을 입힌다. 알코올중독자의 중독이 진행될수록 가족들은 알코올중독자의 행동에 반응하게 되고 불안을 느낀다.

알코올중독자는 자신의 죄의식을 투사하고 원인을 가족들에게 부과하려 하며, 가족들 역시 다른 사람 또는 다른 원인을 중독자의 알코올중독의 원인이라고 생각한다. 알코올중독자 가족구성원은 이혼, 별거, 가출, 만성질환, 실직, 사회적 고립 등의 상황적 문제와 좌절, 낮은 자존감, 의존성, 불안, 미성숙, 충동성의 성격적 문제 등 공통 문제를 가지고 있다.

(4) 사회적 특성

알코올중독은 알코올중독자 개인의 신체적 건강, 심리적, 사회적 기능에 심각한 영향을 미칠 뿐 아니라 가족과 사회에도 역기능적 손상을 가져온다.

이들은 자신이 처한 상황에 대해 가족과 타인 등의 비교를 통한 자기 비하나 의사결정을 하는 과정에서 겪는 타인과의 의견충돌 등이 지속적으로 나타난다. 또한 가족 외 타인과의 상호작용 상황에서도 알코올중독자로 인해 일어날 수 있는 당혹감과 수치심을 감당하기 어려워 대인관계를 피하게 되며, 직장을 오래 다니지 못하고 그만두는 등 사회생활에 어려움을 겪는다. 결과적으로 타인과의 관계가 단절되어 사회관계망이 축소되고 알코올중독자 자신뿐만 아니라 가족에서까지 고립되고, 사회에서는 의사소통이 불통이 된다.

알코올중독자들의 중독이 진행되어감에 따라 사회적 접촉을 피하고 폐쇄적으로 되어 대다수가 사회적 지지나 체계망이 확립되어 있지 않다. 그리고 알코올중독자 가족이 비알코올중독자 가족에 비해 공동의존도가 높아 대인관계 기술, 문제해결 능력, 의사소통 기술이

유의미하게 낮다. 또한 알코올중독자 가족의 비극은 알코올중독자의 행동이 혼란되고 파괴적일 때에도 가족 체계의 특성상 가족이 그런 행동에 의지할 수밖에 없어 융통성이 없고, 부적절한 해결책에 의지하여 대인 관계적 욕구를 조금이라도 충족시켜 보려고 적응하게 되어 결국 전체 가족은 문제를 인식할 수 있는 능력을 상실하고 함께 문제를 지니게 된다.

2) 전력 질주, 도박중독

도박중독은 '도박을 향한 통제력을 연속 혹은 주기적으로 상실하는 점진적인 장애'로서 도박과 도박을 통해 돈을 딸 기대를 향한 집착, 비합리적 사고 등 그 결과가 부정적임에도 도박 행동을 지속하는 것을 말한다.

도박중독은 도박으로 인하여 자기 자신, 가족 및 사회에서 맺는 대인관계에서 갈등을 겪고 막대한 경제적 피해, 사회적 갈등, 법적으로 문제가 발생함에도 불구하고 자신의 도박행위를 통제하지 못한다. 도박은 알코올, 마약, 인터넷 등과 같이 개인의 육체와 정신을 먼저 파괴하는 다른 중독들과 다르게 '돈 놓고, 돈 먹기'라는 우리말 표현처럼 돈이 수단이자 목적이기 때문에 개인에 국한되지 않고 가족, 친구, 이웃 등 환경체계에 다시 영향을 미친다. 또한 도박중독의 문제는 개인의 삶에 국한하지 않고 개인이 속한 사회에도 부정적 영향을 주기 때문에 사회 전체의 문제로 인식해야 한다. 하지만 도박중독을 어떠한 관점에서 어떻게 정의하는가에 대한 것은 도박 분야에서 첨예한 대립 구도를 형성하고 있다. 질병으로서의 도박중독, 행위중독으로서의 도박중독, 성격적 요인 및 심리적 특성에서 기인한 도박중독, 사회적 일탈로서의 도박중독, 변화단계 및 과정으로서의 도박중독, 일상생활로서의 도박중독 등의 관점에 따라 분류하기 때문이다.

(1) 도박중독의 특성

첫째, 충동적으로 행동한다. 도박에 소비하는 시간과 돈의 한계를 조절하지 못하고, 비합리적 신념으로 부정적인 결과가 나와도 그만두는 힘이 없다. 금액이 커지고 더 자주 걸며, 부채가 늘어나고 잃은 돈을 회복하기 위해 '한탕'을 꿈꾼다.

둘째, 도박에 과도하게 몰입한다. 도박을 하는 시간이 증가하고 일상생활에 주된 관심사의 1순위가 도박이며, 기회가 있든 없든 기회를 만들어 도박을 한다.

셋째, 도박을 끊겠다는 약속을 남발하고, 도박에서 잃은 것은 최소화하되 도박에서 돈을 딴 것은 자랑한다. 그런가 하면, 도박을 하고 있음을 숨기고 자신의 행동에 대해 변명하거나 다른 사람에게 거짓말을 한다.

넷째, 도박으로 인한 부채가 늘어나고, 도박 빚을 갚기 위해 사기, 횡령, 위조 등과 같은 불법적 행동을 한다. 자신에 대해 변명으로 일관하고 사회에서는 대인관계가 단절되고 바닥으로 떨어진다. 이러한 결과 도박중독자들은 심각한 재정적 손실에도 불구하고 도박을 지속함으로써 개인적으로는 우울감, 좌절감, 죄책감 등을 경험하면서 타인과의 관계가 악화되고 그로 인해 발생하는 문제점을 해결하기 위하여 다시 도박에 빠지는 강한 중독의 형태로 나타나고 있다.

(2) 개인적 특성

도박중독자는 자기 통제감이 결여되고 계획 및 조직화의 부족으로 미래의 결과를 예측하는 능력이 부족하다. 도박에 깊이 빠질수록 충동적인 행동을 하게 되며 이는 미성숙한 결과를 낳게 된다. 도박중독자들은 도박을 계속하기 위한 자기합리화에 빠지며 근거 없는 낙관주의에 빠지기도 한다. 도박중독은 개인에게 비합리적인 신념 체계를 가지게 하여 가정 및 사회에서도 적응하기 어렵다. 구체적으로 도산, 신용불량, 음주 및 약물남용 등 또 다른 중독에 빠지게 될 수도 있다. 또한 불안, 우울, 죄책감 등의 감정 문제 또한 동반한다.

(3) 가족적 특성

가족은 개인이 태어나서 가장 먼저 경험하게 되는 작은 사회이자 관계 형성의 출발점이다. 가족은 그 영향력이 순기능이든 역기능이든 개인에게 가장 영향력이 큰 환경체계로, 개인의 사회, 심리, 정서, 물리적 환경에 영향력을 행사한다(Turner et al., 2006).

도박중독은 가정생활에 심각한 불화를 일으킬 수 있고, 개인의 정서뿐만 아니라 가족관계 및 의사소통을 변질시킬 수 있는 결과를 초래할 수 있다. 더 나아가 가정폭력 및 가정파탄에 이르기도 한다(이홍표, 2002). 도박중독자는 시간적, 경제적, 정서적으로 가족과 함께 소통하고 마음을 나눌 여유가 없으므로 일상에서 문제를 경험할 수밖에 없다. 그로 인해 발생하는 가족의 문제는 부부의 결혼생활에 대한 만족도가 낮고 폭력이 증가하며 자녀들은 우울과 불안으로 학교에서 부적응 현상을 보인다.

(4) 사회적 특성

도박은 개인과 가정의 문제를 넘어서 사회 전반에도 부정적인 영향을 미칠 수 있다. 먼저 도박중독으로 인해 자기 통제감 및 조절감을 상실한 개인은 직장 및 사회에서 자신이 맡은 바에 몰입하거나 집중을 할 수 없게 되며 이것은 곧 사회 속에서 개인이 수행해야 할 사항을 온전히 해낼 수 없게 한다. 따라서 도박으로 생긴 경제적 문제를 해결하기 위해 횡령 및 사기, 돈세탁 등의 문제적 행동을 할 가능성이 높다. 또한 도박으로 인한 사회적 비용의 지출도 증가하게 된다.

3) 정보 달인, 인터넷중독

인터넷중독은 스스로 조절하고 싶지만, 조절력 상실, 통제력 상실로 그 행동을 지속하게 되는 현상을 말한다. 즉 인터넷만 하는 반복 행동이 개인, 가족, 사회생활에 있어 본래의 목적에서 벗어나 반작용을 일으켜 바람직하지 못한 방향으로 나아가게 한다(김교헌, 2006).

Young(1997)은 인터넷 중독에 대해 DSM-IV의 병적 도박 준거의 기준으로 '병리적 인터넷 이용'의 기준을 제시하였으며 인터넷에 중독된 사람은 약물, 알코올, 도박에 중독되는 것과 유사한 방식으로 인터넷에 중독되는 심리적 장애라고 주장했다. 인터넷중독에 노출된 사람들은 인터넷 활동에 탐닉되어 자신의 사용을 스스로 통제하거나 조절할 수 없음이 DSM-IV의 기준에서 말하는 병적 도박과 같은 성질이며 금단증상과 내성, 의존성 등과 같은 병리적인 증상을 보여 정상적인 생활을 할 수 없는 상태를 말한다. 인터넷중독과 스마트폰 중독은 중독적 정신질환을 경험할 가능성이 높으며 불면증, 사회적 역기능, 우울증, 불안감과도 밀접한 관계가 있다. 또한, 현실생활에서 이해받지 못하고 외로운 사람들이 충족시키지 못한 사회적 욕구를 가상공간에서 채우려고 하며, 병리적 인터넷 사용으로 인해 일상생활에서의 대인관계가 위축되고 컴퓨터 사용 시간이 늘어날수록 사회적 고립 수준이 증가한다고 보았다.

(1) 인터넷중독의 특성

첫째, 인터넷 사용이 가장 우선순위가 되므로 스스로 통제가 불가능해지고 자율적 조절 능력이 현저하게 떨어진다.

둘째, 개인의 삶에서 인터넷 사용은 하루의 시작과 하루의 마감을 함께 하기에 가장 중요한 활동으로 자리매김하고 있다.

셋째, 인터넷, 스마트폰 이용으로 인해 신체적, 심리적, 사회적으로 부정적인 결과를 경험함에도 불구하고 반복적으로 인터넷에 노출된다. 이로 인해 우울증, 강박증, 충동조절장애 등의 질환도 동반된다.

(2) 개인적 특성

인터넷에 과도하게 집착하고 강박적으로 사용하며, 사용 시간에 대한 내성이 생긴다. 특히 스마트폰으로 인터넷을 언제 어디서든 자유롭게 사용하기에 인터넷을 하지 않으면 불안, 우울, 초조감 등의 금단증세를 보인다. 과다한 사용 시간으로 인해 수면 시간이 줄어들고 불규칙해서 만성적인 피로감에 시달린다. 또한 불규칙한 식사와 운동 부족으로 인한 신체적, 정신적 불균형이 생긴다.

(3) 가족적 특성

인터넷중독에 빠진 청소년들은 부모나 가족구성원이 인터넷 사용에 대한 시간 제약과 모니터링을 해도 통제하기가 어렵다. 또한 가족구성원들 간의 소통과 교류가 부족하고 잦은 갈등이 있는 경우 인터넷중독의 발생 위험은 더 커진다. 특히 부모-자녀 간 의사소통 방식이 역기능적일수록 자녀들의 인터넷중독 위험성은 점점 증가하고 있다. 과도한 인터넷 사용은 가족과의 관계에 부정적인 영향을 미친다.

(4) 사회적 특성

사회기술 결손이론Social Skill Deficit Theory에서는 인터넷중독이 사회기술 부족의 한 형태로 보았다. 이는 외롭거나 우울한 사람은 자신의 사회적 능력을 부정적으로 바라보게 되는데, 인터넷을 통한 온라인 소통이 얼굴을 마주하는 오프라인 소통에 비해 사회적 능력이 부족한 사람에게 특별히 매력적일 수 있다는 가정을 바탕으로 한다. 오프라인으로 사회적 상호작용을 하는 대신 익명성이 유지되고, 수정이나 삭제가 용이한 인터넷 사용에 더 많은 관심과 시간을 할애하게 된다. 이로 인해 사회기술의 부족과 함께 대인관계에서 어려움을 겪게 된다. 그리고 인터넷이 부여하는 익명성을 이용하여 불법행위 또는 비도덕적 행위를 하거나 현실 세계와 가상 세계를 구분하지 못하는 인지적 왜곡이 강화되어 사회적 문제를 초래하기도 한다.

4) 힘센 파워, 운동중독

운동중독은 운동을 하지 않으면 초조해지고 불안한 증상이 나타난다. 하지만 단 하나의 요인에 의해서만 드러나는 현상이 아니라 심리적, 생리적 측면 등 복합적 요인들이 작용하기 때문에 명확한 개념 정립이 이루어지지 않았다.

일반적으로 운동중독이란 운동에 지나치게 몰두하여 삶 자체에 대한 자기 통제 능력이 저하되고, 운동에 참여하고자 하는 욕구를 억제하기 어려워 참여하지 못할 경우 다양한 금단증상을 나타내며, 신체적인 상해를 입은 중에도 운동을 지속적으로 장시간 참여함으로써 자기만족을 느끼는 상태를 일컫는다고 할 수 있다. 중독 성향이 높을수록 즐거움, 몰입, 자신감 등을 강하게 경험하게 된다. 최근에는 사회적으로 외모와 다이어트에 대한 관심이 높아지면서 운동중독증도 늘어나고 있는 추세다.

(1) 운동중독의 특성

운동중독자는 운동을 하고 난 후 24시간에서 36시간이 흐르면 금단증상이 나타나는 특성이 있다. 이들은 그로 인해 불안, 긴장, 죄의식, 화, 강박적 참여, 약속 불이행, 성급함, 신경과민, 근육경련, 들뜸 등의 증상이 나타난다.

첫째, 운동에 과도하게 몰두함으로써 운동수행에 대한 자기 조절 능력이 약해지고, 운동을 하지 못할 경우 혼란과 무기력에 빠진다.

둘째, 운동에 대한 관심이 처음에는 즐거움으로 시작하지만, 습관에서 의무로 강화되면서 강박적으로 운동에 의존하게 된다.

셋째, 강박적으로 운동에 집착함으로써 해로운 것을 알면서도 내성이 생겨 지속적으로 몰입하는 시간이 늘어나며, 운동을 그만두었을 때는 금단증상까지 나타난다.

넷째, 일상적인 생활에 어려움을 겪고 타인과의 관계를 유지하지 못하며, 사회적으로 맺는 관계도 유지하지 못하는 상태가 된다.

(2) 개인적 특성

운동에 중독이 된 사람들은 신체적 증상과 정서적 증상이 수반된다. 지속적인 운동으로 인해 나타나는 신체적 증상은 근육통, 관절통, 피로감 등을 느끼고 심한 경우 부상을 당하기도 한다. 정서적 증상으로는 운동을 할 때 평온한 상태를 유지하다가도 잠시 동안 운동을 하지 않으면 불안, 분노, 우울, 짜증 등의 감정이 느껴져 힘들어한다. 특히 운동중독은 우리가 하고 있는 일의 성취감과 효율성을 증가시키고 즐거움을 주기도 하지만 너무 과하면 한쪽으로만 과도하게 정신이 집중될 수 있기에 자각하는 시각이 필요하다.

(3) 가족적 특성

운동중독은 개인 및 가족 관계에도 영향을 미친다. 모든 중독이 그렇지만 특히 운동중독자는 운동에 대한 강박적인 욕구를 느끼고, 자신의 일정과 운동이 1순위이기 때문에 가족과 함께하는 시간이 점점 줄어든다. '건강을 위해 하루도 빠지지 않고 관리를 하는 것이 왜 나빠?' '아파도 자기관리 하는 나를 봐.'라고 가족들에게 오히려 못마땅해 한다. 자신의 건강을 위해 꾸준히 운동을 하고, 자기 관리를 하는 것이 해로운 일일까? 라고 할 수 있지만 '지나침은 오히려 모자람만 못하다.'라는 말처럼 적절하게라는 말이 운동중독자에게는 들리지 않는다. 또한 가족들이 운동중독자를 이해하지 못하고 가족구성원으로 생각해 주지 않으면 이들은 가족에 대한 서운함을 느끼게 되며 그로 인한 갈등이 유발된다. 따라서 운동중독자와 가족구성원들은 서로 소통하고 이해하는 마음을 갖는 것이 중요하다.

(4) 사회적 특성

운동중독자는 운동을 하면 할수록 많은 시간과 경비를 투자하기 때문에 가족, 공동체와 하는 일상은 소홀하게 되어 가정과 직장에서 타인과 갈등이 일어날 가능성이 높아진다. 적당한 운동은 스트레스 해소 및 즐거움을 경험하게 하지만 이들은 미친 듯이 운동을 해야 하고, 더 좋은 몸을 만들어야 한다는 욕망과 강박적인 욕구로 인해 가족과 타인과의 약속을 어기는 경우가 잦아지며, 사회활동 및 업무능력이 현저하게 떨어지게 된다. 하지만 운동을 함께 하는 동호인끼리는 보다 긴밀한 사회적 연결망을 구축하기에 대인관계가 좋게 보일 수 있지만 생활 전반에 걸쳐 구성되어 있는 사회적 연결망은 오히려 줄어든다.

3. 꽃보다 아름다운 도박중독

1) 나의 필명은 도박사

도박은 인간의 생활 속에서 긴 역사를 가지고 있다. 신화와 역사 속에서도 등장하는데, 그리스신화에서 제우스가 그의 형제인 포세이돈, 하데스와 통치영역을 나눌 때 주사위를 던져 결정하거나, 노르웨이와 스웨덴 국경을 주사위 게임으로 정했고, 성서에도 제비뽑기를 한 기록이 있다(Saura et al., 2016).

인류학자인 하위징아는 『호모 루덴스』에서 인간은 본질적으로 유희를 추구하는 존재로 보고, 인간 문명의 원동력은 '놀이'라고 주장하였다. 이와 같이 놀이는 문명의 창조 원천으로 매우 위대한 행위로 간주되었다. 카유아(Caillois, R., 1992)는 그의 저서 『놀이와 인간』에서 놀이를 크게 네 가지 유형으로 구분하고, 시합이나 경기처럼 경쟁하는 놀이를 아곤Agon, 우연성이 강조되는 내기, 제비뽑기, 주사위 놀이, 룰렛 등은 알레아Alea, 가면극이나 연극처럼 흉내를 내거나 모방하는 놀이를 미미크리Mimicry 그리고 회전, 서커스 등 현기증을 유발하는 놀이를 일링크스Ilinx라 하였다. 여기서 도박은 알레아에 속한다고 볼 수 있는데, 리스Reith는 호모 알레아토르homo aleator라는 용어를 만들어 내어 도박적 인간이라는 의미를 적용한 바

있다.

게임과 도박을 명확하게 정의하기는 매우 어렵다. 도박은 행위 주체나 도박이 이루어지는 상황 혹은 관련 주체들에 따라서 도박의 의미를 상이하게 정의하고 있고, 일상적 오락 행위 수준에서부터 병적 문제행동에 이르기까지 매우 포괄적이기 때문에 개념을 정의하는 것에 있어 다층적이고 모호하다(사행산업통합감독위원회, 2016). 이는 도박행위가 본질적으로 유희를 추구하는 인간 본성의 하나로 오랫동안 인류의 문화 속에 함께 하였고, 놀이의 특성이 존재하기 때문이다. 도박의 속성은 자발적이고, 경쟁을 포함하며, 금전에 대한 갈망이 있으나 결과는 언제나 불확실하다. 노름, 내기, 도박, 사행이라는 단어는 '물질적 이득을 추구하는 행위'라는 공통점이 있으며, 이런 점에서 놀이와는 구분된다. 즉 도박은 우연히 일어난 미래의 불확실한 사건 결과에 금전과 가치 있는 것에 자발적으로 참여하는 행위이며, 재정적 위험부담을 갖는 하나의 놀이 행위(김교헌, 2006)라고 할 수 있다.

우리나라는 내국인의 도박행위에 대해 「형법」 제246조(도박, 상습도박) 및 「관광진흥법」 제28조 제1항에 따라 원칙적으로는 금지하고 있지만, 사감위법 제2조에 따른 7종의 합법사행산업에 대해서는 출입(외국인 전용 카지노는 제외)과 도박행위를 허가하고 있다. 하지만 법률에 근거한 정의와 개념에도 불구하고, 해석에 따라 관점이 달라질 수 있어 명확한 도박의 정의와 개념을 구분하는 것에는 여전히 어려움이 있다. 한편 불법 도박 시장의 규모도 점차 증가하고 있다. 제4차 불법 도박 실태조사 보고서(2019)에 따르면, 불법 도박 시장의 규모는 합법 사행산업 매출 규모의 약 4배에 달하며, 이 중 불법 온라인 도박이 차지하는 비율이 매우 높은 것으로 나타났다(사행산업통합감독위원회, 2019).

도박이 놀이에서 출발하였고 즐거움을 추구하는 행위이긴 하지만, 문제는 도박을 통해 체감되는 즐거움과 자극성이 도박행위를 적극적으로 추구하게 하면서, 결국 통제력을 잃게 되어 도박중독으로 빠지는 위험성이 존재한다. 중독은 약물, 알코올, 운동, 도박, 쇼핑, 인터넷 등과 같은 다양한 범주에 적용되는데, 도박중독은 일종의 탐닉으로 분류할 수 있다. 도박중독은 한 개인의 의학적 장애 혹은 정신보건 문제, 경제적 문제와 깊은 상관성이 있으며 가족 및 구성원에게도 부정적인 영향을 미친다. 또한 도박중독은 우울증, 불안, 약물의존, 자살 등의 문제와도 연관되어 있어 많은 문제점을 가지고 있다.

'도박'은 돈이나 재물 따위를 걸고 주사위, 골패, 마작, 화투, 트럼프 따위를 써서 서로 내기를 하는 일이라고 정의된다(표준국어대사전). 도박과 동일한 의미로 사용되는 '사행행위'는 「사행행위 등 규제 및 처벌 특례법」 제2조 1항에서 여러 사람으로부터 재물이나 재산상의 이익을 모아 우연적 방법으로 득실을 결정하여 재산상의 이익이나 손실을 주는 행위로 정의하고 있다.

도박의 역사는 인류의 시작으로 거슬러 올라간다. BC 3500년경의 것으로 추정되는 이집트 벽화에서도 도박에 관한 내용이 언급되었다. 고대 로마에서는 전차 경주가 정치적 오락과 즉흥적 베팅이 이루어진 하나의 문화로 형성되어 당시 로마인들은 자신들의 인품을 과시하기 위해 겜블링을 하였다고 전해진다. 이렇듯 고대부터 오늘날까지 사회는 도박행위를 놀이와 내기의 즐거움으로 이해하고 삶에 대한 만족감과 즐거움을 위하여 많은 유희를 개발하였다. 네덜란드의 문화 인류학자인 하위징아J. Huizinga는 이러한 인간의 속성을 놀이하는 인간, 즉 호모 루덴스Homo Ludens라 지칭하면서 인간은 놀고 즐길 줄 아는 성향을 지녔으며 놀이를 통해 문화를 발전시켜 왔다고 보았다. 그러나 그와 동시대에 살았던 학자인 카유아R. Caillois는 '놀이의 타락' 측면을 파고들어 놀이가 현실 세계에 부정적인 영향을 미칠 수도 있음을 강조하였다. 이는 놀이와 도박의 경계가 모호한 것을 단적으로 보여 주는 것으로 사행성을 갖춘 놀이문화를 통해 자신도 모르는 사이에 도박의 폐해에 노출되는 경우가 발생할 수 있다.

사행산업감독위원회 보고서에 따르면, 현재 우리나라의 합법·불법사행산업으로 인한 개인적·사회적 비용이 연간 25조 원으로 추정되고 성인 인구 중 약 220만 명이 도박중독 문제에 직면하고 있다(사행산업감독위원회, 2017). 이와 같은 합법 및 불법사행산업의 성장으로 인해 최근 집중 조명받고 있는 사회문제가 바로 도박중독이다. 도박중독gambling addiction이란 도박으로 인해 본인, 가족 및 대인관계의 갈등과 재정적·사회적·법적 문제가 발생하고 있음에도 불구하고, 자신의 의지로 도박행위를 조절하지 못하고 지속적으로 도박을 하게 되는 것을 뜻한다.

한국도박문제관리센터(2020)의 자료에 따르면, 2020년 8월 도박중독자 등록자 현황은 3,723명으로 2019년 총합의 75% 수준에 육박하며 이 중 20대 청년인구가 가장 큰 비중을 차지한다고 밝히고 있다. 게다가 정보통신기술ICT을 통해 빠르게 성장하고 있는 현재의 인터넷 환경에서 일부 게임들은 도박을 모사하거나 사행성 요소를 포함하는 등 점점 중독성을 강화하는 방향으로 변화하고 있다. 특히 '확률형 아이템' 게임은 아동·청소년 시기부터 도박에 대한 가용성과 접근성이 증대되어 도박에 쉽게 접근할 수 있다. 대학생은 발달 과정 중 청소년과 성인 사이의 경계선에 위치한다. 이 시기는 부모와 사회로부터 통제를 벗어나 자아정체성과 가치관을 정립해 나아가는 중요한 시기이다.

초기 성인기로 전환하는 시점인 대학생은 상대적으로 도박에 참여하는 것이 쉽고 접근 빈도도 높다고 알려져 있다. 도박 빚으로 인해 학업을 중단하거나, 사기, 절도 등의 심각한 범죄로 이어지기도 한다. 또한 도박중독과 관련된 사회경제적 비용이 78조 원으로 추산되고(사행산업감독위원회, 2020) 이와 관련된 사회적 비용이 매년 증가하고 있으며, 도박중독은 개인의 불행을 넘어 심각한 사회적 문제를 초래하는 것으로 보인다.

한편 도박중독에 영향을 주는 다양한 변인들 중 자기 통제를 주목할 필요가 있다. 도박중독은 도박 행동을 조절하지 못하고 반복하게 되면서 많은 폐해를 양산하게 되는 것으로 볼 때 심각한 도박 문제들의 대부분은 통제력의 상실에서 비롯된 것으로 설명할 수 있다. 자기 통제Self-Control는 외부의 요구와 자신의 욕구를 적절하게 조절하는 능력으로 적응 수준을 예측할 수 있는 강력한 변인 중 하나이다. 인간은 자신의 행동을 조절하여 장기적인 목표를 추구하거나 바람직하지 않은 욕구나 행동을 변화시키거나 또는 하지 않는 방향으로 자신을 조절하며 환경에 적응한다. 자기 통제는 도박 이외에도 다양한 중독 관련 요인인, 범죄행위, 일탈행위 등과도 관련이 있다. 도박중독의 보호 요인으로 자기 통제력이 가장 큰 효과를 보였고 위험 요인으로는 도박 접근성이 가장 효과가 큰 것으로 나타났다. 이러한 결과들은 도박중독의 치료적 개입전략으로 자기 통제력을 증진시키는 것이 스스로 도박 행동을 조절하여 건강한 삶으로 복귀하는 데 중요한 요인으로 작용하고 있음을 시사한다. 따라서 중독 중 도박에 빠져있는 우리나라 청년들에게 치료적 개입뿐만 아니라 도박중독을 예방할 필요성이 있다.

실제 치료 장면을 찾는 도박중독자들은 도박 행동 변화에 대한 양가적 태도와 비자발적인 심리적 특성을 갖는다. 도박중독자들은 대부분 가족이나 가까운 사람들의 권유로 치료에 응하거나, 치료 상황에서도 자신의 문제를 부정 및 축소한다(Petry, 2005). 또한 변화에 대한 동기가 낮고 치료 후에도 재발할 위험성이 매우 크다. 치료 과정에서의 중도 탈락과 재발을 방지하면서 치료의 동기 및 효과를 높이기 위해서는 이를 잘 다룰 수 있는 예방과 치료적 개입이 요청된다. 특히 청년들은 건강한 성인으로 전환을 위해 쾌락의 추구와 절제 과정을 배우는 경험이 필요하다.

도박의 속성은 위험 요소의 개입, 금전적 문제에 있어 한쪽의 득이 있다면 다른 한쪽에는 반드시 실이 발생한다는 것, 도박장에서 타자와 상호작용하는 행위로 양자가 있으며, 의식적이고 자발적인 활동이라는 점이다.

그러나 모든 도박이 도박중독을 의미하는 것은 아니다. 실제 도박중독은 도박 행동으로 인해 부정적 결과가 나타나고 자기조절의 실패로 사회 속에서 위험이 높은 것을 의미한다. 또한 도박중독은 도박 행동 자체의 문제를 주안점으로 보기보다 스스로 감당할 수 있는 시간과 돈이 한계를 넘어설 때 이를 스스로 컨트롤 하지 못하고 지속적으로 반복하는 행위가 문제가 되는 것이다. 나아가서 통제력이 상실되면 중독성 질환으로까지 본다. 치료 전문가들은 스스로 통제할 수 없는 병리적 상태의 도박중독 상태를 강박적 도박, 중독성 도박, 도박장애, 문제 도박, 병적 도박 등의 용어로 혼용해서 사용하기도 한다.

DSM-5에서는 도박장애를 하나의 질병으로 보고 공식 등재하였는데, 준거들 중에서 4~5개에 해당하면 경도, 6~7개에 해당하면 중등도, 8~9개에 해당하면 고도의 도박장애로 분류된다(American Psychiatric Association, 2019). 한편 도박중독을 네 가지 수준으로 분류하고, 0~3단계로 구분하고 있다. 0수준은 도박을 하지 않거나 도박 문제 위험성이 매우 낮은 수준, 1수준은 도박 관련 문제의 위험성 내포 수준, 2수준은 개인이 조절 능력의 일부를 상실해 일상생활에 피해를 주는 수준이지만 이를 병적으로 보기에는 어려운 수준, 3수준은 병적 도박으로 DSM-5 기준을 충족하는 상태이다.

도박은 불확실한 상황에 내기를 거는 행위를 함으로써 인간 내면에 잠재되어 있는 자극 추구에 대한 욕구를 충족시키며, 즉각적으로 반응할 수 있기에 이겼을 때 주어지는 보상에 대한 결과의 환호로 중독의 경향이 강하다. 중독은 내성 및 금단증상과 의존성이 있고 이로 인해 이차적인 문제가 발생하지만, 행동에 대한 자기 조절력이 상실될 수 있다. 도박중독은 비물질 관련 중독 장애의 하나로, 술이나 마약과 같은 물질을 섭취하지 않지만 물질 관련 중독 장애 범주에서 나타나는 유사한 행동을 보이는 것으로 행위중독에 속한다.

도박중독은 세계보건기구WHO가 정한 국제질병분류ICD에 따른 질병으로서 개인, 가족, 친구 또는 직장을 비롯한 조직, 지역사회에 신체적, 정신적, 사회적, 재정적, 또는 법적 문제나 폐해를 초래하여 이를 조절하려 하지만 통제력을 잃고 반복하는 행동을 뜻한다. DSM-5에서는 병적 도박의 중독질환적 특성을 반영하여 물질 관련 장애 내 '도박중독'으로 분류하였다(American Psychiatric Association, 2019).

도박 문제는 도박중독을 포함하는 개념이며 부정적 문제가 없는 비도박 수준에서부터 개인, 가족 및 지인이나 사회에 부정적 영향을 초래하는 경도, 중중도까지 그 부정적 결과는 심각한 문제성 도박 수준으로 나타난다(사행산업감독위원회, 2019). 도박 문제의 위험이 있는 대상자나 도박장애 진단기준에 따라 치료가 필요한 대상자를 확인하기 위해서 도박 문제 선별을 진행하는데, 우리나라에서는 캐나다와 호주, 영국 등에서 일반(지역사회) 표본의 도박중독 유병률 조사에 많이 사용하는 CPGICanadian Problem Gambling Index 도박중독 측정 도구를 사용한다. CPGI는 모두 9개 문항으로 문항당 배점은 0~3점으로 구성되며, 답변자가 답한 문항별 점수를 합산하여 8점 이상을 '문제성 도박', 3~7점은 '중위험 도박', 1~2점은 '저위험 도박', 0점은 '비문제 도박'으로 분류한다. 도박중독 검사에 대한 해석에 관한 내용은 〈표 10-3〉과 같다.

〈표 10-3〉 도박중독 분류표(CPGI) 해석

분류 점수	결과 내용	개입 방향
비문제 도박 (0)	• 도박으로 인한 어떤 문제도 없음	• 예방교육과 정보 제공
저위험 도박 (1~2)	• 대부분의 도박 경험자들은 저위험 도박자에 속함 • 도박을 하는 시간과 돈을 통제할 수 있음 • 도박의 목적이 돈을 따는 것이나 승리가 아니라 오락 또는 친목	• 단순조언 • 저위험 도박 관련 정보 제공 • 대상자 목표설정 지원
중위험 도박 (3~7)	• 도박이 삶에 문제를 일으키고 있는 도박자 • 도박을 하는 시간과 돈을 제한하는 데 어려움이 있음 • 도박행동 및 결과를 숨기기 시작함 • 도박자 자신이나 가족, 친구, 동료 등 타인이나 지역사회에 사회적, 경제적으로 해로운 결과를 초래	• 대상자변화단계 평가 및 조언 • 정보와 기술훈련 제공 • 전문상담 의뢰 • 전체인구 중 4.2%
문제성 도박 (8~27)	• 내성, 금단증상, 통제력 감소 • 도박행동을 조절하는 능력이 심각하게 상실됨 • 도박으로 중요한 활동을 포기 • 도박으로 일상생활과 역할에 심각한 손상을 경험함	• 위험관리 • 전문상담 의뢰 • 전체인구 중 1.1%

출처: 사행산업통합감독위원회(2016), 도박문제관리백서 재구성.

도박중독은 손실을 보상하기 위해 개인, 가족, 사회활동에서 어려움과 고통으로 호소하는 등 도박 행동을 지속하는 것에서 문제가 발생한다. 또한 도박으로 인해 생긴 경제적 상황의 문제를 해결하기 위해 가족과 지인에게 도움을 요청해 문제를 더욱 파생시킬 수도 있다.

2) 대학생 때 만난 도박중독

대학생의 도박중독은 도박중독 예방 프로그램을 개발하거나 도박중독과 대학생의 관계, 도박중독의 영향 요인, 도박 행동에 미치는 영향 요인 등 다양한 주제로 연구가 이루어지고 있다. 그중 장정임(2016)은 도박중독 예방 집단상담 프로그램 개발 및 효과 검증의 연구 결과 자기효능감은 향상되었고, 도박 욕구가 감소한 것으로 나타났다. 대학생과 도박중독의 관계에 서는 도박중독과 비합리적 도박신념이 상관성이 있으며 효과적인 예방을 위해 적절한 개입이 필요하다. 또한 스트레스와 도박중독, 도박신념이 연관성이 있으며 대학생의 도박중독을 예방하기 위해서 상담적 개입 방안이 효과가 있다고 나타났다. 도박중독의 영향 요인에 관해서는 가족 유대, 도박 빈도 및 경험 개수가 도박 문제의 증가로 이어지며 조기 개입과 예방사업이 우선되어야 한다. 도박 행동에 미치는 영향 요인에서는 사회적 지지가 높을수록 도박 행동이 감소하고 자기효능감 또한 높아지고 도박문제에 대한 적극적 개입과 예방의 필요성이 있다. 또한 대학생 도박 행동의 영향 요인이 도박 예방과 교육, 흡연과 음주 경험, 도박 신념과 불안, 가족, 학교, 사회 요인이 도박 행동에 조절 효과가 있을 수 있다. 이처럼 예방 교육을 통한 올바른 사회적 태도를 기른다면 가족, 학교, 사회 요인의 조절로 대학생의 도박중독을 막을 수 있다.

3) 브레이크 고장난 나의 통제감

자기 통제감이란 자신의 의지를 통하여 원하는 상태로의 변화가 가능할 수 있다는 믿음 (Baumeister, 2002)이라 정의한다. 자기 통제감은 자기 절제, 자기 조절의 개념과 함께 혼용하여 사용하고 있으며, 자기 통제감은 자기 자신이 스스로 통제하고 반성을 함으로써 더 나은 상태, 더 나은 행동을 하게 하는 능력이다. 즉 자기 통제감은 자기 절제를 통하여 충동을 조절하고 억제하며, 일상생활에서 행동으로 나타나는 것들을 예방하며 자신의 내적 상태를 바꿀 수 있는 능력이라 할 수 있다.

어떤 한 사람, 사물에 집중한다는 이유만으로 그것에 중독되었다고 보는 건 곤란하다. 그렇다면 몰입 상태와 중독 상태를 어떻게 구분할 수 있을 것인가? 묻는 답 중 하나는 자기 통제력에서 찾아볼 수 있다. 자기 통제감은 정신적·심리적 통제와 행동적 통제로 나타날 수 있다. 자기 통제 개념은 자기조절과 유사한 개념으로 사용되는데, 이는 자신의 행동 결정 의지에서 내부적인 판단에 의해 스스로 결정하고 조절하는 것이다. 이러한 자기 통제감은 스스로에게 발생한 일의 영향 요인, 즉 원인을 어디에 두는지가 개인의 선택에 영향을 미친다고 보며, 자기 통제감은 개개인의 심리상태 및 환경에 따라 다르게 발현될 수 있다.

자기 통제감은 학자에 따라 다양하게 정의된다. 개인의 환경에 대한 통제 가능성에 관한 인식으로 일생 동안 자신에게 일어나는 사건의 원인을 자신의 행동 또는 사고에 따라 통제할 수 있다고 믿는 신념, 혹은 반복적 작업에서 주의를 분산하지 않고 지속하는 것이라 말할 수 있다(Patterson et al., 1975). 따라서 자기 통제감은 자기 자신이 환경적 상황을 극복하고 통제할 수 있는지에 대한 개개인의 인식을 의미하며, 주체적인 의지를 갖고 자신의 삶을 이끌어갈 수 있게 한다는 의미를 담고 있다. 결국 자기 자신이 사건을 통제할 수 있다고 믿는 것과 관련된 신념인 자기 통제감은 바람직한 결과를 가져오며 자신의 환경에 긍정적 영향을 미친다.

대학생의 중독 및 자기 통제감과 관련된 연구들을 보면, 대학생들은 다양한 연구에서 낮은 자기 통제감이 도박중독에 부정적인 영향을 미치는 것을 제기하고 있다(Bergen et al., 2014). 자기 통제감이 낮은 사람들은 높은 사람들에 비해 무감각하고 충동적이며 위험한 모험을 선호하는 등 순간적이고 단순한 사고를 하는 것이다. 이러한 성향은 도박, 음주, 약물 남용 등 다양한 중독 행위들의 원인이 될 수 있다. 자신이 좋아하는 음식이 앞에 있어도 참을 줄 알고, 보고 싶은 영화가 있어도 리포트를 제출해야 하거나 팀티칭이 있다면 알코올, 도박, 스마트폰 중독 등에서 잠시 벗어나야 한다. 몰입에서 중독으로 가는 큰 경계선 하나가 스스로 조절하는 자기 통제력에 있다.

4. 통합예술치료와 도박중독

1) 하쿠나 마타타, 통합예술치료

일반적으로 통합은 특정 이론과 별개로 기술을 빌려오는 기술적 절충 및 이론적 통합의 두 가지 방법으로 구분한다(Corey, 2012). 예술치료의 효율성은 언어로 표현하기 어려운 상황에서 자신의 심리적 상황을 부담 없이 편하게 표현할 수 있으며 이에 의식과 무의식이 신체 여러 차원의 감각적 표현으로 표출될 수 있어 다소 덜 위협적이다. 최초 예술치료는 언어표현이 어려운 내담자들에게 예술매체를 통한 심리치료를 적용하며 시작되었다. 이후 예술치료 기법은 점진적으로 발전되어 왔으며 치료적 저항과 효과성을 위해 매체의 통합적 활용이 가능하게 되었다.

예술치료는 적용하는 주제 및 영역, 연령, 문화, 취향 등에 따라 다양한 효과가 나타난다. 무분별한 통합 적용은 오히려 문제점을 일으킬 수 있으므로, 과거부터 하나의 분야를 중심에 두고 다른 예술 매체를 보완하고 차용하는 방식으로 접근하고 있다.

1970년대 초 심리치료 임상에 통합치료라는 개념이 도입되었는데, 독일의 프리츠 펄스 Pritz Perls연구소 대표인 게슈탈트 이론가 힐라리온 페촐트Hilarion Petzold는 게슈탈트 심리치료 이론을 기반으로 하여 인간의 육체적, 정신적, 영적 성장을 도모하기 위한 목적으로 예술 매체를 활용하였다. 페촐트의 작업은 예술 매체를 통합하였다는 점에서 홍유진의 통합예술치료와 유사하게 볼 수 있다. 그런데 이들은 내담자의 심리적, 정서적 문제를 해결하기 위해 예술매체를 다양하게 적용하고 있으나 이를 기반으로 하는 목적, 이론, 의도가 다르다. 페촐트는 심리치료를 위해 예술 매체를 다양하게 적용하였지만, 홍유진(2018)은 예술이 갖는 치료적 특성 그 자체에 초점을 두었고 예술 매체의 통합을 예술 심리치료를 위한 목적 자체로 보았다.

이와 비슷한 관점에서는 숀 맥니프Shuan McNiff가 주장한 예술치료를 기반으로 내담자에게 접근하는 방법이 홍유진의 통합예술치료와 비슷한 맥락에서 이해될 수 있다. 하지만 이 또한 예술을 표현양식의 하나라 보았기 때문에 표현예술치료라고 명명되며 각 분야의 통합으로 임상현장에 적용이 되었다. 그녀는 기존의 단일 예술치료의 통합이 아니라 새로운 관점에서 예술치료 양식을 개발하였다. 특히 IT매뉴얼이라는 새로운 틀을 만들어 프로그램을 구조적으로 명료하게 체계화하였다.

2) 도박과 사랑에 빠진 중독 사례

이 사례는 소희정의 「도박중독 대학생의 자기통제감 증진을 위한 통합예술치료 연구」(2021)의 사례를 중심으로 소개하였다. 집단 구성원은 도박중독 대학생 4명으로 20대 중반이었으며, 이들은 자기 스스로 도박을 끊고, 다른 대학생들처럼 평범한 일상을 살아가고 싶지만, 마음먹은 대로 오래 가지 못하고 되풀이하는 도박의 반복적 문제를 겪고 있었다. 참여자들이 했던 도박의 종류는 스포츠토토, 사다리 타기, 달팽이 게임, 섰다, 내기당구 등이었다. 저자가 통합예술치료 프로그램 진행에 앞서 참여자들과의 사전면담을 통해 얻은 주 호소 문제는 다음과 같다.

(1) 참여자 A

A는 26세 남성으로 N대학 디자인학과 3학년에 재학 중이다. 부모님은 A가 고등학생 때 이혼을 하셨다. 아버지의 부재로 인해 가족을 책임지는 사람은 어머니였다. A는 이런 어머니를 자신이 지켜줘야 했고, 동생들을 보살펴야 한다는 압박감이 그의 삶을 짓눌렀다. 중학교 시절에는 학교에서 만나는 친구들뿐만 아니라 집에서조차 하루 종일 입을 다물고 지낸 적이 많았다. A는 "그때는 세상 모든 고독은 내가 짊어진 듯 혼자만의 섬을 만들고 살았어요."라고 담담한 목소리로 고백하였다. 가장 아닌 가장으로 애어른처럼 행동하면서 살아왔기에 "내가 누구인지 잘 모르겠어요."라고 말하곤 고개를 푹 숙인 채 한동안 말을 이어가지 못하였다.

고등학교 3학년 때 수능을 마치고 친구들 모두 공부에서 자유로워질 때였다. 반 친구 서너 명 정도가 모여 운동 경기와 선수 이야기를 하는 줄 알았는데 돈이 오고 가는 것을 우연히 목격하게 되었다. '스포츠토토' 게임을 하던 친구들의 모습은 수업을 들을 때 모습과는 달랐다. 눈은 반짝반짝 빛이 나고, 돈을 따서 서로 하이파이브하며 환호하는 친구들을 보며 "나도 한번 해 볼까?"라는 마음이 처음으로 들었다. 그렇게 접하게 된 '스포츠토토'는 A가 이제까지 알고 있던 세계하고는 비교도 안 될 정도의 신세계였다. 휴대전화만 있으면 언제, 어느 곳에서나 도박을 할 수 있기에 화장실, 지하철, 집 어느 공간이든 접근이 편했다. 편의점에서 하루 종일 아르바이트를 해야 벌 수 있는 돈을 단 몇 분 만에 따는 것을 보고 한 번도 경험해 보지 않은 쾌감을 느꼈다고 한다. 얼떨결에 시작을 한 A는 첫 시도 때 돈을 땄고, 얼마 지나지 않아 승률도 잘 맞아서 "나는 도박에 소질이 있나?" 생각할 정도였다. 돈을 잃은 날도 있었지만, 돈이 들어오다 보니 어느 순간 자신도 모르게 도박의 세상에 빠져들게 되었다. 고등학생 때부터 편의점 아르바이트를 해서 번 돈과 어머니한테 받은 용돈으로 두문불출하면서 5만원, 10만원, 15만원씩 점점 금액을 늘려가며 베팅을 하였다. 고등학교 졸업 후 대학교에 들어가서도 끊지 못하고 계속 이어나갔다. 새벽 경기가 있는 날에는 잠을 제대로 이루지 못해 학과 공부에 방해가 되었고, 도박으로 돈을 딸 수 있는 확률이 높은 선수에 대한 정보, 팀의 승패 등 어떤 시간대가 가장 돈을 잘 벌 수 있는 시간대인지 스스로 분석하며 뭔가 대단한 것을 하는 사람처럼 우쭐하기도 했다. 그때가 수업시간이면 수업을 빼먹는 일까지 생겨났다. 학과 성적은 엉망이 되었고, 매번 "이번 한 번만 하고 하지 말아야지." 하면서도 끊어내지 못하고 이어가는 자신에 대해 A는 이렇게 말했다.

> 이런 제 모습이 너무 바보 같아 자괴감이 들어요. 도박을 할 때마다 이번 딱 한 번만 하고 끊어야지. 매번 생각하지만. 생각이 행동까지 이어지지 못하는 제 자신에게 너무너무 화가 나요. 어디서부터 잘못되었는지 모르겠어요.

A는 이 시간을 통해서 진정한 나를 만나고 싶고, 도박을 완전히 끊을 수 있도록 통제가 스스로 가능했으면 좋겠다고 하면서 담담한 모습을 보였다.

(2) 참여자 B

B는 26세 남성으로 P대학 애니메이션학과 3학년에 재학 중이다. B가 초등학교 3학년 때부터 부모님은 별거 중이었다. 아버지는 지방에 내려가 계시고 현재는 어머니, 누나와 함께 살고 있다. B는 자신에 대해 "저는 속에 있는 말을 직설적으로 하지 못하는데 누나는 속에 담아두지 않고 하고 싶은 말을 직설적으로 해요."라고 말하였다. 어머니한테도 불만을 토로하거나 다툴 때가 빈번했는데 그럴 때면 "누나, 엄마한테 왜 그래? 왜 그렇게 이기적이야?" 하고 소리 지르고 욕하고 싶었지만, 소리 내어 말하지 못하는 자신을 못마땅하게 여겼다. 그런가 하면 어머니는 어머니대로 아버지에 대해 경제적인 면이나 정서적인 면에서 불만이 많았다. 어머니는 지방에 계시는 아버지에게 직접 표현하지 못하니 불만이 있고, 그런 엄마를 누나는 받아주지 않으니 B에게 하소연하듯 할 때면 '왜 나한테 퍼붓지?'라고 생각하면서도

엄마가 가엾고 불쌍하다는 생각이 든다고 하였다. 학교뿐만 아니라 집에서조차 편안하지 않고 우울하고 무기력할 때 너무 괴롭다고 하였다. 또한 B는 모든 사람에게 왜 맞춰주고 살아야 하는지 이러지도 저러지도 못하는 자신이 못마땅하고 그럴 때마다 죽고 싶다는 충동이 불현듯 올라온다고 하였다.

B는 중·고등학교 때부터 플레이 시간이 최단 시간이면서 아슬아슬한 느낌과 양쪽의 '홀'과 '짝' 중 하나를 선택해 돈을 걸어 맞추면 배당률만큼 수익을 얻는 간단한 게임을 좋아했다. 게임 '서든 어택'에 빠져 살았던 적도 있었다. 사다리 타기 게임은 도박이라는 인식조차 없었고 눈만 뜨면 자신도 모르게 사다리 게임을 하고 있었다. 사다리 타기 게임을 시작한 이후, 스포츠 토토로 옮겨 타기 시작했다. 지나고 보니 몰입할 수 있는 것이 유일하게 도박이었다. B는 군대에 입대하기 위하여 학교를 휴학한 시점부터 본격적으로 도박에 빠졌다. 학교를 휴학할 당시 어머니가 다음 학기 등록금을 미리 줬지만 학교에 등록하지 않았다. 며칠 도박을 하고 마감 전까지 등록하면 되겠다는 생각이 들었으며 근거 없는 자신감도 있었다.

> 1~2만 원을 걸었는데 30만 원을 따니까 뭐라고 표현할 수 없는 희열이 느껴졌어요. 이런 세상도 있네? 마치 신세계를 경험한 것 같았어요. 적은 금액으로 큰돈을 벌어보니까 점점 돈의 씀씀이가 달라지더라고요. 5만 원, 10만 원은 돈으로 느껴지지 않았고 용돈 달라고 어머니한테 손 벌리지 않아도 내가 먹고 싶은 것 사먹으니까 좋았어요. 어차피 인생은 한 방 아닌가요? 생각해 보세요. 요즘 같은 세상에 취업해서 월급 받아 꼬박꼬박 은행에 저축해도 집 한 채 구입하는 건 꿈도 못 꾸는 일이잖아요. 조금 더 몰입하자고 스스로에게 신념을 불어넣었더니 자신감이 생겼어요. 내가 잘났다는 생각까지 하게 되었다니까요? 어쩌면 도박이라는 세상으로 나를 몰아넣고 가둬버린 것 같아요.

B는 서로 이해하고 보듬어줘야 하는 가족관계도 원만하지 않고, 그 누구도 "자신을 이해하지 못하는 것 같다."라고 여러 번 호소하였으며, 이 세상에 내 편이라고는 단 한 명도 없다고 하였다.

(3) 참여자 C

C는 부모님과 남동생이 함께 살고 있다. 아버지는 식당을 운영하시고 어머니는 병원 수간호사로 근무하신다. C가 원한 학과는 아니었지만 어머니의 강요로 의료 관련 학과에 다니게 되었다. 아버지와 남동생과는 친밀한 관계이며 어머니가 C를 강압적으로 대하지는 않지만, 평소 눈치를 살피고 어머니 마음에 드는 행동을 알아서 하고 있는 자신을 발견한다고 말하였다. 현재는 대학을 휴학한 상태이나 "내가 다니는 학과가 과연 내 진로에 맞나? 다른 학

과에 다시 지원해 볼까?" 하는 고민을 하고 있다. 지금은 자신의 삶에 대해 모든 것을 놓아버린 상태인데 뭐라도 잡고 싶다는 표현을 하였다.

> 저에게 도박은 뭐랄까 쿵쿵 심장 소리예요. 눈을 감고 자는 시간 빼고는 오로지 도박 생각만 나거든요. 어떨 때는 꿈에서도 도박을 할 때도 있어요. 심지어 밥을 먹다가 도박하고, 또 먹고 도박을 해요. 으음, 통제가 안 되더라고요. 어쩌면 도박만이 내 인생을 바꿔줄 유일한 수단이라고 확신하고 있나 봐요.

> 한 번은 죽으려고 휴대폰 충전기 줄을 갖고 옥상에 올라갔어요. 휴대폰 줄로 목을 조르는 시도를 하면서 모든 것들을 놓아버리는 상황까지 저를 몰아세웠어요. 이렇게 살아서 뭐하나 싶고, 내가 죽어도 슬퍼할 사람이 없을 것 같더라고요. 이 시기는 우울의 늪에 빠져 허우적거렸어요.

C는 도박을 하면 할수록 잠을 잘 수 없을 정도의 고통이 왔고 도박으로 인해 자신을 죽음으로까지 몰아세운다고 하였다. 도박으로 돈을 잃은 후 만회하고 싶다는 생각에 다음 날 다시 도박을 하는 일도 있었다. 도박을 줄이거나 중지시키려는 노력을 해 보았지만 며칠 못 가고 다시 집착하였다고 말했다.

(4) 참여자 D

D는 27세 남성으로 부모님, 여동생과 살고 있다. 부모님에게 고분고분한 여동생과 달리 어렸을 때부터 D는 자신이 원하는 것은 어떻게든 쟁취하고 가지려고 해서 어머니가 힘들어하셨다. 어린 시절부터 내기를 하면 진 적이 거의 없고 승부욕도 강했다. 지루하거나 재미없는 일들은 빨리 싫증을 느끼지만 몸을 움직이는 격한 운동이나 활동은 즐거워했다. 대학 또한 자신이 원하는 학과에 들어가게 되니 "세상에 안 되는 일이 어디 있어? 마음만 먹으며 무엇이든 얻을 수 있지."와 같은 신념도 생겼다고 말했다.

> 제가 운동을 좋아하는데요. 여름인가? 친구에게 연락이 왔어요. 농구해서 진 팀이 저녁 사주기 내기하자고요. 운동 신경도 좋고 승부욕이 강해서 바로 오케이 했는데 그날은 왠지 가기 싫더라고요. 시합 도중 제가 공을 골대에 넣다가 재수 없게 발을 접질려 주저앉아 버렸어요. 넘어지면서 허리까지 심하게 다쳐 2개월 정도 병원에 입원을 했어요. 에휴, 제 느낌대로 그날 나가지 말았어야 했는데… 그때부터 일이 꼬이기 시작했어요. 군대도 못 가고 공익근무요원으로 빠지게 됐죠.

도박하고 싶은데 돈이 없을 때는 이 친구, 저 친구에게 5만 원, 10만 원 빌리다 보니 어느 순간 500만 원 넘는 돈을 빌려 쓰고 있었다. 독촉하는 친구들 전화를 피하거나 오히려 갚겠다는데 왜 자꾸 전화하냐며 친구들에게 화를 내는 모습을 어머니가 보게 되었다. 아버지에게는 비밀에 부치고 다시는 도박을 안 하겠다고 어머니에게 다짐한 후, 친구들에게 빌린 돈을 어머니가 대신 갚아주셨다. 하지만 한 방을 노리고 만회하고 싶은 마음에 D는 어느새 집에 있는 청약 통장을 갖고 나가 해약해 받은 목돈으로 도박을 하였다고 당시 상황을 자세히 진술하였다.

> 실은 집에 있는 금도 몰래 갖고 나가 팔았어요. 도박 자금을 마련하면서도 뻔뻔스러워지는 제 자신이 무섭게 느껴졌어요. 으음… 고장 난 자동차를 타고 고속도로를 달리는 기분 아세요? 뭐랄까, 브레이크를 밟지 않고 전속력을 다해서 달린다고 해야 할까요?

잠깐 멈칫하더니 스스로가 통제가 안 된다는 것에 섬뜩함과 무력감이 느껴진다고 하였다.

3) 통합예술치료 프로그램

도박중독 대학생들의 자기 통제감을 높이기 위해 적용한 통합예술치료 프로그램은 〈표 10-4〉와 같다.

〈표 10-4〉 도박중독 대학생의 통합예술치료 프로그램

단계	회기	모델	프로그램 구성		증상개선목표
초반부	1	카타르시스 모델 (게임놀이 기법) 투사 모델 (미술매체)	O	〈거짓말〉게임	©ERAT 무가치감 완화
			M	〈당신은 누구십니까?〉게임	
			C	별칭을 통한 긍정감정 자각	
			A	일상에서 별칭 부르기	
	2	카타르시스 모델 (게임놀이기법 감정표현기법)	O	〈손바닥 밀치기〉게임	©ERAT 무가치감 완화
			M	〈부탁해요〉게임	
			C	부정 및 긍정 감정 자각	
			A	일상에서 긍정 감정 체험하기	

3	카타르시스 모델 (감정표현기법) 투사 모델 (사진매체)	O	사진으로 감정 탐색	ⓒERAT 우울감 완화
		M	〈사랑합니다〉 표현하기	
		C	자신과 타인에 대해 새롭게 자각	
		A	일상에서 자기감정 알아차리기	
4	카타르시스 모델 (감정표현기법) 투사 모델 (영화매체)	O	호흡 명상 및 마음 이완	ⓒERAT 우울감 완화
		M	영화 〈꾸뻬씨의 행복여행〉 감상	
		C	행복할 권리가 있음을 자각	
		A	일상에서 자기 긍정 체험하기	
5	그림자 엿보기 모델 (사진기법) 투사 모델 (사진, 미술매체)	O	그림자 사진 찍기	CⓇAT 우울감 완화
		M	그림자 사진 꾸미기, 신체조각상	
		C	〈오자토크〉로 느낌 나누기	
		A	체험을 바탕으로 화두 주기	
6	그림자 엿보기 모델 (사진기법) 투사 모델 (사진매체)	O	걷기명상 및 마음 이완	CⓇRAT 비합리적 신념 충동성 완화
		M	나를 상징하는 사진	
		C	왜곡된 자기이해 및 위로방법 자각	
		A	체험을 바탕으로 화두 주기	
7	카타르시스 모델 (이완기법) 투사 모델 (문학매체)	O	호흡명상 및 마음 이완	CⓇRAT 비합리적 신념 완화
		M	책 『다섯 장으로 된 자서전』 감상	
		C	집착에 대한 자각	
		A	체험을 바탕으로 화두 주기	
8	그림자 엿보기 모델 (사진기법 깨우기기법)	O	내가 찍거나 모은 사진	CⓇRAT 욕구표현
		M	사진으로 자기소개	
		C	자신에 대해 자각 및 수용	
		A	체험을 바탕으로 화두 주기	
9	카타르시스 모델 (게임놀이기법) 투사 모델 (미술매체)	O	몸으로 표현하기	CEⓇAT 부정적인 감정완화
		M	동물 가족화(가족 소개)	
		C	가족구성원 역할 재인식	
		A	체험을 바탕으로 화두 주기	
10	투사 모델 (무용/동작매체) 투사 모델 (사진/미술매체)	O	음악을 들으며 지시문에 따라 걷기	CEⓇAT 역할 이해
		M	동심원으로 대인관계 이해	
		C	대인관계 역동 탐색	
		A	체험을 바탕으로 화두 주기	

중반부 I 은 5~8회기, 중반부 II 는 9~10회기에 해당한다.

11	투사 모델 (영화/연극매체)	O	내 인생의 영화 선정	CE®AT 역할 수행
		M	영화 〈수요 기도회〉 역할극	
		C	삶의 의미와 가치 자각	
		A	체험을 바탕으로 화두 주기	
12	가면아이 모델 (가면착용기법)	O	히어로 가면 선정	CE®AT 자존감 향상
		M	가면을 쓰고 1인칭 '나'로 소개하기 가면을 벗고 2인칭 '너'로 말하기	
		C	긍정적 내면의 힘 자각	
		A	체험을 바탕으로 화두 주기	
13	시간여행자 모델 (왕의의자기법) 투사 모델 (영화매체)	O	영화 〈폭풍우 치는 밤에〉 감상	CER®T 욕구표출
		M	왕의 의자기법	
		C	내면의 힘 자각하기	
		A	체험을 바탕으로 화두 주기	
14	투사 모델 (음악매체) 투사 모델 (문학매체)	O	영상 〈노란 우산〉 감상	CER®T 자기수용 지지체계 확인
		M	동화 〈괜찮아〉 스토리텔링	
		C	〈호오 포노포노〉 듣고 서로 지지해 주기	
		A	체험을 바탕으로 화두 주기	
15	투사 모델 (사진매체 미술매체)	O	폴라로이드 카메라로 타인 찍어주기	CERA① 자기이해와 수용
		M	콜라주 미래의 자화상(10년 후 모습)	
		C	자신에게 지지와 격려하기	
		A	체험을 바탕으로 화두 주기	
16	그림자 엿보기 모델 (동영상기법) 투사 모델 (미술매체)	O	행복한 얼굴 그리기	CERA① 긍정적 자아상 지지체계 확인
		M	내가 내게 주는 상장 꾸미기	
		C	상장 수여식	
		A	체험을 바탕으로 화두 주기	

(표 좌측: 후반부)

　통합예술치료 적용에 따른 참여자의 자기 통제감의 변화는 참여자 모두 강화된 것으로 나타났다. 참여자들은 자신의 이야기를 스스로 꺼내어 공유하였으며 방어기제를 내려놓고 개방적인 모습을 보였다. 또한 상대방에 대해서도 공감하고 경청하는 모습을 보였다. 그 과정에서 참여자들은 자신에 대해 인지하고 자각하며 스스로에 대해 긍정적인 이미지를 떠올리고 '할 수 있다'는 자신감을 가졌다. 즉 자신의 삶에서 주체성을 가지고 스스로가 행복해질 수 있는 권리 주체라는 사실을 인정하고 받아들였으며, 자신이 노력해야 할 부분에 대해 스스로 변화하려는 의지를 가진 주체로서 '자기통제감'의 변화가 공통적으로 나타났다.

4) 자기 통제감의 변화 과정

(1) 초반부 변화

참여자 모두가 1회기에서는 자신의 감정에만 몰두하거나 혹은 억압하면서 상대의 눈치를 살피는 성향이 강하게 나타났다. 또한 불안과 내면에 부정적 감정이 전해졌으며 스스로를 통제하려는 자기 통제감 자체가 낮은 소극적인 성향인 것으로 보였다. 1회기부터 4회기까지는 참여자가 자신의 감정의 어려운 부분에 대해 나누고, 고통스러운 상태에서 벗어나는 것을 목표로 하였으며 참여자들과 치료사와의 라포형성을 통해 우울과 부정적 감정에 대한 것을 스스로 깨닫게 하는 것에 목표를 두었다. 2회기에서는 거짓말 게임을 하였다. 이 활동에서는 1회기 때 라포형성 한 것을 토대로 자신이 하고 싶어 하는 활동에 대해서 이야기하는 것으로 자신의 문제점을 인지하고, 바꾸고 싶어 하는 자신에 대한 감정을 확인하였다. 또한 거짓말로 이것을 대입시켜 부정적 감정을 변화시킬 수 있는 가능성을 확인하였다. 특히 3회기 때 자기 통제감이 본격적으로 발현되기 시작하였다. A의 경우 소극적인 자신이 문제가 있다고 보았으며 누군가에게 부탁하는 것이 어려웠으나 용기가 생겼다고 하였다. 이로 인해 삶에 있어 관계, 즉 사회 속에서 자신이 어떻게 표출하는 것인지에 대한 고민은 자존감이 높아질 수 있는 첫 번째 신호이자 자기 통제감을 강화할 수 있는 발판이 되었다. 이후 3회기부터는 보다 본격적으로 자신의 감정을 나타내기 시작했으며, 서로의 감정에 대해 공유하고 공감을 하게 되었다. 이러한 공감에서 그들이 말로 표현했던 것은 "새로운 경험이다." "온몸이 미칠 것 같았다." "뭐라 표현하기 힘들다." 등으로 흔히 쓰는 일반적인 경험에 대한 말이 아니라 매우 특별한 것으로 감정의 공유가 일어났음을 알 수 있었다. 또한 가장 주목할 것은 "그냥 사랑합니다."라는 말인데, 이때부터 울컥했다는 참여자가 나타나 참여자 스스로가 존재 자체로 사랑받지 못했고 그로 인해 낮은 자존감과 자기 통제감의 하락으로 이어졌다는 것을 알게 되었다. 사랑받고자 하는 욕망은 모든 인간의 기본적 욕구이다. 자신이 인지한 부정적인 면을 스스로 자각하면서, 단점이 있지만 이조차도 타인에 의해 용인될 수 있고 '나'라는 인간이 가진 긍정성을 발전시킨다면 받아들여질 수 있다는 포인트로 작용되었다. 특히 참여자들의 감정과 자존감을 찾는 터닝 포인트가 되는 시간이었다.

세라트 단계에서 초반부 1~4회기까지 개인은 자신의 감정을 받아들이고, 부정을 긍정으로 전환하는 시간이었다. 도박중독자들은 실존에 대해 망각하고 도박에 빠져 있기에 자신 존재로서의 중요성과 자신으로 인해 가족들과 관계 맺고 있는 이들의 아픔에 대해 인지하지 못한다. 이것은 일종의 자기 도피로 볼 수 있다. 현재 어려운 상황을 회피하는 것에서 도박 중독이 시작되었다고 추측할 수 있으며, 특히 낮은 자존감은 스스로 자기 통제감을 더욱 낮추는 촉발제가 되었다. 이들이 공통으로 했던 '스포츠토토'의 경우 인터넷상에서 쉽게 접할 수 있으며 결과가 빨리 나타나고 게임이 주는 희열과 자신이 승자가 될 수 있다는 헛된 희망을 갖는 것에서 게임 자체가 주는 허황된 행복감에 중독되었던 것이라 하겠다.

사전 인터뷰와 한국판 문제도박척도K-CPGI 및 한국판 단축형 자기통제 척도BSCS 검사의 결과에 따르면, 이들은 내적 세계와 외부 현실을 동일하게 인지하면서 자신이 나쁘다고 느끼기에 나쁜 대우를 받을 것으로 여기고 있었다. 이러한 내적 현실은 참여자가 자신을 '경험을 창조해 내는 주체'가 아닌 '경험의 대상이 되는 객체'로 작동하였다. 즉 중요한 욕구들이 좌절되면 여러 부정적 감정을 경험하게 되는데, 이때 단순한 희열이나 기쁨을 추구하는 방식으로 자신의 고통스러운 감정을 처리한다. 이러한 행위의 반복은 자신을 탐색하면서 성장하는 여정이 아닌 도박중독이라는 깊은 수렁에 빠지게 했을 것으로 보인다. 하지만 참여자들은 카타르시스라는 대주제로 이루어진 회기를 경험하면서 그동안 억압하고 회피해 왔던 생각과 감정을 표현하는 체험을 하였다. 이들은 점차 자신들의 가치에 대해 인정하고, 죄책감보다는 도박중독을 이겨내고 행복할 권리를 찾으려고 노력하는 모습을 보였다. 참여자들의 변화된 모습은 통합예술치료 프로그램이 자기 통제감을 증진할 수 있는 가능성을 제공해 주었다.

(2) 중반부 변화

4회기까지 자기 통제감이 높아지는 전초단계였다면, 5~12회기는 프로그램의 중기로 본격적으로 자신의 문제를 직면하였다. 실존 자각 단계에서는 감정의 배설을 통해 참여자 간 그리고 치료자와 보조치료사에게 마음을 열고, 자신의 내밀한 부분의 어두운 감정을 공유하였다. 참여자들은 조금 더 솔직하게 자신의 내면 이야기를 하였다. 사람들이 어떤 단어를 선택하고 사용하는가는 그 사람의 내면 상태를 보다 직접적으로 반영하는 부분일 수 있다. 그들이 썼던 단어 "이제 깨어나." "잘하고 싶다." "하늘을 보자." "용기를 갖자." 등은 주체가 모두 자신이며, 타인이 해 줄 수 있는 영역이 아닌 스스로 해야 하는 단어이자 미래형 단어로 구성되었다. 이것은 참여자들의 변화가 가장 잘 드러나는 부분이다. 참여자들은 중반부에서 행복에 대한 정의와 자신이 중요하다고 생각하는 가치관에 대해 이야기했으며, 스스로 옥죄이지 않으며 '나'라는 존재가 중요한 것을 받아들였다. 또한 비밀로 간직하고 있던 이야기들이 방어막을 깨고 마음속 상처와 원하는 것을 솔직하게 털어놓았다. 이처럼 중기에서는 '나의 자각'을 더욱 구체화하고 긍정적 감정의 변화를 통해 자기 통제감이 본격화되는 단계였다.

또한 중반부는 실존 자각과 더불어 역할 단계로 이어졌다. 이 단계는 자신의 존재가 무가치한 존재가 아닌 소중한 존재이며, 행복하고 사랑받을 의무가 있다고 인정하는 단계이다. 한 단계 더 나아가 가족과 사회로 확장하여 자신이 할 수 있는 역할에 대해 고민하기 시작했다. 또한 중반부에서는 초반부에 소극적이었던 참여자 중 C와 D가 적극적으로 리드하려는 행동을 취하는 변화가 있었다. 이는 참여자들이 자발적으로 행동하고자 하는 것이 무의식적으로 나온 것이라 여겨진다. 즉 스스로의 삶에 주체성을 갖고 보다 적극적으로 행동하는 것임을 확인하였다. 12회기에는 영웅 이미지 등에 자신을 투사하여 자신이 어떤 인물이 되고 싶은지에 대해 설정하였다. 이것은 자존감을 높여 자신이 할 수 있는 일의 기대치를 높이며, 나의 가치에 대해 스스로 인정하는 것으로 보았다.

초반부에는 부정적으로 자기 이미지를 표현하였으나 시간이 지나면서 상당히 긍정적이고 적극적으로 자신을 표현하는 것이 관찰되었다. 이는 창의적으로 자신을 표현해 보는 과정에서 경직된 사고가 점차 유연해지고 탄력성도 증가한 것이다. 참여자들은 체계적으로 구성된 프로그램을 체험하는 동안 머뭇거리던 초반부 모습과 달리 주도적으로 임했다. 이런 자발성은 그동안 돌아보지 않았던 어린자화상과 만나는 힘을 주었고, 그것은 곧 그들의 말과 행동을 통해 나타났다. 참여자들의 말과 행동의 변화는 이미 그들이 성장을 위한 변화가 시작되고 있다는 것을 보여 주는 중요한 단서일 것이다. 참여자들은 초반부에 보였던 부정적 모습과 달리 회기의 진행에 따라 상당히 변화된 모습을 보였고 자기 통제감이 많이 향상된 것을 확인하였다. 이러한 변화는 일상에서 도박중독을 이겨낼 수 있는 근본적인 힘으로 작용할 것임을 시사한다.

(3) 후반부 변화

후반부인 13~16회기는 세라트 단계로 볼 때 적응과 변형의 단계이다. 먼저 현실 적응을 위해 참여자들이 자신이 속한 집단이나 사회에 대해 이해하고 타인의 역할 기대에 유연하게 반응하도록 하였다. 도박중독자에 대한 치료적 개입은 궁극적으로, 도박 행동을 조절하고 건강한 사회인으로 복귀하도록 하는 것에 있다. 그런 의미에서 참여자들이 다각적인 측면에서 자신과 타인의 역할을 이해하고 자신의 행동양식을 자각하는 것은 매우 중요한 일이다. 이들은 권위자가 되어보는 경험을 통해 "상대적인 위치에 따라 마음이 바뀌는 것이 이상했다."라고 표현하면서 타인의 고통이나 욕구에 대해서도 민감하게 반응하였다. 또한 갈등 상황에 직면하였을 때 언어로 자신의 생각과 감정을 표현하면서 조정하고자 하는 모습을 보였다. 자기 통제감이 낮은 사람들은 자기중심적 경향을 강하게 보이는 데 반해, 대상자들은 자신을 건강하게 표현함과 동시에 타인에게 공감하는 모습에서 자기 통제력이 증대되었음을 확인하였다. 참여자들이 자신을 인정하면서 실존적 존재임을 깨닫고 자신에게 주어진 역할을 건강하게 수용해 나가는 변화가 나타났다. 이러한 변화는 일상생활에서의 적용하기 과정을 통해 치료공간을 삶으로 확장하여 이루어졌다. 매회기 치료자가 제시한 화두를 일상에서 수행하면서 좌절하기도 하였지만, 시도한 것에 대해 서로 격려하고 작은 성공 경험을 통해 자존감을 회복하였다.

또한 "나는 먼저 나서서 주도하지 않지만 세심하게 사람들을 잘 챙겨요." "나는 만화를 잘 그리고 인내심이 있어요." "나는 뭐든 하나에 꽂히면 그것에만 집중하고 몰입을 잘해요." "나는 순발력이 있고, 누구하고든 잘 어울려요."라고 긍정적인 스토리텔링을 하였다. 14회기와 15회기에서 참여자들은 스스로 변화된 자신을 인지하고 수용하게 되면서 변형 단계에서 긍정적이고 구체적인 미래를 설계하였다. 10년 후 자화상 활동에서 참여자들은 "삶에서 지금처럼 시련과 어려움이 찾아올 수 있지만 그러한 현실을 수용하고 극복해 나갈 것"이라고 하였다. 이는 곧 자기 통제감이 크게 높아진 회기로 평가할 수 있었으며, 행복할 권리에 대해 인정하고 행복을 적극적으로 꿈꾸기 시작하는 변화였다. 결국 긍정적 이미지상의 연출은 자신이 해야 할 일을 인지하고, 이를 위해 노력해야 할 것 등을 설정하며 이를 촉구하도록 한다. 이것은 자기 통제감을 높이며 현재의 문제를 해결하는 능력이다. 그리고 마지막 16회기에서는 스스로 상을 주는 것으로 마무리하며, 자신의 얼굴 즉 자화상을 그렸다. 이때 참여자들은 "오뚝이 같다." "살아남은 자신." "성실상을 주고 싶다." "당당하게 홀로 설 수 있다." 등의 표현을 보면 앞으로 살아가면서 어려운 상황이 닥쳐도 이를 극복하겠다는 의지와 주체적으로 해결할 수 있다는 다짐 등을 하였다. 이 과정에서 참여자들은 치료사에게 받는 칭찬과 지지도 기쁨이지만 자신이 스스로에게 주는 상은 앞으로 살아가는 데 있어 자신을 사랑하고 자존감을 높여주는 일환이 된다. 반복적으로 자신을 향해 토닥이는 것이 타인에게 받는 칭찬과 격려보다 값진 것이다. 이로써 참여자들이 자신과 환경에 대해 갖게 된 긍정적인 감정은 자기 통제감을 높이며 현재의 문제를 해결하는 데 도움을 준 것으로 분석된다. 〈표 10-5〉는 통합예술치료 프로그램을 통한 도박중독 대학생들의 자기 통제감 변화 과정을 정리한 내용이다.

도박중독 대학생들에게 적용한 통합예술치료 사례를 통해 통합예술치료가 자기 통제감 증진에 미치는 영향은 세 가지로 나눠 볼 수 있다. 첫째, 통합예술치료 프로그램은 도박중독 대학생들의 증상개선을 위해 총 16회기를 설정함으로써 참여자 맞춤형 설계를 실현하였다. 이에 따라 자기 통제감은 참여자 모두에게서 강화된 것으로 나타났으며, 스스로 노력해야 할 부분에 대해서 확인하고 변화하려는 의지를 가진 주체로 변하는 모습을 보였다.

〈표 10-5〉 자기 통제감의 변화 과정

구분	내용
초반부	초반부 3회기 때 본격적으로 자기 통제감이 발현되었으며, 소극적인 자신에서 벗어나 삶에서 관계, 사회 속에서의 나에 대한 고민을 하게 되었고 이는 자기 통제감을 강화할 수 있는 발판이 되었다. 이후 자신의 감정을 보다 적극적으로 표현하고 상대방의 감정에 대해 상호 공감하는 모습을 보였다. 또한 3~4회기에서는 개인이 가진 단점을 수용하며 긍정성을 발전시켜 스스로 사랑받을 만한 존재라는 것을 인정하고 수용하는 것에서 자기 통제감이 높아지는 순간임을 확인하였다.
중반부	중반부에서는 자신의 내면에 관한 이야기 장면에서, 주체가 자신이며 스스로 할 수 있는 미래형 단어로 이야기를 하였다. 이러한 단어 선택으로 보아 의존적이고 소심했던 때와 달리 자기 통제감이 높아지는 순간을 확인할 수 있었다. 특히 12회기에서 영웅 이미지에 자신을 투사하여 되고 싶은 인물에 대해 이야기하는 장면에서, 자신의 가치에 대해 스스로 인정하며 자신이 할 수 있는 일에 대해 기대치를 높여 주체성을 갖는 모습을 보였다. 이를 통해 참여자들의 자기 통제감이 높아진 것을 확인할 수 있었다.
후반부	후반부 15회기에서는 사진 매체로 10년 후 자화상을 이야기하는 시간이 있었다. 이때 참여자들은 지금의 나를 인정하고 발전된 자신의 상을 말하며 이를 발현시키고자 하는 모습이 나타났다. 이처럼 있는 그대로의 자신을 인정하고 직면하는 모습에서 자기 통제감이 높아진 상태라고 치료사는 느낄 수 있었다. 이어 참여자들 모두가 스스로 행복할 권리에 대해 인정하고 행복을 꿈꾸기 시작하였다.

둘째, 참여자들은 일상에서 감정을 체험하고 자각하는 것에서 본 치료가 시작되었으며, 스스로 자신의 존재 및 감정에 대해 인지하며 자기 통제를 할 수 있는 입지를 다졌다. 이러한 과정이 반복되고 긍정적 자아 지지체계를 깨달으면서 초기의 불안, 우울함, 무기력함 등이 상쇄되고 조금씩 극복되었다. 셋째, 도박중독에 빠진 네 명의 대학생은 모두 개개인의 역할변화에 대한 긍정적 인식의 증가가 나타났다. 자신의 존재가치 및 권리와 의무에 대해 확인하고 자신의 역할을 고민하는 것은 사회 속에서 개인이 잘 적응해 가는 기제가 된다.

중독은 개인의 삶을 무너뜨린다. 무너진 개인은 가족, 타인, 사회에도 고통을 주며 삶을 무너뜨린다. 영화 〈28일 동안(28 Days, 2000)〉에서 술과 마약중독으로 피폐한 삶을 사는 신문사 칼럼니스트 '그웬'은 28일 전에는 잘 놀고, 잘 마시고 지내지만 일에 관해서는 잘 못 나가는 모습을 보인다. 그녀는 술 없이는 단 하루도 생활하기 힘든 심한 알코올중독자이다. 그녀는 재활원에 입소하여 알코올중독에 관한 치료를 받는다. 또 한 편의 영화 〈벤 이즈 백(Ben is Back, 2018)〉의 '벤'은 약물중독으로 재활 치료를 받고 있다. '홀리'는 '벤'과의 전화통화를 하던 중 "크리스마스 선물로 네가 왔으면 좋겠다."라고 말한다. 그래서인지 크리스마스를 앞두고 잠시 가족에게 온다. 벤은 어려운 상황에서도 전폭적인 지지를 해 주는 엄마가 끈을 놓지 않고 잡아주었기에 중독에서 벗어날 수 있는 희망이 생겼다. 마지막으로 영화 〈타짜1, 2006)〉의 주인공 '고니'는 가구공장에서 일하며 남루한 삶을 사는 인물이다. 대학보다 가난을 벗어나게 해 줄 돈이 우선이던 '고니'가 타짜가 되기 전에 자신이 일하던 공장에서 우연히 처음 '섰다'를 하면서 파산할 때, '춘재'가 말한다. "고니야, 넌 왜 이렇게 재수가 없냐." "넌 화투 배우지 마라, 길에서 객사할 팔자다야."라고. 이 말은 도박의 세계로 뛰어든 고니의 운명과 앞으로 다가올 미래는 재수가 없다는 것을 암시한다.

영화 세 편에서 보여 주듯 알코올중독, 마약중독, 도박중독 등 중독의 독 안에 빠져 있는 영화 속 주인공처럼 중독에 빠져 있는 이들이 자신의 문제를 인식하고 치료를 받겠다는 결정을 하기는 매우 어려운 게 현실이다. 그들 스스로 세상 밖에서 세상 안으로 들어오기란 굉장히 힘든 일이다. 정기적인 상담과 치료를 받고, 점점 회복하는 과정은 결코 쉽게 이루어지지 않는다. 왜냐하면 어떤 중독이든 중독을 앓고 있는 개인은 혼자서 자기치유를 하거나 건강한 사회에 자리매김하기에는 한계가 있다. 중독을 이겨내고 다시 일어설 수 있는 힘은 중독자 자신의 변화도 중요하지만, 가족의 관심과 사회의 도움이 필요하다.

 참고문헌

김교헌(2006). 도박행동의 자기조절모형, 한국심리학회. 11(2), 243-27.

사행산업통합감독위원회(2017). 2016 사행산업 이용실태 조사.

사행산업통합감독위원회(2020). 2020 사행산업 이용실태 조사.

소희정(2021). 도박중독 대학생의 자기통제감 증진을 위한 통합예술치료 연구. 동덕여자대학교 대학원 박사학위논문.

장정임(2016). 통합 상담모형에 기반한 대학생 도박중독 예방 집단상담 프로그램 개발 및 효과. 제주대학교 대학원 박사학위논문.

American Psychiatric Association (APA). (2013). *Diagnostic and statistical manual of mental disorders* (5th ed.). Washington, DC: APA.

Caillois, R. (2018). *Jeux Et Les Hommes.* 놀이와 인간: 가면과 현기증(이상률 역). 서울: 문예출판사. (원서 1992년 발행).

Corey, G. (2021). *The Art of Integrative Counseling* (4th ed.). 상담 및 심리치료의 통합적 접근 워크북 (현명호, 유제민 공역). 서울: 시그마프레스. (원서 2012년 발행).

Csikszentmihalyi, M. (2004). *Flow.* 몰입(최인수 역). 서울: 한울림. (원서 1990년 발행).

Langer E. J. (1975). The illusion of control. *Journal of Personality and Social Psychology,* 32, 311-328.

Patterson C. J., & Mischel W. (1975). *Plans to resist distraction*. Developmental Psychology, *11*, 369-378.

Petry, N. M. (2005). Stages of change in treatment-seeking pathological gamblers. *Journal of Consulting and Clinical Psychology, 73*, 312-322.

Turner, N. E., Zangeneh, M., & Littman-Sharp, N. (2006). The experience of gambling and its role in problem gambling. *International Gambling Studies, 6*, 237-266.

제11장

발달장애아동 어머니의 힐링드라마

이수정

저자는 상담심리학 석사와 통합예술치료학 박사학위를 취득하였고 현재 통합예술치료 연구소 소장으로 재직 중이다. 연구대상은 스트레스를 경험하는 성인 집단과 청소년 및 장애인 집단 등으로 양육스트레스, 의사소통, 역할이해, 긍정심리, 회복탄력성 등에 관한 프로그램 연구를 하고 있다.

이 장에서는 통합예술치료가 발달장애아동 어머니의 양육스트레스 감소에 어떠한 영향을 미치는지를 발달장애아동 어머니 6명의 사례를 통해 소개하고 힐링드라마 모델 적용 시 실제적인 측면에 초점을 맞추어 기술하였다. 힐링드라마 모델에 초점을 둔 이유는 발달장애아동 어머니들이 치료적 변화에 도달하여 성취의 기회를 경험하도록 하기 위해서였다.

사례를 통해 제시한 통합예술치료 프로그램은 30회기로 구성되었으며, 증상개선을 위한 회기 목표는 고립감, 우울감, 불안감, 죄책감 완화이다.

이 프로그램은 치료사의 의도에 따라 다양한 모델과 기법이 응용되거나 혹은 단독으로 적용할 수 있다. 그러나 힐링드라마 모델은 내담자의 트라우마를 소재로 극화작업 후 공연이 진행되므로 증상개선목표에 따라 점진적 단계로 참여자의 이슈를 다루도록 해야 하며 무대화를 위한 통합예술치료사의 수련이 필수적이다. 아울러 개인이 느끼는 양육스트레스는 개별적 심리 · 정서적 문제로 증상이 다르게 나타날 수 있기에 이 사례를 일반화하는 데 한계가 있을 수 있다.

1. 내 아이는 장애가 있어요

1) 끝없는 도전, 양육스트레스

양육스트레스는 부모역할을 수행하면서 경험하는 스트레스이다(Abidin, 1992). 육아는 부모에게 기쁨을 주기도 하지만 도전적이고 스트레스가 많은 경험이 될 수 있다. 특히 발달장애아동을 양육하는 부모에게는 그 도전이 훨씬 더 크다.

발달장애아동 부모가 수행하는 기본적 역할은 크게 '보호적 돌봄'과 '자녀의 발달 촉진' '자녀의 사회화'로 구분할 수 있다. 먼저, 발달장애인은 개인 신변처리 및 생활자립이 어렵고, 자기결정 및 의사소통 등에 취약하다(김봉년, 2017). 이 때문에 발달장애아동 부모는 지속적인 부모역할을 수행해야 하며, 발달장애 특성과 관련하여 전문적인 양육자 역할을 수행하게 된다. 또한 장애 자녀의 사회화뿐만 아니라 사회가 장애인을 이해하고 수용할 수 있도록 비장애인의 사회화를 촉진하는 이중적 역할을 수행하게 된다(최복천, 2010).

　우리나라의 경우에 발달장애아동 주 양육자는 부모가 78.6%(모 66.2%, 부 12.4%)로 조사되어 자녀 양육에 대한 책임이 어머니에게 과도하게 편중되어 있음을 알 수 있다(보건복지부, 2021). 그러나 발달장애아동 어머니는 장애 자녀의 수족으로 살면서 자신의 신체적, 심리적 어려움에 적절하게 대처하지 못하며, 자신의 행복을 위한 적극적인 노력을 기울이지 않는 경향이 있다(김수희, 2010). 이러한 경향은 어머니 본인의 사회활동 및 관계 축소에 크게 작용하고 있으며, 나아가 자녀의 치료와 교육 및 건강 관리에 대한 경제적 부담으로 이어진다. 그로 인해 두통, 불면, 피로감, 소화 불량 등 신체적 증상이 나타나거나, 불안, 우울, 적대감, 고립감 등 심리적 문제가 야기되기도 한다. 이처럼 양육스트레스는 자신의 행복에 부정적 영향을 미칠 뿐만 아니라, 양육 유능감 저하로 인해 가족과 사회적 문제로 연결될 수 있으므로 양육스트레스 감소를 위한 치료적 개입이 필요하다. 발달장애아동 어머니의 양육스트레스 유형은 〈표 11-1〉과 같다.

〈표 11-1〉 발달장애아동 어머니의 양육스트레스

양육스트레스 유형	증상
신체적 스트레스	수면 부족, 만성 피로, 부족한 휴식으로 인한 소진, 긴장성 두통, 고혈압, 관상동맥질환, 소화기 질환, 피부염 등
부모역할 스트레스	일상적 부담감, 가사부담, 비장애 형제의 양육, 돌발적 문제행동, 통제 불가, 유능감 저하 등
현실적 스트레스	장기적 치료 기간, 장애 이해 및 교육, 경제적 부담, 자신을 위한 시간 축소, 부부 및 가족관계 갈등, 친교 대상 제한 등
사회적 스트레스	장애에 대한 사회적 편견, 장애인 교육 시설 부족, 장애인에게 고용 불이익과 권리배제, 제한된 참여, 자녀양육을 위한 어머니의 경력 단절 등
심리·정서적 스트레스	우울, 불안, 고립감, 죄책감, 분노, 억울함, 좌절, 무가치감, 모멸감, 억울함, 낮은 자존감 등

2) 감정의 롤러코스터

　많은 연구에서 언급한 심리·정서적 스트레스의 대표적인 증상은 우울, 불안, 고립감, 죄책감이다. 특히 우울은 가장 보편적인 증상으로, 2016년 정신질환 실태 역학조사에서 발달장애아동 어머니가 우울 위험군에 속한 비율이 15%로 여성의 평생 우울증 유병률 6.7%에 비해 2배 이상 높은 수준으로 나타나 발달장애아동 어머니의 우울 위험에 대해 경고하고 있다. 우울은 일상적으로 생기는 사건이나 타인과 상호작용 과정에서 느끼는 긴장과 통제 불가능의 경험 등으로 인해 발생한다. 발달장애아동 어머니들은 끝없이 반복되는 양육으로 인해 심리적으로 소진되고, 자녀의 욕구에 더 많은 관심과 시간을 할애하기 때문에, 자신을 돌보는 일에 소극적이거나 우울과 같은 감정을 느낀다.

불안이란 걱정, 근심, 무기력, 긴장, 안절부절하는 감정을 유발하는 것으로 발달장애아동을 양육하는 과정에서 높은 스트레스로 인해 발현된다. 발달장애아동 어머니의 과도한 책임감과 역할 수행에서 오는 양육스트레스는 심리적 소진과 정서적 불안정감을 동반한다. 발달장애아동 어머니는 알 수 없는 자녀의 미래로 인해 만성적 불안, 우울 등 심리적으로 위축되며, 죽음과 같은 극단적인 생각으로 감당하기 힘든 부담감을 표현하기도 한다.

고립감은 일상적인 사회활동 혹은 여가활동 참여 부족, 자신의 욕구에 대한 인지 부조화, 신체적 소진, 정서적 고립, 사회와 단절, 사회적 낙인과 같은 어려움을 느끼는 감정이다. 장애인 가족은 사회적 낙인이 찍힌 채로 지역사회에서 살아가는데, 이로 인해 많은 어려움이 발생하며 고립 현상을 보인다. 또한 발달장애아동 어머니의 사회적 고립은 경력 단절 혹은 경제활동 단절로도 이어지며 경제적 부담을 가중시킨다.

죄책감은 발달장애아동 어머니가 아이의 출산 혹은 잘못된 양육방식에 의해 장애가 생겼다고 그 원인을 자신에게 기인해 좌절, 수치심, 죄의식 등 심리적인 어려움을 겪는 감정이다. 발달장애아동 어머니는 장애를 수용하는 과정에서 어머니의 생물학적 유전자, 잘못된 양육방식, 전생 혹은 현실에서의 징벌 등 부정적인 장애인식으로 인해 그 책임이 어머니 자신에게서 비롯되었다고 자책한다. 이들은 좋은 엄마가 되기 위해 노력하거나 발달장애 자녀가 정상인처럼 생활하기 위해 학습과 치료에 전념하지만, 호전되지 않을 때는 불안하여 아이에게 쉽게 화를 내거나 좌절하며 자녀를 타인에게 노출시키지 않으려 애쓴다. 또한 죄책감으로 인해 자신의 욕구를 억누르며 자신의 행동과 생각을 부끄러워하게 되고 자존감이 저하된다. 이처럼 발달장애아동 어머니의 양육스트레스는 현실적인 어려움에만 국한되는 것이 아니라 다양한 심리·정서적 어려움이 복합적으로 작용한다고 볼 수 있다.

2. 나를 찾아가는 통합예술치료 여행

이 사례는 이수정(2022)이 양육스트레스를 호소하는 발달장애아동 어머니 6명을 대상으로 진행한 통합예술치료 프로그램과 힐링드라마 제작과정의 내용을 중심으로 다루고 있다.

1) 장애인 엄마로 산다는 것

면담을 통해 발견한 내담자들의 공통점은 과도한 책임감을 느끼고 있다는 것이다. 더불어 자기표현 억제와 의사소통능력 부족, 대인관계능력이 저하되어 있었고, 불안, 우울, 죄책감, 억울함과 같은 부정적인 감정을 자주 경험하고 있었다. 장애 자녀의 치료 및 교육비로 인한 경제 부담 때문에 압박감을 경험하였고, 과도한 역할 수행으로 인한 만성적 피로감을 느끼고 있었다. 또한 대인관계가 원만하지 않기 때문에 사회적 고립감을, 남편과 비장애 자녀의 관계 어려움으로 인해 가족 간에 거리감과 무력감을 경험하였다.

내담자들은 이미 자녀의 장애를 이해하고 수용하는 단계에 이르렀지만, 자녀의 생애주기에 따른 역할변화 적응의 어려움으로 인해 양육스트레스가 높아진 것이다. 이에 발달장애 아동 어머니의 양육스트레스를 완화하기 위해 고립감, 우울감, 불안감, 죄책감 완화순으로 증상개선목표를 설정하였다. 초기 면담을 통해 정서, 역할이해, 대인관계능력 영역에서 수집된 내담자의 개별 특성과 자녀의 특성은 〈표 11-2〉와 같다.

〈표 11-2〉 참여 대상자 특성

내담자	자녀특성	영역	내용
A 48세	뇌전증장애 1급 (남/17세)	정서	• 미래를 걱정하며 불안감을 느낌 • 도전이나 성취의 결핍으로 인해 우울감을 느낌 • 하고 싶은 일을 할 수 없다는 생각으로 고립감을 느낌 • 미래를 꿈꿀 수 없다는 미안함으로 죄책감을 느낌 • 다른 사람이 자신을 동정한다는 생각으로 분노를 느낌
		역할 이해	• 인정의 욕구가 강함 • 타인 의식 • 상대방의 역할에 협조하지 못함 • 역할에 만족감을 느끼지 못함
		대인 관계 능력	• 자기 개방능력이 부족함 • 관계 형성에 어려움이 있음 • 현재의 대인관계에 만족을 느끼지 못함
B 38세	지적장애 1급 (여/10세)	정서	• 자녀의 예측할 수 없는 행동으로 인해 불안감을 느낌 • 매사에 의욕이 없고 우울감을 느낌 • 다른 사람과 다르다고 생각하며 고립감을 느낌 • 장애 원인을 자신의 잘못으로 기인하며 죄책감을 느낌 • 매사에 의욕이 없고 무기력함

		역할 이해	• 타인 의식 • 수동적 역할 수행 • 역할에 부담을 느낌 • 역할에 만족감을 느끼지 못함
		대인 관계 능력	• 다른 사람들과 잘 교감하지 못함 • 자신의 의견을 내세우는 것 어려움 • 자발적인 관계 형성 능력이 부족함 • 자신감 있게 본인 생각을 표현하는 능력이 부족함
C 43세	자폐성장애 2급 (남/18세)	정서	• 미래를 걱정하며 불안감을 느낌 • 도전이나 성취의 결핍으로 인해 우울감을 느낌 • 하고 싶은 일을 할 수 없다는 생각으로 고립감을 느낌 • 장애 원인을 자신의 잘못으로 기인하며 죄책감을 느낌 • 자신의 욕구를 알아차리지 못하고, 타인에게 지나치게 배려함
		역할 이해	• 과도한 책임감 • 현재의 모습에 만족하지 못함 • 상대방의 역할에 협조하지 못함 • 역할 수행 시 방어적인 부정 감정을 느낌
		대인 관계 능력	• 자기 개방능력이 부족함 • 다른 사람들과 잘 교감하지 못함 • 자신의 욕구를 잘 파악하지 못함 • 자발적인 관계 형성 능력이 부족함
D 45세	발달장애 2급 (남/16세)	정서	• 끝없는 양육에 대한 불안감을 느낌 • 도전이나 성취의 결핍으로 인해 우울감을 느낌 • 장애 원인을 자신의 잘못으로 기인하며 죄책감을 느낌 • 다른 사람이 동정한다는 생각으로 분노를 느낌 • 자신에게 일어난 불행을 억울함으로 표현
		역할 이해	• 현재의 모습에 만족하지 못함 • 상대방의 역할에 협조하지 못함 • 역할에 만족감을 느끼지 못함
		대인 관계 능력	• 상대에게 집중하지 못함 • 자기 개방능력이 부족함 • 다른 사람들과 잘 교감하지 못함 • 즉흥적인 감정변화에 편안하게 반응하지 못함 • 다른 사람이 내 의견에 잘 따르지 않는다고 생각함
E 44세	지적장애 2급 (남/19세)	정서	• 미래를 걱정하며 불안감을 느낌 • 도전이나 성취의 결핍으로 인해 우울감을 느낌 • 다른 사람과 다르다고 생각하며 고립감을 느낌 • 장애 원인을 자신의 잘못으로 기인하며 죄책감을 느낌

		역할 이해	• 다른 사람의 시선을 의식함 • 역할에 부담을 느낌 • 역할에 만족감을 느끼지 못함
		대인 관계 능력	• 감정조절 어려움 • 문제에 대처 능력이 부족함 • 다양한 표현을 구사하지 못함
F 45세	발달장애 2급 (남/13세)	정서	• 미래를 걱정하며 불안감을 느낌 • 매사에 의욕이 없고 우울감을 느낌 • 다른 사람들 앞에 나서는 것이 두렵고, 고립감을 느낌 • 장애 원인을 자신의 잘못으로 기인하며 죄책감을 느낌 • 자신의 욕구를 알아차리지 못하고, 타인에게 지나치게 배려함
		역할 이해	• 현재의 모습에 만족하지 못함 • 역할에 부담을 느낌 • 역할에 만족감을 느끼지 못함
		대인 관계 능력	• 감정을 억압함 • 자기 개방능력이 부족함 • 자발적인 관계 형성능력이 부족함 • 즉흥적인 감정변화에 편안하게 반응하지 못함 • 자신감 있게 본인 생각을 표현하는 능력이 부족함

치료목표를 달성하기 위해 계획한 소목표에 따라 초반부 I (1~4회기), 초반부 II (5~8회기), 중반부 I (9~12회기), 중반부 II (13~16회기), 후반부(17~30회기) 다섯 단계로 세분화하여 치료목표에 따른 치료계획을 수립하였다. 단계별 목표에 따른 치료계획 흐름도는 [그림 11-1]과 같다.

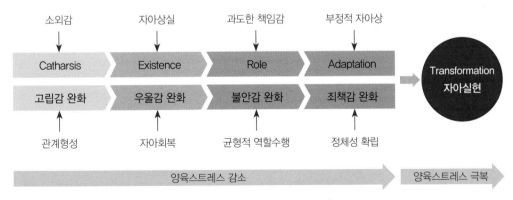

[그림 11-1] 단계별 목표에 따른 치료계획 흐름도

2) 양육스트레스 감소를 위한 회기 구성

통합예술치료 프로그램의 목표는 장애인 부모로서 부모역할을 이해하고 새로운 정체성 확립을 통해 양육스트레스를 감소시키는 것이다. 프로그램의 초반부와 중반부에는 양육스트레스 감소를 위해 프로그램을 적용하였다면 후반부에서는 힐링드라마 모델을 통해 변화된 자기인식을 강화하고 변화된 인격체로서 새로운 경험으로 나아가도록 적용하였다. 통합예술치료 프로그램은 〈표 11-3〉과 같다.

〈표 11-3〉 통합예술치료 프로그램

단계	회기	치료 모델(기법, 매체)		프로그램 구성	증상개선목표
초반부 I	1	카타르시스 모델 (게임놀이 기법) 투사 모델 (미술매체)	O	리더십 게임	ⓒERAT 고립감 완화
			M	사포조각 그리기	
			C	기대감 표현	
			A	어릴 적 놀이 생각해 보기	
	2	투사 모델 (음악매체 연극매체)	O	동요 부르기	ⓒERAT 고립감 완화
			M	아! 옛날이여(행복한 기억)	
			C	행복한 추억 상기	
			A	행복 보물찾기	
	3	투사 모델 (미술매체 연극매체)	O	클레이로 개업 준비	ⓒERAT 고립감 완화
			M	행복을 파는 가게	
			C	행복 사용 법	
			A	행복 사용해 보기	
	4	카타르시스 모델 (게임놀이 기법) 투사 모델 (무용/동작매체)	O	미러링 게임	ⓒERAT 고립감 완화
			M	모델	
			C	긍정적 태도 자각	
			A	모델로 살아보기	
초반부 II	5	카타르시스 모델 (감정표현 기법) 투사 모델 (연극매체)	O	칭찬하기	ⒸⒺRAT 우울감 완화
			M	그 시절, 우리가 사랑했던 소녀	
			C	공감 훈련	
			A	소녀 감성 느껴보기	
	6	카타르시스 모델 (게임놀이 기법) 카타르시스 모델 (감정표현 기법)	O	블라인드 게임	ⒸⒺRAT 우울감 완화
			M	자주 하는 말 게임	
			C	긍정적 언어 자각	
			A	사랑 표현하기	

7	카타르시스 모델 (게임놀이 기법) 투사 모델 (연극매체)	O	거짓말 게임	CE®RAT 우울감 완화
		M	낭만에 대하여	
		C	낭만 찾기	
		A	1일 1낭만 실천하기	
8	시간여행자 모델 (왕의 의자 기법)	O	스토리텔링	CE®RAT 우울감 완화
		M	신과 함께	
		C	타인과의 관계 자각	
		A	수호천사로 영향력 행사하기	
9	가면아이 모델 (가면제작 · 착용 기법) 역할 모델 (자아 · 타인 · 관찰 기법)	O	가면 제작	CE®RAT 불안감 완화
		M	가면	
		C	사회적 역할 자각	
		A	다양한 표정으로 아침인사하기	
10	카타르시스 모델 (게임놀이 기법) 투사 모델 (문학매체)	O	부탁해요 게임	CE®RAT 불안감 완화
		M	진짜찐짜 좋아해	
		C	긍정적 사고 자각	
		A	부탁해 보기	
11	카타르시스 모델 (게임놀이 기법) 투사 모델 (연극매체)	O	경매 카드 만들기	CE®RAT 불안감 완화
		M	행복 경매	
		C	행복감 만끽	
		A	행복 나눠주기	
12	투사 모델 (무용/동작매체 문학매체)	O	상황별 걷기	CE®RAT 불안감 완화
		M	자서전	
		C	감사의 조건 자각	
		A	도움주기	
13	역할 모델 (자아 · 타인 · 관찰 기법)	O	롤 다이어그램	CER@T 죄책감 완화
		M	너에게 난	
		C	존재감 드러내기	
		A	역할 바꾸기 놀이 해 보기	
14	카타르시스 모델 (게임놀이 기법) 투사 모델 (연극매체)	O	블라인드 게임	CER@T 죄책감 완화
		M	손에 손 잡고	
		C	자기 가치 자각	
		A	손 마사지 해 주기	

중반부 I (9~12), 중반부 II (13~14)

	15	투사 모델 (음악매체 문학매체 연극매체)	O	당신은 누구십니까?	CER(A)T 죄책감 완화
			M	'나'	
			C	존재 가치 자각	
			A	나를 위해 1만원 쓰기	
	16	카타르시스 모델 (게임놀이 기법) 역할 모델 (자아·타인·관찰 기법)	O	상장 만들기	CER(A)T 죄책감 완화
			M	동창회	
			C	상장 수여	
			A	나 돌보기	
후반부	17–20	힐링드라마 모델	1단계	이슈 탐색	CERA(T) 자아실현
	21–29		2단계	극화 작업	
	30		3단계	공연	

(1) 관계 형성을 위한 카타르시스

카타르시스Catharsis 단계는 부정적인 정서와 적체되어 있던 감정들을 배설하여 자신의 문제를 객관적으로 바라볼 수 있도록 '안정적인 심리상태'로 만드는 단계이다(홍유진, 2018). 이때, 웃음카타르시스를 지향한 예술 활동은 저항과 부정적인 방어기제의 작동을 낮추는 데 유용하다. 게임놀이 기법은 웃음카타르시스를 유도하여 유쾌한 분위기를 조성하기 때문에 집단원 간 친밀감 형성에 효과적이다. 그뿐만 아니라 자연스러운 움직임은 신체를 활성화하여 새로운 관계 경험으로 나아가게 한다.

발달장애아동 어머니들은 발달장애 자녀를 양육하는 처지가 남들과 다르다는 생각으로 타인과 관계를 단절하고 자신을 소외시키면서 고립감을 느끼므로 웃음카타르시스를 유도함으로써 내담자들의 긴장을 이완하고, 자연스럽게 내담자 간에 친밀감을 형성하도록 하였다.

〈표 4〉 초반부 Ⅰ 적용 모델 및 활동 목표

세라트 소목표 증상개선목표	회기	주요 적용 모델	활동 목표
카타르시스(C) 고립감 완화	1	카타르시스 모델 투사 모델	• 라포형성과 프로그램에 대한 기대감 상승 • 합동 작품 제작으로 유대감 형성
	2	투사 모델	• 행복했던 경험 재현으로 긍정 정서 체험 • 웃음카타르시스를 통한 부정 감정 해소
	3	카타르시스 모델 투사 모델	• 부정 감정을 배출하여 고립감 완화 • 상호작용 촉진
	4	투사 모델	• 타인의 시선으로부터 해방감을 느낌으로 고립감 완화 • 긍정적 내적 자원을 활용하는 능력 향상

게임놀이는 내담자 간의 자연스러운 관계 형성을 유도하여 고립감을 해소하도록 돕는다 (Caldwell, 2015). 더불어 활동에 몰입하게 하여 일상을 지배하는 걱정이나 생각, 다른 사람들의 시선이나 행위의 결과에서 벗어나 순간을 만끽할 수 있게 하였다. E는 리더십 게임을 통해 "살면서 마음대로 되지 않는 일 투성인데, 게임이라도 맘대로 할 수 있어 좋았어요."라고 말하며 주도적으로 게임을 이끌어 간 즐거움과 만족감을 표현하였다. C는 "그동안 동굴속에 혼자 앉아 있는 기분을 느꼈어요."라고 고립감을 표현하였는데 미러링 게임을 한 닫기과정에서 "나를 따라 하는 게 웃겼어요. 거울 속에 나를 보는 것 같았고 나를 따라 한 분과 친해진 것 같았어요. 함께 얘기 나누고 싶은 생각이 들더라고요."라고 말했다. 이처럼 웃음 카타르시스는 체험 그 자체로 방어기제를 해제하여 긍정적 정서를 확장시켰다.

연극매체는 내적 갈등을 마주하게 하고, 타인과의 갈등을 객관적으로 자각하도록 살펴보는 데 용이하다(Bessel, 2016). B는 활동을 통해 엄마에게 칭찬받기 위해, 혼나지 않기 위해 노력했던 '어린자화상'을 만나게 되면서 서럽고, 두려웠던 감정을 털어 낼 수 있었다. C는 자신의 부정적 감정을 해소한 후에 "장애라는 말을 이렇게 스스럼없이 말할 수 있고 사람들과 만나 웃고 떠드는 게 꿈만 같아요."라고 말했다. 그동안 장애를 수용하기 어려웠던 점을 고백하면서 해방감을 경험하게 된 것이다.

내담자 대부분이 무기력하고 의욕이 없었던 첫 회기와는 달리 적극적으로 활동에 임하는 태도 변화를 보였으며 긍정적 정서 체험 이후에는 위축과 정서적 고립으로 나타났던 경직된 태도가 이완되어 타인에게 관심을 보였다. 밝은 표정과 웃음의 빈도가 늘어난 것은 심리적 안정감을 느끼게 되어 카타르시스 단계에서 다음 단계로의 이행이 준비되었음을 나타냈다.

(2) 자아 회복과 실존 자각

실존 자각Existence 단계에서는 정서적 안정과 부정적인 감정에 압도된 자기 존재를 인식하고 긍정적 자기 발견 기회를 제공함으로써 성장에 대한 욕구를 증진시키도록 초점을 맞추었다. 자존감이 저하된 경우 자신의 욕구에 무감각해지거나 있는 그대로 자신을 인식하는데 저항이 따를 수 있으므로 실존하는 자신의 존재를 자각시킬 필요가 있다. 이때 예술체험은 상상력이 제공하는 유희를 통해 인지와 행동을 유기적으로 연결하여 부정적 감정에 억압되어 있던 자기 존재를 인식하도록 돕는다.

내담자들은 장애 자녀 양육으로 인해 소진과 자아 상실을 경험하게 되면서 우울감을 경험한다. 우울감은 자신뿐만 아니라 타인에게 회의적이므로 자신이 소중한 존재임을 인식하여 긍정적 자아를 회복할 수 있도록 염두에 두었다. 우울감을 완화하기 위하여 권위적인 힘을 사용해 봄으로써 내담자의 의식적·무의식인 자기 내적 욕구를 탐색하게 하며, 실존하는 주체로서 긍정적인 자기인지에 도움을 줄 수 있도록 프로그램을 설계하였다. 또한 집단치료의 장점을 살려 타인에게 지지받는 경험을 통해 타인과 상호작용을 원활하게 할 수 있도록 하였다.

〈표 11-5〉 초반부 II 적용 모델 및 활동 목표

세라트 소목표 증상개선목표	회기	주요 적용 모델	활동 목표
실존 자각(E) 우울감 완화	5	카타르시스 모델 투사 모델	• 긍정적인 스토리텔링 • 지지받는 경험으로 긍정적 자기인지
	6	카타르시스 모델	• 긍정적 언어훈련으로 긍정적 자기인지 • 자신의 욕구를 자각함으로써 우울감 완화
	7	카타르시스 모델 투사 모델	• 무의식적 욕구를 탐색하여 우울감 완화 • 긍정적 자기인지
	8	시간여행자 모델	• 부정정서를 인식하는 사고체계의 변형으로 우울감 완화

실존 자각 단계에서 주로 사용된 게임놀이 기법과 감정표현 기법은 장애 자녀 양육으로 인해 상실된 자아를 회복하게 하였고, 자신이 소중한 존재임을 인식하고 그러한 경험을 반영하여 긍정적 자아를 형성하도록 도움을 주었다. 또한 자신의 언어 패턴과 대인관계 양상을 인지하여 타인과 원활한 소통이 이루어지도록 하였다. 내담자들은 우울감을 느끼는 부정정서에 매몰되지 않고, 다른 사람에게 사랑을 표현하며 영향력을 행사하는 변화가 나타났다.

6회기에 진행된 게임놀이 기법이 초등학교 시절의 정서를 불러일으켰는지 F는 평소와는 다르게 애교 섞인 목소리와 몸짓으로 말했고, A는 어린 아이처럼 목소리를 흉내냈다. 내담자 모두 아이처럼 귀여운 표정과 행동, 말투로 발표를 하여 웃음카타르시스를 느낄 수 있었다. D는 평소 남편에게 다정하게 말하지 못했던 자신의 언어습관을 자각하였다. 다른 내담자들 역시 남편과 자녀에게 애정표현보다 관리나 확인을 위한 언어표현이 더 많음을 깨달았다고 하였다. 자신이 자주 사용하는 언어를 알아차리게 된 A는 남편에게 미안한 마음을 전하고 싶어 했고, F는 비장애 자녀에게 따뜻하게 말해야겠다고 다짐하며 자각된 것을 삶 속에서 반영하였다.

8회기의 '신과 함께' 활동에서는 과거 애도하지 못한 상실을 다루었다. 상상력은 세상에 대한 더 넓은 관점을 제공함으로써 고착된 사고에서부터 벗어나 성장을 선택하도록 기회를 제공하였다. 부정 감정은 상실을 경험한 자체로 발생하는 것이 아니라 정서가 미숙한 상태에서 상실을 경험했기 때문에 충분한 애도를 하지 못하여 발생한다(Winnicott, 2001). E는 상황극 안에서 자신의 상처받은 아이를 드러내어 애도하고, 위로받는 경험을 하였다.

내담자들은 자기self의 다양성을 대면하고, 무의식적인 자아ego와 충동에 맞선 건강한 방어기제를 의식화하는 과정에서 진정한 자아를 통합하였다. 즉, 통합예술치료 안에서의 치료 경험은 다양한 감정에 대한 이해를 바탕으로, 압도당하기보다 스스로 선택하고 긍정적으로 자기를 인식하게 되면서 우울과 같은 부정적인 감정을 정화하게 된 것이다. 이처럼 내담자들은 자신과 타인에게 에너지를 집중하게 됨으로써 건강한 사회 구성원으로 자리매김하게 되었고, 상실한 자아를 회복하고 자신의 존재 가치를 자각하게 되었다.

(3) 균형을 찾는 역할훈련

역할Role 단계에서는 시야를 확장하여 타자와 연관된 가족과 사회 일원으로서 역할 이해와 수행, 그리고 역할 증대를 위해 역할 훈련을 한다(홍유진, 2018). 부정적인 정서는 편협한 자기 정서에 머무르며 상황에 대처하는 사고와 행동 레퍼토리를 축소시키는 경향이 있기 때문에(Baumgardner, 2009) 즐거운 체험을 통해 긍정적 스토리텔링을 할 수 있도록 초점을 맞추었다.

내담자들은 엄마 역할에 대한 과도한 책임감과 미래에 대한 불확실성으로 인해 불안을 경험한다. 이에 사회 구성원으로서 역할 이해 및 수행, 역할 증대를 위한 행동화를 훈련하여 불안감을 완화하기 위해 연극매체를 주로 적용하였다. 연극매체는 극중 인물로 경험을 제공하여 예상하지 못했던 미해결 과제를 풀어내거나(Jennings, 2003), 초월적 사고를 통해 극화하면서 세상 속에서 제대로 기능하지 못하는 자신의 이미지를 만나도록 한다(Landy, 2002).

카타르시스 모델과 투사 모델은 상호보완적으로 영향을 미치며 내담자들이 자신의 역할에 대해 인지와 자각, 통찰에 이르도록 도왔다. 평생 장애아동을 책임져야 한다는 불안감과

〈표 11-6〉 중반부 l 적용 모델 및 활동 목표

세라트 소목표 증상개선목표	회기	주요 적용 모델	활동 목표
역할(R) 불안감 완화	9	가면아이 모델 역할 모델	• 억눌린 감정과 불안감 탐색 및 표출 • 본인 역할을 이해하여 불안감 완화
	10	카타르시스 모델 투사 모델	• 본인 역할을 수용하여 불안감 완화 • 성장지향적 스토리텔링 능력 향상
	11	카타르시스 모델 투사 모델	• 책임감에 대한 이해로 불안감 완화 • 긍정적인 내적 자원을 강화
	12	투사 모델	• 긍정 자아 발견으로 불안감 완화 • 감사하는 능력을 강화하여 불안감 조절

무거운 책임감에서 벗어나 스스로 보호하고 치유하려는 성장 욕구가 강화되었다. 또한 자기 삶을 주도적으로 이끌어 가려는 의지가 엿보였다.

9회기 가면을 활용한 활동에서는 자신의 강점을 살린 강력한 캐릭터를 부여하여 의식적 · 무의식적으로 표현하는 자기 내적 욕구를 탐색하였고, 본인이 갖는 의무와 책임에 대해 표현함으로써 불안의 근원이 무엇인지 자각하였다. 여기서 가면은 권위와 힘을 상징하는 캐릭터를 표현하기도 하고, 억압을 해소하거나 타인에 대한 새로운 인지를 통찰할 수 있는 도구로 활용된 것이다. 가면 착용 후 행해진 역할극에서 A는 곧 성인이 되는 장애 자녀와의 갈등을 표현하였다. "곧 성인이 되는 이 아이를 어떻게 받아들여야 할지 잘 모르겠어요. 머릿속으로는 맡겨 봐야지 하는데 막상 현실에서는 그게 잘 안돼요. 그런데 직접 아이 입장이 되어 보니 놓지 못하고 있는 것은 나였네요."라고 불안의 실체를 자각하게 되었다. A가 느끼는 불안은 곧 성인이 되는 장애아동이 학교 울타리에서 벗어나 사회로 진출하는 것이었다.

'부탁해요 게임' 활동은 의식과 무의식적 태도의 균형을 이룰 수 있도록 작용하였다. 카타르시스 단계와 실존 자각 단계를 거친 내담자들은 고립감, 우울감 같은 부정적 정서가 완화되어 자신의 내면을 들여다보고 욕구를 표출하는 데 어려움을 겪지 않았다. 그러나 내담자들은 여전히 부탁하는 것을 힘들어하였다. 부탁하는 것을 가볍게 생각하면 아무 일도 아니지만, 오랜 시간 고립감과 우울감을 경험하는 이들에게는 타인에게 도움을 청하는 일이 결코 쉬운 일이 아닐 것이다. A는 "가족에게 부탁하는 것은 본인의 짐을 주는 것 같다."고 말했고, B는 "부탁을 하고 싶어도 마음이 편하지가 않아요. 내 몸에 잔뜩 벌레가 붙어 있는 것처럼 사람들은 날 그렇게 바라봐요."라며 부탁을 하는 것을 어려워하였다. C와 F 역시 B의 말에 동조하였다. 이와 같은 반응은 자신의 감정과 생각을 자유롭게 표현하고 삶에 적용하기까지는 많은 용기와 내적 힘이 필요하다는 것을 알 수 있다.

내성적인 F는 문학매체를 통해 더 깊은 통찰을 일으켰다. 글쓰기 기법을 통해 정서적 정화와 통찰을 일으켰고, 슬픔 속에서 평생을 살아야 한다고 생각했던 인지적 오류를 수정하여 효과적으로 개입할 수 있었다. 불안의 근원을 통찰하게 됨으로써 "어떻게 살아야 하는가?"에 대한 답을 깨달았다고 말했다. 투사적 기법은 불안의 근원을 깨닫게 하고 더불어 타인으로부터 정서적 지지를 추구하는 방법을 습득하게 하였으며, 이로움을 주는 것과 자신을 보호하는 방법, 휴식하는 방법, 감사하기 등 긍정적인 사고 변화로 나타났다. 이는 통합예술치료 프로그램을 통해 내담자 스스로 양육스트레스를 조절하려는 심리 · 정서적 변화가 진행되고 있음을 보여 준다.

11회기의 적용하기 화두로 '감사와 행복한 마음 나누기'를 제시하였다. 감사에 관한 화두는 본인이 가진 일상에서 행복감을 느끼고 자신이 가진 것에 대한 충족감을 준다. D는 "다른 사람에게 행복을 나누어 줄 것이 없다."라고 말했으나 "막상 작은 것부터 나눠 보니 내 것이 더 많이 채워지는 느낌이었다."라고 말했다. A는 "엘리베이터에 같이 탄 아이가 웃어주는데 그렇게 행복할 수가 없었어요. 저도 그런 미소를 선물하고 싶어요."라고 과제 수행 소감을 발표했다. 이처럼 나눔을 통해 사랑을 베푸는 행위가 타인과 본인에게 충족감을 줄 수 있었다. 그리고 평생 장애아동을 책임져야 한다는 불안감과 무거운 책임감에서 벗어나 스스로 보호하고 치유하려는 성장 욕구를 강화하였다.

(4) 정체성 확립과 적응

적응Adaptation 단계에서는 치료실에서의 치료 효과가 가정과 사회에서도 유지될 수 있도록 현실적응훈련을 한다. 정체성 확립을 통해 자신의 본질적 특성을 이해하고, 가정과 사회에서 이를 적용할 수 있도록 하였다.

내담자들의 죄책감은 자기 잘못으로 인해 자녀가 장애인이 되었다는 자신에 대한 부정적 인식으로 인해 생기는 감정이다. 죄책감 완화를 위해 연극매체를 주로 적용하여 내담자가 스스로 변화된 자신의 이미지를 발견하고 내담자의 자각을 구체화함으로써 가정과 사회에서 행동으로 연계될 수 있도록 적응훈련을 도왔다.

예술매체의 투사적 기능은 인간 내면의 무의식을 의식화하는 도구로써 활용된다(Winner, 1982). 창작 행위는 은유를 통해 다른 방식으로 현상을 이해하게 해 주며(Jennings, 2010), 불일치된 자기와의 대면을 통해 자신을 통합적으로 이해하는 데 효과적이다. 문학매체의 글쓰기 기법 역시 내담자들에게 삶을 회고하게 함으로써 자기수용과 위로의 기회를 제공할 수 있다.

〈표 11-7〉 중반부II 적용 모델 및 활동 목표

세라트 소목표 증상개선목표	회기	주요 적용 모델	활동 목표
적응(A) 죄책감 완화	13	역할 모델	• 사건과 감정을 분리하는 훈련 • 존재감 드러내는 훈련으로 정체성 형성
	14	투사 모델	• 긍정적 미래 설계를 통해 죄책감 완화 • 충동을 참지 않고 적절하게 표현하는 훈련
	15	투사 모델	• 가족에게 미치는 긍정적 영향 자각으로 죄책감 완화 • 스트레스 상황에서도 긍정적 변화를 끌어낼 수 있도록 정체성 형성
	16	카타르시스 모델 역할 모델	• 삶 속에서 긍정적 신념을 유지하고 적용할 수 있도록 정체성 형성

적응 단계에서는 죄책감으로 인해 스스로 억압하였던 자신을 통찰하여 자신을 이해하고 수용하였다. 이러한 인식의 변화는 죄책감과 같은 부정적 감정에서 자신의 욕구를 탐색하거나 즐거움을 추구하는 삶으로의 태도 변화를 가져왔고, 가정과 사회에서 긍정적 인격체로 살아가도록 의식변화를 가져왔다. 일상에서 스스로 휴식하거나 정서적 안정을 위한 노력, 가족과 원만한 관계를 맺고 다른 사람의 아픔을 돌보는 사회적 역할 확장도 확인할 수 있었다. 또한 욕구와 충동을 억압할 때와 표현할 때를 구분하여 행동함으로써 자신의 감정을 자유롭게 표현할 수 있게 되었다.

13회기 '너에게 난' 활동에서 A, D, E는 장애아동 양육과 생활의 전반적인 일까지 도맡아 해야 하는 책임감, 비장애 자녀와 장애아동의 혼합 양육에 대한 부담감, 장애인으로 낳았다는 죄책감 등을 표현하였다. C는 아버지로서, 남편으로서 역할을 다하지 못하는 남편과의 갈등을 표현하였다. 내담자들은 다른 사람의 입장이 돼보니 머리로 이해하는 것과 느껴지는 것이 다르다고 말하며 사건과 감정을 분리하여 객관적으로 인지하는 변화가 나타났다. F는 장애아를 출산했다는 부정적 자기인식으로 인해 엄격한 기준으로 스스로 옭아매며 본인의 욕구와 감정을 억압하고 있었다. "아이가 장애 판정을 받은 이후 제일 좋아하는 책을 버렸어요. 그게 저에게 주는 벌이었죠."라고 말하며 정서적으로 차단했던 과거를 떠올렸다. "장애아를 출산하고 나서는 온전히 자유롭거나 행복하게 사는 것, 사우나를 가거나 쇼핑을 하는 일, 웃고 숨 쉬는 일"조차 죄책감으로 다가와 자신을 돌보지 않았다는 것을 자각하며 이것이 스스로 돌봄을 요청하는 신호였음을 알아차리게 되었다. F는 과거 죄책감으로 인해 자신의 욕구를 억압하였고, 현실로부터 스스로 고립시키는 벌을 주었다고 하였다. 그러나 관계 단절과 억압으로 인해 오는 결핍은 더 큰 심리·정서적 문제를 수반하여 또 다른 스트레스 증상으로 발현되었다. 이처럼 F가 경험한 우울과 불안, 고립감과 같은 감정은 하나의 증상이 아닌 억압된 욕구표현인 것이다.

D는 남들보다 발달이 느린 자녀를 보며 엄마로서 부족하다는 생각에 사로잡혔고, 자신의 무능함으로 인해 장애가 생겼다면서 죄책감을 표현했다. 이처럼 자신의 잘못으로 인해 장애가 생겼다는 죄책감은 타인 평가를 의식하고 사회적 역할 상실을 가져오며 성취 욕구를 제압하였고, 평생 자녀를 수발하기 위해 오래 살아야 한다는 강박을 갖게 하였다. D가 자각한 것처럼 죄책감으로 인한 무기력했던 자신을 마주하게 됨으로써 분노와 갈등의 원인이 본인의 왜곡된 생각 때문이었음을 깨닫게 되었다.

역할 모델은 객관적으로 자신을 바라보게 하였고, 관찰을 통해 깊은 통찰의 기회를 제공하였다. 이처럼 내담자들은 자기비판적 사고를 상쇄하고, 스스로 양육스트레스 상황을 해결하고자 도전의식을 갖게 되었다.

미술매체는 자신의 변화를 구체화하여 긍정적인 변화를 촉진하도록 도움을 주었다. 14회기 '손에 손 잡고' 활동에서는 상처를 치료하기 위한 도구보다 꾸미기 위한 도구를 선택하였다. 이와 같은 표현은 과거로 퇴행하여 스스로 상처를 돌볼 힘이 생겼다는 의미로 해석된다. 손 꾸미기 활동 후에 손가락 즉흥극을 시도하였는데 "넌 누구니? 넌 뭐가 되고 싶니?"라는 질문에 세계평화와 미스코리아와 같은 유쾌한 대답도 있었지만, B는 "다른 사람에게 도움을 줄 수 있는 사람이 되고 싶어요."라고 말하며 프로그램을 통해 본인이 누군가의 마음을 따뜻하게 해 줄 수도 있다는 것을 깨닫게 되었다고 말했다. 이처럼 내담자들은 자신의 아픔과 슬픔을 토로하는 부정적 감정에서 자신의 욕구를 탐색하거나 즐거움을 추구하는 삶으로 관심 방향이 바뀌었다.

15회기 적용하기 과제로 제시된 '나를 위해 1만원 쓰기'는 자신의 존재 가치를 알아차리는 데 중요한 단서를 제공하였다. 자신에게 쓰는 1만원은 죄책감으로 인해 자신의 욕구를 억누르고, '나는 괜찮아'라고 덮어두며 자신의 존재를 부정하던 시각에서 벗어나 무엇이 필요한지, 무엇을 해야 위로받고 즐거운지 탐색하여 충족감을 느끼게 하였다. 이처럼 투사 모델을 통한 행동과 태도의 변화는 '나 돌보기'의 추상적인 개념을 구체화시킨 결과로 볼 수 있다.

E는 "엄마는 아이 눈만 봐도 배가 고픈지, 약이 필요한지 사랑이 필요한지 알잖아요. 항상 엄마가 없어 정이 그립다고만 생각했는데, 부족하다고 주저앉아 울기만 하는 것이 아니라 스스로 돌아보고, 알아차리고, 주변에 손 내밀며 살아간다는 것을 알게 되었어요."라며 '엄마'의 존재는 본인한테도 필요한 것임을 깨닫게 되었다고 말했다. B는 나를 알아봐 달라고 말을 할 수 있는 친구를 만나는 일과 도움을 청하는 일, 모두 필요한 것이었다고 말하며 잃어버린 '나'를 찾는 시간이라고 말한다. 내담자들은 일상에서 스스로 휴식하거나 개인의 정서적 안정을 위해 능동적으로 행동한다고 표현했다.

이처럼 심리적 균형감을 이루려는 심리·정서적 변화를 통해 자신이 처한 사건이나 양육 스트레스 상황에서 긍정적으로 대처하는 내면의 힘이 강화되었음을 알 수 있다.

(5) 힐링드라마를 통한 인격변형

변형Transformation 단계에서는 현존하는 새로운 인격체로 재탄생하는 변형의 기회를 제공한다. 변형이란 치료공간 안에서 특정 문제를 소거하는 데 그치는 것이 아니라 실제 내담자의 삶에서 완전히 다른 인격체로서 존재하게 하는 것이다. 이는 통합예술치료가 지향하는 바이며 최종 도달점이라 할 수 있다. 이 단계에서는 사회적 역할 확장을 이루는 변형된 인격체로서 삶을 유지하도록 체화를 돕기 위해 힐링드라마 모델을 적용하였다. 자신의 이슈를 소재로 하여 대본을 만드는 작업은 부정적인 과거 사건을 긍정적으로 전환하여 사고 구조를 변형하도록 도움을 줄 수 있다. 무대에서의 경험은 시공간을 초월하여 조정되고 변형되기 때문에(Chodorow, 2016) 일상에서 경험해 보지 못한 카타르시스를 제공하여 변화된 인격체를 견고히 할 수 있다.

〈표 11-8〉 후반부 적용 모델 및 활동 목표

세라트 소목표 증상개선목표	회기	주요 적용 모델	활동 목표
변형(T) 자아실현	17~20	힐링드라마 모델	• 긍정적 인식 전환 • 자전적 스토리로 객관적 시각으로 통찰
	21~29		• 긍정적 정서 함양 및 탄력성 증진 • 가족 내 역할 재인식
	30		• 새로운 인격체로 재탄생하는 힐링 의식 • 무대에서의 카타르시스 경험으로 자아실현

① 이슈탐색

힐링드라마 모델을 적용하기 위해서는 먼저 이슈를 탐색하는 과정이 선행되어야 한다. 이 과정에서는 미해결 과제를 공유한 다음 주제별 핵심이야기를 선정하여 장면을 이미지화한다.

〈미해결 과제 공유〉

이슈를 탐색할 때에는 과거의 고통스러운 상처를 다루기 위해 아리스토텔레스가 표현한 플롯의 기본 원리를 사용한다(Aristoteles, 2002). 플롯은 사건의 재결합을 통해 과거의 미해결 과제에 넓은 관점으로 접근하여 문제 해결을 위한 실마리를 제공하도록 한다. 즉 과거의 기억을 지우는 것이 아니라 무의식이나 형체가 없는 생각과 정서를 구체화한 다음 기억 속에 갇힌 부정적인 감정에 정화된 새로운 정서를 덧입혀 과거의 부정적 정서가 현재를 제압하지 않도록 돕는 것이다. 여기서 주의할 점은 힐링드라마를 준비하는 과정 전체가 하나의 치료과정이므로 현재 일어나는 문제와 과거 사건이 어떠한 영향을 미치고 있는지 연결하여 인지가 일어나도록 해야 한다.

단계별 치료목표를 성취한 내담자들은 과거에 매몰되지 않고 자신의 트라우마에 직면할 수 있게 되었다. 내담자들은 자살 시도나 남편과의 갈등 등 힘들었던 순간들을 떠올리며 눈물을 흘리기도 했지만, 대체로 객관적으로 자신을 바라보며 수고하고 지친 자신을 위로하였다. 다른 사람의 아픔에 귀 기울이며 공감했고, 자신의 감정을 알아차리는 데 능숙했으며,

남편과 비장애 자녀의 마음을 살피기 위해 노력하는 상호작용 및 관계의 변화가 나타났다.

〈등장인물〉

주요 등장인물은 나이와 성별, 개성과 습관 등에 대해서도 구체적으로 수식어를 붙여 기록한다. 이 사례에서는 등장인물을 발달장애인과 엄마, 아빠, 그리고 비장애 형제로 구성된 4인 가족으로 설정하여 발달장애아동의 엄마, 아빠, 비장애 형제가 각 장면의 주인공인 옴니버스 형식을 취하였다. 옴니버스 형식을 선택한 이유는 두 가지이다. 하나는 한 사람의 주인공 초점으로 극을 이끌어 가기보다 '엄마' '아빠'와 '누나' 모두가 주인공인 독립된 에피소드를 한데 묶어 내담자들의 심리 · 정서적 거리의 균형감을 찾도록 하기 위해서였고, 다른 하나는 비전문 배우로서 무대에 선다는 것이 부담스러울 수 있으므로 극 중 인물의 분량을 비슷하게 배분하기 위해서였다. 이 집단의 경우 다수의 발달장애아동 성별이 남자였고, 이들의 비장애 형제는 여자 형제가 많은 것으로 조사되어 극 중 인물인 비장애 형제는 '누나'로 설정하였다. A는 모임 이름이 '쉼표'이기 때문에 발달장애아동의 이름을 '승표'로 하자고 제안했고 비장애 형제인 누나 이름은 '승현'이가 자연스럽겠다는 D의 의견에 모두 동의하였다.

주인공들의 스토리텔링은 내담자들이 각 가정에서 남편과 비장애 자녀에게 인터뷰를 시행하도록 하였고 조사된 내용은 내담자들의 입을 통해 들을 수 있었다. '장애 자녀를 양육하면서(혹은 함께 살면서) 힘든 점은?' '가장 힘들었을 때는?' 등과 같은 질문에 자기표현에 서툰 남편과 자녀는 주로 단답형의 표현이 주를 이루었다. 내담자들은 이들을 보며 과거 본인들의 모습이 떠올랐다고 한다. 통합예술치료를 경험하기 전에는 자신의 결핍과 부정 감정에만 초점이 맞추어져 있었으나, 프로그램을 통해 자신의 변화를 스스로 깨닫게 되면서 다른 사람의 아픔을 돌아보는 여유가 생긴 것이다.

〈장면이미지화〉

장면이미지화 단계에서는 주제에 따른 에피소드를 수집하여 범주화를 하였다. 수집된 에피소드는 다음과 같다. 먼저, '엄마의 이야기'에서는 자녀의 장애를 감지했을 당시 상황이 가장 큰 트라우마로 남아 있었다. 내담자들은 자녀의 발달과 독특한 행동으로 인해 충격과 공포, 불안을 넘어 근심과 부정, 분노, 좌절 등 복합적인 감정을 경험하였다. 자녀의 장애를 인정하는 것도, 남편이나 가족을 이해시켜 장애 판정을 받는 것 또한 험난한 길이었지만, 더 큰 상처는 사람들의 시선이라고 말했다. 이들은 자살 경험, 장애 자녀를 거부하고 싶었던 속마음을 털어놓으며 지금까지 말하지 못했던 응어리를 열어 보였고, 공감과 수용을 통해 자신을 이해하게 되었다. '엄마의 이야기'에서 획득한 에피소드는 '장애' '장애 판정과 수용' '저녁 식사' '사람들 시선' '시대과 갈등' '치료와 교육' '자살' '절망' '죄책감' 등으로 압축되었다.

'누나의 이야기'에서는 비장애 자녀가 경험한 서운했던 이야기들이 주를 이루었다. 온전히 엄마와 시간을 보내고 있는 장애 형제에 대한 질투와 부족한 엄마의 사랑으로 인해 소외감을 경험하였고, 부모의 사후에 본인이 장애 형제를 책임져야 한다는 책임감, 장애로 인한 제한된 경험 등이다. 이 에피소드는 '소외감' '질투' '소풍'이나 '시험' '학교' '생일파티' '투명 인간' '책임감' '보모' 등으로 압축되었다. '아빠의 이야기'에서는 아내와 비장애 자녀를 책임지는 가장으로서 역할에 대한 책임감, '장애'를 치료해 주고 싶은 간절함, 비싼 치료비를 감당해야 하는 부담감 등이 표현되었다. '아빠의 이야기' 에피소드는 '워커홀릭' '침묵' '갈등' '거리감' '책임감' '의리로 버팀' 등으로 압축하였다. '가족의 이야기'에서는 '가족의 행복'과 '미래'를 떠올리도록 유도하였지만, 내담자들은 장애 자녀와 가족의 미래를 상상할 수 없다고 말했다. 이슈 탐색 과정에서 획득한 에피소드를 4개의 대주제와 12개의 핵심이야기로 범주화하였다.

〈표 11-9〉 주제별 핵심이야기

대주제	핵심이야기
엄마의 이야기	저녁 식사
	자판기
	분노, 자살 그리고 절망
누나의 이야기	생일파티
	혼자만의 파티
	엄마의 뒷모습
아빠의 이야기	워커홀릭
	회식
	무거운 책임감
가족의 이야기	엄마의 행복
	아빠의 행복
	누나의 행복

② 극화작업

극화작업은 공연을 위한 극을 만드는 작업 단계로 대본과 배역 등을 구체화하는 작업이 진행된다. 대본 초안은 이슈탐색 과정에서 취합된 내담자들의 경험담을 바탕으로 이들의 표현이 최대한 반영될 수 있도록 치료사로 참여했던 저자가 가상의 상황을 상상하여 작성하였고 내담자들과 함께 읽어보며 내용과 대사들을 확인받는 과정을 거쳤다. 내담자들의 표현은 대본의 원천자료가 되므로 내담자들의 표현이 대본으로 어떻게 반영되었는지 밝히기 위해 직접 인용을 사용하였다.

배역은 엄마, 아빠, 누나로 구성된 세 명의 주인공 역과 각각의 주제마다 인물의 속마음을 표현하는 내레이션 역으로 나누어 극을 이끌어 가도록 하였다. 기타 등장인물은 내레이션 역을 맡은 내담자들이 일인 다역을 맡기로 했다. 대본을 수정하는 과정에서는 배역을 고정하지 않고 모든 역할을 경험할 수 있도록 하였다. 이는 다양하고 대안적인 역할을 경험하면서 역할의 유능성을 확대하기 위해서였다. A, B, F는 누나 역할에 C, D, E는 엄마 역할에 더 많은 감정이입을 하였다. 본인 이야기가 녹여진 부분은 극 중 인물에 동일시된 것이다. 한 가지 흥미로운 것은 많은 내담자가 아빠 이야기에 뒤늦게 반응하였다는 것이다. '아빠의 이야기'는 처음에는 내담자들에게 저항이 일어났으나 극이 만들어질수록 '아빠'라는 인물을 깊이 있게 이해하는 모습을 보였다. 완성된 발달장애인 승표 가족 이야기의 전체 줄거리는 다음과 같다.

승표는 누나와는 달리 걸음도, 말도, 모든 성장이 느리기만 하다. 24개월이 지나 겨우 걸음마를 떼던 승표는 친척들이 모두 함께 모여 식사하는 자리에서 밥그릇에 얼굴을 처박고 입으로 음식을 먹게 된다. 승표가 발달장애인으로 낙인찍히던 날, 승표 가족은 각자의 가슴에 주홍글씨를 새겨 넣었다. 승표는 바퀴를 좋아한다. 눈에 보이는 바퀴는 모두 돌려 보아야 직성이 풀린다. 그래도 엄마는 승표가 완치되기를 꿈꾸며 승표와 함께 세상으로 매일 나가 보지만 그 삶은 고단하다. 아빠는 아이 치료비를 위해 야근, 특근, 주말 근무까지 밤낮없이 일을 자청한다. 항상 승표의 잠든 얼굴만 보게 되는 승표 아빠는 승표가 낯설다. 한편, 승표 누나 승현이는 일하는 엄마를 대신해 동생을 돌보는 아이, 부모님이 승표의 치료를 위해 밤늦게 오더라도 혼자서 물에 찬밥을 말아먹으며 콧노래를 부르는 밝고 착한 아이다. 승표가 초등학교에 입학하던 날, 승현이의 지옥은 시작되었다. 이후 학교생활은 엉망이 되었고 부모를 대신하여 동생을 책임지는 복지사, 보모가 되었다. 거미줄에 걸린 벌레처럼 그렇게 승현이의 삶을 점점 옥죄어 갔다. 승표가 '사랑해요.'를 말하기까지 10년, 자전거를 타는 데 15년, 또 이 아이가 독립을 준비하는 데 얼마만큼의 시간이 걸릴지 알 수 없으나 다른 아이들과 조금 다른 승표의 시계는 그렇게 조금씩 흘러갔다. 스무 살이 된 승표는 독립을 준비하려고 한다. 혼자서 뭘 해 보겠다며 분주한 승표는 처음으로 엄마 품을 떠나 복지관에서 주최한 국토대장정을 떠났다. 승표가 빠진 승표 가족의 첫 저녁 식사 자리에서 서로의 아픔을 돌아보며 각자의 행복이 무엇이었는지 깨달음으로 마무리된다.

〈엄마의 이야기〉

'엄마의 이야기'는 아이를 출산한 기쁨보다 발달이 느린 아이를 지켜보며 느끼는 불안, 주변 시선으로 인한 고립, 끝이 없는 고단한 삶에 대한 분노와 장애를 받아들이게 되는 과정이 담겨 있다. 먼저 장애를 인정하고 수용하는 과정을 탐색하였다. D는 "다 털어냈다고 생각했는데 아직도 남았나 봐요."라고 장애아동을 키우며 힘들었던 과정을 쏟아내기 시작했다. 그러나 초반부와 달라진 점은 자신의 아픔을 토로하는 것이 아니라 타인과 접촉을 주저했던 과거를 회상하며 자신을 위로하고 있다는 것이다.

발달장애아동 어머니가 자녀의 장애를 처음 인식할 때는 분노 혹은 희망의 양가감정을 느낀다. 그러나 병원에서 '장애'라는 진단이 나오면 슬픔, 절망이라는 단어로 표현할 수 없는 충격과 공포를 경험한다.

> 인생을 통틀어도 아이가 장애판정을 받을 때가 가장 힘들었어요. 터널 끝에 뭔가 있을 것 같은데… 긴 터널을 지나 끝에 다다랐을 때 내 터널은 막혀 있을 것 같아 너무 두려웠어요.
>
> – 내담자 C –

> 검진받으려고 남편과 휴가를 내서 종합병원에 갔는데… 내과? 소아과? 정신과? 어디에 접수를 해야 할지 막막했어요.
>
> – 내담자 A –

> 내 새끼한테 장애인이라고 부르는 돌팔이 의사를 보고도 한마디 못하는 남편을 보면 화가 나서 미치겠어요. 원망스럽죠.
>
> – 내담자 E –

> 오랜만에 친정 식구들이 모두 모여 식사를 하는 자리인데 사고 치지 않고 무사히 집으로 돌아가게 해달라고 빌었어요. 그런데… 아이가 고개를 그릇에 처박고 입으로 음식을 먹고 있더라구요.
>
> – 내담자 F –

> 어느 날 놀이터에 나갔는데, 땅바닥에 얼굴을 대고 엎드려서 눈에 보이는 유모차, 자전거 등 바퀴란 바퀴는 다 돌리는 거예요. 또 누군가 자판기에 돈을 넣는다 싶으면 다다닥 달려가 자기가 먼저 버튼을 눌러 버린 적도 있어요.
>
> – 내담자 D –

주변 시선으로 인한 고립감에 대해서는 다음과 같이 설명한다. 내담자들은 자녀에게 장애가 있다는 사실보다 주변의 곱지 않은 시선이 더욱 아팠다고 입을 모아 말했다. 가족과 시댁, 친정 식구들의 잘못된 장애인 인식으로 인해 벌을 받아 장애아를 출산했다고 질책을 받거나 산모 잘못으로 인해 자녀가 장애를 갖게 되었다고 그 원인을 자신에게 기인해 우울과 불안, 죄책감 등 심리·정서적 문제를 경험하게 된다고 했다. E는 '내가 행복해지지 않는 것', A와 F는 '나에게서 즐거움을 빼앗는 것', 이런 것들이 '자신에게 주는 벌'이라고 표현했다.

> 시댁 어른들 눈치가 너무 보여 잘 가지 않았어요. 씨는 좋은데 밭이 안 좋아서… (장애아이를 출산했다고)
>
> – 내담자 E –

> 어느 날 큰아이(비장애 자녀)가 물었어요. 엄마는 어쩌다가 장애인을 낳았어? 우리 다 장애인이야? 엄마는 뭘 잘못해서 장애인을 낳는 벌을 받았어?
>
> – 내담자 B –

발달장애아동이 보이는 돌발행동은 사람들의 주목을 받게 되고 따가운 시선과 멸시로 인한 수치심은 산책이나 가벼운 외출까지 차단하며 고립하게 되는 결정적 계기가 되었다.

> 사람들이 배려한다고 하는 그 배려는 우리에게 역차별이 될 수도 있어요. 내가 장애인은 아니잖아요. 날 불쌍하게 보지 않으면 좋겠어요.
>
> – 내담자 A –

분노와 자살 충동 경험은 다음과 같다. 어머니가 장애를 수용하며 가장 많이 경험하는 정서는 우울이다. 이 우울감은 많은 부정적 감정과 함께 복합적으로 작용하여 분노가 차오르면서 자살 등 극단적인 생각을 하게 된다고 전했다. 그러나 자신 사후에 장애아동이 겪게 될 많은 일과 남은 자녀들, 남편의 충격 등 복잡한 생각은 '죽지도 못하게' 발목을 잡고 있어 매일매일 절망 속에서 하루하루를 살고 있다고 하였다.

> 얘(장애 자녀)를 데리고 죽으려고 해안도로를 달리는데 얘만 죽고 나만 살면 어떡하지? 그런 생각이 들더라구요. 그래서 내 안전벨트를 풀었어요. 그랬더니 나는 죽고 얘가 혼자 살아남으면 어떡하지? 생각하니 숨이 안 쉬어지는 거예요. 그래서 둘 다 벨트를 풀었는데 길이 끝나서 더 이상 갈 길이

없었어요.

- 내담자 D -

내담자들은 한 글자 한 글자에 정성을 쏟으며 대본을 읽었다. 울면서 서러움을 쏟아내는 것이 아니라 당시의 상황에 거리를 두어 천천히 바라봄으로써 갇혀 있던 자신의 과거와 만나고 있었고, 남아 있는 감정들을 배설하였다. 힐링드라마에서 사용된 대본 중 '엄마의 이야기' 일부를 소개한다.

하얗고 달덩이 같은 애를 질질 끌고 나와 차에 태웠다. 국도에서 전속력으로 달리며 어디서 죽을지 고민하고 있었다.

엄마: 이러다 나만 죽고 쟤는 살면?

아이의 벨트를 풀었다.

엄마: 쟤가 죽고 나만 살면? (숨을 몰아쉬며) 새끼 죽이고 내가 어떻게 살아?

나도 벨트를 풀었다.

엄마: 내가 죽으면 우리 귀한 딸. 맨날 동생에게 양보만 하던 착한 딸. 새엄마한테 구박받으면 어떡해? (음향)

그러다 보니 집에 도착했다.

엄마: 난 제명에 죽지도 못하겠구나. 내가 우리 승표보다 하루만, 딱 하루만 더 살아야겠다. 그래야 우리 승표… 우리 승표 사람 만들지.

엄마: 이런 나의 마음을 승표는 알까? 남편은 알까?

그날 이후로 우리 부부는 서로에 대한 지나친 배려와 함께 대화가 사라졌다.

아빠: 회사에서 가족 동반해서 산에 가자는데… 나는 괜찮은데 당신이 힘들까 봐 신청 안 했어.

엄마: 나도 괜찮은데… 당신이 힘들잖아. 좀 쉬어.

우리는 각자의 절망감에 빠져 혼자서 삭이고 있었다. 남편을 출근시키고 아이들을 모두 보내고서야 난 혼자서 울 수 있는 시간을 얻었다.

- '엄마의 이야기' 중에서 -

〈누나의 이야기〉

'누나의 이야기'에서 주인공은 비장애형제인 승현이다. 이 이야기는 생일파티, 혼자만의 파티, 엄마 뒷모습을 보며 느끼는 감정을 통해 비장애형제가 경험하는 장애인 가족의 삶과 갈등을 담았다. 내담자들이 누나의 에피소드를 수집할 때는 딱딱한 인터뷰보다 비장애형제와 누워서 별 보기, 어릴 적 이야기 들려주기, 함께 자기 등 둘만의 시간을 보내며 대화를 나누도록 하였다. 비장애형제의 경험을 살펴보면, 사람들이 장애인의 돌발행동을 이해하지 못하고 전염병 환자처럼 멀리하거나 혐오감, 불편감을 드러내기 때문에 비장애형제들은 최대한 사람들 눈에 띄지 않기를 바란다는 경험담이 가장 많았다. 또한 또래 친구들의 놀림으로 인해 수치심을 경험하거나 분노, 부담, 공감 결여, 대인관계 회피 등 부정적 감정을 경험한다고 밝혔다.

> 친구 생일파티에 가고 싶다는 큰애(비장애형제)한테 대답 대신 동생은(장애아동) 어떡하냐고 물었어요. 자기가 데려가겠다고 해서 안심하고 있었죠. 그런데 친구 집에 놀러 가서 우리 (장애)아이가 그 집 아이 물건을 만졌는데 그 집 아이가 "야! 애자는 저리가!"라고 했대요. 큰애는 그 뒤로 친구를 만나지 않아요.
>
> – 내담자 B –

> 큰아이(비장애형제)가 초등학교 들어가더니 어느 날부터 슈퍼 앞을 지나가기 싫다고 하더라구요. 그게 어떤 의미인지 느껴지니까 하늘이 무너지는 것 같았죠. 장애판정 받았을 때 큰아이는 엄마 힘들까 봐 혼자 소리 내어 울지도 못해서 책상 밑에 들어가 울고, 사람들 눈을 피해 어둠 속에서 살게 된 거예요.
>
> – 내담자 F –

> 지(비장애형제) 오빠랑(장애아동) 나이 차이가 나는데도 그 쪼꼬만 것이 이사 가고 싶다는 거예요. 애들이 오빠를 구경하러 온다고….
>
> – 내담자 E –

비장애형제는 형제의 장애를 인정한다기보다 어쩔 수 없이 받아들여졌다고 내담자들은 전했다. 장애가 무엇인지 그들의 삶과 가족의 삶이 어떠한지 알기 전에 타인의 시선과 부모에게 충분히 관심받지 못하는 소외감을 느끼며 장애를 회피하거나 외면, 혹은 가족임을 부정하기도 하였다.

> 치료를 위해 남편이랑 서울에 다녀왔어요. 분명 학교에 있을 시간인데 집에서 밥을 먹고 있었어요. 화부터 냈죠. 한참을 퍼부었는데 딸 아이가 "엄마, 오늘 시험봤어요."라고 말하는 거예요.
>
> – 내담자 C –

한번은 뜬금없이 동생을 낳아달라고 조르더라구요. 그런데 다음날 동생 낳아 달라는 말을 취소하겠대요. 왜냐고 물었더니 "그러다 또 장애인 나오면 어떡해?"라고 대답했어요

– 내담자 F –

동생(장애아동)이 초등학교에 입학하니 쉬는 시간마다 내려가서 동생을 봤대요. 혼자서 물에 찬밥 말아 먹고 사는지도 모르고… 누나(비장애형제)가 고등학교 때였나? 갑자기 밥 먹다가 "나 거미줄에 걸린 벌레 같아."라며 벗어나고 싶다고 말하는 아이에게 어떻게 해야 할지 몰랐어요.

– 내담자 A –

　내담자들은 비장애 자녀가 얼마나 착한지를 경쟁이라도 하듯이 많은 에피소드를 쏟아내며 비장애 자녀에게 느끼는 고마움과 미안함을 하나라도 놓칠세라 기억을 더듬어 가고 있었다. 모든 내담자들은 나열된 에피소드를 천천히 살펴본 후 비장애 자녀의 마음을 헤아리지 못함에 후회의 눈물을 흘렸다. 치료를 위해 소문난 곳이라면 전국 팔도를 다 찾아다니는데 정작 비장애 자녀에게는 신경 써 주지 못했고, 자라는 동안 충분한 사랑 표현도 부족했을 뿐만 아니라 함께 해 주지 못했다고 미안한 마음을 표현하였다.

　누나의 이야기를 만드는 동안 내담자들은 비장애 자녀와 관계를 회복할 수 있었다. '누나' 대본을 실제로 접한 F의 비장애 자녀는 승현이의 "상황이 고구마 같다."라고 말하며 당시 자신의 상황을 반추했다고 전했다. F는 말을 할 때 눈을 바라보며 이야기하려고 노력했고, B는 통합예술치료 안에서 배운 것을 자녀와 함께 활동해 보았다고 한다. 비장애 자녀와 장애 자녀를 양육하면서 항상 미안한 마음과 버거운 마음이 혼재하여 의도치 않게 아이들에게 짜증을 많이 냈으나, 통합예술치료를 통해 양육스트레스가 감소됨으로써 아이들과의 관계 회복이 이루어진 것으로 보였다. 이처럼 자전적 이야기로 풀어낸 대본에는 정서적 경험이 담겨 있어 비장애 자녀의 마음을 헤아려 볼 수 있었고, 자신으로부터 적절한 거리를 두고 바라봄으로 인해 부모로서의 문제를 자각하게 되었고, 더불어 비장애 자녀의 변화를 촉진하고 있었다. 힐링드라마에서 사용된 대본 중 '누나의 이야기' 일부를 소개한다.

누나: 〈카톡〉 엄마, 오늘 시험 봐서 일찍 끝났어요. 엄마 어디세요?
엄마: 〈카톡〉 (누나는 핸드폰을 바라 본다) 엄마, 승표랑 서울. 검사가 늦어져서 오늘 밤에 내려갈 것 같다. 내일은 맛있는 돈가스 먹자.
누나: 돈가스는 승표가 좋아하는 거지… 난 스파게티 좋아한다고! 승표가 국수는 손으로 먹는다고 잘 안사주면서… 칫!

누나: 도대체 엄마 아빠는 나에게 관심은 있는 거야? 점심은 어떡하고 저녁을 먹재?

텅 빈 집에서 혼자만의 파티를 시작했다.

누나: 오늘의 스페셜 런치! 물에 찬밥을 말아 열무김치를 곁들여 먹으면 일품입니다!!! 콜록, 콜록, 콜록. 목에 걸린 밥알… 이게 외로움이구나.

난 집에서 한참이나 떨어져 있는, 할 수 있는 한 제일 먼 고등학교에 입학했다. 고등학생이 되어 한 가지 변한 것이 있다면, 친구들과 친한 척하지 않아도 선생님이 물어보지 않는다는 점. 그리고 이제 더이상 동생을 맡기러 선생님들이 나를 찾지 않는다는 점이다. 아무도 내가 누군지 모른다. 그래야만 한다. (덤덤하게) 꼭꼭 숨어라. 머리카락 보일라….

– '누나의 이야기' 중에서 –

〈아빠의 이야기〉

'아빠의 이야기'는 힘들다고 말하지 않아도 충분히 힘든 삶을 살아가는 '아빠'의 속마음, 자식을 장애인으로 낙인찍은 죄책감, 무거운 책임감이 긴 한숨에 담긴 것같이 느껴졌다. '누나'의 에피소드와는 달리 '아빠'의 대본 작업은 수월하지 않았다. '아빠' 경험담이 내담자의 입으로 전달되기 때문에 아빠의 경험담보다 내담자들의 남편에 대한 서러움과 원망, 불평이 우선되었다. 아빠들은 "일을 우선으로 생각하여 주말에도 일하러 나가거나 간혹 쉬는 날이면 가족과 함께 시간을 보내기보다 소파와 한몸이 되어 잠만 자요."라고 내담자들의 원망 섞인 목소리로 표현되었다.

육아는 온전히 엄마들의 몫이에요. 남편은 한걸음 물러서서 그저 남 얘기하듯 바라만 보고 있어요. 우리는 하루하루를 살아야 하는데….

– 내담자 E –

제일 힘든 것은 혼자라는 것. 남편과 함께 나누고 싶고 함께 하고 싶은데 혼자서 아등바등 사는 것이 제일 힘들어요.

– 내담자 D –

남편 회사에서 아이가 장애가 있다는 말을 죽어도 하기 힘든가 봐요. 또 남들은 좋은 일로 휴가를 내는데 우리는 애 병원에 치료에… 이럴 때 휴가를 내야 하니 회사에서도 눈치가 보이죠. 희한하게 꼭 애한테 무슨 일만 있으면 그때마다 회사에 일이 생겨요.

– 내담자 A –

가장으로서 가정을 위해 헌신하고 있으며 아빠 역할을 충실히 수행하고 있음을 알고 있지만, 본인 마음을 알아봐 주거나 교감을 나누는 것이 흡족하지 않아 서운한 마음이 오랫동안 남는다고 말했다. C는 "각자 삶이 치열하니까 서로 위로하는 법을 잊고 살아요."라고 말했지만 내심 서운한 속내를 내비쳤다.

> 남편은 집안일도 잘하고 애들한테 헌신적이에요. 하지만 시댁 문제는 내 감정을 읽을 준비가 되지 않았어요. 아빠 자리만이 아니라 남편 자리도 채워졌으면 좋겠어요.
>
> – 내담자 F –

내담자들이 가정에서 남편과 인터뷰를 시도하였으나 "본인은 힘들지 않다." "왜 그런 걸 한다고 해." "알아서 잘 이야기해."라는 반응들이 돌아왔다고 한다. A는 남편들 역시 장애라는 단어를 입 밖으로 꺼내는 것을 어려워했고, D는 집에서는 장애라는 단어를 금기어처럼 생각하기 때문에 남편들의 속마음을 알아보는 데 어려움이 있는 것 같다고 말했다.

남편을 인터뷰하는 데 난항을 거듭했던 내담자들은 통합예술치료를 통한 자신의 변화를 생각하며 남편을 위한 치료사가 되기로 자처했다. 먼저 "고집불통 남편"에게 어떻게 공감해야 할지 고민하기보다 남편에 대한 이해가 선행되어야 하겠다고 깨달은 것이다. 남편을 이해하기 위해 노력하던 내담자들은 남편 이야기를 서두르지 않고 천천히 들어주었고, 위로했다. 남편의 대본을 작성하면서 E는 "짐작조차 하지 못했던 '아빠'의 슬픔을 뒤늦게 깨닫게 되어 미안함이 너무 크다."라고 말했고, A는 "자신의 아픔에만 빠져 남편의 아픔을 돌아보지 못함"을 자각하였다.

> 남편은 장애판정 받을 때 남자 사형 선고 받은 것 같다고 생각했대요. 사내로 태어나서 남자로서 경험할 수 있는 것들을 내 새끼가 누릴 수 없으니….
>
> – 내담자 E –

> 한번은 남편이 새벽에 술에 취해 들어왔어요. 아이 방에 들어가서 자는 애 머리를 쓰다듬는데 저는 속으로 '이 남자도 애한테는 관심이 있긴 한가 보다.'라고 생각했어요. 그런데 세상에서 제일 긴 한숨을 내쉬며 "아빠 말야, 너 말고도 책임져야 할 사람이 둘이나 더 있어. 우리 ○○하고 동물원도 가고 싶고 에버랜드도 가고 싶은데 주말에 일하면 돈을 더 많이 준대. 미안하다. ○○야."
>
> – 내담자 A –

아빠들은 아이의 장애를 인정하는 데 엄마보다 더 많은 시간이 걸린다고 말한다. 엄마는 아이 장애와 미래를 감정적으로 받아들이지만, 아빠들은 치료비와 사후 주거 문제, 구직 활동을 할 수 없는 장애 자녀 등 현실적인 문제를 위해 더 많은 일을 해야 한다는 '가장의 무게'를 경험하게 된다.

> 남편은 산악회며 이런저런 모임이 많았었는데 장애판정을 받고 나서는 아무 모임에도 참석하지 못했어요. 가슴에 주홍글씨 새기고 어딜 돌아다니느냐고….
>
> – 내담자 D –

> 장애를 받아들이는 속도는 엄마와 아빠가 다른 것 같아요. 내가 고민하고 걸어온 길을 한참 후에 아빠들이 걸어와요. 그걸 이해하고 기다려 줘야 한다는 것을 나중에야 깨달았지요.
>
> – 내담자 A –

'아빠의 이야기'를 만드는 동안 내담자들은 남편과 관계회복을 위해 자신이 어떻게 변화해야 하는지 고민하여 긍정적으로 행동을 수정하였다. 그뿐만 아니라 긍정적 결과를 위해 유연하고 탄력적으로 문제를 해결하고 있었다. 힐링드라마에서 사용된 대본 중 '아빠의 이야기' 일부를 소개한다.

아빠: 여보 여보! 혼자서 고생이 많았소….

엄마: 지금 몇 신데 이제 들어와요? 약 먹고 겨우 잠들었으니까 조용히 좀 해요. 하여튼 필요할 땐 도움이 안 된다니까….

아빠: 그러게… 도움이 안 되네….

항상 아내 얼굴만 보면 아무 말도 할 수 없게 된다.

아빠: 승표야… 후… 승표야! 승표야, 아빠야. 우리 승표 많이 아팠지? 승표야, 아빠가 빨리 오지 못해서 미안해. 아빠가 미안해.

그런데 아빠는 승표랑 같이 있어도, 밖에 있어도 항상 승표를 위해 일을 하는 거야. 아빠가 돈을 벌어야 우리 승표 빨리 나을 수 있지. 그치? 아빠 이해하지?

아빤 말야, 지켜야 할 사람이 승표 말고도 더 있어. 누나도 지켜야 하고, 엄마도 지켜야 하고… 그래서 아빠는 아침에도 점심에도, 이렇게 깜깜한 밤에도 일을 해야 해.

일요일에 우리 승표 손 잡고 동물원에도 가고 싶은데… 일요일에 일하면 돈을 더 많이 주거든. 승표랑 동물원 못 가서 미안해.

건강하게 낳아주지 못해 미안해. 우리 승표 장애인이라고 부르게 해서 미안해… 아빠가 못나서 미안해….

아빠: 승표야… (5초 사이) 미안하다.

끝이 보이지 않는 사막에서 길을 잃었다.

사내로서, 남자로서 경험해야 하는 것들을 누릴 수 없기에 더욱 가슴이 시리다.

난 이 아이에게 무엇을 해 줄 수 있을까?

— '아빠의 이야기' 중에서 —

〈가족의 이야기〉

'가족의 이야기'는 승표 가족의 미래를 그린 이야기이다. 이 이야기에서는 내담자들의 아이디어가 많이 부족했다. 자녀와 가족의 미래를 생각해 본 적이 없기 때문이었다. 아빠의 대사 중 "사내로서, 남자로서 경험해야 하는 것"에 대해 많은 시간 고민하였는데 이 대사가 인지적 촉매작용을 일으킨 것으로 보인다. F는 발달장애 자녀가 "사랑해요."라고 말하기까지 10년이 걸렸고, D는 자전거를 타기까지 15년이 걸렸다고 한다. 아직 초등학생인 B의 발달장애 자녀는 언제 시작될지 모르는 월경을 대비하여 일곱 살부터 생리대 사용법을 가르쳤지만, 아직 스스로 처리하기는 어렵다고 했다.

발달장애 자녀들의 특성이 상이하여 주인공인 승표의 상황을 일치시키기란 어려웠다. 내담자들은 여러 가지 상황을 제안했고 미래를 상상하며 웃었다. 또 상상하는 미래가 너무 벅차다며 울었다. 그 순간 저자는 웃음과 울음의 의미를 연결하되 개인의 감정을 해석하지 않도록 하였고, 의미 있는 순간에 머무르며 투영된 정서를 본인의 내면 안에서 스스로 분석하도록 하였다.

롤러코스터를 타보면 올라갈 때 두렵잖아요. 지금이 딱 그런 것 같아요. 막상 떨어지면 정신없이 돌다가 끝나버리는데 언제까지 올라갈지 알 수 없으니 두려운 것 같아요. 끝이 보이지 않는 미래라고 생각했기 때문에 너무 무섭고 두려웠어요. 행복이 뭔지도 모르고 달리기만 했나 봐요.

— 내담자 A —

대본에서는 갈등 해결을 위한 극적 장치와 승표의 미래를 구체적으로 담지 않았다. 내담자들은 발달장애아동을 키운다는 것은 스트레스라는 단어로 표현할 수 없을 만큼 버거운 일이며, "가족 모두가 어둡고 끝없는 터널을 지나는 것"이며, 장애아이를 키우는 일은 "그냥 삶"이라고 말한다. 그러나 단계별 성장을 경험한 내담자들은 무의식적으로 표출된 자신의 감정과 행동을 깊이 있게 통찰하였고 스스로 행동을 수정하며 해결책을 제시하였다. 이처럼 자신의 트라우마 상황을 재구성한 대본은 자전적 이미지를 담아낸 도구로 활용되며 내면에 잠재하고 있는 상처받은 내면의 아이와 접촉을 시도하여 인격체의 핵심소요를 바꿀 수 있다(Bradshaw, 2006).

7개월여의 작업 끝에 발달장애인 승표와 그 가족 이야기를 다룬 대본을 완성하였다. 완성된 대본을 보며 내담자들은 벅찬 마음을 감추지 못하였다. B는 "나도 쓸모가 있는 존귀한 사람"이라는 걸 깨닫게 되었다며 대본을 소중히 품에 안았다. 본인 삶이 한편의 극이 되었다는 성취감을 만끽하였다. 힐링드라마에서 사용된 대본 중 '가족의 이야기' 일부를 소개하겠다.

아빠: 행복을 꿈꾸었습니다. 아내와 와인 한잔, 아들, 딸과 운동을 하며 여가를 보내는 유토피아를 꿈꾸었나 봅니다. 그런 행복을 위해 이렇게 사랑하는 가족을 보지 못하고 죽어라 일만 하며 달려왔나 봅니다. 정작 앞이 어딘지도 모르면서….
가족과 함께 도란도란 이야기하며 밥 먹는 식탁이 내겐 행복이었습니다.

누나: 우리 가족은 한 번도 사람 많은 맛집에 가본 적이 없습니다. 나는 그때, 우리 가족은 세상에 나가지 못하고 어둠의 세계에만 존재해야 한다고 생각했습니다. 참 많은 시간 발버둥을 쳤습니다. 하지만 행복은 노력으로 얻는 게 아니라는 걸 승표를 통해 알게 되었습니다. 함께 웃는 이 시간. 이 순간들이 너무나 행복합니다.

엄마: 사람들 위로. 그건 나에게 위로가 아니었습니다. '그렇게 훌륭한 일이면 니가 한번 해 봐. 억울하다. 답답하다!' 이 말이 항상 가슴에 덩어리 채 걸려 있었습니다. 장애아이를 키워내는 일은… 그냥… 삶입니다. 하루하루를 살아가는 겁니다.
'사랑해요.'를 말하기까지 10년, 자전거를 타는 데 15년… 또 이 아이가 독립을 준비하는 데 얼마만큼 시간이 걸릴지 알지 못합니다. 이 아이의 시계는 다른 아이들과는 조금 다르나 봅니다.
그냥, 웃으며 행복을 느끼는 시간이 오래도록 이어졌으면 좋겠습니다.

③ 무대화

마지막으로 힐링드라마 모델은 힐링드라마 공연과 후속 작업인 내면닫기 과정으로 마무리된다. 무대 위에서 행해지는 발표(공연)는 통과 의례로서 기능한다. 자신의 삶을 극적으로 재현하여 새로운 인격체로의 치료적 변화에 도달하기 위한 의식인 것이다. 힐링드라마는 드라마를 통해 스스로 행동하면서 자신의 이미지를 만나게 되기 때문에 더욱 극적인 힘을 지니게 된다(Landy, 2002). 다시 말해 자신의 삶을 모방하여 그 행위에 의미를 부여한다는 것이다(Knill, 2011). 이러한 점에서 힐링드라마 모델은 새로운 인격체로의 삶을 확고히 하기 위한 힐링 의식으로 기능하고 있음을 알 수 있다.

일반 발표회나 공연과는 달리 힐링드라마는 자신의 트라우마를 소재로 사용하기 때문에, 공연이 끝난 후 치료적 개입을 위한 후속 작업인 내면닫기를 시행한다. 6명의 내담자 모두 극 중 인물을 맡아 연기하였고, 저자는 연출과 공연 당일 진행 역할을 겸하였다. 보조치료사는 촬영을, 음향과 조명은 센터 관계자가 맡았다. 특별한 연출은 필요로 하지 않았고, 소품은 개인 마이크, 음향과 조명만으로 최소화하였다.

〈공연〉

배역 선정은 극 중 인물과 내담자들 심리적 거리를 고려하여 배정하였다. 엄마 역할은 A, 엄마 내레이션은 C, 누나 역할에는 F가 연기하기로 하였다. 모두가 힘들어했던 아빠 역할은 B가 맡게 되었다. B는 아빠 역할 수행을 하게 되면서 남편과의 관계가 개선되었다고 소감을 밝혔다. 이는 객관적인 입장에서 자신의 행동을 돌아보고 상대를 이해하게 됨으로써 관계 회복에 도움을 준 것으로 여겨진다. E는 "예전에는 남편 등짝만 보면 한 대 팍! 때렸으면 좋겠다고 생각했는데 요즘은 뒷모습만 보면 그리 짠할 수가 없어요."라고 남편을 이해하게 되면서 아빠 내레이션 역을 수락하였다. D는 누나 내레이션과 승표 역을, 기타 배역들은 내레이션을 맡은 내담자들이 여러 배역을 나누어 맡도록 하였다.

B는 공연 하루 전부터 잦은 실수를 하거나 주변 사람 이야기에 집중하지 못하는 모습을 보였다. 공연 당일에도 횡설수설하거나 경직되는 극심한 긴장감이 이어졌다. 다른 내담자들이 안아주거나 심호흡을 시키는 등 안정을 취하도록 하였으나 본 공연에서 본인 순서를 착각하여 먼저 대사가 나오거나 부자연스러운 연기로 평소와 다른 모습과 정서를 보였다. 무엇보다도 B는 공연 당시 한 번도 울지 않았다. 평소 눈물이 없거나, 슬프지 않아서가 아니라 긴장과 스트레스 상황을 무의식적으로 억압하여 차단하는 방어기제가 작동한 것으로 유추된다. B가 보이는 이러한 외현적 표현은 고통스러운 정서에서 자신을 분리하여 생각과 느낌, 행동을 연결하지 못하는 것이다.

F는 공연 시작과 동시에 몸을 잔뜩 움츠리고 고개를 숙이고 있었다. 많은 눈물을 예상했는지 미리 손수건을 준비해 왔다. 다른 내담자들 역시 무대에서 많은 눈물이 터져 나왔지만, 곧 자신의 감정을 추스르고 다시 자신의 역할에 몰입하였다. 특히 아빠 역할에 밀착적이던 E는 리허설부터 많은 눈물을 흘렸고 공연이 시작할 무렵에는 오열했다. E가 눈물로 범벅이 되어 앞이 보이지 않을 것 같았지만 E는 본인 대사를 정확히 표현했다. 정확히 말하자면 연기가 아니라 내면에서 외치는 자신의 이야기를 해나간 것으로 보인다.

C는 엄마 내레이션과 장애아동을 차별하는 친할머니, 얄미운 친구 역할까지 캐릭터의 성

격에 차이가 있어 비전문 연기자가 소화하기 힘들었지만, 엄마 내레이션은 따뜻한 감성으로, 친할머니는 표독스럽게, 친구들은 얄밉게 표현하는 등 배역에 맞게 목소리 톤과 감정조절을 하는 훌륭한 연기를 선보였다. 승표 역을 맡은 D는 장애특성을 잘 표현하기 위해 많은 연습을 했다고 하였다.

보는자로 함께한 사람들 역시 모두 승표 가족이 되어 공연에 몰입하였다. 이들은 극 중 인물에게 동일시가 일어나 정서적 공감대를 형성한 것으로 보인다. 아빠의 대사 중 "유토피아를 꿈꾸었나 봅니다."와 엄마 대사 "억울하다! 답답하다!"에서는 많은 보는자들이 오열하였다. 보는자 역시 터져 나오는 회한의 눈물을 참지 않고 카타르시스를 체험하고 있음을 체감할 수 있었다. 마지막 대사가 끝나고 조명이 꺼진 10초간 침묵. 그 감동의 순간을 방해하지 않고 머무르기로 하였다. 표현자와 보는자 모두 그 침묵을 함께 하며 공감했다.

〈내면닫기〉

발표가 완료되면 내담자가 심리적으로 자신의 이슈를 떠나 현실로 복귀하는 과정인 '내면닫기'를 통해 내담자의 흥분된 마음을 가라앉히고 안정을 취하도록 돕는다. 일반적으로 연극에서는 관객들이 극에 투입되지 않지만 힐링드라마 모델에서 관객은 관찰자, 목격자, 지지자 등의 역할로 지켜보는 사람을 뜻하는 보는자 역할로 함께 참여하게 된다. 보는자는 표현자를 통해 자신을 반추해 보며 '반면교사反面教師의 효과'를 일으킨다(홍유진, 2018). 보는자는 자신과 유사한 경험을 하는 등장인물에게 감정이입을 하게 되고 주인공이 갈등과 문제를 극복하는 모습에서 보는자 역시 인지적 각성이 일어나 자기치유를 실행하기도 한다.

내면닫기 과정에서 치료사는 표현자가 무엇을 자각했는지 '무의식적인 내면 활동을 의식화'하거나 표현자의 의식화 작업이 미진할 경우 이슈를 던져 내면 작업을 극대화할 수도 있다. 마지막으로 표현자가 자기 이슈에서 벗어나 현실 자각이 가능하도록 도울 수 있다. 이처럼 내면닫기 과정을 통해 자신의 이슈를 의식화할 뿐만 아니라 이슈 중심의 가상 세계와 현실을 구분하도록 적절한 치료적 처치가 필요하다.

공연이 끝난 직후 무대 위에서 표현자와 보는자의 안전한 현실 복귀를 위해 내면닫기를 진행하였다. 먼저 무대 위에서 경험한 무의식을 '의식화' 하는 작업은 A, D에게 행하였다. A는 장애를 인정해야 했던 순간을 열고 싶지 않은 '판도라의 상자'라고 표현하며 고통스러운 순간을 마주하는 것이 힘들었다고 말했다. 극 중 '엄마' 역할을 연기하며 깨닫게 된 점은 '언제든지 일어날 수 있는 불행을 미리 두려워하지도, 보이지 않는 행복을 찾기 위해 시간 낭비를 하지 않을 것'이라는 확신이었다. 프로그램 초반부에서의 모습과 많은 변화를 보이는 A는 후반부에서 다른 내담자들을 격려하고 다독이며 리드하는 모습을 보여 주었다. 주인 공에 감정이입을 하였고, 특히 엄마 역할에 많은 애정을 쏟았다고 한다. A는 '승표 엄마' 마음을 헤아려 보기 위해 많은 시간 노력을 기울였다며 '승표 엄마'의 순간순간 감정과 억양을 분석한 대본을 보여 주었다. 무대 위에서 받는 박수 소리에 벅찬 감동이 밀려왔고, 승표 엄마를 떠나보내는 아쉬움을 표현하였다.

> 가장 힘들었던 건 다시는 떠올리기 싫은 과거… 아이가 진단받을 무렵부터 그 이후 가족들의 고 통스러운 순간을 다시 마주해야 했던 것이었어요. 그 기억을 되살려서 함께 이야기를 나눠야 했고, 글을 쓰고 다시 읽고 수정하는 과정에서 그때 아픔들이 고스란히 만져졌어요. 지금은 뭐랄까? 오랫 동안 안 풀리던 수학문제가 풀린 기분? 내 마음속 불안의 근원을 깨닫게 되었어요.
>
> – 내담자 A –

A는 공연 전날 밤 엄마의 대사를 읽고 또 읽으며 '불안의 근원'을 고민했으나 답을 찾을 수 없었다고 한다. 무대 위에서 마지막 대사를 마치는 순간 '승표 엄마'가 그 대답을 해 주는 것 같았다고 소감을 말했다. 이어 마음속 깊은 곳에 자리 잡은 불안의 실체는 '지금까지 단 한 번도 미래를 생각해 본 적이 없었기 때문'이라고 말했다. 그리고 '나의 불안과 공허함을 키운 것은 누군가에게 한 번도 표현해 보지 않았기 때문'이라고 덧붙였다. '장애아이를 언제까지 키울 수 있을지, 부모가 죽고 난 다음 이(장애) 아이는 어떻게 될지' 등 불안과 걱정이 있으나 장애아이를 출산했다는 죄책감 때문에 누군가에게 고민을 털어놓거나 도움을 요청하지 못하고 혼자서 짊어지고 가고 있었다고 말했다. 사람들 앞에서 "내가 이렇게 힘들다, 아프다." 표현할 수 있어서 속이 시원하다고 소감을 밝혔다. 이처럼 힐링드라마는 배역으로부터 투사된 감정과 상황을 통해 자신의 문제를 통찰하게 하고 현재의 이슈와 과거 트라우마를 객관적으로 자각하고 수용함으로 '내 안의 나'를 깨우게 한다. 다음 엄마 대사는 지금까지 마음을 무겁게 누르고 있던 '불안의 근원'에 대한 답이 되었다고 말한 부분이다.

> 여보, 난… 우리가 옆에 없을 때 우리 승표를 사회가 엄마 대신 떠맡아 주는 그런 꿈을 꾸는 게 아 니에요. 단지 승표가 혼자서 당당하게 식당에서 밥 한 끼 먹는 것. 아플 때 병원에 가서 치료받을 수 있는 것. 사람들과 함께 웃으면서 사는 것. 그뿐이에요. 그게 큰 욕심인가요?
>
> – '엄마의 이야기' 중에서 –

D는 암전된 상태에서 번쩍하고 깨닫는 순간이 있었다고 말했다. "유토피아를 꿈꾸었나

봅니다. 그런 행복을 위해 이렇게 사랑하는 가족을 보지 못하고 죽어라 일만 하며 달려왔나 봅니다. 정작 앞이 어딘지도 모르면서… " 이 대사를 여러 번 반복하여 읽으며 행복이 뭔지도 모르면서 마냥 앞으로 달리기만 했던 과거를 반추하였다. 불안한 미래를 걱정하기보다 자신이 꿈꾸는 미래를 위해 무엇을 해야 할지, 어떻게 해야 자신이 행복한지 조금은 알게 되었다고 소감을 밝혔다. 이처럼 생각해 보지도, 생각할 수도 없었던 미래는 긍정적 스토리텔링을 통해 사건을 해결할 수 있는 실마리를 제공하였다.

　표현자가 의식하지 못하는 것을 자각하도록 돕는 치료적 개입은 B와 C에게 적용하였다. B는 실제 공연에서 평소와 다르게 극심한 긴장과 경직으로 인해 아빠 연기가 부자연스럽게 표현되었다. 이는 성공적으로 해내고 싶은 욕구에 반하여 몸과 마음을 경직시켜 그 순간을 온전히 경험하는 것을 가로막고 있는 것으로 여겨진다.

　B에게 방어적 행동의 회귀가 일어난 이유에 대해 생각해 볼 때 극심한 스트레스 상황에 직면하여 도전에 대한 욕구 자체가 낮거나 실수를 두려워하여 이를 회피하고 있는 것으로 분석된다. B를 위한 치료적 개입은 주변 시선에서 벗어나 자신의 존재 가치를 자각하고 감정을 알아차리도록 하는 것이었다. B는 아빠 대사 중에 인상 깊은 말이 있는지 질문에 대답하지 못했고, 아직 무엇을 하고 있는지 의식하지 못하였다. 이에 본인 이름, 이곳이 어디인지 질문하여 무감각한 상황을 환기한 다음, 보는자에게 인상 깊었던 아빠 대사가 있는지 질문하도록 B에게 역할을 부여하였다. 보는자는 "승표를 장애인으로 부르게 해서 미안해." "남자로서 경험해야 하는 것을 누릴 수 없음이 가슴 아프다." "담담하게 아빠의 말을 전한 B의 연기가 너무 외로워 보였다."라고 반응했다. 보는자의 공감과 인정을 받은 B는 비로소 눈물을 보였고 저자는 큰 목소리를 내어 감정을 증폭시킬 수 있도록 하였다. B는 "너무 떨렸고, 창피했어요. 실수해도 괜찮다는 것을 배우지 못했어요. 무서웠어요. 외로웠어요."라고 말하며 억압된 감정을 터뜨렸다. 표현자와 보는자 모두 큰 박수를 보내며 B를 위로하고 격려하였다. B는 집중적으로 시선을 받아본 경험이 없어 창피했다고 표현하였지만 깊은 내면을 통찰해 보니 '장애인 엄마'로 사람들 앞에 나서는 것이 창피했던 것 같다고 인지하였다. 이처럼 힐링드라마의 특별한 체험, 그리고 내면닫기 과정에서 체험한 실존적 존재로서 사람들과 접촉 경험 그 자체가 내면 아이의 표현을 좀 더 자유롭게 하였고 억압된 정서적 경계를 허물어 자신의 내면과 접촉하게 된 것으로 해석할 수 있다.

　C는 "승표 엄마처럼 가족 이외에 도움을 받아본 경험이 거의 없어요. 그래서 도움을 요청해 본 적도 없어요."라고 말했다. 극 중 엄마 역할에 전이가 일어난 것이다. 본인이 연기한 시어머니, 승표 누나를 놀리는 얄미운 친구들까지 갈등의 주체들이 구체적인 역할로 구현되면서 본인의 고립과 소외감이 표출된 것으로 보인다. 치료적 처치를 위해 C를 제외한 나머

지 내담자들을 무대 중앙에 일렬로 서 있게 하였다. 그다음 C가 직접 5명의 내담자를 활용하여 본인에게 도움을 준 5명의 사람을 조각상으로 표현하도록 지시하였다. 한참을 고민하던 C는 D를 보며 "이 자리에 함께한 이 사람들이 따뜻하게 안아주었고 편안하게 배려해 주었는데 그걸 잠시 잊었었다."라고 말하며 "혼자서 짊어지고 갈 짐이라고 생각했는데 이제는 이웃과 함께 하는 법을 알게 되었다."고 깨닫게 되었다. 습관적으로 고립과 외로움을 말하던 C는 구체적인 형상을 통해 자신의 변화를 인지하였다.

역할에 몰입하여 밀착적인 태도를 보이는 E와 F에게는 극에서 빠져나와 현실을 인지할 수 있도록 하였다. E는 아빠 역할에 심리적 거리가 밀착적으로 작용하여 지나친 감정이입이 되었다고 밝혔다. 공연 당시 E는 많은 눈물을 흘렸으나 끝까지 대사를 소화했다. 그때 감정 상태를 묻자 "나만 힘들다고, 알아주지 않는다고 소리치고 동동거린 게 너무 미안해요. 남편이 너무 불쌍해요."라고 말하며 그동안 표현하지 못하는 남편의 아픔을 안아주고 싶다고 깨닫게 되었다. '보는자'로 함께한 남편에게 하고 싶은 말을 하라고 했을 때 "미안해."라고 짧게 대답하였다. 다시 한번 마이크를 내려놓고 육성으로 출입문 밖에 있는 사람이 들을 수 있을 정도로 큰 소리로 말하도록 하였다. 사람들은 보통 큰 소리를 내기 전 숨을 한번 크게 들이쉰다. 이렇게 숨을 크게 들이쉬는 행위는 살아 있는 생명의 순환이고 긴장했던 근육을 이완하도록 도우며 감정의 배설과 함께 카타르시스를 체험하기 위함이다. 또 공연에서 빠져나와 호흡에 집중하게 하여 현실로 복귀를 돕기 위한 과정이다. E는 심호흡을 한 번 크게 한 후 "다른 아내들처럼 다정하고 부드럽게 말하지 못해서 미안해. 여보, 남은 인생 재밌게 살자! 사랑해!"라고 큰 소리로 마음을 전하였다. 머리 위로 손을 올려 큰 박수를 보내고 있는 남편을 무대 중앙으로 나오도록 하니 딸과 남편이 함께 나와 E에게 사랑을 표현하였다.

F는 누나 역할에 감정이입이 되었다고 말하며 공연을 통해 자신의 문제를 바라보게 되었다고 하였다. 누나가 엄마에게 화내는 장면에 너무나 몰입하여 실제 공연에서 진심으로 화가 났다고 당시 감정을 회상했다. "승표! 승표! 승표!!" 이렇게 세 번 외치는 장면에서는 감정이 증폭되었고, "나도 엄마가 필요하단 말이에요!"라고 말할 때는 세상에 있는 말로는 설명할 수 없는 아픔을 느꼈다고 하였다. 저자는 공연 당시 F의 경직된 모습을 반영해 주었다. 앞서 B의 행동 변화를 목격한 F는 자신의 모습이 고통의 표현이었음을 통찰하였다. 저자는 F에게 필요한 치료적 개입을 위해 자리에서 일어나 '나는 ○○이다'라는 문장을 마이크 없이 큰 소리로 외치도록 하였다. F의 표현은 다음과 같다.

> 난 무서워서 한 발자국도 못 움직이는 사람이야!
> 난 책을 좋아하는 사람이야!

난 유년 시절 허황한 꿈을 꾸던 사람이야!

난 사랑받고 싶은 사람이야!

난 행복해지고 싶은 사람이야!

F는 내면의 외침을 통해 자신의 두려움을 토해냈고 위로하였다. 본인의 상처를 감추기 위해 자신을 희생한다고 생각했던 부정정서가 통합예술치료 프로그램을 통해 '어떻게 해야 좋은 엄마가 될 수 있을지'의 고민으로 바뀌었다고 밝혔다. 더욱이 공연을 마치고 나니 '내 생각과 의지에 따라 정서를 조절하는 방법'을 깨닫게 되면서 양육스트레스에 대한 고민 자체가 무의미하게 느껴진다고 소감을 말했다. 아이와 눈을 마주치고, 가족과 함께하는 이 시간이 더 소중하다고 감사한 마음을 전하였다. "저에게는 이 쉼표가 너무나 따뜻해요. 고립되었다고 생각했던 절박한 순간에 나에게 다가와 주었고 사랑을 주는 것이 나에게 사랑을 채우는 거라는 걸 알게 깨닫게 되었어요."라는 F의 표현에서 알 수 있듯이 힐링드라마는 본인의 삶을 주체적으로 이끌어 가는 내적 성장을 확고히 하는 동력이 된 것으로 볼 수 있다. 이처럼 힐링드라마 모델은 제의를 통해 내 안의 존재하는 나를 만나게 되고, 사건을 재조명하여 인격체의 변형을 촉진하였다. 또한 발달장애아동 어머니의 트라우마를 소재로 창작된 힐링드라마는 무대 위에서의 카타르시스 경험이 치유와 변화의 핵심이 되고 그 치유 경험은 자신의 상처를 담아낼 수 있는 자원이 되었다.

발달장애아동 어머니의 개인적인 변화를 살펴보면, A는 도우미 활동, 장애인 시설에서 봉사, 자조 모임 참석 등 사회적 변화를 보였고, B는 자기만의 시간과 자기만의 장소를 갖게 된 것, 무난한 하루를 보낼 수 있다는 것을 감사하게 되었다. C는 본인에게 쓰는 만원도 아까워하던 과거와 달리 자신에게 반지를 하나 선물하며 자신을 위해 지출을 했고, D는 다른 사람들과 만남이 많아지면서 다양한 역할 수행을 하고 있다고 전했다. E는 생각만 하고 실천에 옮기지 못했던 '자신을 위한 선물사기' 과제가 문득 떠올라 다이어리를 준비했다고 한다. F는 본인이 좋아하는 책을 다시 찾게 되어 도서관에서 도우미 활동을 시작했다고 전했다.

3년이 지난 지금까지 힐링드라마는 이들에게 회자된다. 힐링드라마를 통해 새로운 인격체로의 삶을 시작하고자 하는 의식변화가 생겼기 때문이다. F의 표현을 빌리자면 '자신에게 가장 좋은 친구이자 치료사는 본인'이다. 해석해 보면 힐링드라마를 통해 양육스트레스를 유발하는 스트레스 원인을 소거한 것이 아니라 자기 이해를 바탕으로 한 사고와 감정의 변화로 인해 부정적 정서에서 벗어나 긍정적 인격체로 체화되어 스트레스를 민감하게 받아들이지 않게 된 것으로 볼 수 있다.

참고문헌

김붕년(2017). 발달단계별, 특성별로 접근한 자폐부모 교육. 서울: 학지사.

김수희(2010). 장애아동을 키우는 엄마들을 위한 통합적 독서치료. 경기: 이담북스.

김주환(2011). 회복탄력성(시련을 행운으로 바꾸는 유쾌한 비밀). 서울: 위즈덤하우스.

이수정(2022). 통합예술치료가 발달장애아동 어머니의 양육스트레스 감소에 미치는 영향 연구. 동덕여자대학교 대학원 박사학위논문.

최복천(2010). 장애아동의 부모경험과 실천에 관한 탐색적 연구: 장애학적 관점에서. 특수교육저널: 이론과 실천, 11(2), 281-309.

홍유진(2018). 내 안의 나를 깨우는 통합예술치료. 서울: 학지사.

Abidin, R. R. (1992). The Determinants of Parenting Behavior. *Journal of Clinical Child Psychology*, *21*(4), 407.

Aristoteles (2002). 시학(천병희 역). 서울: 문예출판사. (원서 1900년 발행).

Baumgardner, S. R. et al. (2009). *Positive Psychology*. 긍정심리학(안신호 외 공역). 서울: 시그마프레스. (원서 2009년 발행).

Bessel, K. (2016). *The Body Keeps the Score*. 몸은 기억한다(제효영 역). 서울: 을유문화사. (원서 2014년 발행).

Bradshaw, J. (2006). 상처받은 내면아이 치유(오제은 역). 서울: 학지사. (원서 1992년 발행).

Caldwell, L. (2015). 리딩 위니코트(한국정신분석학회 역). 서울: 눈. (원서 2011년 발행).

Chodorow, J. (2016). 춤/동작치료와 심층심리학(박선영 역). 서울: DMT미디어. (원서 1991년 발행).

Jennings, S. (2003). 수 제닝스의 연극치료 이야기(이효원 역). 서울: 울력. (원서 1999년 발행).

Jennings, S. (2010). 연극치료 핸드북(이효원 역) 서울: 울력. (원서 1993년 발행).

Knill, P. J. (2011). 치료미학: 표현예술치료의 이론과 실제(이모영, 문소연 공역). 서울: 시그마프레스. (원서 2005년 발행).

Landy, R. J. (2002). 억압받는 사람들을 위한 연극치료(이효원 역). 서울: 울력. (원서 1986년 발행).

Winner, E. (1982). *Invented worlds*. Massachusetts: Harvard University Press.

Winnicott, D. W. (2001). 박탈과 비행(이재훈 외 공역). 서울: 한국심리치료연구소. (원서 1984년 발행).

제12장

노인인구 증가와 통합예술치료

김주영

통합예술치료
임상실제

저자는 선교목사로 신학자로 예술치료사로 활동하면서 다양한 사람들을 현장에서 많이 만났다. 지금도 사회적 소외계층에 속하는 장애인, 노인, 차상위계층 아동들을 대상으로 예술교육과 예술치료를 진행하며 한편으로는 예술치료사를 양성하고 있다. 그중 노인을 대상으로 한 예술치료 프로그램을 진행하면서 다양한 인생을 간접 경험하고 삶의 지혜를 얻으며 스스로 성장함을 느낄 때가 많다. 저자가 처음 진행한 노인집단 프로그램의 마지막 회차는 아직도 기억이 생생하다. 그 기억 속에는 저자의 두 손을 꼭 잡은 허리가 굽어진 90대 노인의 "내 평생에 가장 행복하고 고마웠다. 죽을 때까지 절대 잊지 않겠다. 난 내 삶을 이제 살 거다."란 말이 주는 눈물과 감동이 남아 있다. 중년의 저자에게 노인은 인생의 선배이자 가까운 미래의 내 모습이기도 하기에 지금까지도 임상현장에서 노인들과 인생을 나누며 삶을 의미 있게 통합하는 예술치료연구에 열정을 쏟고 있다.

노인을 대상으로 한 예술치료 연구는 우리나라가 고령사회에 진입한 2000년대부터 활발하게 진행되었다. 현대의학의 발달은 인간에게 장수를 가져왔으나 '길어진 노년기의 삶을 어떻게 살고 마무리할 것인가?'라는 실질적인 문제도 함께 던진다. 그로 인해 긴 노년기를 의미 있고 행복하게 살아가는 것이 우리에게 중요한 삶의 목적인 동시에 과업이 되었다.

이 장에서는 초고령사회로 향하고 있는 우리나라의 인구 구조변화와 노인의 심리·정서적 특성 및 현실적 어려움을 이론적으로 개관한 후 노인집단 사례를 통해 노년기의 행복감 향상이 우울감을 완화하고 노년기 과업인 자아통합으로 연속됨을 소개하고자 한다.

1. 노인이 넘쳐나다

현대사회의 산업화는 노인인구의 급격한 증가를 가져왔으며 그로 인한 고령화 추세는 인구구조의 변화와 더불어 다양한 사회적 문제를 야기하고 있다. 이러한 가운데 우리나라는 세계 평균보다 3배 빠른 노인인구 증가 추이를 나타내고 있으며, 동시에 노인 우울증과 고령 노인의 자살률 증가는 심각한 사회적 문제로 대두되고 있다.

2018년 통계청 보고에 의하면, 한국은 65세 이상 인구가 전체 인구의 14% 이상을 차지하는 고령사회로 2018년에 이미 진입했으며 20% 이상을 차지하는 초고령사회로 2026년에 진입할 것으로 예상하고 있다. 우리나라의 고령화 속도가 세계적으로 가장 빠른 이유는 노령화 지수Aging Index와 관련이 있다. 노령화 지수란 '14세 이하 유소년 인구 100명에 대한 65세 이상 고령인구의 비'를 말하는데, 우리나라의 노령화 지수는 지난 2016년에 이미 100을 넘어섰고 2020년에 129, 2030년에 260, 2040년에는 346이 될 것으로 전망하고 있다(통계청, 2018). 특히 신생아 출산율의 급격한 하락은 유소년 인구의 하락으로 연속되고 있으며 그에 반해 고령인구는 급속히 증가해 인구분포가 역삼각형 꼴로 변하고 있다.

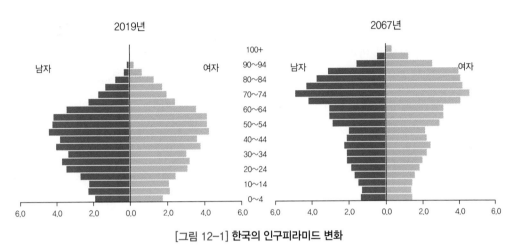

[그림 12-1] 한국의 인구피라미드 변화

출처: 통계청(2019).

　노인인구 증가에 따른 가장 큰 사회문제는 노인 자살률 증가로 알려져 있다. 국가인권위에 따르면 65세 이상 노인 1,000명을 대상으로 실태 조사한 결과 노인 26%가 '죽고 싶다'는 생각을 한 적이 있는 것으로 조사되었으며 수도권 거주(31%), 저학력자(30.5%), 배우자가 없는 경우(32%), 1인 가구(33.7%)일 경우에 응답비율이 높았다. 또한 노인 673명을 대상으로 '자살 이유'를 조사한 결과, 자살 동기는 건강과 경제적 어려움, 부부, 자녀, 친구와의 갈등이나 단절, 외로움, 배우자나 가족의 건강 악화, 가족이나 친구의 사망인 것으로 조사되었다(통계청, 2018). 이는 우리나라 노인들의 삶에서 중요한 요인이 건강, 재정상태, 친지나 이웃과의 인간관계라는 것을 말해 준다. 그런데 현실에서 노인들은 사회적 관계망과 역할의 감소 및 사회적 기능의 감소로 인해 인간관계가 줄어들면서 삶의 질의 저하로 고독감과 우울감 및 무력감에 빠지는 경우가 많다.

2. 나이 들어감에 따른 변화

　UN은 100세 시대를 인정하며 생애주기별 연령 분류를 새롭게 제시했다. 0세에서 17세까지 미성년, 18세에서 65세까지 청년, 66세에서 79세까지 중년, 80세에서 99세까지 노년,

100세 이상을 장수 노인으로 구분한 것이다. 이러한 분류가 아니더라도 개인심리적으로나 사회정서적으로 '70대는 되어야 노인'이라는 인식이 우리 사회에 만연한 것은 사실이다. 이는 가까운 노인정이나 경로당을 찾는 노인층이 70대 이상이라는 것에서 쉽게 확인할 수 있으며 60대 노인을 '꽃중년'이라고 호칭하는 사회적 분위기에서도 짐작할 수 있다.

그러나 65세 이상이 되면서 나타나는 만성질환의 어려움과 사회의 부정적인 시선 그리고 자신의 삶을 부정적으로 바라보며 느끼는 실패감과 절망감으로 인한 우울감의 상승은 '꽃중년'인 젊은 노인조차도 피할 수 없는 현실이다. 또한 노화와 만성질환으로 인한 치매는 노년기를 행복하게 보내고 싶은 욕구를 가로막는 두려운 복병이라는 것을 부정할 수 없다. 그래서 노년기를 어떻게 행복하게 살 것인지에 대한 문제는 초고령사회를 앞둔 우리 모두의 현실적인 고민임이 분명하다.

국제노년학회에서 정의한 "노인이란 첫째, 환경변화에 적절히 적응할 수 있는 능력에 결손이 있는 사람. 둘째, 자신을 통합하려는 능력이 감퇴되어 가는 시기에 있는 사람. 셋째, 신체 기관, 조직, 기능에 쇠퇴 현상이 일어나는 시기에 있는 사람. 넷째, 생활 적응성이 정신적으로 결손되어 가는 사람. 다섯째, 신체 조직 및 기능의 소모로 적응 감퇴 현상을 겪고 있는 사람"이다.

이러한 감퇴 현상과 결손 현상을 다른 말로 노화라고 하며 노화란 시간의 흐름에 따라 점진적인 변화가 유기체에 일어나는 것으로서 신체의 구조와 기능의 변화뿐만 아니라 행동과 적응의 변화유형까지 포함한 넓은 의미의 종합적 현상이다.

노인들은 신체적, 심리적, 사회적 적응력이 낮아진 상태에서 가까운 사람의 질병이나 죽음을 경험하면서 무력감, 상실감, 소외감, 외로움, 우울과 불안감을 느끼게 된다. 또한 노인들은 활동에 대한 욕구의 감퇴, 수동적 태도, 무관심이 증대되며 일상생활에서 무료함을 겪게 된다. 그로 인해 무가치감과 불행감은 절망감을 느끼게 하며 삶에 대한 의미와 욕구 및 가치를 상실하게 만든다.

노년기는 65세 이후부터 사망할 때까지를 지칭하는데 그 기간이 길어지면서 학자들은 노년기를 75세 기준으로 초기노인young-old과 후기노인old-old으로 이분하거나 65세를 기준으로 65~74세를 연소노인young-old, 75~84세를 고령노인middle-old, 85세 이상을 초고령노인old-old으로 세분화하여 연령집단별로 구분하기도 한다. 그런데 세분화된 연령대별 노인은 성별, 건강, 소득, 교육 수준, 가족관계, 생활환경, 성격 등에 따라 노화 정도와 욕구가 비슷한 것이 아니라 다양한 차이를 가지고 있다. 그래서 오늘날 노인 연구에서는 노년 세대가 공유하는 동질성에 대한 접근뿐만 아니라 그들 간의 다양성에 초점을 두고 연구가 진행되고 있다.

1) 건강의 상실

노인이 되면 신체적 노화는 급격히 진행되면서 외관상 여러 가지 변화가 나타나게 된다. 노화 과정은 외관상으로 노화가 나타나는 시기보다 훨씬 일찍 시작되는데 노화에 따른 외모와 신체적 변화는 노인의 자기존중감 및 자기개념에 깊은 관련이 있으며 심리적·정서적으로 큰 영향을 미친다. 특히 뇌의 효율성을 결정하는 신경전달물질의 공급이 감소되면서, 기억에 영향을 주고 아세틸콜린과 뇌에 필요한 도파민 분비의 감소로 알츠하이머병, 파킨슨병에 걸릴 가능성이 커진다(김수영 외, 2018).

시각, 청각, 촉각, 후각, 미각 등으로 구성된 감각 기능은 외부의 자극과 정보를 받아들여 처리하고 이를 바탕으로 사회적·물리적 환경과 상호작용을 원활하게 하는 역할을 감당한다. 그런데 노년기에 이러한 감각 기능의 손상이 일어나면서 일상생활에서의 의존성은 증

〈표 12-1〉 나이에 따른 신체적 변화

신체구조 및 기능		나이에 따른 변화 양상
피부 및 모발 조직		• 피부의 탄력성 상실과 주름 생성 • 모발이 가늘어지고 흰색으로 변화됨 • 손톱과 발톱이 두꺼워짐 • 상처가 치유되는 데 50% 이상 오래 걸림
신경계 (뇌, 신경조직)		• 뇌 크기와 무게의 감소로 뇌 속의 신경계와 신경세포의 수지상 돌기가 감소함 • 자극에 대한 반응 시간이 느려짐 • 수면패턴이 변화하고 깊은 수면을 취하는 시간이 줄어듦
심혈관계		• 심장기능의 효율성이 저하됨 • 동맥 및 정맥이 경화되면서 혈압이 높아지고 뇌졸중 발생 가능성이 커짐
근골격계		• 골밀도 감소와 척추의 압축현상으로 키가 작아지고 근육의 양과 강도가 감소함 • 연골 경화 및 윤활 물질 감소로 관절염이 발생하기 쉬움 • 여성은 골다공증으로 인한 골절 및 척추만곡증이 되기 쉬움
호흡기계		• 폐기능이 저하되고 호흡이 곤란해짐 • 폐렴이 걸릴 가능성이 커짐
감각계	촉각	• 통각이 예민해지고 체온 능력 저하로 저체온증, 고체온증 가능성이 커짐
	시각	• 시각기능 저하로 물체를 분별하는 데 빛이 더 필요해지고 광선에 민감해짐 • 색채 식별 능력이 저하되고, 녹내장, 백내장 발생 가능성이 커짐
	청각	• 청각 기능이 90%까지 저하되고 소리를 식별하는 데 어려움을 겪음
	후각 및 미각	• 후각이 심각하게 손상되고 이로 인해 미각이 둔해짐

출처: 김수영 외(2018), p. 71.

대되고 주변인들과의 상호작용은 감소하여 사회적 기능을 쇠퇴시킨다. 그로 인해 정서적으로는 우울과 소극성, 자기존중감 저하, 고집스러움 등을 초래하게 된다. 나이에 따른 신체적 노화 현상과 일반적 변화 양상은 앞선 〈표 12-1〉과 같다.

노년기에 따른 이러한 신체적 변화는 만성질환으로 변환되고 있다. 우리나라 통계청이 발표한 '2018년 한국의 사회 동향'에 의하면, 65세 이상 노인의 51%가 3개 이상의 만성질환을 가지고 있으며 이는 2008년에 비해 25.3%가 늘어난 수치이다. 한편 신체적 변화로 인한 만성질환은 노인의 '일상생활 만족도'와 '행복감'을 크게 떨어뜨리고 있다. 그리고 노인의 생활만족도, 주관적 안녕감, 삶의 질 등 유사한 개념을 측정하는 여러 연구에서도 건강상태가 사회적 관계와 함께 가장 큰 영향력을 미치는 변인임을 밝히고 있다. 특히 만성질환으로 인

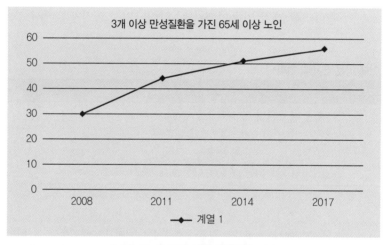

[그림 12-2] 65세 이상 만성질환 노인

출처: 통계청(2018).

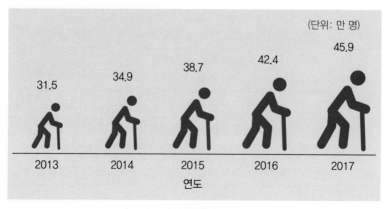

[그림 12-3] 치매 진료자 수

출처: 통계청(2018).

한 일상생활의 제약과 재정적 부담이 커지면서 노인의 삶의 질과 삶에 대한 만족도는 상대적으로 낮아지고 있다. [그림 12-2]와 [그림 12-3]은 우리나라의 65세 이상 노인 중 3개 이상의 만성질환을 가진 노인의 증가세와 치매 노인의 증가세를 보여 준다.

2) 마음과 정서의 변화

장선철(2008)은 '노인 상담에 관한 연구동향 분석'에서 노년기를 배우자 상실, 신체적, 정신적 쇠퇴, 은퇴, 사회활동 위축과 같이 상실을 경험하는 시기로 보며, 노인인구가 증가하는 현대사회가 직면한 문제라고 말한다. 이에 더해 노인에 대한 사회적 인식은 부정적으로 변화하면서 '사회적 추방' '강요된 고립'은 무의식 중에 노인의 심리적 어려움을 가중시키고 있다. 그로 인해 노인들은 심리적 혼란, 기억력 쇠퇴, 무관심과 우울, 절망감과 무력감 등을 경험하게 된다. 특히 노인이 겪는 삼중고는 병고, 빈고, 독고로 압축해서 표현할 수 있으며, 이는 심리적ㆍ정서적 고통과 연속된다. 한편 노인들은 연령이 증가할수록 정서표현이 절제되고 복잡화되어 외부로 드러나는 정서표현이 줄어드는 경향으로 인해 무감동, 무표정, 무응답의 모습을 나타내는 경우가 많다. 즉 노인은 연령이 증가할수록 자신의 정서적, 심리적 어려움을 표현하지 않고, 내재화시키며 살아감으로 인해 우울감과 불행감 그리고 무력감에 깊이 빠지고 있다.

이러한 노년기의 심리적ㆍ정서적 어려움을 반영하듯 우리나라의 노인 우울증과 그로 인한 자살률은 계속 증가하고 있으며, 특히 초고령 노인에게 이런 현상이 두드러져 연령대별 자살률 1위를 차지하고 있다. 또한 자살을 생각해 봤거나 자살을 시도하는 대부분 노인의 경우는 우울증이 있는 것으로 나타났다(김형수, 2016). 노화에 따른 일반적인 심리ㆍ정서의 주요 변화는 〈표 12-2〉와 같다.

〈표 12-2〉 노화에 따른 심리ㆍ정서의 주요 변화

심리ㆍ정서	주요 변화
내향성과 수동성	• 사회적 활동이 감소하고 내면세계에 대한 관심이 증가함 • 문제해결을 위해 능동적 접근보다 수동적이고 새로운 일에 도전하지 않음
조심성과 경직성	• 감각능력의 감퇴, 신체적ㆍ심리적 기제의 기능쇠퇴로 결정에 대한 자신감 결여로 조심성이 증가함 • 옛것을 지키려는 보수적인 경향과 옛날 방식을 고집하고 계속하는 행동경향의 경직성
우울 성향	• 신체적 질병, 배우자의 죽음, 경제사정 악화, 후회, 고독감, 소외감이 원인이 되며, 개인의 적응능력 수준에 따라 다름

회상 증가	• 과거 회상을 통해 현재의 자존감을 높여주고, 의미 있는 삶을 살았다는 느낌을 갖는 자아통합을 이루도록 도울 수 있음
친밀한 사물에 대한 애착	• 오랫동안 사용해 온 물건을 통해 과거를 회상하고 세월이 변했을지라도 주변은 변하지 않은 것으로 생각하여 정서적 안정감을 유지하고자 함
성역할 지각의 변화	• 남성노인은 친밀성, 의존성, 관계지향성 등이 증가하고 여성노인은 공격성, 자기주장성, 권위주의 등의 성향이 나타남 • 양성성이 강한 노인일수록 노년기 적응이 좋아지는 경향이 있음
의존성 증가	• 경제적 · 신체적 · 정서적 · 사회적 의존성이 전반적으로 증가함

출처: 김수영 외(2018), p. 96.

현재 우리나라 노인들은 국가적 복지지원으로 사회적인 삶의 수준은 많이 향상되었으나 그에 비해 노인들이 심리적, 정서적으로 경험하는 삶의 수준은 오히려 감소하고 있다. 또한 노인의 사회적 관계망의 감소와 역할의 감소 및 사회적 기능의 감소는 삶의 질의 저하 요인이 되어 부정적인 정서를 유발하고 있다. 이러한 심리적 어려움과 부정적인 정서를 제거하고 삶의 만족도를 높이는 방법에 대해 세브란스 병원 노년내과 교수인 김광준 박사는 "친구들을 만나거나 사회활동을 하면서 정서적 지지를 받음으로써 우울증 발병이라든지 영양실조를 예방할 수 있고, 건강한 생활을 영위할 수 있다."라고 말한다. 즉 정서적 지지와 긍정적인 대인관계는 행복하고 건강한 노년기를 위해 필요한 삶의 요건임을 알 수 있다.

3) 삶이 익어가는 노년기 통합

노인은 다가오는 죽음에 직면하여 자신의 살아온 삶을 정리하며 노년기를 사는 사람들이다. 또한 인생을 긍정적으로 인식하여 자신의 과거와 현재 그리고 미래의 삶에 대한 통합성과 일관성을 깨닫고 자아통합을 이루며 살아야 하는 사람들이다. 그러나 전 발달단계에서 해결하지 못한 과업이나 위기가 남아 있게 되면 노년기는 자신의 삶에 대한 후회, 절망, 무상함으로 인한 비탄으로 절망에 빠지게 된다.

노년기 과업이란 개념은 에릭슨E. Erikson에 의해 제시되었는데, 그는 프로이트S. Freud의 심리 · 성적 성격발달이론을 수정, 확대하여 심리사회적 성격발달이론으로 발전시켰다. 심리사회적 성격발달이론에 의하면 각 단계별 발달 시기에 개인이 과업을 성공적으로 해결해 나감으로써 긍정적 발달을 이루어 간다는 모델이다. 에릭슨의 심리사회적 발달 8단계는 〈표 12-3〉과 같다.

에릭슨의 이론에 따르면 8단계에 속하는 노년기는 인간발달의 마지막 발달단계로써 자아통합이 삶의 과업이다. 이 단계는 젊음과 사회적 역할의 상실과 주위 사람들의 죽음 등을 통

〈표 12-3〉 에릭슨의 심리사회적 발달 8단계

단계	나이	과업
1단계	영아기: 0~1세	신뢰감 대 불신감
2단계	유아기: 2~4세	자율성 대 수치심
3단계	초기 아동기: 4~5세	주도성 대 죄책감
4단계	후기 아동기: 6~11세	근면성 대 열등감
5단계	청소년기: 12~20세	자아정체감 대 역할혼미
6단계	성인 초기: 20~40세	친밀성 대 고립감
7단계	중년기: 40~60세	생산성 대 침체기
8단계	노년기: 60세~	자아통합 대 절망감

출처: Paul et al. (2012), p. 117.

해 자신의 생을 되돌아보고 자기인생을 정리하며 의미를 부여하게 된다. 이때 자기의 삶을 수용하고 인생의 의미를 부여하게 되면 긍정적 자아통합을 이루게 되지만, 만약 긍정적 자아통합을 이루지 못하면 절망ego integrity versus despair의 태도를 형성하게 된다. 이러한 절망감에 빠지기 전에 나타나는 대표적인 전조 증상은 우울감과 무력감이다. 우울감과 무력감은 심리내적으로는 노년기 과업인 자아통합감을 성취하는 데 부정적인 영향을 미치게 되며, 외적으로는 사회적 관심과 활동의 축소로 언어 소통능력 및 대화의 적극성의 약화, 집중력 및 자기표현력 저하 등의 부정적 행동을 동반하게 된다.

(1) 자아통합감

뉴먼(Newman, 1979)은 자아통합을 한 개인이 노년기로 접어들면서 습득하도록 사회로부터 요구되는 기술과 능력에 대한 성공적인 결과로서 자신의 일생을 후회 없이 수용하고 현재 생활에 만족하는 것으로 말한다.

해머체크(Hamacheck, 1990)는 자아통합을 노인의 심리적 안정과 적응에 필수적인 발달과업이며, 자아통합을 성취한 사람의 행동적 특성을 자신의 과거와 현재의 삶을 통합하여 있는 그대로 받아들이고 긍정적으로 수용하는 것으로 말한다. 반면 자아통합이 결여된 사람은 자신의 삶을 수용하지 못하고 불행하다고 느끼며 다가올 죽음을 두려워하며 현실에 대한 실패와 후회로 부정적인 태도를 갖는다.

따라서 노년기에 접어든 사람들은 자아통합 수준에 따라 자기 자신의 인생에 대한 주관적인 평가와 삶의 해석이 달라진다. 즉 자아통합을 달성한 사람은 자신의 과거를 의미 있게 받아들이고 삶에 대한 후회나 죄의식, 삶에 대한 불만족이 대체로 낮은 편이다. 또한 절망감을 느끼는 사람들에 비해 더 행복해하고 낙관적인 경향을 보인다.

김정순(1989)에 의하면 성공적인 노화로서 자아통합 개념은 매우 다차원적이고 복합적인 개념이므로 정확한 속성을 규명하는 데 어려움이 있으며, 이로 인해 학자들의 명확한 합의가 이루어지지 않고 있다고 말한다. 그에 의하면 노년기의 심리적 안녕상태를 말해 주는 자아통합감이란 인생이 어느 정도 만족스러운가를 주관적으로 평가하는 것이며, 현재생활에 대한 행복감, 만족감, 욕구뿐만 아니라 지나간 일생에 대한 수용과 다가올 죽음에 대한 수용까지 포함하는 포괄적인 개념이다(p. 14).

김동배, 신수민, 정규형(2012)은 자아통합감을 심리적 안녕상태를 반영한 노년기 발달과업으로 보며, 가치 있는 존재로서의 자아존중감, 성공적인 노화, 낙천적 태도와 감정유지를 통한 삶의 만족도, 현재와 지나온 자신의 생애에 대한 인정과 수용, 변화된 환경에 대한 성공적인 적응, 개인욕구 만족을 통한 심리적 안녕, 그리고 죽음의 수용까지 포함하는 포괄적인 개념으로 정의한다. 그래서 자아통합감은 성공적인 노화의 지표라고도 할 수 있으며, 동시에 노인이 자신의 삶에 대한 의미를 긍정적으로 평가하며 행복하게 살아가는 실질적 삶의 태도에 의해 높아질 수 있다고 하겠다.

결국 노년기의 자아통합은 자신의 삶을 재해석하고 과거와 현재 그리고 미래에 대한 조화로운 관점과 자기 자신에 대한 신뢰를 갖는 것을 말한다. 그로 인해 주변인들과 조화를 이루며, 주변 여건에 감사하고, 경제적 제약을 초월하여 자신의 삶을 긍정적으로 수용하며, 죽음까지도 수용하는 태도를 가지게 된다고 하겠다.

그러므로 노년기에 자아통합을 어느 정도 이루고 살아가는지는 자신의 삶을 얼마나 만족하는지와 연결되며 성공적인 노화와도 관련이 깊다. 즉 에릭슨 이론처럼 살아 있는 존재로서 삶의 의미를 찾아 인생의 경험을 통합하는 것을 인생의 마지막 발단단계의 주요 과업이라고 할 때, 그 과정에서 자아통합감의 증진은 삶의 만족도를 높이며 삶의 질을 향상하는 결과를 가져온다고 하겠다.

(2) 자아통합감의 주요 요인

우리나라 노인들의 자아통합감에 대한 연구 가운데 여인숙, 김춘경(2006)은 60세 이상 노인 517명을 대상으로 노년기 자아통합감에 직접적 영향을 미치는 요인을 우울, 죽음불안, 사회적 활동으로 보고하였다.

전정아(2006)는 노인의 자아통합감의 요인으로 첫째, 연령을 말하며 초령노인보다 고령노인일수록 자아통합감이 낮다고 보고하였다. 둘째, 학력은 고졸 이상으로 보고하며 교육은 질적인 삶의 결정요인이 될 수 있음을 덧붙였다. 셋째, 건강상태. 넷째, 생활수준(경제적 여유). 다섯째, 가족 동거여부. 여섯째, 여가활동이나 여가시설을 이용하는 노인. 일곱째, 사회적 지지 정도(정서, 정보, 물질, 평가)를 긍정적 요인으로 밝혔다. 또한 여덟째, 우울 정도를 가장 중요한 부정적 요인으로 보고하였다.

김순이, 이정인(2009)은 재가노인 306명을 대상으로 사회적 지지와 학대가 자아통합감에 미치는 영향에 관한 연구를 통해 자아통합감의 향상에 사회적 지지가 중요함을 밝힌다. 사회적 지지란 의미 있는 사람들과의 관계 속에서 이루어지는 상호작용으로 다차원적이고 포괄적인 의미를 담고 있다.

장선영(2010)은 노인의 자아통합감에 미치는 요인을 심리적 요인과 사회적 지지요인으로 분류하며, 심리적 요인에는 자아존중감, 삶의 만족도, 죽음 준비가 필요함을 지적하였고, 사회적 지지요인으로 가족과 친구의 지지가 중요함을 강조하였다. 이와 비슷한 맥락으로 배우자와 자녀의 지지가 자아통합감에 가장 효과적이라는 연구도 많았다.

김애리(2013)는 S시에 거주하는 재가노인 220명을 대상으로 심리적 안녕과 자아통합감이 성공적 노화에 미치는 영향을 연구하였으며, 이때 심리적 안녕감은 70대 노인들(70~79세), 학력이 높을수록, 월수입이 많을수록, 가족과 같이 동거하는 노인, 살고 있는 거주지에 따라 유의미한 차이가 있다고 밝혔다. 또한 자아통합감은 학력이 높을수록, 결혼을 한 노인, 가족과 같이 동거하는 노인, 종교를 가진 노인(기독교나 천주교), 질병유무, 월수입이 많을수록, 생활만족도가 중간 정도인 거주지에 사는 노인이 높은 것으로 밝혔다.

결국 한국 노인의 자아통합감은 인구사회학적 요인보다 심리적·정서적 요인의 영향을 더 받는다고 말할 수 있다. 또한 자아통합감은 행복감의 주요 요인과 유사한 맥락을 갖고 있으나 상관도에서는 차이가 있다고 하겠다. 자아통합감의 주요 요인들과 상관 정도를 저자의 견해에서 재구성하면 〈표 12-4〉와 같다.

〈표 12-4〉 노인 자아통합감의 주요 요인들과 상관도

낮은 상관	중간 정도의 상관	높은 상관
나이 성별 연령 사는 곳	종교 사회계층 교육수준 지능(지혜) 수준 수입정도 신체적 건강 결혼유무 동거유무	심리적 안녕 대인관계 능력 자존감 자기성장 우울정도 사회적 지지(긍정적 인간관계) 역할 수행

3. 노년기의 어려움을 행복으로

1) 낯선 모습의 이름, 노년

노년의 삶을 어렵게 하는 대표적인 질병으로는 노인 우울증과 경도인지장애 그리고 치매를 꼽을 수 있겠다. 노인 우울증은 노년기에 당연한 심리증상으로 받아들이고 생활할 정도로 자주 접하게 되는 노인집단의 주 호소 내용이다. 또한 경도인지장애는 건망증을 넘어 치매의 전조증상으로 생각되는 질환이며 치매는 초고령사회를 살아갈 우리에게 개인적으로 가장 두려운 질병 중 하나로 인식되고 있을 뿐만 아니라 사회적인 문제로 대두되고 있다.

(1) 노인 우울증

노인의 우울은 노화로 인한 자아존중감Self-esteem의 상실에서 나오는 경우가 많으며, 버틀러R. N. Butler와 루이스(Lewis, 1977)의 주장에 의하면 신체적 질병과 죄의식이 주요 원인이기도 하다. 노인의 우울감은 일상적 기능을 유지하는 상태에서 우울한 기분, 낮은 에너지 수준, 자신에 대한 부정적 생각, 식욕부진, 수면장애 등을 동반하며 주요 우울증보다 심리사회적 요인의 영향을 더 많이 받는 것으로 알려져 있다(김수영 외, 2018). 이러한 노인 우울은 과거에 대한 회한과 미해결 과제로 인해 부정적인 태도로 삶을 해석하고 자신을 실패자로 간주하는 경향에서 비롯된 경우가 많다. 특히 한국의 노인은 자녀들이 성공적인 삶으로 살지 못한다는 자기평가로 인해 스스로의 삶을 부정적으로 평가하며 우울감이 높아지는 경향이 있다. 또한 사회적 역할의 상실과 소외, 대인관계와 사회적 활동의 제약, 소속감 부족, 고립감과 위축감 등의 심리사회적 요인도 우울과 깊은 관련을 갖는다.

한편 신체적인 노화는 부정적인 사고를 지속적으로 하도록 만들어 노인 스스로를 더욱 무가치하게 평가하도록 만든다. 그로 인해 노년기 삶의 에너지를 상실시키고, 공허감, 분노, 수치심, 죄책감, 무력감 등을 느끼게 하여 우울 경향은 높아진다. 노인의 높아진 우울감은 무력감과 불행감, 근심과 걱정, 인지적 활동의 저하 등으로 나타나며 '죽고 싶다.'는 생각을 유발하게 한다.

노년기 우울증은 원인과 증상에 따라 약물치료나 정신치료를 하게 된다. 항우울제는 MAO억제제, 리치움, 삼환계 항우울제가 주로 사용되며 중추신경계 내에서 신경세포로 유리된 신경전달물질인 노르에피네프린과 세로토닌 등이 신경세포 내로 재흡수되는 것을 차단하며 우울을 완화하는 것으로 알려져 있다(정현희 외, 2007). 정신치료는 심리적인 방법으로 치료하는 것을 말하며 통합예술치료로 개입할 수 있는 영역이다.

(2) 경도인지장애

경도인지장애Mild Cognitive Impairment: MCI는 자연스러운 노화 혹은 건망증과 치매의 중간단계에 있는 증상으로 치매의 전 단계로 인식되고 있다. 경도인지장애는 연령에 비해 인지기능의 저하가 있으면서도 치매의 진단기준을 충족하지 않는 상태로 주관적인 기억장애를 호소하지만 정상적 일상생활 수행은 가능하다. 하지만 연령과 교육수준의 영향만으로는 파악할 수 없는 비정상적인 기억장애가 존재하여 스스로 기억에 대한 어려움과 불편감을 호소한다.

65세 이상 노인의 28%가 앓고 있을 정도로(보건복지부, 2012) 흔한 질환인 경도인지장애는 단순한 건망증이나 노화의 하나로 생각하고 지나칠 수 있으나 정상 노인의 노화와는 다르며 치매의 전조 단계에 더 가깝다고 하겠다. 대부분의 경도인지장애 노인은 다양한 인지기능 결핍으로 인해 심리적으로 우울한 기분상태를 경험하며 사회적으로 역할상실을 겪게 된다. 이러한 경험으로 일상활동은 점차 줄어들면서 정신적·신체적 기능의 저하 및 충동성과 조절능력에 어려움을 보이는 정서적 문제가 나타나게 된다. 한편 경도인지장애 노인에게 나타나는 대표적인 정서적 증상으로는 무감동, 우울, 불안, 초조, 과민성이 있다. 이 중 무감동은 가장 흔한 증상으로 의욕 저하, 흥미 감소, 정서의 둔화가 특징적이며 우울은 무감동과 더불어 자주 관찰되는 정서이다.

(3) 치매

치매는 정상적인 지적능력을 유지하던 사람이 후천적으로 뇌와 신경계통에 손상을 입어 인지기능을 비롯하여 정서조절 능력 및 신체 운동기능에까지 심각한 문제를 초래하는 정신장애로서 어떤 하나의 질병이 아니라, 특정 증상들의 집합체에 붙이는 하나의 증후군이다.

일반적으로 노화로 인한 뇌세포의 파괴 혹은 뇌 위축과 같은 자연스러운 뇌 기능의 쇠퇴는 60대 이후부터 급속히 진행되는데 과거에는 치매를 '망령' 혹은 '노망'으로 일컬으며 노화에 따르는 생리적인 현상이라 보았다. 그러나 치매환자의 급속한 증가세로 2016년 약 61만 명의 치매환자가 보고되고, 2024년에는 100만 명, 2041년에는 200만 명이 넘을 것이라는 수치가 추산되면서 치매는 심각한 사회적 문제로 대두되었다. 일반적으로 치매는 알츠하이머형 치매, 혈관성 치매, 알코올성 치매, 기타 질병에 의한 치매, 불분명한 치매로 구분한다.

① 알츠하이머형 치매

알츠하이머형 치매는 우리나라 치매 환자의 절반 이상(약 50~60%)을 차지하는 것으로 알려져 있는데, 이 병은 정상적인 기능을 수행하던 뇌세포들이 점진적으로 파괴됨으로써 개인의 인지기능이 점진적으로 감퇴하고 성격변화, 대인관계위축, 사회활동 제한은 물론 기본적인 일상생활조차도 어렵게 만드는 퇴행성 뇌질환이다.

이때 나이는 알츠하이머형의 가장 중요한 위험인자로서 보통 65세 이상에서 급속하게 증가하며 5년이 많아질수록 2배씩 증가하여 85세 이상에서는 노인 인구의 약 1/3~1/2이 해당되는 질환이다. 알츠하이머형은 남자보다 여자에게서 더 많이 발생하며 두부외상, 치매의 가족력, 낮은 교육 수준 등이 위험인자로 알려져 있다.

② 혈관성 치매

혈관성 치매는 뇌출혈, 뇌경색 등 뇌혈관질환에 의한 뇌손상이 누적되어 나타나는 치매로서 두 번째로 흔한 치매 유형이며 20~30%를 차지한다. 고혈압, 당뇨병, 고지혈증, 심장병, 비만을 가진 사람들에게 많이 나타나는데 앞선 질병이 오래 지속되면 혈관벽의 근육층이 좁아지거나 혈관내벽에 피딱지가 생겨 결국 혈관이 좁아지거나 막히게 된다. 일반적으로 큰 혈관이 막히면 반신불수, 언어장애 등 눈에 보이는 장애가 나타나지만 매우 작은 혈관이 막히면 소량의 뇌세포가 손상되기 때문에 눈에 띄지 않는다. 그리고 이런 변화가 누적되면 결국 치매에 이르게 된다(권중돈, 2022).

③ 알코올성 치매

알코올성 치매는 알코올을 지속적으로 많이 섭취할 경우 알코올이 기억의 중추인 해마와 판단기능을 담당하는 전두엽의 뇌세포를 파괴하여 발생하게 된다. 또한 알코올 중독환자의 약 3%, 인지기능장애 환자의 약 7%가 알코올성 치매로 전이된다. 알코올성 치매의 원인이 명확하게 밝혀진 바는 없으나 현재까지는 티아민의 결핍이 가장 큰 원인인 것으로 알려져 있다(민성길 외, 1997).

발병률이 알츠하이머형 치매, 혈관성 치매, 알코올성 치매보다는 적으나 현재까지 의학계에 보고된 그 외의 치매를 분류하면 〈표 12-5〉와 같다.

〈표 12-5〉 기타 원인에 의한 치매 분류

분류	특징
파킨슨병 (Parkinson's Disease)	• 도파민 결핍으로 인한 세포의 진행성 퇴행 • 근육 경련 · 경화 · 약화, 손발 떨림 · 뻣뻣함, 느린 행동

루이소체 치매 (Lewy body Dementia)	• 신경세포 내 뭉쳐진 단백질 덩어리(루이소체)로 인한 치매 • 인지능력 장애, 의식장애, 환각 경험
헌팅턴병 (Huntington's Disease)	• 뇌특정 부위의 신경세포 파괴로 인한 진행형 퇴행성 질환 • 인격 · 지적능력 저하, 기억 · 언어 · 판단력 감소
크루츠 펠트-야콥병 (Creutzfeldt-Jakob Disease)	• 프라이온 단백에 의한 뇌질환 • 기억력 장애, 시각장애, 행동장애, 의식장애, 불수의적 운동, 시각장애 이후 혼수상태
픽병 (Pick's Disease)	• 전뇌 측두엽 손상으로 인한 뇌질환 • 인격장애, 행동장애, 기억장애, 언어장애, 이상행동

출처: 정현희 외(2007), p. 251.

치매는 예방과 치료의 확실한 방법이 제시되고 있지 않기 때문에 무엇보다도 조기에 발견하여 적절한 투약과 관리로 치매의 진행을 늦추는 것이 최선인 것으로 알려져 있다. 이러한 치매는 노인의 삶의 질을 떨어트리며 가족에게 심리적 · 신체적 부담을 초래하고 국가적으로는 의료비용을 증가시킨다. 〈표 12-6〉은 치매로 인한 주요 장애와 일반적으로 나타나는 증상들이다.

〈표 12-6〉 치매의 주요 장애와 증상

장애 분류		증상
인지장애	기억장애	• 방금했던 말을 기억하지 못함, 물건을 잘 잃어버림 • 주소와 이름, 나이 등을 기억하지 못함 • 과거를 현재처럼 이야기하거나 고인이 살아 있는 것처럼 말함
	지남력장애	• 가족이나 친지를 알아보지 못함 • 자신이 있는 곳을 모름, 날짜와 시간을 모름 • 계절에 맞지 않는 옷을 입음 • 자신의 집을 찾지 못하고 익숙한 곳에서 길을 잃고 헤매는 일이 많음
	판단장애	• 내 것과 남의 것을 구분하지 못함 • 사회적인 일, 취미 등에 무관심함 • 일을 신속하게 처리하지 못하고 혼란스러워함 • 비상식적인 행동을 함
	계산능력 장애	• 돈관리를 못함 • 물건을 구매하지 못함
정신장애	망상	• 주위 사람을 의심하고 피해를 받는다고 생각함 • 가상의 인물을 주변에서 찾음
	불안	• 어쩔줄 몰라하며 불안해하고 서성댐 • 지나치게 긴장하고 예민함

	우울	• 매사에 관심과 의욕이 없음 • 멍하게 앉아 있는 시간이 많음, 감정표현이 없고 무감각함 • 몸이 아프다고 호소하거나 죽겠다고 말함
	환각	• 귀신, 고인들을 본 것처럼 이야기함 • 환청, 환상에 시달림
	성적 이상행동	• 아무 곳에서나 옷을 벗음 • 아무에게나 성적 언어와 행동을 함, 공공연히 성적 행위를 함
언어장애	동어반복	• 같은 이야기를 반복하거나 같은 질문을 계속함
	작화증	• 없는 사실을 만들어 내어 이야기함
	실어증	• 말의 의미를 이해하지 못하고 엉뚱한 대답을 함 • 단어를 잊어버려서 하고 싶은 말을 제대로 표현하지 못함
	혼잣말	• 앞뒤가 맞지 않는 무의미한 말을 혼자서 중얼거림
행동장애	배회	• 밖에 나가 배회하거나 먼 곳을 찾아 헤매다가 길을 잃음
	수면장애	• 밤과 낮이 바뀌거나 밤에 일어나 활동함 • 잠이 잘 들지 못하고 자주 깸
	흥분, 폭력	• 참을성이 없어지고 잘 흥분함, 주변사람에게 폭력을 휘두름 • 물건을 집어 던지는 등 거친 행동을 함
	수집벽	• 밖에서 쓰레기를 주워오거나 다른 사람의 소유물을 가져옴 • 먹을 것이나 돈, 특정한 물건을 숨김
	반복행동	• 만지거나 움직이는 등 무의미한 행동을 반복함 • 수시로 화장실에 들락거림
	거부행동	• 약 복용이나 목욕 등 일상생활을 거부함 • 돌보는 사람을 괴롭힘

출처: 김수영 외(2018), pp. 115-116.

2) 노년기 행복을 찾아서

홍유진(2018)은 통합예술치료에서 웃음카타르시스를 강조하였으며, 위니콧D. W. Winnicott은 놀이가 인간의 창조성을 회복하여 만족스러운 삶을 살게 한다고 하였다. 실제로 다양한 예술의 통합적 적용 과정에서 일어나는 창조적 활동과 유희적 경험은 긍정정서 경험을 확대하여 행복감을 유발하게 한다. 한편 행복감은 고령화 사회의 노인들에게 우울감 혹은 불행감과 상대적인 긍정정서로서 건강과도 직결되며 삶의 마무리 단계인 노년기의 자아통합감을 이루도록 견인하는 가장 중요한 정서라고 하겠다.

(1) 행복감

행복은 삶의 가장 중요한 목표 중 하나이다. 그래서 헌법에 명시된 바와 같이 인간이 추구하는 권리이며 개인적인 기본욕구이다. 또한 행복은 인간이면 누구나 원하는 삶의 모습이며 모든 인간의 궁극적인 삶의 목표이다. 그런데 행복에 대한 견해는 시대, 문화, 학자에 따라 다르며 매우 다양해서 명확히 정의하기는 힘들다. 그럼에도 불구하고 일반적인 범주를 가지고 있으며 심리학자들은 행복감을 심리적 안정감psychological well-being, 삶의 만족도satisfaction with life, 삶의 질quality of life, 주관적 안녕감subjective well-being과 같은 용어로 사용하고 있다.

① 행복의 개념

고대 그리스 철학자들은 이성적 사유와 성찰을 통하여 행복에 이르는 길을 발견한다고 믿었다. 소크라테스(Socrates, 469-399 B.C.)는 진정한 행복은 자기성찰을 통하여 성취된다고 믿었다. 그의 '너 자신을 알라'라는 말은 자기성찰에서 지혜가 개발되고 인간 영혼의 진정한 본질이 드러난다는 믿음을 잘 드러낸다. 그에게 지혜는 인간이 영원불변한 진리를 파악할 수 있는 이성적 능력이다. 이를 통해 인간 삶의 핵심적 요소를 인식하고 그것을 실천하며 사는 것이 행복한 삶이라는 것이다(권석만, 2019).

아리스토텔레스(Aristoteles, 384-322 B.C.)는 『니코마코스 윤리학』에서 인간이 사는 목적은 바로 '행복' 때문이라고 말한다. 그러나 아리스토텔레스가 말하는 행복은 일반인들이 생각하는 행복과는 많은 차이점을 갖는다. 그는 행복을 그 자체로 추구되어야 할 것으로 보았다. 그래서 당시 그리스에서 중요하게 여겨지던 물질적 행복 및 명예 등은 타율성을 띠고 있으므로 진정한 행복이 아니라고 여겼다.

아리스토텔레스가 말하는 진정한 행복은 욕구충족을 위한 쾌락적 경험의 추구가 아니라, 어떤 이상적 목표를 지속적으로 지향하는 삶이다. 이 목표는 인생의 중요한 영역에서 중용golden mean을 이룰 수 있는 도덕적 완성이나 덕성을 구현하는 것을 말한다. 그가 말하는 중용을 이루며 인간을 행복으로 이끌 수 있는 12가지 덕성은 용기, 관용, 자존, 친밀, 재치, 정의, 절제, 희망, 온유, 정직, 양심, 고결이다. 이 덕성들은 양극단의 사이에 위치하는 중용적인 것이다. 일례로 용기는 무모함과 비겁함 사이의 중용을 의미하며, 관용은 방관적임과 가혹함 사이의 중용을 뜻한다. 아리스토텔레스에 의하면 이러한 덕성들은 누구나 타고나는 것으로 자신의 잠재된 것을 발견하고 계발함으로써 행복에 이를 수 있다.

이에 반해 아리스티포스(Aristippus, 435-360 B.C.)는 즉각적인 감각의 만족을 중시하면서 고통을 최소화하고 쾌락을 극대화하는 것이 행복이라고 주장하였다. 이후 에피쿠로스

(Epicurus, 342-270 B.C.)는 이러한 주장을 쾌락주의로 발전시킨다. 쾌락주의의 이러한 일상적인 의미가 우리가 생각하는 행복에 가까울 것이다(권석만, 2019). 그래서 에피쿠로스를 비롯한 쾌락주의자들은 행복을 위해 안락과 평안을 추구했으며 절제된 쾌락, 고통이나 걱정으로부터의 자유, 좋은 친구들과의 교제를 중시하였다. 이러한 개념은 오늘날 심리학에서 말하는 행복의 개념과 유사하다.

또한 쾌락주의적 입장에서 행복은 개인이 주관적으로 경험하는 유쾌한 상태이다. 행복의 기준은 지극히 주관적이며 사람들마다 다르다. 그래서 행복을 쾌락주의적 관점에서 탐구하는 연구자들은 '주관적 안녕'이라는 용어를 사용하며, 이 주관적 안녕의 정서적 요소는 긍정정서와 부정정서로 나뉜다. 또한 행복감, 즐거움, 환희감과 같은 긍정정서를 자주 경험하고, 우울감, 슬픔, 질투감과 같은 부정정서를 덜 경험할수록 주관적인 안녕감의 수준이 높다고 보고 있다. 그래서 주관적 안녕감과 더불어 행복은 높은 삶의 만족도를 경험하는 상태라고 하겠다.

그런데 근대에 들어와서는 쾌락주의와는 상이하게 많은 철학적 사상과 사회적 사건들이 행복의 개념에 영향을 미치게 되었다. 공리주의 사상가들은 최대 다수의 최대 행복이 개인적 행동과 사회적 제도의 옳고 그름을 판단하는 최고의 기준이 되어야 한다고 주장한다. 이에 대표적인 벤담J. Bentham이나 밀J. S. Mill과 같은 사회개혁가들은 인간의 쾌락 추구와 고통 회피 성향에 근거하여 바람직한 사회가 어떠해야 하는지를 판단할 수 있다고 믿었으며 '최대 다수의 최대 행복'이라는 말로 그들의 사상을 대표하였다. 이러한 공리주의적 사상은 다수의 행복을 증진하는 것이 인간행동의 궁극적인 목표이자 중요한 판단기준으로 여겨지면서 개인의 행복과 안녕에 대한 관심을 증대시켰다. 그리고 19세기의 낭만주의자들은 사회적 페르소나 뒤에 숨겨져 있는 진정한 자아를 찾고 표현하는 것이 행복에 영향을 미친다고 생각하였다.

이처럼 행복에 대한 정의는 다양하지만 오늘날 우리가 말하는 행복은 절제된 쾌락과 즐거움, 고통이나 걱정이 없는 상태의 편안함과 만족감 그리고 좋은 사람들과의 교제가 행복한 삶의 핵심적 요소로 여겨지고 있다.

② 주관적 행복감

행복감은 생활에서 느끼는 충분한 만족과 기쁨의 마음으로서 주관적인 평가라고 하겠다. 행복의 사전적 의미를 찾아보면 '복된 좋은 운수 혹은 행운' '생활에서 충분한 만족과 기쁨을 느껴 흐뭇하거나 흐뭇한 상태'라고 설명한다. 즉 행복은 부정적인 정서보다는 긍정적 정서 상태에서 느끼는 '좋다'라는 개인 정서적 인지평가라고 말할 수 있다.

캠벨(Campbell, 1976)에 의하면 주관적 행복이란 개인을 통해 느끼는 것으로 주체 내부에 존재한다. 또한 건강health, 미덕virtue, 재산wealth과 같은 객관적인 필요조건이 영향력을 지닐 수도 있지만, 내적인 행복의 필수요인은 아니다.

라슨(Larson, 1978)은 주관적 행복감을 사기morale support, 생활만족도life satisfaction, 행복 happiness을 포함하는 상위개념으로 보았으며, 그레이니(Graney, 1975)는 주관적 행복감을 사기morale support, 생활만족도life satisfaction, 심리적 안녕감psychological well-being으로 보았다. 행복심리학자인 루보머스키S. Lyubomirsky와 레퍼(Lepper, 1999)가 정의한 주관적 행복감은 자기 자신을 기준으로 현재 자신의 상태, 자신이 속한 집단, 사회의 전체적인 상황을 인정한 기준에 기초해서 주관적으로 '좋다'고 평가 판단하는 개념으로 정의한다.

신D. Shin과 존슨(Johnson, 1978)은 행복을 개인이 선택한 기준에서 이루어지는 자신의 삶의 질에 대한 긍정적인 평가로 정의하였고, 살라이A. Szalai와 앤드류(Andrews, 1980)는 주관적 행복감을 개인이 여러 가지 생활에서 느끼게 되는 안녕감이나 행복감, 만족감으로써 정서적 안정을 나타내는 내적인 성격특성으로 정의하였다.

윌슨(Wilson, 1967)과 디너(Diener, 1984)는 행복을 주관적 안녕감으로 설명하며 인구 사회학적인 요인(성별, 나이, 경제적 수준, 결혼 상태, 직업, 건강 등)과 성격적, 심리적 요인들(낙관성, 외향성, 자존감, 정서적 안정성, 긍정적인 인간관계 등)과의 관련성을 연구하였다. 그들의 연구에 의하면 인구 사회학적 요인들은 행복에 영향이 적은 편이었으나 직업에 대한 만족도와 결혼의 만족도는 행복에 영향을 끼쳤으며 건강은 주관적 안녕감과 밀접한 관계를 갖고 있었다. 또한 낙관성, 자존감, 외향성은 성격적 요인으로 주관적 안녕감의 매우 강력한 요인으로 알려져 있으며, 정서적 안정성과 긍정적인 인간관계 및 인생의 목적의식(종교성) 역시 주관적 안녕감에 중요한 영향을 미치는 것으로 보고하고 있다. 그중 디너(Diener, 1994)는 주관적 행복subjective well-being에 관한 정의를 인지적인 측면과 정서적인 측면으로 평가하며, 주관적 행복을 순간적인 감정이나 단순한 쾌락이 아닌 상대적으로 지속적인 안녕감과 만족감을 느끼는 것으로 자신의 삶 전반에 대한 개인의 전반적인 평가로 정의하였다.

이처럼 긍정심리학은 행복을 주관적 안녕감이라는 개념으로 정립하여 연구하고 있으며, 행복하기 위해서는 자신이 좋아하는 일을 하면서 사랑하고 아끼는 사람들과의 지속적인 관계가 유지되는 것으로 설명한다. 즉 '행복하다'는 것은 자신이 감당할 수 있는 상태의 인지적, 정서적 측면에서 '좋다'라고 느끼는 상태가 된다는 것이며 이를 '주관적 행복감'이라고 말한다. 그러므로 '좋다'라는 표현은 '주관적 행복감'의 가장 대표적인 언어표현이다.

③ 행복감의 주요 요인

디너(Diener, 1999)는 행복에 관한 여러 개념들을 다음과 같이 세 가지 유형으로 구분하여 말한다.

첫째, 외적·규범적 정의의 유형으로서 미덕이나 신성함과 같은 외적인 기준에 의한 정의이다. 이 유형에 따르면 행복은 개인이 속한 사회나 문화가 지니고 있는 가치체계에 따라 측정된다.

둘째, 내적·주관적 정의의 유형으로서 감정의 개념에 기초를 두고 있다. 즉 부정적 감정에 대한 긍정적 감정의 우세가 행복이라는 것이다. 이는 즐거운 감정을 일으키는 요인이 많고, 불쾌한 감정을 일으키는 요인이 적을수록 행복감이 높아진다는 것을 의미한다.

셋째, 내적·주관적 정의의 유형으로서 행복은 객관적 조건보다는 개인의 판단기준에 근거하여 결정하는 것으로서 자기존중감, 외향성, 낙관적 성격, 자기통제감과 같은 성격특성 등을 의미한다. 또한 개인적인 삶의 만족도와 자존감의 밀접한 관련성을 말하며 긍정적인 사회적 관계를 주관적 행복에 필요한 조건으로 제시한다.

신D. Shin과 존슨(Johnson, 1978)은 건강, 재정상태(소득), 사는 곳, 교육정도, 자아실현, 대인관계, 삶에 대한 인식과 평가가 행복에 영향을 미치는 요인이라고 말하면서 노화가 행복을 떨어트린다고 하였다.

애비A. Abby와 앤드류(Andrews, 1985)는 행복에 영향을 미치는 사회적·심리적 요인들을 제시하였으며, 이러한 요인들을 주관적 스트레스, 개인의 내부통제감, 타인에 의한 통제감, 사회적 지지, 사회적 갈등, 수행성 및 정도와 그에 따른 우울과 불안으로 지목하였다.

리프(Ryff, 1989)는 삶의 질이 높다는 것이 단지 행복한 삶을 의미하는 것만은 아니라고 비판하며 주관적 안녕감보다 심리적 안녕감에 무게를 두었다. 그리고 심리적 안녕감을 자아수용self-acceptance, 긍정적 대인관계positive relations with others, 자율성autonomy, 환경에 대한 지배력environmental mastery, 삶의 목적purpose in life, 개인적 성장personal growth과 같은 여섯 가지 요소로 제시하였다.

한편 셀리그만(Seligman, 2009)은 행복을 삶의 질에 대한 전반적인 평가에서 생기는 것으로 보며 '만족'을 쾌락보다 오래 지속되는 행복감의 감정요인으로 평가한다. 이러한 만족과 함께 '즐거움'은 자신의 일에 열정적으로 몰입하며 삶의 의미를 발견할 수 있을 때 진정한 행복을 누릴 수 있다고 보았다.

한국인의 주관적 안녕에 대한 연구는 1990년대부터 시작되었으며 김명소, 김혜원, 차경호(2001)의 연구에 의하면, 한국인 중 젊은 사람의 주관적 안녕감은 자기수용과 환경통제력이 가장 높은 상관을 나타내었다. 반면 나이가 많을수록 자기수용과 더불어 삶의 목적, 개인적 성장, 긍정적 인간관계가 중요한 것으로 나타났다. 남성의 경우는 삶의 목적이 상대적으로 중요한 것으로 나타났으며 여성은 개인적 성장의 중요성이 두드러졌다.

또한 김명소와 한영석(2006)은 한국인의 행복요소를 욕구 이론에 근거하여 총 16개로 분류하고 발표하였다. 이들의 조사 연구범주는 성인(만 19~64세까지)까지로 하였으며 16가지의 행복요소로 ① 경제력, ② 건강, ③ 외모, ④ 사회−정치−문화−환경, ⑤ 자녀의 바른 성장, ⑥ 부모 및 친지 간의 원만한 관계, ⑦ 배우자(이성)와의 사랑, ⑧ 타인과의 원만한 관계, ⑨ 사회적 지위 및 인정, ⑩ 자기 수용감, ⑪ 긍정적 인생관, ⑫ 자기계발 및 목표추구, ⑬ 자립성, ⑭ 종교, ⑮ 사회봉사, ⑯ 여가를 말하고 있으며, 노인에 대한 범주는 다루지 않았다.

삶의 질을 높이는 요소에 대한 조사(김의철 외, 2006)에서는 경제적인 요인이 중요시되었으나 가정생활에서 삶의 질을 높이는 요소에서는 화목한 가족관계가 더 중요한 것으로 나타났으며, 직장생활에서 삶의 질을 높이는 요소도 원만한 인간관계로 나타났다. 결국 한국인의 삶의 질을 높이기 위한 조건은 경제적 안정을 중시하는 경향이 있으나 집단 내에서는 인간관계로부터 오는 정서적 지원에 의해 가장 많은 영향을 받는 것을 알 수 있다.

앞선 행복에 관한 연구들은 행복감과 심리적 안녕감을 동등한 개념으로 사용해도 무방함을 의미한다. 또한 노인의 행복감에 영향을 미치는 요인들은 인구사회학적 요인에 속하는 성별, 나이, 교육, 경제적 수준, 결혼, 직업 등 보다 성격적, 심리적 요인인 낙관성, 외향성, 자존감, 긍정적 인간관계(가족, 친구, 이웃 등), 정서적 안정성, 인생의 목적의식(종교), 감사의 경험, 긍정적 감정의 경험빈도 등인 것으로 정리된다.

다음 〈표 12−7〉은 긍정심리학자인 피터슨(Peterson, 2006)이 발표한 '행복과 긍정적 상관을 나타내는 요인들'과 김명소 외(2006)의 '한국인의 행복요인 조사결과'를 기초로 하여 저자가 임상에서 경험한 노인들의 특성을 '노인 행복감의 주요 요인들과 상관도'로 재구성하였다.

〈표 12−7〉 노인 행복감의 주요 요인과 상관도

낮은 상관	중간 정도의 상관	높은 상관
나이	종교	낙관성
성별	여가활동	자존감
수입정도	친구의 수	자기수용
교육수준	성실성	자기성장
지능수준	외향성	감사경험
사회계층	신체적 건강	긍정감정의 경험빈도
자녀유무	정서적 안정성	긍정적 인간관계(가족, 친구)

앞선 상관도는 행복과 요인 간의 관련성을 보여 주는 것이며 인과관계를 보여 주는 것은 아니다. 예를 들어, 자존감과 행복은 높은 상관도를 나타내고 있지만 자존감이 높기 때문에 행복한 것인지 아니면 행복하기 때문에 자존감이 높은지는 알 수 없다. 더불어 행복감의 요인들은 행복의 원인이라고 규정지을 수는 없지만 높은 상관성을 갖는다고 말할 수는 있다.

(2) 통합예술치료

모든 예술은 치유성이 있고 모든 형태의 치료적 활동은 창의적 표현을 통해 이루어진다. 치료목적의 창의적 표현은 그 활동 자체만으로도 사람들이 자신의 마음을 표현할 수 있는 기회를 제공한다. 이런 능력은 예술이 가진 독특한 특성이며 융K. Jung,, 힐먼J. Hillman, 위니콧D. Winnicott, 모레노J. Moreno 등이 창의적 표현을 심리치료의 제일 중요한 과정으로 포용한 이유이다. 또한 창조적인 표현활동은 한 인간이 끊임없이 변화하는 삶의 조건에 따라 자유롭게 대응할 수 있는 능력을 발휘하게 해 준다. 이러한 치료적 요인을 근거로 1940년대 이후 시작된 예술심리치료 분야는 단일 예술매체의 적용을 선두로 현재는 통합예술치료로 더욱 발전하게 되었다.

창의적 표현이라는 예술의 특성으로 예술치료를 통합한 표현예술치료학파의 맥니프(McNiff, 2014)는 모든 예술을 활용하면 단일 예술양식을 사용할 때의 한계를 넘어 다양한 표현과 내담자를 이해할 수 있는 힘을 더욱 향상시킬 수 있다고 말한다. 이에 통합예술치료의 개념을 '하나 이상의 예술양식을 사용하는 것' 혹은 '치료를 위해 모든 예술을 사용하는 것'으로 정의하였다(p. 50).

한편 홍유진(2018)은 내담자 중심의 증상개선목표를 기초로 하여 치료적 모델과 임상체계를 적용하는 과학적인 구조로 통합예술치료를 발전시켰다. 즉 IT매뉴얼에 기반한 통합예술치료는 단순히 예술매체의 통합이라는 방법론적 적용을 넘어 내담자의 문제를 해결하기 위하여 증상에 따른 하위체계를 분석 적용한 체계적이고 과학적인 접근법이라 하겠다.

노인을 대상으로 IT매뉴얼을 적용한 통합예술치료 연구들은 '웃음카타르시스'를 통해 적체된 감정과 부정적인 감정을 정화시키고 유쾌하며 행복한 정서경험을 촉진했다고 보고한다. 이러한 긍정적 정서경험은 프로그램의 자발적인 참여를 가능하게 하였으며 프로그램의 몰입도와 효과성을 높였다.

한국의 노인들은 노화로 인한 신체적 만성질환과 경제적 어려움, 사회적 역할의 상실과 후퇴로 인해 심리·정서적으로 외로움, 우울, 슬픔, 상실, 분노 등의 부정적인 감정을 자주 경험하고 있다. 이러한 부정적 감정의 잦은 경험은 노인들을 불행감에 빠지게 하고 자신의 삶을 부정적으로 인식하게 하여 실패감을 느끼게 하며 우울감, 무가치함, 무력감을 경험하게 한다. 이와 같은 다양한 삶의 배경과 증상을 가진 노인들을 다양한 예술로 만나는 통합예술치료는 노인의 욕구와 흥미, 몰입도, 성취감과 만족도를 높이며 행복감을 이룰 수 있도록 돕는 심리치료로서 적합하다고 하겠다.

4. 행복을 노년기 삶에 심다

본 단락은 김주영(2021)의 「노인의 행복감과 자아통합감 증진을 위한 통합예술치료 프로그램 적용 연구」의 사례를 중심으로 기술하였다.

1) 참여 노인들과 행복을 향해

(1) 참여집단의 인구사회학적 특성
- 서울시 임대아파트 거주
- 의사소통과 거동이 가능한 80세 이상 노인
- 프로그램 목적을 이해하고 연구 참여에 동의한 노인
- 2개월 동안 유사 심리치료 프로그램에 참여하지 않은 노인
- 우울증 약물 복용을 현재하고 있지 않은 노인

〈표 12-8〉 참여자 개인별 특성

순번	성별/나이	주거형태, 교육 정도 및 정서적 · 신체적 특이사항
A	여/83세	독거, 무학력, 손가락이 관절염으로 심하게 변형되어 있으며 치매 진단을 받음. 웃거나 화를 내는 정서적 변화가 심하며 안정감이 낮음.
B	여/81세	독거, 무학력, 노인정의 밥하는 일을 도와주는 것으로 보아 신체적으로 건강해 보이며, 자기표현이 적은 편이나 정서적으로 안정되어 보임.
C	여/80세	독거, 저학력, 손가락에 관절염이 진행되어 손가락이 구부러졌으나 신체적으로 건강해 보이며, 긍정적인 언어 표현에서 정서적으로 안정되어 보임.
D	여/89세	독거, 저학력, 마른 체형에 안경을 쓰지만 건강해 보임. 미간을 찡그리며 날카롭게 말하는 모습에서 정서적으로는 예민한 부분이 보임.
E	여/94세	독거, 저학력, 집단의 최고령으로 신체적으로 허리가 많이 굽었으나 건강해 보임. 긍정적인 언어 표현에서 정서적으로 안정되어 보임.

F	여/84세	독거, 무학력, 다리가 불편함을 호소하였으나 편안한 얼굴 표정과 안정된 말투에서 정서적으로 안정감이 보임.
G	여/83세	부부동거, 저학력, 신체적으로 건강한 편으로 현재 초등학교 급식소에서 일을 하는 것에 자부심을 갖고 있음. 정서적으로는 안정되어 보임.
H	여/85세	손주와 동거, 저학력, 체격이 좋으며 건강한 편으로 노인들의 밥을 해 주고 있음. 소리를 지르는 모습에서 공격성과 집단에서의 통제성이 보임.
I	여/83세	독거, 무학력, 신체적으로 건강은 보통이며 귀가 잘 안 들림. 정서적인 표현이 적음, 신체적 어려움을 호소함.
J	여/89세	독거, 무학력, 마른 체형이지만 건강해 보이고 평소에 말이 적은 편임. 자주 미소를 띠는 얼굴에서 정서적으로 안정되어 보임.

2) 노년의 불행에 저항하는 시간들

노인들의 행복감 증진을 위해 프로그램 초반부는 즐거운 정서 경험을 목표로 구성하였다. 중반부는 삶의 회상을 통해 자기수용을 경험하고 자기 삶을 인정하도록 설계하였으며 후반부는 삶에 감사하며 자아통합감을 이루어가도록 하였다. 〈표 12-9〉는 노년기 불행감을 완화하고 행복감과 자아통합감을 증진하기 위한 통합예술치료 프로그램의 세부구성이다.

〈표 12-9〉 통합예술치료 프로그램 구성

구분	회기	모델 및 기법	프로그램 구성		증상개선목표
초반부	1	카타르시스 모델 (게임놀이 기법) 투사 모델 (미술)	O	이름소개 및 '이름게임' 배우기	©ERAT 즐거운 정서경험 존재 가치 인식
			M	'이름 꾸미기'	
			C	이름 소개하기	
			A	자기이름 부르고 칭찬해 주기	
	2	카타르시스 모델 (게임놀이 기법) 투사 모델 (미술, 음악)	O	'이름게임' 하기	©ERAT 즐거운 정서경험 흥미 유발
			M	'곡식악기' 만들기	
			C	'행복해요' 노래 배우기	
			A	좋아하는 노래 불러보기	
	3	카타르시스 모델 (게임놀이 기법) 투사 모델 (동작, 문학)	O	소꿉놀이: 샌드위치 만들기	©ERAT 즐거운 정서경험 흥미 유발
			M	'소풍 가서 놀기'	
			C	'소풍' 공동시 짓기	
			A	소풍처럼 산책하기	

	4	카타르시스 모델 (게임놀이 기법) 투사 모델 (사진, 음악)	O	'찌개박수' 혼자→같이하기	©®RAT 즐거운 정서경험 행복의미 찾기
			M	'행복한 사진' 찾기	
			C	'행복해요' 노래 개사하고 부르기	
			A	'행복하다'는 말 하루에 한번하기	
중반부	5	카타르시스 모델 (게임놀이 기법) 투사 모델 (음악, 사진, 문학)	O	'이름게임'과 '스트레칭' 하기	C®RAT 회상과 자기수용 긍정정서 경험
			M	'인생꽃밭' 꾸미기	
			C	'인생꽃밭' 공동시 짓기	
			A	주변의 꽃들 살펴보기	
	6	카타르시스 모델 (게임놀이 및 이완 기법) 투사 모델 (사진, 미술, 문학)	O	'이름게임'과 '찌개박수' 하기	C®RAT 회상과 자기수용 긍정정서 경험
			M	'어린 시절 사진' 액자 만들기	
			C	'어린 시절' 공동시 짓기	
			A	감사하다는 말 하루에 한번하기	
	7	카타르시스 모델 (게임놀이 및 이완 기법) 투사모델 (미술, 동작, 문학)	O	'이름게임'과 '아버지는 나귀 타고' 하기	CE®AT 회상과 자기수용 무력감 완화
			M	'나의 감정파이' 만들기	
			C	감정 비행기 만들어 날리기	
			A	호흡명상 하루에 한번하기	
	8	투사 모델 (동작, 미술, 문학)	O	손잡고 이야기 나누기	CE®AT 회상과 자기수용 자존감 향상
			M	'손 본뜨기'	
			C	'내 손' 공동시 짓기	
			A	핸드크림 바르며 내 손에 감사하기	
	9	카타르시스 모델 (이완 기법) 투사 모델 (미술, 문학)	O	호흡명상과 회상하기	CER®T 삶의 통합 삶의 재조명
			M	'인생바구니' 만들기	
			C	'인생바구니' 공동시 짓기	
			A	가족들과 안부인사하기	
	10	가면아이 모델 (가면제작 및 착용 기법) 투사 모델 (음악, 동작, 연극)	O	'아버지는 나귀 타고' 하기	CE®AT 회상과 삶의 수용 부정정서 해소
			M	가면 만들기	
			C	가면 쓰고 '가슴에 담아 둔 말'하기	
			A	거울 보며 스스로에게 칭찬하기	
후반부	11	투사 모델 (음악, 사진, 문학)	O	행복할 때, 생각나는 노래 부르기	CER®T 삶의 수용 삶의 통합
			M	'나의 인생길' 꾸미기	
			C	'나의 인생길' 공동시 짓기	
			A	잘 살았다는 말 스스로에게 해 주기	

12	투사 모델 (음악, 동작, 연극)	O	'나의 살던 고향은' 노래 부르기	CER®T 삶의 감사 삶의 소망 탐색
		M	'소망케이크' 만들기	
		C	소망 말하고 케이크 사기	
		A	수고했다는 말 스스로에게 해 주기	
13	카타르시스 모델 (이완 기법) 투사 모델 (음악, 미술)	O	'행복해요' 노래 부르기, 호흡명상	CER®T 삶의 통합 삶의 감사
		M	'만다라' 색칠하기	
		C	인생 돌아보기	
		A	'행복한 일' 다른 사람에게 말하기	
14	투사 모델 (음악, 미술, 문학)	O	'행복해요' 노래 부르기	CER®T 삶의 통합 삶의 감사
		M	'인생시계' 만들기	
		C	'인생상장' 제목 붙이기	
		A	버킷리스트 생각해 보기	
15	카타르시스 모델 (게임놀이 기법) 투사 모델 (사진, 연극, 음악)	O	'이름게임'과 작품 관람하기	CERA① 삶의 통합 삶의 감사
		M	작가 인터뷰 즉흥극	
		C	'졸업식' 노래 부르기	
		A	가족과 이웃에게 감사표현하기	

3) 행복한 변화를 경험하다

통합예술치료 적용은 노인들의 행복감과 자아통합감에 변화를 가져왔으며 언어와 행동에서 확인할 수 있었다. 참여자들의 공통적인 변화는 첫째, 긍정적·부정적 자기표현이 증가했으며 긍정적인 의사소통 횟수가 증가했다. 둘째, 다양한 예술 활동 속에서 자긍심이 향상되고 삶의 회상과 수용을 통해 자기성장을 경험하였다. 셋째, 긍정적인 대인관계를 맺으려는 언어와 행동의 변화가 눈에 띄게 증가했다. 이러한 변화는 행복감이 높은 사람들의 특성에서 나타나는 언어와 행동의 호의적인 모습과 태도들이며, 참여자들의 행복감이 증진했음을 보여 주는 변화지표라고 하겠다.

긍정적 대인관계 향상은 주변인들과 조화를 이루며 감사하고 삶을 수용하는 모습으로서 자아통합감의 향상과 관련된 요인이라 하겠다. 특히 감사gratitude는 다양한 긍정적 정서를 경험하게 함으로써 심리적 안녕감을 증진시키며 다른 사람과 의미 있고 지속적인 인간관계와 상호적 이타주의를 촉진하는 요소이다. 이러한 변화는 자아통합감의 개념인 '노년기의 심리적 안녕상태를 반영해 주는 주관적 평가'라는 의미를 충족시키며 '현재생활에 대한 행복감, 만족감, 의욕, 지나간 삶의 수용과 감사'라는 포괄적 개념에도 근접하고 있다. 결국 노인들은 행복감이 증진되면서 자기표현 횟수가 증가하였고 자기성장을 경험할 수 있었다.

또한 자기성장은 자긍심과 자존감 그리고 대인관계능력을 향상시키면서 자아통합감 증진에 긍정적 영향을 미쳤다.

(1) 변화 관찰 방법

통합예술치료 프로그램의 적용을 통한 노인의 변화는 몸 인식 검사Three Types of Body Test: IT-TBT를 통해 행복감과 자아통합감의 변화로 확인할 수 있었다.

몸 인식 검사는 홍유진(2018)이 개발한 것으로 세 가지 몸의 관점을 관찰하도록 구성되어 있으며 신체표현 검사Physical Body Test: IT-PBT, 감정표현 검사Emotional Body Test: IT-EBT, 정신표현 검사Spiritual Body Test: IT-SBT로 구분되어 있다.

① 신체표현 검사(IT-PBT)

신체표현 검사는 얼굴 표정, 손짓, 걸음걸이, 몸짓, 태도의 다섯 가지 하위영역을 가지며 세부구성은 〈표 12-10〉과 같다.

〈표 12-10〉 신체표현 검사지(IT-PBT 치료사용)

1. 얼굴 표정			
□미소	□웃음	□찌푸림	□비웃음
□무표정	□심술	□경련	
□기타:			
2. 손짓			
□과장 과다	□손 뜯기	□손 경직	□공격적
□방어적	□반복	□애교	
□기타:			
3. 걸음걸이			
□안짱 걸음	□팔자 걸음	□잰 걸음	□큰 걸음
□비틀 걸음	□일자 걸음	□경직 걸음	
□ 기타:			
4. 몸짓			
□떨기	□고갯짓	□턱 괴기	□고개 숙임
□외면	□애교	□경직	
□기타:			

5. 태도			
□예의	□언행불일치	□뽐내기	□비아냥
□기대앉기	□개방		
□기타:			

출처: 홍유진(2018), p. 243.

초반부에 참여자들의 **얼굴 표정**은 무표정, 찌푸림, 심술, 경련, 비웃음 등으로 나타났으며 가끔 '미소'를 보이는 정도였다. 이러한 무표정, 찌푸림, 심술, 경련의 얼굴 표정은 중반부를 거쳐 후반부로 갈수록 점차 줄어들었으며 흐뭇한 '미소'와 즐겁고 행복한 '웃음'으로 자주 표현되었다. 다만 후반부에도 무표정의 모습은 활동에 집중할 때, 찌푸림의 모습은 참여자들의 신체가 아플 때 종종 나타나기도 하였다.

손짓은 프로그램 초반부에 방어적이고 공격적인 표현에서 후반부에는 애교 섞인 목소리와 함께 '애교적'인 손짓의 표현을 볼 수 있었다.

걸음걸이의 변화는 참여자들에게 거의 관찰할 수 없었으며, 이는 참여자들의 나이가 80대 고령으로 인해 굳어진 자세가 유지되기 때문인 것으로 해석된다. 다만 프로그램 초반부보다 후반부로 갈수록 신체에너지가 높아져서인지 비틀거리는 걸음걸이는 줄어들었고, 몸을 움직이려는 태도의 변화가 나타났다.

몸짓은 프로그램 초반부에 고갯짓, 고개 숙임, 외면, 경직의 모습에서 후반부에는 '애교' 있는 몸짓을 나타내거나 치료사를 향한 적극적인 몸의 방향과 책상으로 가까이 앉는 행동의 변화가 있었다.

태도는 프로그램 초반부에는 언행불일치, 비아냥, 기대앉기, 뽐내기 등의 모습에서 후반부로 갈수록 '예의' '개방'의 모습을 보였다. 참여자 사전 검사인 한국형 노인 우울감 척도 KGDS에서 심한 우울로 진단된 A와 중도 우울로 진단된 B는 우울감이 완화되고 자존감이 올라가면서 '뽐내기(자랑하기)'를 하는 변화가 관찰되었다.

전체적으로 참여자들은 신체적 에너지가 상승하면서 비틀거리는 걸음이 안정되어 가는 모습을 보였다. 또한 얼굴색과 얼굴 표정이 밝아졌으며 적극적인 수업참여와 몰입 그리고 움직이려는 태도의 변화를 볼 수 있었다. 이러한 성실과 몰입flow은 행복한 사람의 특성 중 하나이다(Martin et al., 2017).

② 감정표현 검사(IT-EBT)

감정표현 검사는 기쁨, 분노, 슬픔, 즐거움, 사랑, 미움, 욕구의 일곱 가지 하위영역을 가지며 세부구성은 〈표 12-11〉과 같다.

〈표 12-11〉 감정표현 검사지(IT-EBT 치료사용)

1. 기쁨						
감정	□행복	□감동	□흥미	□통쾌	□희망	□성취	□감정통제
반응	□웃음	□눈물	□경직	□목멤	□땀흘림	□통증	□과잉행동

2. 분노						
감정	□억울	□자책	□불안	□화냄	□복수심	□모욕	□감정통제
반응	□웃음	□눈물	□경직	□답답	□땀흘림	□통증	□과잉행동

3. 슬픔						
감정	□우울	□서운	□괴로움	□억울	□원망	□연민	□감정통제
반응	□웃음	□눈물	□경직	□답답	□땀흘림	□통증	□과잉행동

4. 즐거움						
감정	□기대	□들뜸	□보람	□만족	□평안	□가벼움	□감정통제
반응	□웃음	□눈물	□경직	□불안	□땀흘림	□통증	□과잉행동

5. 사랑						
감정	□열정	□집착	□호감	□애정	□설렘	□그리움	□감정통제
반응	□웃음	□눈물	□경직	□답답	□땀흘림	□통증	□과잉행동

6. 미움						
감정	□괘씸	□얄미움	□짜증	□증오	□질투	□경멸	□감정통제
반응	□웃음	□눈물	□경직	□답답	□땀흘림	□통증	□과잉행동

7. 욕구						
감정	□성욕	□성취	□물욕	□소속욕	□식욕	□경쟁심	□과시
반응	□웃음	□눈물	□경직	□답답	□땀흘림	□통증	□과잉행동

출처: 홍유진(2018), p. 244.

프로그램 초반부에 참여자들은 감정표현 자체를 통제하듯 감정의 표현과 반응이 매우 제한적이고 적었다. 그러나 중반부로 갈수록 다양한 감정을 표출하였으며 후반부에는 감정이 안정화되는 변화를 보였다.

기쁨은 감동을 받거나, 성취감을 느끼거나, 다양한 예술매체에 흥미를 가지면서 주로 '웃음'으로 표현되거나 '목멤'과 '눈물'로 나타났다. 기쁨의 표현은 프로그램의 중반부부터 많이 나타났으며 후반부로 접어들면서는 참여자들의 기쁨은 일상적인 정서처럼 안정화되어 자연스럽게 표현되었다.

분노는 프로그램 초반부에 감정의 통제로 인해 경직된 모습으로 표현되었으나, 중반부부터 억울할 때, 불안할 때, 모욕감을 느낄 때, 주로 '상대방을 밀치거나' '상대방의 재료를 밀어

내는' 행동으로 표현되었다. 또한 거친 행동과 함께 목소리를 높이며 공격적인 언어로 분노
를 표현하기도 하였다. 그러나 후반부로 갈수록 분노는 치료공간에서 참여자들 간에는 느
낄 수 없었다. 이는 참여자들의 대인관계 능력이 향상되면서 감정을 조절하고 분노를 내재
화시켰기 때문인 것으로 해석된다.

슬픔은 초반부에 참여자들에 의해 통제되어 경직된 모습이 대부분이었으며 회기가 진행
되면서 우울, 서운, 괴로움, 억울, 원망 등을 언어로 표현하거나 '눈물'로 나타났다. 그러나
프로그램의 후반부로 갈수록 슬픔의 표현은 거의 관찰되지 않았다. 이는 참여자들의 애환
인 슬픔이 모두 없어진 것이 아니라, 재정리되어 조절되고 있는 것으로 느껴졌다. 다만 슬픔
의 감정들로 인해 괴로워하는 모습은 거의 관찰되지 않았으며 '평안' '만족' '보람' 등의 감정
으로 대체되고 승화된 느낌이었다. 이러한 슬픔의 변화는 한국형 노인 우울감 척도$_{KGDS}$ 검
사에서 유의미한 변화로 확인되었다.

즐거움의 감정은 초반부에 대부분 통제되어 무반응과 무표정이 많았으며, 몇몇 참여자들
만이 '미소'와 소리가 있는 '웃음'으로 반응을 보였다. 그러나 회기가 진행될수록 즐거움은
'기대감' '보람됨' '만족' '평안'을 느끼는 것에서 비롯되어 '웃음' '눈물' '과잉행동'의 반응으로
나타났다. 이어 중·후반부로 갈수록 참여자들의 일상적인 정서처럼 편안하게 표현되었고
즐거운 감정의 공유가 상호작용을 일으키며 확장되었다.

사랑은 초반부에는 집착과 그리움에 집중된 모습을 보였으나 중·후반부로 갈수록 프로
그램의 치료공간과 일상생활에서 다양한 '열정'으로 나타났고 프로그램에 대한 '애정'과 '설
렘'으로 표현되었다.

미움은 초반부에는 참여자들 간에 충돌하는 모습으로 나타났고 '꽤씸' '얄미움' '짜증' '감
정' '통제' 등으로 표현되었다. 그러나 중반부로 갈수록 참여자 간의 관계성과 대인관계 능력
이 향상되면서 후반부에서는 '감정통제'로 조절되어 미움의 감정이 참여자들 간에 공격적인
반응으로 표출되진 않았으며 그로 인해 외부적으로는 거의 관찰할 수 없었다.

참여자들의 욕구는 소속욕이 기본적인 욕구였으며, 이는 노인들이 경로당 회원으로 소속
되어 모인 집단인 것을 통해 추측 가능하였고 프로그램 중 '경로당에서 함께 노는 것이 가장
좋다.'는 참여자들의 언어표현에서도 확인할 수 있었다. 또한 '혼자 있는 것이 싫다.'라는 참
여자 대부분의 '외로움'에 대한 자기고백이 이를 뒷받침하였다. 한편 노인들은 욕구가 충족
되어 만족감을 느끼면서 '웃음'과 '눈물' 반응이 나타났으며 '과시'욕이 있는 참여자는 '뽐내
기'의 태도나 '과잉행동'을 통해 다른 참여자들의 관심과 시선을 끌어내기도 하였다.

감정표현 검사 시, 감정의 내재화로 감정표현이 거의 없는 노인들 중 내향성이 높거나 우
울성향이 높으면 감정표현은 더욱 나타나지 않아 무표정, 무감동, 무반응이 일상임을 확인

할 수 있었다. 또한 내향성이 강한 참여자들의 변화는 프로그램 중·후반부가 지나야 비로소 조금씩 드러났다.

특히 '슬픔'의 항목이 높았던 A, B, I의 경우는 사전 노인 우울감 척도_{KGDS}검사에서 우울감이 정상범주를 넘어서는 것으로 확인되었으나 '분노'의 항목이 많지는 않았다. 그런데 D와 F는 '슬픔'과 '분노'의 항목이 함께 많았지만 '슬픔'이 노인 우울감 척도 검사에 영향을 미치지 않고 정상범주로 나타났다. 이는 D와 F의 힘든 삶 가운데 '슬픔'은 오랜 세월 동안 해소되지 못한 채 '분노'와 함께 마음 안에서 돌처럼 굳어져 '한'으로 전환되었거나 신앙을 통해 '슬픔'과 '분노'를 통제하며 삶을 살아가고 있는 것으로 유추되었다.

치매가 있는 A는 프로그램 후반부로 갈수록 '기쁨'과 '즐거움'의 항목이 많아지면서 초반부의 불안한 모습에서 안정감이 점차 상승하는 것을 느낄 수 있었고 노인 우울감 척도_{KGDS}의 변화로도 확인할 수 있었다. 무반응과 무표정, 무감동으로 얼굴이 굳어 있던 B는 '기쁨'과 '즐거움'의 감정항목이 중·후반부부터 증가하였고, 후반부에는 노래를 흥얼거리며 목소리가 커지는 것을 확인할 수 있었다. 감정표현은 거의 없고 뒤로 빠진 태도와 짜증이 있었던 I는 중·후반부부터 '즐거움'의 감정표현을 관찰할 수 있었으며 노인 우울감 척도의 점수변화로도 재확인되었다. 참여자들의 우울감 평균 변화는 원점수 14점에서 9.6점으로 4.4가 감소하였으며 $p(T<=t)$값 0.0036으로 유의미한 통계적 변화를 보였다.

③ 정신표현 검사(IT-SBT)

정신표현 검사는 눈 맞춤, 대화, 대인관계 내적 능력, 대인관계 외적 능력, 자존감, 역할 수행의 여섯 가지 하위영역으로 이루어져 있으며 세부구성은 〈표 12-12〉와 같다.

〈표 12-12〉 정신표현 검사지(IT-SBT 치료사용)

1. 눈 맞춤				
□시선회피	□초점 상실	□눈웃음	□눈 깜빡임	□눈 경련
□의도적 눈 맞춤				
□기타:				
2. 대화				
□불안전 문장	□대화 회피	□진실성	□과격 표현	□경청
□반복 강조	□직접 표현			
□기타:				
3. 대인관계 내적 능력				
□순발력	□즉흥성	□상상력	□협동력	□교감력

□집중력	□공감력	□창의성	□자발성	
□기타:				
4. 대인관계 외적 능력				
□능동적	□주도적	□사교적	□예의	□주의산만
□리더십				
□기타:				
5. 자존감				
□자기수용	□자기결정력	□자기이해	□관계 만족	□리더십
□타인 신뢰	□타인수용	□자기신뢰	□삶의 만족	□자기주장
□기타:				
6. 역할 수행				
□역할 수행	□역할 혼란	□역할의 수	□역할의 태도	□공격적
□방어적	□역할 과장	□역할 거부	□역할 협조	
□기타:				

출처: 홍유진(2018), p. 245.

　프로그램 초반부에 참여자들의 **눈 맞춤**은 회피하거나 눈치를 보듯 의도적 눈 맞춤을 하는 모습이 주로 관찰되었으나 중·후반부로 갈수록 '회피'의 모습은 나타나지 않았다. 또한 '의도적 눈 맞춤'은 눈치를 보거나 눈인사를 하기 위해 중·후반부에도 계속 관찰되었다.

　대화는 초반부에는 불완전 문장, 대화 회피, 진실성이 없는 듯한 대화, 상대를 비난하는 듯한 과격한 표현이 나타났으며, 중·후반부에는 말의 '반복 강조'로 자신의 의견을 전달하는 모습이 나타났다. 또한 대부분의 참여자들이 자신을 자연스럽게 개방하는 모습이 관찰되었다.

　대인관계 내적 능력은 초반부에 거의 관찰되지 않았으나 중반부로 갈수록 '순발력' '즉흥성' '상상력' '집중력' '창의성'이 나타났고, 프로그램의 후반부로 가면서 '협동력' '교감력' '공감력' '자발성'이 관찰되었다. 또한 대인관계 내적 능력이 높은 참여자는 자아통합감 척도검사에서도 높은 점수가 확인되었다.

　대인관계 외적 능력은 초반부에 예의를 보이는 반응과 프로그램에 집중하지 못하는 주의산만의 모습으로 관찰되었다. 그러나 중·후반부로 갈수록 참여자별로 '능동적' '주도적' '사교적' '리더십'의 모습이 증가하는 것으로 관찰되었다. 또한 대인관계 외적 능력은 대인관계 내적 능력보다 회기가 더 진행된 후반부에 가서야 긍정적인 항목의 변화를 보였으며 대인관계 내적 능력과 마찬가지로 자아통합감 척도점수가 높은 경우에 대인관계 외적 능력의 항목

수가 많은 것으로 확인되었다.

자존감이 높았던 참여자 C, G, H는 초반부부터 자기수용, 자기이해, 자기결정력, 관계만족, 자기신뢰, 자기주장의 항목 수가 많았으며 자존감이 낮았던 참여자 B, D, E는 중·후반부로 갈수록 자존감의 표현항목이 많아졌다. H는 후반부로 갈수록 대인관계 내적 능력의 항목(공감력, 교감력)이 증가하면서 자기주장적이고 통제적이던 리더십이 부드러운 리더십으로 변화되는 모습이 관찰되었다. B는 후반부로 갈수록 자존감의 표현항목(타인 수용, 자기신뢰)과 더불어 대인관계 내적 능력(자발성, 순발력, 창의성, 집중력) 및 외적 능력(능동적)이 향상되었다. E는 초반부에는 거의 말이 없었으나 중반부로 가면서 눈웃음과 함께 직접적인 자기표현을 하였으며 창의성이 돋보이는 작품을 만들었다. 또한 중·후반부로 갈수록 자존감 항목들(자기수용, 자기이해, 삶의 만족, 타인신뢰)이 다양하게 관찰되었다. 자존감 항목은 대인관계 능력 항목과 마찬가지로 자아통합감 척도점수가 높은 참여자에게서 많은 항목이 체크되었다.

역할 수행 항목에서 초반부에는 역할 혼란이 있거나 참여자로서 역할 수행에 최선을 다하지 않는 참여자가 간혹 있었다면, 중·후반부로 갈수록 '역할 수행' '역할의 태도'에 최선을 다하는 모습을 보였으며 상대방의 역할을 이해하고 '역할 협조'하는 모습이 관찰되었다. D는 초반부에 혼자만 활동을 하거나 자신의 역할을 과장하고 미화하던 모습에서 후반부에는 집단원으로 최선을 다하는 '역할 태도'와 '역할 협조'의 변화가 관찰되었으며 자존감 항목(관계만족, 타인수용)의 변화가 관찰되었다. 이는 정신표현 검사의 역할 수행 항목의 긍정적 변화가 자아통합감의 향상과 상관성이 높은 것을 의미한다.

결론적으로 정신표현 검사의 여섯 가지 하위영역인 눈 맞춤, 대화, 대인관계 내적 능력, 대인관계 외적 능력, 자존감, 역할 수행 항목 중, 자아통합감과 높은 상관도를 보이는 영역은 '대인관계 내적 능력' '대인관계 외적 능력' '자존감' '역할 수행' 항목이었으며 그에 비해 '대화' 항목과 '눈 맞춤' 항목은 낮은 상관도를 보였다. 또한 높은 상관도를 갖는 정신표현 검사의 하위 항목들은 자아통합감에 영향을 미치는 요인들과 높은 일치성을 갖고 있었다.

이러한 참여자들의 자아통합감 변화는 김정순(1989)의 설문지를 통해서도 확인되었다. 저자는 초고령인 참여자의 이해와 편의성을 고려하여 5점 척도인 설문지를 '그렇다' '보통이다' '아니다'로 재구성하여 3점 척도로 실시하였다. 또한 자아통합감 변화의 유의성 검증을 위해 대응표본 t−검정Paired t-test을 실시하였으며, 그 결과 p(T<=t)값 0.01로 유의미함을 확인하였다.

(2) 노인집단 통합예술치료의 치료사 팁

저자의 임상경험을 바탕으로 치료사 팁을 제시한다면 첫째, 노인집단의 구성은 비슷한 삶의 환경을 가진 비슷한 연령대로 구성하는 것이 치료의 목표를 달성하기에 안전하다. 일례로 60대와 80대 노인을 한 집단으로 구성하면, 80대 노인이 60대 노인을 통제하고 간섭하는 상황이 나타날 수 있다. 또한 경제적 여유가 있는 노인과 빈곤층에 속하는 노인을 하나의 우울집단으로 구성하여 진행 시, 프로그램 중반부에 서로의 공격성이 표출되면서 누군가의 중도탈락이 발생할 수도 있다.

둘째, 통합예술치료사는 프로그램 구성에 앞서 치료공간을 확인하는 과정이 필요하다. 일례로 예정된 공간의 협소함으로 인해 다양한 예술매체의 활용과 움직임에 많은 제약이 있을 수 있음을 고려해야 한다. 한편 노인의 심리적·신체적 안전과 위험성에 대한 고려를 최우선으로 프로그램을 구성하고 진행해야 한다.

셋째, 프로그램의 초반부에는 라포형성과 부정적 감정해소를 위해 '웃음카타르시스'를 적용하는 것이 노인집단에게는 매우 효과적이다. 웃음은 그 자체로서 성취감과 신선감을 주며 내재된 가능성과 잠재력을 확장시켜 새로운 것을 창조하는 데 기여한다. 그러므로 유쾌한 웃음을 경험하며 일어나는 '웃음카타르시스'는 노인들에게 적체된 부정적 감정을 배설하는 동시에 긍정적인 정서를 촉진하는 역할을 충분히 감당할 수 있다. 특히 게임놀이는 프로그램의 몰입과 자발성을 유도하며 미해결되어 적체된 감정의 찌꺼기들을 배설하는 효과가 크고, 이후 프로그램에 대한 기대감을 상승시킨다.

넷째, 미술활동은 노인들의 재활치료나 그들의 삶을 통합하는 데에 도움을 주는 예술매체로서 치료현장에서 가장 많이 사용되고 있다. 치료적 효과를 얻으려면 치료사는 노인이 쉽게 다룰 수 있는 미술 재료들을 고민해서 선택해야 한다. 이는 미술 재료가 창작활동에서 내적인 욕구를 불러일으키는 감정의 매개체가 되기 때문이다. 일례로 신문지는 찢거나 구기는 활동 중에 먼지가 많이 나고 손에 잉크의 잔재가 남기도 하며 '쓸모를 다하고 버려진 종이'라는 노인들의 인식으로 자신의 처지와 비슷하다는 도식을 일으키는 재료 중 하나이므로 사용을 지양하길 바란다. 한편 한지, 색종이, 캔버스, 아크릴 물감, 오일파스텔, 실, 천사점토, 잡지 사진 등은 노인들이 자주 접하지 않는 재료로서 정서적 즐거움과 몰입감을 높여주며 행복감을 촉진할 수 있는 재료들로 추천한다.

다섯째, 음악활동 중 노래 부르기는 장기기억에 깊이 관여하고 자발적인 회상을 도울 수 있다. 또한 노래를 함께 부르면서 집단의 소속감과 응집력을 높일 수 있다. 더 나아가 간단한 신체 움직임이나 동작을 함께하면 신체에너지와 긍정적 정서를 활성화하며 '웃음카타르시스'를 유발하는 효과가 크게 나타난다.

여섯째, 연극이나 동작매체를 적용할 때는 노인의 신체적 불균형으로 넘어짐이 발생하지 않도록 조심하며 신체 움직임을 단계적으로 살펴야 한다. 일례로 80~90대의 초고령 노인을 대상으로 집단치료를 진행할 시, 앉아서 상체 움직임을 사용하는 활동을 통해 신체 움직임의 범위를 확인하고 걷기를 통해 전체 움직임으로 옮겨가는 것이 안전하다.

일곱째, 문학매체는 글을 모르거나 손 떨림이 있을 시, 노인들이 꺼리는 활동이 될 수 있으나 참여자가 소감을 한 줄씩 말하는 것을 치료사가 글로 옮기는 활동으로 진행한다면 의미 있는 시를 공동으로 완성할 수 있다. 이러한 공동시 작업은 집단원이 서로 응원하고 지지하는 응집력을 강화시키며 프로그램을 의미 있는 활동으로 기억하도록 촉진한다. 다음은 사례의 8회차를 마무리하면서 '내 손'이란 주제로 참여자가 한 줄씩 지은 공동시이다.

내 손

내 손으로 열심히 살아서 고맙더라

내 손으로 자식 넷을 다 키우고 잘~살아서 고맙더라

남편 사우디 간 동안 가정 지키고 있던, 내 손 고맙더라

내 손으로 하숙치며, 먹고 살았던 것 고맙더라

내 손으로 못한 것이 없어서 고맙더라

내 손으로 벌어 먹고 사느냐 고생 많았구나

손으로 벌어먹고, 아파트 배관도 감았던 내 손 수고했구나

서른아홉에 혼자 돼서, 오만 고생하며, 애들 키운 내 손 수고했구나

정~말 힘들었던 내 손 고맙구나

내 손으로 다했으니 애썼구나

예술매체에 대한 참여자의 반응은 노인의 인지, 정서, 신체에 따라 다양하게 나타난다. 〈표 12-13〉은 앞선 사례를 중심으로 예술매체에 대한 노인의 반응을 정리한 내용이다.

〈표 12-13〉 참여자의 예술매체 반응

예술 매체	참여자 반응					
	인지		정서		신체	
	긍정반응	부정반응	긍정반응	부정반응	긍정반응	부정반응
음악	• 회상 자극 • 언어 자극 • 집중력 향상 • 기억력 • 뇌 활성화	• 가사 기억의 어려움 호소	• 즐거움 경험 • 기쁨 경험 • 행복감 경험 • 관계성 향상 • 협동심 향상 • 친밀감 향상 • 고립감 완화 • 우울감 완화 • 감정 배설 • 감정 정화	• 박자, 가사에 부담감 호소	• 호흡 강화 • 심장 운동 • 혈액 순환 • 소화 촉진 • 오감 자극 • 신체 협응력 향상	• 없음
미술	• 회상 자극 • 언어 자극 • 집중력 향상 • 기억력 자극 • 뇌 활성화 • 가족 재인식	• 종이접기, 만들기 등의 방법 인지가 어려움	• 우울감 완화 • 협동심 향상 • 관계성 향상 • 행복감 경험 • 만족감 경험 • 즐거움 경험 • 기쁨 경험 • 자존감 향상 • 친밀감 향상 • 감정 배설 • 감정 정화	• 재료 욕심 • 경쟁심	• 오감 자극 • 소근육 자극 • 신체 협응력 향상	• 관절염으로 손활동의 불편함 호소
사진	• 회상 자극 • 언어 자극 • 집중력 향상 • 기억력 자극 • 뇌 활성화 • 가족 재인식	• 없음	• 기쁨 경험 • 우울감 완화 • 성취감 경험 • 행복감 경험 • 즐거움 경험 • 자존감 향상 • 친밀감 향상 • 감정 배설 • 감정 정화	• 과거 비교로 아쉬움 표현	• 소근육 자극 • 신체 협응력 향상	• 노안으로 사진 확인 어려움

동작	• 회상 자극 • 언어 자극 • 집중력 향상 • 기억력 자극 • 뇌 활성화 • 가족 재인식	• 없음	• 성취감 경험 • 행복감 경험 • 즐거움 경험 • 기쁨 경험 • 자존감 향상 • 관계성 향상 • 친밀감 향상 • 감정 배설	• 없음	• 오감 자극 • 소근육 자극 • 대근육 자극 • 신체 협응력 • 신체 활력 향상	• 허리,다리, 어깨 아픔 등을 호소
연극	• 회상 자극 • 언어 자극 • 기억력 자극 • 뇌 활성화 • 가족 재인식	• 역할이해 어려움	• 행복감 경험 • 즐거움 경험 • 성취감 경험 • 만족감 경험 • 관계성 향상 • 친밀감 향상 • 감정 배설 • 감정 정화	• 자기표현의 불편감 호소	• 신체 활력 향상	• 움직임의 불편함 호소
문학	• 언어 자극 • 집중력 향상 • 기억력 자극 • 뇌 활성화	• 시 언어 표현부족 • 글을 모름	• 성취감 경험 • 만족감 경험 • 사회성 향상 • 협동심 향상 • 타인 배려	• 글쓰기의 부담감 호소	• 없음	• 손 떨림에 글쓰기 어려움 호소

여덟째, 몸 인식 검사지는 매회기 참여자 관찰을 통해 치료사용 검사지에 기록하는 것이 효과적이다. 또한 내담자용 검사지를 사전·사후로 실시하여 참여자가 표현하는 감정과 행동 및 언어의 의미를 확인하는 과정이 병행되어야 한다. 이는 치료사가 참여자의 행동과 언어를 통해 관찰된 내용을 해석하는 과정 중 발생하는 오류를 줄이고 내담자의 자기 진단을 통한 변화를 확인하기 위해서이다.

아홉째, 치료사의 복장은 치료사를 선생님으로 인식하는 노인의 심리와 기대를 반영하여 단정하고 전문가다운 옷차림이 신뢰감 형성에 좋다. 또한 언어 사용에 있어서 친근감의 표현이라는 개인적 인식에서 반말을 사용하거나 아동에게 대하는 억양이나 태도는 지양하길 조언하고 싶다. 더불어 치료사의 지나친 활동 개입이 노인의 자조 능력을 떨어뜨리고 의존하려는 마음을 발현시킬 수 있다는 것을 인식하여 노인 스스로 생각하고 움직이도록 유도하는 적절한 개입에 대한 치료사의 고민이 필요하다.

현대사회의 노년기는 100세 시대 이전과는 분명히 다른 담론을 가져야 한다. 노년기는 단지 사회적으로 후퇴하며 역할을 상실하는 시기가 아니라 다른 생애주기와 마찬가지로 삶의 변화에 적응하고 발전해 나가는 시기이다. 즉 성공적 노화를 과업으로 활기차고 생산적인 행복한 삶을 계획하고 살아가야 하는 시기이다. 그러기 위해 먼저 노년기의 우울은 정상적인 노화 과정의 일부가 아니라는 것을 인식해야 한다. 이는 노인의 우울을 방치하면 자살 위험의 증가와 치매 발병의 위험을 초래할 수 있기 때문이다. 더불어 우울은 행복감을 하락시키고 삶의 질을 떨어뜨리며 자아통합감의 방해요인으로 작용하기 때문이다.

한편 노년기의 긍정적 감정의 활성화는 우울감을 완화하고 긍정적 대인관계를 촉진하는 원동력이 되며 노인의 행복감과 자아통합감에 긍정적 변화를 준다. 다시 말해 긍정적 감정의 활성화는 '심리적 안녕감'을 만들고 '자존감'을 향상시키며 '긍정적 인간관계'를 맺도록 하여 행복감과 자아통합감을 증진시킨다.

그러므로 노인의 우울감 완화를 위한 프로그램보다 행복감 증진에 초점을 맞춘 프로그램이 더욱 개발될 필요가 있다. 이는 심리학이 정신장애, 심리적 결함, 부적응 행동, 이상심리 등의 어두운 측면만을 다루는 학문으로 전락하고 있다는 권석만(2019)의 우려와 맥을 같이 한다. 실제로 노인 대상의 국내 예술치료 연구는 죽음불안, 고독감, 우울감 등의 부정정서에 관한 연구 주제가 대부분이다. 예술치료가 로저스의 인간중심적 상담이론을 근거로 둔다면, 인간의 자기실현 동기와 능력 그리고 가능성을 가지고 있다는 전제에서 시작하는 긍정적 측면의 연구가 예술치료의 바람직한 지향점이라 하겠다.

 참고문헌

권석만(2019). 긍정심리학: 행복의 과학적 탐구. 서울: 학지사.

권중돈(2022). 노인복지론(8판). 서울: 학지사.

김명소, 한영석(2006). 한국인의 행복지수 공식개발. 한국조사연구학회 조사연구, 7(2), 1-38.

김수영, 모선희, 원영희, 최희경(2018). 노년사회학(2판). 서울: 학지사.

김주영(2021). 노인의 행복감과 자아통합감 증진을 위한 통합예술치료 프로그램 적용 연구. 동덕여자대학교 대학원 박사학위논문.

여인숙, 김춘경(2006). 노년기 자아통합감에 관련된 심리사회적 요인 분석. 사회보장연구, 22(2), 79-104.

장선철(2008). 노인상담에 관한 연구동향 분석. 사회과학논총, 23(2), 1-22.

정현희, 이은지(2007). 실제 적용 중심의 노인미술치료. 서울: 학지사.

홍유진(2018). 내 안의 나를 깨우는 통합예술치료. 서울: 학지사.

Campbell, A., Converse, P. E., & Rodgers, W. L. (1976). *The quality of American life*. New York:

Sage.

Diener, E., & Lucas, R. E. (1999). Personality and subjective well-being. In Kahnemann, D., Diener, E., & Schwarz, N. (Eds.), *Well-being: Foundations of hedonic psychology*. New York: Russell Sage Foundation.

McNiff, S. (2014). *Integrating The Art in Therapy*. 통합예술치료 역사와 이론 및 실제(윤혜선 역). 경기: 한국학술정보(주). (원서 2009년 발행).

Newman, B. M., & Newman, P. R. (1979). *Development through life: A psychosocial approach*. Dorsey press.

Paul, E., & Don, K. (2012). *Educational Psychology: Windows on classrooms* (8th ed.). 교육심리학: 교육실제를 보는 창(제8판, 신종회 외 공역). 서울: 학지사. (원서 1999년 발행).

Seligman, M. E. P. (2009). *Authentic happiness*. 마틴 셀리그만의 긍정심리학(김인자 역). 안양: 물푸레. (원서 2004년 발행).

디지털시대의
통합예술치료

장창명

우리는 디지털 기술의 범람 속에서 살고 있다. 디지털의 발전은 인류의 안락함과 행복감에 큰 영향을 미치게 되었으며 이제는 필수불가결의 기능이 되었다. 하지만 노년층은 이러한 기능과 기술을 체득하는 데 인지적 · 정서적 및 신체적인 어려움을 자주 겪고 있다. 이는 급변하는 디지털 기술 발전을 노인들이 적응하기에 충분한 교육시간과 투자가 제공되고 있지 않기 때문이다. 그로 인한 디지털 소외, 금융 소외, 경도인지장애 및 치매의 부양의무 증가 등은 노년층과 젊은 세대 사이의 간극을 만들고 있다. 이러한 간극은 사회적 고립, 우울, 계층 갈등으로 이어져 초고령화 사회를 맞이하고 있는 우리나라의 심각한 사회적 문제로 대두되고 있다.

저자는 AI로봇제조 대표회사인 ㈜로보케어에서 강사로 일을 하면서 치매예방 목적의 디지털 기술 집약체인 '실벗' 로봇을 통해 노년층을 많이 만났다. 대상자들은 타 프로그램에 비해 로봇을 통한 수업에 흥미가 높았으며 참여율 또한 높게 나타났다. 하지만 시간이 지나며 대상자들을 고려하지 못한 수업 구조와 진행으로 인해 폐지되는 경우도 보았다. 이후 문제점을 보완, 기획, 개발하기 위하여 2019년부터 제조사에서 교육총괄의 역할을 수행하고 있다. 또한 인지향상 기반의 로봇을 대상자 중심의 심리기반 로봇으로 업그레이드하는 과정을 통해 로봇 분야에 통합예술치료를 적용하도록 힘쓰고 있다.

이 장에서는 디지털 기술과 심리의 융 · 복합이 어떻게 이루어졌는지에 대한 과정과 사례를 소개하며, 이를 통해 통합예술치료 분야의 학문적 연계 확장성과 미래 가능성에 대해 제시하고자 한다.

1. 돼지털? 디지털?!

1) 디지털이 뭐요?

돼지털? 예전 광고 내용 중 처음 접하는 디지털 세상의 설명을 들으며 한 노인분이 외친 말이다. 디지털이라는 생소한 단어를 친숙한 돼지털로 받아들이며 광고를 본 많은 사람이 웃음 지었던 유명광고였다. 이러한 과도기를 거치며 우리나라는 디지털 강국이라는 이름으로 전 세계에 우뚝 서게 되었다. 초고속 인터넷망 1위, 디지털 정부 평가 1위, 블룸버그통신 디지털 전환국가 1위 달성, 대한민국은 아날로그에서 디지털로의 대전환 시기를 전 세계에서 가장 빠르고 정확하게 보냈으며 이를 증명하듯 전 세계 각종 디지털 평가에서 최고의 성적을 달성하였다. 이러한 결과가 있기까지는 정부를 비롯한 민관합동의 다양한 투자와 노력이 발전을 이끌었다. 2020년 7월에는 코로나19로 침체되었던 경기회복을 위해 '한국판 뉴딜 종합계획'을 발표하면서 2025년까지 총 160조 원을 투입한 디지털 뉴딜, 그린 뉴딜, 안정망 강화를 축으로 분야별 투자가 이루어졌다. 그 결과 휴대폰 보급률 100%를 달성하며 Pew Research(2019)에서 조사한 세계 27개국 중 가장 높은 수치를 나타내었다. 이는 디지털 시대의 기본 플랫폼이 되고 있는 휴대폰의 보급이 충분히 이루어졌으며, 과거 타국의 기술을 벤치마킹하였던 대한민국이 아닌 디지털의 새로운 표준을 쓰고 있는 디지털 선도국으로 발전하였다는 사실을 말해 준다.

반면 디지털 시대의 도래와 맞물리며 등장한 초고령화 사회문제가 매우 심각한 문제로 대두되고 있다. 통계청이 발표한 2020년 인구 총조사에 따르면 우리나라의 65세 이상 고령인구가 2020년 815만 명, 2024년에는 1,000만 명을 넘고, 2070년에는 1,747만 명까지 증가하여 초고령화 사회로의 진입이 급격하게 진행되고 있음을 알렸다. 고령인구의 추세는 2067년 46.5%로 증가하여 전체 인구의 45.4%를 차지하게 되고 15~64세의 생산연령인구를 넘어설 것으로 예상된다(통계청, 2019). 이에 따라 앞으로 우리나라는 2015년을 기준으로 생산연령인구 6명이 1명의 고령인구를 부양하는 사회에서 50년 후에는 1명의 생산연령인구가 1명의 고령인구를 부양하는 사회로 진입하게 될 것이다. 이러한 사회적 변화는 청장년층에게 노년층 부양 부담을 높이게 될 것이며 세대갈등의 원인이 될 수 있다. 노년부양비가 높아진다는 것은 생산연령인구의 세금, 사회보험료 지출 등의 경제적 부담을 의미한다.

또한 고령인구가 늘어나면서 노인–청장년층 돌봄이 아닌 노인–노인을 돌봐야 하는 돌봄사회 문제현상도 심각한 상황으로 지적된다(진교훈, 2019). 2016년 고령화연구 패널조사에 따르면 직접 가족을 돌보는 50세 이상 중 고령자 56.6%가 배우자를 돌보고 있으며, 36.4%는 부모를 돌보는 것으로 조사되었다. 또한 69.7%는 부모에게 경제적 지원을 제공하고 있었다. 이에 반해 자녀에게 경제적 지원을 하는 노인의 비율은 28.4%로 낮게 조사되었다. 돌봄을 받는 연령대는 50세 이상 중고령자의 58.6%가 70대 이상, 50대 18.2%, 60대는 23.2%로 조사되었으며, 이 중 63.6%는 여성 고령자였다. 앞으로 10년 후에는 65세 이상 고령인구가 전체인구의 4분의 1을 차지할 것이라고 추정되며, 평균수명은 90세에 이를 것으로 전망되어 돌봄에 대한 대책마련이 시급하다.

이러한 노년층의 수명증가는 노년질병 유병률과 유의미한 관계가 있다. 인간은 나이가 들수록 신체적 기능 저하, 일상생활 능력 저하, 사회적 고립, 우울, 소외, 의료비 급증 등의 문제가 발생하며 신체·정신적 질병에 노출될 가능성이 높다. 이 중 '경도인지장애'와 '치매'는 대표적인 노년 질병으로 뽑힌다. 두 질병 모두 기억력에 이상이 생기는 질병으로 심한 경

우, 자신과 가족조차 알아보지 못하는 노년층이 가장 두려워하는 질병이다. 대한신경과의
사회(2022)에 따르면 2021년 기준, 65세 이상 노인 88만 명이 치매로 조사되었으며 10.2%의
유병률을 보였다. 치매관리비용으로는 18조 8,199억 원의 기회비용을 예상하였다. 보건복
지부(2016)와 분당서울대병원의 치매노인실태조사에 따르면 1인당 치매환자 연간 관리비용
은 최경도가 1,499만원, 중증의 경우 3,220만원이 소요되었다. 이러한 사회적 비용은 2050
년 GDP의 3.8%가 치매 관리 비용으로 사용될 것으로 예상된다(보건복지부, 2016). 경도인지
장애와 치매는 현재까지 치료제가 없는 질병이기 때문에 예방이 중요하며 해결을 위한 각
분야 학문에서의 연구가 필요한 상황이다.

　　디지털시대를 살아가는 노인들은 이같이 사회적·개인적 이슈에 봉착되어 어려움을 겪
고 있다. 사회적으로는 초고령화 사회의 문제점으로 지적되는 돌봄, 일자리, 부양문제 등을
겪고 있으며 개인적으로는 노화로 인한 신체건강, 상실로 인해 정신건강의 문제를 경험한
다. 이를 위하여 전문가 및 다양한 학문 분야에서 다각적 시각의 치료적 접근이 시작되었으
며 대표적으로는 작업치료, 인지치료, 예술치료 분야의 연구가 활발하게 이루어지고 있다.

　　최근에는 디지털기술들을 접목하여 디지털치료를 통한 예방, 치료법들을 개발하기 시작
하여 신체보조 로봇, 인지향상 로봇, 정서돌봄 로봇 등의 연구가 이루어지고 있다. 4차 산업
혁명의 대표기술 집약체인 로봇의 노인대상 활용은 그간 산업용 로봇에만 치중되었던 로봇
시장에서 벗어나 의료, 돌봄, 헬스케어 로봇 등이 속한 서비스용 로봇 분야이다. 기존의 서
비스 분야에 로봇기술력을 융합하여 인건비 절감, 서비스 질 향상, 경쟁력 강화를 위해 사용
되고 있으며 대표적 로봇으로는 사회적 약자 돌봄을 위한 실벗, 보미 시리즈, 도리, EMO(이
모), 알파미니, 다솜이, 파이보 등이 있다.

　　이러한 서비스로봇은 인간과의 감성교감이 가능하도록 고안되어 있으며 초고령화 사회,
1인 가구 증가 등의 디지털시대 속 사회적 인구변화 추이에 맞추어 변형, 개발되고 있다. 서
비스로봇의 목적은 인간과의 소통을 중심으로 하여 상호 간의 교류를 통한 정서안정을 추

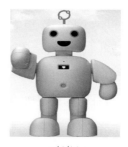

실벗　　　　　　　　다솜이　　　　　　　　파이보　　　　　　　　보미1

[그림 13-1] 서비스용 로봇의 종류

구하며 인간의 편의성을 위한 서빙, 엔터테인먼트, 신체활성화 등을 목적으로도 발전되고 있다.

하지만 이러한 디지털연구 임상에서 예기치 못한 문제들이 보고되고 있다. 노년층의 특성을 이해하지 못한 기술 적용으로 디지털기술 기반치료에 어려움을 겪는다는 것이다. 이러한 노년층의 디지털이해 저하 문제는 사회적, 개인적 특성에 따른 것으로 다음의 문제들을 통해 확인할 수 있다.

(1) 노년층의 낮은 스마트기기 보급률로 인한 노인문제

2021년 기준, 노년층의 모바일 스마트기기(스마트폰/스마트패드/기타 주변기기 중 하나) 보유율은 81.6%로 일반국민의 스마트기기 보유율 93.5%보다 11.9% 낮은 수준으로 나타났다. 이는 취약계층에 포함된 장애인, 저소득층, 농어민, 고령층 중에서도 가장 낮은 수치를 보였으며 일반국민과 취약계층의 평균에도 도달하지 못하는 부분으로 나타났다. 2020년 대비 스마트기기 보유율이 77.1%로 4.5% 증가하였으나 여전히 낮은 수치를 보인다.

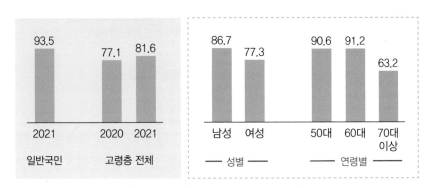

[그림 13-2] 모바일 스마트기기 보유율

출처: 과학기술정보통신부(2021).

낮은 스마트기기 보유율은 노년층들이 디지털시대에 정보 접근과 활용의 어려움을 하나의 큰 문제로 지적할 수 있다. 이는 타 계층에 비해 정보를 습득할 수 있는 제공처가 적고 지협적 매체를 통해서만 정보습득과 교육이 가능하기 때문이다. 이러한 문제는 정보의 불균형 문제를 야기할 수 있으며 세대 간의 격차가 벌어지게 하는 요인이 된다.

(2) 디지털 정보격차의 가속화로 인한 노인문제

코로나19를 기점으로 하여 비대면 사회가 가속되었으며 상당수의 노년층이 첨단기술에 대한 공포감을 뜻하는 '디지털 포비아'를 호소하고 있다. 이러한 현상은 상대적으로 부족한 디지털 활용능력으로 인해 어려움을 겪거나 심리적 위축감을 조성하여 외부활동에 제약이 된다. 또한 디지털 정보 격차는 일상생활뿐만 아니라 금융, 소득에도 영향을 끼친다. 현재 많은 금융기관들이 지점 통폐합을 이루고 있으며 정부 공공기관 및 일반 식당에서도 키오스크 활용이 일상화되면서 보편적 정보를 제공받을 국민의 권리조차 보장받지 못할 가능성이 높아지고 있다. 이러한 현상은 노년층의 사회적 고립을 가속화시키며 신체와 정서에 악영향을 미치는 요인이 된다.

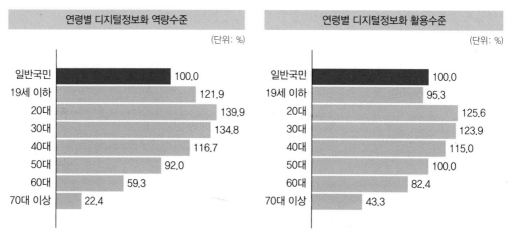

[그림 13-3] **연령별 디지털정보화 역량 및 활용 수준**

출처: 과학기술정보통신부(2021).

[그림 13-3]처럼 스마트기기를 보유할 뿐만 아니라 디지털기기를 활용하여 다양한 정보를 활용할 수 있어야 역량과 활용수준이 높아짐을 알 수 있다. 이러한 디지털 정보화 역량과 활용수준을 높이기 위해서는 고령화 시대를 살아가고 있는 노년층들이 디지털기기에 대한 두려움과 막연함을 줄여야 한다. 방법적으로는 온·오프라인 교육을 상호보완적으로 진행하고 노년층을 위한 대면 교육과 기술개발 등이 병행되어야 할 것이다.

(3) 신체, 정서적 노인문제

인간의 오감으로 구성된 감각기능은 외부 자극을 통하여 정보를 받아 처리하고 이를 통하여 사회적, 물리적 환경과 상호작용을 원활히 하는 역할을 한다. 하지만 노년기에는 이러한 감각기능이 손상되기 시작하며 일상생활의 어려움으로 인한 의존성 증대와 주변인들과의 사회교류 감소로 인한 사회적 기능감소가 나타나게 된다. 이는 우울감 호소, 소극적 표현, 고집스러움 등으로 이어져 새로운 것에 대한 거부, 기존에 했던 것을 지속적으로 유지하려는 성향으로 나타나게 된다. 정서적으로는 신체, 배우자 상실, 은퇴, 사회활동 위축 등의 상실 문제로 인한 심리적 어려움이 가중된다. 이러한 문제는 연령이 높아질수록 낮은 정서 표현, 무감동, 무응답, 무표정의 모습으로 표현된다. 이로 인해 자기표현에 대한 부분이 사라지고 내재화되며 우울감, 무력감, 소외감, 불행감에 빠지게 되는 원인이 된다. 이를 증명하듯 노인 우울, 자살에 대한 결과지표는 꾸준히 증가하고 있으며 연령대별 조사에서는 노인 자살률이 1위를 차지하였다.

이와 같은 사회적 노인문제, 노년층의 신체·정서 문제는 디지털시대에 있어서 본인의 의지와 상관없이 다양한 어려움에 봉착하게 되는 원인이 되고 있다. 특히 우울감 증가로 인한 경도인지장애와 치매 유병률 증가 문제는 디지털시대의 주요 화두로 떠오르고 있다. 따라서 노년층의 우울감 완화를 위한 연구, 경도인지장애 단계에서의 치료에 집중할 필요가 있다. 따라서 디지털시대의 치료는 대상자들의 사회적, 개인적 특성을 복합적으로 이해하여 이에 맞는 눈높이의 기술개발이 이루어지도록 해야 한다.

2) 시니어를 위한 디지털!

디지털시대의 노년층 주요 병증으로 뽑히는 경도인지장애, 치매 관련 국내, 국외 연구는 매우 활발하게 이루어지고 있다. 2021년 상반기를 기준으로 치매관련 연구는 8,575건이며, 반면에 경도인지장애 관련 연구는 896건으로 조사되었다. 또한 국외연구에서도 치매 관련 연구는 119,656건인 반면 경도인지장애 연구는 26,340건으로 나타났다. 이러한 결과는 국내뿐만 아니라 국외에서도 치매관련 연구가 활발하게 이루어지고 있다는 것을 알 수 있으며, 그에 반해 경도인지장애에 대한 치료인식 및 기술은 비교적 부족하다는 것을 알 수 있다. 한편 경도인지장애와 치매를 예방, 치료하기 위한 임상연구는 다양한 분야에서 이루어지고 있다. 대표적 분야로는 인지향상을 목적으로 하는 작업치료 분야가 있으며, 2000년대 이후에는 예술치료 분야와 디지털 분야에서도 임상연구가 활발하게 이루어지고 있다. 특히 디지털 분야는 4차 산업혁명시대를 맞이하면서 기술적, 전통적 플랫폼 자체의 기반을 완전히 흔들어 놓고 있다.

(1) 작업치료 분야

작업치료는 경도인지장애 노인들의 일상생활, 작업수행에 있어서 작업을 통한 기능개선과 일상생활 및 작업수행기술을 발달시키고 회복, 유지하는 것에 목표가 있다. 이를 위하여 감각, 작업적 일상생활 훈련, 인지재활치료, 작업수행분석 및 평가, 상지보조기 제작 및 훈련, 그 밖의 작업요법적 훈련을 종합적으로 활용하여 치료하는 것이다.

경도인지장애 노인들을 위한 작업치료 프로그램의 연구사례는 경도인지장애 노인들의 인지기능 향상에 가장 큰 목적을 두었으며 우울과 삶의 질, 자기효능감, 기억 통제감, 사회 참여, 심리안정, 시·지각능력 등 인지기능 향상과 정서 안정화의 균형을 위한 프로그램 개발이 이루어짐을 알 수 있다(최현세 외, 2020). 프로그램의 구성은 인원 10~58명, 총회기 8~12회기까지 다양하게 이루어지며, 작업 시간은 1시간 이내로 진행된다. 작업치료 구성은 뇌 운동 프로그램, 음악치료, 운동치료, 회상치료, 숲 체험 등으로 복합적 프로그램이 운영된다. 이는 대상자들의 특성상 인지와 정서를 복합적으로 다룰 수 있는 프로그램을 구성하였다는 것을 알 수 있다.

(2) 예술치료 분야

미술치료 프로그램은 언어표현이 익숙하지 못한 연구대상에게 자신의 내면을 표현하는 데 편안한 도구로서의 특성을 가지고 있으며 정화, 완화, 자유로움, 안정감 등을 느끼게 한다. 또한 미술도구의 다양한 매체활용으로 소근육 운동과 조절능력이 향상되며 시·지각의 협응, 집중력 향상이 이루어진다. 프로그램 진행에 있어서는 미술치료이지만 미술뿐 아니라 무용, 문학 등의 타 매체를 적용하는 특성이 있다. 미술치료를 통한 경도인지장애 노인 대상 목표는 인지향상보다는 심리완화에 중점을 둔 연구들이 대부분이다. 정서적 안정, 불안감, 주의력, 우울감, 비관적 사고, 불행감, 자아존중감, 삶의 질, 긍정정서, 주의집중력 향상 및 완화에 목표를 두고 있다(문희정 외, 2021). 미술치료의 프로그램 총회기는 12~24회기로 구성되며 보통 12회기로 이루어진다. 회기는 일주일에 1번 혹은 2번의 회기이며 2~6개월의 기간이 소요된다. 참여 인원은 6~12명이며 1~2시간 이내로 진행된다.

음악치료 프로그램은 남녀노소를 불문하고 긍정적이고 호의적인 반응을 보이는 특성이 있으며, 특히 비약물적 치료를 위한 방법 중 경도인지장애 노인들에게 가장 선호되는 것으로 나타났다. 음악을 통한 다양한 감정을 경험하면서 자연스러운 신체 동작 표현도 가능해지며 이를 통해 유도된 감정이나 연상되는 과거의 경험으로 현재의 생각을 노래, 연주, 감상 등으로 풀어내는 데 용이하다. 음악치료를 통한 경도인지장애 노인 대상 목표는 상호작용과 심리완화에 중점을 둔 연구들이 주를 이룬다. 인지기능, 행동증상, 우울, 행동양상, 심리증상, 신체표현능력, 감정표현력, 의사소통능력, 폭력적 행동, 문제행동 증상 완화 및 향상에 목표를 두고 있다(Whitecomb, 1989). 음악치료의 프로그램 총회기는 12~24회기로 구성되나 대부분 12회기로 이루어진다. 일주일에 1~2번의 회기이며 3~6개월의 기간이 소요된다. 참여 인원은 6~36명이며 매 회기 1~2시간 이내로 진행된다.

무용/동작치료 프로그램은 연구대상의 신체의 활성화를 통하여 도파민, 세로토닌과 같은 신경전달물질을 발현시키고 불안, 스트레스, 우울증, 불면증, 정신질환과 같은 심리적 치료가 가능하다. 또한 지속적 집중력, 기억력과 같은 인지적 요소를 활성화시키며 체중이동, 보행, 균형능력을 향상시킨다. 보통은 독립적으로 무용/동작매체만을 활용한 프로그램이 진행되지만 타 매체 중 음악매체와의 연계를 통하여 즐거움을 유발하거나 자발적인 참여를 촉진시키기도 한다. 무용/동작치료를 통한 경도인지장애 노인 대상 목표는 주로 신체능력 향상에 맞추어져 있으며 이를 통한 심리의 안정화를 이루고자 한다. 구체적으로 기능적 체력 향상, 보행능력, 근지구력, 균형, 다리 근력 향상, 우울, 안정감, 긍정태도, 무기력감 완화 및 향상에 있다(주은솔 외, 2020). 무용/동작치료의 프로그램 총회기는 12~24회기로 구성되어, 타 매체와는 달리 12회기 이상의 구성이 대부분이다. 회기는 일주일에 1번 혹은 2번의 회기이며 3~6개월의 기간이 소요된다. 참여 인원은 10~30명 이내이며 1시간 이내로 진행된다.

통합예술치료 프로그램은 경도인지장애의 다양한 원인을 해결하기 위한 방법으로 단일 영역으로의 접근이 아닌 여러 영역들을 융합하여 치료하는 통합적 접근으로 시작되었다(Spectoretal, 2010). 통합예술치료는 방어기제나 언어사용에 대한 한계를 내포하고 있는 언어중재 중심 치료에서 벗어나 내담자의 문제, 이슈 등을 자연스럽게 진단하고 평가할 수 있는 도구로 활용된다. 특히 경도인지장애 노인들의 기억력 감퇴, 다양한 감각 활용 등에 도움이 되는 특성을 보인다. 또한 개인의 변화에서 머무르는 것이 아니라 사회에서도 적용이 가능하도록 확장된 구성으로 이루어졌다. 통합예술치료를 통한 경도인지장애 노인 대상 목표는 인지와 심리에 비슷한 양상으로 중점을 두고 있다. 구체적으로 정서적 안정, 무기력감, 무감정, 수동적 행동, 의사소통 기능, 인지기능, 긍정정서, 사회적 행동능력 향상 및 완화에 목표를 두고 있다(김소형, 2018; Spectoretal, 2010). 통합예술치료의 총회기는 12~30회기로 구성되며 12회기의 진행이 대부분이다. 회기는 일주일에 1번 혹은 2번의 회기이며 2~5개월의 기간이 소요된다. 참여 인원은 5~12명 이내이며 매 회기 1시간 이내로 진행된다.

(3) 디지털치료 분야

디지털치료는 디지털기술을 기반으로 최근에 가장 많은 연구가 이루어지고 있는 분야이다. 경도인지장애 노인에게 적용한 프로그램으로는 가상현실VR, 로봇프로그램이 있다. 가상현실 프로그램은 디지털기기 중 VR을 활용한 치료를 진행한다. 대상자들은 VR을 감각, 반응 및 행동, 인지, 지각, 신체 등의 상호작용을 통한 다양한 질병개선 목적으로 활용한다. 가상현실 프로그램은 게임을 요소로 활용하여 대상자에게 즐거움과 편안함을 줄 수 있으며 심리적 안정감에도 긍정적 영향을 미친다. 하지만 다른 치료들에 비해 짧은 시간에 이루어지며 어지럼증, 구토를 호소하거나 저항이 나타나는 부분들이 보고되고 있다(로보케어 최성

규 부장 인터뷰, 2018. 05. 12). 또한 아직까지는 초기 적용 상태로 인해 연구사례가 미비한 실정이다. 가상현실치료를 통한 경도인지장애 노인 대상 목표는 주로 인지향상에 중점을 둔 연구들이 대부분이며 부수적으로 심리완화에 초점을 맞추고 있다. 구체적으로 인지향상, 일상생활활동 능력, 삶의 질, 우울 완화 및 향상에 목표를 두고 있다(García-Betances, 2015). 가상현실치료의 프로그램 총회기는 8~30회기로 구성되나 보통은 12회기로 이루어진다. 일주일에 보통 2번의 회기이며 1개월의 기간이 소요된다. 참여 인원은 5~40명이며 매회기 30분으로 진행된다.

　　로봇프로그램은 VR과 같이 최근 ICT기술의 발달로 많은 투자가 이루어지고 있는 분야이며 하드웨어인 로봇에 다양한 소프트웨어를 탑재하여 대상자를 치료한다. 현재 인간과의 감정을 교류하는 기능(AI)을 탑재하고 자율주행, 상호교류의 기능을 탑재하면서 노인 돌봄 서비스 현장에서 활용되기 위한 노력을 하고 있다. 또한 로봇뿐만 아니라 터치스크린, 패드 등의 도구 사용을 함께 포함한 융합을 진행하고 있다. 이로 인해 디지털 매체에 대한 거부감을 줄이고 심리적, 정신적 건강증진의 효과를 기대할 수 있다. 하지만 디지털 콘텐츠를 탑재한 로봇의 기능이 제한적이며 상호작용에 있어서 유연함이 없고 지루함을 경험할 가능성이 높다. 이는 대부분의 로봇 적용연구가 30분 이내의 수업 시간으로 진행되는 것으로 보아 대상자들의 로봇 친숙도가 떨어짐을 예측할 수 있다. 따라서 맞춤형 통합프로그램의 필요성이 제기된다. 로봇치료를 통한 경도인지장애 노인 대상 목표는 인지향상, 일상생활 수행 능력 향상에 중점을 두었으며 부수적으로 심리완화에 초점을 맞추었다. 구체적으로 인지향상, 로봇에 대한 태도 차이, 우울감 완화 및 향상에 목표를 두고 있다(오진환 외, 2020). 가상현실치료의 프로그램 총회기는 10~12회기로 구성되나 보통 12회기로 이루어진다. 일주일에 보통 1~2번의 회기이며 1~3개월의 기간이 소요된다. 참여 인원은 20~32명이며 매회기 30분 이내로 진행된다.

2. 디지털시대의 통합예술치료

1) 감성로봇이 되고 싶어요

　　저자는 ㈜로보케어에서 2019년 7월부터 2021년 2월까지 총 20개월간 인지향상 교육지원 로봇 '실벗'(1세대)을 심리지원 소프트웨어 실벗(2세대)으로 업그레이드한 사례를 소개하고자 한다.

실벗 ver. 1.0

실벗 ver. 2.0

실벗 ver. 3.0

[그림 13-4] 실벗의 변천사

'실벗'은 디지털시대를 대표하는 기술인 로봇 분야로 한국과학기술연구원(KIST) 지능로봇사업단과 과학기술정보통신부가 주관한 2003년 '한국형 지능로봇 개발 프로젝트'를 통해 '인지향상 로봇'을 개발하였다. 개발자 김문상 박사는 '실버시대의 벗'을 간소화하여 '실벗'이라 명명하였다.

실벗 1.0은 한국형 지능로봇 개발 프로젝트를 통해 음성, 표정으로 대상자에게 감정을 표현하는 감성 교감 기능에 특화된 로봇이며 단순 게임(고스톱 등)과 일정 관리 또는 영어교육의 콘텐츠를 탑재하였다.

한편 실벗 2.0은 고액의 원어민 강사 고용 문제를 해결하고 그 역할을 대신할 수 있는 지능로봇의 필요성에 의하여 개발된 로봇 영어교사 '잉키Engkey'이다. 2010년 11월에는 미국 시사주간지 『타임』지의 '올해를 빛낸 50대 발명품' 중 하나로 선정되기도 하였으며 콘텐츠는 인지훈련 프로그램과 영어교육용 프로그램을 탑재하여 노인의 치매 예방을 돕는 것이다.

실벗 3.0(이하 1세대)은 실버 도우미 역할과 교육용 로봇의 역할을 담당하도록 개발되어 치매, 경도인지장애 노인들에게 특화된 치매 예방 인지훈련 교육용 로봇으로 발전하였다. 탑재된 인지 콘텐츠는 삼성병원의 나덕렬 교수 연구진이 개발한 17개의 인지훈련 콘텐츠이다. 인지훈련 콘텐츠는 '뇌 기능 활성화 프로그램'으로 일컬어진다. 인지 저하 환자를 대상으로 일반치료와 로봇치료의 임상결과를 비교해 볼 때, 로봇치료가 30%의 우세성을 보이는 것으로 나타났다. 로봇 인지훈련 프로그램 참여 연구대상의 3개월 전후 평균 뇌피질 두께 변화를 비교MRI한 결과 로봇교사 그룹은 뇌피질 두께가 0.004mm 증가하였다. 반면 대조군의 뇌피질은 0.028mm 얇아졌으며 인간교사의 경우 0.012mm 얇아졌다(나덕렬 외, 2015). 또한 2017년 아주대학교병원의 임상결과에서는 로봇 활용 수업이 노년층의 기억력 및 주의력 기능향상에 유의미한 영향을 미치는 것으로 나타났다.

또한 1세대 실벗 임상을 실제 체험한 강사와 기관담당자의 CS보고서 및 인터뷰를 종합해 본 결과, 로봇 실벗 자체가 대상자들의 자발성, 단기 집중력을 높이는 긍정적 효과가 있음을 확인할 수 있었다. 그러나 단순 반복 프로그램, 무체계 프로그램, 대상자를 충분히 고려하지 못한 진행 등은 대상자들의 흥미를 감소시켰으며 장기적으로 집중력 저하를 나타냈다. 더불어 인지향상에 많은 영향을 미치는 심리문제에 대한 부분이 다루어지고 있지 않다는 한계에 직면하게 되었다. 따라서 인지향상 교육지원 소프트웨어(1세대)를 넘어 심리지원 소프트웨어(2세대)로의 전환에 대한 필요성을 깨달았다.

심리지원 소프트웨어의 전환을 위해서는 임상의 구조적 측면과 진행적 측면을 동시에 만족시킬 수 있으며 대상자 중심의 심리매뉴얼 시스템 적용이 필요하였다. 이에 홍유진(2018)이 개발한 내담자 중심의 증상개선목표를 근간으로 한 '통합예술치료 IT매뉴얼(이하 IT매뉴얼)'을 적용하였다.

통합예술치료가 궁극적으로 지향하는 바는 내담자 스스로의 실존과 가치를 인지, 자각하여 사회적응 및 인격 변형을 위하여 재탄생하는 것을 말한다. 치료과정에 있어서 IT기반 통합예술치료는 '세 가지 몸'의 균형을 핵심 이론으로 제시하고 있다.

이는 내담자들의 육체적, 심리적으로 인식의 변화가 일어나게 함으로써 스스로 '의식을 진화하고 우주적 존재로서의 가치를 자각'하도록 돕기 때문이다. 여기서 존재 자각은 '신체의 몸Physical Body' '마음의 몸Mind Body' '정신의 몸Spiritual Body'이 균형을 회복함으로써 하나의 인격체 완성을 이루는 것이다(홍유진, 2018, pp. 16-36). 세 가지 몸의 균형은 신체와 마음 그리고 정신의 몸이 유기적으로 기능을 할 때 가능한데, 그 결과 각 영역은 정서와 행동 그리고 인지와 자각의 반응을 일으킨다. 이는 마음의 몸에서 나타난 정서의 반응이 신체와 정신의 몸에 나타나는 행동과 인지의 반응에 영향을 주며 동시에 정신의 몸에서 나타나는 인지가 역으로 정서와 행동에 영향을 미친다는 것이다. 즉 세 가지의 몸이 유기적으로 작동할 때 각

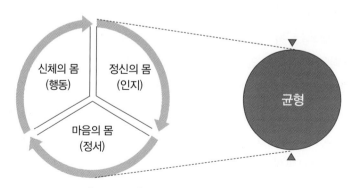

[그림 13-5] 세 가지 몸의 유기적 기능

영역의 변화가 가능하게 된다.

따라서 기존에 인지향상에만 초점을 맞춘 로봇소프트웨어 프로그램은 오직 인지적 측면에 치중되어 마음과 신체의 영역을 간과하고 있음을 알 수 있다. 이러한 불균형의 접근은 실제 임상에서 타 치료에 비해 짧은 회기시간, 어지럼증 유발, 디지털 매체 거부반응 등의 저항을 나타내었다. 이러한 문제의 균형적 도구로서 IT매뉴얼 적용을 통한 2세대 실벗 업그레이드는 대상자의 신체, 마음 그리고 정신의 몸을 유기적으로 기능하도록 도와 구조적, 진행적 측면문제의 보완과 대상자들의 심리적 안정을 도울 수 있을 것으로 생각한다.

2) 감성로봇이 되기 위한 여정

1세대 교육지원 실벗 프로그램을 업그레이드하기 위한 기초연구는 2019년 7월부터 8월까지 진행하였다. 이후 저자를 중심으로 실벗 제조사인 ㈜로보케어의 상무 1명, 소프트웨어 팀장 1명, HCI 팀장 1명, 사업개발 팀장 1명이 두 달에 걸쳐 IT매뉴얼과 1세대의 연계를 위하여 다섯 차례의 세미나를 진행하였다. 먼저 2017년의 1세대 프로그램의 CS보고서를 종합하였으며 다음으로는 1세대와 IT매뉴얼의 접목내용을 구체화하고 소프트웨어화 시킬 수 있는지에 대한 가능성 여부와 적합성을 판단하였다. 2019년 9월~11월까지 '2세대 개발프로젝트'를 진행하였으며 완성된 2세대는 12월, 한 달 동안 수정·보완의 테스트 단계를 거쳐 2020년 1월에 업그레이드를 완료하였다. 이후 유지보수를 통한 문제 사항 및 특이점을 추적 조사하였다. 다음 단계로 2세대 실벗을 활용한 임상연구를 진행하였다. 연구기준에 적합하다고 판단되는 총 4명의 경도인지장애 노인을 선정하여 연구동의서 및 기초 면담을 진행하였다. 동의서 작성 및 면담은 2020년 6월, 사전에 30분가량 개별적으로 이루어졌으며, 2020년 7월부터 9월까지 2세대 프로그램을 경도인지장애 노인 대상으로 주 1회 12주, 매 회기 60분을 기준으로 진행하였다.

(1) 1세대 인지향상 교육소프트웨어 프로그램 CS보고서 분석

1세대를 활용하여 6개월 이상 교육을 진행한 강사 4명, 기관담당자 2명 그리고 보조강사 8명의 CSCustomer Service보고서를 종합한 결과, 강사와 보조강사 그리고 기관담당자들의 CS보고서 내용은 로봇시스템의 문제와 콘텐츠 문제 두 가지로 구분하였다. CS보고서를 분석한 결과는 〈표 13-1〉과 같다.

로봇시스템 문제는 메인 컴퓨터와 실벗의 연동에 있어서 지연되거나 다운된 것이 총 30회로 가장 빈번하게 일어났으며 실벗의 목소리가 나오지 않는 문제, 메인 컴퓨터는 작동하

〈표 13-1〉 CS보고서에 나타난 1세대의 문제현상과 빈도

구분	문제현상	빈도
로봇 시스템	실벗 시스템다운 및 지연	30회
	실벗 목소리 불량	21회
	실벗 동작 멈춤	12회
	실벗 감지기 작동	10회
	메인 컴퓨터 오작동	5회
	컴퓨터와 TV연결 오류	2회
	패드 와이파이 오작동	12회
콘텐츠	실벗 따라 종종종 이후 멈춤 현상, 바닥판에서 벗어나는 현상	15회
	너는 내 손안에 이후 멈춤 현상	12회
	행운을 드립니다 손 인식 문제	18회
	이야기보따리 실벗 소리크기 불량	13회
	척척 암산왕 소리 불량	12회
	무엇일까요? 음성인식 불량	17회

나 실벗의 동작 멈춤 문제, 패드(갤럭시패드)의 와이파이 오작동 문제 등의 순서로 발생하였다. 로봇시스템의 문제들은 주 강사가 직접적으로 해결할 수 없는 문제들이 대부분이었으며 이로 인하여 수업을 중단하는 일들이 발생하였다.

강사들은 이러한 문제에 대처하기 위하여 강사의 재량으로 다른 인지수업을 진행하기도 하였다. 하지만 인지교육과 노인교육을 진행했던 경력이 있는 강사는 유연한 대처가 가능한 일이었으나 초보 강사들은 거의 불가능한 일이었다. 이러한 문제는 강사로 하여금 두려움과 불안감 등의 부정정서 증진으로 나타났으며 실벗에 대한 신뢰도 하락으로 이어졌는데, 이와 관련된 인터뷰 내용은 다음과 같다.

〈로봇시스템 문제발생〉

가끔 실벗이 움직이다가 멈추는 경우들이 있었는데 그때는 수업을 강제로 종료할 수밖에 없었어요. 인지를 향상시켜야 하는데 기분만 저하시켰어요(A강사, 인터뷰 중).

지금도 생각하면 아찔한 경우예요. 처음에 수업을 진행하려고 연습도 열심히 했었는데 막상 사람들이 오고 시작하려고 하자 실벗이 멈췄거든요. 얼마나 식은땀이 나는지, 이건 직접 경험하지 않으면 상상도 못 할 일이에요(B강사, 인터뷰 중).

〈대상자들의 신뢰가 떨어짐〉

한 번은 CS요청하고 바로 사람이 왔는데 어수선해서 수업을 못했거든요. 그랬더니 다음 회기부터 몇 분이 빠지시는 일도 있었어요(A강사 인터뷰 중).

실벗이 멈춘 일이 있은 후 기관으로부터 경고를 받았고 대상자들이 나오지 않아 수업 하나는 폐강을 했었어요(B강사 인터뷰 중).

콘텐츠 문제는 실벗 메인으로 움직이는 콘텐츠에서 주된 문제가 발생하였다. '행운을 드립니다' '무엇일까요?' '척척 암산왕' '이야기보따리' 콘텐츠에서 소리 불량, 실벗 멈춤 등 강사가 해결하기 어려운 문제가 발생하였다. 콘텐츠 문제는 수업 중간에 나타나는 문제이기 때문에 더욱 심각한 상황을 초래하였다.

〈실벗 소리 불량 문제〉

중간에 음성인식이 안 되거나, 실벗의 소리가 명확하지 않을 때가 무척 힘들긴 했죠. 어머님, 아버님들이 저에게 따져 묻거나 실벗한테 '안 들린다.'고 할 때 어찌해야 할지 몰랐어요. 빨리 해결해야 하니까. 중간에 컨트롤을 해야 하는데 컴퓨터에 갔다가 어르신들 패드 만졌다가 이동이 너무 복잡했어요(C강사 인터뷰 중).

〈실벗 움직임 문제〉

고장이 났을 때, 실벗이 빙빙 주변을 돌거나 다음 게임이 안 됐어요. 차라리 처음부터 안 되는 게 낫지 중간에 그러면 정말 힘들거든요. 게임에서 문제가 생기면 컴퓨터 갔다가 실벗한테 갔다가 어르신들에게 갔다가 정신없었어요(B강사 인터뷰 중).

콘텐츠의 문제발생 시, 로봇시스템 문제발생과는 달리 강사들은 메인컴퓨터에 가서 기본조치를 진행하고 다음에 실벗의 이상 유무를 확인한 후, 연구대상의 패드까지 보는 세 가지 기기를 돌아다니면서 확인하는 복잡한 동선을 수행하였다. 이러한 동선은 대상자로 하여금 집중력 저하, 신뢰감 저하의 문제를 일으켰다. 이는 중앙 컨트롤을 한군데서 하는 것이 아니라 세 군데(메인컴퓨터, 실벗, 패드)에서 진행하기 때문에 발생하는 문제였다.

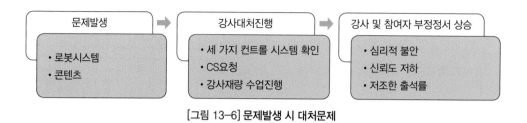

[그림 13-6] 문제발생 시 대처문제

따라서 대상자들의 심리적 불안과 신뢰감 저하에 중요한 요소로 작용하였으며 이를 해결하기 위하여 하나의 컨트롤 시스템이 필요함을 알 수 있었다.

(2) 1세대 인지향상 교육소프트웨어 프로그램 강사 진행경험 분석

1세대 프로그램을 6개월 이상 진행한 강사 3명, 실벗 운용 기관담당자 2명의 인터뷰 내용은 수업을 진행하면서 확인된 긍정적 측면과 요구사항으로 분류하였다.

〈표 13-2〉 실벗 1세대의 장점 및 요구사항 인터뷰 결과

수업분석	내 용
장점	대상자로 하여금 자발성을 높여줌
	다른 인지프로그램과 달리 손쉬운 콘텐츠 진행
	수업재료가 필요 없음
	디지털 매체에 대한 저항 저하
요구사항	기존 인수인계가 없는 무체계 개선
	대상자의 인지수준과 정서를 고려한 프로그램
	콘텐츠 부족 문제 개선
	센터와 개인 강사 간의 중간 해결자

강사 및 기관 담당자들은 1세대의 장점이 강사의 역량과는 상관없이 대상자로 하여금 자발성, 단기집중력, 인지향상을 높이는 효과를 큰 장점이라고 답하였다. 구체적 인터뷰 내용은 다음과 같다.

〈실벗의 유용성〉

인지프로그램을 진행할 때는 매번 준비물 사가지고 다니느라 고생했었는데 실벗은 그럴 필요가 없으니까요. 제가 완전히 잘하지 않아도 기본은 해 주니까 참 좋아요(C강사 인터뷰 중).

저희 기관에 오시는 어르신들이 모두 실벗을 보겠다고 난리였어요. "저놈이 말은 하는가?" "저게 뭐여?" 등 많은 질문들이 항상 쇄도했고 인지도 좋아진다니까 가끔은 수업 중간에 들어가서 보겠다고 하시는 분들도 많았어요. 하지만 워낙 비싼 기기들이라 관리에 신경이 좀 쓰였어요(기관 담당자A 인터뷰 중).

인터뷰 내용에 따르면, 실벗은 많은 사람들의 관심과 자발적 참여를 이끌어 내는 강점이 있는 것으로 나타났다. 또한 디지털기기에 대하여 거부감을 느끼는 대상자로 하여금 로봇, 대화면TV, 패드 등의 다양한 디지털 매체를 쉽게 접하게 함으로써 디지털 매체에 대한 저항을 줄이는 효과를 나타냈으며, 반면 SNS 검색 등의 디지털 매체 활용은 증가시켰다.

다음으로 실벗 수업에 있어서의 요구사항은 다양하게 나타났으며 이를 종합 정리한 내용은 네 가지로 구분되었다.

〈무체계 Ⅰ〉

저는 게임을 별로 안 좋아했던 사람이라 초반에 거부감도 좀 있었고요. 제가 하기 전에는 시니어 강사님이 진행을 하셨었어요. 인수인계를 받을 때 특별한 내용은 없이 게임에 대한 설명만 조금 들은 상태였거든요. 그리고는 제가 수업을 하게 됐어요. 자신도 아무 인수인계 받은 거 없다고 하더라고요(A강사 인터뷰 중).

아무래도 제가 여자여서 로봇이라는 기계가 좀 무섭게 느껴졌고 아니나 다를까 다루는 데 어려움이 많았어요. 인수인계도 제대로 없었는데(B강사 인터뷰 중).

실벗 운용에 있어서 가장 심각한 문제는 수업의 무체계로 나타났다. 강사들은 별도의 인수인계 과정을 거치지 않고 각자의 재량으로 수업을 계획하여 운영하고 있었다. 이는 강사의 역량에 의해 수업의 질이 좌우되는 것을 의미하며, 강사들의 창의적 역량이 요구되는 환경이라고 할 수 있다. 그러나 강사들의 역량에 따라 창의적인 수업을 진행하는 것은 한계가 있다고 밝혔으며, 그로 인한 대안으로 콘텐츠 반복수업을 운영할 수밖에 없다고 하였다. 그것은 대상자의 집중력 저하와 수업의 효율성 저하로 이어졌다. 이를 보완하기 위해서는 수업방식의 체계적인 매뉴얼 마련과 콘텐츠 활용을 위한 교육을 실시하여 강사들의 역량을 표준화할 필요가 있었다.

〈무체계 II〉

수업진행은 어르신들께 인사드리고 바로 게임 진행했고, 한 번에 한 시간 혹은 두 시간씩 진행했었어요. 게임은 2~3개 정도 돌렸고, 다음 시간에는 그것을 반복하는 형태로 이루어졌어요. 시간이 지날수록 어르신들도 저도 좀 힘들었죠(B강사 인터뷰 중).

제가 학교 다닐 때 수업을 받았던 내용들을 떠올리면서 수업을 진행했어요. 그래서 구조도 그렇게 만들었죠. 처음에 인사하고 본 수업하고, 게임은 못해도 3개에서 4개는 했던 것 같아요. 더 특별한 수업진행 방법들이 있겠지만 제가 교육전공자는 아니어서요. 뒤로 갈수록 힘들었어요(C강사 인터뷰 중).

따라서 강사들은 스스로 진행 매뉴얼을 만들기 시작하였다. 특정한 수업모형의 이론적 틀을 적용하지 않은 상태에서 기관에서 가장 많이 활용하는 '준비단계–수업단계–마무리단계' 3단계로 이루어지는 보편적 수업진행을 하였다(강사 A, B, C 인터뷰, 2020. 11. 22). 1세대 프로그램은 12회기를 기준으로 이루어졌으며 강의계획안 예시는 〈표 13-3〉과 같다.

〈표 13-3〉 실벗 1세대 프로그램 설계안

회기	구성	프로그램
1회기	준비단계	오리엔테이션, 실벗 프로그램 소개, MMSE-K검사, SGDS-K검사
	수업단계	행운을 드립니다, 같은 카드 찾기, 가위바위보
	마무리단계	느낀 점 나누기, 이별 인사
2회기	준비단계	행운을 드립니다, 같은 카드 찾기, 가위 바위 보
	수업단계	틀린 그림 찾기, 한글 첫걸음, 퐁퐁퐁
	마무리단계	느낀 점 나누기, 이별 인사

출처: 2017. 01. 14일자 S복지관 12회기 중 프로그램 설계안

준비단계는 실벗이 대상자들에게 각자의 패드를 지정해 주는 것과 함께 간단한 인사 및 안부를 나눈다. 수업단계는 강사의 재량에 따라 2, 3개의 인지향상 콘텐츠를 진행한다. 마무리단계는 수업 종료 안내 및 다음 수업에 참여를 독려하는 인사를 나눈다. 수업 진행은 실벗, TV, 8대의 패드를 활용하여 주 1~2회, 1~2시간 이내로 최대 8명이 참여하였다.

실벗 1세대 수업 모습 Ⅰ   실벗 1세대 수업 모습 Ⅱ

[그림 13-7] 1세대 프로그램 수업구성

[그림 13-7]과 같이 1세대의 수업형태는 기존의 학교수업 형태인 1 : N 구조의 일방향 사각형 수업형태였다. 강사 1명이 강의를 진행하고 연구대상은 사각형 구조로 앉아서 수업을 듣는 형태이다. 가끔씩 집중력을 높이기 위하여 박수치기, 물 마시기, 스트레칭 등의 다양한 방법들이 적용되기도 하였다. 그러나 이러한 시도는 그 효과가 오래가지 못하였으며 초반의 기대와 달리 강사, 대상자 모두 집중력을 저조하게 하였다.

〈풍부한 콘텐츠의 필요성〉

뒤로 갈수록 어르신들의 실력이 많이 느시더라고요. 그래서 게임 개수나 난이도가 부족한 경우가 발생했어요. 그래서 다른 인지프로그램이랑 엮어서 하면 좋겠다고 생각했어요. 이러한 매뉴얼이나 예시가 있으면 참 좋을 듯해요. 한 게임 가지고 3, 4회기도 할 수 있으면 제일 좋지 않을까 싶네요(A 강사 인터뷰 중).

어휴…. 아! 그리고 게임이 좀 더 많았으면 좋겠어요. 게임 하나가 20분 가까이 되면 한 게임을 오래할 수 있는데 텀이 너무 짧아요. 아니면 하나의 게임이나 콘텐츠 가지고 긴 시간을 진행할 수 있으면 더 좋을 것 같아요. 계속해서 반복하게 되거든요(B강사 인터뷰 중).

반복적으로 이루어지는 수업체계는 대상자로 하여금 빠르게 콘텐츠에 익숙하게 하였으며 이로 인한 콘텐츠 부족현상이 발생하였다. 이러한 현상은 강사들로 하여금 난이도 변화만 준 또 다른 반복 수업진행을 만들게 하였으며 실벗 프로그램의 한계를 대상자들에게 보여 주는 계기가 되었다. 결과적으로 부정정서가 높아지면서 출석률의 저하로 이어졌다. 이러한 문제를 벗어나기 위하여 강사들은 다른 인지게임과 연계하여서 진행을 하거나, 하나의 콘텐츠를 다양한 방법으로 활용할 수 있는 방법들을 요구하였다.

〈대상자들의 인지 수준과 심리를 고려한 프로그램 요구〉

게임 설명을 보면 어르신들이 이해하기 어려운 내용들이 많았거든요. 조금 더 쉬운 설명이 필요한데 아무래도 강사가 더 구체적인 이야기를 할 필요가 있었죠. 하지만 이에 대한 구체적인 예시들이 없어서 게임 설명에 애를 많이 먹었어요(A강사 인터뷰 중).

아! 그와는 반대로 한번은 게임을 하는데 세 분이 먼저 완성하고 네 분이 늦게 완성하셨거든요. 그거 가지고 말다툼이 생긴 적이 있어요. 먼저 했다고 머리 좋은 거 아니라고. 팀을 나눠서 싸운 거죠(B강사 인터뷰 중).

경도인지장애 노인들은 특성상 개인의 인지 편차가 크기 때문에 강사의 설명에 대한 이해가 각각 달랐다. 이러한 부분은 대상자들을 이해시키는 데 어려움을 보였으며, 이는 그들의 인지 수준을 제대로 고려하지 못한 부분에서 초래되었음을 알 수 있었다. 따라서 강사들은 재설명을 통하여 각 개인에게 맞는 이해를 시켜야 하는 문제에 봉착하였다.

콘텐츠 진행에 있어서는 점수 위주의 수업, 인지 위주의 수업이 진행되었다. 처음에는 경쟁 구도로 인하여 높은 집중을 보이기도 하고 성취도도 높았으나 시간이 지남에 따라서 승부욕으로 인해 대상자들 간의 다툼이 벌어지거나 시기·질투의 모습들이 나타났다. 이러한 다툼은 출석률 저하로 이어지는 요인이 되었다. 따라서 이러한 문제들을 해결하기 위하여 심리적 접근의 수업방법이 제기되었다.

〈기관과 강사 간 중간 관리자의 필요성〉

아. 이건 별개인데요. 힘든 부분 중에 하나가 기관과 저의 관계였어요. 아무래도 수업에만 집중하기도 바쁜 부분들이 있는데 기관담당자의 눈치를 보거나 담당자가 원하는 부분들이 자주 있었거든요(C강사 인터뷰 중).

여러 실벗 선생님이 진행을 해 주셨는데 강사선생님들의 재량에 따라서 수업의 질 차이가 많이 났던 것 같아요. 그렇다고 모두가 최선을 다하지 않으신 것은 아니지만 수업 자체를 즐겁게 이끌어 주시는 선생님이 계시기도 하고 약간 건조하게 진행하시는 분들도 계셨어요. 하지만 함부로 이야기할 수는 없었죠. 기분 나빠 하실 수 있으니까요. 주기적인 역량강화나 관리를 해 줄 수 있는 분이 있으면 좋았겠죠(기관담당자A 인터뷰 중).

강사와 기관에서는 중간관리자 및 슈퍼바이저의 필요성을 요구하였다. 강사들이 기관과 직접 이야기했을 때 자신들은 피고용인의 입장이기 때문에 로봇에 문제가 생기거나 대상자들 사이에 문제가 발생하여도 바로 보고하거나 이야기하기가 꺼려지는 부분들이 있다고 하였다. 따라서 중간 관리자의 역할을 할 수 있는 사람이 있어서 강사들은 온전히 수업에만 집중하기를 원하였으며, 기관에서는 자신들이 원하는 내용을 편안하게 이야기할 수 있는 중간 연결책의 필요성을 요구하였다.

(3) 2세대 심리기반 IT매뉴얼 설계

IT매뉴얼을 적용한 심리기반 2세대의 개발은 소프트웨어 개발방법론인 폭포수 모델을 프로그램에 적용하여 [계획] → [요구분석] → [설계] → [구현] → [테스트] → [유지보수]의 단계에 맞추어 설계하였다.

[계획] 단계는 CS보고서, 강사·기관담당자들의 인터뷰를 통한 내용을 정리하였다. [요구분석] 단계는 이를 총체적으로 종합하여 강사들의 요구, CS보고서, 연구대상의 경험 반응을 총체적으로 분석하여 범주화하였다. [설계] 단계는 분석된 내용을 기반으로 보고된 문제를 해결하고 인지 향상 로봇소프트웨어 프로그램의 성과를 높이게 하였다. 이 과정에서 IT매뉴얼의 일곱 가지 구조적 특성은 1세대 프로그램의 하드웨어, 소프트웨어, 콘텐츠, 수업 구성 등의 구성과정을 가능하게 하였다. 이에 대한 구체적 설계 내용은 〈표 13-4〉와 같다.

〈표 13-4〉 요구분석 단계

구분	CS보고서 4	강사요구분석
로봇 시스템	실벗 시스템다운 및 지연 문제(총 30회)	- 실벗 시스템 문제로 인한 수업진행 불가 시 대비책 마련 - 안정된 실벗 시스템 구축
	실벗 목소리 불량 문제(총 21회)	
	실벗 동작 멈춤 문제(총 12회)	
	실벗 감지기 작동 문제(총 10회)	
	메인 컴퓨터 오작동 문제(5회)	
	컴퓨터와 TV연결 문제(2회)	
	패드 와이파이 오작동 문제(12회)	
해결방안	실벗 수업 불가 시 학습지를 통한 수업재개 (IT매뉴얼의 다면적 치료공간 이론 적용)	

콘텐츠	실벗 따라 종종종 이후 멈춤 현상(15회)	- 세 가지 컨트롤(실벗, 메인컴퓨터, 패드) 시스템의 단순화 - 강사가 온전히 컨트롤 할 수 있는 수업시 스템 구축
	너는 내 손안에 이후 멈춤 현상(12회)	
	행운을 드립니다 손 인식 문제(18회)	
	이야기보따리 실벗 소리크기 불량(13회)	
	척척 암산왕 소리 불량(12회)	
	무엇일까요? 음성인식 불량(17회)	
해결방안	멀리서도 실벗 컨트롤이 가능한 강사용 패드 개발 (IT매뉴얼의 치료공간이론 적용)	
수업분석 / 요구사항	기존 인수인계가 없는 무체계	- 체계적 매뉴얼 제공 - 대상자 맞춤 프로그램 설계 - 콘텐츠의 다양화 - 기관과 강사 간의 중간 해결자 필요
	로봇 및 콘텐츠 활용에 대한 교육	
	진행 매뉴얼 부재	
	콘텐츠 부족 문제	
	대상자의 인지수준과 정서를 고려한 프로그램 요구	
	센터와 개인 강사 간의 중간 해결자 필요성	
	강사의 역량 부족으로 인한 문제 발생	
해결방안	- 심리기반 IT매뉴얼 적용 - IT매뉴얼 CERAT, OMCA구조적용 - 실벗 콘텐츠와 IT매뉴얼의 카타르시스, 투사 모델 적용 - IT매뉴얼 상호보완적 팀 체제 적용	

[구현] 단계는 위 표에서 정리한 해결방안을 토대로 심리기반의 IT매뉴얼을 활용한 하드웨어, 소프트웨어, 수업 매뉴얼을 구현하였다.

① 다면적 치료공간 이론 적용: 로봇시스템 문제해결

실벗 시스템 문제로 발생하는 수업 진행 불가의 문제는 '실벗 학습지' 개발을 통하여 해결하였다. 즉 실벗 시스템의 오류 문제가 발생하면 실벗 콘텐츠와 관련된 학습지를 대상자들에게 제공하고 이를 교육함으로써 수업의 유연성이 발휘되도록 구현한 것이다. 또한 단순히 학습지 활용이 아닌 IT매뉴얼의 다면적 치료공간 이론을 적용하여 제2, 제3치료공간인 가정과 사회에서도 '실벗 학습지'를 적용할 수 있도록 하였다.

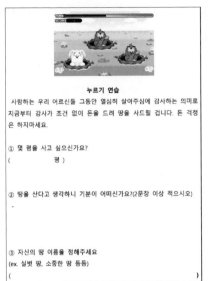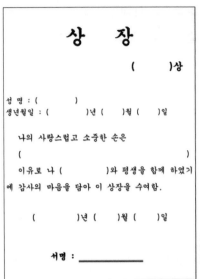

[그림 13-8] 실벗 학습지

대상자의 특성을 고려한 '실벗 학습지'의 내용은 어린 시절의 추억(회상), 연산문제, 따라 그리기, 나의 보물찾기 등의 다양한 심리기반 콘텐츠를 가능하도록 설계하였다.

② 치료공간 이론 적용: 콘텐츠 문제해결

콘텐츠 오류로 발생하는 문제는 수업 중간에 발생하는 문제이기 때문에 로봇시스템 오류 발생 시보다 더 심각한 문제로 제기되었다. 문제발생 시 강사는 메인 컴퓨터, 실벗, 대상자들의 패드까지 총 3개를 확인하여야 했으며 이로 인하여 복잡한 동선이 생길 수밖에 없었다. 이러한 문제를 해결하기 위해 3개의 구성요소를 통합해서 관리할 수 있는 1개의 컨트롤러를 개발하고 '강사용 패드'라고 명명하였다.

강사용 패드   학생용 패드

[그림 13-9] 옴카(OMCA) 적용 강사용, 학생용 패드 분리

강사용 패드는 IT매뉴얼의 치료공간 이론을 적용하여 구성하였다. 강사들이 일정한 물리적, 정서적 거리를 두고 그들의 역동을 살피게 하였으며, 그림자와 같이 그들을 관찰하고 그에 맞는 말과 행동을 하게 하였다. 이렇듯 강사가 문제발생 시, 복잡한 동선을 그리며 대상자들에게 심리적 불안감을 조성하는 것이 아닌 심리적 · 물리적 거리감을 유지하고 강사용 패드를 활용하여 발생 문제를 해결하도록 하였다. 나아가 제1치료공간의 심리적 설계를 적용하여 기존 치료공간을 새롭게 구성하였다.

| 1세대 수업설계 | 2세대 심리적 설계 이론 적용 |

[그림 13-10] 제1치료공간의 심리적 설계 이론 적용

[그림 13-10]과 같이 1세대에서는 기존의 학교와 같은 정사각형(□) 구조를 띠고 있으나 2세대의 심리적 설계이론을 적용한 경우는 반원의 구조를 띤 형태(∪), ⊂자 형태의 치료공간 구성이 이루어짐을 알 수 있다. 특별한 경우를 제외하고는 문과 시계의 위치는 대상자들의 뒤쪽으로 하여 심리적 안정감을 확보하도록 하였다. 또한 회기진행 시 패드, TV, 실벗을 중점적으로 보기 때문에 치료사와 보조치료사의 위치는 직접적인 정면과 후면을 피하도록 하였다. 이를 통하여 강사는 제1치료공간의 설계에서부터 회기 마무리까지 심리적 안정을 유지하여 오로지 대상자들에게만 집중할 수 있도록 하였다.

③ 세라트(CERAT) 이론 적용: 체계적인 매뉴얼 제공 문제해결 I

2세대에서는 초보강사들이라도 세라트의 단계 세분화를 쉽게 이해하기 위하여 총 12회기의 프로그램 계획안을 제공하였다. 이는 기존의 무체계적 프로그램 구성안에서 벗어나 명확한 증상개선목표를 설정하여 체계적이고 전문적인 치료 진행을 위한 계획이었다.

〈표 13-5〉 실벗 1세대 프로그램 예시

수업일자	학습내용 및 과제명	교재	비고
1/3	전두엽 게임 중 같은 카드 찾기, 그림자 찾기 진행	-	-
1/10	측두엽 게임 중 실벗 따라 종종종, 이야기 보따리 진행	-	-
1/17	두정엽 게임 중 퍼즐 천국, 얼마일까요? 진행	-	-

〈표 13-6〉 실벗 2세대 프로그램의 세라트(CERAT) 적용 프로그램 예시

구분	회기	모델	프로그램 구성		증상개선목표
초반부	1	카타르시스 모델 (게임놀이 기법) 투사 모델 (미술매체)	열기	실벗으로 반장선출, 실벗 스트레칭	ⓒERAT 소외감 완화
			만나기	실벗 옷 만들어주기 실벗 콘텐츠 전두엽 게임	
			닫기	인지, 자각된 점 나누기	
			적용하기	실벗 학습지 p.1 풀어오기	

수업 준비에 앞서 강사들에게 초반부, 중반부, 후반부의 전체 프로그램과 증상개선목표에 맞는 회기별 구성을 만들어 제시하였다. 강사들은 제시된 프로그램을 통하여 각자가 목표로 하는 프로그램을 재설정하거나 지시된 프로그램을 따라 회기 구성안을 작성하도록 하였다. 이는 무체계로 인해 강사의 역량으로만 진행되었던 프로그램 구성을 체계적으로 변화하게 하였다. 즉 일반계획서에서 세라트 적용의 심리기반 계획서로 대체된 것이다.

④ 옴카(OMCA) 이론 적용: 체계적인 매뉴얼 제공 문제해결 Ⅱ

옴카 이론은 회기구성과 진행목적에 따라 존재하며 열기 과정은 라포형성, 내담자의 자발성과 몰입을 유도하는 과정으로 '스트레칭' 'BGM' '실벗 조이스틱' '실벗 인사' 등의 기능 버튼을 설계하였다. 만나기 과정은 전 콘텐츠를 전두엽, 측두엽, 두정엽 콘텐츠를 분류하였으며 각 분류에 따라서 다양한 예술체험과의 연계가 가능하도록 설계하였다. 닫기 과정은 만나기 과정에서 새롭게 깨닫게 된 감정을 스스로 인지, 자각하고 의식화 작업을 통한 열린 내면을 닫는 과정이 되도록 하였다. 마지막으로 적용하기 과정은 회기 이후 현실에서 적용 가능한 화두를 제공하는 과정으로, 경도인지장애 노인들이 현실적응을 하도록 설계하였다. 강사용 패드 안의 소프트웨어는 옴카 구조와 연계하여 설계되었다. 강사 패드의 옴카 과정 적용은 〈표 13-7〉과 같다.

〈표 13-7〉 옴카(OMCA) 적용 강사용 패드 구성

옴카(OMCA) 과정	강사패드 버튼	진행 내용
열기 과정(O)	수업준비 / 시작	BGM을 통한 노래감상 가능
		강사의 자유로운 실벗 조종
		대상자와의 상호작용을 위한 기본 대답 및 인사기능
만나기 과정(M)	전두엽 / 측두엽 / 두정엽	각 영역별 인지향상 콘텐츠 모음
닫기 과정(C)	마무리	낙서장'을 활용한 인지·자각한 내용 나누기 기능
		말하기 + 그리기, 글씨쓰기 등 (자유로운 표현 가능)
적용하기 과정(A)		강사가 전달사항에 '화두' 적으면 실벗이 발화

이와 같은 구성은 강사용 패드를 활용하여 누구나 순서대로 진행할 수 있는 가이드를 제시하고 있다. 열기 과정은 BGM을 통한 실벗의 노래를 감상할 수 있도록 하였으며 강사가 자유롭게 실벗을 조종할 수 있는 조이스틱 기능을 추가하여 임의대로 주행이 가능하도록 하였다. 이를 통하여 실벗으로 반장 뽑기, 실벗이 마음에 드는 사람 찾아가기 등 다양한 연출이 가능하게 하였다.

만나기 과정은 전두엽, 측두엽, 두정엽 영역에 맞는 콘텐츠를 넣고 각 콘텐츠별로 [설명]과 [일시정지] 버튼을 추가하여 강사의 임의로 실벗과 강사의 유기적인 콘텐츠 설명을 가능하게 하였다. 이를 통하여 회기의 흐름이 끊어지지 않고 이어가며 각 대상의 이해도에 따른 맞춤형 설명이 가능해진다. 따라서 대상자들은 실벗의 설명을 통한 대략적인 내용 파악 뒤 강사의 구체적인 설명을 통해 각자의 인지수준에 맞는 설명을 경험한다.

닫기 과정은 1세대에서 느낀 점을 나누고 마무리했던 단순 과정이 아닌 새로운 인지·자각을 할 수 있도록 설계하였다. 대상자로 하여금 언어로 표현하게 하는 경우가 많은데, 예로 말이 없거나 저항이 심한 경우에는 접근하기 어렵다는 문제를 발생할 수 있다. 이를 위해

[그림 13-11] 낙서장 콘텐츠

'낙서장' 콘텐츠를 추가하였다.

'낙서장'은 대상자들이 언어표현, 그림표현, 행동표현 등 다양한 표현을 통하여 닫기 과정을 원활하게 수행할 수 있도록 설계한 것이다.

적용하기 과정은 내담자에게 추후 현실 접목을 위한 유용한 화두를 통하여 제2, 제3의 치료공간에서 치료효과가 증대하도록 하는 것이다. 대부분의 경우 치료사가 직접 화두를 주지만 [마무리] 버튼에 [전달사항] 버튼을 추가하여 치료사가 원하는 내용의 화두를 입력하도록 하였다.

⑤ 핵심 치료 모델 이론 적용: 콘텐츠 다양화 문제해결

후반부로 갈수록 반복되는 콘텐츠 진행으로 인해 콘텐츠 부족현상이 나타났으며 이를 타개하기 위해 하나의 콘텐츠를 다양하게 활용할 수 있는 방법이 요구되었다. 이를 위해 대상자의 증상 및 성향에 따른 일곱 가지 핵심 치료 모델 중 두 가지 모델을 선별하여 적용하였다.

선행연구들을 통하여 알 수 있듯이 경도인지장애 노인들의 특성상 즐거움을 기반으로 한 신체, 마음, 정신이완의 필요성은 '카타르시스 모델'을 활용하였다. 또한 심리적 불안감을 최소화하고 안전하게 내면을 표현하는 부분은 '투사 모델'을 활용하였다. 카타르시스 모델은 '게임놀이 기법' '이완 기법'으로 구성되었으며, 1세대 실벗에 적용하기 위하여 간단한 실벗과 함께하는 스트레칭을 개발하였다. '실벗 스트레칭'은 실벗이 먼저 스트레칭을 보여 주고 대상자들이 이를 따라 하도록 구성하였는데, 대부분 앉아서만 진행되는 실벗 회기의 정적 진행을 보완하도록 한 것이다. 이는 신체활성화를 통하여 신체이완 및 불안감 해소를 위한 것이다. 만나기 과정에 포함되는 [전두엽], [측두엽], [두정엽] 버튼 안에 모두 '스트레칭' 콘텐츠를 추가하였으며 강사가 직접 실행하지 않아도 언제든지 회기 안에서 자연스럽게 신체이완을 할 수 있도록 구성하였다.

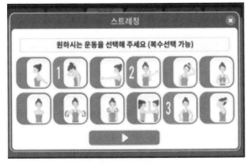
강사용 패드에 탑재된 스트레칭

실벗 스트레칭

[그림 13-12] 카타르시스 모델 적용 '실벗 스트레칭'

또한 이완 기법의 활용을 편리하도록 하기 위해 BGM에 세 가지 곡을 탑재하여 이완 기법을 위한 배경음을 설계하였다. 강사는 따로 음악을 준비할 필요 없이 실벗 BGM으로 준비물이 필요 없는 준비된 회기 진행이 가능하도록 하였다.

'투사 모델' 적용은 대상자들의 특성과 증상이 각기 다르고 매력을 느끼는 매체 또한 다양하기에 세분화하여 적용하였다. 투사 모델은 무용/동작매체, 음악매체, 문학매체, 연극매체, 미술매체, 영화/사진매체로 구분되며, 이는 내담자 성향을 감안하여 통합적으로 설계, 적용할 수 있기에 대상자들의 심리적 접근이 보다 구체적이고 안전하다.

〈표 13-8〉 투사 모델과 연계한 인지향상 콘텐츠 분류

구성	매체/기법	인지향상 콘텐츠
카타르시스 모델	게임놀이 기법	가위바위보, 누르기연습, 한글 첫걸음, 척척 암산왕
	이완 기법	BGM 활용, 실벗 스트레칭
투사 모델	무용/동작	스트레칭, 행운을 드립니다, 퐁퐁퐁, 날 따라해봐요, 가위바위보
	음악	뇌튼튼 노래교실
	문학	이야기보따리, 단어짝꿍, 머릿속 한글세상
	연극	틀린 그림 찾기, 너는 내손안에, 얼마일까요?
	미술	실벗 따라 종종종, 무엇일까요?, 단어와 색깔, 그림자 찾기, 색칠하기, 얼마일까요?, 지혜의 판, 낙서장
	영화/사진	같은 카드 찾기, 퍼즐천국

무용/동작 매체와 연계한 콘텐츠는 '스트레칭'과 '행운을 드립니다' '퐁퐁퐁' '날 따라해봐요' '가위바위보' 등이 있다. 일례로 '날 따라해봐요'는 연구대상이 실벗의 동작을 똑같이 따라하는 콘텐츠인데 단순히 동작 따라하기에서 마무리하는 것이 아니라 실벗의 동작을 보고, 어떠한 감정인지를 파악한 뒤, 파악한 감정을 자신이 다시 표현하도록 하였다. 나아가 자신의 현재 감정을 단어로 표현한 뒤 그 감정을 몸으로 표현하게 한다.

이와 같은 방법으로 '가위바위보' '누르기연습' '끌기연습' '퐁퐁퐁' '행운을 드립니다' 등의 콘텐츠는 대상자들이 몸의 움직임으로부터 시작하는 콘텐츠이기 때문에 실벗 따라하기, 다시 표현하기, 자신의 심리상태 표현하기의 순서로 적용을 가능하게 한다.

음악매체와 연계한 콘텐츠는 '뇌튼튼 노래교실' 등이다. 본래는 노래를 한 곡 듣고 기억한 뒤 빈칸에 나오는 가사를 맞추는 게임인데, 이를 음악매체와 연계하여 선호하는 노래를 부를 수 있도록 노래방 기능으로 활용하였다. 다음에는 노래를 통한 '노래기법, 감사기법, 표현기법' 등과 연계하였으며, 또한 악기를 만들거나 주변 도구들을 활용한 '즉흥연주 기법'도

가능하도록 하였다. 나아가 다양한 종류의 박수를 치며 노래 후 개사, 창작을 통한 자신의 심리상태를 표현할 수 있도록 하였다.

문학매체와 연계한 콘텐츠는 '이야기보따리' '단어짝꿍' '머릿속 한글세상' 등이다. 문학매체와의 연계는 모두 '스토리텔링 기법'을 적용하여 진행하였다. 이후 글쓰기 기법을 활용하여 '낙서장' 콘텐츠나 공책에 글짓기를 활용하여 내면의 욕구를 표출하도록 하였다.

연극매체와 연계한 콘텐츠는 '틀린 그림 찾기' '너는 내 손안에' '얼마일까요' 등이다. 연극매체의 활용은 '가면 기법' '조각 기법' '사물 기법' '분장 기법' 등 다양한 활용이 가능하다. 특히 '틀린 그림 찾기'에서 제공하는 옛날이야기는 연극매체와 연계하기에 적절한 콘텐츠이다. 옛날이야기의 줄거리를 다 같이 나누게 하고 조각 기법을 사용해 1~3가지 장면을 구성하도록 한 뒤 캐스팅을 통하여 역할을 맡고 상황극으로 진행하여 표현한다.

미술매체와 연계한 콘텐츠는 '실벗따라 종종종' '무엇일까요' '단어와 색깔' '그림자 찾기' '색칠하기' '얼마일까요' '지혜의 판' '낙서장' 등이다. 미술매체의 경우는 거의 모든 콘텐츠를 적용할 수 있는데 특히 문맹자가 포함되어도 안정적으로 진행할 수 있다. A강사의 이야기에 따르면 문맹자가 '글을 모른다'는 이유로 참여를 거부하거나 말을 안 하는 일이 많았는데, 그림을 그리게 하자 저항이 낮아졌다고 하였다. 이야기로의 표현뿐만 아니라 그림이나 글의 표현이 대상자로 하여금 자발성을 높일 수 있는 경우가 된 것이다. 이러한 방법으로 자기탐구와 정서표현 등의 다양한 활용이 가능하다.

영화/사진매체와 연계한 콘텐츠는 '같은 카드 찾기' '퍼즐천국' 등이 있다. '퍼즐천국'은 하나의 이미지를 보여 주고 그 이미지를 조각으로 나눈 뒤 다시 조립하는 게임인데 이를 심리와 연계한 것이다. 예로 대상자와 관련된 회상이 가능하도록 다양한 과거 이미지의 사진을 준비한다. 이를 통해 치료사는 '사물사진 및 풍경사진 기법'을 활용하여 대상자들의 경험과 정서를 탐색할 수 있다.

이처럼 투사 모델의 다양한 예술매체들은 인지향상 콘텐츠와의 유기적 연계를 이루면서 하나의 콘텐츠와 하나의 매체만 연계되는 것이 아니라 치료사의 역량에 따라 다양한 연계가 가능하도록 하였다.

⑥ 기관과 강사 간의 중간자 역할 필요: 상호보완적 팀체제 이론 적용

강사와 기관 간에는 미묘한 입장의 차이를 드러냈다. 강사는 고용연장의 문제로 인하여 로봇과 연구대상에 대한 문제가 발생해도 보고를 미루거나 누락하는 태도를 보였다. 한편 기관은 이러한 불편한 분위기를 간파하고 그에 대한 해결 방법을 고민하고 있었다. 이러한 상황은 기관담당자와 강사 간 입장의 차이를 중재할 수 있는 중간 관리자의 필요성을 제기하게 하였다. 한편 기관에서는 강사들의 지속적인 역량강화 문제를 조심스럽게 거론하였다.

따라서 저자는 1인 체제를 보완하는 통합예술치료 상호보완적 '치료 팀 체제'를 적용하여 실벗 운영팀을 재구성하였다. 구체적인 내용은 〈표 13-9〉와 같다.

〈표 13-9〉 **실벗 2세대 프로그램 운영팀 운영체계**

구분	통합예술치료팀	실벗 운영팀
자격 요건	각 자격연수 및 자격시험 통과자	실벗 강사 교육 6시간 이수 후 이론 · 실기시험 통과자 3급 강사자격증 발급 (1, 2급의 경우 1년 이상의 임상 후 자격요건)
기능 및 역할	슈퍼바이저	
	치료사 개인 문제 상담 내담자 분석 및 매뉴얼 상담 슈퍼바이지 분석 및 평가	
	임상팀장	
	치료팀 점검 및 관리 슈퍼바이저에게 임상 문제 보고 사례 콘퍼런스 관리 동료 슈퍼비전 관리 치료사 임상수행평가	실벗 운영팀 점검 및 관리 슈퍼바이저에게 임상 문제 보고 사례 콘퍼런스 관리 기관과 주강사의 소통 중재 역할
	치료사	주강사
	치료 목표 및 치료프로그램 설계 프로그램 구성 및 진행 임상일지 작성 사례 콘퍼런스 참여 동료 슈퍼비전 참여	치료 목표 및 치료프로그램 설계 프로그램 구성 및 진행 프로그램 일지 작성 사례 콘퍼런스 참여
	보조치료사	보조강사
	공간 세팅 및 치료도구 준비 회기 조력자(관찰, 기록 등) 역할 회기 촉진자(역할보조, 활동시연 등) 역할	공간 세팅 및 준비물 준비 회기 조력자(관찰, 기록 등) 역할 회기 촉진자(역할보조, 활동 시연 등) 역할

실벗 운영팀의 운영체계는 통합예술치료팀과 동일하게 4개로 구분되며 각 역할에 맡는 기능이 존재한다. 실벗 운영팀 구성에 있어서 가장 중점적으로 살펴본 부분은 기관과 강사 간 소통의 중재를 담당하는 임상팀장의 역할이다. 강사는 로봇이라는 디지털 매체가 익숙하지 않아서 고장 발생 시, CS부분 등의 대처에 어려움이 많고 기관은 고가의 장비소유로 인한 막중한 스트레스로 강사들에게 불필요한 요구를 하는 경우가 발생하기 때문이다.

주강사와 보조강사들의 역할은 통합예술치료팀의 치료사와 보조치료사의 역할과 동일하게 구성하였으며 보조치료사와는 달리 보조강사들의 경우는 봉사자, 작업치료사, 기관 관계자인 경우들이 많아 기본적인 일의 수행만을 맡기도록 하였다.

[테스트] 단계는 2019년 12월, 내부 테스트 단계인 QA_{Quality Assurance}과정을 통하여 2세대의 문제점을 수정·보완하였으며 강사교육 매뉴얼 '로봇강사 역량강화 교육교재'를 편찬하였다. 그리고 수도권 4개 구역에 먼저 2세대로 업그레이드한 후 실벗 강사 2명이 교육을 실시하였으며 한 달 동안 총 8회기의 추적조사를 하였다. 이후 2020년 1월까지 확인한 바, 특이점과 문제점이 드러나지 않았다. 피드백에서는 기관 및 강사 그리고 대상자들의 기존의 문제 사항들을 충분히 반영했다는 긍정적 반응을 확인하였다. 따라서 2020년 2월 전국적 업그레이드를 진행하였으며 [유지보수] 단계를 통하여 문제 사항 및 특이점들을 2021년 2월까지 1년 동안 유지·보수하였다.

(4) 2세대 활용 경도인지장애 노인 대상 프로그램 설계

2세대 개발과정을 완료 후 임상을 통하여 경도인지장애 노인에게 미치는 영향을 알아보고자 하였다. 먼저 초기 면담 및 기관과의 연계를 통하여 연구대상의 주 호소 문제, 증상과 그에 따른 저자의 임상적 소견을 분석하고 평가하였으며 프로그램 설계과정부터 내담자의 반응 및 변화 추이를 관찰 분석하였다.

프로그램 설계는 'IT진단 및 평가'를 기준으로 치료사가 증상개선목표를 수립하고 이를 '세라트'의 단계에 따라 적용하였다.

〈표 13-10〉 IT진단법 중 몸 인식 검사지(IT-TBT) 구성

분류	신체의 몸	마음의 몸	정신의 몸
제목	신체표현 검사 (IT-PBT)	감정표현 검사 (IT-EBT)	정신표현 검사 (IT-SBT)
하위 구성	얼굴표정, 손짓, 걸음걸이, 몸짓, 태도	기쁨, 분노, 슬픔, 즐거움, 사랑, 미움, 욕구	눈 맞춤, 대화, 대인관계 내적 능력, 대인관계 외적 능력, 자존감, 역할 수행
치료사용	단순 체크		

출처: 홍유진(2018), p. 230 재구성.

다음으로 증상개선목표를 달성하기 위한 IT매뉴얼 모델 및 기법을 파악하여 회기 구조인 '옴카'를 계획하고 1차 프로그램을 구성하였다. 이후 1차 프로그램 구성을 통해 실제 적용 시에 발생할 수 있는 다양한 문제들에 대한 점검을 실시하여 프로그램을 설계하였다. 먼저

IT진단 및 평가를 통해 경도인지장애 노인들의 증상개선목표와 수립과정을 분석하였다. 이는 문헌연구 및 기관의 의견 반영, 치료자의 초기 면담을 통해 진행된 것이다.

〈표 13-11〉 경도인지장애 노인 대상 증상개선목표 수립과정

과정	내용
이론적 이해	상실감, 외로움, 공허감, 열등감, 불안감, 실망감, 공포감, 절망감, 패배감, 무가치감, 무기력감, 소외감, 좌절감, 불행감, 초조감, 긴장감, 불안감
▼	
기관 요구사항	우울감, 긴장감, 불안감, 소외감, 위축감, 절망감, 무기력감, 신체활동능력 약화, 짜증, 분노감
▼	
내담자 주 호소 문제	우울감, 무기력감, 소외감, 불안감, 불면증, 위기감
▼	
진단 및 평가	우울감, 무기력감, 소외감, 불안감
▼	
경도인지장애 노인 대상 증상개선목표 수립	

〈표 13-11〉과 같이 문헌 및 선행연구를 통해 총 17개의 부정정서를 확인하였으며 기관 요구사항 역시 유사하게 우울감, 긴장감, 불안감, 소외감, 절망감으로 확인되었다. 대상자들과의 초기 면담을 통해서는 기관의 요구사항과 거의 비슷한 양상을 보였으며, 특이사항으로 불면증의 증세를 보이는 경우가 4명 중 3명으로 나타났다. 또한 인지가 저하되는 것을 스스로 감지하기 시작하였으며 주변인들과 비교하면서 현재 우울과 불안을 느꼈다고 하였다.

저자는 이와 같은 내용을 세라트의 각 단계 적용에 따라 세 가지 기준을 정하였다. 첫째, 대상자들과 기관에서 동일하게 다루는 호소들을 통합하여 진행하는 것이다. 둘째, 초기 면담을 통하여 대상자들이 직접 이야기한 단어들을 토대로 구성하는 것이다. 셋째, 비슷한 성질의 단어들을 범주화하는 것이다. 대상자들의 호소 문제를 종합해 볼 때 단어들을 반복하거나 비슷한 형질의 단어들이 뒤섞여서 나오기 때문에 이 모두를 직간접적으로 아우를 수 있는 포괄적 개념이 요구되었다. 따라서 우울감에 소외감, 무기력감, 불안감을 하위요인으로 하였다. 이 중 무기력감에는 신체활동 부족의 문제를 포함하였으며 불안감에는 불면증 문제를 포함하였다.

다음으로 세라트에 맞추어 증상개선목표의 순서를 [소외감] → [무기력감] → [불안감]의 완화순서로 설계하였다. 초기 면담을 통하여 확인된 결과 타인과 함께 활동하는 것에 있어서 대상자들은 거부감을 보이고 있었다. 또한 다른 사람들이 자신의 인지 저하를 아는 것이 두려워 스스로 위축되고 고립되는 모습들을 자주 보였다. 이러한 모습은 구석자리를 찾는 모습으로 나타나거나 프로그램 참여를 거부하는 태도로 이어질 수 있었기 때문에 먼저는 소외감을 완화하고 이후로 실벗, 타인들과 함께 어우러지면서 무기력감을 완화시키고자 하였다. 특히 무기력감 완화에 있어서는 지속적으로 열기 과정에 〈실벗 스트레칭〉을 통하여 신체적 에너지를 높이고자 하였다. 마지막으로 불안감은 보편적인 불안감이 아닌 경도인지장애 노인들의 특성으로 나타나는 인지 저하로 생기는 불안감을 완화하고자 하도록 설계하였다. 이를 바탕으로 한 단계별 증상개선목표와 적용 모델은 〈표 13-12〉와 같다.

〈표 13-12〉 세라트 단계별 증상개선목표와 적용 모델

단계	증상개선목표	만나기 과정 적용 모델(기법)
카타르시스(C)	소외감 완화	카타르시스 모델(게임놀이, 이완 기법), 투사 모델(미술매체)
실존자각(E)	무기력감 완화	카타르시스 모델(게임놀이 기법), 투사 모델(무용/동작, 문학매체)
역할(R)	무기력감 완화	카타르시스 모델(게임놀이 기법, 감정표현 기법) 투사 모델(연극, 미술, 음악매체)
적응(A)	불안감 완화	카타르시스 모델(이완, 감정표현 기법), 투사 모델(연극, 미술매체)
변형(T)	불안감 완화	카타르시스 모델(감정표현 기법), 투사 모델(미술매체)

저자는 세라트에 따라서 증상개선목표 세 가지를 명확히 구분하여 회기구성을 설계하였다. 회기구성은 대상자들로 하여금 마치 학교수업과 같은 느낌이 도움이 될 것이라고 보았다. 대부분이 고등교육을 받기 어려운 환경에서 성장하였으며 그로 인해 교육에 대한 욕구가 높은 상태였기 때문이다. 만나기 과정은 매 회기 인지향상 콘텐츠를 접하게 하였다. 하지만 단순 콘텐츠 경험에서 마무리되지 않도록 하나의 콘텐츠를 처음에는 인지적으로 접근하게 하고, 다음으로는 심리적으로 접근하도록 하였다. 심리적 접근에 있어서는 직접적인 표현이 어려운 대상자들의 특성을 고려하여 투사 모델을 활용한 다양한 예술매체를 경험하도록 하였다. 반복되는 콘텐츠 경험은 쉽게 지루함을 느끼게 하며 증상개선목표를 달성하는 데 어려움을 수반할 가능성이 높았다. 따라서 저자는 각 콘텐츠를 수행해야 하는 동기부여, 심리적 완화, 다양성 확보 등의 접근을 위해 투사 모델을 활용하였다.

이와 같은 구성은 매 회기 열기 과정에서 '웃음카타르시스'를 기반으로 낯선 실벗과의 라포형성을 통하여 흥미를 유발하고 자발성을 높이고자 하였으며 2세대 프로그램의 구성은 〈표 13-13〉과 같다.

〈표 13-13〉 IT기반 통합예술치료 적용 심리지원 소프트웨어 실벗 2세대 구성

구분	회기	모델	프로그램 구성		증상개선목표
초반부	1	카타르시스 모델 (게임놀이 기법) 투사 모델 (미술매체)	열기	반장선출, 별칭 짓기, 아이컨택 게임 진행	©ERAT 소외감 완화
			만나기	누르기연습, 끌기연습 게임 진행	
			닫기	동료 별칭 기억하고 실벗 이름짓기	
			적용하기	친구이름 및 실벗 이름 기억하기	
	2	카타르시스 모델 (이완 기법) 투사 모델 (미술매체)	열기	반장선출, 실벗 스트레칭	©ERAT 소외감 완화
			만나기	색칠하기, 단어와 색깔 게임 진행 실벗 옷 만들기	
			닫기	자신이 좋아하는 색, 옷 스타일 이야기하기	
			적용하기	내가 좋아하는 옷 입고오기	
	3	카타르시스 모델 (이완 기법) 투사 모델 (미술매체)	열기	반장선출, 실벗 스트레칭	©ERAT 소외감 완화
			만나기	같은카드찾기, 그림자 찾기 게임 진행	
			닫기	인지, 자각된 점 나누기	
			적용하기	그림자처럼 자녀와 나의 비슷한 특징 찾아보기	
중반부	4	카타르시스 모델 (게임놀이 기법) 투사 모델 (문학매체)	열기	반장선출, 실벗 스트레칭, 단어 잇기 게임	C®RAT 무기력감 완화
			만나기	단어짝꿍 찾기 게임 진행 단어 이어 스토리텔링하기	
			닫기	낙서장에 느낀 점 그리기	
			적용하기	기억력 종이 외워오기	
	5	카타르시스 모델 (게임놀이 기법) 투사 모델 (무용/동작매체)	열기	반장선출, 리더십 게임 진행	C®RAT 무기력감 완화
			만나기	날 따라해봐요 게임 진행	
			닫기	노래에 맞춰 날 따라해봐요 율동	
			적용하기	동작 크게 움직여보기	
	6	카타르시스 모델 (감정표현 기법) 투사 모델 (연극매체)	열기	반장선출, 실벗 스트레칭, 사랑표현	CE®RAT 무기력감 완화
			만나기	틀린 그림 찾기 게임 진행 동화 장면 상황극 I	
			닫기	만약에 나라면 어떻게 이야기 했을지 말해 보기	
			적용하기	평상시에 못해 본 말들 해 보기	

2. 디지털시대의 통합예술치료 | 455

중반부	7	카타르시스 모델 (감정표현 기법) 투사 모델 (연극매체)	열기	반장선출, 실벗 스트레칭, 사랑표현	CE®AT 무기력감 완화
			만나기	틀린 그림 찾기 게임 진행 동화 장면 상황극Ⅱ	
			닫기	만약에 나라면 어떻게 이야기 했을지 말해 보기	
			적용하기	평상시에 못해 본 말들 해 보기	
	8	카타르시스 모델 (감정표현 기법) 투사 모델 (미술매체)	열기	반장선출, 실벗 스트레칭, 상대칭찬표현	CE®AT 무기력감 완화
			만나기	이야기보따리 게임 진행 내가 잘 기억하는 이야기, 기억 안 나는 이야 기 낙서장에 표현하기	
			닫기	이유에 대해서 나누기	
			적용하기	가장 기억에 남는 이야기 해 보기	
	9	카타르시스 모델 (게임놀이 기법) 투사 모델 (음악매체)	열기	반장선출, 실벗 스트레칭	CE®AT 무기력감 완화
			만나기	뇌튼튼 노래교실 게임 진행 나는 가수다 진행	
			닫기	자신이 좋아하는 곡의 이유 말하기	
			적용하기	주변인들에게 좋아하는 곡 추천하기	
후반부	10	카타르시스 모델 (이완 기법) 투사 모델 (미술매체)	열기	반장선출, 실벗 스트레칭	CER®T 불안감 완화
			만나기	행운을 드립니다 게임 진행 나의 행운은 무엇이었는지 표현하기	
			닫기	나의 행운을 소개하기	
			적용하기	자기 인생의 행운 찾아보기	
	11	카타르시스 모델 (감정표현 기법) 투사 모델 (연극매체)	열기	반장선출, 실벗 스트레칭, 자기칭찬표현	CER®T 불안감 완화
			만나기	나의 좋았던 기억 표현 지혜의 판 게임 진행	
			닫기	좋은 기억에 대한 느낌 나누기	
			적용하기	지금의 좋은 기억 떠올려보기	
	12	카타르시스 모델 (감정표현 기법) 투사 모델 (미술매체)	열기	반장선출, 실벗 스트레칭, 상대칭찬표현	CERAⓉ 불안감 완화
			만나기	스스로에게 주고 싶은 선물 그리기 얼마일까요 게임 진행 상대에게 주고 싶은 선물 그리기	
			닫기	선물을 받고 줄 때의 느낌 나누기	
			적용하기	스스로에게 선물도 하고 상대에게도 줄 수 있는 연습하기	

닫기 과정은 대상자들이 열기 과정과 만나기 과정에서 체험한 내용을 확인하고 이를 바탕으로 인지·자각을 체험하게 된다. 이를 위해 저자는 한 단어 표현, 문장 표현, 행동 표현, 실벗의 '낙서장' 등의 콘텐츠 표현을 혼합하여 구성하였다.

대부분 닫기 과정은 치료사가 언어로 풀어가는 경우가 많은데 대상자 중에 1명이 말을 하거나 글을 쓰는 것에 있어서 거부감을 보이는 경우가 있었다. 따라서 이를 위한 방안으로 부담 없이 자신을 표현하거나 생각을 나타낼 수 있도록 '낙서장'을 활용하도록 하였다. 또한 패드에 자신이 인지, 자각한 내용을 그림이나 글을 통하여 작성하고 손이나 디지털 펜을 활용하여 써보기도 하는 등 다채로운 경험을 하도록 구성하였다.

적용하기 과정은 '화두'의 세부적 내용을 증상개선목표에 맞추어 가족, 친구, 친지, 동료들과 함께 이야기를 나눌 수 있도록 구성하였다. 여기에 실벗이 대상자들의 이야기를 듣고 칭찬, 동의, 격려를 해 줄 수 있는 상황들을 만들어 치료사와 동료들뿐 아니라 실벗에게도 지지와 격려를 받도록 설계하였다.

3) 감성로봇을 만난 사람

(1) 정서와 인지에 따른 대상자 반응분석

치료목표를 실현하기 위하여 대상자들의 주요 심리증상인 소외감, 무기력감, 불안감을 완화시키는 소목표를 수립하여 프로그램을 진행하였으며 '몸 인식 검사IT-TBT'를 근거로 변화

〈표 13-14〉 정서의 범주 및 변화 내용

범 주	행 동	내 용
소외감	비언어	구석자리가 아닌 실벗이 잘 보이는 자리에 앉고자 함 회기 이후 연구대상들이 따로 만나는 일이 많아짐
	언어	먼저 말을 거는 경우들이 증가함 목소리가 커짐
무기력감	비언어	화자, 실벗의 행동과 말에 집중함 회기 참여에 적극적 다양한 표정이 많아짐
	언어	서술형의 이야기가 많아짐 적극적 언어 사용증가
불안감	비언어	불면증의 증상이 완화됨 신체불안 증상이 완화됨
	언어	긍정언어 사용증가

과정을 분석하였다. 정서적 변화는 소외감, 무기력감, 불안감을 범주로 구분하였으며 대상자들의 변화양상은 〈표 13-14〉와 같다.

① 소외감 완화

대상자들은 프로그램을 통해 혼자 있고 싶어 하거나 구석진 자리에 앉아 불소통의 모습을 보이는 상황에서 벗어나 주변인들에게 말을 걸거나 실벗이 잘 보이는 자리에 앉으려고 경쟁을 하는 등의 적극적 모습으로 변화하였다. "내가 여기 앉을 거야." "안녕하세요." 등의 언어표현은 그간 작은 목소리로 들리지 않던 위축된 모습과 자기 혼자만의 고립에서 벗어나는 모습의 표현이었다. 회기를 통하여 치료사뿐만 아니라 실벗이라는 매개체도 함께하여 혼자가 아닌 '함께'라는 공동체적 느낌을 통하여 소외감의 완화와 자발성에 긍정적 영향을 보였다. 자발성과 활력의 증가는 타인수용, 자기신뢰, 능동적 태도로 나타났으며 인지 향상 콘텐츠의 접근에 있어서도 실벗의 말에 즉각 대답을 하거나 정답을 외치는 등의 변화로 나타났다. 이러한 변화는 대상자들의 인지에도 긍정적 영향을 미쳤다.

② 무기력감 완화

불안감이 완화되면서 대상자들이 치료사, 실벗과 대화, 제스쳐 등으로 소통하기 시작하였다. 이를 통하여 미진했던 회기참여에 대한 자발성이 높아지기 시작하였으며 그간 보이지 않았던 대상자들의 표정이 다양하게 나타났다. 또한 회기 진행에 있어서 순간 집중력과 청취의 자세도 증진되었다. "쉬운 걸로 스트레칭 하자." "내가 먼저 스트레칭 할거여. 따라 해 보라고 해봐." "내가 하겠다." "저요, 저요." 등 손짓, 발짓을 활용한 자기표현도 두드러지게 증가함을 확인할 수 있었다. 이는 〈실벗 스트레칭〉을 통하여 무기력했던 모습이 적극적이고 자발적으로 변화했다는 것을 짐작할 수 있다. 이러한 눈 맞춤, 대화의 양, 대인관계의 능력 향상이 인지에 긍정적 영향을 미친 것으로 생각된다.

③ 불안감 완화

증상개선목표였던 소외감, 무기력감의 완화는 대상자들의 신체와 정서를 평안하게 하였다. 이러한 변화는 인지향상으로 이어지며 긍정적 영향을 미쳤다. 회기 과정에서 "나 머리가 좋아진 것 같다." "나 또 해 볼래." "나도 할 수 있어." 등의 긍정적 언어 사용들이 증가하였으며 실제로도 콘텐츠 정답 확률이 높아졌고, 기억력의 향상을 확인할 수 있었다. 인지향상의 경험은 신체, 정서에 영향을 주며 대다수의 대상자들이 경험하고 있었던 불면증의 증상 완화를 가져왔다. 또한 다리 떨기, 손가락 움직이기, 고개 떨구기, 눈 자주 깜빡이기 등의 신체불안 증상들이 완화되었다. 이러한 반응은 인지 저하로 나타났던 불안감이 완화되면서, 눈 맞춤, 대인관계 및 역할 수행능력 향상에 도움을 주었다.

(2) 모델 및 기법 적용에 따른 대상자 반응

실벗 콘텐츠와 IT매뉴얼 모델 및 기법의 연계는 대상자들에게 콘텐츠 다양성 체험과 정서에 긍정적 영향을 미쳤다. 소외감, 무기력감, 불안감, 우울감이 완화되면서 인지에 긍정적 영향을 보인 것이다. 로봇콘텐츠와 적용된 모델 및 기법은 〈표 13-15〉와 같다.

〈표 13-15〉 인지향상 콘텐츠와 IT매뉴얼 모델 및 기법 적용

증상개선목표	로봇콘텐츠	적용 모델 및 기법
소외감 완화	누르기, 끌기연습	카타르시스 모델 (게임놀이 기법)
	실벗 스트레칭	카타르시스 모델(이완 기법)
소외감 완화, 무기력감 완화, 불안감 완화	단어와 색깔	투사 모델(미술매체)
	같은 카드 찾기	
	그림자 찾기	
	이야기보따리	
	행운을 드립니다	
	얼마일까요	
무기력감 완화, 불안감 완화	지혜의 판	투사 모델(연극매체)
	틀린 그림 찾기	
무기력감 완화	뇌튼튼 노래교실	투사 모델(음악매체)
	날 따라해봐요	투사 모델(무용/동작매체)
	단어짝꿍 찾기	투사 모델(문학매체)

실벗 콘텐츠의 누르기, 끌기연습은 '카타르시스 모델'의 '게임놀이 기법'과 연계하여 라포를 형성하고 신체 활성화, '웃음카타르시스' 경험, 인지능력 향상 및 소외감 완화에 도움이 되었다.

실벗 인지향상 콘텐츠를 진행하기 위해서는 스마트폰 사용법과 같이 패드에서 누르거나 끌기 동작을 하지 못하면 콘텐츠 진행에 어려움을 느끼게 되는데 카타르시스 모델의 게임놀이 기법은 이를 쉽게 접근하도록 돕는다. 실벗 콘텐츠의 스트레칭은 카타르시스 모델의 '이완 기법'과 연계하여 소외감 완화, 신체활동 능력 향상에 도움이 되었다. 이러한 기법적용

[그림 13-13] 누르기연습 콘텐츠와 카타르시스 모델 적용

이후 대상자들은 상대와의 자연스러운 접촉으로 친밀한 관계를 형성하였고 소외감이 점차 완화되면서 빠른 습득 속도를 보였다. 특히 연구대상 A와 C는 매 회기 누르기연습 콘텐츠를 틀어달라면서 회기 20분 전에 와서 기다리는 등의 적극적 변화를 보였다.

투사 모델 중 미술매체는 '단어와 색깔' '같은 카드 찾기' '그림자 찾기' '이야기보따리' '행운을 드립니다' '얼마일까요' 등의 실벗 콘텐츠와 연계하여 적용하였다. 대상자들의 특성상 글에 대한 거부감이나 자신을 표현하는 데 익숙하지 않는 부분들이 많았기 때문에 그림으로 표현하게 하자 무기력한 모습에서 적극적으로 '해 보겠다' 등의 긍정언어와 펜을 먼저 잡는 등의 변화가 이루어졌다.

나와 비슷한 것 그리기　　　　　　　내가 잘 기억하는 이야기 그림으로 표현하기

[그림 13-14] 실벗 콘텐츠와 투사 모델 중 미술매체 적용

투사 모델 중 연극매체와 '지혜의 판'과 '틀린 그림 찾기' 등의 실벗 콘텐츠를 연계 적용하였다. 연극매체 중 '조각 기법'을 활용하여 옛날이야기나 자기 삶의 조각을 몸과 언어로 표현하였으며 극구성 기법을 활용하여 기존의 이야기를 자기들만의 이야기로 풀어내도록 하였다. 대상자들의 옛날이야기, 자기 삶의 이야기를 먼저는 조각으로 표현하고 이후에 말을 하

게 하자 하고 싶은 이야기가 더 많다며 그동안 타인에게 이야기하지 않았던 남편, 자식들의 문제점도 이야기하는 등의 정서적 자기개방을 보였다. 또한 자신이 가진 물건을 소품으로 활용하는 등의 적극성을 보였다.

극구성 이야기

연극 활동

[그림 13-15] 실벗 콘텐츠와 투사 모델 중 연극매체 적용

투사 모델 중 음악매체는 '뇌 튼튼 노래교실' 등의 실벗 콘텐츠를 연계 적용하였다. 대상자들이 비슷한 나이대로 동시대를 살았으나 각자의 삶의 터전과 살아온 방식에서는 큰 차이를 나타내었다. 따라서 치료사가 공감대를 형성하고 하나의 주제로 이야기를 이끌어 가는 데 어려움이 따랐는데 음악에 있어서는 공감대 형성이 뚜렷하게 나타났다. 실벗에 탑재된 다양한 트로트 노래들은 대상자들이 대부분 아는 노래였으며 이를 활용한 노래 부르기, 개사하기 등을 통한 프로그램 진행이 이루어졌다. 대상자들은 이를 통해 신체가 아프다는 말 대신 춤을 추거나 손으로 마이크를 잡는 등의 모습을 보였으며, 웃음과 "좋아, 좋아" 등의 긍정언어 사용의 증가가 나타났다.

투사 모델 중 무용/동작매체와 '날 따라해봐요' 등의 실벗 콘텐츠를 연계 적용하였다. 무용/동작매체는 내담자 내면의 감정이 신체동작을 통하여 복잡한 생각을 멈추고 움직임에 집중하게 하여 내면에 감추어진 감정을 표현하게 하는 특징을 가졌다. 이러한 특징은 치매에 대한 걱정, 가족, 친지, 앞으로의 삶 등의 다양한 생각을 가진 대상자들의 특성상 복잡한 사고를 단순화하고 행위에 집중하게 하였다.

투사 모델 중 문학매체와 '단어 짝꿍 찾기' 등의 실벗 콘텐츠를 연계 적용하였다. 문학매체는 인간에 의해 재창조된 허구의 세계 속에서 보편적인 대중성이 존재한다. 또한 개인의 체험으로부터 해석이 달라지는 특징이 있다. 대상자들은 회기가 진행될수록 하고 싶은 자신의 이야기가 늘어나기 시작하였으며 이를 표현하고자 하는 욕구 역시 높게 나타났다. 따라서 문학매체에서 '스토리텔링 기법'을 적용하여 자신의 경험과 욕구를 자유롭게 이야기하도록 하였다. 그 결과 발언하고자 하는 욕구가 높아지면서 타인과 소통하며 이야기하기, 청취의 시간 증가 등의 변화를 나타내었다.

이렇듯 1세대 프로그램과 연계한 IT매뉴얼의 모델 및 기법 적용은 기존의 콘텐츠만 운영했을 때와는 달리 인지향상에만 머무르는 것이 아니라 정서와 심리가 균형 잡는 것을 확인하였다. 즉 대상자들로 하여금 정서적으로 즐겁고 신체적으로 건강해지는 균형 잡힌 로봇 프로그램을 체험할 수 있게 한 것이다. 카타르시스 모델의 경우, 게임놀이 기법과 이완 기법을 적용하여 웃음카타르시스를 통한 즐거움을 경험하게 하였으며 이를 통해 자발성과 신체능력 향상을 경험하게 하였다. 그 결과 실벗, 치료사, 보조치료사, 타 대상자들과의 자연스러운 라포가 형성되었다. 나아가 소외감 완화에 긍정적인 효과를 확인할 수 있었다. 투사모델은 다양한 예술매체를 활용하여 인지향상에만 초점을 맞춘 기존의 콘텐츠 진행이 아닌 내면을 자유롭게 탐색하게 함으로써 자연스럽게 심리와 연계하게 하였다. 미술매체는 글에 대한 거부감 완화, 표현의 자유성을 경험하게 하였으며 연극매체는 적극적 신체활용, 창의성, 의사소통능력 향상을 체험하게 하였다. 음악매체 적용은 침체되었던 내면, 외면의 활동성을 증가시켰으며 문학매체는 자신의 이야기를 마음껏 꺼낼 수 있는 장이 되었다. 이를 통하여 무기력감, 불안감이 완화되고 자기표현, 자존감, 활동성이 높아짐을 확인할 수 있었다.

디지털세상은 급격한 기술혁신이 이루어지며 과거에는 전혀 경험해 보지 못한 놀라운 변화들을 경험하게 하였다. 이러한 급격한 발전으로부터 소외되고 있는 노년층에 대한 국가적 대책은 아직 미흡한 것이 현실이다. 또한 노인들은 정서적 · 신체적 노화와 함께 디지털기술로부터 소외당하며 세대적 갈등도 경험하고 있는 상황이다. 이러한 문제를 해결하기 위해서는 노인들의 입장에서 바라보는 노년층에 맞는 디지털프로그램 교육과 시스템 적용이 필요하다. 그래서 저자는 융합과학기술인 로봇에 통합예술치료의 심리기제를 적용하여 균형 잡힌 프로그램을 만들기 위해 노력하고 있다. 그 결과 로봇을 친구로 여기며 디지털에 대한 친숙도가 높아졌고 인지와 더불어 신체와 정서의 균형을 이루며 활용만족도가 높아졌다. 이는 기존의 로봇연구에서 볼 수 없는 새롭게 변화된 모습이라고 할 수 있다. 그리고 로봇분야에 심리치료기반의 가이드라인을 제공하였다는 것은 앞으로 디지털기술이 다각적 분야의 학문과 연계되어 인간을 돕기 위한 융합기술로 발전할 것임을 시사한다.

참고문헌

김수영, 모선희, 원영희, 최희경(2018). 노년사회학(2판). 서울: 학지사.

오진환, 이형화, 전인희(2020). 치매케어로봇 통합 프로그램의 개발 및 효과검증-경증치매노인을 대상으로. *Journal of Korea Robotics Society, 15*(4), 330-340.

장창명(2022). IT기반 통합예술치료 적용 인지향상 심리지원 소프트웨어 '실벗' 개발 과정 연구. 동덕여자대학교 대학원 박사학위논문.

주은솔, 방요순, 오은주(2020). 스텝을 활용한 인지-운동프로그램이 경도인지장애 노인의 인지기능, 보행, 우울에 미치는 효과. 대한통합의학회지. 8(3), 21-31.

진교훈(2019). 사생관을 토대로 한 노년철학. 제1회노년철학국제회의, 일본 교토세미나.

최현세, 장태용(2020). 자기관리 프로그램이 경도인지장애환자의 자기 효능감, 삶의 질, 우울감에 미치는 영향. 고령자 · 치매작업치료학회지. 15(1).

홍유진(2018). 내 안의 나를 깨우는 통합예술치료. 서울: 학지사.

García-Betances, R. I., Arredondo Waldmeyer, M. T., Fico, G., & Cabrera-Umpiérrez, M. F. (2015). A succinct overview of virtual reality technology use in Alzheimer's disease. *Frontiers in aging neuroscience, 7*, 80.

Spector, A., Orrell, M., & Woods, B. (2010). Cognitive stimulation therapy (CST): Effect son different are as of cognitive function for people with dementia. *International Journal of Geriatric Psychiatry, 25*(12), 1253-1258.

Whitecomb, J. (1989). July/August. Thanks for the memory. *American Journal of Alzheimer's Care and Related Disorders and Research*, 22-33.

머리가 똑똑해지는 통합예술치료

허정선

　　신경과학과 첨단 뇌 영상장비의 발달은 인간의 심리문제 해결을 위한 치료영역에도 중요한 자리매김을 하고 있다. 다양한 예술의 치료적 속성도 근본적으로 뇌의 변화가 있어야 행동이 개선되며 삶의 질이 향상될 수 있다.

　　저자가 예술치료에 입문하게 된 계기는 미술의 치료적 쓰임이 경이로워서였고, 임상과 연구를 통해 미술뿐만 아니라 다른 여러 분야의 예술이 개인적 선호를 존중하면서 통합적으로 활용된다면 높은 치료적 효과를 기대할 수 있다고 생각되어 통합예술치료를 전공하게 되었다. 이와 맞물려 뇌과학과 예술의 융합이야말로 통합예술치료의 효과성을 확고히 하는 가장 필요한 연구라고 생각되어 뇌가소성을 주제로 박사 논문을 마쳤다. 또한 예술치료는 뇌발달의 어려움으로 언어적 표현이 힘든 사람들에게 보다 유용하기에 평생을 장애인시설에서 생활하는 이들에게 가능성과 희망을 전하고 싶었다.

　　이 장에서는 지적장애로 평생을 시설에서 살아온 성인들의 즐거운 통합예술치료 체험이 시지각의 변화를 가져온 사례를 소개하고자 한다. 예술치료사뿐만 아니라 발달의 지연을 겪고 있는 사람들과 그들의 가족이 찾고 싶어 하는 '이해와 표현'의 기초자료로 활용되길 바라는 마음이다. 이를 위해 먼저 뇌가소성과 뇌과학 지식을 기술하였고 이어 예술치료의 매체별 뇌과학적 치유요인과 사회신경체계를 서술한 후 뇌가소성과 통합예술치료의 사례를 소개하고 있다.

　　발달에 있어서 가장 중요한 시기인 어린 시절의 결정적 '민감기'를 놓친 인지적 장애가 있는 사람에게도 뇌가소성을 통해 삶이 변할 수 있으며, 이러한 사례가 현재 적응의 어려움을 겪는 모든 사람에게 희망의 메시지가 되기를 소망한다.

1. 뇌를 알면 내가 보인다

　　우리는 우주에서 가장 복잡한 기관인 뇌의 신비가 밝혀지는 방대한 양의 지식이 쏟아지는 시대를 살고 있다. 인공지능Artificial Intelligence: AI은 이미 우리의 생활 속으로 깊이 스며들어 이제 어디서든 로봇과 컴퓨터의 이용이 자연스럽다. 이러한 사회문화의 급격한 변화로 정보 활용능력이 사회적응을 위해 매우 중요하게 되었고 우리는 더욱 고도의 인지발달을 필요로 한다. 이러한 변화 속에서 문제를 해결하며 진화해야만 하는 시대의 흐름에 인지적 장애를 가진 사람들은 일상생활뿐만 아니라 사회에 적응할 수 없는 심각한 문제를 겪고 있으며 사회적으로 고립되어 시설에서 일생을 보내기도 한다.

다행스럽게도 뇌는 평생 다양한 경험을 통해 향상되고 성장한다. 학습의 '민감기critical period'를 지났다 할지라도 신경세포는 재배선되거나 재강화가 일어난다. 그 신비한 뇌의 속성을 이해하기 위한 뇌의 특성과 신경시스템을 먼저 살펴보겠다.

1) 뇌의 특성과 신경시스템

뇌과학은 뇌의 구조와 기능을 밝히고, 그것을 통해 인체의 다양한 특성을 연구하는 응용학문이다. 생물학적으로 인간 행동은 몸의 각 부위에 따른 기능의 조화를 통해 이루어진다. 또한 뇌는 행동을 만드는 신체기관이며 행동은 신경시스템 수준에서 생성되고(박문호, 2016) 신경세포가 모여 신경회로를 형성하며 신경회로의 상호 연결망이 신경시스템을 구성한다.

뇌는 지속적으로 변한다는 '적응성'과 뇌 구조는 경쟁하며 협력한다는 '통합성' 그리고 뇌는 매우 복잡하다는 '복잡성'의 특징을 갖는다. 그로 인해 지속해서 작용하며 높은 수준의 구조적인 협력으로 동작을 이루어 낸다. 또한 많은 영역이 연결되어 있으며 강한 연결성으로 통합되는데 뇌가 매우 잘 작동하게 하는 것은 개인적인 구조에 있는 것이 아니라 '연결성'에 있다고 하겠다(Jensen, 2011).

사람의 뇌는 매우 복잡한 형태를 지니고 있으며 뇌의 무게는 몸무게의 2~2.5% 정도인 평균 1,300~1,500g으로 우리 몸의 산소소모량과 혈류량은 10배나 되는 20% 정도를 차지한다. 이처럼 무게에 비해 많은 에너지를 필요로 하는 뇌에는 약 1,000억 개의 신경세포neuron가 존재하고 신경세포는 축색돌기axon, 신경세포체soma, 수상돌기dendrite로 구성되어 있으며 신경세포는 시냅스synapse를 통해 다른 신경세포로 신호를 전달하게 된다.

뇌는 개별적으로 작용하거나 상호작용하면서 사고와 행동을 주도하는데, 먼저 감각기관에서 받는 정보를 처리한다. 신경세포는 시각, 청각, 촉각 등 뇌로 들어오는 모든 감각 정보를 신경부호로 전환한다. 신경부호는 신경세포가 일으키는 활동전위의 패턴이라고 할 수 있다.

뇌의 가장 바깥쪽에 있는 대뇌피질은 위치에 따라 전두엽frontal lobe, 두정엽parietal lobe, 측두엽temporal lobe, 후두엽occipital lobe으로 구분되며 감각기관에서 들어오는 신체 외부의 자극들에 대하여 최종적으로 판단하고 종합적으로 처리하여 필요한 반응 명령을 내린다. 뇌의 가운데 부분을 차지하는 여러 작은 구조물들을 통칭하여 변연계limbic system라고 부르며 포유동물의 뇌로 불리는 변연계는 정서, 수면, 주의집중, 신체 조절, 호르몬, 성욕, 식욕 등 다양한 감정 반응과 운동 신경을 관리하게 된다. 변연계에 속한 구조물로는 시상, 시상하부, 뇌하수체, 해마, 편도체amygdala 등이 있다. 시상thalamus은 온몸의 감각 세포로부터 들어온 자극 정보를 분류하며 그중 필요한 것만 선택하여 대뇌 감각 중추에 전달하는 역할을 하게 된다. 대뇌를 우리 몸의 '지휘소'라고 한다면 시상은 이 대뇌와 주요 운동기관과 감각기관 사이의 신호전달을 연결해 주는 '중계소'라고 할 수 있고 시상은 모든 감각 기능의 중계 및 통합에 매우 중요한 역할을 하는 기관이라 할 수 있다(조장희 외, 2014).

시상하부hypothalamus는 식욕, 수면, 체온과 평형 등을 조절하고 우리 몸에서 중요한 호르몬 생성 기관인 뇌하수체를 조절한다. 편도체amygdala는 공포, 분노, 공격 등의 정서와 관련되어 있고, 감정적 기억, 무의식적 기억을 감당한다. 해마hippocampus는 기억의 저장과 상기에 중요한 역할을 하며 가까운 과거의 기억을 유지해 줄 뿐만 아니라 최종적으로는 기억 내용을 피질에 급파하는 기관으로 의식적인 기억을 형성하는 데 관련된다는 것을 알 수 있다. 편도와 대뇌피질 사이에서 하향식 관계와 상향식 관계가 모두 있으며, 환경적 위협이 있을 때 상호협력하고 뇌를 조율하여 적응적 반응을 보이게 된다(Baars & Gage, 2010). 변연계와 대뇌피질 사이에는 긴밀한 협조 관계가 있어서 이성과 감정 사이의 상호작용을 하며 서로 밀접한 연관성을 가진다. 뇌간에 붙어 있는 소뇌cerebellum는 뇌 전체 중 11%로 비교적 큰 편으로 후두엽 바로 아래 위치하며 몸의 균형을 담당한다.

또한 뇌의 편재화lateralization를 통해서도 뇌를 이해할 수 있는데 Sperry는 분할 뇌split-brain 연구를 통해 좌뇌와 우뇌는 서로 다른 기능을 담당한다고 밝혔다. 좌 · 우뇌는 뇌량corpus callosum으로 연결되어 있고 뇌량은 뇌의 가장 큰 연결구조로서 두 개의 양 반구 간에 정보를 통합하는 역할을 하며 감각운동 정보를 통합한다. 즉 인지적 통합적 처리를 통해 두뇌 안에서 정보 간 통합이 이루어지도록 한다. 좌뇌는 언어적 · 논리적 · 분석적 · 수리적 · 이성적 · 계열의 정보를 처리하여 우뇌는 비언어적 · 시공간적 · 종합적 · 직관적 · 감성적 정보를 동시적으로 정보를 처리한다. 그러나 좌뇌와 우뇌는 뇌량이라는 섬유 다발로 연결되어

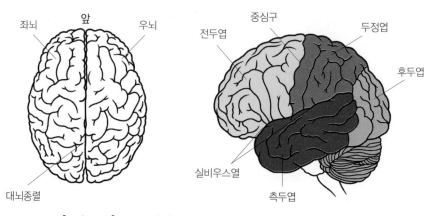

[그림 14-1] 대뇌반구(좌)와 인간 대뇌(human cerebrum)의 엽(lobes)

출처: Seung (2014), p. 43.

있어서 처리된 정보를 교환하거나 통합하는 등 상호작용을 하면서 거의 동시에 기능한다. 좌·우뇌의 기능은 특정 과제 수행에서 더 우세한 반구가 있고 더 효율적으로 처리하기는 하지만 정상인의 경우에는 좌·우뇌가 모두 활성화된다. 최근에는 양 반구가 서로 다른 기능을 맡고 있지만 다른 반구의 기능도 상당히 맡고 있어서 그 기능을 엄격히 구분하기 어렵다는 것과 우반구가 좌반구만큼 활동적이고 중요하다는 것이 강조되고 있다. 좌반구는 주로 부분적인 것을 처리하고 계열적으로 처리하는 반면 우반구는 병렬처리에 더 능숙해서 여러 개의 정보를 함께 처리하고 그 정보들을 종합한다.

뉴런의 정보전달 과정은 새로운 시냅스synapse가 연결되면서 재구성되며 유연성이 있어 평생토록 가소성이 이루어지고 새로운 경험에 의해 학습이 가능하다(김유미, 2015). 이렇게 가소성의 변화가 일어나는 부위는 신경세포 간의 접합부인 시냅스인데 적당한 자극을 가하면 그 이후 시냅스에서의 신호전달의 효율이 장기적으로 변화되는 현상이 해마, 대뇌피질, 소뇌 등의 시냅스에서 나타난다.

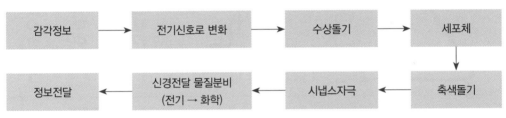

[그림 14-2] 뉴런에서의 정보전달 과정

2) 뇌 손상과 기초인지

뇌를 구성하고 있는 기관과 시스템 기능의 손상은 인간의 인지활동의 발달을 저해하고 역할을 온전히 수행하기 어렵게 한다. 인간의 두뇌가 갖는 물리적 특성은 지식을 생성하고 활용하는 인지 과정으로 인지에 관한 기능개선이 바탕이 되어야 한다(Anderson, 2014). 인간의 행동, 지각, 인지가 오랜 상호작용을 통해 서로 영향을 주며 발달해 왔으며 지능은 신체활동, 영양, 적절한 수면을 비롯하여 몸 전체와 관련된다. 만약 우리 뇌가 어느 한 부위라도 손상된다면 역할 기능도 정상적으로 발휘하기 어려워진다.

또한 좌·우뇌는 인지에 모두 중요한 역할을 한다. 좌뇌가 손상된다면 세부묘사를 빠뜨린 채, 삼각형의 윤곽만 그려낼 수 있다. 우뇌손상 환자는 전체적인 윤곽은 빠뜨리고 전체를 구성하는 세부요소인 작은 사각형만 나열할 뿐이다(김유미, 2015). 즉 좌반구에 손상이 오면 주로 부분적, 계열적인 처리기능에 어려움이 있고 우반구에 손상이 오면 여러 개의 정보를

〈표 14-1〉 부위별 뇌 손상 시 담당하기 어려운 역할

뇌부위	부위별 역할
전두엽	정서, 표현언어, 단어연상, 습관과 운동 활동을 위한 기억, 문제해결, 추리력
후두엽	시각
측두엽	듣기, 회화, 기억습득, 물체범주 나누기
두정엽	다른 감각 통합, 시각 주의력 장소, 촉지각 장소, 물체조작
소뇌	균형과 평형, 반사적 운동 활동을 위한 기억
뇌간	신체 기능 조절(숨쉬기, 심장 박동, 삼키기), 듣기, 반사작용(놀라는 반응), 자율신경계 조절(땀 흘림, 혈압, 소화, 내부온도), 각성 상태에 영향

전체적, 종합적인 처리기능에 문제가 발생하는 것을 알 수 있다. [그림 14-3]은 좌 · 우뇌의 활성화가 될 때 정상적인 역할을 수행할 수 있음을 보여 주고 있다.

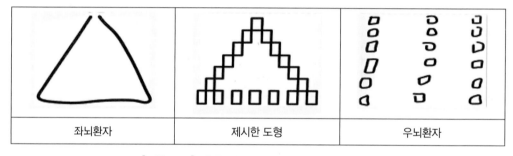

좌뇌환자	제시한 도형	우뇌환자

[그림 14-3] 좌뇌와 우뇌 손상 시 나타나는 그림 표현

출처: 김유미(2015), p. 26.

뇌기능은 신경수상돌기의 정교한 시냅스 연결에 의존하는데 태아시기에 형성되어 영아와 어린 시기에 완성된다. 3.5세부터 학령기 전 6.5세까지 단계별 기능을 습득하게 된다. 모든 행위를 자유롭게 할 수 있는 시각-운동 협응 능력이나 고정적인 반복행동을 자유대로 바꿀 수 있는 도형-소지, 시각적 자극을 '일반화'할 수 있는 항상성 지각, 물체나 문자 기호 등을 정확히 볼 수 있는 공간 위치 지각, 둘 이상의 물체의 위치 및 물체 상호 간의 관계를 지각하는 '관계성'을 지각하는 공간 관계 지각 등 시지각의 정상적인 발달은 학습이나 일상생활에 적응하는 데에 있어서 매우 중요하다(여광응, 2016).

지적장애는 복잡한 발생과정에서 뇌 발달 와해가 적응행동을 해치는 평균 인식을 초래할 때를 말한다. 지적장애인의 심각한 인식 장애는 1970년대 미국 Dartmouth College의 미구엘 마린-파딜라와 Albert College of Medicine의 도미니크 퍼푸라의 골지 염색을 이용한 장애아의 뇌 연구에서 수상돌기 구조가 현저히 변해 있는 사실에서 발견되었다. 이는 장애아

의 수상돌기는 가시가 적었고 비정상적으로 길고 가는 모양을 보여 가시의 변화 정도가 지적장애와 매우 높은 상관관계를 보인다는 것이다(Bear et al., 2009). 수상돌기 가시는 시냅스 정보전달의 중요한 타깃이며 수상돌기 가시의 성숙을 포함하는 정상적인 시냅스 발달이 신생아와 유아기 환경에 의해 결정적으로 좌우됨이 알려졌고 이는 발생 초기 '결정적 시기' 동안 열악한 환경이 뇌회로의 심각한 변화를 초래할 수 있다는 것을 말한다. [그림 14-4]는 정상아와 지적장애아의 수상돌기를 나타낸다.

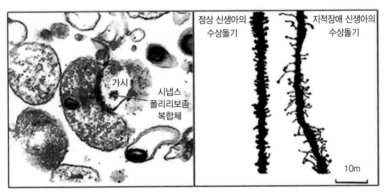

[그림 14-4] 시냅토뉴로좀의 전자현미경사진(좌), 정상아과 지적장애아(우) 수상돌기

출처: Bear et al. (2009), pp. 43-44.

3) 감각과 시지각의 발달

감각은 눈, 귀, 코, 혀, 장기 등 자신의 체내 및 체외에 생긴 변화를 감지하는 작용으로 감각 수용기로부터의 정보가 대뇌피질의 제1차 지각중추에 투사되기까지 과정을 말한다. 시각, 청각, 전정각, 촉각, 고유수용감각 등 다섯 가지 감각은 대근육 운동과 소근육 운동기능, 인지능력의 기초가 된다. 인간의 인지는 우리 주위의 세계를 감각기관을 통해서 인식하는 능력에서부터 시작되며 그 본질이 상황 안에서 더 구체화된다(권재성 외, 2017). 우리가 느끼는 외부자극은 각각의 감각기관을 통해 신호를 뇌에 보내며 모든 감각이 어우러질 때 뇌는 우리가 체험하고 경험한 것을 지각하거나 외부세계를 인식하고 저장한다. 즉 저장된 기억을 통해 반응하고 움직임을 통해 행동하게 된다고 볼 수 있다. 감각과 운동은 입력과 출력으로 연결되며 시각, 청각, 체감각이 시상 감각 핵의 중계로 대뇌 중심 열 뒤쪽 피질로 들어가서 대뇌 앞쪽 피질을 통해 운동 출력으로 나온다. 이와 같은 감각적 경험과 운동 경험은 뇌에서 '감각 운동체계'라고 할 만큼 밀접하다(Jensen, 2011). [그림 14-5]는 감각 입력에서 출력까지의 과정이다.

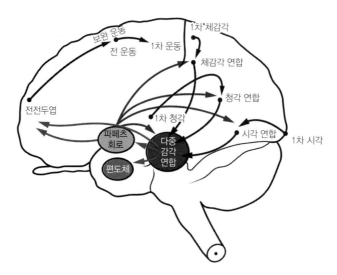

[그림 14-5] 감각입력에서 운동출력까지의 과정

출처: 박문호(2015), p. 115.

시각은 지각과 인지에 중요한 구성요소일 뿐만 아니라 인간의 외부환경에 대한 감각 중에서 가장 필수적인 감각이다. 시각적 이미지의 기억저장을 위해서는 이미지의 형상 인식 과정이 필요하다. 이는 물체의 전체적인 윤곽과 물체의 세부적인 특징(색, 음영, 촉감 등)의 두 가지 능력이 모두 조화를 이루어야 하며, 시지각 과정을 통해 외부에서 들어오는 정보를 통합하여 뇌에서 물체를 지각하고 인지함으로써 환경에 적합한 행동을 하게 된다(권재성 외, 2017).

도형 재인지는 시각적 기억보다 더 낮은 수준의 단계로 시각적 이미지를 만들기 전에 기억을 저장하고 개별적으로 재인지하여 도형 이미지를 만들게 된다. 예를 들면 시각적 환경에서 훑어보기 등의 조직화에 의존하게 되는데 어느 한 단계라도 손상이 되었을 때는 시각인지가 유지되고 통합되는 것은 불가능하다. 전경 배경능력의 감소와 같은 시각인지 기술 결핍은 부정확한 도형 재인지로 인한 것이며 시야 결핍은 시각적 주의력 결핍의 결과로 나타난다(Zoltan, 2010). 시각을 통한 지각의 발달은 기본적으로 다섯 가지 영역이 이루어져야만 학습도 가능하게 된다. 〈표 14-2〉에 단계별 시지각 발달 이론을 제시하였다.

청각계는 2개의 주요 경로를 갖는다. 핵심경로는 소리 입력의 공간적 구성을 유지하고 소리 주파수를 신속하게 정확히 전달한다. 주변 대경로는 별로 조직화되지 않고 주로 소리입력의 타이밍과 강도에 관계하는 정보를 전달하며 감각입력의 양측의 상호작용에도 관계하여 이들의 정보는 다시금 통합된다. 청각 연합 피질영역도 전정감각이나 체성감각계와 같은 다른 시스템으로부터 입력을 받고 일상에서의 경험 감각이 뇌 속 신경회로의 자극 흔적으로 보존되어 장기기억이 된다.

〈표 14-2〉 시지각 발달을 위한 이론

	시지각	기능적 근거이론
1	눈과 손의 협응 (Visual-Motor Coordination: VM)	• 연속적으로 일어나는 연쇄동작(chain of action) • 3.5세~5, 6세 발달
2	도형-소지변별 (Figure-Ground Perception: FG)	• 어떤 목적 지향적인 행동에 필요한 능력과 관련자극에 선택, 주의를 집중시키기 위해 필요 • 4.5세~6세 발달
3	항상성지각 (Perceptual Constancy: PC)	• 사물의 고유한 속성(형, 크기, 색채, 위치 등)을 언제나 항상적(恒常的)이라고 인지하는 능력 • 5.9세~7세 발달, 시각적 자극의 '일반화'에 도움
4	공간 위치 지각 (Position in Space: PS)	• 물체가 있는 공간과 관찰자의 관계를 지각하는 것 • 4.5~7.5세 발달, 자신의 앞, 뒤, 위, 아래, 옆 구분 • 장애 시 읽기, 쓰기, 계산 곤란
5	공간 관계 지각 (Spatial Relationship: SR)	• 관련된 둘 이상의 물체의 위치 및 물체 상호 간의 위치, 복수물의 상호관계를 지각하는 능력 • 5세~6.5세 발달, 관계성 지각

출처: 여광응(2016), pp. 5-8.

감각통합은 적응반응을 할 때 가장 잘 발달하는데 적응반응이란 감각 경험에 대하여 의도적이고 목적 지향적으로 반응하는 것을 말하며 적응반응은 뇌가 발달하고 조직하는 데 도움이 된다. 감각통합은 감각투입을 분류하고 순서를 매기며, 최종적으로 이를 종합하여 하나의 전체적인 뇌기능을 하도록 하는 과정인데 대부분의 인지 활동은 자극 주도적인 상향처리bottom-up processing와 개념 주도적인 하향처리top-down processing가 상호작용적으로 동시에 일어난다고 할 수 있다. 상향처리는 자극 투입에 따라 바로 영향을 받는 처리이고 하향처리는 개인의 맥락, 기대 또는 과거의 경험에 영향을 받는 처리를 말한다(권재성 외, 2017). 감각과 함께 기억의 형성은 경험에 의존하는 것이다(Cohen & Carr, 2011).

2. 예술매체의 뇌과학적 치유요인

미술매체는 외부 정보의 80%를 차지하는 시각과 직결된다. 감각과 심상활동이 우뇌를 자극하고 활성화되면서 다양한 활동을 하는 동안 편도체는 미술에 의해 생성된 시각정보 투입과 전두피질에 의해 생긴 내부 이미지화를 평가한다. 정교한 손동작은 많은 뇌기능을 통합하며 미술치료사와의 예술작업은 타인과의 관계성과 자신을 내적으로 어떻게 조직화하는지를 표현하며 환경과의 상호작용에 대한 시각적 재확인이라고 할 수 있다(Cohen & Carr, 2011).

미술매체는 언어화가 힘든 사람의 의사소통을 위한 중요한 매개체가 되며 욕구의 무의식적 반영으로 자기이해와 인지의 도구로서 강점이 있다(홍유진, 2018). 구체적으로 뇌의 기능과 연결시켜 그 영향을 살펴보면, 색채, 이미지, 형태와 은유 그리고 상징을 사용하는 미술작업은 뇌가소성을 활성화시키는 자극이 될 수 있고, 집행기능을 촉진하기 때문에 뇌의 재배선 능력을 증가시킬 수 있다(Berardi, 2000).

음악매체는 '표현음악'과 '수용음악'으로 구분한다. 표현음악이란 음악 창작을 의미하며 작곡 또는 노래와 악기 연주를 하는 것이고 수용음악은 음악을 듣는 것이다. 음악매체는 인종과 문화를 초월하여 공감을 자아내고 음악에 의해 재생되는 정서적 기억은 감정의 표현으로 투사되어 나타난다(홍유진, 2018).

노래 감상을 할 때 청각 자극은 이미 들어본 음악이나 익숙한 스타일의 음악일 경우는 기억 중추인 해마와 하부 전두피질이 추가로 활성화된다(Levitin, 2008). '음악감상'은 불안정적인 정서를 음악적 구조 안에 투사, 화성적 균형, 조화로운 전개를 거쳐 정돈된 감정으로 내사introject, 불협화음에서 협화음으로 정서전환, 장애아의 의사소통, '노래 부르기'는 조음 개선 효과가 있다. [그림 14-6]은 음악을 뇌가 어떻게 처리하는지를 보여 준다.

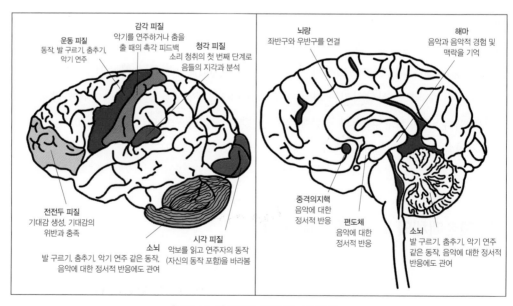

[그림 14-6] 음악을 처리하는 뇌의 기능

출처: Levitin (2008), pp. 336-337.

연극매체에 있어서 거울 신경은 매우 중요한 역할을 한다. 거울뉴런은 모델링-상호작용을 통한 거울 효과로 시지각과 감정의 무의식적인 상향식 처리 과정과 비슷하다. 역할 모델은 영감을 주어 우리가 삶에서 뭔가를 변화시키거나 해결하거나 행동의 의미를 실현할 수 있도록 해 준다. 연극적 놀이도 허구의 세계인 동시에 실제의 모방이기 때문에 실제 상황은 아니지만, 그와 비슷한 가상 상황을 설정하여 이 가상 상황 속에서의 간접 체험을 통해 실제 상황에 효과적으로 대처하는 능력을 키워줄 수 있다.

무용/동작 매체는 움직임이 얼마나 우리 뇌의 발달에 중요한지 알 수 있게 해 준다. 뇌는 감각 중추로 정보를 받아들이고 운동 중추를 사용해 몸을 움직인다. 운동 중추는 기저핵과 소뇌와 관련되는데 운동은 우리 몸의 신경전달 물질을 증가시켜 몸의 균형을 이루게 하고 인지기능의 회로를 강화해서 뇌기능을 향상하게 한다. 무용은 규칙적인 리듬보다는 불규칙적인 리듬이 가소성을 크게 하며 복잡한 운동기술은 소뇌와 기저핵과 전전두엽 피질을 연결하는 회로의 강화와 반복으로 신경섬유 주위에 두꺼운 미엘린이 형성되어 신경전달 속도를 높이고 지능을 발달시키는 데 효과적이다(Ratey, 2008).

학습을 활성화하는 운동은 호흡과 뇌에 영향을 공급하는 혈류를 촉진한다. 새로운 뉴런 생성을 해마에서 촉진하고 뇌 전체에 산소를 많이 공급하여 모세혈관 및 전두엽 가소성을 자극한다. 또한 뇌유래신경성장인자BDNF와 신경성장인자NGF의 촉진을 비롯해 대부분의 뇌 기반 학습과 신경가소성에 기여한다(Cozolino, 2013). 유산소 운동도 좋지만 격렬하면서 복잡한 근육을 움직이는 운동들은 신체와 뇌를 함께 사용하면서 보다 긍정적인 효과가 있다. 또한 재미와 사교성이 움직임에 부가될 때 '즐거운 기분'은 뇌와 신체의 모든 근육을 최고 수준으로 활성화하고 스트레스를 해소하며 질 좋은 수면을 유도하여 집중력과 면역력까지 높

〈표 14-3〉 운동은 어떻게 학습과 기억의 생물학적 기제를 촉진하는가

향상된 기제	학습의 신경생물학적 측면에 미치는 영향
유전자 발현	신경가소성 증가
뇌유래신경성장인자	신경가소성 증가
인슐린 유사성장인자	신경보호 향상
신경성장인자	신경가소성 증가
혈관 내피성장인자	신경생성 형상
해마의 신경생성	이용 가능한 뉴런증가
장기상승 작용	뉴런 연결 증가
모세혈관 성장	산소와 포도당 가용성 증가

출처: Cozolino (2013), p. 248.

이게 된다. 〈표 14-3〉은 우리가 몸을 움직일 때 운동이 어떻게 학습과 기억을 촉진하는지 나타내고 있다.

3. 사회적 소통 발달의 뇌과학

1) 뇌가 바뀌면 내가 바뀌는 뇌가소성

뇌가 변할 수 있는지에 대한 최근 다수의 연구는 일생을 통해 신경회로는 끊임없이 변하며 일정한 수준의 뇌가소성이 성년기나 노년기에도 일생동안 유지된다고 보고되고 있다 (Azari & Seitz, 2000). 이러한 뇌가소성腦可塑性, brain plasticity은 신경가소성neuro plasticity이라고도 하며 뇌의 겉구조는 변함이 없지만, 뇌의 기능적인 지도는 변할 수 있다는 것이다. 뇌 가소성은 외부자극과의 상호작용을 통해 사용하면 할수록 뇌 안에서 변화할 수 있는 변화 가능성이므로 상호작용의 결과로 일어나는 변화까지 포함하는 개념이라고 하겠다. 즉 뇌가 새로워지는 능력이며 어떤 경우에는 결손을 보상하기 위해 스스로 재연결되는 뇌의 능력이다 (Malchiodi, 2009).

뇌가소성의 기전은 첫째, 기능의 재조직화나 뇌영역의 기능적 상호작용을 통한 현재 사용되는 관계 안에서 일어나며 둘째, 남아 있는 신경 사이의 새로운 형태의 연결이나 새로운 신경의 발생인 새로운 회로의 창조이다. 셋째, 손상된 주위영역의 가소성이 진행될 때 감각운동영역의 변화가 일어나고 손상된 영역의 이전기능을 인계받는 결과로 나타난다. 즉 손상된 뇌의 재활은 손상된 뇌 회로의 재연결을 발전 또는 증진시킬 수 있다. 피질구조는 변화 가능하고 다양한 종류의 감각이나 운동 경험의 영향을 받아 재구조화된다(Zoltan, 2010).

2) 카타르시스와 뇌의 '기분일치효과'

환경으로부터 입력된 정보가 시상을 통해 시상하부에 이르고 정서자극은 말초신경계와 대뇌피질로 전달되는데 감정의 흐름이 때로는 말초신경계로 전달되어 정서행동을 직접 일으키기도 하고 대뇌피질로 전달되어 인지적 과정을 유발하기도 한다. 강한 정서는 사건의 중심사항을 기억시키고 주변 배경기억을 저해하는데 기억을 형성할 때 정서 상태는 정서내용과 상호작용하여 학습의 정도를 결정하며 이를 '기분일치학습mood-congruent learning'이라고 한다. 즉 긍정적 정보는 기분이 좋을 때 더 잘 기억된다. 또한 기분이 좋을 때 과거의 좋았던 일을 쉽게 생각해 낼 수 있는데 이는 부호화 당시의 정서 상태와 인출 시 정서상태가 상호작용하는 것으로 '기분일치회상mood-dependent recall'이라고 한다(정옥분 외, 2007).

정서는 양 반구를 다르게 사용하는데, 긍정적(접근)정서는 주로 좌반구에서 나오고 부정적(회피)정서는 주로 우반구에서 나온다. 우반구와 좌반구의 네트워크가 협력하고 통합되어야 균형적인 관계능력이 발달한다(Cozolino, 2013). 얼굴에서 감정을 읽을 때는 우측 편도체가 관여하며, 얼굴이름을 알아낼 때는 좌측해마가 참여한다.

인간의 경험은 감각으로 들어오는 외부세계에 관한 정보를 통해 시작되지만 들어온 정보가 행동을 하기 위해 내부 상태에서 결합된다. 환경으로부터 입력된 정보가 시상을 통해 시상하부에 이르고 정서자극은 말초신경계와 대뇌피질로 전달되는데, 감정의 흐름이 때로는 말초신경계로 전달되어 정서행동을 직접 일으키기도 하고 대뇌피질로 전달되어 인지적 과정이 유발되기도 한다(정옥분 외, 2007). 예술치료에서 카타르시스 즐거운 체험은 '기분일치효과'와 함께 인지적 경험도 긍정적인 정서학습으로 장기기억이 될 수 있다. 〈표 14-4〉는 정서 상태에 대한 뇌기능을 나타낸 것이다.

〈표 14-4〉 정서와 뇌기능

정서	상태	뇌기능
두려움, 위협	위협자극의 처음이 우선순위 도망 or 싸우기, 스트레스 반응	수상돌기 위축, 해마 위축, 코르티솔 방출 전두혈류 감소, 기억장애
즐거움, 기쁨	긍정 증가, 자율신경 일시적 유연성, 학습에 필수적	도파민 증가, 뒤쪽 피개 영역에서 앞쪽으로 핵 축 위에 집약
슬픔, 실망	부정적, 오래 유지, 더 잘 기억됨 다시 느끼지 않기 위해 우월동기	측두엽에서 편도의 복합체
기대, 호기심	희망과 경계에 대한 긍정적 상태 학습에서 새로운 지식의 형성 영향	전두엽, 시상, 망상활성체계, 베게핵 후두엽, 감각영역, 시청각자극 활성화

출처: Jensen (2011), pp. 136-143.

3) 서로 함께할 때 진화하는 뇌

일생 동안 행동, 지각, 인지를 담당하는 신경 네트워크는 서로 영향을 주며 상호적으로 진화하면서 발달한다. 뇌의 생리적 발달과 관계 경험은 연결되어 있으며 타인과 함께한 경험이 뇌를 만든다. 공감과 정서 조율 등에는 거울뉴런의 활성화가 이루어지며 거울뉴런은 사회적 뇌의 이정표로서 우리 마음의 기대에 따라 믿음, 행동, 가정, 예언 등을 통해 타인에게 영향을 미친다(Cozolino, 2013). 거울뉴런 덕분에 우리는 타인을 이해한다고 볼 수 있다.

집단치료의 집단원들은 공동의 목적을 성취함에 있어서 상호의존적이다. 즉 인지, 의사소통, 그리고 정서적 반응을 통해 상호작용하는 사회적 집합체라고 할 수 있다. 이러한 집단형태의 치료는 인지적, 사회적 모델링이 이루어질 수 있어 타인의 행동을 모방하고 공감하는 능력을 기르는 데 용이하여 뇌가소성의 발달과 사회적 적응 능력의 향상을 가져올 수 있다. 〈표 14-5〉는 뉴런과 인간이 상호 어떻게 소통하는지에 대한 메신저 체계이다.

〈표 14-5〉 뉴런과 인간수준의 메신저 체계

메신저 체계	뉴런	인간
첫 번째	시냅스를 건너다니는 신경전달물질과 신경조절물질을 통한 정보교환	사회적 시냅스를 건너다니는 감각자극(냄새, 소리, 광경, 접촉, 맛)을 통한 신호교환
두 번째	개별뉴런의 생리적 상태와 항상성에 변화를 주어 뉴런을 활성화	조절, 항상성, 스트레스, 공포, 보상, 상호작용, 애착을 담당하는 시스템을 활성화
세 번째	mRNA전사, 신경구조 수정, 다른 뉴런과의 연결	뇌와 신경망이 성장하고 통합되어 사회적 체계와 상호작용하는 방식이 변화

출처: Cozolino (2013), p. 317.

4. 통합예술치료 적용과 뇌가소성

이 장은 허정선(2018)의 「지적장애인의 뇌가소성을 위한 통합예술치료 프로그램 적용연구」의 사례를 중심으로 기술하였다. 통합예술치료 적용으로 뇌기능의 변화를 확인하는 것을 목표로 하였고, 지적장애인의 기능과 선호도에 따라 동적 집단과 정적 집단으로 나누어 프로그램을 적용하였다. 그리고 집단원의 사전·사후 그림검사를 통해 얻어진 결과인 'What(무엇)'과 'Where(어디)'의 시지각 경로 변화를 통해 뇌가소성의 활성화를 서술하고자 한다.

1) 시지각의 경로변화

눈은 뇌의 중요한 감각기관이며 시각은 정보의 80%를 전달한다고 볼 때 지각에 왜곡이 생긴다면 일상생활에도 이상을 줄 수 있다. 신호등을 인식하거나 길을 건너는데 차들의 속도를 인지할 수 없고 컵에 물을 따를 때 잔이 넘칠 수 있다. 색채 사이의 경계를 지각할 수 있지만, 색채 자체는 알 수 없으며 회색의 농담으로만 지각될 수도 있다.

시각이 사물의 정확한 위치, 크기, 방향 등에 자세한 정보를 갖지 못하면 목적에 맞는 적절한 행동을 할 수 없다. '무엇' 경로는 시각적 사물의 색채, 모양, 정체 등에 정보를 처리하는 데 중요하며 사물에 대한 안정적이고 불변하는 특성을 강조하는 처리가 일어난다. 즉 다른 사물과 구분지어 감정하게 된다(Baars & Gage, 2010). 또한 예술매체로부터 형태, 색상, 질감, 움직임에 대해 피드백하며 우리의 적절한 표현을 이끌어 낸다. 시각에서 매체로부터 입력되는 정보는 크게 두 가지의 시각흐름으로 나누어 처리된다. 먼저 일차 시각피질인 후두로부터 두정, 전두피질에 이르는 '배측 흐름dorsal flows' 경로로서 '어디서-어떻게' 흐름과 후두에서 측두와 전두피질에 이르는 '무엇을' 흐름으로 '복측 흐름ventral flows'이다. 시각연합 경로란 이 두 흐름이 다시 연합피질을 이루어 전두엽으로 정보를 전송하는 것을 말한다.

시각적 인식은 측두엽의 복측 경로이며 아주 세밀하게 시각 핵심부와 연결되어 있고 형태, 색깔, 의미를 처리한다. 복측 대상 처리 과정은 주의력, 작업 기억과 자극 특징을 구별하는 데 중요하다. 배측 흐름은 공간에서 동작에 민감하다. 상부의 어떻게 하위 흐름은 행동으로 시각을 신속하게 통합한다(Cohen & Carr, 2011). [그림 14-7]은 'What(무엇)'과 'Where(어디)'에 대한 시지각 경로를 나타낸 것이다.

지적장애인의 뇌가소성 연구(허정선, 2018)에서는 시지각 발달의 변화를 사전과 사후에 그림 검사를 통하여 지시한 그림의 '무엇'과 '어디'의 변화를 확인하였다. 이러한 시각경로의 변화를 확인하기 위해 사용된 도구는 도형, 색 그리기와 구름, 집, 나무 그리기로서 임상 재활 환자를 위한 검사이다(김선현, 2013, p. 293). 그림검사 도구의 내용은 다음과 같다.

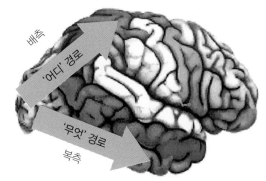

[그림 14-7] '무엇'과 '어디'경로

출처: Bear et al. (2009), p. 155.)

(1) 도형, 색 그리기

도형, 색 그리기Figure Color Coping: FCC는 뇌손상 재활환자를 대상으로 시-공간 인지능력에 대해 객관적인 평가를 하기 위한 검사 도구이며 다양한 재활환자 및 특수아동 등을 대상으로 평가할 수 있다(김선현, 2013). 이 검사의 목적으로는 색채, 형태, 위치, 거리 등의 시공간 지각을 평가할 수 있고 구조적 실행증constructural apraxia 및 형태항상성form consistency의 문제 등을 판별하는 것이다.

(2) 구름, 집, 나무 그리기

구름, 집, 나무 그리기Cloud-House-Tree Coping: CHTC는 뇌손상 재활환자를 대상으로 시-공간 인지능력을 객관적으로 평가하기 위한 검사도구이며 다양한 재활환자 및 특수아동 등을 평가하기 위해 사용된다(김선현, 2013). 이 검사의 목적은 공간관계spatial-relations, 환측 무시unilateral inattention 등의 시공간지각을 평가하고 실행증과 실인증agnosia 등의 지각문제를 판별하는 것이다. 실인증은 시각 기능이 정상임에도 감각-지각 수준에서 자극 왜곡으로 사물을 시각적으로 인식하지 못하는 것이다(권재성 외, 2017).

앞선 진단도구의 사전과 사후 검사를 통해 관찰된 결과는 전혀 그림을 그리지 못하던 상태에서도 그림을 그려 사물을 지각하며 인식을 표현해 볼 수 있었고, 자극 왜곡이 '위치'와 '형태' '크기' 및 '색채'의 변화를 보여 '무엇'과 '어디'의 시각 경로를 인식하는 뇌기능의 변화가 일어났음을 확인할 수 있었다. 동적 집단과 정적 집단의 사전·사후 변화는 〈표 14-6〉과 〈표 14-7〉과 같다.

〈표 14-6〉 동적 집단의 FCC, CHTC 사전·사후 변화

이름	사전		사후	
	FCC	CHTC	FCC	CHTC
A				
분석	지시와 무관	지시와 무관	형태인지 가능 색은 구분불가	관찰을 함 빨강만 인지
평가	그리는 자체를 즐김	마음대로 그림	형태를 모사할 수 있음	색명을 기억하게 됨
F				
분석	네모, 세모, 네모 검은색, 노랑, 색명, 채색은 불가 이름(지우개처리)	구름, 집, 나무 검은색, 노랑 색명은 불분명	색명 빨강인지 채색 부분 가능	빨강, 노랑 인지 불분명, 채색 가능
평가	정확히 알고 있는지 확인 불가 언어 부자유	형태인지 가능하나 색명에 대해 인지 부정확	빨간 색명 구분이 가능해짐 색채표현, 모사는 가능해짐	색명구분이 두가지 가능해짐 형태는 네모로 일관

G				
분석	모사는 지시에 따르지 않음 의사소통불가	도형과 색채인식은 불가	도형, 색인지 가능 모사 가능, 테두리선 먼저 묘사 후 채색	지시에 따르지만 추가된 자신의 세계
평가	자신이 원하는 그림을 그림(자폐성향)	도형과 연상되는 대상을 표현	지시에 따르며 집중하고 성실하게 묘사함	도형과 연관된 자신의 세계를 강한 색채 표현 가능해짐

〈표 14-7〉 정적 집단의 FCC, CHTC 사전 · 사후 변화

이름	사전		사후	
	FCC	CHTC	FCC	CHTC
B				
분석	모양과 색명 전혀 모름	모양과 색명 전혀 모름	언어적 표현은 정확치 않으나 모양과 채색 시도	부분 인지
평가	검사에 집중 못함	검사 이해 못함	지시를 이해하려 집중함	나무와 지붕을 그린 것으로 보임
C				
분석	모양, 색명 모두 인지	모양 색명 모두 인지	테두리선으로 형태를 먼저 그리고 안을 채움, 이름 적음 (지우개처리)	테두리선으로 형태를 먼저 그리고 안에 채색, 이름 적음 (지우개처리)
평가	인지기능 좋으나 언어, 지체부자유	시간이 오해 걸림 끝까지 완성	형태 먼저 인지, 이름 강조, 존재인식	형태 먼저 인지, 이름 강조, 존재인식

G				
분석	해(태양), 세모, 네모 인지 가능 빨강, 노랑, 하늘 반대 색이라고 함 채색은 모두 가능	사람, 개집, 나무라고 함. 색명은 하늘색보다 짙은 것, 빨강, 노랑, 초록, 고동색이라고 함	동그라미, 세모, 네모 모양인지 가능 테두리를 먼저 그리고 안을 채색함	구름, 집, 나무 인지 가능 테두리를 먼저 그리고 채색함
평가	원과 연상되는 사물을 먼저 떠올리고 반대색의 의미 왜곡되어 있음	집 모양을 개집으로 연상함. 푸른색 계통 색명을 잘 인식하지 못함	형태를 먼저 보고 순서적으로 작업함	구름의 위치변화, 집과 나무의 위치정확도 향상

이러한 인지 변화는 행동에도 변화를 주었으며 '민감기'가 지난 시기에도 생애 전반에 걸친 뇌가소성의 가능성과 희망을 보여 주었다.

2) 지적 어려움으로 소외된 이들

지적장애intellectual disabilities는 '발달시기에 시작되며, 개념, 사회, 실행영역에서 지적기능과 적응기능 모두에 결함이 있는 상태'를 말한다. 이는 단순한 책을 통한 학습이나 학업적 기술, 시험을 잘 보는 것이 아닌, 우리 주변을 이해하는 심오하고 광범위한 능력이다. 예를 들면 따라가기, 사물이해, 무엇을 해야 할지 알아내기 등을 반영한다.

지적장애인의 뇌기능 특성을 보면 장기기억은 단기기억에 비해 덜 손상되어 일반인과 거의 차이가 없다고 한다. 따라서 단기기억을 통해 다양한 전략과 반복훈련으로 장기기억이 가능하다면 정보를 처리하는 데 큰 어려움이 없게 되지만 조직화의 어려움을 보인다는 문제점이 있다. 조직화와 기억력 결함은 초인지 문제와 관계된다. 〈표 14-8〉은 지적장애의 진단 수준으로 4단계의 지능에 따라 적응 기능을 나타낸 것이다.

〈표 14-8〉 지능에 따른 지적장애의 수준(ICD-10)

구분	지능지수	정신연령 (성인의 경우)	적응 기능
F70 경도(mild)	50~69	9~12세	• 학교에서 학습에 어려움을 겪음 • 다수가 성인기에 일을 하고 좋은 사회관계를 유지함 • 사회에 기여가 가능함
F71 중등도(moderate)	35~49	6~9세	• 아동기에 현저한 지체를 보이나 대부분 어느 정도 독립적 자기관리를 할 수 있게 됨 • 적절한 의사소통 학습기술을 획득함 • 성인기에 사회에서 살아가고 일을 하는 데 다양한 정도의 도움이 필요함
F72 고도(severe)	20~34	3~6세	• 지속적 도움이 필요함
F73 최고도(profound)	20 미만	3세 미만	• 자기관리, 배변조절, 의사소통, 운동성 등에 심각한 제한이 있음

출처: World Health Organization (2015).

3) 뇌가소성과 통합예술치료

(1) 예술의 통합

예술의 창의적 표현은 의식과 무의식적 정신활동을 통합하고 의식의 영역을 자유로이 이동하게 한다. 또한 모든 예술은 치유성이 있고 예술의 근본은 하나이며 다양한 예술분야를 통합적으로 활용하면 표현과 이해의 힘을 향상시킬 수 있다. 이러한 예술의 기능은 심신치료뿐만 아니라 심신의 성장과 발달을 가능하게 하며 치유적으로 사용될 때 예술치료라고 정의된다.

한편 언어적 표현이 어려운 심리치료를 보완하기 위해 비언어적 자기표현이 사용되면서 예술표현치료 기법들이 발전되어 왔으며 치료적 저항과 효과성을 위해 예술매체를 다양하게 활용하게 되었다.

예술의 통합은 고대로부터의 전통이며 예술의 치유적 기능은 고대 원시 예술에서부터 시작되어 탄생과 죽음 등, 생활 속에서의 모든 의식과 육체적, 정신적, 영적 치유와 관련한 의식에 포함되어 왔다(Atkins et al., 2008).

이러한 예술양식의 고유한 특성은 통합과정과 사용에 있어서 자연발생적이고 유기적일 때 상호협력적이고 종합적이며 유연한 특성을 가진 뇌의 가소성을 일으켜 인간의 성장발달 및 치유를 촉진하게 된다. 그러므로 통합예술치료는 뇌가소성을 촉진하기에 적합하다고 하겠다.

(2) 지적장애인의 뇌가소성을 위한 통합예술치료

저자는 지적장애인의 뇌가소성을 위한 통합예술치료 프로그램을 적용에 앞서 IT매뉴얼의 뇌과학적 치유요인을 탐구하고 지적장애인의 기초인지 향상을 위한 시지각 경로연구 등 이론적 토대를 구축하였다. 프로그램의 설계는 대상자의 선호 예술매체를 존중하였으며 외부정보과정을 수용하는 다중 연합 감각기관을 통하여 통합예술치료 활동을 경험하도록 하였다. 지적장애인의 뇌가소성 활성화를 목표로 연구대상자들의 특성과 선호매체를 고려한 정적 집단의 정적인 활동프로그램과 동적 집단의 동적인 활동프로그램을 설계하였다. 그림을 좋아하고 집중이 가능한 중등도와 고도 대상자를 정적 집단과 그림 표현이 어렵고 인지 수준이 매우 낮은 최고도와 고도 대상자가 많은 동적 집단으로 구성하였다. 대상자들의 인지 정도와 뇌기능 정도는 로웬필드의 전도식기, 도식기, 피아제의 감각운동기, 전조작기 수준으로 진단되었다.

정적활동을 중심으로 한 정적 집단의 프로그램은 신체활동보다는 시지각 자극을 통하여 음악, 문학, 미술 중심으로 구성하였고 동적 활동을 중심으로 한 동적 집단의 프로그램은 체감각 자극을 통하여 음악, 무용/동작, 연극중심으로 보다 신체 움직임이 활성화될 수 있도록 구성하였다. 프로그램은 뇌가소성 활성화를 목적으로 구성하되, 내용과 진행 방법에 있어서는 각 집단의 특성에 맞게 IT매뉴얼의 구조화를 기반으로 설계하였다. 통합적 예술매체의 시각적이고 청각적인 자극이 동기유발이 되도록 공감각적인 효과를 추구하여 '협력적인 상

〈표 14-9〉 프로그램 설계 내용

설계 구성	프로그램 설계 내용	
이론적 근거	통합예술치료 뇌과학적 치유요인	
목적 및 목표	지적장애인의 뇌가소성을 위한 통합예술치료 프로그램 임상적용가능성 연구	
진행방법	정적 집단, 동적 집단 주 1회씩 12주	
치료 모델	카타르시스 모델, 투사 모델	
단계별 소목표	세라트(CERAT)	
회기과정	옴카(OMCA)	
회기진행 단계	초반부, 중반 1, 2부, 후반 1, 2부	
예술매체 적용	정적 집단	음악, 문학, 미술
	동적 집단	음악, 무용/동작, 연극
평가 방법	뇌가소성을 위한 프로그램 전체의 단계별 회기분석, 정적 집단과 동적 집단의 비교분석과 FCC, CHTC 변화분석	

호효과'가 나타나도록 유도하였다. 〈표 14-9〉는 프로그램 설계 내용이다.

상호협력적인 뇌의 특성을 고려한 상호작용이 많도록 하였는데 집단활동을 통해 역동적 효과를 일으켜 시냅스를 강화하여 뇌기능을 향상시키도록 하였다. 또한 다양한 예술매체의 촉진과 통제요인이 지적장애인들의 자기조절에 영향을 주도록 프로그램을 구성하였다. [그림 14-8]은 통합예술치료의 적용에 대한 연구 절차도로 전체 사례 진행을 이해하는 데 도움이 되도록 제시하였다.

뇌가소성을 촉진하기 위하여 프로그램에 적용한 모델 및 기법을 살펴보면, 감정과 전두의 실행능력을 자극하기 위해 투사 모델의 음악, 무용/동작매체, 역할 모델의 자아 기법, 카타르시스 모델의 게임놀이 기법과 감정표현 기법을 적용하였다. 또한 도형과 색채자극으로 공간 관계와 공간 지각을 인지하도록 하였고, 눈과 손의 협응으로 사물을 바르게 인식하게 하여 지각의 긍정 변화를 일으키도록 미술매체를 적용하였다. 이처럼 다양한 투사 모델의 매체들과 여러 기법들을 조화롭고 유기적으로 연결하였다.

이러한 프로그램을 적용한 결과 뇌가소성을 위한 통합예술치료 프로그램을 통하여 첫째, 예술 활동을 통해 즐거움과 카타르시스를 체험하여 몸과 마음을 이완시켜 편안하게 조절할 수 있도록 자율신경과 변연계 활성화를 유도하고, 다중연합감각 자극을 통해 지각이 변화되는 환경을 만들어 주었다. 둘째, 공감적 상황을 제시하면서 거울뉴런과 실생활연결의 원리를 바탕으로 인지 및 타인을 이해하는 데 관심을 갖고 자신의 시설 내 집단에서 타인의 말과 행동을 모방함으로써 상호 표현 능력을 발달시킬 수 있었다. 셋째, 타인과 함께하는 행복한 의사소통 놀이를 통한 다양한 예술 활동이 사회인지 능력에 영향을 주어 전두기능이 향상되었다.

그리고 다음 단락에 정적 집단과 동적 집단의 공통점과 차이점을 통하여 대상자들의 변화를 살펴보고 통합예술치료 프로그램 적용을 통한 뇌가소성과 연결된 치유요인을 기술하고자 한다. [그림 14-9]는 두 집단을 각각 공통점과 차이점으로 비교 분석한 것이다.

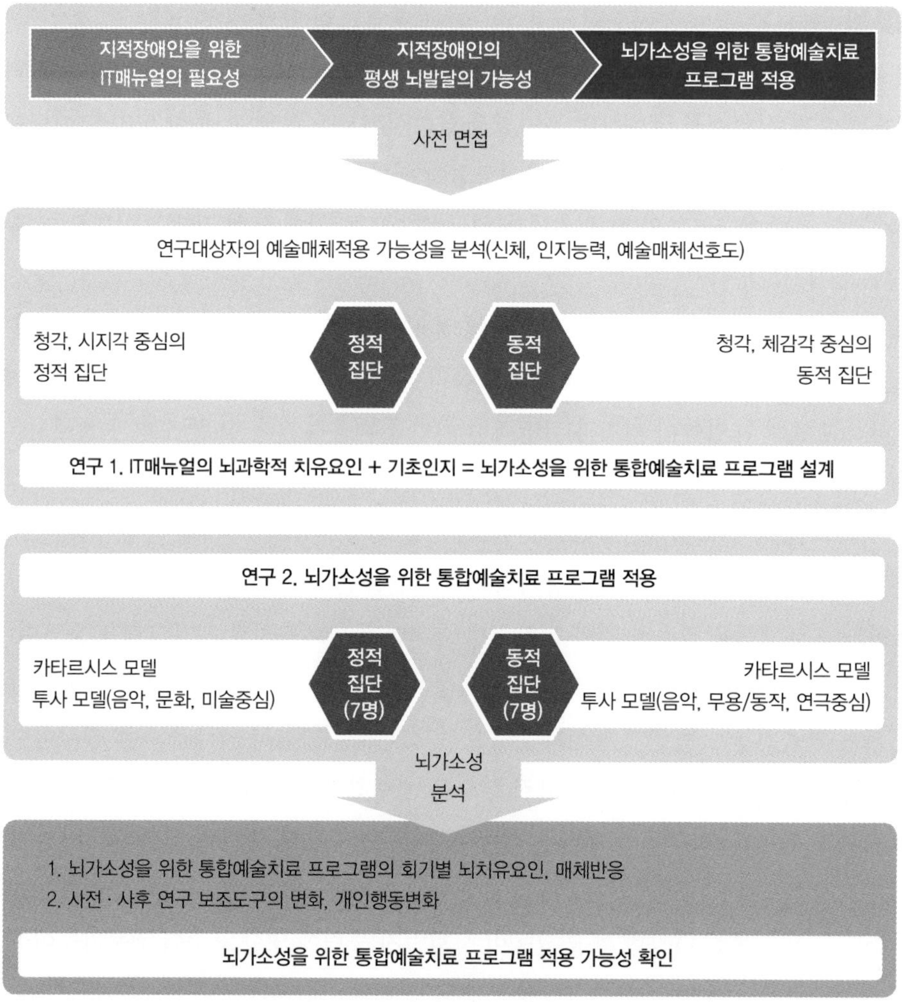

[그림 14-8] 연구 절차도

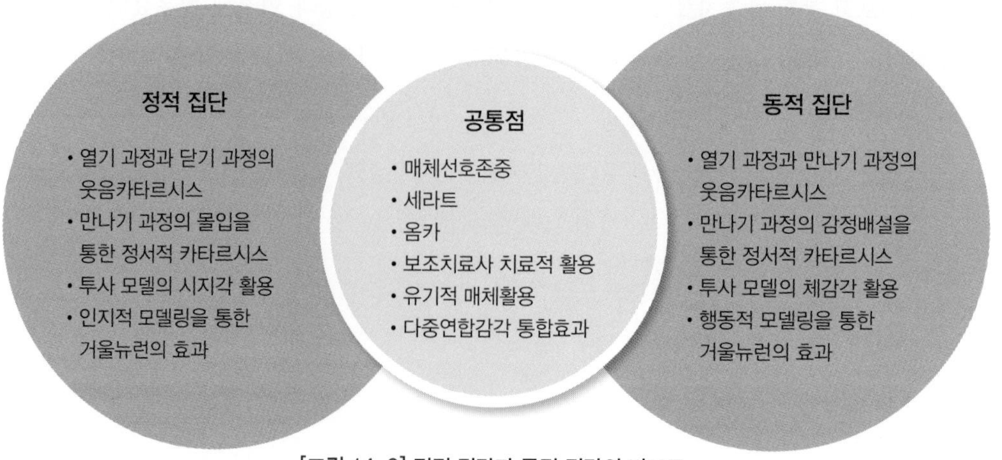

[그림 14-9] 정적 집단과 동적 집단의 비교도

① 정적 집단과 동적 집단의 공통점

두 집단에서 공통적으로 지향되었던 치료방향에 대해 살펴보면 첫째, 내담자의 선호도를 존중한 치료매체의 선택은 내담자 존중의 기본이념을 반영한 것이며 치료의 질을 결정하는 기초가 되었다. 둘째, 지적장애인의 뇌기능 특성을 고려한 프로그램은 대상자의 원인적 기능개선을 위한 치료근거를 제공하였다. 셋째, 매체의 유기적 통합은 집단별 내담자의 신체적, 인지적, 행동적 특성에 의한 것이며, 적용 가능한 매체의 단계별 소목표와 연결된 주제를 가지고 적용되었다. 매체별 특성에 따른 촉진과 통제요인 및 감각자극을 위한 동기유발이 되도록 한 것이었다. 넷째, 회기과정 진행은 대상자들을 주제에 맞게 구조적으로 안내할 수 있게 하였다. 다섯째, 치료진행에 보조치료사가 효과적으로 활용되었다. 다른 예술치료와 달리 통합예술치료사의 보조치료사는 필요한 경우 예술매체의 활용 모델링이 되어주기도 하고 치료사의 치료보조 역할을 충분히 해 주었다. 마지막으로 두뇌의 각 부위는 독자적으로 특정의 기능을 담당하는 자율센터가 아니라 오케스트라의 악기들에 의해 창출되는 상호적인 조화를 연상케 하는 방식으로 작용함을 대상자들 간의 상호 협력적인 역동의 변화에서 알 수 있었다.

② 정적 집단과 동적 집단의 차이점

첫째, 웃음카타르시스의 도파민 활성화는 전체 회기를 통해 매 회기마다 적용되었고 시작 전 만남부터 즐겁고 기대되는 표정으로 치료사와 보조치료사들을 맞이하는 것을 통해 통합예술치료에 대한 유쾌한 감정효과를 볼 수 있었다. 정적 집단에서는 열기 과정과 닫기 과정에서 주로 활성화되었고 동적 집단에서는 열기 과정에서 시작하여 만나기 과정으로 이어지면서 이루어진 것으로 분석되었다.

정적 집단은 열기 과정에서 주로 동기유발을 위한 간단한 이완활동과 시청각 자료를 볼 때 웃음을 유발하였고 이로 인해 마음을 열게 되었다. 만나기 과정에서 미술매체로 활동할 때에는 몰입으로 인해 매우 진지했으며 활동을 마치고 닫기 과정에서 서로 감상을 할 때와 스티커로 피드백을 나누면서 웃는 만족감의 표현이었다. 동적 집단은 열기 과정의 음악에 맞춘 무용/동작은 시작부터 웃기 시작했으며 만나기 과정에서 게임놀이기법의 적용은 계속 웃음을 자아내는 결과를 가져왔다. 집단원들은 지시사항에 엉뚱하게 반응하게 될 때도 방황하면서 웃고 타인의 모습에서도 웃고 계속 웃음이 끊이질 않았다. 오히려 닫기 과정에서 마음을 정돈하고 안정된 정서로 마무리하는 시간이었다. 이러한 두 집단의 웃음카타르시스는 시설 내의 집단생활을 위한 규칙과 규율로 통제되고 사회로부터 고립된 외로움으로 적체되었던 개인적인 감정의 분출은 카타르시스의 감정배설 효과로 인한 것으로 해석되었다.

둘째, 정서적 카타르시스의 변연계 활동을 살펴보면 두 집단 모두 전체회기의 만나기 과정에서 이루어진 것으로 분석되었다. 정적 집단은 정적인 배경음악에서 감정을 정화하였으며 동적 집단은 동적인 활동에서 감정이 신체로 배설되는 정화가 일어났다. 정적 집단은 만나기 과정에서 미술활동을 할 때 잔잔한 배경음악이나 익숙한 동요음악이 활동내용에 따라 마음을 편안하게 하거나 에너지를 가져오게 하여 활동을 심화할 수 있도록 정서적 안정감을 주었다. 이러한 감정의 변화는 기분일치학습의 효과를 주어 경험을 기억하고 저장하는 데 도움을 주었다. 동적 집단은 전체 회기를 통해 움직이는 무용/동작이 많아서 만나기 과정의 신체의 활동적인 에너지가 정서적 카타르시스로 연속되어 일어났다. 그리고 활동목표에 맞추어 심도 있게 몰입하면서 적극적인 자신의 행동을 통해 적체된 감정을 표현하고 닫기 과정에서 긍정적인 정서를 가지고 돌아가게 되었다.

또한 IT매뉴얼에서 강조하는 '웃음카타르시스'의 웃음이 치료적 요인으로 작용하였다. 즉 웃음은 코르티솔cortisol 분비를 억제시켜서 스트레스를 감소하는 기능과 부교감 신경의 활성화로 인한 감정 이완의 균형적 상태로 정화되는 몸을 만들며 신체의 소화촉진, 포화산소 증가 등으로 순환을 촉진하여 면역체계를 강화한다. 또한 보상회로의 자극으로 인한 도파민이 행복 수치를 올려주고 긍정적인 감정을 증가시키는 예술체험에 대해 사고패턴과 긍정의식을 새롭게 디자인하게 한다.

셋째, 투사 모델의 다중연합감각 효과를 살펴보면, 전체 회기를 통해 정적 집단은 시청각을 통해 동적 집단은 체감각을 통해 시지각의 변화를 가져다준 것으로 사전·사후 검사 결과에서 알 수 있었다. 정적 집단은 열기 과정에서의 시각 자극은 주로 그림동화의 인지적, 행동적 모델링을 통해 1차적으로 시청각을 자극하도록 만나기 과정의 미술활동으로 심화되었다.

동적 집단은 열기 과정에서 시작되는 시청각의 신나는 감각자극이 동기 유발되어 만나기 과정의 게임놀이나 연극, 무용/동작에 즐거움과 재미를 한층 촉발하였다. 이러한 정서적 예술경험은 기억에 최적의 조건이 되어 주었다. 정적, 동적 집단의 이러한 감각들은 다중연합감각을 통해 통합되어 경험을 기억하도록 변연계의 해마를 활성화하고 대뇌피질로 전달되어 저장하도록 하였다고 볼 수 있다. 뇌의 경로를 보면 어느 한 곳만의 기능으로 작동되는 것이 아니라 시각, 청각, 체감각 등이 모두 연합영역에 보내져 최고령인 전두엽 또는 대뇌피질의 작용으로 행동화된다. 그러므로 통합예술치료의 유기적 매체활용은 매뉴얼의 구조화에 따라 다중연합감각을 사용하게 되어 뇌의 통합적 구조와 맞물려 기능을 향상하게 하는 데 효과적이었다.

통합예술치료 투사 모델은 내담자의 심리 상황이나 성향 등을 다양한 예술매체에 투사하여 내면을 탐색할 수 있도록 개발되었으며, 한 가지 예술매체보다 효율적으로 적용할 수 있다. 또한 직접적으로 자신을 노출하지 않아도 되기 때문에 치료과정의 저항감을 줄일 수 있어 참여의 즐거움을 높여주었다. 이때 다양한 매체를 유기적으로 사용함은 내담자 증상과 성향에 적절하게 개입하게 되고 각 매체가 갖는 특유의 치료 효과를 극대화할 수 있다.

넷째, 모방을 통해 공감을 가능하게 하는 거울뉴런의 효과는 정적 집단의 경우 미술활동에서 모사하기에서 이루어졌다. 또한 그림동화의 인지적 모델링을 통해 인지기능의 향상과 비계가 되어 준 동료나 보조치료사의 행동적 모델링을 통해 타인을 조망하게 하였고 이는 닫기 과정에서 피드백으로 이어졌다. 그림동화를 감상할 때에도 처음에는 산만하던 대상자들이 점점 집중하게 되어 자연스럽게 감상하는 태도를 보였다. 동적 집단의 경우에는 무용/동작이나 게임놀이의 인지적, 행동적 모델링을 통해 동작을 익히고 신체기능을 유연하게 하고 에너지를 순환하여 타인과 함께 목표를 향해 협동하면서 거울뉴런을 활성화하였다고 볼 수 있다. 아직 오지 않은 동료를 데리러 가거나 게임놀이에서 응원하는 모습을 보여 타인에 대한 인식과 사회적응의 향상된 태도로 관찰되었다.

다섯째, 집단 상호작용을 통한 사회인지의 활성화를 살펴보면, 정적 집단에서는 함께한 미술작업을 통해 관찰되었다. 초반부 실그림의 데칼코마니 활동에서 수동적인 협동작업이었고 타인에게 별로 관심을 주지 않았으나 후반부의 사포공동화에서는 모아진 그림을 신기하게 바라보며 감동하는 모습을 보여 집단 응집력을 높여주었으며 마지막 집단 만다라의 과자를 재료로 인지하여 먹지 않고 만다라를 구성하는 변화를 보였다. 동적 집단에서는 초반부 수동적인 움직임을 보였으나 중후반부로 갈수록 동료를 목표에 도달하도록 도와주는 모습에서 상호작용이 변화되고 있음을 확인할 수 있었다. 함께 춤을 추는 과정에서 응집력이 돋보였고 반복되는 활동에도 열성적으로 참여하였다. 이상의 진행방법과 내용에 의한 분석을 통해 통합적으로 적용된 예술매체들과 기법들은 여러 기능에 직간접적으로 관여했음을 확인하였다. 이는 인간이 가진 기본 두뇌의 뇌기능을 변화하는 IT매뉴얼의 치료방향성 추구를 의미한다.

③ 통합예술치료의 뇌과학적 치료요인

통합예술치료의 적용사례를 통해 지적장애인의 시지각 경로변화와 행동 변화 그리고 집단 간의 공통점과 차이점 등을 뇌과학적 치료요인으로 정리하면 〈표 14-10〉과 같다.

첫째, '웃음카타르시스'의 웃음은 보상회로인 측좌핵nucleus accumbens의 도파민 활성화로 엔도르핀을 생성한다. '웃음카타르시스'는 IT매뉴얼의 핵심 치료 모델이다. 안전한 감정배설을 위한 즐거운 예술치료 활동을 통해 몰입과 자발성을 유도하며, 누적된 감정을 배설하게

〈표 14-10〉 IT매뉴얼의 뇌과학적 치료요인 적용

IT매뉴얼 치유요인	뇌과학적 치유요인
웃음카타르시스	신경전달물질 도파민, 엔도르핀
카타르시스 모델	편도체와 변연계, 대뇌피질
투사 모델	시각, 청각, 촉각, 체감각 등 감각의 통합적 기능
투사 모델	모방, 공감의 거울뉴런
상호작용	모델링, 뉴런과 인간수준의 메신저

하고, 스스로 긍정의 힘을 기르게 한다. 웃음은 적체된 감정들을 배출하여 신체가 이완되는 편안함과 면역체계를 강화시킨다. 예술체험은 보상회로의 자극으로 인한 도파민의 활성화로 인해 행복 수치를 올려주고, 긍정적인 감정을 증가시켜, 사고패턴과 긍정의식을 새롭게 디자인하게 된다.

둘째, 카타르시스가 주는 변연계의 정서적 안정이다. 적체된 감정을 배설하여 긍정적인 정서를 가져다준다. 통합예술치료의 가장 큰 장점인 카타르시스는 언어적 의사소통이 어려운 연구대상자들에게 긍정적 '쾌'와 '행복'을 위한 중심 모델로 활용되었으며 통합예술치료 IT매뉴얼의 카타르시스 체험은 미해결된 감정의 찌꺼기들이 배설되면서 자신이 '존재'하고 있음을 자각하는 실존Existence단계로 발전하게 된다.

셋째, 투사 모델의 다양한 예술매체들은 시각, 청각, 체감각 등 대뇌피질의 1차 감각들을 자극하여 새로운 기억으로 형성된 인지들을 장기기억화할 수 있다. 투사 모델은 내담자의 심리상황이나 성향 등을 미술, 음악, 연극, 영화/사진, 문학, 무용/동작 등 다양한 예술매체에 투사하여 내면을 탐색할 수 있도록 개발되었으며 통합적용으로 이루어진다. 또한 직접적으로 자신을 노출하지 않아도 되기 때문에 치료과정의 저항감을 줄일 수 있어 참여의 즐거움을 높여준다. 다양한 매체를 유기적으로 사용함은 내담자 증상과 성향에 적절하게 개입하게 되고 각 매체가 갖는 특유의 치료 효과를 극대화할 수 있다.

미술매체는 언어화가 힘든 사람의 의사소통을 위한 중요한 매개체가 되며 욕구의 무의식적 반영으로 자기이해와 인지의 도구로서 강점이 있다. 음악매체의 즉흥연주는 주의력과 신체장애를 겪는 사람의 문제를 통찰력을 가지게 하고, 노래부르기는 장기기억에 깊이 관여하고, 자발적인 회상을 도울 수 있다.

연극매체는 원시인의 집단 무의식을 반영하는 의식과 관객의 치유적 관점에서 시작되었으며 다양한 소품, 인형, 가면, 장난감, 의자 등 내면의 기억과 감정들을 투영하는 종합 예술적 특성을 가지고 있다. 연극매체가 갖는 투사의 강점은 소품 활용에 있으며 미적 거리에 있어서 분리 성향의 내담자보다 밀착적 성향의 대상이 바람직하고 매개체에 은유적으로 내면을 표현하므로 효율적이라고 할 수 있다. 연극, 미술, 음악, 문학 등의 투사 모델이 서로 유기적으로 활용될 때 뇌기능의 효과는 극대화된다고 설명할 수 있다.

문학매체로는 마쓰이 다다시(松居直, 2016)는 그림책에 대해 작가와 화가, 편집자가 공동으로 만들어 낸 '이야기가 담겨진 그림이 있는 책'이라고 정의한다. 이는 어린이가 읽기보다는 어른이 읽어 어린이에게 들려주는 책으로서 듣는 귀를 길러주며 그림이 마음을 한눈에 사로잡고, 귀에 문장이 들릴 때 그림에서 받은 이미지를 생생하도록 되살려주는 것이 그림책을 체험하는 기본이라고 하였다. 이처럼 그림책은 체험을 풍부하게 하는 기회를 주며 스스로 영상을 그려내지 못하는 독자들에게 이야기의 세계를 그려나갈 수 있도록 도움을 주며 상상할 수 있도록 하는 것이다. 따라서 그림책은 그림을 해석하려는 경험을 통해 인지발달을 촉진시키며 창의성을 증진시킨다.

놀이는 감각통합을 이루는 적응반응으로 이루어져 있고, 뇌의 정신적 사회적 기능은 감각-운동 과정에 그 기초를 두고 있다. 뇌의 감각 통합 용량이 환경의 요구를 충족시켜 줄 만큼 충분하면 효율적이고 창조적이며 만족스럽게 반응하며, 효과적으로 반응할 수 있는 도전을 경험할 때 재미있어 한다. '재미'는 어느 정도 감각통합이 이루어졌음을 의미한다. 재미있으면 감각을 조직할 때 아주 만족감을 느낀다(Ayres, 2004). 놀이는 긍정적인 정서와 신체적 움직임을 수반하여 대뇌피질의 인지기능을 자극하고 촉진시켜 전뇌(변연계-정서, 소뇌-신체적 움직임, 대뇌피질-인지)가 활성화되어, 움직임, 미술, 음악 등 투사 모델이 서로 유기적으로 활용될 때 뇌기능의 효과는 모든 뇌에 극대화된다.

넷째, IT매뉴얼 투사 모델에 주로 사용되는 거울뉴런은 타인과의 예술활동을 할 때 거울신경은 지각과 동작을 담당하는 신경망을 연결한다. 이는 제스처, 언어의 진화, 학습, 공감적 조율 같은 사회적 기능에 관여한다고 한다. 타인과 상호작용하면서 반사적으로 행동을 따라하는 공명행동resonance behaviors과 거울신경계는 타인과 감정을 조절하기 위해 진화했다고 볼 수 있고 거울신경계 때문에 타인이 겪고 있는 것을 자신의 내적 경험에 비추어 이해한다(Cozolino, 2013). 특히 거울신경계의 활성은 물리치료분야에서 행위관찰을 통하여 운동 상등 운동 학습효과를 극대화하고 실행증apraxia치료, 자폐아의 사회적 결함이 거울신경의 기능장애에서 기인하며 모방놀이를 통해 사회적 의사소통을 증진시켰다(Iacoboni, 2009)고 하여 거울신경은 상호작용을 위한 의사소통에 매우 도움을 준다.

다섯째, 집단 활동을 통해 이루어지는 상호작용은 제2, 제3치료공간의 확장으로 적응적 사회인지를 가능하게 한다. 뇌는 인생의 어떠한 시기에도 변화할 수 있으며, 상호작용은 뇌의 조절과 성장과 건강의 일차적 원천이다. 집단의 집단원들은 공동의 목적이나 관심사가 있으며 이들 목적을 성취함에 있어서 상호의존적이다. 즉, 의사소통, 인지 그리고 정서적 반응을 통하여 상호작용하며 단일한 행동을 할 수 있는 능력이 있는 사회적 집합체라고 정의 내릴 수 있다. 이러한 집단 형태의 치료는 인지적, 사회적 모델링이 이루어질 수 있어 타인의 행동을 모방하고 공감하는 능력을 기르는 데 용이하여 뇌가소성의 발달과 사회적 적응 능력의 향상을 가져올 수 있다고 할 수 있다. 이처럼 통합예술치료는 비언어적 예술의 다양함이 호기심과 동기유발에 촉진적일 수 있고, 유쾌하고 자발적인 활동을 유도할 수 있는 유기적 연결의 프로그램이 제공될 수 있는 과학적인 구조와 특성을 가지고 있다.

최근의 예술치료 연구동향을 보면, 미술, 연극, 음악, 시, 무용/동작 등으로 경계가 넓어지고, 매체와 기법의 선택폭이 넓어짐에 따라 내담자에게 다양한 경험을 제공하게 되는 예술매체의 통합 활용이 늘어나고 있다. 뇌과학과 심리치료 또한 연구가 활발하다. IT매뉴얼은 다양한 증상을 가진 내담자들에게 보다 다각적이고 다차원적인 예술치료로 좋은 모델링이 되고 있다. 이런 IT매뉴얼의 과학적인 구조화에 힘입어 뇌과학적인 치유요인을 기반으로 치료적인 효과성을 최대화할 수 있다고 본다. 따라서 통합예술치료의 뇌과학적 치유요인은, 시냅스를 강화하고 재배선하는 기회인 뇌가소성을 제공한다. 앞으로도 통합예술치료 프로그램이 더욱 지속적으로 연구·개발되어 뇌가소성의 치료적 분야에서 임상적용이 확장되었으면 한다.

 참고문헌

권재성 외(2017). 인지재활. 서울: Pacific Books.

김선현(2013). 그림심리평가. 경기경기: 이담북스.

김유미(2015). 뇌를 알면 아이가 보인다. 서울: 해나무.

박문호(2016). 뇌과학의 모든 것. 서울: 휴머니스트 출판그룹.

송준만, 강경숙, 김미선, 김은주, 김정효, 김현진, 이경순, 이금진, 이정은, 정귀순(2017). 지적장애아교육(2판). 서울: 학지사.

여광응(2016). 시지각 훈련의 이론과 실제. 경북 경산: 대구대학교 출판부.

정광조, 이근매, 최애나, 원상화(2009). 예술치료. 서울: 시그마프레스.

정옥분, 정순화, 임정하(2007). 정서발달과 정서지능. 서울: 학지사

최병철, 문지영, 문서란, 양은아, 김성애, 여정윤(2017). 음악치료학(3판). 서울: 학지사.

허정선(2018). 지적장애인의 뇌가소성을 위한 통합예술치료 프로그램 적용연구. 동덕여자대학교 대

학원 박사학위논문.

홍유진(2018). 내 안의 나를 깨우는 통합예술치료. 서울: 학지사.

Anderson, J. R. (2014). *Cognitive Psychology and its Implications*. 인지심리학과 그 응용(이영애 역). 서울: 이화여자대학교 출판부. (원서 2009년 발행).

Atkins, S. S., et al. (2008). *Expressive Arts Therapy*. 통합적 표현예술치료(최애나, 이병국 공역). 서울: 푸른솔. (원서 2002년 발행).

Ayres, A. J. (2004). *Sensory Integration and the child*. 감각 통합과 아동 발달(강갑원 역). 경기: 한국학술정보(주). (원서 1979년 발행).

Azari, N. P., & Seitz, R. J. (2000). Brain plasticity and recovery from Stroke. *American Scientist, 88*, 426-431.

Baars, B. J., & Gage, N. M. (2010). *Cognition, Brain and Consciousness*. 인지, 뇌, 의식(강봉균 역). 경기: 교보문고. (원서 2007년 발행).

Bear, M. F., Connors, B. W., & Paradiso, M. A. (2009). *Neuroscience: Exploring the Brain* (3rd ed.). 신경과학: 뇌의 탐구(강봉균 외 공역). 서울: 바이오메디북. (원서 2006년 발행).

Berardi, L. (2000). Art therapy with Alzheimer's patients: Struggling a new reality. *Pratt Institute/ Creative Arts Therapy Review, 18*, 23-32.

Bundy, A. C., Lane, S. J., & Murray, E. A. (2011). *Sensory Integration* (2nd ed.). 감각 통합(양영애 외 공역). 서울: 영문출판사. (원서 2002년 발행).

Cohen, N. H., & Carr, R. (2011). *Art Therapy and Clinical Neuroscience*. 미술치료와 임상 뇌과학(김영숙 외 공역). 서울: 시그마프레스. (원서 2008년 발행).

Cozolino, L. J. (2013). *The Neuroscience of Human Relationships*. 뇌기반 상담 심리학의 이론과 실제 (이민희 역). 서울: 시그마프레스. (원서 2006년 발행).

Cozolino, L. J. (2017). *The Social Neuroscience of education*. 사회신경과학(김유미, 허난설, 황예린 공역). 서울: 학지사. (원서 2013년 발행).

Iacoboni, M. (2009). *Mirroring People*. 미러링 피플(김미선 역). 서울: 갤리온. (원서 2008년 발행).

Jensen, E. (2011). *Teaching with the Brain in Mind*. 뇌기반 수업(권형규 역). 서울: 문음사. (원서 2005년 발행).

Levitin, D. J. (2008). *This is your brain on music*. 뇌의 왈츠(장호연 역). 서울: 마티. (원서 2006년 발행).

Malchiodi, C. A. (Ed.). (2009). *Expressive Therapies*. 표현치료(나양수, 백용매 공역). 서울: 시그마프레스. (원서 2006년 발행).

McNiff, S. (2014). *Integrating the arts in therapy: history, theory, and practice*. 통합예술치료: 역사와 이론 및 실제(윤혜선 역). 경기: 이담북스. (원서 2009년 발행).

Ratey, J. J., & Hagerman, E. (2016). *Spark: The Revolutionary New Science of Exercise and the Brain*. 운동화 신은 뇌(이상헌 역). 서울: 북섬. (원서 2013년 발행).

Seung, S. (2014). *Connectome*. 커넥톰, 뇌의 지도(신상규 역). 서울: 김영사. (원서 2012년 발행).

Zaidel, D. W. (2015). *Neuropsychology of Arts*. 신경심리학과 예술(최은영, 백용운, 공마리아, 김자령 공역). 서울: 학지사. (원서 2005년 발행).

Zoltan, B. (2010). *Vision, Perception, and Cognition*. 시각, 지각, 인지(양영애 외 공역). 서울: 영문출판사. (원서 2007년 발행).

내용

저자 소개

김미낭(Kim, Minang)
동덕여자대학교 대학원 통합예술치료학 박사
현) 마음정원 해뜰 소장
전문 분야: 심층심리상담, 미술치료 슈퍼비전
suny-mind@naver.com

김용태(Kim, Yongtae)
동덕여자대학교 대학원 통합예술치료학 박사
현) 동덕여자대학교 방송연예과/통합예술치료학과 교수
전문 분야: 공연예술치료
ytk13@hanmail.net

김주영(Kim, Jooyoung)
동덕여자대학교 대학원 통합예술치료학 박사
현) 모모살롱단체 대표
전문 분야: 노인 · 장애인 통합예술치료 및 슈퍼비전
juofyoung@naver.com

박선영(Park, Sunyoung)
동덕여자대학교 대학원 통합예술치료학 박사
현) 아트퍼포먼스치유연구소 소장
전문 분야: 청소년 · 성인 상담 및 통합예술치료/미술치료 슈퍼비전
cap1224@naver.com

배상국(Bae, Sangkook)
동덕여자대학교 대학원 통합예술치료학 박사
현) 동덕여자대학교 방송연예과/통합예술치료학과 교수
전문 분야: 성인 통합예술치료, 영화치료
kookki24@naver.com

소희정(So, Heejung)
동덕여자대학교 대학원 통합예술치료학 박사
현) 한국영상대학교 영상연출과 겸임교수
전문 분야: 청년 · 여성 상담 및 통합예술치료 슈퍼비전
mindspace42@naver.com

이수정(Lee, Sujung)
동덕여자대학교 대학원 통합예술치료학 박사
현) 광주여자대학교 통합예술치료학과 겸임교수
전문 분야: 아동 · 청소년 통합예술치료
visioner28@naver.com

이수현(Lee, Soohyon)
동덕여자대학교 대학원 통합예술치료학 박사
현) 동덕여자대학교 대학원 통합예술치료학과 겸임교수
전문 분야: 성인 통합예술치료 및 슈퍼비전
rahaph0322@gmail.com

장창명(Jang, Changmyung)
동덕여자대학교 대학원 통합예술치료학 박사
현) 동아대학교 교육대학원 문화예술교육 겸임교수
전문 분야: 노인인지, 디지털 심리치료
chang_therapy@naver.com

최미선(Choi, Misun)
동덕여자대학교 대학원 통합예술치료학 박사
현) 최미선 정신분석 클리닉 대표
전문 분야: 청소년 · 성인 정신분석치료 및 슈퍼비전
deulfool@gmail.com

최슬아(Choi, Seulah)
동덕여자대학교 대학원 통합예술치료학 박사
현) 마말: 마음을 말하다 대표
전문 분야: 아동 · 청소년 놀이치료 및 통합예술치료
artstherapist8 @gmail.com

최윤영(Choi, Yoonyoung)

동덕여자대학교 대학원 통합예술치료학 박사

현) 한양대학교 디지털헬스케어센터 연구원

전문 분야: 디지털 헬스케어, 디지털 통합예술치료, 연극치료

dr.yychoi@gmail.com

최윤주(Choi, Yoonju)

동덕여자대학교 대학원 통합예술치료학 박사

현) 한국예술종합학교 영상원 영화과 겸임교수

전문 분야: 아동 · 성인 통합예술치료, 연극치료

cozizi2357@hanmail.net

허정선(Heo, Jeongsun)

동덕여자대학교 대학원 통합예술치료학 박사

현) 허정선통합예술심리상담연구소 소장

전문 분야: 아동 · 청소년 · 성인 통합예술치료/미술치료 슈퍼비전

jsheo0107@daum.net

소속 협회

한국통합예술치료&연극치료협회

www.i-therapy.kr

통합예술치료 임상실제
A Clinical Practice of Integrative Arts Therapy

2024년 6월 5일 1판 1쇄 인쇄
2024년 6월 10일 1판 1쇄 발행

지은이 • 김미낭 · 김용태 · 김주영 · 박선영 · 배상국 · 소희정 · 이수정
          이수현 · 장창명 · 최미선 · 최슬아 · 최윤영 · 최윤주 · 허정선
펴낸이 • 김진환
펴낸곳 • ㈜ 학 지 사
          04031 서울특별시 마포구 양화로 15길 20 마인드월드빌딩
대표전화 • 02-330-5114   팩스 • 02-324-2345
등록번호 • 제313-2006-000265호

홈페이지 • http://www.hakjisa.co.kr
인스타그램 • https://www.instagram.com/hakjisabook

ISBN 978-89-997-3131-0 93180

정가 28,000원

출판미디어기업 학 지 사
간호보건의학출판 학지사메디컬 www.hakjisamd.co.kr
심리검사연구소 인싸이트 www.inpsyt.co.kr
학술논문서비스 뉴논문 www.newnonmun.com
교육연수원 카운피아 www.counpia.com
대학교재전자책플랫폼 캠퍼스북 www.campusbook.co.kr